U0841894

中华现代学术名著丛书

隋唐史

岑仲勉 著

2015年·北京

图书在版编目(CIP)数据

隋唐史/岑仲勉著.—北京:商务印书馆,2015
(中华现代学术名著丛书)
ISBN 978-7-100-08541-0

Ⅰ.①隋… Ⅱ.①岑… Ⅲ.①中国历史:古代史—隋唐时代 Ⅳ.①K24

中国版本图书馆CIP数据核字(2011)第175504号

本书据亚东图书馆1923年版排印

中华现代学术名著丛书
隋 唐 史
岑仲勉 著

商 务 印 书 馆 出 版
(北京王府井大街36号 邮政编码100710)
商 务 印 书 馆 发 行
北 京 冠 中 印 刷 厂 印 刷
ISBN 978-7-100-08541-0

2015年7月第1版　　开本880×1240 1/32
2015年7月北京第1次印刷　　印张20½ 插页1
定价:58.00元

岑仲勉

(1886—1961)

隋 唐 史

岑仲勉 著

高等教育出版社

高等教育出版社1957年版《隋唐史》封面

出版说明

百年前，张之洞尝劝学曰："世运之明晦，人才之盛衰，其表在政，其里在学。"是时，国势颓危，列强环伺，传统频遭质疑，西学新知亟亟而入。一时间，中西学并立，文史哲分家，经济、政治、社会等新学科勃兴，令国人乱花迷眼。然而，淆乱之中，自有元气淋漓之象。中华现代学术之转型正是完成于这一混沌时期，于切磋琢磨、交锋碰撞中不断前行，涌现了一大批学术名家与经典之作。而学术与思想之新变，亦带动了社会各领域的全面转型，为中华复兴奠定了坚实基础。

时至今日，中华现代学术已走过百余年，其间百家林立、论辩蜂起，沉浮消长瞬息万变，情势之复杂自不待言。温故而知新，述往事而思来者。"中华现代学术名著丛书"之编纂，其意正在于此，冀辨章学术，考镜源流，收纳各学科学派名家名作，以展现中华传统文化之新变，探求中华现代学术之根基。

"中华现代学术名著丛书"收录上自晚清下至20世纪80年代末中国大陆及港澳台地区、海外华人学者的原创学术名著(包括外文著作)，以人文社会科学为主体兼及其他，涵盖文学、历史、哲学、政治、经济、法律和社会学等众多学科。

出版“中华现代学术名著丛书”，为本馆一大夙愿。自1897年始创起，本馆以“昌明教育，开启民智”为己任，有幸首刊了中华现代学术史上诸多开山之著、扛鼎之作；于中华现代学术之建立与变迁而言，既为参与者，也是见证者。作为对前人出版成绩与文化理念的承续，本馆倾力谋划，经学界通人擘画，并得国家出版基金支持，终以此丛书呈现于读者面前。唯望无论多少年，皆能傲立于书架，并希冀其能与“汉译世界学术名著丛书”共相辉映。如此宏愿，难免汲深绠短之忧，诚盼专家学者和广大读者共襄助之。

商务印书馆编辑部

2010年12月

凡　　例

一、“中华现代学术名著丛书”收录晚清以迄20世纪80年代末，为中华学人所著，成就斐然、泽被学林之学术著作。入选著作以名著为主，酌量选录名篇合集。

二、入选著作内容、编次一仍其旧，唯各书卷首冠以作者照片、手迹等。卷末附作者学术年表和题解文章，诚邀专家学者撰写而成，意在介绍作者学术成就，著作成书背景、学术价值及版本流变等情况。

三、入选著作率以原刊或作者修订、校阅本为底本，参校他本，正其讹误。前人引书，时有省略更改，倘不失原意，则不以原书文字改动引文；如确需校改，则出脚注说明版本依据，以“编者注”或“校者注”形式说明。

四、作者自有其文字风格，各时代均有其语言习惯，故不按现行用法、写法及表现手法改动原文；原书专名（人名、地名、术语）及译名与今不统一者，亦不作改动。如确系作者笔误、排印舛误、数据计算与外文拼写错误等，则予径改。

五、原书为直（横）排繁体者，除个别特殊情况，均改作横排简体。其中原书无标点或仅有简单断句者，一律改为新式标点，专名号从略。

六、除特殊情况外，原书篇后注移作脚注，双行夹注改为单行夹注。文献著录则从其原貌，稍加统一。

七、原书因年代久远而字迹模糊或纸页残缺者，据所缺字数用“□”表示；字数难以确定者，则用“（下缺）”表示。

目　录

唐 史

附　图

编撰简言

郭沫若先生曾言,写语体比写文言字数要增三分之一。现在讲义油印,字体已缩至小无可小,加以纸张、页数之限制,为适应本校经济状况,自不得不采用文言。

中古史料全是文言,如翻作语体,稍不留神,即失去或违反原文之意义;而且无数名词,难以转俗,势不能不多插引号“”,文语夹杂,阅览时更增一层困难。

同时,不了解文言,就无法直接阅读古文;学生在高中之日,既多专攻语体,如大学仍不授以浅易文言,为之引导,则到将来自己阅读时候,必发生许多误解,展转贻累,为害不浅。近年学者,甚至旧日名家,圈点古书,往往失句,欲救其弊,是须预防。

中国新史学研究会规定:“各通史组都在讨论教学提纲,各断代史组都在讨论历史事件或历代人物。”本讲义之编撰,大致与此一规定相符,极力避免与通史之讲授相复,无使徒耗光阴,不裨实用。详言之,编撰目的,即在向“专门化”之途径转进,每一问题,恒胪列众说,可解决者加以断论,未可解决者暂行存疑,庶学生将来出而执教,不至面对难题,即从事研究,亦能略有基础。

通史讲授,多浑括全朝,然有利亦有弊,其结果往往抹煞多少时间性。本篇编次,有时序或重点可循者,仍按后先叙述,不特求与通史避复,亦以补其所略。

苏轼称韩文起八代之衰，此以名家之言而漫不加察者也。由骈文转为散文，高、武间陈子昂实开其先，唐人具有定论，继陈而起之散文作家，实繁有徒，下逮韩、柳，完全踏入锻炼之途，唐文至此，已登峰造极。稍后，即转入樊宗师之涩体，终唐之世，无复有抗衡者。欧阳修作文重简（如《新唐书》）、炼（如《醉翁亭记》），故盛推韩，由今观之，韩可谓为“散文之古文”，去古愈远，然可信当时一般人读之，亦非明白易晓者。故推究唐文改革，分应附于高、武之间，以纠正九百年来之错觉，此又历史时间性不可抹煞之一例。

汉武力征匈奴，匈奴不得志于东，乃转而西向；亚历山大王之拓境，接于今新疆之西边；帖木儿方整军东征，偶然殂谢。此等大事，我国史家多熟视无睹。余曾谓读愈古之史，愈须通晓世界史，最近亦有联系世界史之揭示。今试就突厥言之，彼得周、齐岁馈缯绢，不适于用，谋专利转鬻于波斯；波斯弗应，又远求之东罗马。夫于是产生突厥、波斯之战争，产生波斯、东罗马之廿年战争，其导线则不外我国之丝业。世界上无绝对孤立之民族或国家，对于其他民族或国家，彼此总会发生多少相互的影响，故凡关于对外事件，本篇尤郑重视之。

历朝制度、名物，每更一姓，虽必有所易，然易者其名，不易者其实。甚至外族侵入，仍有相联之迹（如唐府兵与元怯薛，特勤与台吉，莫离与贝勒等），故每论到典章、文物，非徒略溯其始，抑且终论其变，求类乎通史之“通”，不锢于断代史之“断”。

凡斯管见，约陈数端，愿与同事、同学切商之。

岑仲勉

一九五〇年

隋 史

第一节 隋杨之先世及其统一

经济情势较稳固,即造成统一较有利之条件,而统一之形成,又可以发展经济。因之分裂时期之长短,与经济破坏之大小密切相关。

由十六国并为南北朝,又由东魏、北齐而合为北周,北方诸民族早融会于鲜卑帜下,加以魏孝文帝力求汉化,异族之歧见渐泯,百姓苦兵革已二百余年,想望太平甚切,南北之统一,业成为必然性。但统一事业落于隋杨之手,则是偶然性。

杨坚自称汉太尉震之十四世孙。震八世孙,燕北平太守铉。铉子元寿,魏初为武川镇(今内蒙武川县)司马,因家于神武树颓焉(即朔州神武郡殊颓县,今山西寿阳县北境。《廿二史劄记》一五谓元寿家于武川,误)。坚父忠,西魏恭帝初,赐姓普六如氏,北周时封随国公,官至泾州总管,娶吕氏,生坚。坚娶独孤信第七女(后号文献后),生五子,勇、广、俊、秀、谅。

独孤氏出自鲜卑。鲜卑或云东胡种。缪凤林因谓文献后为汉胡之混合种(母崔氏),炀帝为汉人与混合种之后裔。此种断定,其意向实注重在“北方之汉族，因与杂种混合，再造其新生命”之推论，因名隋、唐两代为“汉胡混合之北统”。但对于手创统一事业之杨坚，并未觅出混合种的凭据，仍是立论不完。如果吾人能向上古追寻汉族的起源（春秋时晋有狄，燕有山戎，王畿有伊雒之戎，例不胜举），则杨、李之为混合，譬诸沧海一粟而已。

坚承袭家荫，无赫赫勋绩，其得篡周立隋，实以受遗辅政为一大枢纽。周武帝功业方隆，平齐之后，正将饮马江南，乃不半年而殂折。嗣子宣帝，立未二岁而卒。初膺疾时，坚以后父奉诏入侍，于大象二年（五八〇）五月，与刘昉、郑译等合谋，矫制令坚受遗辅政。静帝年仅八岁，完全为所播弄，登位之后，即晋坚为假黄钺、左大丞相，百官总己以听。同年九月，丞相去左右之号，坚为大丞相。外镇如相州尉迟迥、申州李慧、荥州宇文冑、青州尉迟勤、郧州司马消难、益州王谦等，虽后先发难，然以缺乏联络及计划，不久即被平定。周之宗室，则毕王贤（六月）、赵王招、越王盛（七月）、陈王纯（十月）、代王达、滕王逌（十二月）均以谋执政之罪名而被诛（除毕王系明帝子外，余五王均文帝之子）①。随于大定元年（五八一）二月篡位，自其受遗诏起计，不出一年，便移周祚，得国之易，无有如杨坚者。

坚以父忠封随国公，因改朝号曰随，又恶“随”字带“走”，故去走为隋。清代金石家见初唐石刻常作“随”，遂疑旧说之误。近年石刻大出，则隋石刻无不作“隋”。往日新朝，往往反胜朝之所为，初唐间作“随”，实因此之故。然初唐以后，又作隋者多，作“随”者

① 赵国在洺州，越在丰州，陈在齐州，代在潞州，滕在荆州，五王均以大象元年五月之国。二年五月廿四日静帝即位，到六月四日，便假赵王招嫁女突厥为名，召五王回京。

甚少，苟非杨坚先曾改定，则无以解此等异同之迹也。

第二节　改地方三级制为变通的两级制——中央集权之中心工作

秦始皇废封建，设郡四十，以郡统县，是为两级制。汉武帝元封五年，“初置刺史以察郡国，秩不过六百石。其后议者谓以卑临尊，轻重不相准，故汉成帝时遂更为牧，秩二千石，则尝一变矣。始时州牧奏劾二千石长吏者，皆下三公，遣吏验实，然后退黜。及光武即位，不复委任三府，故权在州牧，废置自由，则又一变矣。其始以六条诏察，过是者罢免，其后又兴赋政、治民之举，则又一变也。始则传车周流，后乃更改为重镇，争据土地，则又一变也。愈变愈重，至于东汉之末，方镇之形已成，而刘焉建论，犹请重其权任，郡守之权，悉归牧镇而不知朝廷，袁绍、董卓首乱而争权，苏峻、桓温效尤而跋扈，自晋至陈，擅伐之际，多由于此。”（元朱礼《汉唐事笺》四）方镇之祸，至唐而臻于极点。

“晋自中原丧乱，元帝寓居江左，百姓之自拔南奔者并谓之侨人（民），皆取旧壤之名，侨立州县。”（《隋书》二四）盖“司、冀、雝、梁、青、并、兖、豫、幽、平诸州一时沦没，遗民南渡，并侨置牧司，非旧土也。”（《宋书》三五《州郡志》）近世欧人殖民地之 New York，New Antwerp，New Brunswick 等称，实同斯义。我国上古之“地理层化”，一部分亦因此而产生。始不过安置难民，后乃假为夸大，南北东西，相承一辙，“一郡分为四五，一县割成两三。”（《宋书》一一《律志》序）阎若璩云：“据《魏志》，朔州陷后，寄治并州界，领大安、广宁、神武、太平、附化五郡。阎若璩考之，则所谓朔州洎大安、广宁、神武、太平四郡，皆在今寿阳县境，东西距只一百三十里，南北百五十里，而所容若此，其侨置夸诞，大可笑云。”（《尚书古文疏证》六下）今试就《魏书·地形志》专论之，既有汾、营、青矣，复有南汾、南营、南青以骈之；既有兖、徐、豫矣，复有西兖、南兖、东徐、北徐、东豫、北豫以参之，州名之易混也。各州所辖之郡名，重见叠出，淆惑观听，莫斯为甚。南营五郡，全与营同；汾州四郡，同于南汾者三，犹是楚州也；而称沛郡者二，犹是南广也；而称襄城者二，犹是南郢也；而称永安者二。新蔡凡八，尚有东新蔡；汝南、襄城各七，尚有西汝南；陈留、沛各六，前者有北陈留、南陈留，后者有北沛、西沛，郡名之易混也。沙州二郡二县，湘州三郡三县，显州四郡四县，南朔、北江皆六郡六县。双头郡县中，有二郡共一县者，更有设郡无县者。平均每郡不足三县，三县者占全郡数百分之五十五有奇，领两县以下者几及半数，郡制之破碎支离，无有若是之甚者。又如梁天监郡三百五十，县千二十二；北齐天保郡一百六十，县三百六十五；周大象郡五百八，县一千一百二十四，每郡平均亦不及三县。陈州四十二，郡一百九；大象州二百一十一，郡五百八，每州平均不及三郡。天保州九十七，郡一百六十，且不足两郡（以上各数，均见《隋书·地理志》）。分划细碎，不适合于当日社会之实况，诚王应麟所谓地转狭而州益多者矣。

天保七年十一月诏：“百室之邑，便立州名，三户之民，空张郡目。”因省州三，郡一百五十三，县五百八十九，（《北齐书》四）是开精简之先河。隋文受禅，杨尚希上表云：“当今郡县，倍多于古，或地无百里，数县并置，或户不满千，二郡分领，具寮以众，资费日多，吏卒又倍，租调岁减，清干良才，百分无二，动须数万，如何可觅？

所谓民少官多，十羊九牧，琴有更张之义，瑟无胶柱之理。今存要去闲，并小为大，国家则不亏粟帛，选举则易得贤才。”（《隋书》四六《尚希传》）帝览而善之，遂于开皇三年十二月，废诸郡五百余，扫六百余年州郡县三级之制，以州刺史治民，名则因循，事同郡守，是为郡县制一大变革。

寻以户口滋增，重行析置，计开皇、仁寿间原北朝域内增州五十六，废州十三，两者相比，尚赢四十三，合诸平陈后所置五十七州（废玉、洭、韶三州不计），共数三百。刘炫所谓“今州三百”，（《隋书》七五《炫传》）其总允符。迨大业三年，改州为郡，刺史为太守，益事并省，名虽同于隋前之郡，实则无异开皇之州。而以郡统县，表面又略类乎秦制。总计当日存郡百九十，三分省一；县一千二百五十五，平均每郡领六县以上，其辖境视文帝时扩大，是为隋代之第二次改革。

附表　《隋书·地理志》九州郡县分配数目表

州　　别	领郡数	领县数	平均每郡领县数*
扬	四四	二六九	六
梁	三四	二二三	六
冀	三一	二二一	七
雍	二八	一四六	五
荆	二二	一二二	五
豫	一六	一三九	八
兖	六	五七	九
徐	五	四〇	八
青	四	三六	九
合　　计	一九〇	一二五三	七

* 作者计算时只取整数。

说明　《地理志》云，“郡一百九十，县一千二百五十五”，上表只得一千二百五十三县，比志少二数。又隋世并非行九州之制，修史者泥于《禹贡》九州，遂将各郡强行分配，以致背于现实，读隋史者应毋泥视之。

刘秩云:“隋氏罢中正,举选不本乡曲,故里闾无豪族,井邑无衣冠。”(《通典》一七)又“旧周、齐州郡县职,自州都、郡县正已下,皆州郡将、县令至而调用,理时事。至是,不知时事,直谓之乡官,别置品官,皆吏部除授。”(《隋书》二八,开皇三年)至十五年,并罢州县乡官。(同上)换言之,“六品以下官吏,咸吏部所掌,自是海内一命以上之官,州县无复辟署矣。”(《通典》一四)此又隋代中央集权之施于用人者。

官制为政治运用之工具,兹并类及之。

北周官制复古,名不尽传。隋废周之六官,制名多依前代之法。政权揽于尚书省,置令及左、右仆射各一人,总吏部、礼部、兵部、都官、度支、工部六曹事,每曹设尚书一人,合左、右仆射,是为八座。次于仆射者为门下省(即秦、汉之侍中)之纳言(二人),内史省(汉为中书,周改内史)之令(二人)。开皇三年,改度支为民(非户)部,都官为刑部。

开皇三年,制刺史、县令三年一迁,佐官四年。十五年十二月,诏文、武官以四考交代。

官阶凡九品,品各有正、从,禄给皆以春秋二季,京官、外官各不同。

京官:凡食封官不判事,及九品皆不给禄,余分为十六级:

1. 以百石为差者七级。正一品九百至正四品三百石。

2. 以五十石为差者四级。从四品二百五十至正六品一百石。

3. 以十石为差者五级。从六品九十至从八品五十石。

外官:唯刺史、二佐(长史、司马)及县令给禄,依当州、当县户数为九等之差。

官	等差	一	二	三	四	五	六	七	八	九
刺史	四〇石	六二〇	五八〇	五四〇	五〇〇	四六〇	四二〇	三八〇	三四〇	三〇〇
县令	一〇石	一四〇	一三〇	一二〇	一一〇	一〇〇	九〇	八〇	七〇	六〇

京官、外官各有职分田，又给公廨钱以给公用，惟禁出举收利。

第三节　国防设备之概况

斯大林曾指出抵御外敌之国防，需要具有能力之中央集权国家而后能成立，同时国防之利益，亦是创造及加速中央集权国家形成的条件，但在任何程度上并未排除经济的因素。（参葛烈柯夫等《斯大林和历史科学》译本四〇页）我国经济，至隋初而渐臻巩固，突厥日逼，国防建设遂为迫切之要求。

担负国防任务者为军政上之总管区域，与前节所言行政区域组织不同。隋制，刺史可以兼理武事，谓之总管刺史加使持节①，从军事方面言，可兼辖数州至十余州，但州数多少，似随时随人而不同，亦分上、中、下三等，今其等级已失考。尝设之数，约达五十，洎开皇中叶，六合统一，内地者渐次撤废，仁寿之末，约有三十六，今列为简表如次：

州　府　名	设　置　年　代	对京师之大概方位
原	周	西北
夏	周	北
秦	周	西北
凉	周	西北

① 《汉书》一上注："节以毛为之，上下相重，取象竹节，因以为名，将命者持之以为信。"

续表

灵	周	西北
兰	开皇初	西北
云(榆关)	开皇三	北
丰	仁寿元	北
并	周	东北
幽	周	东北
朔	开皇初	东北
营	开皇初	东北
西汾(隰)	开皇四	东北
代	开皇五	东北
玄	开皇六	东北
利	西魏	西南或南
荆(江陵)	西魏	西南或南
襄	西魏	西南或南
信	周	西南或南
益	周	西南或南
南宁	开皇初	西南或南
汶(会)	开皇初	西南或南
叠	开皇四	西南或南
潭	开皇九	西南或南
遂	仁寿二	西南或南
泸	仁寿中	西南或南
豫	周	东
吴(扬)	开皇元	东南
寿	开皇初	东南
庐	开皇初	东南
吴(越)	开皇九	东南
洪	开皇九	东南
桂	开皇九	东南
循	开皇九	东南
广	开皇九	东南
杭	仁寿二	东南

总计西北及北占八府，所以御突厥也。东北占七府，半以御突厥，半以御契丹也。利、荆、襄、信、益、汶、潭、豫凡八府，所以拱卫畿辅，扼守江源也。东南方面，东起扬、庐、寿，迄于越、杭，西自洪、循，达乎广、桂，则皆南方形胜，设险守国之地也。其余叠州以防退浑（即吐谷浑），南宁以临爨蛮，仁寿中犹增遂、泸二府者，维时蜀僚反叛，有事镇遏，皆以备西边及西南民族也。隋代国防，于是可略见一斑矣。

当日威胁最大之外族，莫如突厥，抵抗突厥之国防设备，又莫要于长城，兹再撮录齐、隋两朝筑长城各役于后：

北齐文宣天保三年（五五二）十月，起长城，自黄栌岭至社平戍四百余里，立三十六戍[①]。

天保六年（五五五），发夫一百八十万人筑长城，自幽州北夏口西至恒州，九百余里[②]。

天保七年（五五六），先是自西河总秦戍筑长城，东至于海，前后所筑，东西凡三千余里，率十里一戍，其要害置州镇凡二十五所。

天保八年（五五七），于长城内筑重城，自库洛拔而东，至于坞纥戍，凡四百余里。

武成河清二年（五六三），突厥二十万众毁长城，寇恒州。

隋文开皇元年（五八一）四月，发稽胡修筑长城，二旬而罢。

《隋书》六〇《崔仲方传》："令发丁三万，于朔方灵武筑长城，东至黄河，西距绥州（大约指今之榆林）[③]，南至勃出岭，绵亘七百

① 《通鉴注》："此长城盖起于唐石州，北抵武州之境。……社平，《齐纪》作社子。按《斛律金传》，黄栌岭在乌突戍东。"

② 《通鉴》绍泰元年注："幽州夏口盖即居庸下口也，幽州军都县西北有居庸关，湿馀水出上谷沮阳县之东，南流出关，谓之夏口，夏当作下。"

③ 王国良谓"东"、"西"二字误易，但下文大业三年亦作"西距榆林，东至紫河"，紫河在平鲁县。

里。明年,上复令仲方发丁十五万,于朔方以东缘边险要,筑数十城以遏胡寇。”大约即开皇元、二年事(《通鉴》附在五年末)。

开皇六年(五八六)二月,发丁男十一万修筑长城,二旬而罢①。

开皇七年(五八七)二月,发丁男十万余修筑长城,二旬而罢。

隋炀大业三年(六〇七)七月,发丁男百余万筑长城,西距榆林,东至紫河,二旬而罢。

大业四年(六〇八)七月,发丁男二十余万筑长城,自榆林谷而东。

大业元年四月,废诸州总管府,集兵权于中央,此举于隋之速亡,未尝无多少影响。

第四节 突厥之起源及为患中国

突厥为现在“突厥族”中之一系②,近世学者多信其即上古涂兰(Turan)族之苗裔,本语作 Türk (Türük),复数 Türklär,蒙古语写作 Türküt(新疆翻佛经 Twrk,于阗文作 Ttrrūki,Tturki;西藏文 Drug,Dru-gu;希腊文 Toürkōü),汉文翻作突厥(只《续通历》及《册府元龟》四一曾见“突屈”之异译),其意义则力也,权也,能也。

此族初起之地,相传是金山(或阿尔泰山)一带,西魏大统八年(五四二),从连谷(榆林)入寇,是为突厥出现于汉史之首次。(《周书》二七)

① 《元和郡县志》一四合河县(今兴县西北),“隋长城起县北四十里,东经幽州,延袤千余里,开皇十(按此字衍文)六年因古迹修筑。”

② 或引吕振羽《中国民族简史》,谓突厥族由羌族发展演变而来。从语言观之,羌族是藏语语系,与突厥语迥异。

突厥自称是狼种，无疑即上古之狄（字从犬）或翟。（《史记·赵世家》："翟犬者代之先也。"）酋长首见于中史者曰土门（Tumïn）可汗（Qaghan），土门之原语，据我所见，应即突厥语之 tümän，此云万也（吐火罗语 tumane，tmane，tman），匈奴最初之单于名头曼，实同语异译，《史》、《汉》意译为"万骑"，后来赫连勃勃有统万城，即肖音而兼孕义者。（见拙著《元初西北五城之地理的考古》）金人称忒母，蒙古称秃绵或万户（《史记·李广传》有万户侯），此可汗必原来任万夫长，故以官为名。《新唐书》又作大吐务，亦称伊利可汗，伊利（il）犹云王也。

土门始至塞上市缯絮，大统十一年（五四五），宇文泰遣酒泉胡使其国，翌年，土门遣使来献方物，是为两国建立外交之始。

土门先破铁勒，继因被茹茹（蠕蠕、芮芮）蔑视，转而向西魏求婚，魏以长乐公主妻之。废帝元年（五五二），灭茹茹。

其后（约五五三年），木杆可汗立，西破哌哒（挹怛，Ephthalies，Hephthalites），东走契丹，北并契骨（坚昆 Qïrkïz，满、蒙人称为布鲁特'Burut'，今称吉尔吉斯），领域东自辽海以西，西至西海万里，南自沙漠以北，北至北海五六千里。

据波斯史，五五四年，木杆与波斯王 Nushirvan（五三一—五七九）始发生关系，波斯王得突厥助，攻灭哌哒，遂共分其国土，以乌浒（希腊文 Oxus；伊兰文 Vaksa 缚刍；阿剌伯文 Jihun；今 Amu daria 阿母河）河为界，并娶木杆女为妻，突厥势力由是伸至中亚，西突厥室点密（Istämi）可汗即于是时始。室点密者，土门之弟也。现时于阗、疏勒等地附近住有一种民族，名为 Abdal，所说者天山南路突厥语，但其中杂有来源不明之字[①]。亦作 Habdals，Lattimore 以为导源

① 一九三二年《地学杂志》一期一二二页译勒柯克（Le Coq）文。

于吉卜赛(Gipsy)族,余往日疑其与阿不旦(Abdal,罗布泊附近之地名)有关[①],今再以 Abdal,Habdal 及 Ephthalites,Hephlhalites 之对比观之,颇信此一民族即中古时代㖖哒之遗裔[②]。

西魏恭帝三年(五五六),假道凉州,与西魏合兵破吐谷浑于青海。

此后,齐、周争相结纳,保定五年(五六五),可汗以女妻周武帝,周人每岁给以缯絮锦彩十万段,突厥人在京者又优礼相待,衣锦食肉,常以千数;齐人惧其寇掠,亦倾府藏以縻之。突厥遂坐收渔人之利(隋文帝诏有云:"突厥之虏,俱通二国,周人东虑,恐齐好之深,齐氏西虞,惧周交之厚,谓虏意轻重,国遂安危。"),他钵可汗(木杆之弟)至有"但使我在南两个儿孝顺,何忧无物"之自大语。大象二年(五八〇),周封赵王招女为千金公主,以妻他钵[③]。

① 一九四五年《东方杂志》四一卷二号拙著《从人种学看天山南北之民族》三四页注三五。

② 关于㖖哒势力,可参冯译沙畹《西突厥史料》一五八 — 一六〇页。其都城在今阿富汗北部。

③ 伯恩斯坦所著《六、八世纪鄂尔浑叶尼塞流域突厥人的社会经济结构》,据张之毅《游牧的封建社会》的引文,(《科学通报》一卷八期五三二 — 五三四页)颇有可商之处。如(一)谓"由于阶级的分化,由于伯克和黑民的斗争,七世纪末时更促成突厥国家的成立。公元六八二元(应作"年")骨咄禄可汗藉暾欲谷的辅佐,脱离唐朝而独立,突厥汗国于是产生。"则须知突厥立国,早在西魏(五三五 — 五五七),维时东而中国,西而波斯、东罗马,都与发生外交关系,铁勒、茹茹、㖖哒等被其平服或殄灭,六八二(永淳元)乃其再次(非初次)立国之年耳。(二)谓"在默啜可汗统治的二十余年(六九三 — 七一六)中突厥汗国加速地封建主义化",此处亦要避免文字上的误会;早在六世纪六十至七十年代,室点密已分藩西方,就我国旧日所谓"封建"而言,则非始于七、八世纪之交。(三)谓"十至十一世纪是突厥汗国封建制度的形成时代",此处用"突厥汗国"字样,似乎意义太泛,倘指前文六八二年所成立者言之,则约七四二年(天宝初)顷已为回纥等破灭之矣。(四)谓突厥社会之主要特征一为幼子优先继承制;按此制见于蒙古民族,蒙古之习惯,多承袭突厥,吾人固不敢否认六 — 八世纪时期突厥民族一部分曾流行是项规制,但从隋唐时突厥汗位之继承观之,却未留有痕迹,此亦读史者应该注意之点。

第五节　突厥与东罗马之发生关系——丝绢贸易

羽田亨言：自南北朝至隋、唐，善于经商之粟特人（Sogdians），其往来漠北，不单在商货贸易，且谋政治方面之携手以达其大欲。突厥及回纥勇悍而朴直，因信用彼辈，对中国之种种要挟或侵略，率此等狡黠者为之策划而坐收其利，平时又操纵对华贸易，取得非法利润。换言之，中国实为粟特人所苦①。同样，彼辈亦用其对华之手段以对付西方。

中国丝绢之输出，自古即为亚洲一种重要商业，其取途有二：（1）西向出粟特（Sogdiana）即康国（Samarkand）等处②，为最古之道，西方学者称为“丝路”。（2）通印度诸港之海道③。当日以波斯及罗马人为主要顾客，而参预居间转贩者，则中亚之粟特人及印度洋之海船。商胡东来之不断，中、印贸易之促进，皆与此有直接关系。

罗马人欲扫除波斯居间剥削之害④，东罗马帝 Justinian（五二七—五六五，魏明帝至周武帝时）曾培养蚕种而无功，乃谋令阿剌伯西面土人与印度诸港直接交通，波斯沮之，且设法妨碍陆上之转运，以便其专利操纵。

粟特人见吠哒既灭，即请其新主室点密可汗，要求波斯许彼辈

---

① 郑译《西域文明史概论》七二页。

② 今属乌兹别克共和国。

③ 据 Nearchus 之记录，元前四世纪亚力山大征印度时绢已输入西方。又同时阇那迦（Chanakya）著《利论》一书，亦说及 Chinapatta 即中国丝织品。（尼赫鲁《印度的发现》一四七页）

④ 《魏·志》记大秦国云：“尝欲通使于中国，而安息国图其利，不能得过。”可见其居间剥削，由来已久。

在其辖境内经营丝业。可汗因遣使至波斯(约五六七,即周武天和二年前),为波斯王 Nushirvan 所拒,突厥使至波斯者又多被毒死,由是二国交恶。

商人不得志于波斯,又怂恿可汗别辟东罗马的销场,五六七年底,有商人名 Maniach 者,行抵东罗马都城,呈突厥文可汗书,外附许多缯帛,略言突厥分为四部,大权操于室点密。

翌年初,东罗马帝 Justin Ⅱ(五六五 — 五七六,即周武保定五至建德五年)遣使臣邪马克司(Zemachos)报聘,达可汗所驻之白山(应在今库车之北,特克斯(Tekes)流域,即伊犁之东南)。可汗帐幕,饰以杂色绸缎,陈列许多金器。适其时可汗往击波斯,为波斯所败,突厥与东罗马之交好,因是而益深。五七一年(天和六),突厥使二次至东罗马,要求 Justin 帝撤废九年前罗马与波斯所立之和约,演成东罗马、波斯间之廿年战争(五七一 — 五九一,天和六至开皇十一年)。

五七六年(建德五),罗马使臣 Valentin 至突厥,告 Tiberius 帝之继位,且谋重修五六八年之旧约。此使臣与前使邪马克司均有残片旅行记留存。前使言突厥人持铁向其兜售,且令行逾火焰以清净其身。后使到突厥时,适遭室点密之丧,迫令依突厥习惯,用刀剺面,参与葬礼,葬时以死者生前所乘马四匹及俘虏四人为殉。

五七九年(大象元),波斯王 Hormizd Ⅳ or Ⅲ 即位(五七九 — 五九十),木杆可汗女之出也,与突厥亲虽甥舅,而并不相好(隋文帝诏有云:"达头前攻酒泉,其后于阗、波斯、挹怛三国一时即叛。"攻酒泉在宣政元年年底,即五七八 — 五七九年)。五八七年(开皇七)沙钵略卒,弟叶护可汗立,因波斯用兵罗马,遂于五八八年率众三十万,往攻波斯,同时东罗马亦自叙利亚反攻,波斯两面受敌,其势颇危,幸藉大将之威望,以少敌众,叶护中箭而卒。

第六节　突厥之内争、分裂及南附

初土门死，子（非弟）逸可汗立（逸即 il 之急读）。逸可汗不久卒，舍其子摄图而立弟木杆。木杆在位廿年卒（约五七二），复舍其子大逻便而立其弟他钵。他钵在位十年，病且卒，谓其子庵罗曰："吾闻亲莫过于父子，吾兄不亲其子，委地于我，我死，汝当避大逻便也。"然大逻便母贱，众不服，庵罗母贵，突厥重之，摄图长且雄，尤力排大逻便，庵罗遂立。大逻便心不服，庵罗弗能制，以国让摄图，国中相议，摄图最贤，因立之，是为沙钵略（始波罗）可汗。此一段经过，无形中酿成东方式家庭间叔侄、兄弟之不和（隋文帝诏有云："且彼渠帅，其数凡五，昆季争长，父叔相猜，外示弥缝，内乖心腹"），是为突厥中衰之主因。往年他钵之所以玩弄周、齐者，隋朝乃得觊其隙而施行报复。

摄图之立，有待于国人相议，此与蒙古时代之也可库利尔台（Yäkâquriltai 犹云大会）制度，颇为相类。此制在元太宗、定宗、宪宗三汗即位之前，均尝举行，后来虽真意已失，然下至元末，犹保全其形式，即继立之君，须经大会推定是也。他如突厥前之乌丸、鲜卑，突厥同时之契丹、新罗，历史上亦表示其有类此之习惯①。今按

① 参陈译箭内亘《元朝制度考》五二 — 五四页。《家庭、私有制和国家的起源》言，罗马之大氏族，"是由十个氏族组成的，叫做库利亚（Curia）。"（一二九页）又言，罗马的元老院，如雅典之议事会一样，对许多事情有决定权，尤其是新法律，这些新法律再由库利亚大会（Comitia Curiata）通过。库利亚大会选举一切高级官吏，连所谓帝皇（rex）者在内。（一三七页）按罗马文之 Curia 与蒙古文之 quril 甚相似（蒙语之 l 当是文法结构之一格，可以不论），蒙语之意义虽是"会"，但其最初语原或有别义，是亦东西社会史比较中可注意之一点。

周武王崩而周公摄政,厉王奔而周、召共和,我国古制,当与此种习惯有密切之联系。

隋文帝即位,待突厥稍薄,沙钵略妻周千金公主,怀覆隋之心,屡言于可汗。开皇二年(五八二),遂悉众四十万分两道(今之陕、甘)入寇,凉、秦、泾、兰、敷、延诸州六畜咸尽。既而沙钵略攻大逻便,大逻便败,西投达头可汗(室点密之子),国中互相攻击,且各遣使来隋请和,千金公主亦上书愿为父女,隋使报之。沙钵略复书云:

> 辰年(开皇四年甲辰,五八四)九月十日,从天生大突厥天下贤圣天子、伊利、俱卢设、莫何、始波罗可汗,致书大隋皇帝。使人开府徐平和至,辱告言语,具闻也。皇帝是妇父,即是翁,此是女夫,即是儿例,两境虽殊,情义则一。今重叠亲旧,子子孙孙乃至万世不断,上天为证,终不违负。此国所有羊马,都是皇帝畜生,彼有缯彩,都是此物,彼此有何异也。

隋特使虞庆则、长孙晟往聘,沙钵略跪受诏书称臣,隋因赐千金公主姓杨氏,改封大义公主,更许沙钵略入猎恒、代,数年间边境稍安。

继叶护者为都蓝可汗,沙钵略之子也。叶护之子染干,号突利可汗[①](小可汗),居国之北,遣使赴隋求婚,隋以宗女安义公主妻之,并特厚其礼。都蓝怒,数为边患,又与达头合攻突利,突利败,

① 《隋书·突厥传》误称染干为沙钵略之子,《通鉴考异》八已辨正之,但《通鉴》一七五于太建十四年下又称为沙钵略之子,此是《通鉴》自不照应之处。

只身入朝（开皇十九，五九九）。隋拜为意利（即伊利之异译）、珍（弥）豆、启民可汗，使游牧于夏、胜两州之间（今河套东边），以河为固。东西距河，南北四百里，在朔州为筑大利城（今山西、内蒙交界），再妻以宗女义成公主，部落南来者殆二三十万，其情形与东汉建武时南单于内附相类。旋都蓝被麾下所害，达头自立，国内大乱，达头奔吐谷浑，东西突厥由是分立。

西突厥之分藩，始于灭哌哒（见前四节），犹诸成吉思汗西征之分封长子朮赤也，初时犹奉事宗邦，后因内乱而形成分裂。其国分十部①，又曰十姓，每部赐以一箭（oq），故称十箭。十箭又分左右厢：左厢号五咄陆，各置一啜（čur）领之，右厢号五努失毕②，各置一俟斤（irkin）领之。设南北廷，南廷当在今天山北路，北廷则在千泉即屏聿（bïng-yul）附近。“千泉者地方二百余里，南面雪山③，三垂平陆，水土沃润，林树扶疏，暮春之月，杂花若绮，泉池千所，故以名焉。”（《大唐西域记》一）其地即今哈萨克（Kazax）共和国 Aulieata 之附近④，有良牧、美蔬及无数清泉，近世哈萨克人仍视为吹（Chu）、锡尔（Syrdaria）两河间避暑最胜之地⑤。余依沈曾植氏《西王母国考证》求之，《穆天子传》二所云：“丙午，至于鄄韩氏，有乐野温和，穄麦之所草，马牛羊之所昌，宝玉之所□。……庚戌，天子西征，至于玄池。”其与此一区域相当，可无疑也。

---

① 一九五五年《历史教学》六期史苏苑说从贞观起分为十部，误。

② 失毕，余曾证定为古突厥文之 Sadapyt，见《辅仁学志》六卷一、二合期拙著《跋突厥文阙特勤碑》二三页。

③ 据 Beal《译西域记》一，二七页注八八，此高山名 Urtak-taū。

④ 参《辅仁学志》四卷二期拙著《〈康居传〉校释》二一 — 二二页。

⑤ 同前《译西域记》注引 Severtsof 之说。

附 漠北突厥世系表

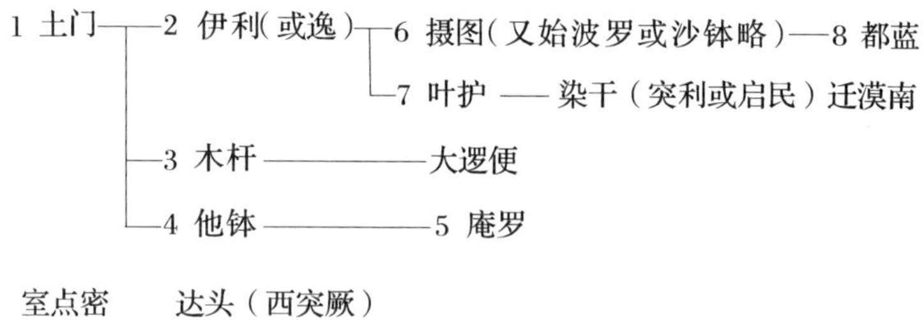

室点密　　达头（西突厥）

第七节 突厥文化、风俗与我国之比较

唯周人与“突厥民族”有密切关系，故其文化、习俗颇多相类之点，余曾写过《揭出中华民族与突厥之密切关系》[①]一篇，尚未尽所欲言，今只就其见于中古时代之突厥部者言之：

（一）封建　节级分地，为突厥族之古制，我国周代以茅土锡诸侯，诸侯畀之卿大夫，卿大夫畀之士；又突厥平服中亚，使室点密治之，即藩封之制也。

（二）“族”之意义　《说文》：“族，矢鏠也……㫃所以标众，众矢之所集。”段玉裁注：“《毛传》云，五十矢为束，引伸为凡族类之称……旌旗所在而矢咸在焉，众之意也。”按古代同族者集于一旗之下[②]，许慎“㫃所以标众”一句，颇得其意。然喻“众”之事物尽多，何以必取乎“矢”？段氏以旗在而矢咸在谓之众，尤属牵强。今知一部（或姓）赐一箭，故一部亦称一箭（见上节），则“族”字之构造甚明，

① 《东方杂志》四一卷三号三五—四三页。

② 满洲有八旗，即此古俗之残余。

“㫃”所以集同族，“矢”（即箭）即“族”之义，实指事及会意字，用作镞者为借字，非其本谊。

（三）事火　“突厥事火，不施床，以木含火，故敬而不居，但地敷重茵而已。”（《大慈恩寺法师传》二）此可比观我国上古之席坐。行逾火焰，其意将以净身，《颜氏家训·风操篇》云：“丧出之日，门前然火，户外列灰，祓送家鬼。”此一习俗，今粤中于送殡回家、迁入新筑及新妇入门等犹有之。抑事火之俗，由亚洲西北推广于波斯、印度，所置“家火”不令熄灭，如迁居近地，须携之同往[①]，隋王劭《请变火表》云：“在晋时有以洛阳火渡江者，代代事之，相续不灭，火色变青。”（《隋书》六九）尤为突出之类例。

（四）十二属　早见于东汉王充《论衡》，即子鼠、丑牛、寅虎、卯兔、辰龙、巳蛇、午马、未羊、申猴、酉鸡、戌犬、亥猪是也[②]，今如询北方俗人年岁，彼常举“属某”以对。从突厥古碑刻观之，沙钵略书所谓“辰年”者，原文应为“龙”年，彼方只有十二属，并无十二支。不空译《宿曜经》云：“西国以子丑十二属记年，以星曜记日。”则中亚亦有此习惯。

（五）指天设誓　《论语》“夫子矢之，曰：予所否者，天厌之，天厌之”，正是“上天为证”之意。

（六）数名之万　《敦煌掇琐》四：“凡数不过十，名不过万。”后世虽有亿、兆……等称，然其位数若干，至今迄无定论，因上古无定制也。古突厥数字亦至Tümän（万）而止，欧洲学者即曾取之以与“万”之读音相对比。

---

① 见重庆《真理杂志》一卷一期二五页拙著《秦代已流行佛教之讨论》的引文。

② 《后汉书·郑玄传》亦云：“今年岁在辰，明年岁在巳，岁在龙蛇贤人嗟。”

（七）尚九 “三”为亚洲数大民族共同之吉数或圣数，“九”为三三相乘，尤被重视，我国之九族、九锡，甚而九州、九江、九河，皆由虚数而进为（或被误会为）实数者也。突厥至回纥时代，据吾人所知，有九部室韦（见《隋书》）、九姓铁勒（回纥即其一）、九姓鞑靼、九姓乌护（见《回纥碑》）、昭武九姓胡（见两《唐书》），突厥可汗即位，随日转九回（《周书》），后来成吉思汗建九斿白旄纛，又赐姚里氏以河西俘人九口，马九匹，白金九锭，币、器皆以九计。（多桑《蒙古史》上一五二页）蒙古族对新汗行九拜礼。（同上一九二及二四八页）盖东北族多接受突厥族之文化，故亦造成同样之习俗。

（八）殉葬 依《诗经》及《史记》，则秦之先世武、穆二公，均用人殉葬，始皇死，以后宫为殉，《礼记·檀弓下》，陈子车死，其妻及宰以殉事请于子车之弟子亢，辞曰：“夫子疾，莫养于下，请以殉葬。”皆我国本有人殉之证。唯周族已知生命、物类之可惜，始代以陶俑等明器。及造纸术发明，更易以纸人、纸马之类，皆殉之遗意也。《孟子·梁惠王篇》引孔子，“始作俑者，其无后乎，为其象人而用之也”，大抵误会作俑而后引起人殉，故有此语。又杜甫《桥陵》诗“宫女晚知曙”，《昌黎集》四《（顺宗）丰陵行》“设官置卫锁嫔妓，供养朝夕象平居”，宋白云：“凡诸帝升遐，宫人无子者悉遣诣山陵，供奉朝夕，具盥栉，治衾枕，事死如事生。”（《通鉴》二四九胡注引）按《后汉书》一六刘昭注引《皇览》，汉制，后宫贵幸者皆守园陵，《会要》二一颜真卿引《后汉·礼仪志》，亲陵一所，宫人随鼓漏理被枕，则此种制度非创于唐，而实际却同于突、蒙之习惯。

（九）剺面 《礼记·檀弓上》“高子皋之执亲之丧也，泣血三年，未尝见齿"，其说不轨于理。尝见粤中神祠所奉孝子偶像，都于目眶下涂朱数竖，乃悟泣血实即剺面，状相类而讹传。

（十）收继婚　突厥族"父兄死，子弟妻其群母及嫂"，（《隋书》八四）《孟子·万章篇》"象曰：谟盖都君咸我绩，牛羊父母，仓廪父母，干戈朕，琴朕，弤朕，二嫂使治朕栖"，正可对照。由是，《孟子·离娄篇》所称，"嫂溺则援之以手乎？……嫂溺援之以手者，权也"，乃得满意解释，盖旧俗嫂可收继，及战国而视为非礼，故严嫂叔之防矣。隋、唐之际，如隋炀纳陈、蔡二夫人，唐太宗取元吉之妾，唐高宗收太宗之武才人（即武则天），似颇受突厥影响。直至最近以前，我国各地，此风尚未尽替。（参董家遵《中国收继婚之史的研究》）

（十一）半子　"此是女夫，即是儿例"，则犹汉族视婿为半子。

（十二）尊号　据郭沫若先生《周金研究》，春秋中叶以前，尚无所谓谥法，后人称为谥者实是尊号。突厥可汗衔上冠以"贤圣、伊利、俱卢设、莫何、始波罗"，贤圣为 bilgä 之义译，伊利见前，俱卢 = Kül，光荣也，设 = Šad，突厥官名，莫何 = bagha，父也（《宋书》九六《吐谷浑传》："莫贺，宋言父也"），始波罗 = Sbara，王权也，与我国帝王之有尊号无异。"天生"即汉文之"天子"，蔡邕《独断》云："天子，夷狄之所称。"汉武时单于书云："胡者天之骄子也。"

（十三）色尚蓝　突厥语 Kök 之义为"天"，亦为"蓝"，蓝犹美也，故突厥自称曰"蓝突厥"，今新疆语尚有用 Kök 字以表"美"之意义者；然"青出于蓝"，粤谚谓"青靓白净"，语法相同。抑"华夏民族爱蓝色，自北方至广州，莫不如是，中下阶级均以蓝色衣料为多"①，

① 一九三四年《地学季刊》二期《湘粤旅行见闻录》。至如《礼记》称殷人尚白，《魏志》三〇夫馀"在国衣尚白"，《五代会要》九五"新罗朝服尚白"，《大金国志》"金俗好衣白"，马可波罗记蒙古新年之只孙宴俱服白衣，显异乎尚蓝之俗。

此又其实征也。

（十四）铁之名称　春秋时叔夷镈铭“遡载徒五千”，最近郭沫若考定“载”即“铁”字。余曾引“铁山”见于《穆天子传》①。按西伯利亚一带，向产铁矿，《北周书》称突厥本茹茹铁工，突厥呼铁曰tämur（法国学者Blochet曾揭出希腊文之tomuris，与突厥文相似），其第一音组之tä，与汉语“铁”之发声相同，我国对铁之应用，相信本从西北方输入。

（十五）地域观念　吹（Cu）河之南，锡尔河（Sir daria，又称药杀水即Jaxartes，阿拉伯人呼为Sihun）之北，突厥族常视为世界之中央；印度人对其自国，亦具同样观念，故法显《佛游天竺记》、玄奘《大唐西域记》所谓“中国”，皆指天竺，此犹汉族之自号中国也。《广弘明集》七“贤豆、天竺，……斯是地心，号中国也”，意义相同，吕振羽《中国社会史纲》（一卷一八八页）引此以为戎出于“夏”之证，殊属误会。

（十六）方向尚东　《周书·突厥传》：“牙帐东开，盖敬日之所出也。”漠北阴寒，故向阳取暖，此是真义，我国处温带，患热，故向南以迎熏风，首长南面而立，部下乃北面而朝，久而忘其所以然，人遂误会北方为重矣。汉族初亦尚东，故古礼主人升自阼阶（阼，东也），客升自西阶，让客使得面朝东也。《唐语林》八云：“人道尚右，以右为尊，礼先宾客，故西让客，主人在东”，非其真旨。习于东向，则身右为南，尚右即尚南，古人并无尚北之习惯。

---

① 郭说见一九五六年九月八日《人民日报》。拙说见《西周社会制度问题》四五页。

第八节　平陈

突厥中衰，北边无警，而又经济稳定，则隋之统一，有可能性。近人冀朝鼎提出我国历史上经济要区之论，以为政治统一之获得，只有一道，全国分为许多区域，“众区之中，有一区焉，其本地之农业出产，其接受他地转漕之利便，均优于余外诸区，以是故，凡取得此区者即取得征服统一全中国之钥。”①按农产、转运二事，即在六朝之末，江南亦视关中为优胜②，且同是汴水，刘裕用之以定秦，如冀之说，则北方无统一南方之理。《孟子》云：“天时不如地利，地利不如人和。”在双方条件相等或稍相等之情势，则胜负之券，应以能适应环境、能发动及领导群众为标准。

文帝既移周社，志得意满，遂萌统一之想，即位未一月，便任声名素著之韩擒虎为庐州总管，贺若弼（贺若复姓）为吴州（扬州）总管，委以平陈之事。弼承父敦遗志，献取陈十策，适北边不宁，未遑发动。

平陈方略多本自崔仲方。开皇六年，仲方论取陈之策，大致言武昌已下，蕲、和、滁、方（今六合县）、吴、海等州宜驻精兵，密营渡计。益、信（今巴东）、襄、荆、基（今钟祥）、郢（同上）等州速造舟楫为水战之具。蜀、汉二江为上流必争之冲要，若陈令精兵赴援，则下流诸将即须择便横渡；如其拥众不出，则上江诸军可鼓行以前。

① 冀书是英文本，此据《中国社会经济史集刊》五卷一期一二二页书评所撮引。

② 参看《宋书》五四《史臣论》。

(《隋书》六〇《本传》)

陈宣帝卒(开皇二,五八二),子叔宝立,是为陈后主。即位之翌年(五八四),起临春、结绮、望仙三阁,并以沉檀香木为材,又饰金玉、珠翠。唐魏徵云:"后主生深宫之中,长妇人之手,既属邦国殄瘁,不知稼穑艰难,初惧阽危,屡有哀矜之诏,后稍安集,复扇淫侈之风,宾礼诸公,惟寄情于文酒(如江总、孔范辈,称为狎客),昵近群小,皆委之以衡轴(施文庆、沈客卿辈),……耽荒为长夜之饮,嬖宠同艳妻之孽。"(见《陈书》)其速亡宜也。

叶护可汗继沙钵略之政,隋北边无警,开皇八年(五八八)三月,遂下诏伐陈。十月命晋王广、秦王俊、杨素,并为行军元帅。广出六合,俊出襄阳,素出信州,刘仁恩出江陵,王世积出蕲春(黄州),韩擒虎出庐江(安徽),贺若弼出吴州,燕荣出东海(海州),合总管九十,兵五十余万,皆受晋王节制,文帝驾幸定城(华阳),陈师誓众。

明年正月,弼自广陵济京口,擒虎济采石(当涂),以钳形攻势,夹攻建康,陈军束手无策。二月,擒虎先入城,获叔宝,陈亡。

素与仁恩引舟师趣三峡(瞿塘、巫、西陵),陈将吕肃守险滩,经四十余战,卒破之,又破肃于荆门,乘胜东下至汉口,与秦王会。时建康已下,晋王命叔宝为手书招上江诸将,于是上江皆平。世积以舟师自蕲水趣九江,驰书谕降豫章诸郡。荣自东莱傍海入太湖,取陈之吴州(苏州),随宇文述略定晋陵、会稽诸郡。

谯国夫人者高凉冼氏之女,世为南越首领,所属部落十余万家,嫁为高凉太守冯宝妇,佐夫治理,政令有序。及宝卒、陈亡,岭表未有所附,数郡共奉戴夫人,号为圣母。会文帝遣韦洸安抚岭外,夫人得叔宝书,乃遣其孙魂帅众迎洸入广州,岭南悉定。隋册冼氏为谯国夫人，许开幕府，置长史以下官属，部落六州兵马，俱听发落，若有机急，便宜行事。夫人尝疏劾番州总管赵讷贪虐，致于法，至仁寿初始卒。

第九节　隋代三大工程——建筑与水利

除修筑长城已见前文三节外，隋代工程，群众尚能分其余惠者计有三事：

甲、大兴城　文帝继北周都长安（汉旧都），嫌其制度狭小，庾季才言，汉营此城，年将八百，水皆咸卤，不甚宜人。开皇二年六月，诏于城东南廿一里龙首川处，创建新都，以宇文恺有巧思，使领营新都副监，翌年三月毕工，命名曰大兴城。据近人估计，其旧址面积约七十平方公里，大于现时之北京。（《文物参考资料》三八期六八页）

其制，宫城居最北，皇城（又曰子城）在其南，略如图（甲）。

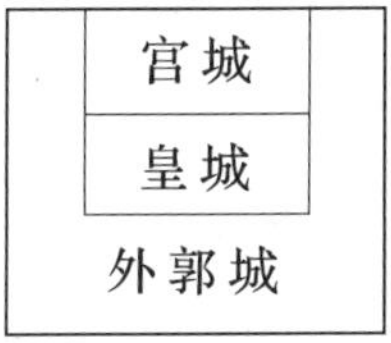

宫城

皇城

外郭城

（甲）

皇城东西五里余，南北三里余，城内南北七街，东西五街。南面三门，东西各二门。自西汉以后，至于梁、陈，宫阙之间，并厕民家，文帝以为不便于民，于是皇城之内，并列衙署，不使杂人居止，盖新意也（近世所谓衙署集中，即昉此）。宫城南门外之东西大街，南北广三百步（六尺为步），又宫城南门外之南北大街（承天门街），东西广百步。外郭城东西十八里余，南北十五里余，周六十七里（据近人言，南京城周六十一里，为世界第一，长安城经韩建及明代等改筑,依《图书集成 · 职方典》四九七,周止四十里,如隋制幸存,或不让南京居首也),高一丈八尺,当皇城正南(朱雀)门之南北大街,曰朱雀门街,东西广百步。皇城之东尽东郭,皇城之西尽西郭,分为三纵列,每列南北皆十三坊,象一年有闰(共七十八坊,除去二市为七十四坊);每坊皆开四门,有十字街,四出向门,如图(乙)。

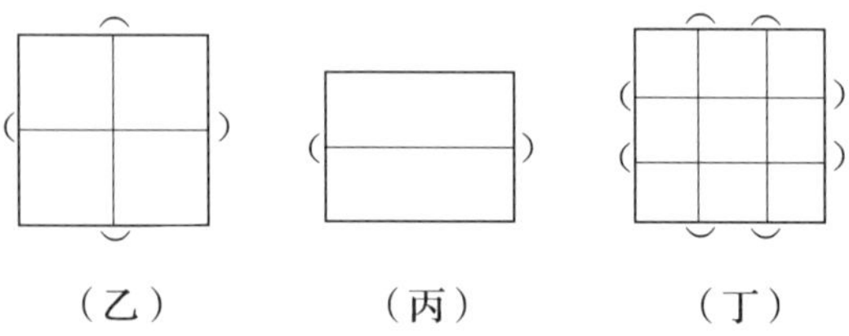

(乙)　　(丙)　　(丁)

皇城之南,东西共分四纵列,以象四时,南北皆九坊,法《周礼》王城九逵之制(共三十六坊),其坊但开东、西二门,中有横街,如图(丙)。不开南北街者,为其冲城阙也(此种禁忌,今犹有之)。

坊之纵广,在皇城南者,纵各三百五十步,广三百五十或四百五十步;在皇城左右者,广各六百五十步,纵四百或五百五十步(涉纵广之数,旧说不尽相同)。

外郭城内有东、西两市,每市占二坊之地,方六百步,每面各二门,如图(丁)。四面皆市易之所,中置二署,即治市之官府,其街各广百步。

全城坊、市,棋布星罗,街衢宽直,制度弘伟,自古帝京,曾未之有,惜后世之不知保存也。

饮水之源有三渠:一曰龙首渠,引自浐水。二曰永安渠,引自交水。三曰清明渠,引自坈水(又作泬,俗讹为"沈",又名潏水)。

宋人吕大防云:"隋氏设都,虽不能尽循先王之法,然畦分棋

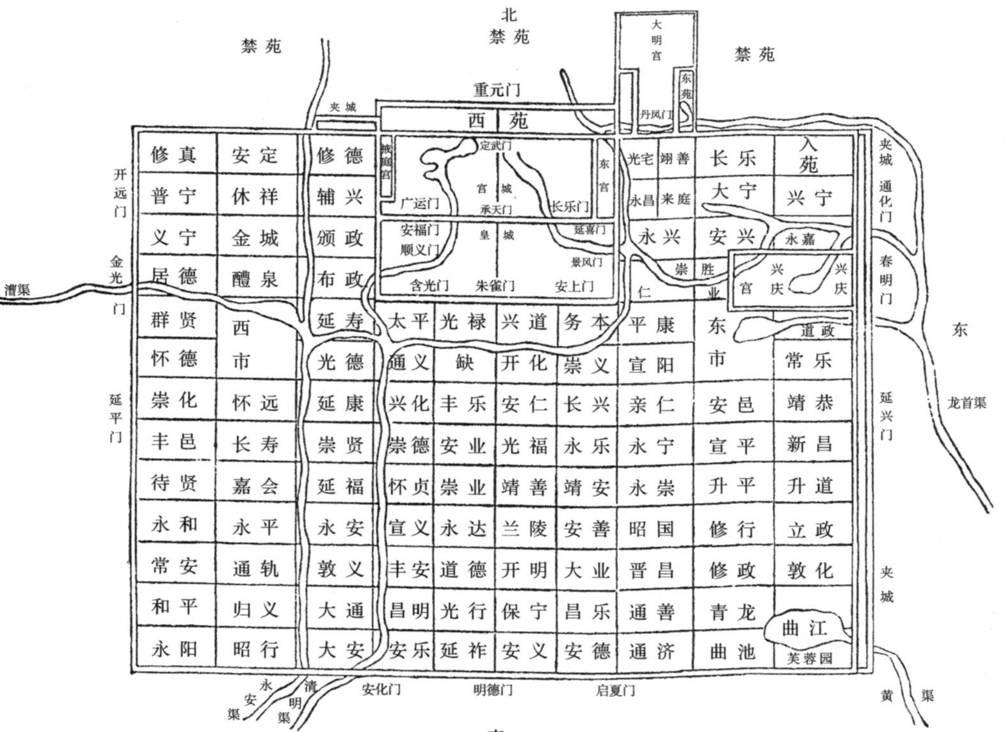

图一　唐西京外郭城图

（摹自徐松唐雨京城坊考卷一）原为隋之大兴城

布,闾巷皆中绳墨,坊有墉,墉有门,逋亡奸伪,无所容足,而朝廷、宫寺、门居、市区,不复相参,亦一代之精制也。”(《长安志图》上)斯言允哉。

大业九年二月,曾发丁男十万城大兴,或因增高城墙而起。

日本平安京系仿唐长安城而建筑,唐长安又即隋之大兴,此城设计为东亚创作,故能使东瀛慕化也。至于那波利贞以为大兴特点根于北魏胡族系之实行性,陈寅恪《隋唐制度渊源略论稿》以为有资于西域艺术之流传,(六二 — 八一页)立论都未确切。宇文恺本鲜卑族,与西域无关。阎庆之姑即宇文护之母,陈因护字萨保,萨保为祆教职名,遂疑“阎氏家世殆出于西域”;然蒙古时代之蒙人,不少用景教语为名,今之人或用耶教语为名,教名不定是种族之表示;且祆教先行于漠北,北魏灵太后甚信胡天神(参看《唐史》西方宗教节),尤不见得奉祆教者即西域之族。若何稠之叔何妥,《隋书》七五、《北史》八二均称为“西城人”,西城于两汉、晋、宋、齐皆为县,当今陕南之安康,从此入蜀经商,原是便道,陈为先挟成见,遂不惜臆改“西城”作“西域”。合而观之,陈所谓隋代三大技术家宇文恺、阎毗(庆子)、何稠之家世,俱含西域血统者,实属厚诬;吾人不否认西方文化常影响我国,要当于事迹彰确处求之也。

窃谓大兴城伟大之重点,在于布置或整个的设计①。宫城居北,本孔学南面而治及众星拱辰之思想,其余四纵列象四时,九坊象九逵(亦或取《易》卦阳九之义),十三坊象一年有闰,都无非东

① 印度西北部发掘的 Mohenjo-daro 古城,据说大部分是平行地从东到西和从南到北的整齐排列的街道(《古代东方史》六四五页),但其详细情状尚未还原。

方式文化之表现。今就整个大兴城观之，虽集中地表现了封建时代的建筑特色，而其迁建动机，则因汉城水皆咸卤，不甚宜人。尤要者，隋文指定衙署与民居分离，固便于统治阶级，同时亦确便于封建统治下之人民。推之，市为群众所必需，自然安置在民居附近，无取乎《周官》“面朝背市”之旧论。又如道路作棋盘式，坊有十字街，皆是引导人民，使其交通便利，此则值得表扬者。

乙、通济渠　我国现在河北、山东、江苏之东部，在有史以前，均是低洼之地，从西向东之无数水系，咸向此方输出，水挟泥沙，积久乃渐淤淀为平陆。然因各水系之经常排泄，所以冲积平原之间，仍保留许多港汊，互相交错，形同蛛网。试观吾粤珠江三角洲间河道交织，便可即此例彼。申言之，河、淮、江三大流域之末游，当上古时代，实存在着互相贯通之支港，此为吾人对于三大水系首先应有之认识；同时，就应打破最近以前河、淮、江三流本来各不相通，禹曾治河，鸿沟为人工所凿之数重误会。

据我最近之研究，东周以前的黄河正流，即是古人所谓济水（济或作沸，又称沇水），由河南东北行，经山东半岛诸山之北麓，至广饶县入海。但在河南汜水县附近，分出一支，此一支名目甚多，如蒗荡渠、鸿沟、阴沟等是也。分支未久，又再歧为两派：一派东出合泗水而汇于淮，后世通称曰汴水。一派东南行，合涡、蔡（又称沙水）、汝、颍等而会于淮。与隋、唐漕运关系最密切者，即前一派之汴水。汴水当东汉永平间，经王景一度修治①，至六朝时代，汴、淮

① 黎国彬云：“汴渠是纪元六九年（汉平帝永平十二年）开凿的。”（一九五三年《历史教学》二号二三页）非也，平帝亦明帝之讹。

通运，未尝断绝。隋开皇七年，命梁睿在河阴县西二十里增筑汉古堰，遏河入汴，名汴口堰，又曰梁公堰。炀帝大业元年，发河南、淮北诸郡民，前后百余万，自板渚（又曰板城，在汜水县东北三十五里，在旧汴口之西约十五里）引河入汴，又自大梁（即汴州）之东，引汴达淮（汴水本由今开封经陈留、杞、睢、宁陵、商丘、虞城、夏邑、砀山、萧、铜山等县，会泗水而入淮；炀帝时采较直的路，由商丘东南经夏邑、永城、宿、灵璧、泗等县而会淮，不先会泗水）①，名曰通济渠，又曰御河。渠广四十步，旁皆筑御道，树以柳。

春秋之末，吴王夫差就古渎遗迹，开为邗沟，以通江淮。至开皇七年（五八七），隋将伐陈，因于扬州循邗沟故道，开山阳渎，自山阳（淮安县）至扬子（江都县南）入江。炀帝既发动通济渠工程，同时又征淮南民十余万，将山阳渎扩大②。

总言之，由汴口至江之全段交通，乃半自然半人工所构成之结果，炀帝只浚广故道，初非新创，旧史叙述不明，遂生误会。唯《太平寰宇记》云："大业元年，以汴水迂曲，回复稍难，自大梁城西南凿渠，引汴水入。"苏轼《书传》云："自淮、泗入河，必道于汴，世谓炀帝始通汴入泗，……又足以见秦、汉、魏、晋皆有此水道，非炀帝创开也。"又程大昌《禹贡山川地理图》下云："隋汴受河在板城渚口，

---

① 隋前之汴水，自金以后，渐变为咸丰五年前之黄河正道。通济渠则青山定男以为到雍丘（今杞县东）后即东南流至泗州，不提商丘，与唐李翱《来南录》不符。从前余据光绪廿九修《永城县志》二，认定通济渠系在商丘附近将汴水接入涣水（今称浍河或会河，亦称随堤沟），惟武同举《淮系年表水道编》言，"自商丘引汴入睢，又别睢东南流，行蕲水故道"，余则仍信渠之中段行涣水，末段或兼行蕲水，孰是孰非，尚待研考。

② 刘文淇《扬州水道记》以为大业所开邗沟，系就开皇山阳渎又开广之，不主《明一统志》取直之说。

而板渚之在《水经》，古来自有分水故道，亦非炀帝之所创为也。”所言为得其实。据《隋书》三，通济渠工程，发动于三月廿一日辛亥，

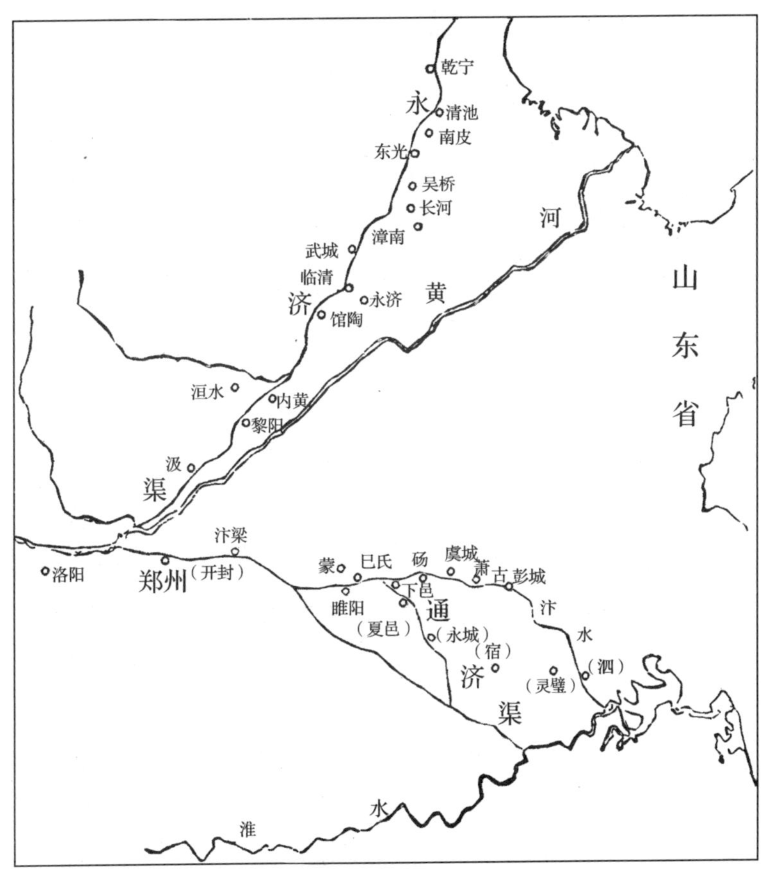

图二　通济、永济二渠（附古汴水）

说明：图中所注，除通济渠加用括弧者为今地名外，皆隋、唐、宋之县名或地名。炀帝巡幸所至，确知者惟通济、永济二渠，其他皆无详细历程，故不复绘。

而八月十五日壬寅，炀帝即乘龙舟幸江都，前后仅一百七十一日，从时间计之，其非全道新凿，事甚显然。明人《榖山笔麈》云：“炀帝

此举，为其国促数年之祚，而为后世开万世之利，可谓不仁而有功者矣，秦皇亦然。”（《天下郡国利病书》三六）此一类批评殊有纠正之必要。在炀帝以前，如曹操、邓艾、桓温、刘裕，对河、淮交通，均尝施力，炀帝以后，如唐如宋，亦须时常浚汴，始能利用，充其量，炀帝不过加工较完满之一员，其过度推崇之者，一方面由昧于水利之历史，别方面则根于事经创作便可享成之倚赖心理。秦始皇因旧有基础而筑长城，限戎马之足者垂千余年，隋炀不可相提并论也①。

大业六年，又自京口（今丹徒县）至余杭穿江南河，长八百余里，广十余丈，可以通龙舟。江南河与山阳渎之联合线，即清代所谓江南运河及淮南运河。从现时苏南水道观之，想亦加工沟接而已。

丙、永济渠　大业四年，发河北诸郡男女百余万，开永济渠，今名卫河。关于此一次工程，《隋书》三祇云“引沁水②南达于河，北通涿郡”（涿郡今北京西南），考沁水于武陟县入河，见《水经注》，原是黄河一支流，无待乎引。其实，炀帝是将沁水分流入渠，凿通沁水上流，东北与清、淇二水相接，又东北入白沟，其经过之地，即今内黄、大名、临清、清河、武城、恩、德、吴桥、东光、沧、青等县，自青县以南至临清，即今北运河之一截。大业七年二月，炀帝“自江都御龙舟入通济渠，遂幸于涿郡”③，想必是出汴口后顺流而

---

① 张崑河评炀帝开运河等工程云：“按理言之，实皆有利于国家民生，然出于君王游幸之私意，且操之过急，民力疲弊，遂为亡国之虐政矣！”（《禹贡》七卷一二三合期）简言之，炀帝的本意并不在乎利民。

② 《大业杂记》误“沁水”为“汾水”，此几句应解释为“开永济渠，引沁水入”作一截，下文“南达于河，北通涿郡”则是标举全渠起止之点。开皇三年卫州置黎阳仓，卫河原可通运，此次则重在连入沁水以通黄河也。

③ 张崑河以为“炀帝之开此渠，最要原因厥为伐高丽，以此渠转运粮糈，不仅为巡幸也。”（同前引）按伐辽实因高元不肯来朝，三年八月帝始谕高丽使促其入觐，四年正月时元肯来与否，尚未确定，谓是备伐高丽，殆非事实。

下，转入沁水，北至涿郡，故隋人又称永济渠为御河。考元世祖中统三年郭守敬称，怀孟沁河有漏堰余水，东与丹河余水相合，引东流至武陟县北，合入御河，可灌田二千余顷（《元史》一六四），又顺帝至元三年，卫辉淫雨，丹、沁二河泛涨，与城西御河通流（同上五一），下迄明代，沁与卫仍时通时塞，度即隋时引河入沁之遗迹。

第十节　杨氏家庭之变——专制之毒

文帝子五人，皆独孤后出。避后之妒忌，后宫有子者皆不育。即位后，立勇为太子。又惩宇文氏以孤弱而亡，开皇二年，于并州置河北道行台，广为尚书令。洛州置河南道行台，俊为尚书令，领关东兵。益州置西南道行台，秀为尚书令，总管二十四州诸军事。又以诸王年少，特选精良有才者为之僚佐。

勇初立，军国政事及尚书奏死罪以下，皆令参决之。后因冬至勇张乐受百官朝贺，恩宠始衰。勇多内宠，尤嬖云昭训，独孤后代选之元氏妃又暴卒，益招母后之忌。广觑其隙，深自矫饬，务为俭素，临还扬州，入内辞后，自称恐被勇暗算，后信之，益恶勇。广又内联杨素，横加媒蘗，开皇廿年，遂废为庶人，改立广为太子。及文帝崩，广伪造遗敕赐勇死，所生十男皆被杀。至文帝之崩，史文犹有疑辞焉。

俊平陈后，授扬州总管，转并州，出钱求息，民吏苦之。又盛治宫室，穷极侈丽，颇好内，妃崔氏毒之，遇疾征还（开皇十七），数岁而卒。生二子，后皆为宇文化及所害。

秀封蜀王，其镇蜀也，奢侈违制，车马被服，拟于天子，为广及杨素等所构，仁寿二年（六〇二）征还京师，幽闭之。化及之乱，秀及诸子皆被害。

谅封汉王，开皇十七年（五九七），出为并州总管，自山以东至于海，南拒黄河，五十二州尽隶焉，特许以便宜，不拘律令。翌年，起辽东之役，谅为行军元帅，无功而还。常以勇、秀幽废，怏怏不平，阴有异图，会文帝崩，诏徵入，不赴，发兵反，兵败而降，竟以幽死。子颢亦于化及之乱遇害。

《隋书》（卷二）称文帝"居处服玩，务存节俭，令行禁止，上下化之，开皇、仁寿之间，丈夫不衣绫绮，而无金玉之饰，常服率多布帛，装带不过以铜、铁、骨、角。"（参看《隋书》二四《食货志》）然开皇十三年岐州仁寿宫之筑，"颇伤绮丽，大损人丁。"（《隋书》四八《杨素传》）已不能以身作则。且诸子就藩，年方弱冠（开皇元年，广年十三），声色货利，诱惑易进，一也。辅佐之人，依草附木，贡谀献媚，引入邪途，二也。广以欺诈而得立，启蜀、汉觊觎之心，三也。由于封建制度内在的矛盾，方谋享国之延长，反促杨家之寿命。古称："知子莫若父"，文帝既不能察广之诈，而家庭之间，复多嫌忌，更陷于"父不父"之讥。弥留之际，乃言"独孤诚误我"，则所谓至死不悟也。身死之后，未及十五年（炀帝孙越王侗以唐武德二年被王世充缢杀）而仅存正道（炀帝子齐王暕所生）一脉，侗临终有言，"从今以去，愿不生帝王尊贵之家"，专制之流毒惨矣！

第十一节　炀帝之穷奢极欲

陈平后，广为扬州总管，前后十年，以北方朴俭之资，熏染于江南奢靡之俗，重以北塞宁晏，府库充实，遂沉湎而不能自拔，《通鉴》（一八五）言帝“好为吴语”，即位之后，三幸江都，可相证也。

大业元年（六〇五），于洛阳旧城西十八里营建东京，仍命宇文恺董其事，每月役丁二百万人，效法秦始皇，徙豫州郭内居民及诸州富商、巨贾数万户以实之，劳役虽巨，而规模则不及大兴。“乾元殿大木多自豫章采来，二千人拽一柱，其下施毂，皆以生铁为之，中间若用木轮，动即火出，略计一柱已用数十万。”（《贞观政要》二）又于观文殿前为书室多间，每三间开方户，垂锦幔，上有二飞仙，户外地中施机发；帝幸书室，宫人执香炉前行，践机则飞仙下收幔而上，户扉、厨扉皆自启，帝出则垂闭复故。（《通鉴》一八二）其显仁宫则采海内奇禽、草木之类以实之，宫内筑西苑，周二百里，内有海渠，缘渠十六院，各以四品夫人主之，宫树冬凋，缀以剪彩，海沼内亦剪彩为荷、芰、菱、芡。好乘月夜从宫女数千骑游，作《清夜游》曲。

将幸江都，遣官往江南采木，造龙舟、凤艒、黄龙、赤舰、楼船等数百艘。（参四八《杨素传》）龙舟四重，高四十五尺，上重有正殿，中二重凡百二十房，皆饰金玉。以元年八月行幸江都，挽船士八万余人，相接二百里，所过州县，五百里内皆令献食。

炀帝无日不营宫室，元年于临淮营都梁宫，有曲河以安龙舟。（《太平寰宇记》一六）三年八月，太原营晋阳宫，四年四月，汾州起汾阳宫，十二年正月建毗陵宫。（《通鉴》一八三）此外涿郡有临朔宫，北平有临榆宫，渭南有崇业宫，鄠县有太平、甘泉二宫，江南有丹阳宫，皆其所营造者。

性又嗜猎，四年九月，征调鹰师，悉集东京，至者万余。

六年正月，诸蕃酋长悉集洛阳，因于端门街盛陈百戏，场周围五千步，执丝竹者万八千人，声闻数十里，自昏达旦，灯光烛天，终月而后罢。

帝既醉心奇巧，宇文恺、何稠等皆希旨以应。北巡之役，恺“造观风行殿，上容侍卫者数百人，离合为之，下施轮轴，推移倏忽。”辽东之役，稠制行殿及六合城，“夜中施之，其城周回八里，城及女垣合高十仞，上布甲士，立仗建旗，四围置阙，面别一观，下三门，迟明而毕。”（均《隋书》六八）徒供个人之娱乐，于国计民生无关焉。

史称周穆王欲肆其心而周行天下，断章取义，诚可施之隋炀帝，然穆王西行万里，自有原因，不可相比也。计炀帝即位后仅三月，便幸洛阳。

大业元年八月，如江都。

二年四月，还洛。

三年三月，还京，四月即北巡，（发河北十余郡丁男凿太行山，达于并州，以通驰道。）由榆林出塞，入楼烦关，经太原，九月还至东都。

四年三月，经太原（《本纪》三及《通鉴》一八一均讹五原，兹据一八《律历志》及《太平寰宇记》五〇校正）、交城，幸汾阳宫，因出塞，巡长城，东至于恒岳。

五年正月，自东都经京，西巡河右，涉吐谷浑界，西出张掖（甘州）。九月，还京，十一月，复幸东都。

六年三月，幸江都。

七年二月，御龙舟，入通济渠，至涿郡。

八年，伐高丽，九月，还东都。

九年三月，幸辽东，九月，还次博陵。（还东都否，未详。）

十年三月，复幸涿郡，东至怀远镇，十月，经东都还京，十二月，又如东都。

十一年五月，幸太原，巡北塞，被突厥围于雁门，十月，还东都。

十二年七月，幸江都，至十四年三月，被弑。

通计居京时日，不足一年，而“从幸宫掖，常十万人，所有供需，皆仰州县”，（二四《食货志》）劳民极矣。

第十二节　疆域之开拓

好大喜功，往往与穷奢极欲相表里，大业三年三月，遣朱宽使流求[①]，四年三月，遣常骏使赤土[②]，致罗刹，（此据二四《食货志》。《本纪》三及《北史》一二刹皆作罽。）皆足表示炀帝之个性。

流求或以为即今琉球，或以为台湾，说者各异。据《隋书》八一，大业六年，陈稜、张镇州击流求，系自义安郡渡海，义安即今潮州，非进攻琉球之适当口岸，不合者一。同传又言，“至高华屿，又东行二日，至鼊鼊屿，又一日，便至流求”，其方向为东行（如赴琉球，须向东北），高华得为南澳（汕头至南澳一百二十里），鼊鼊得为澎湖列岛，由南澳至澎湖，约经度两度，确可二日便至，澎湖一日到台湾，亦符事实，若以拟琉球，未免太近，不合者二。陈、张“献俘万七千口，颁赐百官”，（《本纪》三）台湾北部，隋时想已有不少汉人

① 唐刘恂《岭南录异》作流虬。《宋史》：“流求国在泉之东，有海岛曰彭湖，烟火相望。”又《元史》：“流求在南海之东漳、泉、福、兴四州界内，彭湖诸岛与流求相对。”涉流求事可参《中国史乘未详诸国考证》一六二 — 一八八页《古琉球国考证》。

② 赤土所在，计有暹罗、婆罗洲、马来半岛、苏门答腊、跨马来半岛与苏门答腊、锡兰等多说，据余考证，应以苏门答腊为是，说繁不备录。

流寓，故有此数，琉球则未必得如许俘虏，不合者三。

用兵之地，更有林邑（即占婆 Čampa）。文帝末，交州俚人李佛子作乱（此据《隋书》五三《刘方传》；唯《越史略》一云，梁时九德参军李贲，本中国人，其七世祖于西汉时徙居太平，大同十年，自称南越帝，建前李朝，再传至李佛子，则佛子非俚人也。"俚"字之用法，曾于拙著《释俚》揭之，今得此证，更见旧史之不可呆读。开林邑事，可参冯译 G. Maspero《占婆史》三八—四〇页），刘方讨平之，因使经略林邑。方率舟师趣比景，大业元年正月，军至海口（灵江口），击走其王梵志，度阇黎江，入国都，获金庙主十八枚，佛经五百六十四夹，凡一千三百五十余部，并崑峇书（即占婆文），刻石纪功，士卒脚肿死者十四五。（参《方传》、《隋书》八二及《续高僧传》二《彦琮传》）将其地分置荡、农、冲三州（后改比景、海阴、林邑三郡），隋兵引还后，梵志复得故地，遣使谢罪。（参《隋书》三一及八二）

次为吐谷浑（可读原音，不必如宋人读"突欲魂"），急言之曰退浑，就其被统治之人言之，则羌种也（或以为唐古特族，不确，唐古特系党项之转），旧称曰阿柴（或阿赀 Aza）虏。大业初，铁勒犯塞，遂请降，帝使裴矩讽令击吐谷浑以自效，铁勒即勒兵往袭，大败之，其主伏允东走保西平（鄯州，今乐都县）。三年，又命杨雄、宇文述等往征，四年西巡时，更分兵数道围之，来降者十余万口，六畜三十余万，自西平以西，且末（Čerčen）以东，祁连以南，雪山以北，东西四千里，南北二千里，皆为隋有，分置郡、县（五年六月，置鄯善、且末、西海、河源四郡，各统两县）、镇戍，发天下轻罪徙居之。

时西域诸蕃多至张掖交市，裴矩掌其事。四年，帝将巡河右，先令矩赴敦煌，矩知帝勤远略，遣使说高昌（Cočo）王及伊吾吐屯设

(Tudun Šad),啖以厚利,导使入朝。明年西巡,次燕支山(张掖附近),高昌王、伊吾设及西蕃胡二十七国,谒于道左,伊吾设献西域数千里之地,六年,置伊吾郡,使薛世雄城之。

最应记者为俀国之交通。"委"、"妥"二字在古往往通用,俀国即倭国也。开皇廿年(六〇〇,推古八),其王多利思北孤(即推古女王)遣使诣阙。大业三年,又遣使兼沙门数十人来学佛法①,其国书称"日出处天子致书日没处天子",炀帝览之不悦。明年,诏文林郎斐(即裴字)清往使,度百济(今朝鲜半岛西南部),行至竹岛(今珍岛,在全罗南道西南海中),南望聃罗国(即耽罗,今济州岛),经都斯麻国(今对马岛),迥在大海中。又东至一支国(今壹岐岛),又至竹斯国(今筑紫山)。又东至秦王国,其人同于华夏。又经十余国(即小岛),达于海岸。自竹斯国以东,皆附庸于俀云。(《隋书》八一,参丁谦《〈隋书〉四夷传考证》)

突厥既分裂,其势渐衰,居西方者曰处罗可汗,屡与铁勒相攻,卒为所败。炀帝采裴矩离间之策,可汗遂以七年底入朝于临朔宫,赐号为曷萨那可汗,留居中国。十年正月,将宗女信义公主嫁之。

第十三节　隋对西北之交通

雅材斯基曾评高等学校历史教科书对交通道路之发展,极少注意,(一九五三年《历史问题译丛》一本七页)盖地理交通即文化

① 使人为大礼小野妹子,来求《法华经》,或作"苏因高"者乃"妹子"之音译,参《日本国志》四。

传播之路线,经济转输之血脉,上古氏族移徙之路径,于历史研究固具有密切关系者。

最近,苏联外贝加尔地区之考古工作,曾发现中国大土瓶一具,认为青铜时代我国人所用之器。(《文物参考资料》二六期八七页)又一九三三年塔吉克共和国境发掘得唐中宗神龙二年(七〇六)河西官吏之文牒及唐代户籍、借券断片各一通。(《唐代文献丛考》一四八 — 一五一页)按贝加尔湖即汉苏武持节不屈之北海,唐代对突厥族用兵,亦未尝到达其地,土瓶之出现,即使非华人身履北方,亦必朔漠民族自中国携归。简言之,上古初期我国与漠北及西北域已有不见于记载之实际交通,余尝谓两地域之间,后人视为荒远者,在上古人视之,反若颇近,即斯义也。

周穆王西行,最远所至何地,国人考证,已有数家,据我所见,沈曾植说最得其的。沈著《〈穆天子传〉书后》云:“卷四末,里西土之数,与《汉书·西域传》、《魏书·西域传》大略相符。所谓自宗周至西北大旷原万四千里。以今里法减折算之,大旷原盖今里海、咸海之间大沙漠东迤北至乌拉岭东吉里吉斯高原也。”(据张鹏一《阿母河记》引)自平王东迁,西北阻隔,然秦穆公伐戎王,益国十二,遂霸西戎(约公元前六二四)。波斯王大流士(Darius)磨崖刻碑(约公元前六世纪末),而秦代先世乃有石鼓十碣及诅楚文之精美刻石(约公元前四世纪)[1],亚力山大王(前三五六 — 前三二三)之东征,应与伊兰文化东传,不无影响。更后,则秦始皇三十三年(前二一四),使蒙恬渡河,取高阙、陶山、北假(各地皆在今河套之北),中筑亭障,以逐戎人;所谓“戎人”,当是伊兰族类无疑[2]。罗

① 参拙著《秦代已流行佛教之讨论》,重庆《真理杂志》一卷一期二二页。

② 见拙著《伊兰之胡与匈奴之胡》,同上杂志一卷三期三〇九页。

斯道瑟夫（Rostovtseff）曾言，早在安息时期（公元前三二二年，即周慎靓王以后），中国曾发现一种奇异之波斯势力，如鳞状、环状之胸甲，输入于中国骑兵，又马队之战术及装备——包含弓、矢、短枪、剑、短剑及马甲——亦依伊兰模式而变化①；其前期正与赵武灵王"胡服骑射，以教百姓"之时代相当（《通鉴》三系于赧王八年即公元前三〇七年）②。尤有进者，汉武帝太初元年（前一〇四）以后，开置张掖、酒泉、武威、敦煌四郡，其中昭武、骊靬等县，解者都谓因西北归化人之名以为名（昭武九姓在中亚，骊靬即大秦之别号）。以上所言，皆西汉中叶以前西域与我有交通联系之确证；惜乎《秦纪》早佚，交通之迹，遂暧昧不明。

张骞既还，汉廷为通西域以断匈奴右臂计，使节西行，络绎于道，返国后，各以闻见报于所司，《汉书·西域传》即此种材料之纂集也。传云："自玉门、阳关出西域，有两道：从鄯善（非今之鄯善县）③傍南山北（今昆仑山脉），波河西行（河即塔里木河），至莎车（经余考正为塞勒库勒'Sarikul'，今称蒲犁县）④为南道，南道西逾葱岭（今帕米尔'Pamir'），则出大月氏⑤、安息（Arsak，今伊朗）。

---

① 据 Huart 著《古波斯及伊兰文化》一九七页转引。

② 同前引《真理杂志》三〇九页。

③ 魏源《海国图志》以辟展为鄯善，清人不察，沿误立县，陶葆廉《辛卯侍行记》六曾辨之，经近年发掘，更证实其错误。

④ 国语旧无 r，又无 l 收声，故 Sa-Ku 译作莎车；徐松《西域水道记》一："塞勒库勒在叶尔羌城西八百里，为外藩总会之区"，其地位重要，正与莎车相合。清撰《西域图志》，闭门造车，误苏巴什为郁立师（辨见《侍行记》六），误阿克苏（Aksu，义为"白水"）为温宿（辨见《史地丛考》一〇二——一〇三页），多不可据。彼又以莎车为今之叶尔羌（Yarkand），微论对音不符，里距亦与《汉·西域传》相差甚大（别有详说），若蒲犁古国则应在今帕米尔之内。

⑤ 近人往往以斯开提亚（Skythia）当大月氏，其实此一希腊文名称，义甚广泛，至今未得到结论。大月氏当年领域，一部分在今阿富汗境内。

自车师前王廷(今吐鲁蕃'Turfan'附近)随北山(今天山)波河西行至疏勒(今同名,亦称喀什噶尔'Kašgar')为北道,北道西逾葱岭,则出大宛(其地属今乌兹别克共和国)①、康居(居音渠,见《史记索隐》,又音其尼反,见《史记正义》,即元代之康里'Qangali')②、奄蔡(希腊古地志称为Aorsi,今里海之北)焉。"所举两道,均在天山之南。天山北之通道,并未提及,盖汉使罕至,故付阙如,南道经行之地方,亦即希腊商人梅斯(Mäes Titianus,公元六八—八〇)所经之丝路③。

汉人取玉门、阳关以西行,一则避匈奴之威胁,二则可以捷达于阗。奈东汉以后,新疆大沙漠(Takla Makan)受西伯利亚暴风之影响,逐渐南侵,旧日旅途,埋于沙碛。然交通是人类与土地斗争之历史,故外行者多改由今之安西出发,专走北道,玉门关亦随而移往安西(其确年不详)。

裴矩导炀帝以劳民伤财,诚无可取,然凡商胡至者,矩恒诱令言其国俗与山川险易,成《西域图记》三卷,前此所未有也。其自序有云:"复以春秋递谢,年代久远,兼并诛讨,互有兴亡,或地是故邦,改从今号,或人非旧类,因袭旧名,兼复部民交错,封疆移改,戎狄音殊,事难穷验",确是研讨有得之言,不可因人而废。由隋至今几千四百年,我国习外国史地者,率未能依照矩所指示,做过切实工夫,故迄无如何成绩。隋祚短促,述作不多。近年所得陆法言

① 今著名世界之吉尔吉思马,即汉武帝所求之大宛马也。

② 康居为北方之突厥民族,当西汉时势力南伸于中亚,其后退回北方,别有粟特人所建之撒马尔干(Samarkand),汉译为康国,自《晋书》起,因"康"字相同,遂混而为一,今时中外学人沿误者仍甚多。

③ 外国学者均认"丝路"经过疏勒,与《汉书·西域传》不符。

《切韵》残本,学者犹珍如拱璧,矩书不存,至为可惜。

新疆对外通道,至矩撰《西域图记》,始大致完备;其自序又云:"发自敦煌,至于西海,凡为三道,各有襟带。北道从伊吾(今哈密)经蒲类海(今巴里坤湖)、铁勒部、突厥可汗庭(今巴勒喀什湖之南),渡北流河水(今锡尔河),至拂菻国,达于西海。其中道从高昌(即汉之车师前王廷)、焉耆(今同名)、龟兹(今库车之古译)、疏勒度葱岭,……至波斯(今伊朗),达于西海。其南道从鄯善、于阗(今和阗)、朱俱波、喝槃陀①度葱岭,……至北婆罗门(今北印度),达于西海。其三道诸国亦各自有路,南北交通。"矩所称南道之东段(葱岭以东),即《汉书》之南道,其西段则通至印度。彼所称中道之东段(葱岭以东),即《汉书》之北道,其西段则接入《汉书》之南道。又彼所称北道之东段,乃天山北边之交通路线,《汉书》未之载,其西段则接入《汉书》之北道。序中三个西海,函义不一;南道之"西海"指印度洋,中道之"西海"指波斯湾,北道之"西海"指地中海②。

突厥民族自初已雄长北方,近世考古又发见天山留上古徙民之遗迹,从可信矩之"北道",存在或较"中"、"南"两道为更早。试再比观(1)周穆王西行(约公元前十世纪),(2)希路都吐司(Herodotus 约公元前五世纪中叶)叙述黑海海岸通西伯利亚之路程③,(3)东罗马使臣邪马克司(公元五六八)赴突厥报聘,(4)成吉思汗西征(一二一八),(5)哲别、速不台二将自康里回军(一二二三),(6)教皇使臣勃拉奴(Plano de Carpine)赴蒙古(一二四五),(7)法

① 据余所考定,朱俱波又译悉居半,其语原为 Sarigh-Cupan,喝槃陀之语原为 Kala panja,均在今帕米尔之内,见拙著《〈佛游天竺记〉考释》三一 — 三五页。

② 白鸟库吉《塞外论文译丛》一辑二九四页。

③ 同上书三〇五页。

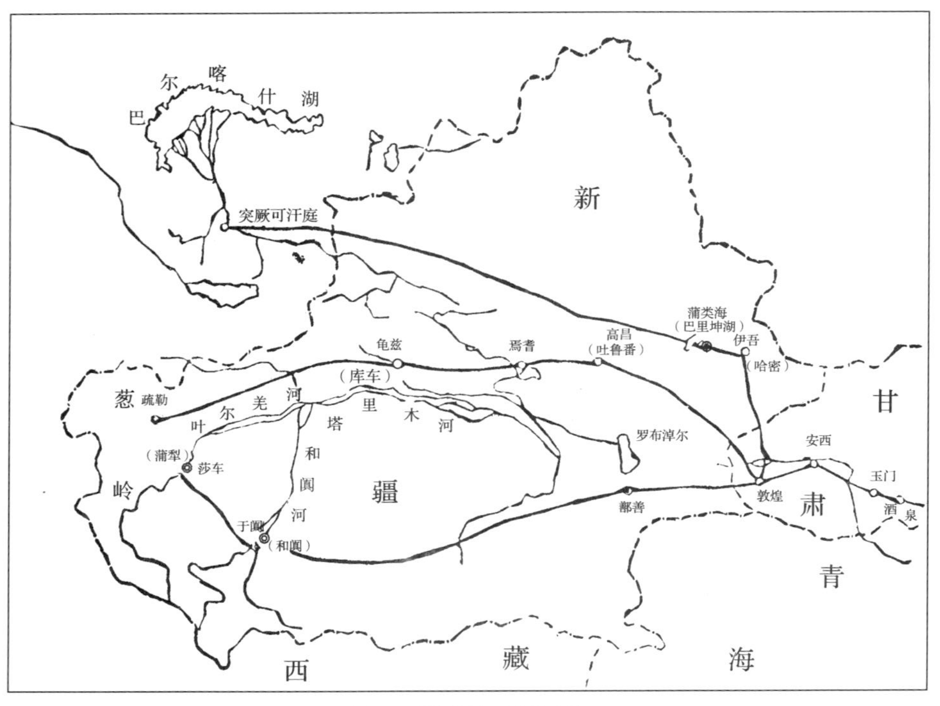
巴尔喀什湖
突厥可汗庭
新
蒲类海
（巴里坤湖）
伊吾
（哈密）
高昌
（吐鲁番）
焉耆
龟兹
（库车）
疏勒
葱岭
叶尔羌河
塔里木河
和阗河
疆
（蒲犁）
莎车
于阗
（和阗）
鄯善
罗布淖尔
敦煌
安西
玉门
酒泉
甘
肃
青
海
西
藏

图三　裴矩的西域三道

国路易第九派路卜洛克(Rubruck)赴蒙古(一二五三),(8)蒙古人常德驰驿西谒皇弟旭烈兀于波斯(元宪宗九年,一二五九)[①],皆尝踏上此途程或其一部,是知矩之"北道",不特如白鸟所言,中亚胡商欲利用之以输出华丝于东罗马,实际上,匈奴早已运用为转输华丝于西亚、罗马之通途。易言之,此一"北道"即华丝外输之间接路线,白鸟拟名为"毛皮路"[②],似乎所见未广。

天山南路一带当日住民之情形,亦应趁此略为述及。依近世勒柯克之考查,并参以我国记载,大约自西汉起,至九世纪中叶止[③],其北部——或东至哈密,大都被伊兰之粟特人[④]所占,种族为吐火罗(Tuxara)[⑤],属印欧语系[⑥]。西南二方至疏勒附近,被伊兰别一系塞(Saka,余曾考定"西夜"是其别译[⑦])族所占。蒲昌南界则为印度人所占,彼辈自印度西北部向东推进,并与藏族通婚,面部想已多少与东亚人相像,故中国史家称作羌族[⑧]。因此之故,欧人所创"东土耳其斯坦"一词,绝不适用于彼时。又吐鲁番附近掘得之青铜器,与南俄及克里米之斯开提亚古物相合,石像之特点,亦与南俄所见者同。现时存在之建筑,非波斯式即印度式[⑨]。

---

① 刘郁代作《西使记》,见元王恽《玉堂嘉话》。

② 同前白鸟《译丛》三〇四页。

③ 勒柯克记回纥入侵天山南路为七六〇(肃宗上元元)年,非也,其确年应为九五〇以后,今改正。

④ 原译文误作"康居",参四三页注⑤。

⑤ 勒柯克认吐火罗系大月氏遗民,尚待证实。

⑥ 称 kand 与拉丁文之 Centum 相同,但又谓粟特文本自闪(Sem)语。

⑦ 《汉书·西域传》既有"塞",又有"西夜",实方言不同之异译,见《辅仁学志》六卷一、二期拙著《汉书西域传校释》。

⑧ 似指《汉·西域传》之婼羌。据余所见,婼羌应与 Yarkand(今译叶尔羌)相当,"羌"是译音,不是指民族,其理由则非本篇所能具也,可参看四三页注②。

⑨ 参《地学杂志》一九三一年四期及一九三三年二期陶谦译《中国土耳其斯坦地下的宝藏》,并参下《唐史》三节(二)项。

第十四节 对北方交通及所谓“铁勒”

越在上古,我国北方屡有强势之敌人相侵陵,《史记》、前后《汉书》叙匈奴事迹非不详,而通北道里却无概括之描述,甚而世推宋代三大类书之一之《太平御览》,且把匈奴、茹茹、突厥,完全略去[①],此种现象,实为蔑视国防之一种表现。今得窥其涯略者有《冀州图经》[②],《图经》云:“自周、秦、汉、魏以来,出师北伐,唯有三道;中道正北发太原,经雁门、马邑、云中,出五原塞,直向龙城,即匈奴单于十月大会祭天之所。一道东北发自中山,经北平、渔阳,向白檀、辽西,历平冈,出卢龙塞,直向匈奴左地,即左贤王所理之处。一道西北发自陇西,经武威、张掖、酒泉、敦煌,历伊吾塞,向匈奴右地,即右贤王所理之处。”(《太平寰宇记》四九)又《入塞图》云:“……至大宁城,当涿郡怀戎县北三百里也;从大宁西北行百里至怀荒镇,又北行七百里至榆阙[③],又北行二百里至松林,又北行千里方至瀚海。又一道从平城西北行五百里至云中,又西北五十(按应作“百”)里至五原,又西北行二百五十里至沃野镇[④],又西北行二

① 见一九四七年南京《文史周刊》四四期拙著《〈太平御览〉之忽略北狄》。

② 省称《冀州图》,与《入塞图》当同是唐前作品。

③ 往日见本作“榆关”,而榆关常指山海关,余因谓“又北行”为又东行之误。(南京《文史周刊》七〇期拙著《评沈垚怀荒镇故址说》)今次见本作“榆阙”,始知作“关”为讹文,并不指山海关言,“又北行”非“又东行”之误。大宁城在今怀安之东,怀戎县今涿鹿县西南七十里,怀荒镇仍在今怀安境内。(均同上拙著)并参拙著《北魏国防的六镇》及《怀荒镇故址辨疑》两篇。(同前《周刊》五四及五七期)

④ 据《元和志》四,汉云中在榆林县(今河套南折处)东北四十里,汉五原郡在中受降城,东受降城在榆林县东北八里,距中受降城三百里,则云中西北至五原断不止五十里。又余前据刁雍表推定沃野镇约在今鄂尔多斯右翼后旗附近,(同前《周刊》五四期)今再依《入塞图》校正里数验之,由云中至沃野镇七百五十里,其地点亦大致相当。

百五十里至高阙，又西北行二百五十里至郎君戍，又西北行三千（按应作“百”）里至燕然山，又北行千里至瀚海。”[①]（同上《寰宇记》）按《入塞图》前举一道，系从东北出发之另一支道；后举一道，只系《冀州图经》中道之详细记注。除此四道之外，尚有从河西向漠北一道，应行记出，《新唐书》四〇删丹县：“北渡张掖河，西北行，出合黎山[②]峡口，傍河东壖，屈曲东北行千里，有宁寇军，故同城守捉也，……军东北有居延海，又北三百里有花门山堡，又东北千里为回鹘衙帐。”唐武后垂拱二年（六八六），刘敬同北讨铁勒，即取此路[③]，元时为往来通道[④]。再上溯于汉，则武帝筑遮虏障于居延城，以都尉治之（《汉书》二八下），故近年在居延掘得许多汉简。更远溯于周，则居延即穆王西行出发点之河宗，盖在此方数百里间，居延附近，水草最为丰美，北可渡漠，西可赴天山，比诸阳关、玉门，远为优胜。迨匈奴南牧，居延暴露，汉之目标，又在通西域以断匈奴右臂，出发点逐渐移于阳关[⑤]，居延道所由沦于荒废也。

---

① 沃野、怀荒两镇之纬度，所差不大，怀荒北行千九百里便至瀚海，而沃野乃需四千五百里，可知数字必有错误。如依余校正者计之，则为千八百里，两数极相近矣。

② 漠北语常称黑山、黑水，kara 黑也，清代多翻作哈拉，“合”字古时方言有开口读法，《禹贡》“至于合黎”，即“至于黑山”之谓，此为古经中留存突厥语之最显见者。

③ 见《陈拾遗集》六《燕然军人图像铭并序》。漠北民族之侵略我国，大要有三道：（一）中道，经过阴山山脉，东南出绥远以入山西之西北；或从阴山山脉西边通过阙口（即秦之北假、高阙，亦即唐代往回纥之通路），至河套北边（唐之中受降城，今包头附近），渡河南下（成吉思五伐西夏，多取后一条通路）。（二）西道，从居延海方面，经过现在之黑城子（Xara-Xoto，参拙著《元初西北五城之地理的考古》三七三页），而入甘州张掖，武后初，陈子昂从军北征突厥，即取此路。（拙著《陈子昂文集事迹》八页。又成吉思第五次伐西夏，亦取此路）（三）东道，大约经今之察哈尔而达幽州之北，默啜之侵入河北，当走此路。

④ 参《史语所集刊》一二本三七七 — 三七八页拙著《元初西北五城之地理的考古》。

⑤ 见拙著《穆天子传地理概测》，《中大学报》。

铁勒名称唯见于北魏末至突厥亡国一个时期,《隋书》八四立《铁勒传》,想亦本自裴矩之史料,兹先节录其一段,然后加以阐述。

> 铁勒之先,匈奴之苗裔也,种类最多,自西海之东,依据山谷,往往不绝。独洛河北,有仆骨、同罗、韦纥、拔也古、覆罗,并号俟斤;蒙陈、吐如纥、斯结、浑、斛薛等诸姓,胜兵可二万。伊吾以西,焉耆之北,傍白山则有契弊、薄落职、乙咥、苏婆那曷、乌讙、纥骨、也咥、于尼讙等,胜兵可二万。金山西南,有薛延陁、咥勒儿、十槃、达契等一万余兵。康国北,傍阿得水,则有诃咥、曷截、拨忽、比千、具海曷、比悉、何嵯、苏拔、也末、渴达等,有三万许兵。得嶷海东西,有苏路羯、三索、咽蔑促、隆(薛)忽等诸姓八千余。拂菻东则有恩屈、阿兰、北褥、九离伏、嗢昏等近二万人。北海南则都波等。虽姓氏各别,总谓为铁勒,并无君长,分属东西两突厥。居无恒所,随水草流移。

关于中古时代北荒民族之动态,中外史料,同感贫乏,此传所记部落名称,独至四十以上,虽甚简略,要为极珍贵之纪录。惟世界学者,除丁谦外,曾无人作过整个之考证,而丁氏之学力又不足以副其志愿,是可憾也。

吾人首要辨明铁勒非民族之专称。《通典》一九九始谓铁勒为敕勒之言讹,而《魏书·高车传》又谓敕勒即高车,因之,《新唐书》二一七上遂以铁勒为高车部,殊不知铁勒是全,高车是分,分不能统全,《魏书》措辞弗明,致《新唐书》误作分等于全也。铁勒非民族专名,可从下两点断定之:(1)汉语之“姓氏”,施诸外人则为“部族”,《隋·传》明言铁勒之中,“姓氏各别”,易言之,即为不同

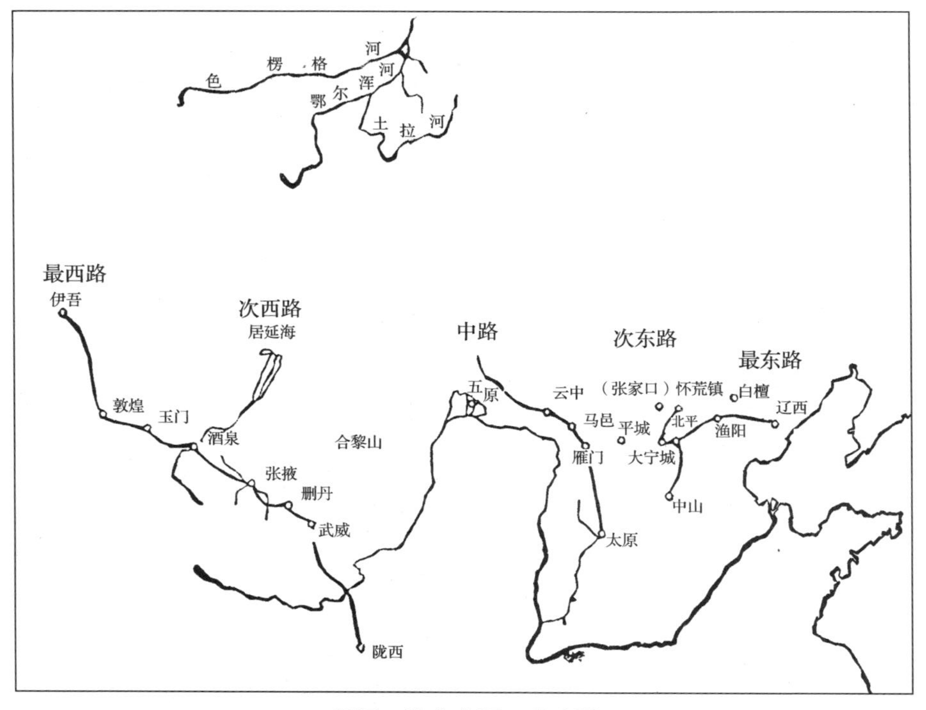
色楞格河
鄂尔浑河
土拉河
最西路
伊吾
次西路
居延海
中路
次东路
最东路
敦煌
玉门
酒泉
合黎山
张掖
删丹
武威
陇西
五原
云中
（张家口）怀荒镇
白檀
马邑
平城
北平
渔阳
辽西
雁门
大宁城
中山
太原

图四　漠北交通五道略图

之部族。(2)据传文,铁勒领地,东西万余里,无论任何时期,事势上不能为一族所专据。且回纥本铁勒九姓之一,但自彼代突厥雄长漠北之后,铁勒名称不复再见行用,如属专名,殊难索解。

其次吾人应认识铁勒一名旧日还原之错误。欧洲东方学家一致承认铁勒相当于突厥文之 Töliš,余始辨其误,证定 Töliš 为突厥行政区之称号,隋、唐人翻作"突利"①。考《摩尼圣歌》(九页)及《回纥两种柱刻文》(一三页)均曾著录 tiräk 字,语言学大家麦勒(Müller)释前者为衔称,译后者为扶助。余检拉德罗夫(Radloff)《突厥方言字汇》(3,1365),则 tiräk 有扶助、支柱两义,大约衍为"支持者"即部属人民之谓,准六朝译例:-r→-t,对音亦甚相符。由是观之,铁勒只流行一时之通名,无怪其忽然匿迹也。

至于传中各部名称,前编《突厥集史》时曾试作还原或现存民族之比定,奈有许多地方,绝无可参之资料,甚而句读难断,不能不付诸存疑。今兹所陈,只举其概略②,豫作进一步研究之基础。尤须声明者,传文特标出"居无恒所",例如金山西南之薛延陀,唐初已移至独洛河北,比定时不可必持刻舟之见也。

甲、独洛河北　独洛 Tughla 即今蒙古之土拉(Tula)河。(1)仆骨,余证为元之巴儿忽惕(Bargut)。(2)同罗,即阙特勤碑之 Tongra。(3)韦纥,唐译回纥。(4)拔也古,Schlegel 证为突厥文之 Bayïrqu。(5)斯结,唐译思结,余认为即阿拉伯文之 Saxir③。

① 《辅仁学志》六卷一、二期拙著《跋突厥文阙特勤碑》。

② 详说见拙著《突厥集史》卷一四上(未刊)。此外白鸟氏《乌孙考》谓咽蔑即悦般(原文未见),对音不符,又王日蔚《丁零民族史》所附铁勒各种族表,几全部沿用丁谦之错误考证,(《史学集刊》二期九九 — 一〇一页)李符桐《铁勒部族考》(一九四五年《沈阳博物院汇刊》一期二四 — 二八页)错误与王文略同,此篇均不多辩。

③ 《东方杂志》四一卷一七号四三页拙著《误传的中国古王城及其水力利用》。

(6) 浑。(7) 斛薛,此两部《新唐书》均有传。

乙、伊吾西,焉耆北　白山见前五节。(1)契弊,唐作契苾。(2)薄落职,余意得与钦察之 Burj 部相当[1]。(3)乙咥,得相当于钦察之 Yetia 部。(4)乌护(讙字讹),唐人又作乌鹘,即磨延啜碑之 Oghuz。(5)纥骨,汉称坚昆,唐称黠戛斯,突厥文作 Qïrqïz,今称吉尔吉斯。

丙、金山西南　金山即阿尔泰山。(1)薛延陀,夏德考定其语原为 Sir-Tarduš。(2)达契,或即唐代西突厥之突骑施(突厥文 Türgiš, Käšgharï 之书作 Tuxsi)。

丁、康国北,傍阿得水　阿得,突厥语 Atel,犹云"江河",即今窝尔加河[2]。(1)诃咥,即唐之阿跌,沙畹证阿跌为突厥文之 Adiz。(2)曷巀,张星烺拟为唐之可萨或曷萨'Xazars'。(3)拨忽,张氏拟为 Bolghar,按即元代之不合儿。(4)比千,张氏拟为 Pečeneg。(5)苏拔,余疑为五世纪时之 Sabires 人。(6)渴达,余拟为叙利亚史料中十三民族之 Kurtargar。

戊、得嶷海东西　即里海,得嶷,余还原为突厥文之 denghiz,犹云"湖"也。(1)苏路羯,余证为叙利亚史料之 Sarurgur 族。(2)咽蔑促,余拟为东罗马古典之 Hermičions。(3)隆忽,《北史》作萨忽,《通典》作薛忽,薛、萨与隆,字形相类,故讹隆。此部余证为《元秘史》之薛儿客速惕,《元史》之撒剌克思(Circas),今为高加索之乞尔克思(Cherkess)自治省。

己、拂菻东　拂菻之初译,余曾推原于梁元帝《职贡图》之拂壈[3],其语原当为于阗文之 hvaram,此云"右",即"西"也,犹近世称

① 田中译多桑《蒙古史》二一五页。

② 《中西交通史料汇编》一册一二三 — 一二四页。

③ 《圣心》二期拙著《课余读书记》一三页。

“泰西”、“西洋”而已；中古时于阗为我国与西方之介人，故译语与之有关。(1)恩屈，今高加索之乞勤、因桂施(Cherchen-Ingush)共和国，乃两种不同民族合成，余谓恩屈与Ingus相当。(2)阿兰，久已还原为Alan，即元秘史之阿速惕(Asut)，或认其相当于今高加索之奥塞夏人(Ossetians，组成北奥塞夏自治共和国与南奥塞夏自治省)，属伊兰血统。(3)九离伏，余认为埃及人著作之Cara-beurkli，义犹“黑帽”，俄国史家称曰“黑Klobuks”，据余观之，俄语Klobuk实即Kara-beurkli之省文耳①。今组成喀拉喀尔巴克自治共和国，属乌兹别克，居咸海之西。(4)嗢昏，六世纪中叶有Ouar与Xun两族西徙于高加索，希腊史合称曰Ouarchonites，即其原语也。

庚、北海南　即苏武被徙之北海，当于今贝加尔湖。(1)都波，《旧唐书·本纪》作都播，《摩尼圣歌》著录Tupa字，麦勒氏谓即此名之原音②，乃叶尼塞(Yenisei)流域南部人民之总称③。

以上七个区域，由甲至己，大致系循由东而西之顺序，最末则带及蒙古北边之西伯利亚，观此，亦约知突厥帝国最盛时势力之所及。

第十五节　印刷术发明

商人卜辞，刻于龟甲、兽骨，入周则为漆文竹简(晋武帝时，汲县人发魏王墓，得竹书)，亦或用皮革(《史记》四七《孔子世家》，“读易韦编三绝”)、缣帛(《论语》称“子张书诸绅”，《晏子春秋》七

① 《辅仁学志》五卷一、二期拙著《再说钦察》三一及一九页。

② 《摩尼圣歌复叶》(德文)三二页。

③ Czaplicka著《中亚之突厥族》(英文)一五五及一〇一页注。

"著之于帛",《墨子·明鬼》"故书之竹帛"。又近年长沙出土绢质书约八九百字,字形甚小,已被美帝盗去),汉、魏公文书率是木简(近年居延以西至新疆东部,发见不少),至东汉和帝元兴时(一〇五),中常侍蔡伦始用树肤、麻头、敝布、鱼网以造纸,此为印刷术发明之先行条件。

隋费长房《历代三宝记》一二,载开皇十三年(五九三)十二月八日敕:"废像遗经,悉令雕撰",明陆深《河汾燕闲录》引为印书之始,近张秀民解作"实际上雕的是佛像,撰集的是佛经,……恐怕不会是佛经雕板"①,按一般之像用塑,雕像并不普遍,此涉于文字解释问题。斯坦因第三次(一九一三 — 一九一六)在我新疆盗去之古物,有吐峪沟印品残片一纸,刊"……官私,延昌卅四甲寅(五九四)……家有恶狗,行人慎之。……"等字,法人马伯乐(H. Maspero)鉴定为现存最古之印刷品。高昌此一类文化,必从内地输去,人所皆知,尤巧者延昌卅四恰为开皇十三之后一年,因此,张氏在同一文内亦只得承认"雕板发明的时间追溯到六世纪末,也就是隋唐之际"②。

其次,与印刷术发明相表里者尚有:(一)拓本,今存最古之石经拓本约为贞观(六二七 — 六四九)年物③,又韦应物《石鼓歌》:"今人濡纸脱其文,既击既扫白黑分",总是开、天以前事。(二)印象,义净《南海携归内法传》三十一章:"造泥制底④及拓模泥像,或印绢、纸,随处供养",则是武后以前事。吾人讨论时不可不加以相当的注意。

① 《文物参考资料》二八期二一页。

② 同上二三 — 二四页。又荷人 Duyvendak《中国印刷术发明述略》似有一条称:敦煌石室书录有《大隋永陀罗尼本经》,系太平兴国五年翻雕隋本,(一九二六年《学衡》五八期)因未检得原文,有无错误,尚待考验。

③ 同上引《学衡》。

④ 原语为 Čaitya,犹云"塔庙"。

中唐以后，记录印书或印本传于今者愈多，今依年序次列之：

长庆四年（八二四）元稹《白氏长庆集序》注："杨越间多作书，模勒乐天及予杂诗，卖于市肆之中也。"（《元氏长庆集》五）是印书已在市上出售。

大和九年（八三五）十二月，"敕诸道府不得私置历日版"。（《旧唐书》一七下）

大中间（八四七 — 八五九）纥干皋在江右雕印《刘弘传》数千本，寄长安等处，说明同一书本之大量印刷。

咸通六年（八六五）日僧宗睿带回《目录》有西川印子《唐韵》及《玉篇》各一部（印子即印本）①。

"咸通九年（八六八）四月十五日王玠为二亲敬造普施"之《金刚经》，用纸七张掇成卷子本，第一张画佛故事图，此为现存最吉兼有插画之刊本，藏伦敦博物院。

约咸通末至乾符间（八七三 — 八七九），司空图《一鸣集》九有《为东都讲律僧惠确化募雕刻律疏》文，注称"印本共八百纸"。

乾符四年（八七七）历书及中和二年（八八二）剑南西川成都府樊赏家历残本，又《唐语林》七称："僖宗入蜀，太史历本不及江东，而市有印货者。"

柳玭随僖宗入蜀，其《训序》言，在成都城东南，见"阴阳杂记、占梦、相宅、九宫、五纬之流"及"字书小学"，皆是印板书，说明印刷品之"色类绝多"。

再就分布言之，则广及于苏、浙、赣与洛阳、成都。综此以观，旧说举后唐明宗长兴三年（九三二）冯道等请校正九经、刻板印卖

---

① 印子犹云印刷之物，可见古语"子"字不定训"小"。

（宋孔平仲《杂说》）为印书之始，确属失考，明胡应麟云："雕本肇自隋时，行于唐世，扩于五代，精于宋人。"（《少室山房笔丛》四）尚较得其实。

隋代发明之应连类记及者，《隋书》七八称，卢太翼"目盲，以手摸书而知其字"，术苟可传，则训盲学校，不必待近世而始著矣。

第十六节　西乐输入

向达引《毛诗传》："东夷之乐曰韎，南夷之乐曰任，西夷之乐曰侏离，北夷之乐曰禁。"证外乐传入中国，其来已久，斥旧说魏、晋后雅乐始杂胡声为不信①，更进论张骞传入之《摩诃》、《兜勒》二曲，摩诃应 maha 之对音②。徐嘉瑞云："据《天问》，启棘宾商，《九辩》、《九歌》注，启所作乐也。……《大荒西经》，赤水之南，流沙之西，有人……乘两龙，名曰夏后开，开上嫔于天，得《九辩》、《九歌》以下，是《九歌》非南方乐歌而为西方乐歌。流沙之西，赤水之南，正夏民族文化发源之地。……西方文化，自古代已影响南方，故屈原《离骚》、《天问》多用西方之神话与山川也"③。按我国上古之乐，西方学者曾认其含有西方色彩，盖周族东来，并挟其原有之乐器，洎东周扰乱，乐师奔散，（见《论语》）制器失传，至于中古，乃有待于再度输入。质言之，此一问题之重点，在乎是否我华族之原有或

① 《学衡》五四期《龟兹苏祇婆琵琶七调考原》，惟引《周礼》两条，未必是事实。

② 《后汉书》蒙奇兜勒之"兜勒"，解者或以拟后来之"吐火罗"（Tuxara），考龟兹属吐火罗语系，若所证不误，则此《兜勒曲》亦可能是龟兹之音乐。

③ 《东方杂志》四一卷一八期三九 — 四〇页《南诏初期宗教考》。

原无,不在乎中西之区别[①]。

涉此,又不能不略为五音、七音之讨论。古文《尚书》之“五声”,王西徵以为形成在《论语》之后,《左传》昭公廿年之“七音”,彼又以为其书比《公》、《榖》、《国语》更晚出,惟因“五音”及“徵”、“角”均见《孟子》,遂谓五音之音名,在此时候已完全成立[②]。顾上述各书之年代先后,不易断然排定,故其持论实近于闪铄。七音究何时成立,应以三分损益法为标准;考三分损益法初见《管子·地员篇》,王氏拟为产生在战国末期(约公元前三纪),比之彼氏(Pythagoras,约 B. C. 582 — B. C. 500)倡制,已后三百年。《管子》以何时写定,今不必论,最须了解者,先秦子家率综集前辈言论以成书,不能硬定写出的年代为学说初立的年代,尤其是,写成书说往往落后于事实颇远,此由前节论中古印刷术发明,亦可见之[③]。王氏结论云:“倘认中西的相同并非偶然,则中国很有受西方影响之嫌疑”,恰足与前段各论相发明。

进至六朝,西域音乐更迭输入,北齐后主,尤赏胡声,曹妙达、安未弱、安马驹之徒,至有封王、开府者。周武帝时,龟兹人苏祇婆从突厥皇后入国,论乐有七调[④],一娑陁力(犹言平声),二鸡识(长

---

① 论华夷音乐之别,《隋唐制度渊源略论稿》谓此不过输入较先之胡乐,流传既久,使人浑忘其外来之性质(一二〇页);同人《元白诗笺证》(一三六页)又云:“所谓华夷之分,实不过今古之别,但认输入较早之舶来品或以外国材料之改装品为真正之国产土货耳”,未注意到古乐源流,所见仍差一间。

② 《燕京学报》二八期一九七 — 二五〇页。

③ 乐理非余所知,惟涉学说成立时代,王氏尚有立论未完之处,以非主要问题,故不赘及。

④ 七调名称之梵文还原,据近世中外学者研究,娑(《辽史》五四误婆)陁力为 Sādhārita。鸡识为 Kaiśika。沙识似为 ṣaḍja。沙侯加滥为 ṣaḍjagrāma,郭沫若谓“侯”殆“俟”字之误(林谦三《隋唐燕乐调研究》四六页),是也。沙腊为 ṣāḍava,中亚 d 可转 l,林谦三已言之,余则以为 V、P 通转,故 lap 得译为“腊”也。般赡为 pañĉama,“五”数之义。俟利箑(音霎),余所见本《隋书》均讹作“篷”,惟林谦三所据本及《辽史》五四不讹,还原为 vrṣabha。

声），三沙识（质直声），四沙侯加滥（应声），五沙腊（应和声），六般瞻（五声），七俟利箑（斛斗声）[①]。开皇之始，慕古情深，曾诏群臣集议正乐，然昧于声律，久无所成，乃定令置七部乐，一国伎，二清商伎，三高丽伎，四天竺伎，五安国伎，六龟兹伎，七文康伎。大业中，改定以清乐、西凉、龟兹、天竺、康国、疏勒、安国、高丽、礼毕为九部乐，兹概述如下：

1. 清乐　即清商三调[②]，并汉来旧曲，隋文以为“华夏正声”。其乐器十五种中有琵琶（古波斯文 barbat，即曲项琵琶，参下文）、箜篌（突厥语 qungxau，qungqau，竖箜篌与西方之 harp 相近）；按刘熙《释名》云：琵琶出于胡。又箜篌即汉武祠太一、后土之坎侯，《史记·封禅书》作空侯，《后汉书》二三灵帝好胡服、胡箜篌，宋谢康《乐要字苑》云，箜篌胡乐也；然《太平寰宇记》二中牟县条称“箜篌城在县东南二十里，昔师延造箜篌以悦（郑）灵公”（《水经注》却以师延为纣时人），此即前言再度输入之现象。

2. 西凉　后凉（吕）、北凉（沮渠）时，变龟兹声为之，号为秦汉伎，魏、周之际，遂称为国伎。然曲项琵琶，竖头箜篌之类，并出自西域（或云，曲项琵琶从西亚经中亚传来），此外五弦琵琶（或单称五弦，比琵琶多一弦）、铜钹及大小筚篥（又作觱篥，《通典》云，本名悲篥，出于胡中，按即笳管。李颀《听安万善吹觱篥歌》：“南山截竹为觱篥，此乐本是龟兹出。”）均从西方输入。

---

① 林谦三谓 vṛṣabha 义是“牡牛”。按《隋书》作“斛牛声”，于义难通，《辽史》作“斛先”，“先”显是“牛”字之讹，惟明董斯张《广博物志》引作“斛斗声”，“斛斗”本隋唐通用名词，余初本主张此说，但“斛”亦未尝不可为别一字之错写，手头又无梵文字典可检，故尚难断定。

② 《旧唐书》二九：“《白雪》，周曲也，平调、清调、瑟调，皆周房中曲之遗声也，汉世谓之三调。”

3. 龟兹（Kuča） 起自后凉吕光灭龟兹。周武时，国人苏祇婆来，所奏一均之中，间有七声，及开皇中，其器大盛于闾闬，此派知名者有曹妙达、安进贵等，炀帝时乐正白（帛）明达，盖亦龟兹之后①。

4. 天竺 起自前凉张重华。

5. 康国（Samarkand） 起自周武时突厥皇后。

6. 疏勒 7. 安国（Boxara） 均起自后魏。

8. 高丽 起自北魏平北燕（冯）。

9. 礼毕 据《隋书》言，出自晋庾亮家，亮谥文康，故称为文康乐，殊不可信。《列子·汤问》："秦之西有仪渠、文康之国"，"文康"实即古康国名称 Markand 之音写，与上康国乐为复出也②。每奏九部乐终，则陈之，故又称礼毕。

由上言之，自 1 至 9，均为西方或参杂西方之乐，高丽乐器十四种，有卧箜篌、竖箜篌、琵琶、五弦、笛（从西域传入）、小筚篥（出自龟兹）、桃皮筚篥及要月鼓（从西域传来），则亦非纯东方之乐也

① 《通典·乐典》言，龟兹琵琶、五弦、胡鼓、铜钹、胡舞等声音洪大，惊心震耳。按今时梆子演奏嘈闹，应龟兹乐之孑遗。吾粤八音班（即不扮演之唱剧）顺德人呼为"西秦"，锣钹喧阗，则亦龟兹流亚也。

② 此乐出自庾亮家，《隋书》一五言之凿凿，《颜氏家训》六亦言"文康象庾亮"，但《晋·乐志》并未述及，余甚疑之？考《李白集·三乐府》有《上云乐》一篇，原注"老胡文康辞，或云范云及周舍所作，今拟之。"周舍之本辞，开首即云，"西方老胡，厥名文康"；胡震亨曰："梁武帝制《上云乐》，设西方老胡文康生自上古者，青眼、高鼻、白发，导弄孔雀、凤凰、白鹿，慕梁朝来游，伏拜祝千岁寿，周舍为之辞"。王琦云："按《隋书·乐志》，梁三朝乐第四十四设，寺子导安息孔雀、凤凰、文鹿胡舞，登连上云乐歌舞伎，知《上云乐》者乃舞之名色，令乐人扮作老胡之状，率珍禽奇兽而为胡舞以祝天子万寿。"（《李太白文集辑注》三）祝寿是中外习俗所同，尤多于礼毕时行之。庾亮虽谥文康，但苟如《隋书》所言，出于追思，似应云"庾文康"，不应单言"文康"也。又《隋书》言文康乐之舞曲有散花，白诗亦云，"散花指天举素手"。文康部舞者手持鸟羽，见《急就章》四颜师古注（参《唐史》廿四节二三四页注①）。

（参阴法鲁《从敦煌壁画论唐代的音乐和舞蹈》）。

第十七节　三伐高丽

高丽自号高句丽，北齐废帝封其王阳①为高丽王，始去“句”字。（《东北通史》一七四页）初，燕盛时，略属真番、朝鲜②。及汉兴，以路远，修辽东故塞，仅至浿水（今鸭绿江，或云大同江）为界。有燕人卫满东渡浿水，据其地而自王。元封三年，武帝遣兵定之，开为玄菟、乐浪、临屯、真番四郡③。元帝时（公元前三七）北夫余之高句丽人④朱蒙（《好大王碑》作邹牟）始建国，渐残汉郡，东晋安帝元兴三年（四〇四，好大王十四年），其十九世朝广开土境，平安好大王⑤卒掠有辽东之地。继位者长寿王之十五年（四二七，宋元嘉四），始迁都平壤。北朝之末，其国东至新罗，西北渡辽水至营州，南至百

---

① 金富轼《三国史记》作于高丽仁宗廿三年（宋高宗时），亦称为阳成，（据《东北通史》一七四页）或作“汤”者当误。“初中《中国历史》第二册七页所讲的朝鲜半岛上，高丽、百济、新罗三国，据说高句丽不是高丽，高丽是在明清时代，隋唐两代都是高句丽，以后是百济太封国，再以后是高丽。”（据《历史教学》一九五五年二号五七页《问题解答》）按“句”字之去，始于北齐，自是“高丽”之称，已行用三百余年，王建立国（晋天福元，九三六），实借用“高丽”之称，焉能谓在前之高句丽不是高丽？如说高句丽最初在辑安一带，则我国上古何尝不限在黄河流域？大约因黄炎培曾有“王氏高丽实与高句丽无涉”（《朝鲜》五八页）之语，然此只就其王朝系统区别之，不可因辞而废义也。

② 燕明邑所造明刀币曾在平安北道、全罗南道发见。（黄著《朝鲜》四五页）

③ 关于此四郡之今地，各说不同，可参同上书六四 — 六五页。

④ 高句丽为《汉・地志》（昭帝）玄菟郡所治之县，其最初立国，在今桓仁、辑安二县地面，当鸭绿江支源佟佳江亦称浑江之上流。（同前黄著三四及六八页，又鸟居龙藏《满蒙古迹考》一二七页）

⑤ 今辑安县东十里有著名之《好大王碑》，立于四一四年（义熙十），清光绪六年发现。好大王，碑作好太王，即中史之“安”。

济，北至靺鞨。周武时改封阳为辽东王，隋文受禅，仍封高丽王。阳卒，子元嗣，开皇十八年，元率靺鞨之众万余骑寇辽西，隋以汉王谅为元帅，水陆三十万伐之，师次辽东，遇疾疫，死者什八九，会元亦上表谢罪，遂罢兵。

大业三年，炀帝幸启民可汗帐，适高丽使在彼，帝谕令还国，促元早入朝，元不奉诏。七年，帝遂亲征，驻涿郡。八年正月，大军既集，分为左、右两翼，每翼各分十二军如次：

左第一军	镂方道	右第一军	黏蝉道①
二	长岑道	二	含资道
三	海冥道②	三	浑弥道
四	盖马道	四	临屯道
五	建安道	五	侯城道
六	南苏道	六	提奚道
七	辽东道	七	踏顿道
八	玄菟道	八	肃慎道
九	扶余道	九	碣石道
十	朝鲜道	十	东暆道
十一	沃沮道	十一	带方道
十二	乐浪道	十二	襄平道

史称士卒总一百十三万三千八百，号二百万，馈运者倍之，是月第一军发，终四十日，引师乃尽。诸将各奉旨，不敢越机，至七月，九军并陷，将帅奔还，遂班师。

① 《汉·地志》乐浪郡有黏蝉县，《后汉·郡国志》作占蝉。一九一三年（大正二）在平安南道发见秥蝉神祠碑，字作秥，系汉章帝元和二年（八五）所立，黄著《朝鲜》四八页。

② 《唐豆卢实墓志》作左第二军海冥道。关于分道的命名，可参《东北通史》一九六页。

九年春，二次征兵，三月，驾幸辽东，四月，渡辽，六月，杨素子玄感反于黎阳（今浚县），渡河直逼东都，帝遂急去高丽而回。

十年，又发天下兵，时民军蜂起，军多失期，帝以三月幸涿郡，七月次怀远镇①。会饥馑，六军递相掠，复多疾疫，高丽亦困弊，遣使请降，并归上年叛人斛斯政，乃息兵，仍征元入朝，而元卒不至。

---

① 据《东北通史》二一一页，即今北镇县附近，蓝著《隋唐五代史》一一七页同。但蓝书九四页怀远镇之下，又注称，“热河朝阳县西”；按两处所言之怀远镇，都征高丽所必经，断不能不认为同地，而北镇在东，朝阳在西，相去二百余里，何蓝氏竟有此错误也。考炀帝大业八年四月乙丑（十六日）大赦诏云：“其所役丁夫匠至涿郡者给复二年，至临榆关以西者复三年，至柳城郡以西者复四年，至泸河、怀远以西者复五年，至通定镇以西者复七年，至渡辽西镇复十年。”（《文馆词林》六九九）给复年分之多少，显因征夫所至之远近，柳城郡即今朝阳（说见后），通定镇即今新民县境辽河西岸之辽滨塔，（《东北通史》二一〇页）则怀远镇必在朝阳之东，新民之西，可无疑义。又《隋书》六五《薛世雄传》：“行燕郡太守，镇怀远”，贾耽《通道记》：“营州东百八十里至燕郡城，又经汝罗守捉”，今朝阳东距北镇县恰一百八十里上下，依此推之，谓怀远镇应在北镇县东近于辽金时之梁鱼务者较可信。若蓝书“朝阳县西”之注，可断为必误。《通典》一七八：“柳城郡东至辽河四百八十里，南至海二百六十里，西至北平郡二百里，北至契丹界五十里，东南到安东府二百七十里，西南到北平郡三百七十里，西北到契丹界七十里，东北到契丹界九十里，契丹衙帐四百里，……营州今理柳城县。”（参《东北通史》一八〇页）此一段里至，首要辨明者“西至北平郡二百里”一句，系指北平郡界而言，否则与“西南到北平郡三百七十里”一句，万万不能相沟通也。斯义既明，再依各里至求其地点，知旧说谓隋、唐之营州（柳城郡）皆今日之朝阳（蒙古人称为三座塔），其证甚确。但《隋书》志传并未见“柳城郡”之称，因之余往年疑柳城郡系大业九年征高丽时由辽西郡分出，（拙著《〈隋书〉州郡牧守编年表》一六三页）后来检得八年四月大赦诏已有“柳城郡”之名（引见前），又《新唐书》三九幽州下“隋于营州之境汝罗故城置辽西郡，以处粟末靺鞨降人，武德元年曰燕州”，始知辽西实从柳城分出，旧日所猜，恰得其反。《隋书》三〇称“辽西郡，旧置营州”，是史家之误，应云“柳城郡，旧置营州”，方合。复次，《通典》一七八称：“……复以其地为营州，炀帝初，州废，置辽西郡，大唐复为营州或为柳城郡”，辽西郡亦误，应依《辽史》三九作柳城郡。

《太平寰宇记》七一所记柳城郡四至里数，多所错误，已经前引《通史》揭出；但东至辽河南至海两项，《通史》谓“《寰宇记》皆作三百四十里”，今考《寰宇记》云：“东至辽河，南至大海三百四十里”，实应“东至辽河”为一句，其下漏去里数，金氏盖误会也。

《东北通史》以为致败之因有四:(1)万乘亲征,遥为指授;(2)未立统帅,事权不一;(3)劳师远袭,饷馈难继;四、敌势方强,无隙可乘(一九八 — 一九九页)。以如许之众,钤辖之远,而欲发纵指示,一切操于日事玩乐之独夫,根本已构成必败之条件。况当日"发鹿车。夫六十余万,二人共推米三石,道途险远,不足充糇粮,至镇无可输,皆惧罪亡命",(《通鉴》一八一)敌稍能坚壁,旷日持久,就非退军不可。尤有进者,远击异域,利在精兵疾前,炀帝挟童稚之见,以为众必胜寡,殊不知师无纪律,阻手碍脚,稍有摇撼,牵动全军,人越多则致败之机亦愈多也。①

① 黄元起《论中国历史上的民族战争》,其分析批判,大致分为四点:(1)被压迫民族的人民因反抗外族剥削阶级而谋解放,如八王之乱属之。(2)对社会历史的发展,发生进步或阻碍作用,如汉武对匈奴、唐太对突厥属之。(3)各民族的文化交流,发生了有利的影响,如汉武征南越、西域及西南夷,隋炀、唐太征高丽,蒙古征欧、亚都属之。(4)使中国民族得以生存,发展得以伟大,如五胡乱华、南北朝混战等,都应该否定(一九五三年六月河南《新史学通讯》)。彼所类别,我不能完全同意。姑就涉于隋、唐者论,黄氏以匈奴、突厥两战争为同类,此点自然不错;唯是,汉自高祖迄景帝,岁遗匈奴缯絮,而匈奴对汉族横加剥削,犹不之足,反时常率军南侵,肆行掳掠,烽火达于甘泉,民无宁岁,其为压迫侵略,记载炳然。大凡分析历史,不当局限于已成之事实,有时且须考虑其可能造成之局面;试取匈奴西迁,构成欧洲中古黑暗世纪来对比,便觉得汉武如不领导抵抗,欧洲之灾难,不难先演于中华,依此以思,汉对匈奴应列为解放的战争。同样,突厥之木杆、他钵,利用周、齐互斗,削弱我国,彼则持举足重轻之势,坐享两方面之供输;迨隋炀既倒,彼又拥立杨正道为隋王,与革命军相对抗,北方豪杰,尽量收罗,或给以官号,或助以兵力,无非欲延长我之内战,遂其蚕食之阴谋。更严重者,当李唐统一大势已定,彼犹两次追京,幸而颉利不如他钵之枭雄,否则五胡乱华,将重演于隋、唐之际,故汉、唐处境,可谓大致相同。斯大林同志以为在社会主义经济制度未完全胜利以前,"保护国家以防外来危险这一职能当然还是存在着的",(葛烈柯夫等《斯大林和历史科学》一八页)则去今一千至二千余年以前,此职能之比较的重要,自不待言。可是,黄氏对匈奴、突厥,并未考虑其破坏演变之可能,甚而彼等主动侵略之事实,亦未通体检查一过,猥以进步作用为两项战争之主脑,是所谓见其小而遗其大矣。

蒙古西侵,与希腊东侵相类,彼等带去之唯一礼品,只是破坏中亚最繁盛之城市,经过惨酷战争后,或阅数百年而不能复建,其灾害至可惊。论到蒙古当日的文化,

第十八节　隋代经济发展之概况

隋朝统一，未及卅载而崩溃，经济设施，中间无大变化，本节只举出旧史记载之重要错误，使吾人对当日经济批判，不至建筑在错误的基础之上，至于设施细点，则俟唐史统言之。

人是生产力最重要的因素，要明白南北统一后经济的变化与发展至如何程度，就得先了解隋代人口孳生的问题。

涉周、隋间户口数目，旧史有记载不确给人以错觉者两事：

（一）据《周书》六，建德六年（五七七）灭齐，齐有户三百三十万二千五百二十八，口二千万六千六百八十六，《通典》七所记，大数

总比其敌人为低，后来引生东西文化之交流，不过偶然的副产品，初非侵略者之始念与预料所及。抑从唐代前半叶历史观之，文化交流，并不需以战争为主要导体，吾人论史，遇着两项问题相纠缠的时候，就应比较其影响之大小以行取舍；蒙古西征者既只以侵略为目的，试抓着此点，便可以断然决然地列作侵略性战争。

依此来推论，吾人对于隋炀之征高丽，便不难得到合理的批判。首先是，隋炀师出无名，无非好大喜功的思想在作怪。其次，隋末农民大革命，无疑以三征高丽为最要原因；考自隋文统一以后，我国经济文化之发展，正表现着逐渐上升，而经过此一回变乱，人口却剧烈下降，大业五年（六〇九）有口四千六百余万，（《隋书》二九）直至神龙元年（七〇五），仍不过三千七百余万，其如何阻碍社会生产之发展，不言而喻。此一战役断应列为侵略性战争，若求其文化交流之作用，则直微末不足道矣。

赵俪生、高昭两家又提出三次征辽客观必然的原因：（1）防御外侵。（2）高丽“不仅具备入侵中国的可能，它还较之突厥更多地具备着于占领之后统治中国的可能。”（《中国农民战争史论文集》七一 — 七二页）按外侵之威胁，大业时远不如开皇之紧张，而且开皇十七年高丽入犯，隋文虽出师抵御，旋即罢兵，以后再无举动，为何单独大业时代有此必然性存在？其次，突厥强盛时高丽常与结好及聘使往来，此由突厥文阙特勤碑可以见之，如果据高丽使臣在启民处，便说他们俩要连结起来合以谋隋，未免流于杯弓蛇影矣。

略同①;《通典》又不知据某种史料,称大象中(五七九－五八〇)“有户三百五十九万,口九百万九千六百四”。按大象在建德后,于理应包举平齐所得之户口,今户只增三十(依《周书》计)或五十余万(依《隋书》及《通典》计),似嫌过少;然据建德三年(五七四)募百姓为侍官、除其县籍、是后夏人半为兵之记载,尚可诿为别有原因。独至人口则不然;北齐已有口二千万,中间并无天灾、人祸,何故两三年后,周之总口数只得九百万?又据《续高僧传》,周武灭佛,关山东西“三方释子减三百万,皆复军民,还归编户”,如果九百万已举北齐人口,岂不是佛徒占总口三分之一?处此极端冲突下,吾人只有设想《通典》所记大象中户口,系指北周原有区域而言,不包灭齐之数;说苟不误,则隋受周禅时有户约六百九十(或六十)万,口二千九百万,而《通典》所云,“后周静帝末授隋禅,有户三百五十九万九千六百四”,实漏计北齐户口之数。

(二)据《隋书》二九,大业五年(六〇九)“户八百九十万七千五百四十六,口四千六百一万九千九百五十六”②,《通典》承上隋受禅而计其增加之户数云:“至开皇九年平陈,得户五十万,及是才二十六七年,直增四百八十万七千九百三十二”,后人不分析杜氏之数字,遂笼统地认为隋代经济跳跃上升之结果。但苟依(一)项所推论,则增加之数,户不过二百(或二百三十)万,口不过一千七

① 《隋书》二九作“户三百三万”,《通典》作“三百三万二千五百二十八”,比《周书》少差二十七万。

② 《通典》七作大业二年,疑有误。户尾数又作三十六,依其细数相加,“三”字不误。

百万，远不如杜氏计算之巨。抑开皇初，户数剧增，尚有内在原因：《隋书》二四称，“高祖令州县大索貌阅，户口不实者正长远配，而又开相纠之科，大功以下，兼令析籍，各为户头，以防容隐，于是计帐进四十四万三千丁，新附一百六十四万一千五百口”①，《文献通考》亦言，南北朝人“或以三五十户为一户，苟避科役。”总言之，开皇至大业，经过卅年生息，人口繁殖自是必然之事，然吾人不应过分强调其发展，呆板地认为户已增至二倍半，口且增至五倍也。依（一）项推计，人口之增，断不过百分之五十，与每岁约百分之二人口增加率相符。某些学者对于现象可有公式的（如人口增加率）偏偏不信公式，而不可能有公式的反而爱填公式，皆统计、逻辑之不明有以致之。

无论如何，人口既在增加，生产力自然日厚，《通典》七云：“隋氏西京太仓、东京含嘉仓、洛口仓、华州永丰仓、陕州太原仓，储米粟多者千万石，少者不减数百万石，天下义仓又皆充满，京都及并州库，布帛各数千万，而锡赉勋庸，并出丰厚，亦魏、晋以降之未有。”又贞观十一年马周疏称：“隋家贮洛口仓而李密因之，东都积布帛而世充据之，西京府库亦为国家之用，至今未尽。”（《旧书》本传）经济相当进展，吾人固不否认。然此只官家从严重剥削所表现之一面，百姓方面并未作平行式的推进，或者官家愈肥，民间愈瘦，唯其如此，才晓然隋末革命何以发生急剧的变化，亦即由迟缓的量变进到迅速而突然的质变。

文帝以文法自矜，明察临下，每于殿廷打人。开皇十六年因合川仓粟缺少，是后盗边粮者一升已上皆死，家口没官；一时相承以

① 依北齐、大业之户数与口数比例，每户平均五至六口，相当合理，大象则仅得二口半，正显出军士除去县籍之结果。

残暴为干能，守法为怯弱。然京市白日犹公行掣盗，于是又诏，有纠告者没贼产业以赏纠人；无赖之徒，或候富人子弟出，故遗物于其前，偶拾取则擒以送官而取其赏。驯至盗一钱已上，或闻见不告言者皆坐死，四人共盗一榱桷，三人同窃一瓜，事发即时行决；更有人劫官属要其转奏，古来是否有盗一钱而死之条。(《隋书》二五《刑法志》)如斯压迫，已为群众所大大不满①。

炀帝屡兴力役，征敛无度，自大业七年末筹备征辽，战士馈运，填咽于道，昼夜不绝，于是自"燕、赵跨于齐、韩，江、淮入于襄、邓，东周洛邑之地，西秦陇山之右，僭伪交侵，盗贼充斥，…… 人相啖食，十而四五，关中疠疫，炎旱伤稼"，又同年，"山东、河南大水，漂没四十余郡，重以辽东覆败，死者数十万，因属疫疾，山东尤甚。"(均《隋书》二四)处此情形，正如《通鉴》所谓"安居则不胜冻馁，……剽掠则犹得延生。"司马德戡对炀帝云："溥天同怨，何止一人。"即表示隋亡之必然性。陈寅恪论隋末起义，强调山东豪杰之作用，使人感觉到农民缺乏抵抗压迫之自觉能力，殊非的论。

对于隋所以亡，其观察错误且较为突出者有《唐代经济史》；彼言："只是隋之输籍②，引起豪族之不满，而隋以亡，唐之成功，豪族的拥护，颇有一部分力量。为酬庸，为避免隋之错误，自然不敢得罪豪族。故唐初定制，豪族应得的田地，比较的多一点，……他们的部曲、客女，也不像前代一样，须输赋税。"(一六页)所云唐之兴部分靠豪族拥护，故对豪族比较优待，纯属毫无佐证之臆测。唐制，授田比较紧缩，亦非不敢开罪豪族(均见下《唐史》)，隋令未受

① 奚风称赞隋文能改革法制，(一九五五年《历史教学》三期)似未联系实际。

② 见《通典》七，亦即前文所引《隋书》二四之析籍。

地者皆不课,(《隋书》二四)唐之免部曲、客女,想不外承袭前朝。私家剥削,比官赋尤重,历代皆然,输籍之法,初无大损于亡隋主力之农民,如谓亡隋由豪族,则略观下节之表,便知其语出无根矣。

第十九节　义师蜂起

隋亡以经济崩溃、农民起义为主因,无待再论。然"内忧外患"与革命相影响者尚有二事:其一为杨玄感之变,已见前十七节,其二为雁门之围。初,东突厥启民汗卒,子咄吉世立,曰始毕可汗,表请尚义成公主,诏从其俗,部众渐盛,裴矩献策,欲分其势,又诱杀始毕谋臣史蜀胡悉,始毕憾之,大业十一年八月,乘帝北巡,围帝于雁门,官军频战不利。帝惶惧,欲溃围,群臣谏止,乃征诸郡率兵赴难,并遣使驰告义成公主,几及一月,突厥始解围去,然其声势益张。玄感父素,本帝之死党,启民事隋亦极恭顺,经此两役,隋之声威于是一落千丈,帝复撤废总管(见前三节),地方军务须秉承中央意旨,远水不济近火,"郡县微弱,陷没相继",(《隋书》七一《杨善会传》)不为无因。

《新唐书》一著录之隋末群雄,计四十八人,然合诸《隋书》及其他记载,实不止此,惜其归并降灭,多不可知。兹就炀帝被弑之前见于史册者,略依起事年份及地域,次为简表如后:

一、京畿及关西

人 名	起事地点	起事年份	降灭年份	备 考
白榆妄(娑)	灵武(灵州)	大业九		
向海明(桑门)	扶风(岐州)	同上		为唐将所破
李弘	扶风(岐州)	大业十		为唐弼所破
刘迦论	延安(延州)	同上		为隋将所破

续表

孙华	冯翊(同州)	大业十二	大业十三	降唐
荔非世雄	安定(泾州)	同上		
刘佥成	弘化(庆州)	大业十三		
梁师都(郎将)	朔方(夏州)	同上	贞观二	为部下所杀
白玄度	土门		大业十三	降唐
刘步禄(胡人)	丹州		大业十三	见《元和志》
丘师利、李仲文	鄠		大业十三	降唐
何潘仁(胡人)	盩厔		大业十三	降唐
薛举(校尉)	金城(兰州)	大业十三	武德元	唐执其子仁果①
李轨(司马)	武威(凉州)	同上	武德元	降唐
唐老和	张掖(甘州)	同上		
周洮	上洛(商州)		武德元	降唐
张长逊	丰州		武德元	降唐
郭(李)子和(翊卫)	胜州		武德元	降唐
邵江海	岐州		武德元	降唐

二、山东西及河南(古之山东,即今之河北)

尉文通	雁门(肆州)	大业六	同年破之	
杜彦冰等	平原(德州)	大业九		
李德逸②	平原(德州)	同		
韩进洛	济北(济州)	同		
孟海公	济阴(曹州)	同(又见《元和志》十)	武德四	为窦建德所执
郭方顶(预)	北海(青州)	同		
甄宝车	济北(济州)	同	大业十三	为隋将所败
吴海流	济阴(曹州)	同		
吕明星	东郡(杞州)	同		为隋将所斩
孟让	齐州	同		归李密
王薄	齐州	同	武德二	降唐

① 史作仁杲,此据北宋游师雄《记六马图》及吴缜《新唐书纠谬》。

② 王薄、李德逸(阿舅贼,即《通鉴》刘霸道一支)、张金称之起事,《隋书》四均列入大业九年,《通鉴》一八一则附叙于七年之下。季铿撰文既列刘霸道,又列李德逸,(《光明日报·史学》五号)未免复出。

续表

张金称	清河(贝州)	同	大业十二	为隋将所杀
格谦	渤海(沧州)	同		同上
孙宣雅	山东勃海?	同		为秦琼所败
高士达	清河(贝州)		大业十二	为隋将所斩
郝孝德	平原(德州)		大业十三	归李密
左孝友	齐郡(齐州)		大业十	为隋将所破
宋世谟	琅邪(沂州)	大业十		
司马长安	长平(泽州)	同		
刘苗王(胡人)	离石(石州)	同		
王德仁	林虑	同	武德元	降唐
毋端儿	龙门		大业十一	为李渊所破
颜宣政	齐郡(齐州)	大业十一	同	为隋所破
杨仲绪	北平(平州)	同	同	为隋所破斩
王须拔	上谷(易州)	同	武德元	为建德所破,奔突厥
魏刀儿	赵州	同		
敬盘陀等	绛郡(绛州)	同	大业十一	
左才相	齐郡(齐州)	同		
卢明月	齐郡(齐州)	同		为王世充所破
翟松柏	雁门(肆州)	大业十二		
甄翟儿(魏刀儿部将)		同	大业十二	为唐所破
赵万海	恒山(恒州)	同		
窦建德	河间(洺州)	大业十三	武德四	为唐所执
徐圆朗	东平(郓州)	同	武德四	降唐
王子英	上谷(易州)	同		
刘武周(校尉)	马邑(朔州)	同	武德五	为突厥所杀
李密(法曹)翟让等	河南	同	武德元	密降唐
房宪(献)伯	汝阴(颍州)	同		归李密
杨世洛	太原(并州)	同		
高开道	平州	大业十二	武德三	降唐
杨公卿	邯郸	同		
郗士陵	灵寿		大业十三	降李渊
张升	洹水			
赵君德	清河(贝州)			
王君廓	上谷(易州)		大业十三	归李密
张迁	谯郡(亳州)		同	同

续表

白社			同	同
田黑社	鹿邑(陈州)	大业十三	武德三	降唐
李文相	魏郡(相州)		武德三	为建德所杀
李士才	长平		大业十三	归李密
沈柳生	颍川(许州)		同	降萧铣
张志昂	赵州		同	降唐,见《元和志》
李义满,又称李满	平陵		武德二	降唐
张善相	伊、汝		同	同
徐师顺	任城		同	同
蔡公顺,又称綦顺	青、莱		同	同
罗艺(郎将)	幽州		同	降唐
刘季贞(真)(胡人)	离石(石州)		武德三	同
时德叡(朝散)	尉氏		同	同
杨仲达	豫州		同	同
张青特	济北(济州)		武德四	为唐所执
王世充(胡人)	河南		同	降唐
蒋善合	郓州		同	同
马簿	化明(豪州)	大业末		为杨益德杀
杨益德	同上			降唐
李厚德	河内(怀州)		武德二	降唐
卢祖尚	光州		武德四	同
淳于难	文登		同	同
王要汉	浚仪(汴州)		武德五	同
周文举	淮阳(陈州)		同	为唐所执
田留安	章丘		同	降唐

三、东南及长江流域

刘元进	余杭(杭州)	大业九	武德五	降唐①
彭孝才	东海(海州)	同		为隋将所擒
李三儿等	东阳(婺州)	同		
苗海潮	永嘉(处州)	同	武德六	降唐
张大彪 ②	彭城(徐州)	大业十		为隋将破斩

① 据《新唐书》一。但《通鉴》一八二,大业九年十二月下称元进败死于吴。

② 《通鉴》一八二作张大虎,殆唐人讳“虎”而改“彪”。

续表

郑文雅等	建安(泉州)	同		
张起绪	淮南	大业十一		
魏骐骥	彭城(徐州)	同		
李子通	东海(海州)	同	武德四	降唐
朱粲(县佐史)①	汉南	同	武德二	同
卢公暹	东海(海州)	大业十二		
韦彻	盐城(楚州)	隋末	武德四	降唐
杜伏威	齐郡(齐州),后渡淮南	大业十二	武德二	降唐
操天成(或师乞)	鄱阳(饶州)	同		
林士弘	同	同	武德五	降唐
魏六儿	淮阳		大业十三	归李密
李德谦	淮阳		大业十三	归李密
张善安	方与	大业十三		
李通德	庐江(庐州)	大业十三		
萧铣(罗令)	罗县	同	武德四	为唐所执
沈法兴	丹阳(蒋州)	武德元、二月	武德三	自投水死
杨士林	山南		武德二	降唐
蒋弘度	东海(海州)		同	同
周法明	永安(衡州)		武德四	同
臧君相	海州		同	同
汪华	睦州		同	同
殷恭邃	舒州		武德五	同
冉安昌	巴东(信州)		同	同
梅知岩	宣城(宣州)		武德六	同
左难当	泾县		同	同
曹武彻	桂阳(郴州)	大业十三		

四、岭 南

王万昌	朱崖(崖州)	大业六	大业六	为隋讨平
陈瑱	信安(端州)	大业九		

① 《中国农民革命史话》以郭子和、朱粲列入农民军(一三三页),非是。粲不务稼穑,教士卒烹啖妇女、婴儿,言肉之美者无过于人,尤非农民阶级之本性。

续表

冼瑜彻	高凉(高州)	大业十二		
杨世略	循、潮		武德五	降唐
宁长真	郁林(郁州)		同	同
邓文进	广州		同	同
冯盎	高、罗		同	同

以上共百余人,山东西及河南占其过半,盖三伐高丽,最为荼毒,大河南北,受害极烈,故民众起而抵抗者亦特多。就中白榆妄、王须拔、魏刀儿、刘武周(均《隋书》四)、郭子和(《元和志》四)、窦建德(《旧唐书》一)、薛举、李轨、高开道(均同上五五)、梁师都、刘季贞(均同上五六)、张长逊(同上五七)、王世充(《通鉴》一八八)等,因接近北边,恐强敌拊背,往往连好突厥,或且受其官命,倚以自重。即李渊(唐高祖)起太原,亦卑辞厚币,改书为启,乞借马匹,及突厥使来,礼见于晋阳宫东门之侧舍,不惜一时屈辱,他复何论。大抵始毕兄弟虽欲释憾于隋炀,亦欲效他钵故智,挟隋以自重(周武帝建德六年,既灭北齐,范阳王高绍义奔突厥,他钵举兵南向,声言与高宝宁共立绍义作齐帝,为其报仇,见《北齐书》一二《绍义传》),故宇文化及败后,处罗可汗即遣使往窦建德处,迎取隋炀之萧后及其孙政道,处之定襄,号政道,为隋王,凡中国人没入北蕃者,悉配之以为部落。(《隋书》五九《齐王暕传》)李渊起兵之初,与始毕书云:"我今大举义兵,欲宁天下,远迎主上,还共突厥和亲,更似开皇之时,岂非好事?且今日陛下(指隋炀言)虽失可汗之意,可汗宁忘(隋)高祖之恩也。若能从我,不侵百姓,征伐所得,子女、玉帛,皆可汗有之。"(温大雅《创业起居注》一)盖已窥突厥之隐,不敢昌言亡隋,一面又以子女、玉帛饵之,免其乘我后也。

群雄出身,多不可稽考,知其曾为隋朝官吏者有梁师都、薛举、李轨、郭子和、刘武周、翟让、李密、罗艺、时德叡、朱粲、萧铣等十余人。桑门(即沙门)一人(向海明),稽胡三人(刘步禄、刘苗王、刘季贞),中亚胡二人(何潘仁、王世充),就中世充乃安禄山一流,觊觎汉土,不得与于义师之列。

群雄中可纪者:王薄据齐济之郊,自称知世郎(言事可知矣),又作《无向辽东浪死歌》以相感动,避征役者多往归之。(《通鉴》一八一)

刘霸道家平原东之豆子𦨴,累世仕宦,资产富厚,食客常数百人,及义师起,有众十余万,号阿舅贼(同上;按即《隋·本纪》之李德逸一支)。

余杭民刘元进起兵应杨玄感。会帝发三吴兵再征东,兵皆相谓曰:"往岁天下全盛,吾辈父兄征高丽者犹大半不返,今已罢弊,复为此行,吾属无遗类矣。"由是多亡命,郡县捕之急,闻元进举兵,亡命者云集,旬日间众至数万。(《通鉴》一八二)

章丘杜伏威起事,年十六,每出则居前,入则殿后,故其徒推以为帅。伏威使人谓下邳苗海潮曰:"今我与君同苦隋政,各举大义,力分势弱,常恐被擒,若合为一则足以敌隋矣。"海潮即帅众降之。隋将来整击伏威,伏威败,其将西门君仪之妻王氏勇而多力,负伏威逃,更有壮士十余人卫之,与隋兵力战,由是得免。(同上)伏威常选敢死士五千人,称为上募,宠遇甚厚,攻战辄令先击之,战罢阅视,有伤在背者即杀之,谓其退而被击也。获得资财,皆以赏军,故人自为战,所向无敌。(同上一八三)

较特出者为窦建德及刘黑闼。建德,漳南人,高丽之役,以勇敢选为二百人长。同县孙安祖亦被选征士,安祖辞以家为水漂,妻子馁死,县令怒笞之,安祖刺杀令,匿建德家,官司踪迹至,建德谓安祖曰:“丈夫不死,当立大功,岂可但为亡虏耶。”乃集少年数百人,使安祖将之,入高鸡泊①。郡县疑建德与群雄通,收其家属悉杀之,建德亡归高士达。久之,安祖为张金称所杀,余众尽归建德,兵至万余。建德能倾身接物,与士卒均劳苦,由是人争归附,为之致死,拥兵十余万,大可有为。卒以违势愎谏,舍易(收河东)取难(救王世充),一战被擒,起军六年而灭。黑闼初隶建德,建德败,据其故地,为秦王世民(太宗)所破,奔突厥。既而借突厥兵入寇,武德六年二月,建成、元吉合兵败之。

割据稍久者唯梁师都,屡引突厥入寇,并为主谋,颉利之直逼渭桥,固其计也。使诸附突厥者皆如师都所为,中国之统一,必大受妨碍。贞观二年,太宗乘颉利政乱,遣柴绍等攻之,其部将斩师都以降,自起至灭,凡十二岁。

坊间旧说部盛陈瓦冈寨(在东郡界)之绩,然言其人物,则有李玄霸,此太宗之弟也,事已不可信。(“四十八路烟尘”似因《新唐书》举出四十八人而发生)秦琼(叔宝)、程咬金(知节)、单雄信等虽尝事李密,然未必皆瓦冈旧人(如秦琼)。翟让既破隋将张须陁,便欲“还向瓦冈”,则亦陈胜之流而已。

陈寅恪《述论》谓宇文泰所创之关中本位政策,经北周及隋,维持至于唐初;政策之最主要者曰府兵制,“唐代在关中本位政策即内重外轻之情形未变易以前,其政治革命惟有在中央发动者可以成功。”(一五及五一页)按内重外轻,莫如炀帝,其时府兵制又未破坏,依陈氏之论,宜若炀帝时地方革命无成功之望,而炀帝竟为地

① 高鸡泊属唐漳南县(今恩县西北六十里),据《元和志》一六,是永济渠及漳水所经之地。《中国农民革命史话》以为“当公元七世纪的初期,还是黄河入海的故道”(一三八页),大误。

方革命所推倒（炀之被弑，实由革命势力所促成）。由是，知地方革命之成功与否，别有其主要原因，不系于所谓“关中本位政策”。

大致言之，革命军之共同目标，最初是推翻专制魔王。迨隋炀丧身，目标猝失，除去少数利用时机别有野心者外，一般人愤气骤平，急思安静；且其认识限于时代性，无能冲破严固的封建关锁，提出新政策、新口号以相呼召，或困于乡土思想与地盘思想（如《中国农民革命史话》一六六页所云），或则举棋无定，进退失据（如《中国农民革命史话》一四六 — 一四九页之批评建德）①，全局遂转入混乱与割据时期。

附录一　试用辩证法解说隋史之一节

辩证唯物论及历史唯物论为目前亟须探究之一种科学，其学固甚精深，非仓卒可以卒业，要非令人不能了解之学问。一般所条论，虽多限于整个社会及社会经济，实则一切现象，属自然的或人事的，无不可应用辩证法以观察其因果。今姑就拙编《隋唐史》之一节，作试探性解释，或可供同学讨论之资料也。为欲阅者明了本事之始末起见，特先摘录如下：

我国之丝绢输出，本亚洲一重要商业，其取道大概有三：（1）向西出粟特（即康国一带）者最古之商道。（2）从今外蒙古经新疆之北以出中亚者，匈奴所取之道。（3）通南洋及印度诸港之海道。当

① 唯《中国农民革命史话》责建德火拼李文相（一四七页），则说未尽当；据《通鉴》一八八，文相事前曾杀建德部下三百余人，且拟执建德以献于唐也。

时主要顾客，多波斯及罗马人，居间转贩者则中亚之粟特商队及行走印度洋之海舶。

东罗马人欲扫除波斯从中剥削之害，Justinian 帝在位时（五二七 — 五六五），曾试培蚕种而未获成功，乃谋诸阿拉伯西面土人，求与印度诸港直接交通，波斯人知而沮之，并设法妨碍陆上之转运，以遂其专利操纵。

粟特商之经营陆路贩丝者，当嚈哒被突厥所灭，即请其新君室点密可汗，向波斯要求，准彼辈在波斯辖境内贩售丝帛，可汗许之，遣使赴波斯（约五六七年前）。波斯王 Nushirvan 不允，且多方毒杀突厥来使，由是二国交恶。

粟特商又怂恿可汗，谋东罗马的销场；有一商人名 Maniach，于五六七年底行抵东罗马都城，呈突厥文可汗书，外附许多缯帛，略言突厥分为四部，大权操于室点密，翌年初，东罗马帝 Justin（五六五 — 五七六）遣使 Zemark 报聘，至可汗所驻之白山（当今库车北特克斯"Tékés"流域，即伊犁之东南）。可汗帐幕，饰以杂色绸缎，陈列许多金器。维时可汗往击波斯，兵折无功，由是突厥、东罗马间辎轩交错。五七一年，突厥使要求 Justin 帝撤废九年前与波斯所立条约，卒如愿以偿，遂演成东罗马、波斯间之廿年战争（五七一 — 五九一）。

我国与突厥境壤毗连，而突厥又与波斯、东罗马相通接，故中华、突厥、波斯、东罗马四个民族，是直接的或间接的互相依存，互相制约，有其最简单之联系。

我国对匈奴或突厥，给以大量缯帛之岁币或赂遗，如前、后《汉书》所载：

自汉高帝至景帝，岁奉匈奴絮缯等各有数。

宣帝甘露三年，呼韩邪单于来朝，赐锦绣等八千匹，絮六千斤。

成帝和平四年，单于来朝，加赐锦绣缯帛二万匹，絮二万斤。

哀帝元寿二年，单于来朝，加赐锦绣缯帛三万匹，絮三万斤。

光武建武廿六年，赐南单于缯布万匹，絮万斤；元正朝贺毕，遣单于使还，赐彩缯千匹，又赐单于母、妃等缯彩合万匹，岁以为常。

北朝对突厥馈赠之数目，史文虽无明载，但观他钵可汗“但使我在南两儿（指北齐、北周而言）孝顺，何忧无物”之语，则其数不菲，赠物之内，又必以缯帛为最大宗。有如是巨额的特别岁出，自然刺激到丝绢之增产。中行说云：“匈奴人众不能当汉之一郡，然所以强之者，以衣食异，无卬于汉，……其得汉絮缯以驰草棘中，衣裤皆裂弊，以视不如旃裘坚善也。”（《汉书·匈奴传上》）缯帛非漠北所适用，即不得不向别一方面谋销路，国际之丝绢贸易，由是而兴，东西的全面或部分交通，日在发展及变化。在欧洲方面，则引起服用奢侈的习惯，故当公元初期，罗马 Tiberius 帝（一四 — 三七）已令禁男子服丝服。自是而试培蚕种的发展（Justinian 帝因印僧人之献策而试养，五六八年，Justin Ⅱ 帝曾以育蚕技术出示突厥使臣），丝织工业的发展（较前者如波斯、叙利亚及十三世纪之意大利），改良蚕种的发展（如近世之日本），人造丝代替的发展，所有一连串的事实，均以我国丝绢输出为远因，此一连串之发展，又造成一连串的联系。

突厥人或粟特人以中国丝绢运往西方，自然地要求较多的利润，东罗马销售丝绢，亦自然地要求较低的价格，反之，波斯人处居间地位，又自然地要求操纵而向突厥、东罗马两方施行其剥削政策。由是三方面发生敌对及外在矛盾，演成突厥、东罗马直接交际的现象，东罗马谋直通印度诸海港的现象，波斯毒杀突厥使臣，引起两国交恶的现象，最末，遂演成东罗马、波斯两国的廿年斗争。甚而后来好望角探航之发展，仍可视东罗马求通印度为最远的引线。总言之,因矛盾而促成事态之发展,此一连串的事实,又是互相联系。

我国往日,根于夜郎自大及短视的缘故,每遇外国使者(或者只是商人)来到,辄大书特书,以为慕义向化(固然有一部分是例外的)。然早在西汉,已有人指出此种掩饰行为,杜钦曾言,罽宾"今悔过来而无亲属贵人,奉献者皆行贾贱人,欲通货市买,以献为名"。(《汉书·西域传》)以言我国输出,在古代莫要于缯帛,故丝绢贸易,实与中外交通之发达互为联系。

由此看去,用辩证方法来了解历史之变化,尚非极不容易之事,窃以为最难之点,还是整个事实之搜罗、与夫方法运用之得当;譬如看见中、突关系而未看见突厥与西亚的关系,或只看见西亚与突厥的关系而不看见中、突的关系,单凭片段的材料和主观的意识,以行推断,便很容易取得一个错觉。达尔文之能够造成翻天覆地的发见,全靠其搜采实例之极多,举一斯可以反三矣。

一九五〇、一、三〇、中大北轩。

授课之翌日,见斯特罗果维契引列宁之言云:"辩证逻辑则要求我们更往前进。要真正了解一个对象,必须考察、研究它的一切方面、一切联系和'媒介化',这是第一。"(一九五〇、一、卅一、《南方日报》转载《形式逻辑与唯物辩证法》)又罗逊塔尔云:"研究唯物论辩证法及其规律的本身,并不是、也不能是自满自足的目的。默诵和明白辩证法的基本原理,并不是一件难事。但真正马列主义的了解辩证法,起码是要视辩证法为认识的工具和革命斗争的工具。"(新华版岳译《唯物辩证法》二〇五页)是皆可以补前说所未备,因掇录于后。

附录二 论陈亡之必然性

唯物论辩证法范畴中有所谓必然性与偶然性。

必然性是不可避免地要从事物本质、本身中发展出来的现象、事变。

偶然性是可有可无的现象,在其一般总过程上说,并不是由现象的本质、本身生出来的现象,但可说是出现于两个必然事变现象的交叉点上。

北方之统一,始于四三九年北凉之灭,未及百年而复分为东西魏(五三四),分四十四年而北齐并于北周(五七七),距此仅三年而隋文以偶然的机会,不及一载(五八一),遽膺大位,其现象发展为谋南北之统一殆属必然的。

但南北之统一,不定是北方并南方,亦可以南方并北方,于此乃发生下列之偶然现象。

突厥为患中国,自周、齐已然,而开皇之初,沙钵略可汗竟与大逻便互攻,兄弟阋墙,无暇南略,隋文得乘间招抚。沙钵略卒后(开皇七,五八七),继位者处罗侯,又忙于西征波斯,隋于是无北顾之忧。

叔宝昏庸,众所周知,手下又乏贤良将相,为之辅弼,以南方统一北方,当日实无此可能性(可能性与现实性又为唯物论辩证法中两个联系的范畴);反之,隋文即位之初,便处心积虑,以平陈为目标(如韩擒虎、贺若弼之任命),倒有北方统一南方的可能性。

攻陈之师,自巴东以至东海,大致分为八路(《陈书》六,至德二年十二月,隋师自巴蜀、沔阳下流至广陵,数十道俱入,施文庆、沈客卿等并抑而不言,故无备御)。至德三年正月朔日,弼济京口,擒虎济采石，令陈军来一个措手不及，而陈廷则至三日始召公卿入议军旅。

必然性是靠许多偶然性的媒介来表现自己。已存在着上述数个对于隋方有利而陈方无利的可能性，便构成陈亡的必然性。

分裂二百七十余年，而南北统一的成功落在隋文身上，那是属于偶然性。但就政治材干、军事布置上说，隋文比陈后主胜过许多，由于这一点，在某种条件上，他就成为统一南北的伟人；总之，他的活动，仍是历史必然性（南北统一）所促成。

一九五〇、二、九。

唐　　史

第一节　李唐之先世及其统一

涉李唐世系，近人曾提出两项问题：其一为缪凤林汉胡混合之北统，兹列举李氏之血统如下：

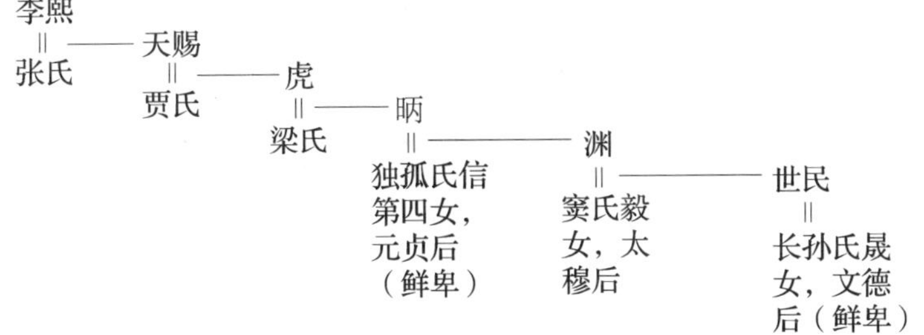

除独孤、长孙都属鲜卑无疑外，窦氏之先，相传自后汉奔匈奴；故说者亦视如漠北之族。吾人对上古史能深入研究，此等问题，已觉不甚重要。

莱忙脱氏言："德人自夸为优越人种，且是纯粹的诺曼种；实际上则彼辈已是最复杂的混血，此种现象，世界上各民族殆莫不皆然。"①

① 《苏联民族之话》一九一 — 一九二页。

刘盼遂曾著《李唐为蕃姓考》三篇，最后又自取消其说，然犹有深信不疑者。

其二倡自陈寅恪。（《唐代政治史述论稿》）彼以赵州昭庆县原有宣皇帝（熙）、光皇帝（天赐）合茔，其地与赵郡李氏祖居之常山郡相接，因谓“李唐先世若非赵郡李氏之‘破落户’，即是赵郡李氏之‘假冒牌’”，（十一页）且宇文泰入关之后，曾令相从之汉人，改以关内诸州为其本望，李唐改赵郡郡望为陇西郡望，即在是时云云。（十二页）

同姓而因缘攀附，是陈氏所承认之事实，（十一页）如果李唐出自赵郡，则赵郡之李，方攀附不暇，庶姓更不敢小觑，何以皇族反不及赵郡之可贵，而太宗有“我与山东崔、卢、李、郑旧既无嫌”之语。（《旧书》六五《高士廉传》）宇文泰入关，下距唐初仅八十年，如其改自赵郡，高祖尽应知之，即使彼不自言，他人亦当记忆，公私著述更少不免透露真相，如李密之例，（见《述论稿》一六页引文）今竟无之，此为李唐非原出赵郡之反证。况随宇文泰入关之北族，虽暂改河南郡望为京兆，但到唐时已大都恢复其河南郡望，唐室如真出自赵郡，又何爱于陇西而坚持不改？陈氏之说，殊未可信。

吾人试从当日整个局势观察，便知统一要求之十分急切；缘突厥在秦、晋边缘已固植其廿年（自开皇十九年起）来之实力，西边新兴之吐蕃，又方跃跃欲动（唐立国之第十七年，即领兵廿万，要求尚主），如果我国内部再混战下去，则五胡之乱，燕、云之割，或不难搬演于中原。凑巧着，始毕兄弟勇而寡谋，一般起义者之志愿，多不过要求换一个好首长，而李唐于篡隋之翌年（武德二），立能宣布明令，规定租庸调法，（《新唐书》一）一方面谋巩固自己财政之基础，另一方面则示群众以扫除隋炀之暴敛，其措施总比余子为较有条理，因而取得多数拥护，趁着人心思治，遂不数年而六合复定①。

唐自太原起义，武德元年降薛仁杲，二年执李轨，关西悉定，三年走刘武周，四年擒窦建德，降王世充。五年又破斩建德余党刘黑闼（小股如梁师都等可不计），仅六年而海宇大定，白居易诗："太宗十八举义兵，白旄黄钺定两京，擒充戮窦四海清，二十有四功业成，二十有九即帝位，三十有五致太平。"（本自《贞观政要》十）以武德四年为四海清，则仅及五年。

犹有易储一事，隋以储位之争而勇、秀废锢，唐以储位之争而建成、元吉被杀，二十余年间故事重演，太宗诸子，复有承乾与泰之相倾。原夫专制君主，无不欲万叶永基，然因此一念，遂生矛盾。勇为太子，未尝建立武功，而广则有平陈之大勋，建成虽屡次临戎（武德三、四、五、六及八年），而勋业远非太宗之比，储位之危，实为父者有以启之。幸唐高祖即行禅位，犹胜隋文一筹。考周初，泰伯、仲雍，远征吴地，突厥习俗，亦长子远征（后来蒙古即习其俗），隋、唐狃于儒家储贰镇中之说，家庭变故，所以不断产生也。

平阳公主，高祖第三女也，隋末，与其夫柴绍在长安，高祖起事，绍间行赴太原，公主自归鄠县庄所，散家资，招引亡命，得数百人；遣家僮马三宝说降胡人何潘仁，民军李仲文、向善志、丘师利等，又取盩厔、武功、始平数县，申明法令，禁无侵掠，得兵七万人。后与秦王会于渭北，置幕府号曰娘子军。（《旧书》五八）我

① 近年有不少批评家，对于北周之兼并北齐，说是能对百姓让步，论隋之代周，又说是对百姓让步，等到唐之代隋，也说是对农民让步的效果。然而怎样让步，没有提出实据，有类于填写公式，使人看不见当日的真相。更如武德七年明令均田，已在"四海清"之后，尤其唐代均田制比隋为紧缩，光说"让步"是不能令人信服的。

国女子能立武功者少，故特记之。

第二节 太宗克定突厥及漠北

（一）东突厥 始毕自雁门之役，气焰益张，隋末群雄又多倚为奥援，愈有凭陵中原之志。维时东自契丹、室韦，西至吐谷浑、高昌，皆为臣属，恃功骄倨，请求无厌。曷萨（婆）那可汗当宇文化及将败时，奔回京师，始毕以旧嫌之故，要唐杀之。

始毕卒（武德二年四月），弟处（叱）罗继，未几亦死（三年春），弟颉利嗣，来寇益急。高祖遣李瓌赍帛数万段与结和亲，然仍拘留唐使，协助唐敌，兵不少戢。处罗子郁射设又入据河南五原、榆林之地，接于灵州，高祖至欲迁都樊、邓以避之，秦王力谏而止。七年秋，率始毕子突利举国入寇，秦、齐二王出屯豳（邠）州，而器械不足以御敌，城池不足以据守，突厥万骑，奄至城西。秦王冒险，率百骑驰诣虏阵，与颉利对语，又遣骑别责突利，因之，叔侄携离，颉利请和，结盟而去。

盟血未干，故态复作，九年八月，乘太宗新立，领兵廿万，直逼京师，至于渭水便桥之北。太宗亲率六骑出渭水，与颉利隔津而语，责其负约，颉利再请和，刑白马设盟，引兵退①。

贞观初，颉利遣十万骑讨回纥于漠北，反为所败，又内攻突利，宠信胡人，部下携贰，降唐者相属。三年冬，命李靖、李（世）勣诸将分道出师讨之。翌年正月，靖袭颉利于定襄，获炀帝后萧氏及其孙

① 史苏苑称唐太宗“打退了突厥兵”，（一九五五年六期《历史教学》）考之史文，突厥在此两役均未交锋而退。

政(正)道,颉利退保铁山。靖出其不意,疾行掩之,遂擒颉利送京师,碛南大定,漠南诸蕃君长请上号为天可汗。突厥可汗衔有täṅritäg,义为似天,即《尚书·尧典》郑注之稽古"同天"也,又有täṅridä,义为由天,即天生或天子也,唐译作登里或登利,天可汗之义本于此。近人有证天可汗本自Tabghač者;按此名亦拼作Taghač,Tawghač(蒙古时译作桃花石)。突厥人用此名以称中国,早在五九八年以前(《西突厥史料》一七六页),下去贞观初,逾三十载,与太宗称天可汗何涉,学人缺乏历史时间性,此其一著例也。

附　漠南突厥汗世系表

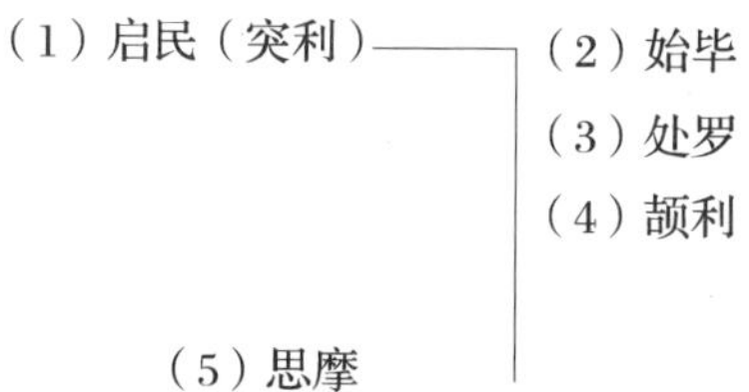

突厥来降之诸部,应如何处置,朝臣论议各执,经年不决,温彦博议准汉建武故事,处之河南,魏徵主遣还河北,更有建言迁往江南,散属州县,各使耕耘,变其风俗者。(《会要》七三)太宗卒用彦博策,自幽州至灵州,置顺、祐、化、长四州都督府以处之,首领皆拜将军、中郎将,布列朝廷。

西汉严尤以周宣殴猃允为中策,汉武征匈奴为下策,秦始皇筑长城为无策,(《汉书·匈奴传下》)后世多盛称其言。然而敌人既临国门,烽火达于甘泉,犹将坐视不理欤?殴则敌可再来,征则一劳永逸,仅殴而缺乏国防,殴与不殴等,攻守互资,不能偏倚,严尤之论,未见其通。宋祁云:"然而汉至昭、宣,武士练习,斥候精明,匈奴收迹远徙,犹袭奉春君(娄敬),倾府藏于西北,岁二亿七千万。魏、晋羌敌居塞垣,资奉逾昔,百人之首,千口之长,赐金印紫绶,食王侯俸。耒耨之利,丝枲所生,散于数万里之外,胡夷岁骄,华夏日蹙,方其强也,竭人力以征之,其服也养之如初,病则受养,强则内攻,中国为羌胡服役且千载,可不悲哉!”唯恃岁币苟安如赵宋,斯真所谓无策矣。

贞观十三年,太宗幸九成宫,突利可汗之子弟,阴结部落四十人,夜袭御营,帝乃决还其部落于河北,立颉利族人阿史那(Ašinas)思摩为可汗,使率众渡河。思摩惮薛延陁,不肯行,帝于是赐延陁玺书,禁其抄掠。

(二)薛延陁　薛延陁者突厥之别部,其酋长夷男,初隶西突厥,统叶护(见下)死,又附北突厥,遇颉利政衰,攻颉利,大破之。时太宗方图颉利,遣使册为可汗(贞观三年),漠北回纥诸大部皆属焉,骎骎有继霸之志,故思摩渡河后仍被侵掠(十五年),帝遣李勣等逆击,破之。十九年,夷男死,子拔灼杀兄自立,乘太宗征辽而入寇,李勣渡漠,破之于欝督军山(亦称天山)①。同时,铁勒诸部亦叛之,延陁遂亡。

(三)漠北诸部落　二十年八月,帝幸灵州,漠北各部遣使归命,乞置汉官,列地为州县。翌年正月,其首领同诣阙朝见,愿得至尊为可汗,帝亲赉以绯黄瑞锦及褾领袍,首领等捧戴拜谢,盘叫于尘埃中。又设高坫于殿前,置银瓶其上,自左内阁潜流酒泉,通坫脚而涌入瓶内,由瓶转注于大银盆,铁勒数千人饮之不尽。于是依

① 此山首见《周书》五〇,缗作“于都斤山”,夏德证为古突厥文碑之 Ötükün 或 Ütükün。《隋书》作都斤山,唐则有乌德鞬、乌德建、德建、欝督军、尉都揵(《旧书》倒为“都尉揵”,今正)、乌都鞬、乌罗德健(“罗”字衍)等异译,当即今杭爱山高峰,可能在推河之东北。(说详《史语所集刊》拙著《外蒙于都斤山考》)丁谦《回纥传考证》误分欝督军、都尉鞬为两山,以后一山为在土谢图汗旗正北,蓝文徵因之。

回纥等之请，由回纥以南辟一道，命名“参天可汗道”，量置邮驿六十八所，各有群马、酒肉以供过使。漠北十三部当日置府州如下表：

部　名	旧译名或语原	新设府州名	今　　地
回纥	韦纥　Uyghur	瀚海都督府	蒙古朱尔马台河①
仆骨	同	金微都督府	旧车臣汗北部
同罗	同　Tongra	龟林都督府	蒙古通勒河（土拉河之支源）
多滥葛	Tolangit?	燕然都督府	库伦（即今乌兰巴托）附近
拔野古	拔也古	幽陵都督府	黑龙江贝尔池
思结	斯结	卢山都督府	
浑	同	皋兰州	
奚结		鸡鹿州	
契苾	契弊	榆溪州	
白霫		寘颜州	贝尔池东，大兴安岭西②
斛萨	斛薛	高阙州	
阿跌	诃咥	鸡田州	
思结别部		蹛林州	

其中回纥、仆骨、同罗、多滥葛、拔野古、思结、浑、契苾、斛薛，即所谓九姓铁勒也。各以其酋帅为都督（突厥文译 tutuuq）、刺史（突厥文译 Čigši），其下置长史、司马等官，设燕然都护府统之，岁贡貂皮充赋。同年及翌年，骨利干（沙畹证为突厥文之 Kurikan）、都播（即隋之都波）、结骨（即隋之纥骨）相继遣使入贡，于是在骨

① 各部落今地之考证，详拙著《突厥集史》卷一四下（未刊）。其略涉推测者不记入。朱尔马台河即今鄂尔昆（Orxon）河之西南一支。

② 金明昌三年（一一九二）长邵撰《义县奉国寺重修碑》：“自燕而东，列郡以数十，东营为大，其地左巫闾。右白霫。”鸟居龙藏《金上京城佛寺考》注云：“白霫在热河省大宁县。”（据《燕京学报》三四期一〇八页）查热河无大宁县，旧大宁城在今平泉东北，紧逼唐之营州；余意此乃后来白霫东南迁之住地，唐初并不如此。

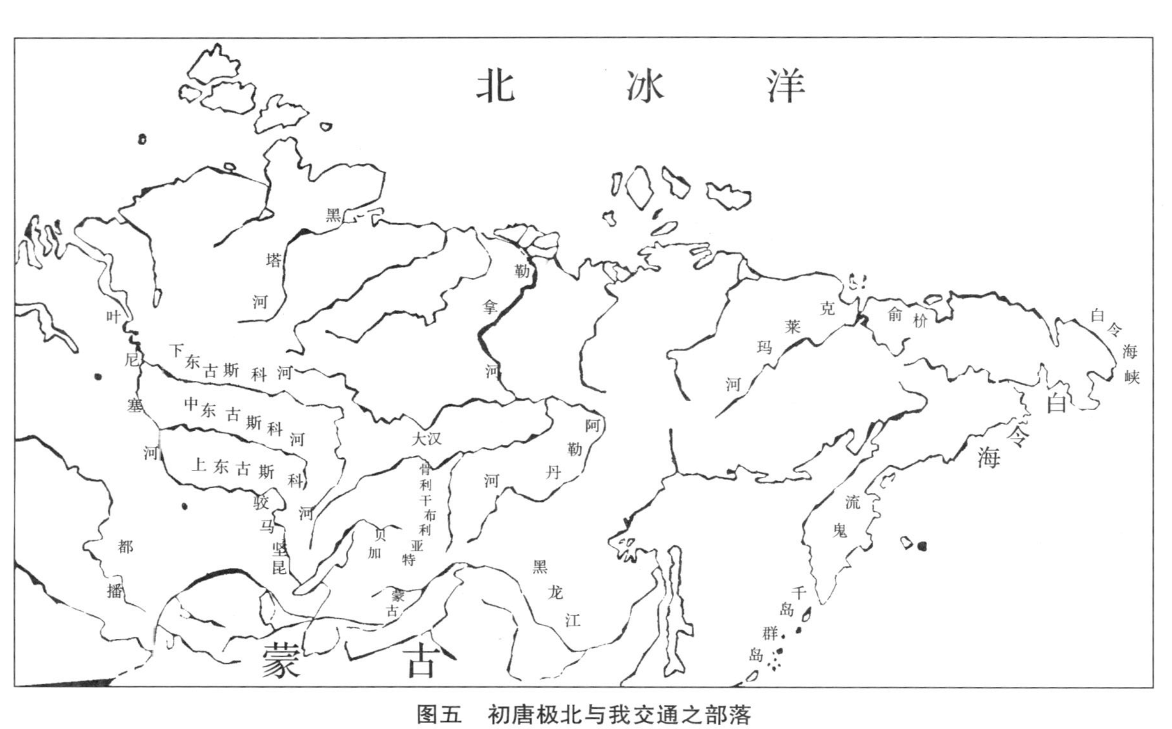

图五　初唐极北与我交通之部落

利干部置玄阙州（今贝加尔湖东北），俱罗敦部置烛龙州（贝加尔湖东）①，结骨部置坚昆都督府（今唐努乌梁海）。此外贞观、永徽间来宾者尚有流鬼（今堪察加"Kamchatka"）②、大汉（今勒拿"Lena"流域之布里亚特"Buriat"族）③、俞析及駮马。余以对音、地域考之，俞析应即现时住在克莱玛（Kolyma）河之 Yukagir 族，又称 Odul 族④。駮马亦名曷刺，（《通典》二百及《寰宇记》二百）在结骨北，（《寰宇记》）当在今昂吉刺流域⑤。声威之北及，想蒙古时代尚比太宗为逊色。

---

① 俱罗敦，《新书》四三下作"掘罗勿"，乃同音异译，李符桐谓"俱罗敦当为掘罗勿"，殊不知译音无定字，无所谓"当为"也。

② 《新书》二二〇："流鬼去京师万五千里，直黑水靺鞨东北、小海之北，三面皆阻海，……南与莫曳靺鞨邻，东南航海十五日行乃至。贞观十四年，其王遣子……更三译来朝。"所谓莫曳（亦作莫曳皆）靺鞨者即今库页岛（Saxalin）。可参看《中国史乘中未详诸国考证》六六—七〇页。

③ 大汉，据《新书》二一七下。《通典》一九九讹大漠。希勒格云：此国在今勒拿及叶尼塞流域，东经一百〇八度北纬五十三度之间，即拉德（G. Radde）《东西伯利亚南部旅行报告》中今布里亚特族（Buriat）所居之地。据《报告》，言贝加尔湖沿岸之布里亚特族居湖之北以至鄂耳松（Olchon）峡者最贫，居鄂耳松岛者最富，其富源全在畜牧（《中国史乘中未详诸国考证》三九页）。按《通典》称"大汉国在鞠国北，饶牛马"，其说相符。惟《新书》谓大汉"与鞠俱邻于黠戛斯剑海之濒"则大误；据《通典》"鞠国在拔野古东北五百里"。又《新书》谓拔野古"邻于靺鞨"，拔野古，经余证为贝加尔湖地区，大汉在鞠之北，则其西断非邻于黠戛斯（即结骨或坚昆）之剑海。由汉、唐文献及突厥、回纥各碑观之，黠戛斯居突厥、回纥之西北，非其东北。"剑"为 Kem 之音写，犹云"河"也，近世译作克穆，即叶尼塞上源之一支。（布勒希乃德《中世纪研究》上卷一〇二页）希氏乃释剑海为贝加尔湖，则由于不能正《新书》之误也。

④ 此据《通典》，《新书》作俞折；按字书有扴无析，唐人书法"扌"旁"木"旁常互用，扴字不经见，因形类而讹折也。《通典》云："俞析国在鞠国东十五日行，其土地宽大，百姓众多"，参观前一条注，其位置已可约略考定。莱芒脱言，雅库夏（Yakutia）除俄罗斯外，乃全苏联自治共和国中之最大者，其中有一小部落，名为 Yukagir，据说从前他们晚上点起烟火来，那烟连星光都被掩盖住的，可见他们也曾经过一度繁荣；（《苏联民族之话》一一八及一二九页）其说大可与《通典》相印证。

⑤ 丁谦考证云："按曷剌即昂吉刺合音，部地盖在俄属昂吉刺河滨。"余按曷刺实 Angara 略去冠音 an 之译法，非合音也；昂吉刺亦叶尼塞之一源，丁氏考地尚合。

原已住在漠南之突厥部落，亦分建府、州，属于瀚海都护府。惟两都护府名更张数次，“瀚海”一名又彼此互易，读史者往往失时间性之区别，兹亦用表说明之。

年代 权限	贞观廿一	永徽元	龙朔三	麟德元	总章二
管漠北各部	燕然	燕然	瀚海	瀚海	安北都护
管漠南各部		瀚海	云中	单于大都护	单于大都护

“沙畹论隋唐对付突厥云：‘总之，中国始终用其远交而近攻、离强而合弱之政策，是为妨碍突厥建设一持久帝国之要因。设无此种反间政策，突厥之国势，不难推想得之，数百年后蒙古之得势，可以例也；’（《西突厥史料》一五五页）我国人亦或为推波助澜之论，……笔者早已辟之。（《辅仁学志》六卷）试观他钵可汗，……实始终用分离操纵之策，故沙畹书下文亦不能不作：‘最初诸突厥可汗曾利用北方诸朝之相争而于中取利’、‘然突厥实利于中国之分立’（同前引一八七页）各种持平之论。隋之对付突厥，无非以其人之道，还施其人之身，发端不自我也。厥后启民南奔，隋文特筑大利、金河、定襄三城安置（即绥远之清水河、和林格尔等地），苟利其土地，何为分茅以封之？启民子颉利乘唐社未定，领兵百十万，两逼长安，先既引狼入室，自必须亟清肘腋，故曰颉利之擒，唐为自卫而战也。然曾不十载，复树阿史那思摩为可汗，思摩自无能，弃众南逃，唐何尝妨碍突厥之建设？比铁勒九姓尊太宗为天可汗，唐仍署其酋长为都督、刺史，实际与独立无殊。倘以突厥不能如蒙古得势为唐咎，则须知玄宗一世，并未向突厥用兵，而毗伽可汗甫亡，国随陨灭，彼内部不固，是以速致分崩，试取突厥文暾欲谷（Tonjukuk）等三碑观之，情势便见，彼之不克持久，于隋、唐无

尤也。”①

突厥文《阙特勤(Kül - tägin)碑》有云:“因诸匐与民众间缺乏融和,因唐人狡狯及其阴谋,又因兄弟间受怂恿而相争,使诸匐与民众水火,遂令突厥民众之旧国瓦解,合法之可汗沦亡。贵族子弟,陷为唐奴,其清白女子,降为唐婢,突厥之匐,弃其突厥名称而承用唐官之衔名,服从唐帝,臣事之者五十年,为之东征向日出之方,远达莫离可汗所,西征达铁门②,彼等之克国除暴,皆为唐帝出力而已。”突厥内附时代唐用兵未尝至铁门,但唐代武功彪炳之一要素,实因能集合各族人材,置于旗下,此则彰彰可见者。

第三节　太宗平服西域

西突厥之领地,略见前《隋史》六节,在汉以来所谓“西域”之内,强盛时往往与我争霸而扼我之吭,故首叙西突厥。

(一)西突厥　西突厥自处罗归隋,后来别有统(Tona)叶护继起,勇而有谋,并铁勒,下波斯,控弦数十万,徙庭于千泉,遂霸西域。武德五年,遣使来请昏,时颉利势方张,高祖采远交近攻之策,许之,遇西方路梗而未果。贞观初,统叶护卒,国内大乱,分裂为两部。约贞观十三年顷,其部长阿史那弥射、阿史那步真(均室点密五世孙)先后来归。及唐师伐高昌(见下文),有阿史那贺鲁者屯兵

① 一九四三年十一月四日重庆《益世报·文史副刊》四五期拙著《论取鉴唐史》。

② 铁门即怛没,又见下第七节,在乌兹别克共和国之南界,阿姆河之北,其南即属阿富汗。

可汗浮图城,惧而来降。因以其地为庭州[①]。

(二)天山南路三国:

甲、高昌　即汉之车师(又作姑师),东汉西域长史及戊己校尉并居于此。晋以其地为高昌郡。吕光及沮渠蒙逊皆因之。魏太武时,有阚爽者自为高昌太守,太平真君中(约四四二以后),爽为沮渠无讳(蒙逊子)所袭夺。无讳死,弟安周代立,文成和平元年(四六〇),又被茹茹所并。茹茹以阚伯周为高昌王,高昌称王自此始。孝文太和五年(四八一),高车王逐杀阚氏之后人,以敦煌人张孟明为王,国人杀之,改立马儒。二十一年(四九七),马儒请于魏,举国内徙,群情不愿,相与杀儒而推其长史麹嘉主国政。嘉,金城榆中人也,其后亦尝表求内徙,魏廷却之(《北史》九七)。麹文泰,贞观四年(六三〇)曾来朝,然与西突厥通,西域使来中国者稍被阻绝。伊吾尝臣西突厥,至是内属,文泰与西突厥共击之,又合兵破焉耆五城,虏其人,焉耆诉诸唐,屡责不改。贞观十三年,命侯君集等讨之,翌年(六五四),文泰忧惧而卒,子智盛(后赐名智勇)出降。于其地置西州及安西都护府。

高昌,今吐鲁番一带,在西域诸国中,汉化最为深入。近年考古发掘,得麹氏朝墓砖百余,(黄文弼编《高昌专集》)其传世年号等乃渐可详考,兹据罗振玉《增订高昌麹氏年表》,撮录如次:

麹嘉,魏孝文帝太和廿一年(四九七)——孝明帝孝昌三年(五二七)?

① 庭州今为乌鲁木齐东之护堡子故城,突厥语称曰 Bbaliq,义为"五城",元时译别失八里。

麹光，魏孝庄帝永安元年（五二八）——废帝建明元年（五三〇）①。

麹坚，魏普泰元年（五三一）改元章和（凡十八年）②——西魏文帝大统十四年（五四八）。

麹玄喜，西魏大统十五年（五四九）改元永平（凡二年）——大统十六年（五五〇），又（?）改元和平（凡四年）③——西魏恭帝元年（五五四）。

麹宝茂，西魏恭帝二年（五五五）改元建昌（凡六年）——周明帝武成二年（五六〇）。

麹乾固，周武帝保定元年（五六一）改元延昌（凡四十一年）——隋文帝仁寿元年（六〇一）。

麹伯雅，隋文帝仁寿二年（六〇二）改元延和（凡十二年），又改元义和（凡六年）——唐高祖武德二年（六一九）。

麹文泰，唐高祖武德三年（六二〇）改元重光（凡四年），又改元延寿（凡十七年）——太宗贞观十四年（六四〇）。

麹氏有国，至智盛凡九代，一百四十四年而灭。（《唐会要》九五）

---

① 罗振玉谓敦煌石室高昌人书《维摩义记》卷二本，署甘露二年正月廿七日沙门静志写记，疑即麹光之纪元，相当于永安二年（五二九）；但彼又言高昌写本《维摩义记》卷四残卷，后署建昌六年丙子（五五六）。此两写本如果同属一部，则写年未免相隔太远，今姑存疑。

② 罗表称章和"十六年己酉"（五页上），应是误笔，当正作丙寅。

③ 罗引麹（宝）茂建昌元年所立《麹斌造寺碑》"愿昭武王已下五王之灵"语（嘉谥昭武），谓玄喜后有纪元和平之新君，方合五王之数，同时又引《旧书·高昌传》谓伯雅为嘉六世孙，则加入智盛，方得九世，与《造寺碑》不合云云，亦暂行存疑。

乙、焉耆　高昌之役，焉耆王引兵助唐，故高昌破后，还其侵地。寻叛归西突厥，十八年，遣郭孝恪讨之，执其王，以其地为焉耆都督府。高宗时使前王归国。

丙、龟兹　初臣西突厥，焉耆之叛唐，又发兵助之。廿二年，遣阿史那社尔等讨破之，执其王归，别立王弟主国政，移安西都护府于龟兹，兼统焉耆、于阗、疏勒，谓之四镇①。

唐初舶运未盛，我对西方，凡物品运输，官私往来，都以遵陆为主道；尤其高昌至龟兹绾毂丝路，是经济大动脉所在，不能不出全力以维持。十箭雄踞西北，领导高昌三国，梗我交通，唐用兵力对付，势非得已。（《新书》二二一下称，太宗谓安国使曰，西突厥已降，商旅可行矣，诸胡大悦；其重要可想。）质言之，唐太宗讨东突厥（西突厥未直接用兵），讨高昌三国，系为自卫而战，为经济争生存而战，近年来有些作者或不研讨事实，统置于侵略之列，（屡见于《历史教学》）而编纂者未曾提出讨论，岂必要唐朝束手待毙而后免于侵略之罪名耶？高昌八城皆有华人，（《北史》九七）北庭原属车师（即高昌），故平定之后，开置郡县。焉耆、龟兹之设镇，止驻兵以维交通，仍立国王主持政事，臣其人而不有其地，焉得以侵略目之？

羽田亨著《西域文明史概论》，谓大体上至唐代止，西域所住之汉人，皆以屯戍军及官吏为主，数目甚少，且不与土人杂居，故东西文明各维持其传统，无显著的融合。及唐经营西域，实际始有发展。惟是中国经营，又不彻底，都护、长史无民政关系，从属之最大目的，只在防止北方民族之占据，保护汉土与葱岭西诸国之交通，

① 《旧书》一九八《龟兹传》讹焉耆为碎叶，蓝文徵《隋唐五代史》上编一一一页及吴景敖《西陲史地研究》九页均沿之；须知西突厥之西部，贞观末尚未内属，唐不能就其地设镇也，可参《禹贡》一卷一一期大谷胜真《安西四镇之建置及其异同》。

免贸易上发生障碍，初不夺取其地之统治权。西域最初对汉之文明，亦取排斥态度，如各国人因龟兹王摹仿汉天子仪节而有驴非驴、马非马之讥，是也①。此一连串的批评，纯从帝国主义侵略的观点出发，不能深切认识汉、唐民族所以成其伟大。据管窥所及，汉、唐对待兄弟民族之政策，其特点有四：(1)不强迫同化，只顺其自然。(2)不掠取俘虏分散为奴婢。(3)不使杂处通婚。(4)不排斥各族不同之宗教，任其自由信奉。(如隋炀不许启民易汉族冠服，唐太不把突厥迁往江南，都是最好的例子)唯如是，故汉文化之铺开，比较迟缓，然终不致因暴躁冒进而换取异俗之深根。蒙古时代有回鹘"亦都护"，余证为伊兰语翻译西汉"都护"一词之遗音，伊兰语开口好用 i，加于"都护"之上，遂成 idiqut，及回鹘西迁，又从伊兰人转贩得来②。汉化之深，经千余年而不坠，惜一般历史家之数典忘祖也！

往西南及远西，可附记者二事：

我国与印度向无直接战争，间接者惟王玄策之役。贞观十七年三月，卫尉寺丞李义表融州黄水县令王玄策奉命送婆罗门返国，十二月，至摩伽陁(Magadha)。十九年正月，至王舍(Râjagr̥̆ha)城，登耆阇崛(Gr̥̆dhrakûṭa)山，勒铭其地。二月，又奉敕立碑于摩诃菩提(Mahabhodhi)寺。此次往返，皆经泥婆罗(Nepal，近译尼泊尔，清人称为廓尔喀"Gorxa")国。翌年，玄策复使摩伽陁，从骑三十人。未至，王尸罗逸多(Harsha Śilâditya)已死，其臣阿罗那顺自立，发兵

① 郑译五二、五四、五六、五七及九二页。

② 于阗曾发见汉文及佉卢瑟底(Kharoṣṭhi)文(亦称驴唇书)合璧钱多枚，面刻汉字如"重念四铢炉钱"等，背刻佉卢文，Hoernle 认为公元七三年(汉明帝永平十六)后由当地王室所发行。(《古代于阗》二〇四页)

拒玄策，从骑皆没，遂剽诸国贡物。玄策奔吐蕃西鄙，召诸国兵，泥婆罗以七千骑、吐蕃弃宗弄赞赞普（Khri Srong-btson Sgam-po）以千二百人来会，玄策率之，破摩伽陁兵，禽阿罗那顺及其妻、子，虏男、女万二千人，杂畜三万。东天竺王尸鸠摩（Śri-Kumāra）送牛马三万犒军，迦没路（Kamarupa，地在东印度）王献上地图。廿二年五月，阿罗那顺逮至阙下。其后显庆二年，玄策三次使天竺，送佛袈裟（kasaya），亦取道泥婆罗；此行曾西至罽宾（龙朔元）。所著有《中天竺行记》十卷，今不传。

贞观末尚有一外国来贡，迄今犹未决定其主名。《旧书》一九八《拂菻传》载："贞观十七年（六四三），拂菻王波多力遣使献赤玻璃、绿金、水精等物，太宗降玺书答慰，赐以绫绮焉。"（《旧书》夺"水"字，据《新书》补。）拂菻国王是某国之王，解者凡有四说：（1）东罗马王Heraclius之弟 Theodorus，但其人已于六三八年被杀。（2）东罗马之大臣 Valentine Caesär。（3）罗马教皇 Theodorus，即位于六四二年十一月。（4）叙利亚总主教之号，即 Patriarkis①。我往日亦曾提意大利王 Rotari 之一说②，但第一音组 Ro 究不能对"波"。前文四说之中，我早说对音以 Patriarkis（省去尾音）为最近③。今考《旧书》称："拂菻国一名大秦"，而《景教碑》则云："大秦国有上德曰阿罗本，……贞观九祀，至于长安"，景教固来自叙利亚，是此之"拂菻"得为叙利亚也。阿罗本之来，与波多力之贡，后先仅九年，

① 《中西交通史料汇编》一册一六二页。

② 《圣心》一期一五六 — 一五七页拙著《课余读书记》。

③ 同上。最近齐思和认拂菻都指东罗马帝国，（《北大人文科学学报》一九五五年一期《中国和拜占廷帝国的关系》）似乎有商量余地，说见拙著《西突厥史料补阙及考证》。大食以六三六（贞观十）年取叙利亚，固许有多少关系。

谓其接踵而至，事亦甚类，当日有“拂菻国诸蕃”之称（见下七节），可知拂菻不定指东罗马；以称号为人名，又以大主教为王，亦旧日言语不通常有之误会。综合观之，此王名为叙利亚文之大主教，殆可无疑。

第四节　贞观之治

贞观之相，盛推房（玄龄）杜（如晦），然“求所以致之之绩，逮不可见”。（《新唐书·房杜列传赞》）考如晦作相，前后未及二载（贞观二、三年）[①]。贞观二年，太宗谓房、杜曰，公为仆射，当为朕求访贤哲，比闻听受辞讼，日有数百，安能有暇求贤哉？因敕尚书省细务皆付左右丞。（《贞观政要》三）三年，谓侍臣曰，中书、门下，机要之司，诏敕如有不稳便，皆须执论，比来唯觉阿旨顺情，若仅署诏敕，人谁不堪？自今有不便处，必须执言，无得畏默。（同上一）又八年，责玄龄等干问北门营造之事，玄龄拜谢，为魏徵所纠。（同上二）凡此数事，皆可反映房、杜相业之程度如何。唐柳芳有言：“帝定祸乱，而房、杜不言功”，又《新书·长孙后传》载后曰：“玄龄久侍陛下，预奇计秘谋”，近人谓奇计秘谋指夺嫡，大约房、杜二人之得名，当指太宗在藩日参谋帷幄也。

贞观之治，有人以为太宗系用相对减轻对农民的剥削和压迫

① 《会要》五七云：“台阁规模，皆二人所定。上每与玄龄谋事，必曰非如晦不能决，及如晦至，卒用玄龄之策，盖玄龄善谋，如晦能断故也。二人深相得，同心徇国，故唐世称贤相者，推房杜焉。”是亦只言其和衷，不能举其相绩。

的方法，以求巩固统治权；简言之，就是“为君之道，必须先存百姓”[①]，立论固无不合。然试检阅我国全部封建历史，凡手自创业或稍知民间疾苦之君主，未尝不多少注意到“民为邦本，本固邦宁”之格言，民重君轻，只是一个大原则，究其如何能达到此目的，自有详细的条件，例如：

（一）从谏如流　论守天下难易曰：“任贤能、受谏诤即可。”（《政要》一）又曰：“人欲自照，必须明镜，主欲知过，必藉忠臣。”（同上四）又曰：“人之意见，每或不同，有所是非，本为公事，或有护己之短，忌闻其失，有是有非，衔以为怨。或有苟避私隙，相惜颜面，……难违一官之小情，顿为万民之大弊。”（同上一，参《廿二史劄记》一九）质言之，即能够接受批评，辅助的不是一两个宰相而是许多人物。

（二）量材器使　“前代明王，用人如器。”（《政要》三）

（三）居安思危　“治国与养病无异，……天下稍安，尤须矜慎。”（同上一）

（四）审慎法令　“法令数变，则吏得为奸，宜详慎而行之。”（《通鉴》贞观十）

（五）不以察察为明　论隋文云：“性至察而心不明，夫心暗则照有不通，至察则多疑于物。”（《政要》一）

（六）不主严刑而治　“去奢省费，轻徭薄赋，选用廉吏，使民衣食有余，则自不为盗，安用重法。”（《通鉴》武德九）同时又不主轻纵奸恶，尝谓侍臣曰：“古语有之，赦者小人之幸，君子之不幸。……夫

① 季镡《唐太宗贞观之治与隋末农民战争的关系》。（一九五三年五月三十日《光明日报·史学》五号）或以为贞观之治，人民“在经济上，依然过着贫困可怜的奴隶生活”。（一九五六年十月十一日《光明日报》谈竹论文）似有所激而然。

养稂莠者害嘉谷，赦有罪者贼良民，故朕即位以来，不欲数赦，恐小人恃之，轻犯宪章故也。”（南宋葛洪《涉史随笔》）

其自我检讨之五事：一不疾胜己之善，二能弃短取长，三敬贤而怜不肖①，四不恶正直之士，五爱外国人如本国人，（《通鉴》贞观二十一）尚有自知之明，欲观其全，则吴兢之《政要》具在。

第五节　宰相制度之屡变

唐承隋旧，以尚书、门下、中书三省长官（定制尚书令一员，侍中、中书令各二员）为宰相，位高者晋三公（太尉、司徒、司空）共议国政，然常不全置。武德初，太宗尝为尚书令，自后臣下避不敢居，使其副左、右仆射代之，此宰相名位之一变。

官位循资而升为一般原则，苟官位未至，则虽有才识，不得与于参决大政之列，旧制之缺点一也。资位高者年龄常较高，保守性亦较重，事事因循，缺乏祛除积习之勇气，旧制之缺点二也。太宗盖有见于此，故量谋变通，如杜淹以检校吏部尚书参议朝政（贞观元年），魏徵为秘书监参预朝政（三年），萧瑀为御史大夫参议朝政，戴胄为检校吏尚，侯君集为兵尚参预朝政（四年），萧瑀以特进参预政事（九年），刘洎为黄门侍郎参知政事（十五年），岑文本为中书侍郎专典机密（十五年），皆非三省长官而得参大政。然名称有画一之必要，故贞观十七年萧瑀为太子太保（从一），李世勣为特进（正二），并称“同中书、门下三品”，因侍中、中书令皆三品故也。

① 如《旧书》六八责尉迟敬德之屡犯宪法。

惟仆射本二品，自贞观之后，仆射不带此称者仅知其本省之事[①]，换言之，尚书省长官至此已完全退出宰相之列，所任者只执行之职务。同时，非两省长官（侍中、中书令）而令预知政事者，必加“同中书、门下三品”之衔称，迨大历二年，侍中、中书令同升正二品，“同三品”之称遂不复用，此宰相名位之再变。

永淳元年，黄门侍郎郭待举、兵部侍郎岑长倩、秘书员外少监郭正一、吏部侍郎魏玄同并与中书、门下同承受进止平章事，同年，黄门侍郎刘景先同中书、门下平章事，自后非侍中、中书令而执政者，率称同中书门下平章事，此宰相名位之三变。

天宝乱后，充宰相者如资望稍浅，率以中书侍郎、门下侍郎（即两省之副）或他官同中书门下平章事，中书令、侍中两官常阙而不设。就班列言，侍中居中书令之前，就权力言，侍中在中书令之下，《通鉴考异》一二谓“天后、中宗时侍中疑在中书令之上”，于唐代

---

① 《唐会要》五七云：“尚书左右仆射，自武德至长安四年已前，并是正宰相。初，豆卢钦望自开府仪同三司拜左仆射，既不言同中书门下三品，不敢参议政事，数日后始有诏加知军国重事。至景云二年十月，韦安石除左仆射东都留守，不带同三品，自后空除仆射，不是宰相，遂为故事。”《大唐新语》一〇、《南部新书》甲及《通鉴》二〇八略同。按《新唐书》六一，龙朔二年后单除左右匡政（仆射改名）者不入《宰相表》，光宅元年后文昌左右相（亦仆射改名）之入表者必带同三品，此《会要》谓长安四年前仆射仍是正宰相之失也。又《新书·宰相表》称：神龙元年五月甲辰（廿六日），唐休璟为尚书左仆射，豆卢钦望自特进为右仆射，同中书门下平章事；六月癸亥（十六日），钦望军国重事、中书门下平章事；如果钦望先除仆射时已同平章事，何须再加军国重事之名？今考《通鉴》二〇八，实是“甲辰，以唐休璟为左仆射，同中书、门下三品如故；豆卢钦望为右仆射。”钦望初时衹空除仆射，《新·表》此处亦误。至《旧书》九〇及《新书》一一四《钦望传》均称拜左仆射，乃后来所迁，盖略言之。

复考《新·表》，贞观廿三年九月李勣为左仆射，永徽二年八月张行成为右仆射，于志宁为左仆射，三年九月褚遂良为左仆射，均加同中书门下三品，以后刘仁轨、戴至德都是如此，更可证实自高宗继位起，仆射已非宰相，而《新语》、《会要》、《通鉴》之记载为不确。

官制，尚欠深究，别于《通鉴正误》辨之。

两省及其首长、副贰之名称，又经过几次改变，今以下三表说明之：

（甲）门下、中书两省改名表

武德元	武德三	龙朔二	咸亨元	光宅元	神龙元	开元元	开元五
门下省		东台	门下省	鸾台	门下省	黄门省	门下省
内史省	中书省	西台	中书省	凤阁	中书省	紫薇省	中书省

（乙）侍中、中书令改名表

武德元	武德三	龙朔二	咸亨元	光宅元	神龙元	开元元	开元五	天宝元	至德二
纳言	侍中	东台左相	侍中	纳言	侍中	黄门监	侍中	左相	侍中
内史令	中书令	西台右相	中书令	内史	中书令	紫薇令	中书令	右相	中书令

（丙）两省侍郎改名表

武德元	武德三	龙朔二	咸亨元	垂拱元	神龙元	开元元	开元五	天宝元	至德二	大历二
黄门		东台	黄门	鸾台	黄门			门下	黄门	门下
内史	中书	西台	中书	凤阁	中书	紫薇	中书			

当此各个时期，随曹名改变，充宰相者遂有“同东西台三品”、“同凤阁鸾台三品”之别称。

真宰相之数，通常止四、五员，景云元年六、七月间，乃多至十七人（李峤、韦安石、苏瓌、唐休璟、张仁亶，张锡、裴谈、刘幽求、李日知、薛稷、姚元之、韦嗣立、萧至忠、赵彦昭、崔湜、崔日用、岑羲或宋璟），是为例外。若左右仆射当光宅元至神龙元间，曾易名文昌左右相，又开元元至天宝元间，曾易名左右丞相，均有相之名而无相之实。

三省职掌之大别，计中书草拟诏敕、批答，经门下省审查无误，下于尚书省行之，署名先后，可举建中元年及三年朱巨川告身为示例。(见《金石萃编》一〇二)凡国家重事,宰相亦常自起草,(参《曲江集》、《宣公集》及《会昌一品集》便见)而大部分则责诸中书舍人,舍人凡六员,正五品上。开元之末,中书务剧,文告多壅滞,始置翰林学士,选文学者充任,专掌内命,如拜免将相、号令征伐之类。然只是差遣,与舍人之为职官者迥异。自是讫大历,任员无多,德宗以后,厥任始重,礼遇益隆,时人至号为内相。宪宗即位,始选学士中一人为承旨,宰相之任用,多出于其间。又拣宦官二人传达口命,谓之枢密使(即宋代枢密使所本)。学士不拘资历,上自诸曹尚书,下迄校书郎,皆得充,其阶未至或高于中书舍人者,往往加"知制诰"之衔(《新·志》四〇言:"未知制诰者不作文书",大误)。兹列德宗至懿宗朝翰学与宰相统计比较表如次(其详可参拙著《翰林学士壁记注补》及《补唐代翰林两记》):

朝	翰 学 数	位至宰相之数	百 分 数
德宗	二一	七	三二
顺宗	二	〇	〇
宪宗	二〇	九	四五
穆宗	一一	五	四五
敬宗	四	一	二五
文宗	二七	七	二六
武宗	一三	六	四六
宣宗	二六	一〇	三八
懿宗	三〇	八	二七
总计	一五四	五三	平均三四

武德、贞观时代,已有以外官兼任宰相或宰相兼任外官者。(如《新书》六一,武德二年,黄门侍郎、凉州总管杨恭仁遥领纳言,又贞观元年八月,中书令宇文士及检校凉州都督)天宝以后,此风益盛,通谓之使相。就事实言,可分为性质不同之两类:

（甲）本为宰相，因事奉使外出（如至德元年十一月，崔涣为江南宣慰使），或出兼外官（如广德至大历间之王缙），回朝时仍可知宰相之事者。（乙）方镇官已高，乃加宰相虚衔以宠之（如至德元年八月，郭子仪为灵武长史，李光弼为北都留守，并同平章事），即来到京师，仍不能知宰相之事者，此项授官，晚唐至滥，通常加"检校"字样以示别。（《容斋三笔》载，光启三年十一月中书门下牒，列检校左仆射一人，检校司空八人，检校司徒八人，检校太保三人，检校太傅一人，检校太尉三人，检校太师一人，皆带平章事；检校太师兼侍中一人）

说至此，吾人更须知唐代相将并无显然之分途，武后朝如岑长倩、张光辅、娄师德、张仁亶（即仁愿）、狄仁杰、唐休璟、魏元忠，皆以宰相而提兵，其例甚多。后此，玄宗朝有薛讷、王晙、张说，肃宗朝有房琯、张镐，与夫裴度之平淮蔡，白敏中之征党项，都是科举文人而出将入相（属于唐末者不再详举）①，未见得边镇大帅"非蕃将莫能胜任"②。抑德宗之后，宰相拔自翰林学士者固多，但以蕃族而位兼将相者，天宝后却有李光弼、李正己、李宝臣、李抱玉、李光颜、李克用、王思礼、王镕、仆固怀恩、乌重胤、浑瑊

---

① 其中娄师德、裴度、白敏中为进士，狄仁杰、唐休璟、王晙为明经，张说制科，魏元忠太学生，房琯弘文生，此外长倩、光辅、仁亶、讷、镐五人，从其仕历观之，亦是文人无疑。

② 陈寅恪《唐代政治史述论稿》云："李氏据帝位，主其轴心，其他诸族入则为相，出则为将，自无文武分途之事。……至于武曌，其氏族本不在西魏以来关陇集团之内，因欲消灭唐室之势力，遂开始施行破坏此传统集团之工作……关陇集团本融合胡汉文武为一体，故文武不殊途，而将相可兼任，今既别产生一以科举文词进用之士大夫阶级，则宰相不能不由翰林学士中选出，边镇大帅之职舍蕃将莫能胜任，而将相文武蕃汉进用之途，遂分歧不可复合。"（四八—四九页）吾人读此，须注意武后时未设翰林学士，开元末始有此称，终肃、代之世，尚非重用，德宗后乃渐得势，上去武后已七八十年矣。

等十一人。反之，太宗时蕃将虽不少，并无一人作过宰相。所谓将相蕃汉进用之途遂分歧不可复合者，殊无以解于上述之事实也。

中唐后经济困难，又尝以宰相兼知财政，如判度支、勾当度支、勾当转运租庸度支，皆其务也。此外如太清宫使、太微宫使、集贤殿大学士、监修国史等，亦常为晚唐真宰相之带衔，无关实权，故不繁记（晚唐首相常兼太清宫使，次弘文馆大学士，次监修国史，又次集贤殿大学士，见《退朝录》）。

吏部之考功郎中主判京官考，员外郎判外官考，（见旧、新《官志》）宰相亦在被考之列①。李德裕尝与武宗言："开元初，辅相率三考辄去，虽姚崇、宋璟不能逾，至李林甫秉权乃十九年，遂及祸败，是知亟进罢宰相，使政在中书，诚治本也。"（《新书》一八〇《德裕传》）朱礼云："独不言房玄龄相太宗十八年②，魏徵亦十四年，何害其为治哉？"因讥德裕言论苟发，不当事理。（《事笺》一）然须知驾御之术，存乎其人，有太宗之英明则可，不能一概论也。士大夫习性，往往徇私恩而轻公义，当国太久，门生故吏，或布满朝廷，即宰相有过，不敢言或不愿言，更无论植党营私，酿尾大不掉之弊矣。亟进退则人思有为，可减少日久玩生之偏差，故德裕之论，亦适合

① 《旧·李渤传》，穆宗立，召渤为考功员外，元和十五年十一月定京官考，不避权幸，《新书》传言，渤上奏宰相萧俛、翰林杜元颖等不能先事谏幸骊山，请考中下（考凡九等，职事粗理善最不闻为中下），似员外郎亦可考京官，但今《张曲江集》附载考词，只具郎中名，是渤仅奏请，非由彼判考也。九龄在中书令及尚书右丞相两任内之三次考绩，均附御注考词，并考中上（有一最以上而兼有一善，或无最而有二善为中上），可见唐中以前，考课之法，尚属慎重。

② 按玄龄于武德九年七月入相，贞观十七年七月，以母丧罢，同年十月即起复，廿二年七月卒于位，相太宗实后先廿三年。

于旧日之中国。

最后，侍中等职何以转为宰相之任，亦有寻究之必要。元朱礼云："唐以中书、仆射、侍中为三省官，此盖汉世宦官亵臣之称①，而以命宰相，此儒者所以讥也。"(《事笺》一)余按周金铭参预王之颁奖者"宰"最多见②，又"善夫"可出纳王命③，宰之义为屠杀，最初当是代游牧部落酋长司宰牲之专艺，膳夫则供奉饮食，维时宦制未兴，助酋长为理者无非四周执事之人。《元史·兵志》云："预怯薛之职而居禁近者，分冠服、弓矢、饮食、文史、车马、庐帐、府库、医药、卜祝之事，悉世守之，虽以才能受任使服官政，贵盛之极，一日归至内庭，则执其事如故。至于子孙无改，非甚亲信，不得预也。"职是之故，蒙古圣旨必署当值怯薛之名字。吾人试上溯西周，下观蒙古，相隔二千年而大致相似，自无怪乎中古命相之不伦矣。

第六节　门第之见与郡望

"夏、殷不嫌一族之婚，周世始绝同姓之娶。"(《魏书·高祖纪》)自周以降，严族姓之别，原夫初意，以为"男女同姓，其生不

① 应劭《汉官仪》云："侍中本秦丞相史，往来殿中，故谓之侍中，分掌乘舆服物，下至亵器、虎子之属。武帝时，孔安国为侍中，以其儒者，特听掌御座唾壶，朝廷荣之。"(《语林》八："虎子，溺器也。")段成式《酉阳杂俎》续云："侍中，西汉秩甚卑，若今千牛官。"(千牛侍卫军始自后魏)

② 见颂鼎、师汤父鼎、吴彝、师遽彝、寰盘、蔡敨、望敨、师赘敨、害敨等器。

③ 见大克、小克二鼎。

蕃。”(《左传》僖公二十三年)[①]实只维持人口之孳生;如《毛诗·陈风》云:“岂其取妻,必齐之姜?”“岂其取妻,必宋之子?”正侧重血统而非侧重族姓之反映。

我国经过多回落后部族之侵入,始终能自葆其原有之文化,不特不同化于外人,而入侵者反为汉族所同化,此非有其特立自存的精神,不能臻此。《通志·氏族略》一云:“自隋、唐而上,……家之婚姻,必由于谱系。”其习俗自是由上古传下。及拓拔氏入主,山东士门不愿与异族为婚,混乱血统,其主张门第婚姻,实蕴含着抗外思潮[②],

① 摩尔根说:“非血缘氏族的成员间的婚姻,产生了在肉体上及智力上更强健的人种;两个进步的部落混合在一起了,新的一代底头盖与脑髓便自然而然地扩大起来,直到他们综合了两个部落底能力为止。”(据恩格斯《家庭、私有制和国家的起源》,人民出版社一九五五年版四五页引)《家庭、私有制和国家的起源》又言,希腊除与女承继人结婚以外,禁止氏族内的结婚,(九六页)罗马在氏族内亦不得通婚,在名字保存的罗马人夫妇中,没有一对是氏族相同的。(一一七页)可见男女同姓其生不蕃此一说,古今中外,大致相同。近年有人以为“说同姓结婚,所生出的后代,会不健康,是没有科学根据的”,又以为“在近代的遗传学上,的确血缘接近会其生不蕃,但是也会有其生甚蕃的。”(分见一九五〇年九月十八及二十九港《大公报》)相隔十余代,此一定律的影响亦许微乎其微。惟是古人立言,常为群体说法,非为个别说法,如果说隔了数代便无相干,则血缘婚或骨肉婚即难根本革除。安德曼群岛近代人口日少,说者多归咎于其婚姻之血缘太近,古人不能预见到后世交通之发展,另一方面,同姓不婚亦未有如何不利,故索性把氏族不同立为婚姻界限,自系为防弊起见。抑依精密计算,蕃或不蕃绝不是限于两三代而止,应延到十代八代,“蕃”亦与遗传性之好坏异趣。总之,此一定律,可信系经过古人长远的但是粗略的统计而建立起来,还有其相当的价值。

② 友人说柳诒徵曾提过此一意见,惟未得读原文。加藤繁《中国社会史概述》称,东晋后分开民族为旧门、后门、勋门及役门,旧门为最贵,亦称甲门或旧族,系由来最古的大族。婚姻仅能行于门第相当者之间,有官位而门第卑微者不能与世族作对等交游。五胡之乱,北方名族虽多移于南方,然最有力者仍停留而死守先坟,严守家风之坚,视南朝有过之而无不及,如范阳卢、荥阳郑、清河博陵之崔等即其代表。彼辈之受社会尊重,虽与南朝相近,但在官界之势力则远不及南朝。世族何以得被推重,加藤氏以为五胡之乱,仅豪宗大族能在此大骚动时期得保存其家,不但自己表异,他人亦因而尊敬之,另一面则对照五胡之异种而夸示汉人神明之遗胄,于是产生尊崇旧族世家之结果云云。余个人近年所见,略与暗合。

不应单凭表面形象，只看作阶级意味。惟是经过百余年后，鲜卑统治者力求汉化，“门第”之名称虽同，实质已多少嬗变，流弊为声价自高，婚姻买卖，武德之初，高祖言“关东人崔、卢为婚，犹自矜伐”，又“贞观十二年正月十五日，修《氏族志》一百卷成，上之。先是，山东士人好自矜夸，以婚姻相尚，太宗恶之，以为甚伤教义，乃诏……普索天下谱谍，约诸史传，考其真伪，以为《氏族志》，以崔幹为第一等。书成，太宗谓曰，我与山东崔、卢家[1]岂有旧嫌也？为其世代衰微，全无官宦、人物，贩鬻婚姻，是无礼也[2]，依托富贵，是无耻也，我不解人间何为重之？……何因崔幹为第一等？列为第三等。”（均《会要》三六）又《旧唐书》六五《高士廉传》述太宗言：“祇缘齐家惟据河北，梁、陈僻在江南，当时虽有人物，偏僻小国，不足可贵，至今犹以崔、卢、王、谢为重，……见居三品以上，欲共衰代旧门为亲，纵多输钱帛，犹被偃仰。”十六年六月又诏：“问名惟在于窃赀，结缡必归于富室，乃有新官之辈，丰财之家，慕其祖宗，竞结婚媾，多纳货贿，有如贩鬻，或贬其家门，受屈辱于姻娅，或矜其旧族，行无礼于舅姑，……其自今年六月禁卖婚。”（《会要》八三）其后，高宗显庆四年，因李义府之请（义府为子向旧族求婚不得），复诏言，后魏陇西李宝、太原王琼、荥阳郑温、范阳卢子迁、卢泽[3]、卢辅、清河崔宗伯、崔元孙、前燕博陵崔懿、晋赵郡李楷，凡七姓十家[4]，不得自为婚姻[5]。自今已后，嫁女受财，三品以上不得过绢三百匹，四五品不过

---

① 《旧书》六五作“崔、卢、李、郑”。

② 即《颜氏家训》一之“卖女纳财，买妇输绢”。

③ 《会要》八三作卢浑。

④ 《新书》九五云：“后魏太和中定四海望族，以宝等为冠”，见《隋唐嘉话》。

⑤ 犹言此李、王、郑、卢、崔等不得互为婚姻，非谓同姓为婚也。

二百，六七品不过一百，八品以下，不过五十，皆充所嫁女货妆等用，其夫家不得受赔门之财，经此两朝迭禁，其衰宗落谱，皆称禁婚家，益自矜贵，互相聘娶。（参《会要》八三及《新书》九五）故如李敬玄三娶皆山东旧族，（《旧书》八一）敬玄固高宗宰相，所行已如此，则其他可知。又贞元中柳芳序四姓世族，仍先山东，（《会要》三六）无怪乎文宗有"民间修婚姻，不计官品而上阀阅，我家二百年天子，顾不及崔卢"（《新书》一七二《杜兼传》）之慨语也。然太、高两朝之意，无非禁其贩鬻婚姻，未尝妨其发展，陈寅恪乃谓："对于中原甲姓，压抑摧毁，其事创始于太宗，为李唐帝室传统之政略。"（《李唐氏族之推测》）然陈氏又谓李唐为赵郡冒牌（见前一节），果如此说，则太宗乃推抑其冒牌之族，于论难通，则不如缪凤林所辨："崇尚门地之习，初未因是而衰，唐宰相三百六十九人，崔氏十房独有二十三人，则压抑摧毁云云，似亦未可概论。"（《通史纲要》三册一八八页）立论更为明达。

由上文所综述，当日山东门第有如下的特点：（1）它非如前朝之四世三公，以官宦、名流自豪，宰相郑覃之孙女，只要嫁给一个姓崔的九品官，故太宗谓其"并无官宦、人物"。（2）它包括有士、农、工、商各界人物，不定是富户，不能算作一个特殊阶级。（3）它并不是依附统治者来压迫人民，故终唐一代，赵郡之李反比陇西之李为可贵，他们总不愿与皇室结亲，而受到唐朝的干涉。（4）它是婚姻性的产物，不是政治性的产物。其所以得到一般仰慕，要点在于能保持"礼教"，"礼"即汉族相传之习俗，所以能够保持，就在于少混血。简言之，"山东门第"者比较未大接受五胡族的熏染之姓氏而已。

抑门第起于姓氏，姓氏之严别又起于同姓不婚（即生产力问题),周人所谓“姓”(甲文无“姓”字),种族之分也。其著者数不过十,姬、子、姜、嬴、芈,皆姓也①,孙以王父字为氏(《公羊传》成公十五),或以国,以邑,以名,以官,取义不一途,孔、陈、周、孟孙、叔孙,皆氏也,易世则氏可变而姓终不变,同姓者不尽同氏,而同氏者亦不必同姓。大抵宗支之别,突厥族最为分明,哈萨克人详陈世系时,得为下列之方式:

突厥种(race)——哈萨克族(nation)——中斡儿朵(orda)——钦察氏(tribe)——某某宗(clan)——某某支宗(sub-clan)——某某房(branch)——某某支房②

汉族别大宗、小宗,说者已视为繁缛,以比突厥,则犹觉甚简矣。齐姜,余曾证其为突厥族③,崔、卢又春秋时姜姓著称之二氏,突厥聘妇,须纳厚礼,崔、卢之重视门第及嫁女受财,岂其犹葆突厥旧俗而流风被于他氏欤?

战国撩乱,人户流离,汉高已不自知其姓,后此人各以氏代姓,今所谓“姓”,即古所谓“氏”,是为我国种族混乱之第一次大变。

---

① 参《东方杂志》四一卷三号四〇页拙著《揭出中华民族与突厥族之密切关系》。

② 参《民族学集刊》六期四九页拙著《突厥族的古代文化》。又袁复礼《新疆之哈萨克民族》云:“哈萨克人皆能口述其家谱,于旅行中过他人帐幕留宿时,经主人询问,则背述无遗,以证其确有根底。”(《禹贡》七卷一期三七页,并参三九页所列出之族谱)袁氏又云:哈人同族不相婚嫁,其婚姻为族与族之结合。(同上四一页)惟马长寿云:“游牧封建社会的主要单位组织是家族群体,家族在部落中制(?)行着最大的功能,这一点跟农业封建社会之强调氏族功能,颇不相同。……那么,我们也可以明了为什么许多游牧人只有名子(?)没有姓氏。”(《中国兄弟民族史》一一页)按所言属于组织作用,并不是游牧人无族系分别,且并不是凡游牧人都“没有姓氏”,或者只某些族类(如蒙古)无哈萨克之详细,因为前引两说,皆由调查所得而说恰相同也。

③ 参《东方杂志》四一卷三号四〇页拙著《揭出中华民族与突厥族之密切关系》。

所幸战国至汉，各地陆续建设郡县，郡县大约依古代各氏族之住地为区域，人口即有迁徙，犹能各举其原籍之郡名以作标识，如太原、陇西、安定、南阳、清河等，皆后世所谓郡望也。单举姓氏以为称，未识世系之同异，郡望即别宗支之一法，然历传愈久，胤裔愈多，则旧望之中，又生新望，故同一姓（氏）而郡望有多至三四十者（唐时张氏有四十三望，王氏有三十二望）。姓（氏）虽同而望不同，则几与异姓无异，即如前引显庆四年之诏，由今人言之，只有李、王、郑、卢、崔五姓，而诏曰七姓者，因李有陇西、赵二望，崔有清河、博陵二望，惟郡望不同，故别为二姓。

一姓常不止一望，举其著望，则目为故家（如李积自称陇西李积），举其不著，则视同寒畯，攀附宗枝之习，于是乎起。李敬玄，谯人，而与赵郡李氏合谱，（《旧书》八一）张说，洛阳人，而越认范阳，王缙望太原，而越认琅邪①，此三人皆宰相也，犹必冒认名宗，正所谓势利之见，贤哲不免，又何怪韩愈或称昌黎，或称南阳，致后世考证家聚讼不已耶②。质言之，唐人冒宗，乃郡望统一之滥觞，五代再乱，人并郡望而忘之，由是李姓唯号陇西，王姓只知太原，同氏者便认同宗，不同氏者便如异宗，是为我国种族混乱之第二次大变。族姓之歧见，虽消灭于上层，又移植于下层，此论汉族发展史所不可忽视之一点。

唐人更有不同姓（氏）而相认为族者，杜甫称唐使君、刘判官为族弟，（《少陵集》二一注）吕温《上族叔齐河南书》，齐河南即齐映，齐、吕两姓，依旧说同出于齐姜，故温称映曰族叔③，又韩愈《送何坚

① 《史语所集刊》八本四分五六三页拙著《贞石证史》。

② 同上九本五四 — 五七页拙著《唐集质疑》。

③ 《史语所集刊》九本三五三 — 三五四页拙著《读全唐文札记》。

序》“何于韩同姓为近”，(《昌黎集》二〇)盖古风之仅存者。

第七节　高宗继成大业

高宗本庸懦，然以承贞观余荫，武将多材，且获降附突厥之效力，故其前半叶之开疆辟地，有时且过于太宗，是则时势造成，非彼之力量所致。兹分西北、东北两项记之。

(一)西北　西突厥阿史那贺鲁降而复叛(永徽元)，前后遣梁建方，契苾何力、程知节等进讨，皆无功(永徽及显庆元)。显庆二年，更以苏定方为帅，领回纥等兵，分南北两道进军，先破之于金牙山，乘胜追击，十二月，复大战于伊丽水(今伊犁河)上，杀获略尽。贺鲁西走投石国(Taškand)，副将萧嗣业追擒之，收人畜前后四十余万，西域悉定。诏分其地置濛池、崑陵二都护府，以步真为濛池都护、继往绝可汗，分押五弩失毕部落，弥射为崑陵都护、兴昔亡可汗，分押五咄陆部落。其所役属吐火罗等国遣使内属。龙朔元年六月，置州县使王名远进《西域图记》，并请于于阗以西、波斯以东十六国，分置都督府十六，州七十二，县一百一十，军府一百二十六，(参《圣心》二期拙著《课余读书记》三四 — 三七页)隶安西大都护府，仍于吐火罗立碑纪德，我国声威之远暨，蒙古前所未有也。各府名如下表：

国名	国都	都督府名	领州数
吐火罗 Tuxara	遏换 War-'waliz (Knuduz)	月氏	二五
㕍哒 Hephthalites	活路 rur? (Xulum)	大汗	一五
诃达罗支 Aroxaj(? 诃罗达支)	伏(什)宝失颠 Zabulistan	条支	九

续表

解苏	数瞒 Śumān	天马	二
骨咄施 Xothal	沃沙 Waxs	高附	二
罽宾 Kapisa	遏纥?	修鲜	一〇
失范延,Śir-i-Bamiyān 或范延 Bāmiyān	伏戾(? Faroxar)	写凤	四
石汗那 Saghāniyān	艳(? Imam)	悦般	一
护时健 Hujikan	遏密 Anbār	奇沙	二
怛没 Tirmith	怛没	姑墨	一
乌拉喝(乌那曷)Ughnaq	摩谒(喝)Max	旅獒	
多勒建 Tālqan	低宝那(Tepc)	昆墟	
俱密 Kumedh	褚瑟?	至拔	
护密多 Waxan	摸达(Mastuj)	乌飞	一
久越得犍 Qowadhiyan	步师?	王庭	
波斯 Persia	疾陵 Zerang	波斯	

各都督府之名称,除波斯外,均是唐人采用古语,无关实际。惟国及州城所在,则表示当日西域诸国之领域。此一次建置,向来不为我国史家所重视;一则因囿于闻见,对八九十个地名,无法探讨。二则不明历史之过渡性,以为悬隔万里,事同儿戏。法国学者沙畹曾谓所置府州,具重要科学性质,亦不过就中亚地理立言,对于唐代声威之影响西域,毫无阐发,殊为憾事。考西突厥统叶护盛时称霸西域,授诸国以颉利发(iltäbir)之号,每国派驻吐屯(tudun)一人,收其征赋。及显庆三年(六五八),西突厥全境悉隶我国,以前监统之权,亦自然随战胜而归我国继承。唐朝如依此执行,最低限度亦可监督各国之财政。然中国对外,向主怀柔,不主侵略,今只在名义上设立州府,免去苛赋,诸国应无不乐于顺从,其立碑颂德,可信言出由衷,惜此古迹与拂林碑,均湮没不得见也。(显庆年中,波斯人阿罗喊(Abraham)曾充拂菻国诸蕃招慰大使,于拂菻西

界立碑，见景云元年《阿罗喊墓志》。）

此十六国之今地，就大体言之，吐火罗、哌哒、诃达罗支、罽宾、失范延、石汗那、护时健、（？）多勒建（？）八国均在阿富汗，怛没、乌拉曷二国在乌兹别克共和国，解苏、骨咄施、俱密、久越得犍（亦作 Kabudian）四国在塔吉克共和国，波斯即伊朗，护密多之一部应在我国境内。

在龙朔元（六六一）之前，西方各国先后来归，亦尝分设府州多处，并以次记之：

康国　康居都督府　永徽年（六五〇—六五五）设，今乌兹别克共和国。

何国（košanyah）　贵霜州　永徽后设，今地同上。

拔汗那（Ferghāna）　休循州　显庆初设，今地同上。

葛逻禄（Qarluq）　阴山、大漠、玄池三都督府　显庆二年（六五七）设，原居金山之西，北庭西北，今新疆北部至蒙古西部。

龟兹　龟兹都督府　显庆二年设。

石国（Taškand）　大宛都督府　显庆三年（六五八）设，今乌兹别克共和国。

米国（Maïmargh）　南谧州　显庆三年设，今地同上。

安国（Buxara）　安息州　显庆时设，今地同上。

东安国（Xarghan）　木鹿州　显庆时设，今地同上。

史国（Keš）　佉沙州　显庆时设，今地同上。

（二）东北

1. 百济　本马韩故地（伯济），汉成帝鸿嘉三年，扶馀族人温祚率众南王其国，因以百济为号，当今朝鲜半岛之西南部，东至新罗，东南渡海至倭国，北至高丽。与新罗世仇，高祖、太宗屡遣使和解之，其王义慈不听。显庆五年，高宗命苏定方统兵伐之，虏义慈及其太子隆等。百济旧分五部，因置熊津、马韩、东明、金涟、德安五都督府，卅七州，二百五十县[①]，立其酋渠为都督、刺史及县令，设熊津都督镇之，得户廿四万[②]，口六百廿万。同年八月十五日，定方立纪功碑，碑为五层花岗石塔，高三十五尺；文刻于塔之第一层，高四尺五寸，题《大唐平百济国碑铭》，字作正楷，径一寸五分，今存忠清南道扶馀县南二里，俗呼为平济塔。及大军西旋，余部复叛，围留守郎将刘仁愿于百济府城，并请援于倭，倭遣秦田来津帅师五千赴之。刘仁轨奉诏发新罗兵救仁愿，龙朔三年（六六三），孙仁师又领兵浮海至，各军既合，遇倭人于白江口（今东津江流入熊津江处）[③]，四战皆捷，焚其舟四百艘，秦田来津战死。（参《旧书》八四及蓝文徵《隋唐五代史》上编一二三——一二八页）今亦有刘仁愿纪功碑存扶馀县，惟末截已残缺[④]。朝廷于是授扶馀隆熊津都督，遣还本国，隆惧新罗，寻归京师，自此益为新罗所兼并。

2. 高丽　先是，贞观十六年，西部大人泉盖苏文（泉是姓[⑤]，盖苏文为三字名）性凶暴，诸大臣与其王建武（彼国称为荣留王）谋密除之；事泄，盖苏文假校阅为名，邀请大臣参观，勒兵尽杀之，并弑

---

① 此据定方纪功碑，惟《旧书》四作“郡三十七，城二百”；按“州”、“郡”字唐人常通用，但城二百则少差五十。

② 此亦据碑，《旧书》四作“户七十六万”，则相差太远。

③ 丁谦考证云：“白江口在金义县西南”；蓝文徵《隋唐五代史》作“在今义县西南”，（上编一二四页）盖误为辽宁之义县也。熊津江今称锦江。

④ 潘祖荫考此碑为龙朔元年立，（据《金石续编》二一）当误，惟未见其文。

⑤ 《旧书》一九九上，“苏文姓钱氏”；按古语“钱”“泉”发音甚近，故周称“泉府”，但《泉男生墓志》实作“泉”。

王而立王弟[①]藏为王(彼国称为宝藏王),自号莫离支[②],专国政。十七年,唐遣使谕令勿攻新罗,盖苏文执不从。太宗谓左右曰:莫离支贼弑其主,尽杀大臣,用刑有同坑穽,百姓转动辄死,怨痛在心,道路以目,因其弑君虐下,败之甚易也。十九年,命分水陆并进,御驾亲征,先后破盖牟(盖州,今辽阳、沈阳之间)、辽东(今辽阳)、白崖(或白岩,今辽阳东五十余里太子河北岸)诸城,进次安市(今海城南十五里之营城子),城坚弗能克。会仓储将竭,士卒寒冻[③],乃班

① 此据金毓黻《东北通史》二二四页。但《旧书》三"盖苏文弑其君高武而立武兄子藏为王",《旧书》一九九上"立建武弟大阳子藏为王",《新书》二二〇"更立建武弟之子藏为王",一三两例均以藏为建武之侄;如果确是兄弟行,则《旧书》一九九上之文,应读为"立建武弟、大阳子、藏为王"。

② 古突厥文之Bökli,余曾考为莫离支之"莫离",并非一时之称谓,有《旧唐书》八开元三年之莫离支可证。(《辅仁学志》六卷一二合期二五三页拙著)顷检《三朝北盟会编》云:"其官名则以九曜、二十八宿为号,曰谙版孛极烈大官人,孛极烈官人,……孛极烈者,官也,犹中国言总管也。"又《金史》五六《百官志》:"金自景祖始建官属,统诸郡部以专征伐,嶷然自为一国,其官长皆称曰勃极烈,故太祖以都勃极烈嗣位,太宗以谙版勃极烈居守,谙版,尊大之称也。"孛极烈,箭内亘还原为bogile,bekile。(一九二一年,《元朝制度考》四一页)伯希和亦谓:bögili = beile,即满洲语之贝勒。(一九三〇年,《史地译丛》三编一九页)细详之,实均Bökli之音转,然则金人之语,沿自高丽,莫离非一时偶称,益显然矣。金人称其始祖来自高丽,(《东北通史》三三九页)此亦一旁证。若"支"(Či)则突厥文语尾指人之词,鲜卑语早见之。

貊之名称,屡见于先秦史册,貊亦作貉,《诗・韩奕》:"王锡韩侯,其追其貊,奄受北国,因以其伯。"《闷宫》:"淮夷蛮貊,及彼南夷,罔不率从。"《管子》称桓公败胡貉。《论语》:"虽蛮貊之邦行矣。"又《史记・匈奴传》:"赵襄子逾句注而破并代,以临胡貊。"记其地理者《山海经・海内西经》:"貊国在汉水东北,地近于燕,灭之。"(按燕所灭者相传有朝鲜,则汉水可能是今朝鲜之汉江。)貊是后世某一族,解说各异,考"貊"音与"莫"通,(据《左传》及《礼记》)亦读如千百之百,(见《周礼》郑注)此无非唇音发声通转之现象,余偶因"莫离"语原之钻研,始悟貊为Bökli之音省,即战国以后之东胡族,其语直传至近世,盖以酋长之衔号为部名或国名,在我国史上不少其例。一九五四年曾写《貊与莫离说》一篇,作为讲义之补充材料,兹撮其要于此。

③ 朝鲜各地最低气温,在龙岩浦(鸭绿江口)一月份为摄氏表零下二六点七度,(黄著《朝鲜》二八页)即华氏表零下一六点〇六度。

师。此后廿一、廿二年及高宗永徽六、显庆三年(均程名振),虽有小接触,无大功。龙朔二年,统兵者任雅相卒于军①,庞孝泰与战于蛇水,军败,孝泰及其子十三人皆没于阵②。乾封元年,盖苏文死,子泉男生为两弟所逐,脱身来奔,因命李勣伐之;总章元年九月,拔平壤城,虏高藏,设安东都护府,统九都督府,四十二州。仪凤二年,散徙其一部人于河南、陇右,自后新罗、渤海渐并其地。

唐得高丽而不能守,《述论稿》以为"实由吐蕃炽盛"(一三九页),余谓此非主要之原因也。其一,在"辽东道远,粮运艰阻"(郑元琫对太宗语),海航操纵,难得其人。其二,突厥脱离,北边屡警,环顾内外,情势迥殊。其三,东北两蕃(契丹、奚),渐多作梗,顾此失彼,有同捉襟。圣历间(六九八 — 六九九)拟命高氏子孙自统安东旧部,事不果行,唐遂永失其控制高丽之实力,开元廿四年更明令"浿江已南宜令新罗安置",(《元龟》九七一)且进一步承认新罗之吞并。

---

① 《新书》二一九《渤海传》,记开元十四年顷(年份据《旧书》一九九下),其王武艺"遣弟门艺及舅任雅相发兵击黑水";《殿本考证》云:"按任雅相,武后时人,不应夷人亦有同姓名者,《旧书》作任雅,疑得其实。"又蓝著《隋唐史》云:"武艺之舅任雅相,已先归唐,显庆初为燕然都护,从苏定方讨贺鲁有功,龙朔元年,以兵(部)尚书为浿江道行军大总管,率三十五军征高丽,围平壤,卒于军。"(四四页)按中外人同姓名原不足奇,但中国之任雅相已卒于龙朔二年(六六四),就使即是渤海之"任雅相",亦安能于开元十四(七二六)年起死复生而为渤海击黑水耶!忽略时间性是某些读史者之通病,故举以示例。

② 《新书》二二〇云:"庞孝泰以岭南兵壁蛇水,盖苏文攻之,举军没,定方解而归";又《通鉴》二〇〇云:"庞孝泰与高丽战于蛇水之上,军败,与其子十三人皆战死";是孝泰战死甚明。黄著《朝鲜》云:"蛇水之战,高句丽全军覆没,盖苏文十三子皆战死",(七三页)大误。

第八节　新罗、渤海及日本之汉化

新罗、渤海二国对我常保持友好[①]，其一兴一废，与我国文化之传播，国防之张弛，极有关系。日本除一度间接战争外（见前节），接受汉化，非常热烈。此三国间复有关系，故汇合言之。

甲、新罗　本辰韩[②]故地，旧名斯卢[③]。始建国于汉宣五凤元年，东及南俱限大海，西接百济，北邻高丽。王室有金、朴、昔三姓，位不传子，由“和白会议”推三姓之贤能者继之。（参前《隋史》五节）武德七年，唐册金真平为新罗王。贞观七年，献女乐二人，皆鬒发美色，太宗却还之。真平卒，女善德继位，时太宗重学，于是新罗、高丽、百济、高昌、吐蕃等相继遣子弟入学。十七年，来诉高丽、百济累相攻，是为十九年征辽之一因。廿一年，善德卒，妹真德继，真德卒（永徽五年），弟春秋（即文武王）继。显庆五年，助唐讨定百济，自是渐有百济、高丽之地。其国得以强盛，多藉唐力，故华化最深；真德始奉唐历，服唐衣冠。高、武之世，相继置医官、律令、算、通文、刻漏等博士。垂拱二年，王金法敏（即孝昭王）表请唐礼。开元十六年，王金兴光（即圣德王）表请派子弟入国学。至唐昭宗时（八九二）国渐分裂，后唐清泰二年（九三五），并于高丽之王氏。

新罗商贾所至，北起登、莱，南达楚、泗，登州城有新罗馆（赤山院），文登县东界有新罗所，楚、泗二州有新罗坊，均开成、会昌间日僧圆仁所目击。

---

① 两国与唐均尝一度开衅，前者在上元二年，后者在开元廿年。

② 此据黄著《朝鲜》六八页，《旧书》一九九上作弁韩。

③ 阿拉伯记载译作 Sila。

乙、渤海　本粟末（又称涑沫江，今松花江）靺鞨[①]之附高丽者。高丽亡，余众渡辽水，东奔挹娄故地（今吉林省永吉县迤东、敦化县迤北及东抵于海之地）。武后封其酋乞乞仲象为震国公。圣历元年[②]，仲象子大祚荣保险自固[③]，号震国王。开元元年，靺鞨王子请就市交易。（《元龟》）同年，遣郎将崔忻（《旧书》一九九下误“䜣”）往册大祚荣为渤海郡王，忻之使程，系取海道（旅顺口东之黄金山后有鸿胪井，旧存石刻云：“敕持节宣劳靺鞨使鸿胪卿崔忻井两口，永为记验，开元二年五月十八日。”此石已被日帝盗去）。七年，祚荣死，子大武艺立，益斥土宇，为海东盛国，东至于海，北至黑水（今黑龙江），西接契丹（包括开原、长春、农安等县），南以泥河（或谓今咸镜南道德源郡北之龙兴江）与新罗分境。（参看《东北通史》二九一 — 二九二及二一九页）廿六年，遣使求写《唐礼》、《三国志》、《晋书》、《十六国春秋》等。（《会要》三六）天宝之末，东北徙于上京[④]。

---

① 《明一统志》：“混同江在开原北一千五百里，源出长白山，旧名粟末水，俗呼宋瓦江，北流经金故京会宁府，下达五国城头，东入于海。”（据萨英额《吉林外纪》二引）按《魏书》，勿吉国有大水，阔三里余，名速末水，以松花江释《魏书》速末水，自甚恰当。但《新唐书》二一九《黑水靺鞨传》云：“其著者曰粟末部，居最南，抵太白山，亦曰徒太山，与高丽接，依粟末水以居；水源于山，西北注它漏河。”古今来河川之名，或以源概流，或以流名源，事所常见，粟末只靺鞨一部，而松花江流域甚长，考史者应追求粟末靺鞨所居究在松花江某一段也。今考太白山即长白山，横亘千里，（同上《外纪》）渤海上京在宁安县南（见本页注④），合而测之，粟末靺鞨之“粟末水”，实指宁古塔河之一支；《水道提纲》二五云：“宁古塔河即呼拉哈河，亦曰虎尔哈河，唐时谓之忽汗河，金时曰按出虎水，即金源也”，今通行地图称为牡丹江。靺鞨似即蒙古时代之蔑儿乞（Markit）。见《西域南海史地译丛续编》一七页。何秋涛《朔方备乘》谓“沃沮、勿吉，音转字通，实皆一地”，以为同地则可，以为音转字通则误。

② 《东北通史》二五六页。

③ 曹廷杰《东三省舆地图说》称，祚荣所据为牡丹江西岸之鄂多理城，亦即今敦化县之敖东城。

④ 鸟居氏《满蒙古迹考》以为即今吉林宁安县南约七里之东京城，地在牡丹江东岸。（并参《吉林外纪》九）

元和后境内共置五京、十五府、六十二州①。金毓黻以为五京之制，始于渤海，后来如辽以临潢府为上京，大定府为北京，辽阳府为东京，大同府为西京，开封府为南京，皆仿而行之，其取义应起于五行、五运。（同前《通史》二八五页）按我国古尚五数，五行只是其多种方式之一②。玄宗末年，京兆府称西京，河南府称东京，太原府称北京，肃宗至德二载，改西京为中京而以凤翔府为西京，成都府为南京，于时正有五京之数，然则渤海之有上、中、东、西、南五京，直是取法唐制（宝应元年，改以京兆府为上都，河南府为东都，凤翔府为西都，江陵府为南都，太原府为北都），表现其汉化之日深而已。

自时厥后，下迄咸通，屡有朝聘，且遣学生赴长安入学，制度文物，极力模仿唐风，上流社会喜作诗文③。后唐天成元年（九二六，），为契丹所灭，考海东二国之灭，去唐亡（九〇六）不出卅年，诚可谓与唐相终始者矣。《旧唐书·奚传》云："自至德之后，藩臣多擅封壤，朝廷优容之，彼务自完，不生边事，故二蕃亦少为寇"；其实此一时期，两蕃方东受渤海威胁，故无暇西侵，"务自完"者是两蕃，我不侵人，不能禁人不侵我也。

东北海上贸易，渤海靺鞨亦占重要位置，大历年间，李正己据淄青时，货市渤海名马，岁岁不绝。（《旧书》一二四）开成元年，淄青节度奏渤海将到熟铜，请不禁断，（《元龟》）于时登州有所谓渤

---

① 据《新书》二一九，惟所列州名只六十，《东北通史》补入集、麓二州，适符六十二之数。日人鸟居龙藏所著《满蒙古迹考》作十四府，六十六州（一三三页），未审何据。《东北通史》又称，钦茂（开元廿六，贞元十）时"尚未厘定诸京府州县之名，直至宣王仁秀（元和十四，大和三），启大土宇，诸京府州县之名，因以厘定"（二九一页），故曰"元和后"云。

② 见拙著《五行起自何时》。（一九四八年十二月《广东日报·民族学刊》）

③ 同前引鸟居书三二 — 三三页。其亡国原因可参一九五六年《历史教学》四期金毓黻《关于渤海国三个问题》。

海交关船。(《入唐求法巡礼行记》)盖渤海物产丰富,尤贵者则太白山之菟,南海之昆布,栅城之豉,扶馀之鹿,鄚颉之豕,率宾之马,显州之布,沃州之绵,龙州之䌷,位城之铁,卢城之稻,湄沱湖之鲫,九(丸)都之李,乐游之梨也。(《新书》二一九)

丙、日本　对倭交通,略见《隋史》十二节,今依据各史,并参黄遵宪《日本国志》四,作为大事表如次:

贞观四年(六三〇,舒明二),遣使来唐,唐使新州刺史高表仁往,与其王争礼,不宣朝命而还[1]。

十九年(六四五,孝德、大化元),日人称为"大化革新"。

永徽四年(六五三,孝德、白雉四),学生来唐,翌年,多得图书而归。于时从北路取道新罗经莱州,一船载百二十人。

显庆三年(六五八,齐明帝四),僧知通、智达等取道越州来唐,学法于玄奘。

麟德元年(六六四),百济镇将刘仁轨遣使赴日。

乾封元年(六六六),仁轨再遣使赴日。

咸亨二年(六七一,天智四)[2],仁轨遣二千人驾四十七船,巡视各国,达比智岛。

调露元年(六七九,天武、白凤七),僧道光还自唐,始传律宗。

天授元年(六九〇,持统元),始用宋《元嘉历》,已而更用《仪凤历》。日本得名,《旧唐书》有三说,惟《史记·五帝本纪》正义谓

---

① 《旧书》一九九上,《新书》二二〇均作五年使来,又《通典》一八五称五年唐使往日,惟《国志》则云四年来,六年往,盖日使发以四年而五年方抵唐,唐使发以五年而六年方抵日,故先后各差一年。《国志》又谓《旧书》作表仁者是,《通典》、《新书》均倒为"仁表"。

② 此据《国志》,但《旧书》八四《仁轨传》谓,是时仁轨方为陇州刺史,无缘派船赴日,或是咸亨五即上元元年之误,待考。

武后始呼为日本，彼邦遂遵用之。

大足元年（七〇一，文武、大宝元），遣粟田（氏）朝臣（姓）真人（名）来，长安二年至[①]。

开元四年（七一六，元正、灵龟二），自唐传法律疑义。其时来者以四船为率，取南路。学生阿部仲麻吕（麻吕＝满，故旧、新《书》皆作“仲满”）易名朝衡，官至左散骑常侍、安南都护，居唐五十四年，以大历五年（七七〇）卒。

二十至廿一年（七三二—七三三，圣武、天平四—五），学生真备[②]得《唐礼》百卷、《乐书要录》十卷及测影铁尺一枝以归。

天宝十二载（七五三，孝谦天平胜宝五），唐僧鉴真赴日，日僧元开著《唐大和上东征传》，即纪其事。

十三载（天平胜宝六），日使藤原清河漂至安南，后更名河清，官至特进、秘书监，卒于唐。

大历初（七六六—），日改用《大衍历》。

贞元十四年（七九八，桓武、延历十七），日令读书一用汉音，毋混吴音；其国传用吴音最久，自百济王仁（太始六，二七〇，即应神之初），始用汉音授经云。

二十年（八〇四，延历廿三），日使兴能献于唐，僧空海留肄业[③]。

永贞元年（八〇五，延历廿四），日僧最澄（号弘法）还国，先是在天台国清寺受天台教，又受灌顶密教于龙兴寺之顺晓。

---

① 《通典》书长安二年来，是也，《旧书》误三年。又《国志》谓《新书》作“朝臣真人粟田”为不合。

② 《新书》作“粟田复朝”，《国志》谓实是真备。

③ 《旧书》作贞元二十年。《新书》称建中元年，因之下文遂谓空海肄业“历二十余年”，《国志》已正其误，此因“二”下衍“十”字而错推也。兴能即葛野（麻吕）之译音。

元和元年（八〇六，平城、大同元），空海还国，得长安青龙寺慧果之密教衣钵，自是密教风行。

二年（八〇七，大同二），日令朝会之礼，常服之制，一准唐仪。

六年（八一一，大同六），日植唐茶。

大和三年（八二九，淳和、天长六），日仿唐造龙骨水车以灌溉。

开成三年（八三八，仁明、承和五），日僧圆仁（号慈觉）随其使常嗣入唐，驻维扬，节度使李德裕善遇之。

四年（八三九，承和六），常嗣借楚州新罗船八艘还国。

大中元年（八四七，承和十四），圆仁自唐还，初传悉昙字，著《入唐求法巡礼行记》。

三年（八四九，嘉祥二），唐商舶始赴日，以后常东航。

七年（八五三，仁寿三），日僧圆珍（号智证）来唐，由闽历温、台入长安。

十二年（八五八，文德、天安二），圆珍归国。

咸通二年（八六一，清和、贞观三），日行《长庆宣明历》。

乾宁元年（八九四），日罢遣唐使。

由上表观之，日本浸润唐化垂二百六七十年，初根于兀傲自大之性，吸收甚缓，然如那须直韦提碑称“永昌元年（六八九）己丑四月”，对马岛八幡宫钟称“天宝四载”，又兴福寺灯台铭称“岁次景申”，（傅云龙《日本金石志》一）固已亦步亦趋。至九世纪初，植茶、造车，则生产方法亦奉扬唐风，华舶陆续东航，于是始踏上国际贸易之路。

第九节　昭、乾二陵及其特点

《汉旧仪》曰，营陵余地赐亲属功臣，（《后汉书》一六《礼仪志》

刘昭注引）又将相陪陵，给东园秘器，故唐高祖献陵已有陪葬之举。贞观十八年，太宗以醴泉县东卅里（在宋之醴泉县北五十里）九嵕山孤耸回绕，可置山陵，因于生前预营茔地，封内周围一百二十里，号为昭陵。诏自今以后，功臣密戚及德业佐时者，如有薨亡，宜赐茔地一所。其制，父祖得陪陵者子孙亦可从葬。昭陵陪葬人数，则后世所记，互有出入：

名 份	《唐会要》二一	宋绍圣元年游师雄记（《萃编》一四一）
太妃等	七	八
诸王	七	七
公主（及驸马）	一八	二一
宰相	一三	一三
文臣	五〇	五三
武臣	六〇	六四
合计	一五五	一六六

其确知为蕃人者得十五人。若参差之故，疑从葬人数，《会要》所记，或比游师雄有缺略。

昔汉文帝时，有人盗高祖庙玉环，下廷尉张释之案治，释之奏当弃市，文帝欲族之。释之曰："假令愚民取长陵，（高祖墓）一抔土，陛下何以加其法乎。"（《史记》一〇二《释之传》）可见君主时代之重视陵寝。推太宗之定制，则平民有时亦得与帝王同其葬地，君主之尊严与上下阶级之划分，远不如两汉及宋以后之甚，此乃唐代统治之较为开明者。

高宗为阐扬太宗徽烈，又命匠人琢石，象贞观时擒伏、归化诸蕃君长之形状，得十四人，刻其官名，列于陵北司马门内，人名如下：

突厥颉利可汗左卫大将军阿史那咄苾

突厥突利可汗右卫大将军阿史那什钵苾

突厥乙弥泥孰俟利苾可汗右武卫大将军阿史那李思摩

突厥都布可汗右卫大将军阿史那社尔

薛延陀真珠毗伽可汗(夷男)

吐蕃赞普

新罗乐浪郡王金真德(女王)

吐谷浑河源郡王乌地也拔勒豆可汗慕容诺曷钵

龟兹王诃黎布失毕

于阗王伏阇信

焉耆王龙突骑支

高昌王左武卫将军麹智勇

林邑王范头黎

婆罗门帝那伏帝国王阿罗那顺

清乾隆四年,杨应琚游昭陵时,石像十四尚存。(见所著《据鞍录》)人像之外,又于北阙下刻石为常所乘破敌马六匹:(参《金石萃编》一三九,元祐四年游师雄《题六骏碑》)

1. 飒露紫(西第一,紫燕骝,前中一箭),平东都时乘。

2. 特勤骠(东第一,黄白色,喙微黑色),平宋金刚时乘(按宋金刚为刘武周之将)。

3. 拳毛騧(西第二,黄马黑喙,前中六箭,背中三箭),平刘黑闼时乘(騧亦作䯄)。

4. 青骓(东第二,苍白杂色,前中五箭),平窦建德时乘。

5. 白蹄乌(西第三,纯黑色,四蹄俱白),平薛仁果时乘。

6. 什伐赤(东第三,纯赤色,前中四箭,背中一箭),平世充、建德时乘。

每马各刻赞四句,其飒露紫、拳毛騧两匹,被美帝盗去,现存Pennsylvania州费城(philadelphia)大学博物馆①。

---

① 此据港一九五一年一月廿一日《大公报》。一九五一年二月二日该报又说在波士顿(Boston),傅振伦说在纽约(一九五五年《历史教学》二期),谅皆不确。

昭陵各碑，自欧阳修迄今，见于著录者凡八十八，然游师雄已称："陪葬诸臣碑刻，十亡八九"，在彼时总未必如是之甚，然所亡殆及半矣，今有拓本存者仅及三十。

高宗之陵曰乾陵，在奉天县（今乾县），仿昭陵制。刻石像各蕃酋长凡六十一人，据桑原隲藏《东洋史说苑》（《大师之入唐篇》），近年东侧犹存像二十四，西侧存二十九，《长安志图》仅著录三十九人之名字①。陪葬人数远不逮昭陵，只十余而已②。

---

① 乾陵石像，《长安志图》中据宋游师雄所录三残碑（游刻四碑，亡其左一碑），仅存三十九人，然衔名错误颇多，兹参叶奕苞《金石录补》二二校补之（叶书系康熙十九年魏禧序），其有叶书亦误而为管见所及者另附说明。今政府极重保存古代文物，而昭、乾二陵现况如何？曾未闻文化机关及陕省方面有所报告，是望主其事者之亟加注意也！

左二碑十人，计开：故左威卫大将军兼金徽（按应作微）都督仆固乞突。左威卫将军××都督鼠尼施处半（?）毒勤德右领军将军兼于（按应作千）泉都督泥步设。小阿悉吉度悉波。故左威卫大将军兼燕然大都督葛塞匐。故右威卫将军兼洁山都督突骑施傍靳。故右卫将军兼颉利都督拔蜜干蓝羡。故左武卫将军兼双河××××舍提欲护斯。故左威卫大将军兼延匐都督处木昆屈律啜阿史那盎路。故右金吾卫将军兼俱兰都督关傍阿悉首那靳大首领可汗颉利发。

右一碑十三人，计开：故大可汗骠骑大将军行左威卫大将军崑陵都护阿史那弥射。故右骁卫大将军龟兹都督龟兹王白素稽。故右武卫将军兼×××龟兹×白回地罗徽。疏勒王裴夷健密施。康××（《金石录补》作"康居王"，按唐时无康居国，应是"康国"，但不能与下条连为一人）泥涅（按应作浬，说见下廿六节二三〇页注①）师师（此是波斯王卑路斯之子，不能与上条"康国王"相连为一）。十姓可汗阿史那斛瑟罗。吐谷浑青海王驸马都尉慕容诺曷钵。右骁卫大将军兼波斯都督波斯王卑路斯。十姓可汗阿史那元庆。吐谷浑乐×徒耶钵。于阗王尉迟琡。吐火××子持勤（按当作"特勤"，缺两字应为"罗王"）羯达健。叶录云十二人。盖误将康国王与泥浬师师合为一条。

右二碑十六人，计开：石××（当为"国王"）子石忽那。故左武卫大将军××十姓卫（当作衙）官大首领吐屯缬利发。波斯大首领南昧。木俱罕××斯陁勒。左威卫大将军兼坚昆都督结簳蚕匐肤莫贺咄。吐蕃使夫论悉曩然。吐火罗叶护咄伽。十姓大首领盐泊×都督阿史那忠节。右金吾卫大将军兼洵本（叶作"本洵"）都督五姓呐（按应作咽）面叶护昆职。默啜使移力贪开达干。播仙城。河伏帝延。吐蕃大酋长赞婆。默啜使葛逻嗔达干。龟兹大首领那利自阿力。碎叶州刺史安车鼻施。叶氏以为十四人，亦由误并之故。

② 乾陵前尚有一石飞龙马，为唐代极美造像之一，见色伽兰《中国西部考古记》二〇页及附图八。

昭凌制度，无疑是多岁突厥化①，然与近代之醉心欧化者不同。彼其时，太宗一面君临汉土，一面又为漠南、漠北各部落之天可汗，参用北荒习俗以和洽兄弟民族，自是适当之做作，不得徒以一般之突厥化目之。

贞观十七年二月，又诏将功臣二十四人图画于凌烟阁，太宗自为赞词，命褚遂良题额，仿汉宣麒麟阁、光武云台之制也。二十四人者，据《会要》四五，为长孙无忌、李孝恭、杜如晦、魏徵、房玄龄、高士廉、尉迟敬德、李靖、萧瑀、段志玄、刘弘基、屈突通（屈突，复姓）、殷开山、柴绍、长孙顺德、张亮、侯君集、张公谨、程知节、虞世南、刘政会、唐俭、李世勣、秦叔宝等。惟游师雄所记有王珪，（《萃编》一三九）与《会要》异。

第十节 高、玄二宗频幸东都及武后长期留居之问题

隋炀居留东都之时间，比长安为多，已见《隋史》十一节。入唐后，太宗三幸洛阳，皆别有目标：

第一次　　贞观十一年　　为狩猎而往

① 突厥习俗，(1)墓有单墓、群墓两种。(2)《周书·突厥传》："于墓所立石建标，其石多少，依平生所杀人数"，即突厥文碑所谓"杀人石"（balbal）。(3)《阙特勤碑》记其出战，常提及乘马之毛色、名字及其伤死状况。《苏联大百科全书·考古学》条言："一八八五年魏谢洛夫斯基在中央亚细亚进行顺利的发掘，……他也解决了历经百年来争论不决的石像时间问题：他证明这些散布在东欧和西伯利亚的石像就是属于突厥游牧民族的雕像。"（一九五三年一二期《文物参考资料》八四页）据最近武伯纶调查，伊犁区石刻人像甚多，南路仅见一处，（同上一九五四年一〇期八七页）也可证明这一说。

第二次　　十五年　　为赴太原及拟封泰山

第三次　　十九年　　为征高丽

陈寅恪对此问题,曾有"自隋唐以降,关中之地若值天灾,农产品不足以供给长安帝王宫卫及百官俸食之需时,则帝王往往移幸洛阳,俟关中农产丰收,然后复还长安"之论,并引二事为例:

(一)隋文开皇十四年八月,关中大旱,人饥,上率户口就食于洛阳,十五年三月,还京师。

(二)唐中宗景龙三年,关中饥,米斗百钱,群臣多请幸东都,韦后不乐东迁,设法阻之。后复有言者,上怒曰,岂有逐粮天子耶?乃止。(《隋唐制度渊源略论稿》一四六 — 一四七页)

隋、唐时关中经济供给,有时确处于窘乏状况,固自不误。全汉升演其意,因谓高宗长期幸洛,主要由于经济方面的原因,洛阳的经济地位,在当日变为非常重要,"当日军事政治重心东移以后,因运河的沟通而与经济重心取得密切连系的结果,偌大的帝国便名符其实的凝结为一个坚强牢固的整体,……因此,由于太宗努力而提高的帝国的威望,自高宗以后,大体上仍能维系而不坠,绝不是一件偶然的事。"(《唐宋帝国与运河》二〇及二八页)然高宗以后之幸洛,有时实与隋炀无异,非统出于经济动机。至谓东幸为李唐国势不坠之主因,试观高宗后半叶及武后全期对外之失败(参下十二节),其当否便自见之。

考高宗一代幸洛者七,第一次便改洛阳为东都,兹列如下表:

显庆二年(六五七)闰正月	约留一年
显庆四年(六五九)闰十月	约二年又四月
麟德二年(六六三)二月	约九个月
咸亨二年(六七一)正月	约一年又九月

续表

上元元年(六七四)十一月	约一年又五月
仪凤四年(六七九)正月	约一年又八月
永淳元年(六八二)四月	明年十二月崩于洛

全氏书以为其中四次确由于经济原因(二〇 — 二二页),试勘诸史文,咸亨、永淳两次东巡,适际关中旱歉。若显庆建东都所云:"通赋贡于四方",不过文饰之语。仪凤三年关中固"夏麦丰熟,秋稼滋荣",而四年二月东都且饥,官出糙米以济。(均见《旧·纪》)高宗东幸,无非顺则天之意耳(永徽六年十月立则天为皇后)。试观则天一朝,高宗西葬,竟未亲临,除大足元年(七〇一)十月 — 长安三年(七〇三)九月一度还京师外,长期留居东都,无非为其曾在长安出家,避洛可以纵情荒淫享乐起见。谘阳之取资东南,比关中八百里而近,吾人固不否认,然此实非则天之本意。

其次玄宗五幸[①]:

开元五年正月至六年九月	是年河南有涝蝗(《旧·纪》)	一年又九月
十年正月至十二月	五月,东都大雨,伊水溢,漂坏民舍(《旧·纪》)	一年
十二年十一月至十五年闰九月	十四年六月,瀍水涨,漂失租米十七万余石及钱绢等(《旧·五行志》)	约二年又十月
十九年十一月至二十年九月		约十一个月
二十二年正月至二十四年九月		二年又十月

廿二年一役,关中固久雨害稼,然其他东幸,并无正当理由,求其动机,则以洛阳有显仁宫,技巧华丽驾乎大兴禁苑(参前《隋史》

① 黄盛璋说玄宗自初即位至二十四年到洛阳四次(一九五五年十月十三日《光明日报》,《历史上的三门峡》),是错的。

十一节)，享乐实为主因。迨天宝后洛阳两被兵燹，菁华尽丧(近世出土北邙墓志，天宝后大大减少，是一实证)，唐朝乏再兴之能力，于是无复幸洛；如为联系东南经济，天宝后比天宝前尤急，即此可以抉出前时之临幸，纯出于享乐观念。开元九年韩覃谏置中都(蒲州)疏云："且陋西都而幸东都，自西都而造中都，取乐一君之欲，以遗万人之患，务在都国之多，不恤危亡之变，悦在游幸之丽，不顾兆庶之困，非所以深根固蒂不拔之长策矣。"(《通典》一七九)陋西都及悦游幸两句，正照出玄宗心事，读史者何不求诸当日之公评，反替封建统治者作经济之掩护耶？

如曰关内供给不足，从消极方面想办法，则(1)关内诸州之庸调资课，原征绢布者可改征粟米，其河南、河北粟运不便者改征绢布，如此一转移间，既省运输之费，又增京师之储，开元廿五年固试行之；(《会要》八三)沈亚之《学解嘲对》所云："且宜以三辅粟为贡，重资于农，则耕稼自勤，耕稼自勤，甸服无旷土游人矣"，(《下贤集》三)亦同此意。(2)驾幸不如移民，盖车驾一发，随从极多(隋时从驾官可带妻子，见《陔余丛考》一七，唐时当亦相同)，所过被灾地方，再增供应，只有加深人民之痛苦。贞观初频年霜旱，饬关内户口并就关外，(见魏徵《十渐疏》)永淳元年令关内诸府兵分于邓、绥等州就谷，(《旧·纪》五)固有成例可循。(3)收购附近余粮，如陆贽奏，京西凤翔、泾、陇诸州，除度支粜供军用外，半年可粜得粟一百三十五万石。(《宣公集》一八)

抑关中供给，是否别无积极方法可以改善，尤亟应讨论之问题，即历史唯物论所谓地理环境对人类生活的关系，应为人类积极的征服自然，非人类消极的依赖自然，是也。

关中水利本大有可为；战国时韩使水工郑国说秦凿泾水为渠，

“用注填阏之水（即现代所谓灌淤），溉泽卤之地四万余顷，收皆亩一钟（六斛四斗），于是关中为沃野，无凶年”①。汉武时，河东守番系言，漕从山东、西岁百余万石，更砥柱（今陕县东北）之限，败亡甚多，而亦烦费；穿渠引汾及河，度可溉五千顷，得谷二百万石以上（即估亩收四石），谷从渭上，与关中无异，而砥柱之东可无复漕。（均《史记·河渠书》）兴关、晋水利以减漕，汉人业已见到。再就唐代所行者观之，如武德七年，同州自龙门引河开渠溉田六千余顷，（《会要》八九）开元初，姜师度自同州之朝邑、河西二县引雒（即陕西之洛水）及河溉稻田二千余顷，（《元和志》二）大中中，邠宁节度使毕诚开营田，岁收三十万斛，省度支钱数百②万缗，（《新书》五三）又咸通十三年，京兆府修六门堰，溉武功、兴平、咸阳、高陵等县田二万余顷，俗号渭白渠，或曰成国渠（《长安志》一四；名六门者，渠内旧设六斗门以节水也），此皆行之有效之实例。其所以不能维持长久者，多半由于势富之破坏。

永徽六年，雍州长史长孙祥奏往日郑、白渠溉田四万余顷，今为富僧、大贾竞造碾硙，止溉一万许顷，高宗令毁撤之；未几，所毁皆复，大历中才溉六千二百余顷。（《元和志》一）③又开元九年，京兆少尹李元纮奏毁三辅诸渠之硙，广德二年，户部侍郎李栖筠等奏拆京城北白渠硙碾七十余所，岁收粳稻三百万石，大历十三年，废拆三白渠（《十道志》云：太白、中白、南白谓之三白渠）碾四十四

① 或认隋唐时关中粮食不足，由于黄壤性质的变动，（《禹贡》二卷五期一〇页）似未免言之过早。

② 下文引元和七年收谷四十余万斛，省钱廿余万缗，以彼例此，知“数百”实“数十”之误。

③ 《通典》一七三作郑渠灌田四万余顷，白渠四千五百余顷，又《汉书·沟洫志》称，汉武太始二年，白公引泾水灌渭中田四千五百余顷，因名曰白渠。

所，坏京畿白渠碾八十余所，（均《会要》八九）又高力士有五轮水碾，每日捣麦三百石，（《旧书》一八四）知势豪占渠图利，靡时不有，随拆随置，大妨田功。诚使终始禁绝，逐岁修渠，关中多产一石，即东南少漕一石，其仰仗东南，不至如是之急切。

更西北又有河套之水利。河套土壤肥沃，于今不改。天授初，丰州都督娄师德经营灵、夏屯田，镇兵咸得支给，（《旧书》九三）贞元末，丰州刺史李景略开咸应、永清二渠，溉田数百顷，（《旧书》一五二）元和七年依李绛奏，在振武、天德附近，四年间开田四千八百顷，收谷四十余万斛[①]，省度支钱廿余万缗。（《通鉴》二三九）如果关中西北部能认真开发，为利当不止此，其余羡亦可移济关辅。

第十一节　隋、唐之漕运

全汉昇《唐宋帝国与运河》所谓联系东南经济，主要在漕运，欲澈底了解此一问题，就须兼明隋、唐漕运之概况。自西汉承秦都关中，每岁漕山东、西粟百余万石以供京师。武帝时，因渭行困难，自长安引渭穿渠，经三百余里而至河，漕运益便利。（《史记》二九《平准书》）及南北分裂，北方本自给自足，隋开皇三年（五八三），于卫州（今浚县）置黎阳仓，洛州置河阳仓，陕州置常平仓，华州置广通仓，转相灌注，漕关东及汾晋之粟以给京师。四年（《方舆纪

① 依此计算，每亩约收一斛。《新书》五三作“垦田三千八百余里，岁收粟二十万石”，“里”应为“顷”之误；又每亩所收止五斗，亦不如《通鉴》之较可信。

要》五二作开皇元年非是），因渭水多沙，深浅不常，又命郭衍、宇文恺引渭水凿渠，起自大兴，东至潼关，锡名广通渠（《隋书》六一《郭衍传》作富民渠，当是避炀帝讳改）。平陈之后，始渐仰给东南。唐高祖、太宗时，水陆漕运，岁不过廿万石。旧制“河口”（即黄河通汴之口）置武牢仓（即虎牢），江南船不入黄河；巩县置洛口仓[①]，黄河船不入洛；更有河阳、柏崖（属河阳，今孟县西）、太原（陕州）、永丰（渭河口）、渭南诸仓，节级取便，水通利则随近运转，否则且纳在仓[②]，不滞远船，不生隐盗，（《元和志》五）是为接运办法。洎人口渐繁，转输益巨，《伯玉集》八称：“江南、淮南诸州租船数千艘已至巩、洛，计有百余万斛”，似武后初期洛阳以东，已改用直运。直运之法，江、淮租船岁以二月至扬州，四月始度淮入汴河，常苦水浅。六七月至“河口”，河水方涨，又须待八九月水落，乃得上河入洛以输入洛阳含嘉仓[③]，耗时实多；且江南人不习黄河，转雇河师、水手，益为劳费。洛阳以西至太原仓计三百里，因避三门（北人门、中神门、南鬼门，在陕县东北）砥柱之险，改用陆运（开元初，李杰分为八递，各相距四十里），由太原仓复改水运至永丰，然后达于关辅。廿二年，裴耀卿兼江淮、河南都转运使，又奏请改用接运及减少陆运方法，“河口”置河阴仓（今河阴县）[④]，河清县置柏崖仓（河清今孟县西南。河阳之柏崖仓于开元十年九月废，见《旧·纪》八），黄河北岸三门之东置集津仓，西置三门仓。凡江南漕舟至“河口”，便委

① 《通鉴》一八〇称，大业二年十月，于巩县洛水入河处置洛口仓，周回廿余里，穿三千窖，窖容八千石，十二月又于洛阳北七里置回洛仓，周四十里，穿三百窖。

② 《旧书》一八五下，开元初，姜师度刺陕州，旧例，太原仓之米，常自仓车载登舟，师度凿地道自上注之，便至水次，所省万计。

③ 是否隋之回洛仓，未详。

④ 地点当与虎牢仓不同。

粟河阴仓而返，所司雇舟输于集津仓，陆运至三门仓，以避砥柱，谓之北运，过此而西，复循水道入渭。凡三年，运七百万石，省脚三十万贯。及耀卿罢相，议者言北路险涩，颇为隐欺，其事又停。凡上所述，即“浮于淮泗，达于汴，入于河，西循砥柱、硖石、少华，……直抵建章、长乐”，唐代经常之运道也[①]。

永泰之始，京师不雨，米斛千钱，官中无兼时之积，禁军乏食，畿县百姓乃挼穗以供之。刘晏受任转运，《与元载书》，言函、陕凋残，东周尤甚，过宜阳、熊耳，至武牢、成皋，五百里中编户仅得千数，东垣(今新安)、砥柱、渑池、二陵、北河运处五六百里，戍卒久绝，东自淮阴，西临蒲坂，亘三千里，屯戍相望，中军皆鼎司、元侯，贱卒亦仪同、青紫，挽漕所至，船到便留。(《旧书》一二三本传)因提议江、淮、河、渭，水力不同，各随便宜，造运船，教漕卒，江船达扬州，汴船达河阴，河船达渭口，渭口达太仓，转相授给。船十艘为一纲，使军将领之，十运无失，授优劳，官其人。自是每岁所运，或至百余万斛[②]。(《通鉴》二二六)又贞元初，关中比岁旱饥，韩滉运米三万斛抵陕，德宗至有“米已至陕，吾父子得生”之叹，(同上二三二)安史乱后漕运之难，于斯可见。

其次，遇关中稔岁，漕运之弊，或耗九存一；即淮南诸州之米运至东渭桥，每斗须钱三百五十文，在京出粜，只得钱三十七文。开、天之际，更有用一斗钱运一斗米之过言，(《宣公集》一八)国库之

---

① 开元二十九年十一月，陕郡太守李齐物凿三门上路通流，便于漕运，至天宝元年正月，渠成放流；(《会要》八七)今人门之北尚有一开元新河(一九五二年《新黄河》十二月号《三门峡图片》)，当即齐物所凿。

② 《新书》五三作百一十万石。

浪费,至可惊人。沈亚之《学解嘲对》:"今以三千(?)人食劳输江淮,岁贡三十万斛,迎流越险,覆舷败挽,不得十半,自渭以东,督稽之官,凡四十七署,署吏不下百数,岁费钱十千万为大数,而部吏、舟佣,相喻为奸",(《下贤集》三)即针对此类流弊而言。

刘晏《与元载书》又言:"河汴有初(?淤),不修则毁,故每年正月,发近县丁男塞长茭,决沮淤,清明桃花已后,远水自然安流。……顷因寇难,总不淘挖,泽减水,岸石崩,役夫需于沙,津吏旋于泞,千里洄上,罔水行舟",此宗费用,又在运脚之外。

砥柱不便,汉人已知之,武帝时张汤言,穿褒斜道,褒水通沔,斜水通渭,"如此,汉中之谷可致,山东从沔无限,便于砥柱之漕",(《史记·河渠书》)此言论上之主张改道也。禄山之反,乘舆西幸,扶风太守薛景仙令江淮贡献,皆自襄阳取上津(今郧西)路抵扶风,(《通鉴》二一八)第五琦又请以江淮租庸市轻货,泝江、汉而上,至洋州(今洋县),转陆运扶风。建中三年,李希烈阻兵江淮,东南运输皆不敢由汴渠而改循蔡河①。已而德宗西幸,又令包佶自督江淮赋,泝江经蕲口而上。(《通鉴》二二九,并参《旧书》一二三《王绍传》及《白居易集》)此事实上之运路变通也。抑京师之米亦不定要取自江淮,刘晏《与元载书》,"潭、衡、桂阳,必多积谷",又贞元元年十一月,令度支取江西、湖南见运到襄州米十五万石,设法搬赴上都,(《宣公集》二)米源既异,运路自可随而变更。

① 《通鉴》二二七,胡注:"蔡河古之琵琶沟,在浚仪县";又引宋白云:"建中初,杜佑改漕路自浚仪西十里路,其南涯引流入琵琶沟,经蔡河至陈州合颍,是秦、汉故道。自隋开汴河利涉扬楚,故官漕不复由此道。"

第十二节　唐之中衰

全氏书又谓高宗长期幸洛，因而维持国威于不坠，如从整个局势来观察，其说亦不能成立。

太宗尝言：“自古皆贵中华，贱夷狄，朕独爱之如一，故其种落皆依朕如父母。”（《通鉴》一九八）高丽白崖城之役，阿史那思摩中弩，亲为吮血，契苾何力疮重，自为傅药，（同上一九七—一九八）太宗一生无狭隘民族之褊见，不徒发诸言论，兼能躬自实践，故征讨四方，常获得异族之效力。继体者，高宗昏庸，武后阴鸷，尤其武后诛锄异己，勇悍之士，栗栗自危（汉人如王方翼之流徙，程务挺之被杀，外族如泉献诚、阿史那元庆，均为来俊臣所构陷），老将凋零，新进又暗于兵事，故在内则有突厥之脱离复立，在外则有吐蕃、契丹之侵略鸮张。

（一）突厥　自贞观初（六三〇）降附，垂五十载，至仪凤四年（六七九），阿史那泥熟匐自立为可汗，同时二十四州首领并叛，唐兵往讨者初虽小胜，然旋蹶旋起。永淳元年（六八二），阿史那骨笃（咄）禄收集亡散，势益猖狂，此后（不知确年）遂徙回漠北。武后荒淫，屡用白马寺僧薛怀义统兵以抗突厥，其毫无战绩，不问可知。

骨咄禄卒（天授二，六九一），弟默啜（Bäk-čor）继立，对唐益轻视，要索六胡州及单于都护府（即永徽时瀚海都护之后身）之地，则天赐以杂彩五万段，粟数万石，以求息事（圣历初，六九八）。默啜无厌，仍长驱入河北，陷瀛、檀、定、赵、恒、易，掠财帛亿万、男女万余人而去。

（二）吐蕃　其语原为何，迄今无定论（大约与古突厥文 Tüpöt 有关，参《史地译丛续编》六一—六三页）①，西藏人自称其地曰 Bod，我曾证其即隋之附国②（附之古音为 biu），或谓藏语 stod-bod 即“上国”之意，本属西羌族类。据说始祖名鹘提窣敦野（伯希和还原为 Ol-de-sbu-rgyal，余据 Thomas 之拼法，谓应与藏文 Ho. lde-spu-rgyal 相当），犹言“来自天上君临人类之王”。贞观八年，其赞普弃宗弄赞遣使求尚公主，太宗不许，于是勒兵二十万，入寇松州，声言不得公主且深入。十五年，妻以宗女文成公主，弄赞亲迎于柏海，羡慕华风，归则筑城郭、宫室以居公主。高宗即位，奏请蚕种、酒人与碾硙等工，皆给之。龙朔三年，侵并吐谷浑。

先是，隋炀平吐谷浑后，留其质子顺不遣，及大业之末，前王伏

---

① 十九世纪初，法国学者 Abel Rémusat 以为吐蕃当读如“吐波”，伯希和则根据中国古音，谓吐蕃应保留 Thu-puan 的读法，无须读若吐波。余按《黑鞑事略》云：“西南……曰木波（西蕃部领不立君），”王国维未之释。考元王恽《玉堂嘉话》三有“吐蕃土波”之文，而《金史》一〇，明昌六年八月，“木波进马”，同书一四，贞祐二年十月，“诏遣官市木波西羌马”，又十五，兴定元年八月，“陕西行省奏木波贼犯洮州”，从其地域、事物而观，显为吐蕃无疑。复次，《百丈清规》“帝师拔合斯八，法号惠幢贤吉羊，土波国人也，……初土波国有国师……”（据《蒙古源流笺证》四引），拔合斯八即《元史》之八思巴，本西藏人，土波为吐蕃，更多一证，故可断木波皆土波之讹，若然则宋、元时代固有读吐蕃如土波（或吐波）者，伯希和之疑问，似尚待研究。后检得《旧书》一二二杨朝晟统士马镇木波堡，据言木波为吐蕃来路，土波之讹为木波，亦许因此。

② 关于附国之服饰，兹摘录元戴表元《唐画西域图记》一节以供参考，《记》云：“《唐画西域图》一卷，卷凡四则，每则各先书其国号，风土不同而同为羌种。画者又特举其概，每国书一王而一二奴于后挟持之，王皆藉皮坐于地，侍者皆立。一王掀掌倨语，圆皮头帽如钵，项组铁下垂至藉，皮服衣裘，牛脚靴，胸悬一员金花。一奴小员皮帽，敛袂受事。一奴曳幕罗，手上下奉酒壶若俟而进，裘靴与王同者；蜀郡西北二千余里附国良夷也。”（《剡源文集》四）后检伯希和《评赫尔满〈中国历史商业地图〉》，谓附国不能单独代表西藏，（《史地考证译丛》五编七六页）是也。

允悉收故地，复为边患。唐高祖虽遣顺归国，而入寇如故。贞观九年，诏李靖等合突厥、契苾之众，分六道往攻，大破之，顺斩其相，举国来降，伏允自缢死。顺继立，以久质于隋，国人不附，未几被弑。子诺曷钵嗣，太宗封为乌地也拔勒豆可汗，十四年，又妻宗女弘化公主。至是，为吐蕃所攻，诺曷钵不能御，携公主走投凉州[①]，高宗诏徙其余众于灵州，置安乐州以处之。

于时，吐蕃方面，禄钦陵（Khri ḥbrin）兄弟方当国，频岁入边，尽破西羌羁縻诸州，北服于阗（麟德二），取龟兹（咸亨元），安西四镇并废，薛仁贵复丧师于大非川[②]。仪风三年，特以中书令李敬玄督师，与战青海上，王师大败，敬玄仅得脱，高宗召群臣会议，阖朝无善策。吐蕃屡寇不休，万岁通天二年，始遣使请和，朝令前梓州通泉尉郭元振往。钦陵力言，安西四镇即旧日突厥五俟斤辖境，与吐蕃唯界一碛，汉兵易从此侵入，要求唐朝拔去镇守，使各国离立，作为汉、蕃之中间地带，元振婉辞却之。既而赞普害钦陵专国久，讨之，钦陵兵溃自杀，边患始稍纾。

（三）契丹　始见《魏书·献文帝纪》（五世纪后半）。古突厥文作 Kitai。贞观廿二年十一月，契丹[③]帅窟哥、奚帅可度者同内属，

① 凉州即今武威，一九二四年河西地震，诺曷钵及弘化公主墓在武威南之祁连山崩陷出土，碑志完好无缺。（一九四五年《新中国》七期陈寄生《青海土人为吐谷浑后裔考》）

② 《新书·地理志》，大非川在鄯城（今西宁）县西三百余里，《通鉴辑览》五二注以东南流入青海之布喀河当之，冯承钧、陈寄生均承其说，陈且谓青海人称水曰“非”。（同前引文）丁谦《唐西域传考证》以为今雅玛图河。吴景敖辨《辑览》之误，证大非川为今之切吉旷原，（《西陲史地研究》一一 — 一二页）即共和县地，与《通鉴考异》引《十道图》“大非川在青海南”之旧说相合。

③ 清撰《三史语解》：“辽为达呼尔，因其言语用达呼尔语也”；鸟居谓今住呼伦贝尔之达呼尔（Dahur）即契丹之遗族。（《满蒙古迹考》一〇六页）

以契丹为松漠都督府,奚为饶乐都督府①。万岁通天元年(六九

① 蓝著《隋唐五代史》注云:"《蒙古游牧记》'翁牛特左翼旗北,有唐松漠府故垒。'……当在今热河松岭附近。"(上编一一二页)蓝所谓"松岭",不知何指,若今通行地图绘松岭在朝阳(即隋、唐之营州)之南及西南,非其地也。(参《东北通史》二四八页)蓝又注云:"《蒙古游牧记》谓唐饶乐府在今翁牛特左翼旗地";(同上引)依此,则松漠、饶乐两府同在一处,尤不可信。《辽史》三七:"有天女驾青牛车,由平地松林泛潢河而下";牟理(Jos. Mullie)云:潢河即西喇木伦(Siramuren),平地松林在潢河源附近围场以北,此高地平原应为今日赤峰县西之大高原;(《东蒙古辽代旧城探考记》二页)只泛言松漠,非确言松漠府所在。考契丹、奚两部居地之记述,最详者为《旧书》一九九下,《旧书》云:"契丹居黄水之南,……在京城东北五千三百里,东与高丽邻,西与奚国接,南至营州,北至室韦。……天宝十年,安禄山……就黄水南契丹衙与之战。""奚国……在京师东北四千余里,东接契丹,西至突厥,南拒白狼河,北至霫国,自营州西北饶乐水以至其国。"黄水即潢河,白狼河今大凌河。又《通典》一七八,营州柳城郡"北至契丹界五十里,……西北至契丹界七十里,东北到契丹界九十里,契丹衙帐四百里",《太平寰宇记》七一所记西北、东北二至之里数,与《通典》同,惟北方则作"北至秦长城二百七十里,至契丹界潢水四百里",东北则作"自界至契丹衙帐四百里"(吾人须记取现存此两书均错误甚多,惟吴承志校改《寰宇记》之数为"西北至契丹界七十里,自界至契丹衙帐四百里",究与《通典》东北到契丹衙帐四百九十里及《新书》蓟州下"奚王帐东北行傍吐护真河五百里至契丹衙帐"之方向不合);合而观之,知今朝阳县之西北、东北两面,去契丹界都不及百里。又知朝阳县东北四百里至四百五十里处,在唐初确为契丹衙帐(注意游牧部落之衙帐,往往不止一处)。牟理谓"契丹最初即居东蒙古西喇木伦及老哈河汇流之处",(同上引)说总甚近。大致言之,奚地应当于今热河西南部,契丹当于热河东北部,故两国为东西相接也。(可参看《东北通史》一六九页)

次论到松漠、饶乐两府之今地,宋大中祥符九年薛映《行程记》云:"中京正北八十里至松山馆,七十里至崇信馆,九十里至广宁馆,五十里至姚家寨馆,五十里至咸宁馆,三十里渡潢水石桥,旁有饶州,唐于契丹尝置饶乐,今渤海人居之。……自过崇信馆乃契丹旧境,其南奚地也。"(《辽史》三七;蓝著一一二页误引为"胡峤《陷北记》")潢水石桥即今巴林桥,(同前引牟理书一三页)则饶乐都督似在其附近,即《游牧记》所称"松漠府故垒"(说见下)。但《辽史》三七又云:"饶州……本唐饶乐府地,贞观中置松漠府";饶州之名,显承自饶乐,然饶乐、松漠两都督分属奚、契丹两国,断非同在一地,是知《辽史》"置松漠府"一句,系误将两府混而为一(《东北通史》二四九页亦云然)。《游牧记》不加察,故以饶乐、松漠两府同置于翁牛特左翼地面。《承德府志》置饶乐于翁金河流域,或因《新书》蓟州下称:"奚王帐东北行傍吐护真河,五百里至契丹衙帐"而云然(吐护真即土河,亦即老哈河)。至薛映谓崇信馆以北为契丹旧境,似与上说不相容,则须知中唐以后,契丹渐强,奚地已被其逐渐兼并,"旧境"云云,非追溯于唐初也。真正松漠府之故址,今不可确知(《东北通史》二四八页亦不能确言),依前引《通典》、《寰宇记》,应在今朝阳县东北约四百至四百五十里处。

六),松漠都督李尽忠因被营州都督赵文翙所侮,杀文翙而据营(《旧书》一九九下讹“荣”)州,后遣兵讨之,死大将数人,契丹攻陷幽、冀诸州。尽忠死,别将孙万荣代领其众,翌年六月,被突厥及奚在后掩击,万荣死于部下之手。

武后之世,得以支持不至于大乱者,厥有两因:(1)继承平之后,民生尚未大困。(2)一般人受佛教之迷醉。

第十三节 武则天之为人

近人对则天有恕辞,然即使撇去私德不论,总观其在位廿一年(六八四 — 七〇四)实无丝毫政绩可纪。突厥横行于北地,吐蕃跳梁于西陲,对外族侵凌,全乏对策。而又居心疑忌,秉性残酷,来俊臣、周兴、丘神勣、索元礼、侯思止、万国俊、吉顼之流,乘时出现。俊臣“招集无赖数百人,令其告事,共为罗织,千里响应,欲诬陷一人,即数处别告”,(《旧书》一八六上)陷人于罪,全凭锻炼。长寿二年,遣刘光业等分往剑南、黔中、安南六道鞫流人,众以万国俊先在岭南残杀,得加荣贵,于是各肆凶忍,唯恐或后,(同上)无辜民众,被株连者不下万千,非止残杀李氏宗支已也①。

《廿二史劄记》一九首以“务取实才真贤”为其开脱,似无非侧

① 属高祖系者,有韩王元嘉及子譔,霍王元轨及子绪,虢王凤之子融,舒王元名及子亶,鲁王灵夔及子蔼,滕王元婴之子循琦等六人。属太宗系者,有蒋王浑之子铣,越王贞及子冲、规、倩,纪王慎及其六子续、(据《旧书》一八六上《来俊臣传》及永昌元年《通鉴考异》)琮等,曹王明之子俊、杰。属高宗系而非武后出者,有泽王上金及其七子义珍等,许王素节及其九子瑛等。

重姚崇等三数人，然此只属偶然性而已。彼所用宰相，绝无表现者占四分之一（参下一八节），无一长可取者数亦不少（如武三思、宗楚客、姚琇、杨再思辈）。薛怀义市井无赖，而三付以讨突厥之任（永昌元年五月及九月，又延载元年三月），武攸宜、武懿宗皆裙带儿，而各使出讨契丹（万岁通天元及二年），张易之、昌宗兄弟更面首之流，而特为置控鹤府，设官属（圣历二），此犹可曰务取实才真贤耶？赋民间农器立颂德天枢，构天堂则日役万人，采木江岭，所费万亿，怀义用财如粪土，一无所问，铸九鼎共用铜五十六万七百余斤，凡此兴建，不知于民生国计，有无丝毫裨益？赵翼猥摭拾三数消极性之动作，为之延誉，其亦不思之甚矣。

后之猜忌，亲子孙不免，首潜毙其女以诬王皇后，（《新书》七六）所生四男，弘死于酖，（《新书》八一）贤逼自杀（或云贤非后出，见《旧书》八六，贤之长子，后亦被诛），显（即中宗）旋立旋废，其长子重润赐死，旦（即睿宗）虽立而无权。然后究属中、睿、玄三宗所自出，故唐人常不视同伪朝，先天二年睿宗诰称"运光五圣"，李白《上云乐》诗称"中国有七圣"，皆包武后在内，持异议者只孙樵《西斋录》。（《可之集》五）敦煌本《大云经疏》称，后幼时已被缁服，想必缁徒辈一面为其出宫为尼作掩饰，一面又以张吾军而引人入彀也，未可奉作实录①。

载初（亦即天授）元年（六九〇），自称仿姬周之制，以永昌元年（六八九）十一月为正月，十二月为腊月，旧正月为一月，十月为岁终，故永昌元年连闰计，亦仅得十一个月。是年九月，遂革唐命，改

① 陈寅恪即据此孤证而信则天少时曾为沙弥尼。（《史语所集刊》五本二分一四三页）按僧徒作伪，擅改故书，曾于拙著《秦代已流行佛教之讨论》揭之，僧人既可以《大云经》傅会女后，安见其不替则天遮丑，此种过信，殊未能联系实际。

国号曰周。此种新历法，行至久视元年（七〇〇）末，始令复旧，故久视元年连闰计，乃有十五个月。

同时，后又制新字约二十，天为𠀑，地为埊，日为𡆠，月为𡆢，星为〇，君为𠺞（𠺞），年为𠡦，正为𠙺，臣为𢘑，照为曌（后自名曰曌），戴为𡗗，载为𡕀（𡕀），国为圀（囯），初为𡔈，圣为𨲢，授为𥠢（𥠢，𥠢，𥠢），证为𤯔，生为𤯓，幼为𠁈，其中若干颇类道家符咒之字，而且构造怪僻，故传写或不尽同。（参《互证》九）此一套新字，当日风行于僻壤遐陬，现在所见，西北如敦煌莫高窟碑及巴里坤万岁通天造像，西南如云南昆阳及广西龙州关外之石刻，无不遵用，求其故，则当日淫刑罗织有以致之，若曰“声灵远讫”，（叶昌炽《语石》一）未之敢同。

神龙元年（七〇五）正月，则天卧疾，张柬之等拥中宗复位。论者以狄仁杰曾荐柬之，遂称狄有复唐功。然柬之登朝，年逾七十，此误偶然性为必然性也①。况郇王素节之谪，柬之实陷之，（《旧书》八六）彼亦因缘时会而已。

第十四节　隋及初唐佛教之盛况　佛道之争

佛教在华之势力，六朝时渐臻稳固，至初唐而发展达于峰顶。

隋文性佞佛，即位之初，普诏天下，任听出家，仍令计口出钱，营造经像，京、并、相、洛等大都会，官为写经置寺内，举国从风而靡，民间佛经，多于六经数十百倍。（《隋书》三五）开皇二十年，诏

① 参《辅仁学志》一四卷一、二合期二页拙著。

沙门、道士坏佛像、天尊，百姓坏岳渎神像，皆以恶逆论。（同上二五）仁寿元年六月，又诏遣沙门三十人，各带散官一人及熏陆香一百廿斤，分途送舍利（śarira，relic）于三十州寺内起塔（stupa）。当州僧多者三百六十人，次二百四十，次一百二十，为朕、皇后、太子广以迄一切民庶，各七日行道，限十月十五日同下入石函，总管刺史以下，县尉以上，自非军机，停常务七日，专检校行道等事（《广弘明集》一九。现知之州，有雍、岐、泾、秦、华、同、蒲、并、定、相、郑、嵩、亳、汝、泰、青、牟、随、襄、杨、蒋、吴、苏、衡、桂、番、交、益、廓、瓜、虢等）。二年正月，复以所余舍利，分布于五十一州，依上年同样起塔（现知者有四十三州，可参《法苑珠林》）。炀帝居藩时，曾于扬州金城设千僧会受戒。（《广弘明集》三二）大业三年正月，诏州别请僧七日行道，仍总度一千人出家。（同上三五）

日人山畸宏以为隋文施行佛教治国之愚民政策，如此分析史实，似乎过于片面；文帝尚节俭，严刑法，从其本性来看，与推行佛教本存在着尖锐的矛盾，则必有更大之势力足以统一之。秦始、汉武、梁武、唐太，下而宪、武二宗，比较是英明强干之君主，更如成吉思汗，威力尤不可一世，然总多多少少为宗教所迷困（或如唐武宗摧诸教而独崇道教，尤难以愚民立解），隋文当亦不能例外。盖贵为天子，不能必得者惟寿，宗教家言恰投其所缺，故反被人所愚弄而不自觉。那连提耶舍（Narendrayasas，此云等称）者北印乌苌国人，北齐天保五年（五五六）自漠北来邺，及周武灭佛，易服潜匿。开皇元年（五八一），诏请入京，从事翻译。（《续高僧传》二）三年，出《德护长者经》一部，称佛曾预言：将来佛法末世时，月光童子（Candraprahha Kumara）将托生于大隋为国王，能令国内一切众生，信奉佛法，“亦大书写大乘方广经典无量百千亿数，处处安置诸佛法藏，名曰法塔，造作无量百千佛像，及造无量百千佛塔。”（《史地从考续编》二三〇 — 二三一页）此种预言，非梵本所有，烈维已经指出。那连提居中国廿余年，深于东方世故，窥隋文之隐，乘机而入，伪造故事一段，羼于经内，求巩固帝王与佛教间之联系，藉以大行其道。试观当年佛经多于六经，建舍利塔八十余所，总管刺史以下，皆停常务七日，专检校佛事，与前引经文末数句，几完全合辙，是知隋文受此经之蛊惑潜化者至深也。

说唐初之佛教，不可不先言道教。道教起自战国末之方士，其本来与印度之婆罗门，伊兰之拜火，颇有血缘[①]。然群龙无首，缺乏宗主，号召之力颇弱。《史记》既称老子李耳曰道家，又谓别有楚人老莱子，存为疑辞。（卷六三）班固修《艺文志》，（《汉书》三〇）道家之言，始伊尹、太公、辛甲、鬻子、管子，而老子乃次其后，更著录《老莱子》十六篇，仍未明揭老为道祖。推尊老子，盖始东汉（《典略》言灵帝熹平中，张修教其徒以《老子》五千文，见《后汉书》一〇五《刘焉传》注），若顺帝时张陵之五斗米道，不过道家之一支，后来释子，专执此以诋道，非其实也。

浮屠法自汉时东来，至于末年，势益膨胀，三国之际，道家作《老子化胡经》[②]，始见释、道之争，然道安、法显皆称外国僧曰胡道人，其争仍未烈。唐初传老子为唐祖，（《会要》五〇）故武德七年十月，高祖幸终南山，特谒其庙。贞观十一年敕，老子是朕祖宗，名位称号，宜在佛先，（《慈恩法师传》九）乾封元年二月，更追尊为太

① 伊、印古教均以为歌颂可得神之助，我国古典言乐以降神，封建时代统治者即神之代表，故《诗经》之歌颂为正风、正雅，讽刺为变风、变雅。钱穆《周官时代考》云：“秦汉方士神仙和儒生的礼乐鬼神共出一源，应该从此等处阐求。”（《燕京学报》二二九九页）又六朝时张融曰：“道之与佛，逗极无二。”皆儒、释、道同源之迹象。

② 旧说老子西游，授尹喜《道德经》，《元和志》二谓尹喜为周康王大夫。

上玄元皇帝，上元元年，武后请王公百僚皆习《老子》（均见《旧·纪》；永昌元年却称老君，神龙元年复旧，同年九月又禁《化胡经》）。道与释既向不相能，忽而得此背景，对释教自更不甘示弱。

唐高祖生当隋时，自然受文、炀两帝佞佛之影响，故荥阳大海佛寺犹有为子世民新痊之造象。（《旧书》一七一）太宗尝语傅奕云："佛道玄妙，圣迹可师"，（《会要》四七）晚年又服婆罗门那罗迩娑寐之药，以致得疾不治。（《旧书》三及八四，又《会要》五二及一百）由此观之，佛教当日之势力，亦非轻易可摇动者。

当时抨击释教之人，以傅奕为最力，武德四年，奕上《废省佛僧表》十一事，沙门法琳等为《破邪论》驳之（琳后来卒获罪被贬），两教暗斗，至不惜窜改古书。（参《真理杂志》一期二九 — 三〇页拙著）九年五月，诏沙汰诸僧、尼、道士、女冠等，京城留寺三所，观二所，其余诸州各留一所，似为调停之计，然事竟不行。贞观十一年，诏道士、女冠在僧、尼之前，（《广弘明集》二八）但玄奘归国，特敕迎接，进京之日，空城出观。（《慈恩传》六）象教经典琳琅，流俗所骇，语多音译，底蕴难窥，尤其灵迹传述，远在西南，愚妇愚夫，易为迷惑。道教则不然，奉为教条者只得《道德经》五千言，《庄》、《列》之书，不过后来强傅，发迹腹里，无从装点，白日升仙，事难取信，以道视释，诚如小巫之见大巫。

上级统治者对某一教的提倡，群众固然多少暂受影响，论其终极，则仍有赖于群众之支持；印度教之毗湿奴（Viṣṇu）为印度特产，此神地位所以升高，解者以为根据群众势力之要求，然而统治朝代之得以成立，亦推原于人民支持，是宗教之得势与否，胥视其适应于群众之程度如何，非统治者所能为力，厥理甚明。佛与道比势之优劣，既如上述，而印度思想，吠陀注重有后，法经强调三从①，佛徒

① 《印度宗教哲学史》三六五及三二八页。

虽不娶，但不抵抗祭先，臭味与汉族之传统相投，故易于输入民间，不至受异俗之歧视。

尼赫鲁说："涅槃是一种积极的状态，……假使……仅止是一种厌世或否定人生的原则，它就会使信仰它的几亿民众多少要受到这种影响。然而……佛教国家都是充满着相反的证据，而中国人就是最肯定人生的突出的榜样。"①又说："佛教哲学的消极看法未能改变或抑制中国人对于人生的爱好和愉快的情怀。"②不错，佛教之轮回，入中国已变成超人生之观念，尤其经济繁荣时代，含哺鼓腹，此种思想更易发展，初唐佛教之所由兴盛也。

吕振羽对此，归功于寺院经济的发展，然北魏处同样情况，何以比唐有逊色？窃谓处两教竞争之下，愈剧烈则其表现必愈辉煌，胜负之数又视乎奋斗之程度；以言人材，释教则济济多士，不少笃实之徒，风靡一时，未始无故。据义净《求法高僧传》，自贞观至武后，遵陆、海而赴天竺者，数盈半百，忘长途之艰险，诚勇往之足多。开元二年，天下僧、尼伪滥勒令还俗者达三万余人，（《会要》四七）佛徒之盛，可以想见。

玄奘在外十七年，回国后，翻经论七十余部，总一千三百余卷，（《慈恩传》十）其徒窥基等均颇有名。窥基，尉迟敬德之从子也，草《慈恩疏义》一百本，大行于时，卒永淳元年（《金石萃编》一一三，基公塔铭，开成四年立）。

稍后而可与玄奘媲美者曰义净，以咸亨二年（六七一）冬举帆南海，四年（六七三）二月，舶达东天。垂拱元年（六八五），仍取海

① 《印度的发现》九三页。

② 同上二四六页。

道回（大约因西边路梗），滞留南洋可十载，证圣元年（六九五）始返抵洛阳，武后亲迎于上东门外。总其平生译著，约九百五十卷，戒律占四分之三；盖佛教极盛之余，藏垢纳污，在所不免，除薛怀义外，如辩机之秽德彰闻，慧范之畜赀渎贿①，（均《新书》八三）戒律废坏，扫地无余，义净专心译律，实对症用药，矫时下之弊也。（参《圣心》二期拙著《义净年谱》）此外佛子中壹志著译者大不乏人，唐代所编释教目录数种，体例以智昇《开元释教录》为较善，故宋刻《大藏》多据之。

武后与佛教关系最深，天授二年（即载初元，六九一）颁《大云经》于天下，藉佛经之传说，作革唐之掩护，又诏释教在道法之上，因是之反响，睿、玄二宗颇偏向道教。景云元年，第八女西宁（后改封金仙）公主、九女昌隆（后改封玉真）公主入道，均为立观，以金仙、玉真为名。二年，又诏僧、道齐行并进。（《唐大诏令》一一三）司马承祯者道士潘师正之弟子（师正大业中师王远知，远知师陶弘景，见《旧书》一九二），景（云二）开（元九及十五）之际，三征至京，玄宗命以篆、隶、楷三体写《道德经》，定著五千三百八十言为真本，其同门吴筠亦待诏翰林，（《旧书》一九二）他如叶法善、张果（法善排挤佛法，见《旧书》一九一）均受优礼，道之厚、斯释之薄，是为佛教中衰之一因。此外对佛教有影响者：（1）中亚通天竺之道，为吐蕃、多食（即大食，见《求法传》上）所梗，天宝以后，河西全陷，尤难遄行。（2）海舶费用较多，不易筹措。（3）内地离乱。（4）印度佛教因与社会生活和组织相牴牾②，亦日趋陵替。

---

① 《尚书故实》言，没入惠范之财，得一千三百万贯。

② 《印度的发现》二〇九页。

第十五节　佛教在唐之宗派、信仰及宣传方法

佛有小乘(Hinayâna)、大乘(Mahâyâna)之别,“乘”犹“车”也;前者行于锡兰、缅甸及暹罗,经典用巴利(Pali)语写成。后者推行于我国、中亚及日本,经典用梵文写成。“因辛头河北突厥种族之影响,以纯粹佛说与乌苌国灿烂的魔术相参合,复益之以伊兰之传说,连同晚代希腊造像之若干解释,由是构造一种与恒河沿岸原始佛教关系甚远的神学。因其成分之复杂,似较旧说为优,乃名之曰大乘,而与真正佛教之小乘对立”①。大乘说成立虽晚,为取信于信徒,特在辛头流域创建若干佛迹:中天竺有四大塔,北天竺亦有四大塔(割肉贸鸽处,以眼施人处,以头施人处,投身喂饿虎处),伽耶城有佛影,那竭城亦有佛影。由是印度佛教圣地有二,一在辛头流域,一在恒河流域,中国巡礼之僧多先历辛头,后赴恒河,盖直达中印度之尼泊尔道尚未通,不能不绕经葱岭也。大抵小乘着重来世,大乘则把佛当作神看待,并出现了偶像。

佛教传到唐,分成多派,语其要者,计有下举十宗:

1. 成实(Satyasiddhi)宗　始于姚兴弘始十三年(四一一)鸠摩罗什译出《成实论》,风行至于唐初。

2. 三论宗(又名性宗,空宗或破相宗)　《中论》、《百论》及《十二门论》,是谓三论,亦罗什译。

3. 律宗　佛徒因其等级而有持五戒、十戒、二百五十戒等之区别。唐初之道宣,号称戒律精严,住终南山,故又名南山宗。

4. 净土(Amidisme)宗　净土,犹言西方极乐世界也。唐初,道绰为此派之大师,彼言:“若一念称阿弥陀佛(Amita,a 无也,mita 量

① 《禹贡》四卷一期五二页载沙畹之说。

也,或译无量寿佛)①,即能除却八十亿劫生死之罪”,白居易《书西方帧记》亦言:“怖厄苦恼者,开口发声,必先念阿弥陀佛”,法简而易行,尤使受尽艰苦之群众,一时得所安慰,故信仰者其数无量。常言之“南无阿弥陀佛”,南无亦翻“曩谟”,梵文 Námas,古伊兰文 Nemah,此云尊敬。

5. 禅宗　禅,梵文 Dhyana,犹言“定”也。此宗流传最广,亦流传最久,其转化即为宋之理学。印度之禅,溯源于“瑜伽”(梵文 Yuga,古伊兰文 Yaog,与金文之厄,《毛诗》之厄或约軝,实同一语源),有“约束身心”之意。梁慧皎撰《高僧传》(一一),已著录东晋、宋、齐习禅者二十一人。惟唐之禅宗则推菩提达摩(Bodhidharma)为初祖。达摩,印度人,梁武时(或云宋末)从南天竺来广州,经金陵,入北魏②,住嵩山。五传至弘忍(居黄梅东山寺,故号其法

① 常书鸿言:“阿弥陀佛经当其在北魏初期传入中国之后,却把那一个题旨,配合了当时王公贵富求仙成道、长生不死的愿望,索性把阿弥陀佛改为无量寿佛了。”(《文物参考资料》二卷四期一九页)其说殊欠斟酌;阿弥陀是译音,无量寿是译义,在意义上并无改变,不过译义则中国人较易接受而已。

② 一九三五年在磁县发见“禅门第一祖菩提达摩大师碑”,下题“梁武帝撰”,末题元和十二年昭义监军李朝正重建,后附“充昭义军节度副大使知节度事”辛秘名,刘厚滋《跋》引《唐书·秘传》,以为“碑详而史略”。(《史学集刊》一期一三五页)按唐自玄宗起,以诸皇子为各大府节度,例不出阁,实任其职者均称副大使,史传遇此等虚文,必从删削,非徒《辛秘传》为然,石是唐刻,可无疑义。碑云:“天竺东来,杖锡于秦,……以大同二年(五三六)十二月五日终于洛州禹门山”,刘氏因谓达摩循陆而来,《续僧传》之“初达宋境,末又北渡至魏”为不可信;按碑文非梁武所撰,我对刘说表赞同,然作伪亦未必毫无联系,达摩既卒于魏地,假定他又循陆东来,何缘设想到请一南朝皇帝撰碑?是作伪者似亦认其“北渡至魏”也。碑又云:“其得意者惟可禅师矣。大师舒容而叹曰:我心将毕,大教已行,一真之法,尽可有矣。命之以执手,付之以传灯”(“得意”二字,刘氏误读为单一个“侍”字);无袈裟传法说,刘氏认为初唐手笔,不在《续高僧传》之后;按张说撰《神秀碑》亦未提袈裟,自是北宗一派的说法,单据此点,仍无从测定《达摩碑》之撰成年分也。

陈援庵先生又认此碑本自贞元十七年南岳智矩所撰之《宝林传》(《中国佛教史籍概论》一〇二页),窃有疑焉。智矩是南宗弟子,《重建碑》系北宗的宣传,似不至抄录南宗之《宝林传》。而且传文只称“昭明太子奉敕撰祭文”,亦与武帝撰碑之传说有异。

曰东山法门),大弟子曰神秀。又有慧能者岭南新州人(今新兴),执役碓坊,不为人所重视。会弘忍命诸弟子作偈,慧能偈云:“菩提本无树,明镜亦非台,本来无一物,何处惹尘埃?”弘忍遂付法于能。能南旋,初居广州法性寺,后住韶州曹溪山,然神秀在北方已自称六祖,于是有南宗、北宗之争。慧能所提倡之教义为顿悟(即放下屠刀,立地成佛之义),只为下层人说法,不轨于哲理,卒于开元元年(七一三),生平所著,仅传《坛经》一书(敦煌唐写本约一万二千字)。开元末,能之弟子神会入北传道,力攻北宗之神秀、普寂(参独孤及《三祖碑》),久不得志。适值安禄山乱后,军饷无着,裴冕献议,大府各置戒坛度僧,纳钱百缗,请牒剃落,亦赐明经出身,神会以九十高龄,在洛阳替政府宣扬,大得肃宗之礼遇。至贞元十二年,德宗敕以神会为七祖。兹约列两宗衣钵传授之概略如后:

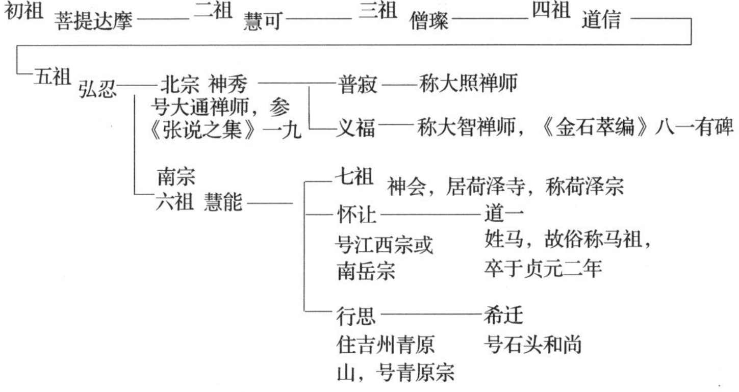

裴休撰《圭峰宗密禅师碑》,(《金石萃编》一一四)叙六祖之传,惟荷泽、江西二宗,不及青原。厥后石头派之曹洞、云门、法眼出,乃尊青原与江西并,而祧荷泽为旁支,此宗派之排轧也。

道一之弟子怀海,号百丈禅师(卒于元和九年),立《百丈清规》，凡高行和尚，称曰长老，自居一室，余众同居僧堂，其特点是不立佛殿，惟立法堂，且提倡作工，有“一日不作，一日不食”之格言，是为我国佛教之大革命。（参黎锦熙编《佛教十宗概要》）

6. 俱舍（Kosa）宗（一名有宗） 始于陈文帝时真谛所出之《毗婆沙论》，与成实同为小乘。又除律宗包含小、大乘以外（《十诵》、《四分》等属小乘，《梵网》、《璎珞》等属大乘），余七宗皆大乘也。

7. 法华宗（又称天台宗） 始于北齐之慧文，再传至智颛而大著，称智者大师，以《法华经》（亦曰《妙法莲华经》）为宗。唐时信仰盛行，以为诵读或书写者可拯救危难，故敦煌石室八千余轴经卷中，《法华》竟占五分之一。

8. 华严（Avatamsaka）宗（又名贤首宗、法界宗）

《华严经》，晋安帝时佛陀跋陀罗初译。此宗以隋、唐间之法顺（姓杜，亦称杜顺）为祖，再传至法藏贤首（康国人，当武后时）。有澄观者，生开元中，殁于开成三年，文宗赐号僧统清凉国师。又禅宗之神会传磁州法如，又传荆南（张）惟忠，忠传遂州道圆，圆传圭峰宗密，密后得清凉所撰《华严疏钞》而悦之，遂为华严五祖。

9. 法相（Dharmalaksana）宗（又名慈恩宗、唯识宗） 创于玄奘，以授窥基，基自纂成《唯识论》。

10. 密宗（一名真言宗） 密（tantrisme），谓不恃言语以立教也。肇自东晋初年帛尸梨密多罗译出《孔雀王经》，然不为人所知。开元四年，中天竺人善无畏东来，一行得其传。不久，金刚智接踵而至（开元七），授诸不空，教义益弘，历玄、肃、代三朝为国师①。此

① 《佛祖通载》称，天宝癸巳（十二载），吐蕃围凉州，三藏不空诵《仁王》密语数番，有神介胄而至。玄宗问为谁。不空曰，北方毗沙门天王长子也。数日，凉州捷报有神兵至，玄宗遂诏军垒皆立毗沙门天王祠；其事无别证。惟代宗时每逢西蕃入寇，必令群僧讲诵《仁王经》以禳之。（参《旧书·王缙传》）

派受婆罗门教影响极深，供养之佛，多奇形怪状，只注重仪轨及念咒（如准提、大悲等咒），不谈玄理，且称，唯如此实践，方能消灭罪障，获现世福利，故自中唐以迄北宋，大为各阶层人民所信仰。最隆重之仪式曰灌顶（abhiseka），法不轻授，唯日本能承其传，蒙、藏喇嘛亦崇奉之①。

由上可见，十宗之中，禅、密最为广布，然禅则与原义（瑜伽）相背驰，密则仅存其躯壳，推原变化，无非为群众力量所转移。

同理，神之显赫或退藏，亦常依多数群众之力量而转变。大抵意义与多数接近者，得维持或扩充其信奉，否则渐隐没而不彰，此在印度上古宗教史中，已显示其例。如敦煌石室所绘佛像，文殊菩萨最多（八十铺），文殊之详名曰文殊师利（Mańjuśrî），汉译妙吉祥菩萨（乘师子），其名称应是一般人所喜。又如药师佛（其像多左手持药壶，右手执锡杖）有治病之能，信仰之多，亦不待论。

更有在流传中而改其形象者，如梵文之 Avalôkiteśvara，汉译观自在，或观世音，唐人讳"世"，省称观音，法显自耶婆提返广州，舟遇飓风，一心念观世音，以其能救苦救难也。但观音本男性，晚唐五代所绘，尚带胡须（五代孙光宪《北梦琐言》称，朝士号蒋凝为水月观音，即潘安仁、卫叔宝无以复加，可证），大约以貌美之故而逐渐女化者。

复有依群众之习惯而改其数目者，据玄奘译《法住记》，罗汉（arhan，arhat，犹言悟晓）数止十六，印度、我国西藏古代传统亦然。由十六增为十八，是唐末之事。余谓太宗、玄宗两代都有十八学士，世所艳称，罗汉之增加，即联系现实之影响。

---

① 喇嘛（bla ma）之名始见于元，无上之义，藏语喇，上也，嘛，无也。

不可不特记者，佛教之宣传方法。马鸣菩萨（Ashvaghosa，生公元前后）所著的剧本，原供佛教宣传之用①。梁慧皎著《高僧传》，特附经师、唱导两门，同上《慧重传》言其“专当唱说”，可见六朝寺院，已定唱说为专职②。原夫天竺之赞，作偈以和声。及夫东来，赞法于管弦，则称为梵呗，六朝所传，有《泥洹呗》、《西凉州呗》诸曲。若夫唱导之要，厥有四事③，四事既备，又须适应环境，因人说法④。至如“八关⑤初夕，旋绕周行，烟盖停氛，灯帷靖耀，四众专心，叉指缄嘿。尔时，导师则擎炉慷慨，含吐抑扬，辩出不穷，言应无尽，谈无常则令心形战栗，语地狱则使怖泪交零，征昔因则如见往业，核当果则已示来报，谈怡乐则情抱畅悦，叙哀感则洒泣含酸”⑥，说法之妙，能臻此境，斯已神乎其神。慧皎所谓“经、导二伎，虽于道为末，而悟俗可崇”⑦，想其术必天竺早传，非创于中土也。唐世寺院，常举行俗讲，实即唱导之一种⑧。俗讲之际，往往由两和尚主持，先由都讲高唱经文一段，随由俗讲法师加以详说，如此往复不已。日

① 《印度的发现》，二〇七页。

② 徐嘉龄以为唱导主要在于讲解经义，与变文的讲唱不同，（一九五六年九月十六日《光明日报》）所作区别似未切合实际；讲解经义自应归入“义解”一类，唱导主旨则显作宣传之用，固文、俗兼赅者。

③ 《高僧传》一三：“响韵钟鼓，则四众惊心，声之为用也。辞吐俊发，适会无差，辩之为用也。绮制雕华，文藻横逸，才之为用也。商榷经论，采撮书史，博之为用也。”

④ 同上，“若能善兹四事，而适以人时；如为出家五众，则须切语无常，苦陈忏悔。若为君王、长者，则须兼引俗典，绮综成辞。若为悠悠凡庶，则须指事造形，直谈闻见。若为山民野处，则须近局言辞，陈斥罪目。凡此变态，与事而兴……此其上也。”五众谓比丘、比丘尼、沙弥、沙弥尼及式义摩那（sikshyaniana，即学生）。

⑤ 参《金石萃编》九八，颜真卿《八关斋会报德记》之跋文。

⑥ 同上《高僧传》。

⑦ 同上《高僧传》。

⑧ 参《燕京学报》一六期向达《唐代俗讲考》。

本圆仁留学长安，曾称城中俗讲，以文溆法师为第一云①。宣宗时曾以讲座及唱经座赐新安国寺，(《杜阳杂编》)至俗讲材料，多取材于《法华经》、《涅槃(即泥洹)经》、《华严经》、《阿弥陀经》、《维摩诘经》、《佛主行集经》、《身喂饿虎经》等。涉于唱经之“变文”，俟下节详之。

第十六节　佛徒撰译之文艺价值

佛徒译著，在我国文学史上实占一重要地位，往日儒家率视佛为异端，遂并其文学价值而蔑视之。由今以观，此中固不少佳作，且有非近世翻译界所能望其项背者。今试先就三国、六朝，各举一例：

康僧会译《六度集经》，叙须大拿(Sudâna，汉译善友，即佛之本生故事)太子性好施舍，被逐出国，携妃及一双儿女入山，身边什物，施舍净尽。某日，妃外出，彼竟允婆罗门之请，以儿女舍给之，其下接述妃回家所说：

> 妇还，睹太子独坐，惨然怖曰：“吾儿如之？而今独坐。儿常睹吾以果归，奔走趣吾，躃地复起，跳踉喜笑曰：‘母归矣！饥儿饱矣！’今儿不来，又不睹处，卿以惠谁？可早相语。祷祀乾坤，情实难云，乃致良嗣。今儿戏具泥牛、泥马、泥猪、杂巧

① 文溆任俗讲，可上溯至元和末年，(《酉阳杂俎》续五)宝历二年六月，敬宗曾观其俗讲，(《通鉴》)文宗时因事被流，(《卢氏杂说》)圆仁所见在会昌元年，《因话录》四亦有文溆记事。

诸物，纵横于地，睹之心感，吾且发狂。将为虎狼、鬼魅、盗贼吞乎？疾释斯结，吾必死矣。”

以散文描写母爱，情景逼真。又罗什译《法华经》，称佛引人入道，犹如向导，旅行疲乏，不愿前进，善向导者乃化为一城，使其入息。待众人精神恢复，彼又

集众而告言：汝等当前进，此是化城耳。我见汝疲极，中路欲退还，故以方便力，权化作此城，汝等勤精进，当共至宝所。

用五言无韵文戒人勿半途而废，功亏一篑，又自成一体。沿至初唐，运用与骈文相近之四言，语简意明，用笔灵活，尤为不易几及，如《大唐西域记》一二叙朅盘陀国①故事云：

此国之先，葱岭中荒川也。昔波剌斯国王娶妇汉土，迎归至此，时属兵乱，东西路绝，遂以王女，置于孤峰。峰极危峻，梯崖而上，下设周卫，警昼巡夜。时经三月，寇贼方静。欲趋归路，女已有娠。使臣惶惧，谓徒属曰：“王命迎妇，属斯寇乱，野次荒川，朝不谋夕。吾王德威，妖氛已静，今将归国，王妇有娠，顾此为忧，不知死地，宜推首恶，或以后诛。”讯问喧哗，莫究其实。时彼侍儿，谓使臣曰：“勿相尤也，乃神会耳；每日正

---

① 此国经余证定为帕米尔南边之 Kala Panja。（《〈佛游天竺记〉考释》三三三七页）

中，有一丈夫，从日轮中，乘马会此。”使臣曰：“若然者何以雪罪？归必见诛，留亦来讨，进退若是，何所宜行？”佥曰：“斯事不细，谁就深诛，且推旦夕。”①

唐初四言文运笔灵活，有时且超出前人散体之上，例如晋法显《佛国记》（即《佛游天竺记》②）述铁轮王召恶人作地狱云：

王密敕之：“汝作四方高墙，内植种种华果，并好谷池，庄严校饰，令人渴仰，牢作门户，有人入者辄捉，种种治罪，莫使得出；设使我入，亦治罪莫放，今拜汝作地狱王。”有比丘次第乞食，入其门，狱卒见之，便欲治罪，比丘惶怖，求请须臾，听我中食。俄顷，得有人入，狱卒内置碓臼中捣之，赤沫出。比丘见已，思惟此身，无常苦空，如泡如沫，即得阿罗汉。既而狱卒捉内镬汤中，比丘心颜欣悦，火灭汤冷，中生莲花，比丘坐上。狱卒即往白王，狱中奇怪，愿王往看。王言：“我前有要，今不敢往。”狱卒言：“此非小事，王宜疾往，更改先要。”王即随入，比丘为说法，王得信解，即坏地狱，悔前所作众恶。

《大唐西域记》八叙同一故事，则称为阿输迦（Aśôka，唐言无忧，或翻阿育）王，其文云：

---

① 涉此一故事之讨论，可参拙著《华族西来说得到第一步考实》。（《新疆论丛》六六六七页）

② 向达否认此说，余在抗战时通检各释教目录曾拟“再辨”一篇，以事属琐碎，迄未发表。顷见贺昌群说，我“采用僧祐出《三藏记集录》的《佛游天竺记》作为《法显传》的书名是不妥的，那是另外一部书”，（《古代西域交通与法显印度巡礼》的自序三页）并未能指出是那一部书，似不外袭向氏旧说，当在别处提出讨论。

初无忧王嗣位之后,举措苛暴,乃立地狱,作害生灵,周垣峻峙,隅楼特起,猛焰洪炉,铦锋利刃,备诸苦具,拟像幽途,招募凶人,立为狱主。初以国中犯法罪人,不校轻重,总入涂炭;后以行经狱次,擒以诛戮,至者皆死,遂缄口焉。时有沙门,初入法众,巡里乞食,遇至狱门,狱吏凶人,擒欲残害。沙门惶怖,请得礼忏;俄见一人,缚来入狱,斩截手足,礫裂形骸,俯仰之间,肢体糜散。沙门见已,深增悲悼,成无常观,证无学果。狱卒曰:"可以死矣。"沙门既证圣果,心夷生死,虽入镬汤,若在清池,有大莲花,而为之座。狱主惊骇,驰使白王,王遂躬观,深赞灵祐,狱主曰:"大王当死。"王曰:"云何?"对曰:"王先垂命,令监刑狱,凡至狱垣,皆从杀害,不云王入,而独免死。"王曰:"法已一定,理无再变,我先垂令,岂除汝身,汝苟滥生,我之咎也",即命狱卒,投之洪炉。狱主既死,王乃得出,于是颓墙堙堑,废狱宽刑。

以文字论,后者比前者为佳,以事理论,则后者不如前者之完满。

唐末曾流行一种"变文";推原其始,凡将佛本生故事之一节绘成彩画者,谓之"变现",(此名辞见《佛国记》,谓"作菩萨五百身已来种种变现"。亦单称曰"变"。)原义只是化身,(旧粤剧演"观音十八变",即观音之化身,可与法显所见相证明。)后来渐扩及一切佛经之故事,因而把故事唱出之文,亦名为"变文"(如《木连救母变文》等。亦曰俗文,如《维摩诘经俗文》、《佛行集经俗文》、《地狱俗文》等)。再进一步,又泛用变文之名于俗间唱本(如《吉师老看蜀女转昭君变诗》)。敦煌写本之《张义潮变文》及《张淮深变文》(淮深,《通鉴》二五〇作惟深),则更应用为歌功颂德一类文字。

六朝译经往往一部分为五字句或七字句（可参看唐初道世所撰《法苑珠林》，近世耶教之福音仿之），此即变文之滥觞。敦煌石室古写本存七言通俗韵语（《季布歌》），殆同于后世唱本，亦有为长短句（如《叹五更》）或白、唱夹杂者。今所见变文，率是七言，后世师其法而或增或减之。

段成式称："予大和末（一八三五）因弟生日观杂戏，有市人小说呼扁鹊作褊鹊字上声"（《酉阳杂俎》续四），"小说"似即后世所谓说书，亦即宋代"说话人"之先河。今粤俗尚称唱书曰"唱木鱼"，唱本曰"木鱼书"，其名称原起，前无成说；考僧徒诵经必击木鱼（汪伋言木鱼起隋、唐间），则俗讲唱经时亦可信其必击木鱼，故俗人以是为名也，唱本与讲经有关，是亦一证。

上引《昭君变诗》有"画卷开时塞外云"一句，盖说书者唯恐形容不能尽致，故并悬挂绘画以便随时指示，使听者耳目并用；但于夜间行之，颇感不便，宋初灯影戏又绘画之演变也。由是进一步而为表演人现身说法，从叙述体裁变而代言，并参以歌舞成分，发展为近代戏剧。戏剧之初期不能显示空间性，于是又回复到古代之绘画、灯影等技术，是为近世之布景①。

刘开荣对佛教译经，曾有如下之两点意见：（一）佛教译经所与"古文运动"的刺激。（二）佛经体裁与传奇小说的形式比较：（1）散、韵合体，（2）散文担任叙述，韵文担任歌唱，往往是重叠叙述②。按早期译经，如原引善友故事，系纯用两汉文字以表达外国故事，非外国故事之影响汉文，缘此时译事少数佛徒方在尝试，并

① 关于变文者，可参看孙楷第《张淮深变文跋》，李家瑞《由说书变成戏剧》，（均《史语所集刊》七本三分）及周一良《敦煌壁画与佛经》（《文物参考资料》二卷四期）。

② 《唐代小说研究》新版三九页。

无变化一般文学界之能力。迨六朝末期，翻译大行，而同时国内之骈俪体格，亦日趋繁丽，译经方面尚多少受其熏染。从实际来看，第一点之立论，显未完满。下逮初唐，内则南北统一，外则四海会同，环境上总要求能够表达真意的文字，故子昂之后，继起者多人。关于第二点，赞即传之总结，广义言之，亦即传之复述。惟刘氏论唐代变文云："它一直是与人民保持最密切的接触，为人民服务，所以它的前途愈来愈光辉，它的生命也就永无穷尽。"①言尚撷要。变文的好处，在能接近群众而又不失其自然及真切之美。

第十七节　文字由骈俪变为散体

六朝常称无韵者为笔，有韵者为文（《文心雕龙》），今则统言之曰文。原夫两周金刻，散文、韵文各异其体，散文句法不拘字数，韵文则四言居多，散文之末，又可参入韵文（如宗周锺、叔弓镈、齐䪫氏锺等）。在古经中，《易》之韵文常是卦辞，《左传》散、韵相杂者多是繇辞（皆即后世签语之类），此当别论。次之如屈原《卜居》，前后段都为散体，中间一段自"吾宁悃悃款款朴以忠乎"起，至"谁知吾之廉贞"止为韵文，又《渔父篇》之中间，插入韵文"举世皆浊"两句及"圣人不凝滞于物"八句，篇末之前，缀歌辞四句，其余起、收及中间都是散体。最显著者莫如《山海经·西山经》之一节，兹录全文如下：

① 《唐代小说研究》新版四三页。

又西北四百二十里曰崟山。其中多丹木，员叶而赤茎，黄花而赤实，其味如饴，食之不饥。丹水出焉，西流注于稷泽，其中多白玉，是有玉膏，其源沸沸汤汤，黄帝是食是飨。是生乐玉，玉膏所出，以灌丹木。丹木五岁，五色乃清，五味乃馨。黄帝乃取崟山之玉荣，而投之锺山之阳，瑾瑜之玉为良，坚栗精密，浊泽而有光，五色发作，以和柔刚。天地鬼神，是食是飨，君子服之，以御不祥。自崟山至于锺山四百六十里，其间尽泽也，是多奇鸟、怪兽、奇鱼，皆异物焉。（崟音密。凡⊙表韵。）

此后《史记》、《汉书》之传及赞，其格局大致与金文相类。唐代传奇或于末段作结论，并附入别人韵文（如李公佐《南柯太守传》附李肇赞），又如白居易作《长恨歌》，陈鸿同时作《长恨传》，无非对先秦文字之模仿，且承袭初唐两人合作之体裁（见下文），如认为受印度文学之影响，实属皮毛之论。

从语言学观之，吠陀成语，常为两字，然彼一字率两音或两音以上，我国则一字一音，衍为四言，颇极自然之发展；例如“张三李四”、“张冠李戴”及吴粤方言之“五颜六色”等，句调葆于今弗衰。近人或谓六朝四字句为受译梵影响，非也。下逮六朝，无韵之“四言”大侵入散文领域，智识日进，四言不能尽其意，再增两字为六言，是成骈四俪六之体；至隋及唐初，发达臻于极点，碑志等除间插散句外，都以骈俪出之，辞滞而旨晦，于斯极矣。

帝王得国，要靠人民支持，宗教推行，要靠人民信仰，同一样道理，文艺的演变亦取决于社会进步的要求能够表达真意的文字（见上节），如果无视此一点而归功几个人或甚至一个人（如韩愈），显有背于唯物论。

陈子昂生高、武间，承四杰之敝（王勃、杨炯、卢照邻、骆宾王为初唐四杰，今存四杰集皆骈文）①，虽诗序小品仍参用骈俪，然大致能恢复古代散文之格局，唐文起八代之衰，断推子昂为第一②。（今存《陈伯玉集》，又称《陈拾遗集》）唐人推崇之者极多；如李华《萧颖士文集序》："君以为……近日陈拾遗子昂文体最正，以此而言，见君之述作矣。"（《全唐文》三一五）李舟《独孤常州集序》："天后朝广汉陈子昂独泝颓波，以趣清源，自兹作者，稍稍而出。"（同上四四三）梁肃《补阙李君（翰）前集序》："唐有天下几二百载，而文章三变，初则广汉陈子昂以风雅革浮侈。"（同上五一八）韩愈《送孟东野序》："唐之有天下，陈子昂、苏源明、元结、李白、杜甫、李观皆以其所能鸣。"（《昌黎集》一九）又杜甫《陈拾遗故宅》诗："有才继骚雅，哲匠不比肩，公生杨、马后，名与日月悬。"（《少陵集》一一）韩愈《荐士》诗："国朝盛文章，子昂始高蹈。"白居易《唐衢》诗："致吾陈、杜间，赏爱非常意"（陈、杜即子昂及甫）。皆后来负有文名者之公评，非夫阿私标榜之语。（见《辅仁学志》十四卷一、二期拙著《陈子昂及其文集》一 — 二页）

继起者有：

---

① 曾了若分唐代文家为绮靡、折衷、复古三派，折衷派之代表为王、杨、卢、骆、李峤、崔融等。（一九三五年《中大史学专刊》一卷一期）按世传王勃之警句："落霞与孤鹜齐飞，秋水共长天一色"，（《滕王阁序》）写景虽佳，不脱六朝滥调，列之折衷，未见其当。

② 旧说以东汉、魏、晋、宋、齐、梁、陈、隋为八代。陈氏云："古文运动之初起，由于萧颖士、李华、独孤及之倡导与梁肃之发扬。此诸公者，皆身经天宝之乱离，而流寓于南土，其发思古之情，怀拨乱之旨，乃安史变叛之刺激反应也。"（《元白诗笺证》一三七页）此其说非特无视唐人之公论及子昂、二张、富吴、李邕等之成绩，亦极忽视历史之时间性；萧、李、独孤致力古文，皆在天宝末以前，（参拙著《续贞石证史》之萧李遗文拾及《唐集质疑》之独孤常州世系条）天宝末颖士已驰名国外，（参旧新书本传）是知受安史刺激云者之任意牵合也。

张说（今存《张说之集》。说封燕国公，苏颋封许国公，开元时号燕、许大手笔，唯现存颋文都是四六之制诏）

张九龄（今存《张曲江集》，岭南人专集以此为最古）

吴少微及富嘉谟有声中、睿间，号富吴体（存文不多，参拙著《续贞石证史》二三三 — 二三四页）

李邕（终北海太守，天宝初被杀，世号李北海，尤以书知名）

李华（开、天间人，与萧颖士齐名）

萧颖士（存文不多，参前引《续贞石证史》二四七 — 二四八页）

李翰（见前引梁肃《序》，今无集）

独孤及（存《独孤常州集》，及官常州刺史，故名）

颜真卿（存《颜鲁公集》，尤以书法见称）

元结（存《元次山集》）

梁肃（卒贞元初）

符载（曾佐杜佑幕，以上二人都无存集）

皆子昂为之导也。

韩愈（字退之）与柳宗元（字子厚）齐名；韩有《昌黎集》①，柳有《河东集》（河东系其郡望，言其终官则曰《柳州集》）。二人之文，已由平易而进于锤炼，注重“仿古”，是为“散文中之古文”。然而“真古文”是上古的真语言，时代悬远，语言经过变化，后人轻易模仿不来，勉强做去，便成非驴非马，画虎类犬，唯求其“仿”，于是佶屈聱牙之涩体随之而生。宋姚铉《唐文粹》自序云：“陈子昂起于庸蜀，始振风雅”，未尝不知拾遗为迎合革新之先锋。但其下又云：“惟韩

① 如取郡望以称韩集，则应曰“韩颍川集”或“韩陈留集”，昌黎并非愈之郡望，（说见拙著《唐集质疑》五五页）窃谓不如称韩吏部集之更合。

吏部……首唱古文，……于是柳子厚……从而和之。”遂开九百多年来韩愈为文章革命家之错觉。按同时之文家，白居易少于愈四岁，柳宗元少五岁，韩登进士第仅先柳一年（贞元八），散文之年序可考者，柳始贞元元年，韩始贞元四年（据《韩柳年谱》），柳为文绝非受韩所鼓动，姚盖未深考而以意臆之者。欧阳修作文注重省（如《新唐书》）炼（如《醉翁亭记》），居洛阳时，与尹师鲁辈共效韩体，称曰“古文”，于是学者非韩不学，盛极一时。（见《昌黎集》八）近年人或更以革命巨子推韩，其实唐文革命，早在百余年前，韩、柳只集其大成耳。唐李肇《国史补》云：“元和之后，文章则学奇于韩愈，学涩于樊宗师”，裴度《寄李翱书》评愈文为“奇言怪语”，当时人所评如此，是知韩之作品，已走入好奇一途，并不能适应社会要求，作显浅革新的尝试，后世称为“古文”，义殊无当①。誉以载道，更名实不符②。总之，循着社会的演变，“真古”已不宜复，“仿古”更在所

① 《旧书》一六〇《愈传》及赞对愈文非特未尝推许，且有微辞。

② 有文者未必有行，韩以谏迎佛骨，被贬潮州，其《谢上表》极冗长，末有云：“宜定乐章，以告神明，东巡泰山，奏功皇天”，此与迎佛骨何异。又云：“怀痛穷天，死不闭目，瞻望宸极，魂神飞去，伏维皇帝陛下天地父母哀而怜之”，乞怜之状，令人羞读，明道者其如是耶？唯得失心太重，故对八司马则心怀妒忌，偶被贬则变节乞怜，欧阳修评之云：“前世有名人，当论事时感激不避诛死，真若知义者。及到贬所，则戚戚怨嗟，有不堪之穷愁，形于文字，虽韩文公不免此累。”范祖禹《唐鉴》云：“终唐之世，惟柳宗元以封禅为非，以韩愈之贤，犹劝宪宗，则其余无足怪也。”又洪迈《容斋五笔》九云：“韩文公《谏迎佛骨表》，其词切直，至云凡有殃咎，宜加臣身，上天鉴临，臣不怨悔，坐此贬潮州刺史。而《谢表》云，臣于当时之文，未有过人者，至论陛下功德与诗书相表里，作为歌诗，荐之郊庙，虽使古人复生，臣亦未肯多逊，而负罪婴衅，自拘海岛，怀痛穷天，死不闭目，伏惟天地父母哀而怜之。考韩所言，其意乃望召还，宪宗虽有武功，亦不至编之诗书而无愧。至于纪泰山之封，镂白玉之牒，东巡奏功，明示得意等语，摧挫献佞，大与《谏表》不侔。”欧阳固推崇韩文甚至者，犹不免反唇之讥，洪更直斥其献佞，宜也。孔子有言：“今吾于人也听其言而观其行”，吾人批判，要须看其实行如何，若唯执一两篇文章，便加推许，则直皮相而已。

排除,唯文学界失去正确的方针,遂令千百年间陷于泥途而不拔。

与韩柳同时而有存集者为权德舆(《权载之集》)、吕温(《吕衡州集》)、李观(《李元宾集》)[①]、李翱(《李文公集》)、皇甫湜(《皇甫持正集》)、欧阳詹(《欧阳行周集》)等。其较以诗鸣者别见于篇。

锤炼之极,入于艰涩,乃必然之势,而艰涩最著者又莫如樊宗师之《绛守居园池记》[②],然宗师早岁行文不如是也[③]。自是之后,如刘轲(《刘希仁文集》,《云溪友议》一以为韶州人)、刘蜕(《文泉子集》)、孙樵(《孙可之集》)、沈亚之(《沈下贤集》)、皮日休(《皮子文薮》,黄巢之翰林学士)、黄滔(《黄御史集》)等,则皆强弩之末矣。

抑当日散体改革,只行于一般文字,若朝廷授官之制敕,则终唐代以迄两宋,皆用骈俪行之。长庆初年,元稹、白居易同知制诰,曾一度提倡复古,卒不能变。盖当日制诏体裁,迁擢者须铺叙其资历、政绩[④],降谪者须指斥其罪过,散文难于措辞,骈体易得含糊而已。

初唐文字又有两人合作之体裁,其中更可分为两类:(甲)各作一部分,如《宗圣观记》,欧阳询撰序,陈叔达撰铭;《窅冥君古坟记铭序》,陈子昂作序,薛稷作铭[⑤]。《元希声碑铭》,崔湜作碑,张说作铭。《开凿大庾岭路序》,张九龄作序,苏诜作铭,是也。(乙)完全合作,如近世出土之《安平公崔暟志》,由吴少微、富嘉謩合作[⑥]。

---

① 《新唐书》二〇三以此李观为李华之侄,大误;二人并不同宗,说见前引《唐集质疑》一六 — 六七页中唐四李观条。

② 余曾为此记作集释,(《史语所集刊》十九本)然未明者尚有数处。

③ 撰有《樊说墓志铭》,收入拙著《续贞石证史》。(同上十五本二五八 — 二五九页)

④ 近年吴廷燮著《唐方镇年表》,张尔田著《玉溪生年谱》,取材于此类骈文者颇不少,则亦未可全束之高阁也。

⑤ 同前引《辅仁学志》一七页。

⑥ 同前引《续贞石证史》二三三 — 二三四页。

第十八节　进士科抬头之原因及其流弊

太宗用人，虽不定各当其才，要可说绝无界限，此一点就其命相观之，即显而易见。今试依《新唐书》六一《宰相表》，从即位日起至临终日止，计曾居相位者共二十五人；就中如许敬宗、褚遂良同籍杭州，江左派也。王珪（太原人）、温彦博（并州人）、张亮（郑州人）、李世勣（滑州人），河东与河南之编氓也。高士廉（北齐之后）、房玄龄（临淄人）、封德彝（渤海人）、魏徵（魏州人）、戴胄（相州人）、侯君集（幽州人）、马周（博州人）、高季辅（德州人）、张行成及崔仁师（均定州人），又皆来自山东区域者也。他如刘洎（江陵人）、岑文本（南阳人），与西魏旧朝亦未见有密切关系。尤其是马周以布衣上书，三命召见，（《隋唐嘉话》）卒登相位。计上举十八人，已占宰相总数十分之七强，宁能谓太宗保持着"关中本位政策"乎[①]？抑太宗不特任相如此，命将亦然，列传具在，可以覆检，此处不必繁叙。

"关中本位政策"或称为"关陇集团"，以谓则天本家不在此集团之内，故蓄意破坏而代以新兴进士。殊未知初唐已优待太原元从，（参《会要》四五）太原不属西魏范围，如当时果持此一政策，是从龙之辈已受排斥，其立说脱离现实甚明。抑武后父士彟武德元年官

① 陈寅恪《唐代政治史述论稿》称："自高祖、太宗创业至高宗统御之前期，其将相文武大臣大抵承西魏、北周及隋以来之世业，即宇文泰'关中本位政策'下所结集团体之后裔也。自武曌主持中央政权之后，逐渐破坏传统之'关中本位政策'，以遂其创业垂统之野心。……而西魏、北周、杨隋及唐初将相旧家之政权遂不得不为此新兴阶级（进士科）所攘夺替代。"（一八 — 一九页）

库部郎中，实握财政出纳权，且是“恕死”者十六人之一，（同上引）岂武后亦打击其本家耶？为此论者无非太重视长孙无忌贬死之一事，然无忌之死由于不党武后，许敬宗非关陇人，却获宠任，可比观也。

一姓崛起，多破格录用其辅佐立功之人（唐时称为“元从功臣”），是任何兴朝所必然，非李唐之特有。然而阅时稍久，元佐凋零殆尽，不能不别谋选举之方，亦事势应尔。自唐兴以至高宗之末（六一八—六八三），历六十余年，已脱离开国时期，正应用人复上轨道——即循资之日。奈武后任事率情，好恶无定，终其临朝之日，计曾任宰相七十三人，内包三十八姓；除去两《唐书》未立专传者约占四分之一[①]、出身非进士、明经或不明者约占七分之三外[②]，确知为进士或明经出身者只各得十一人[③]。最突出之例厥为韦什方，由嵩岳山人一跃而作相，破格则诚破格矣，然尚未见有偏向进士科之痕迹[④]。抑武后过事残戮，每欲见好士林，藉图挽救，故举人无论贤不肖，咸加擢拜，大置试官以处之（试官者非实官之谓），致当时有“补阙连车载，拾遗平斗量”之谚。中宗复辟，权落韦后，常用墨敕、斜封除授，有员外、检校、试摄、判知种种名称，最多者比原

① 即郭待举、韦弘敏、王德真、李景谌、骞味道、沈君谅、崔詧、王本立、任知古、裴行本、袁智弘、王璿、韦什方（赐姓武，又称武什方）、孙元亨、李道广、房融等十六人。

② 即刘景先（又名齐贤）、岑长倩、刘祎之、武承嗣、韦方质、苏良嗣、韦代价、张光辅、范履冰、邢文伟、武攸宁、傅游艺、史务滋、宗秦客、乐思晦、欧阳通、杨执柔、李游道、崔神基、崔元综、李元素、韦巨源、豆卢钦望、王孝杰、王方庆、王及善、武三思、姚元崇（字元之，后单名崇）、魏元忠、张锡、李怀远、顾琮、李迥秀、朱敬则等三十四人。

③ 进士为魏玄同、韦思谦、娄师德、苏味道、周允元、宗楚客、李峤、吉顼、韦嗣立、张柬之、韦承庆等。明经为裴炎、格辅元、狄仁杰、李昭德、姚璹、陆元方、杨再思、杜景俭（或作景佺，参《通鉴考异》一一）、韦安石、唐休璟、崔玄暐等。

④ 同前《述论稿》又称：“及武后柄政，大崇文章之选，破格用人，于是进士之科为全国干进者竞趋之鹄的。”（一九页）按陈说已辨见本文，若《唐摭言》所云：“进士科……盛于贞观，缙绅虽位极人臣，不出进士者终不为美”，亦不足据。

额数逾十倍，时人称为三无座处（《通典》十九，指宰相、御史及员外官），仕途之滥已极。

政治不走上轨道则已，如其走上轨道，则泛滥之破格，实不可以经久。盖偶然破格，固任何时代所不免，而一般循资，则为任何时代所不能打破。更析言之，政务上之破格，有时或收效甚宏，常务而破格，势必引生不良之后果。在封建时代，人人得躐阶而进，更无异于奖励钻营，姚崇上玄宗十事，其一即请停罢斜封、待阙、员外等官，开元初叶所以致治，未始不由于此。

用人之正当方法，较古者为选举；然不能如今时普选之先行发动民众，结果常权操著姓，对封建统治阶级许多不利，故渐归淘汰。

次是学校；贞观五年以后，国学生八千余人，（《唐会要》三五）可谓盛极一时。然而国学、太学所教，都属贵族子孙，四门虽有收容庶人子之条文，（均《旧唐书》四四）为数有限。且封建时代财政紊乱，取于民者虽多，大半由官吏中饱，俸禄犹或不给，更安有余力供养莘莘之士子。

"天下英雄入吾彀中"，（语见《唐摭言》）本封建统治阶级集权之目的，行科举则国库不须负担巨额开支，同时又可收中央集权之实利，选举、学校被科举所排，正专制政体发展最适合之转进。

唐代科举法，最隆重者曰制科，名目繁多，随时不同。肇于贞观①，称制科及第者著于显庆②，犹清代"博学鸿词"、"经济特科"之类；已中进士，亦应制科，且有一应、再应者③。入选之人，每次不过

① 《旧唐书》三，贞观十一年四月，"诏河北、淮南举孝悌淳笃兼闲时务，儒术该通可为师范，文辞秀美材堪著述，明识政体可委字人，并志行修立为乡人所推者，给传诣洛阳宫。"十五年六月，"诏天下诸州举学综古今及孝悌淳笃、文章秀异者，并以来年二月总集泰山。"又十七年五月，"手诏举孝廉、茂才异能之士。"

② 《会要》七六，"显庆三年二月，志烈秋霜科韩思彦及第。"

③ 例如张九龄，神龙二年举材堪经邦科，先天二年又举道侔伊吕科。

三数名，又非岁岁举行，对仕途无如何影响。

此外尚有秀才、明经、进士、明法、书、算六项；秀才科最高，贞观后因事废绝①。明法、书、算三项比较专门，正如《通典》一五称："自是士族所趣向，唯明经、进士二科而已。"今更进一步推阐开元后进士科得势之必然性。

据《通典》一四，隋炀帝始设进士科②，只试策问，与明经科相同。高宗调露二年，刘思立奏二科并加帖经，进士又加试杂文（即诗赋），中间或暂有更张，但不久即恢复旧制，（参《通典》一五及《会要》七六）此为唐代考试进士之常式。由是，可见进士于诗、赋之外，亦兼"经术"③。至于两科考试，依《六典》所举，都经过三关，现作比较表如下：

科　目	初　试	二　试	三　试
明　经	帖一大经（《礼记》或《左传》）及《孝经》《论语》、《尔雅》，每经帖十条，能通五条以上者入取	口问大义十条，能通六条以上者入取	答时务策三道，取粗有文理者与以及第
进　士	帖一大经及《尔雅》，每经帖十条，能通四条以上者入取	试文、诗赋各一篇	试时务策五道

---

① 后来称进士曰"秀才"，与此之秀才科名同实异。韩国磐以马周疏请恢复秀才（？）为反对科举制度（一九五四年《厦大学报》文史版一期《唐朝的科举制度与朋党之争》），殊不知秀才即科举之一种，韩氏误。

② 韩国磐计房玄龄享年，疑进士科开皇中已出现。（《历史教学》一九五五年二号二三页注三四）按《旧书》六六《玄龄传》："年十八，本州举进士，授羽骑尉。"羽骑尉是何等官，我在《隋书·百官志》还未检出，吾人须注意"本州举"三字，本州举而即可授官，与后来考试权在中央之进士科显有不同，大约进士科经过炀帝一回改制，名则同而实质不同也。

③ 《述论稿》又称："进士科主文词，高宗、武后以后之新学也，明经科专经术，两晋、北朝以来之旧学也。究其所学之殊，实由门族之异。故观唐代自高宗、武后以后，朝廷及民间重进士而轻明经之记载，则知代表此二科之不同社会阶级在此三百年间升沉转变之概状矣。"（八三页）

两项比观，明经多帖两经，似乎较难；然《孝经》、《论语》文字无多，不难兼习。明经初试之及格标准，比进士增一条。进士三试策问，比明经增两道，所差亦有限。最殊异者在二试；明经只口问经之大义，进士乃写诗、赋各一篇，吾人对此，首应讨论者两科所习，是否可以“旧学”、“新学”为分野[①]？考诗体溯源于三百篇，赋体两汉极盛，初唐诗格仍上继齐梁（元好问《论诗》，“风流初不废齐梁”）。乌得谓之“新学”？永隆二年敕：“如闻明经射策，不读正经，抄撮义条，才有数卷”；开元廿五年敕：“明经以帖诵为功，罕穷旨趣”；（均《会要》七五）应明经试者之空疏敷衍，活画现形。又开元十六年杨玚奏：“今之举明经者，主司不详其述作之意，每至帖试，必取年头、月尾、孤经、绝句”；天宝十一载敕：“比来试人，颇非允当，帖经首尾，不出前后，复出者也之乎颇相类似之处下帖，”（同上《会要》）考试主司之无聊作风，有同儿戏，究其极则如唐文宗所云“只念经疏，何异鹦鹉能言”？（《南部新书》乙）流弊如此，安得称曰经术？更安得谓由门族之异而所习各殊？

原夫材质、生活，彼此不齐，事务执行，难易有别，国家取士，理应兼顾各方，不能专悬一最高目标，亦不能偏用一特低格式，职是之故，考试方法本来相同之明经、进士两科，遂逐渐发生歧异。然而某种方法施用于某科，只属定制时偶然之性，及其施行稍久，进士优胜、明经落后之趋势，乃得形成。换言之，中唐以后进士科之重用，始属于必然性，其理由如下：

1. 明经“试义之时，独令口问，对答之失，覆视无凭”，（《会要》七五）不负责任之主司，便不难徇情作弊。进士诗、赋限韵，要须自

① 《述论稿》说如此，引见上页注③。

出心裁，比口试专凭默记者，难易有差。而且进士及第人之文策，须送中书门下详覆，防弊之术亦较密。

2. 明经试策只须“粗有文理”，便可取中，可见悬格已低。

3. “进士大抵千人得第者百一二，明经倍之，得第者十一二”，（《通典》一五）又大和四年格，进士不过廿五人，大和八年格，明经不过一百一十人，（《会要》七六）大抵取录进士之数，平均每年总不过三十①，故当时人称“三十老明经，五十少进士”。（《唐摭言》）何况，隋开皇三年以后，海内一命以上之官，都经吏部除授（见《隋史》二节），自须安插若干士人；故权德舆云“取明经初不限员”，而一般急于求禄资生者咸出其途，趋之既多，取之就不能不放宽矣。

4. 朝廷典制对于两科升沉，影响亦非常之大。唐承六朝骈俪，高宗后风始渐革，具见前节，唯是除授制敕，依然保存旧习。诏敕起草者初为中书舍人，玄宗时始渐移其重要部分于翰林学士，机密之件，有时直须宰相执笔（见前五节）。骈文与诗、赋性质相近，若粗有文理之明经，安能胜此？“权德舆为礼部侍郎，擢进士第者七十二，而登宰相者十人，其他征镇、岳牧、文昌、掖垣之选，不可悉数。”（《汉唐事笺》后集五）固由德舆衡鉴较精，亦进士能适应上级工作有以致之也。

通前文观之，进士比明经钻研较广，悬格稍高，名额又较少，《通典》所称开元廿四年以后“进士渐难”，自是实情。再从客观方面说，人情都贵难而贱易，社会上当然轻视明经；同时，进士所习能适应于上层工作，仕途上应易于进展。从主观方面说，人而志气低下，不肯奋斗，就会相率走向明经一途；反之，志趣高尚者则虽在寒

① 许棠诗：“退鹢已经三十载，登龙仅见一千人”，（《唐语林》七）系举大数言之。

门,亦必力争上游,不甘落后。由是寒族遂向进士科与贵族作殊死斗争,斗争愈烈,斯发展愈盛,两科孰优孰劣,已造成必然之趋势。

斗争之胜负何如耶?其态势自不难推知,偶遇主政者特殊助力,寒族非无暂时战胜之望,如高元裕奏请“科举之选,宜与寒士,凡为子弟,议不可进”。(见杜牧《上宣州高大夫书》)武宗追榜,放顾非熊及第,天下寒酸皆知劝,(《唐摭言》)昭宗颇为孤寒开路,崔凝覆试,但是子弟,无文章高下,率多退落,(同上)是也。然而当封建时代,政治率为反动势力所把持、笼罩,主司恒被其支配,故大中进士多膏粱子弟,平进岁不及三数人,(《北里志》)六年崔瑶知贡举,牓出率皆权豪子弟,(《语林》三)又咸通中以前,牛、孔数家凭势力,每岁主司为其所制,(同上)职是之故,当时进士名额被旧族公卿子弟占去不少,其著者,凤阁王(易从)家自武后至大中朝有进士十八人,(《旧书》一七八)范阳卢氏自兴元元年甲子起,至乾符二年乙未止,除停举二年外,九十年中登进士者一百一十六人,(《语林》四)大和初冯氏进士十人,宿家兄弟叔侄占八人,(同上)崔雍兄弟八人、赵橹兄弟五人、李景让兄弟三人皆进士,(《金华子》及《语林》四)徐彦若四世进士,(《旧书》一七九)此外张元夫家有进士七个以上,杨虞卿、令狐楚家各七个,杨於陵、杨收、李宗闵家各三个,结果终是寒族失败。

简而言之,进士科之初立,与明经本无轩轾,经过数次无意中之改制,始造成进士比明经优胜之趋势,非政府原来分科早有如是之企图,从举子来说,应进士或应明经,一方面为社会上意见所范围,别一方面又因个人志趣、能力或家计之不同以决定其选择,寒族虽可藉进士科而新兴,旧族却未尝受进士科之影响而堕落(六朝至唐所谓“门第”,并不以官宦为重要标准,可参看前六节引太宗之言），进士既多落在世家，如何能说两科各以一定之社会阶级为代表①？如何能划分进士科为新兴阶级？

科举之浮华无用，自武后以迄唐末，屡屡有人建言。最早则天授三年（六九二）薛谦光疏称："炀帝又变前法，置进士等科，故后生复相仿效，皆以浮虚为贵。"（《通典》一七）次则宝应二年（七六三）礼部侍郎杨绾奏："近炀帝始置进士之科，当时犹试策而已。至高宗（原误"祖"）朝，刘思立为考功员外郎，又奏进士加杂文，明经填帖，从此积弊，浸转成俗，幼能就学，皆颂当代之诗，长而博文，不越诸家之集，递相党羽，用致虚声。……并近有道举，亦非理国之体，望请与进士、明经并停"；疏上后，交廷臣会议，李廙、李栖筠、贾至、严武等均赞成其说，（《旧书》一一九及《新书》四四）李德裕对武宗称，其祖栖筠恶进士"祖尚浮华，不根艺实"，（《旧书》一八上）即指此事。同时，赵匡亦著论称："主司褒贬，实在诗赋，务求巧丽，以此为贤，不唯无益于用，实亦妨其正习，不唯挠其淳和，实又长其佻薄。"（同前《通典》）更后则会昌间高元裕亦抱"科第之徒，浮华轻薄，不可任以为治"之见解。（同前引杜牧书）上举诸人，绾及栖筠、元裕均进士，是知进士确为朴实者所诟病。然科举苟废，统治者究无良法善其后，此所以延至近世而始绝也。《新书》称李德裕"尤恶进士"②，求其实，只恶浮华之进士，非全屏不用，可于下文论德裕无党一节见之。

科举术语，唐人文字屡见之，今并略揭其重要者：进士及第有

---

① 同一六九页注③。

② 《唐摭言》三："会昌三年，赞皇公为上相，其年十二月，中书覆奏，奉宣旨，不欲令及第进士呼有司为座主，趋赴其门，兼题名局席等，条疏进来者"；是禁称座主等令，纯由武宗发动。《新书》四四杂采说部，串为一气，称"武宗即位，宰相李德裕尤恶进士，……至是，德裕奏，……自今一见有司而止，其期集、参谒、曲江题名皆罢"，益使人误会凡进士皆为德裕所厌恶矣。

状报于朝，名居首者谓之“状头”（如授官称“敕头”，授勋称“甲头”），亦曰“状元”。各州申送举子赴京应进士试曰“解”，因之名居首者谓之“解头”或“解元”。进士通称曰“秀才”（说见前）。得解者曰“乡贡进士”，解而得第者曰“前进士”。同榜及第者曰“同年”（即今所称“五同”之类），主试者曰“座主”。未试前造请权要者曰“关节”。（参《唐国史补》及《唐摭言》）又进士、明经考试，初由吏部之考功员外郎主之，开元廿四年因其位轻，易以礼部侍郎，终唐末不改（《会要》五九）。①

第十九节 开元之治及乱机所伏

前人少所儆惕，故极盛往往转入始衰。开元之治，在历史上号称隆盛，旧纪开元十三年，“东都米㪷十钱，青、齐米㪷五钱。”《新书》五一，“海内富实，米斗之价钱十三，青、齐间斗才三钱，绢一匹钱二百。道路列肆，具酒食以待行人，店有驿驴，行千里不持尺兵。”论者多归功于贤相姚（崇）宋（璟）。崇奏十事，如政先仁恕，不倖边功，宦竖不与政，绝外边贡献，停道、佛营造，皆切要之图；璟却谀尚实，不事虚文；比之初唐房、杜，确加一等。然二人执政各不过三年有奇（崇，开元元年十月—四年闰十二月，璟，开元四年闰

① 刘开荣云：“……不但作不到礼部尚书，掌持文坛（由礼部考试进士）……”（《唐代小说研究》旧版七七页）按考试进士系礼部侍郎专管，与礼部尚书无关。又权德舆出身不由科第，知贡举三年，（《语林》四）张弘靖亦非进士而知举。（同上八）韩国磐又云：“唐朝考中了进士以后，不是立刻可以得到官职，还须再经过吏部的考试，这叫做省试”，并引韩愈三次省试为例。（同前引）按愈三次省试是应制科之博学鸿词，且均未获隽，其入官由董晋所辟。中进士后无必须应试制科之规定，故贞元九年应者只三十二人。（参《韩柳年谱》）吏部之选，试身言书判而后授职，但不名为“省试”也。

十二月 — 八年正月），窃以为有更要之偶然性存焉。

先是，朔方军北与突厥以河为界，河北岸有拂云堆神祠，突厥将入寇，必先诣祠祭酹求福，因牧马料兵而后渡河。会突厥默啜尽众西击突骑施（Türgiš，即西突厥十箭之一），朔方总管张仁愿奏请乘虚夺漠南之地，于河北筑三受降城，绝其南寇之路；唐休璟以为两汉以来皆北守黄河，恐劳人废功，终为寇有。仁愿固请不已，中宗许之，遂以景龙二年（或误景云三年）筑三城于河北，三旬而就，以拂云祠为中城（约今包头左右，突厥文呼佛为 Burxan，拂云即其音译），与东、西两城相去各四百余里，首尾应接，北拓地三百余里，于牛头朝那山北置烽堠一千八百所，自是突厥不得度山放牧。及开元四年，默啜被铁勒九姓所杀，骨咄禄子小杀与其弟阙特勤收集余部，继立为毗伽可汗。于时旧部酋长南投者颇多，西方十姓亦不为之用，毗伽方事抚绥，无力南犯。开元六年两次下诏，期以八年秋大举北伐，无非志在恫吓；而八年秋突厥入侵甘、凉，亦不外先发示威，双方政策，可谓针锋相对。毗伽有谋臣暾欲谷（Tonjukuk），年已七十余，号称足智。毗伽欲入寇，暾欲谷曰："我众新集，犹尚疲羸，须且息养三数年，始可观变而举。"又毗伽闻唐定期北伐，大恐，暾欲谷曰："王晙兵马计亦无能至此，必若能来，候其临到，即移衙帐向北三日，唐兵粮尽，自然去矣。"（《通典》一九八）质言之，两方均不欲战，故数年后毗伽便认玄宗为父，偃旗息鼓，言归于好，唐亦得以休养生息，《旧书》本纪赞所以提"虏不敢乘月犯边"也。

突厥之外，西北患在吐蕃，惟开元末以前无大争战。东北两蕃（契丹、奚。奚原称库莫奚[①]，始见于《魏书》二登国三年，三八八），虽时服时叛，然影响极微。乘武后峻法之余，易以宽仁，民尤得各

① 库莫奚一名，迄今犹未能还原，按蒙古语称细沙、沙粒及水中尘土为 komak 或 komaghi，末一语与"库莫奚"恰相对，意因其所居（今热河西部）而得名。（参白鸟《塞外史地论文译丛》二辑一二六页）

安其业，凡此种种皆造成开元致治之要素也。然中唐以后之危机，亦于是形成。

（一）藩镇 “节度使”非官也，终唐之世，不列于品秩，故除授之制只曰“充”①，都督乃其本官也，自隋炀罢总管，唐兴复旧，仍加号“使持节”，武德七年，改总管曰都督，（《通典》三二）不过名义上之变更，权限如旧。大都督从二品，中正三品，下从三品，并为职官。睿、玄继统，官制渐紊，差遣尤繁，天宝之末，杨国忠至身领四十余使。（《旧书》一〇六）②

节度使名目之流行，既非如总管改都督经过明诏颁布，复废置无恒，缺厘正之条例，是以追溯其朔，书说不同。（参《十七史商榷》七八）③原夫“节度”字最初之用法，只是术语④，换言之，即规定其

① 如“可使持节定州诸军事兼定州刺史，充义武军节度使”，（《元氏长庆集》四三）又“可灵州大都督长史，充朔方灵、盐、定远城节度副大使知节度事，管内支度、营田、观察、处置、押蕃落等使”，（《白氏长庆集》三七）皆其例也。

② 李肇《唐国史补》云：“开元以前，于外则命使臣，否则止。自置八节度、十采访，始有坐而为使。其后名号益广，于是有为使则重，为官则轻，故天宝末有佩印至三十者，大历中请俸有至千贯者。今在朝，太清宫、太微宫、度支、盐铁、转运、知苑、闲厩、左右巡、分察、馆驿、监仓、监库、左右卫。外任则节度、观察、诸军、押蕃、防御、团练、经略、镇遏、招讨、榷盐、水陆运、营田、给纳、监牧、长春宫。有时而置者则大礼、礼仪、会盟、删定、三司、黜陟、巡抚、宣慰、推覆、选补、礼会、册立、吊祭、供军、粮料、和籴，此其大略。经置而废者不录。宦官内外悉谓之使，旧为权臣所绾，州县所理，今属中人者有之。”

③ 《苏氏演义》下谓“高宗改刺史为节度使”，更误。据日人岩佐精一郎研究：《元和郡县志》混开元二十一所置之采访使于节度使，《旧书・地理志》北庭节度使条称永徽时已置此官，同书（绍兴刊百衲本）广州条亦谓永徽已置五府节度，《唐会要》及《新书・兵志》同记节度使名称于高宗时代，《通鉴》则主张睿宗初存幽州节度，《新书・方镇表》又记景云元年置河西节度。近世著书如《支那疆域沿革图》、那珂《东洋小史》等均以为高宗时代，自河西迄幽州业有节度，稻叶君山《支那政治史纲领》更提出开元二年前节度使常置之新说。彼以为高宗时代之使持节都督不称节度使，节度只是与都督无关之大将的俗称，武后以后，都督之掌握兵权者，临时授以诸军大使、经略大使、防御大使等名义，至睿宗初，凉州、太原、幽州诸都督始带节度大使之衔，开元初益扩充，开元九年乃略为定制化云。（《东方学报》二三卷二号《河西节度使之起原》）

④ 西晋初木简有“泰始三年以来府曹节度所下杂文书本事”之语，见《文物参考资料》二卷五期一五七页。又“晋令成帝元年四月十七日甲寅诏书云火节度七条云……”，见《匡谬正俗》六。

职权之范围；试观贞观三、四年诏诸军并受李靖节度，（《会要》七三）太极元年有诏令幽州都督裴怀古节度内发三万兵赴大武军（《册府元龟》二五九；于时幽州未设节度使），开元二年制姚崇可持节灵武道行军大总管，管内诸军咸受节度，（《文苑英华》四五九）三年制郭虔瓘可持节充朔州镇军大总管，和戎、大武及并州以北缘边州军并受节度，（《元龟》一一九）又李邕《臧怀亮碑》，“复拜公朔州军副大使，节度河东道诸军州兵马”，（《全唐文》二六五）上项之“节度”字皆是“节制”之谓，可见直至开元九、十年顷，犹有用“节度”作术语而不入使衔者。惟因其语已流行，“节度使”之称，遂变为不成文之惯例。质言之，节度使本初唐都督所嬗化，至于晚世，然后“都督”、“节度”之名，参差互见。据《唐六典》，开元廿五年顷节度使有八[①]。藩镇之祸，不由于有节度使而由于赋与之职权太重，故酿成尾大不掉之势[②]。

元朱礼论方镇云：“其所隶之州，初无定域，或兼十余州，或只三四州，今日以其州隶于彼，明日又以其州隶于此”；（《汉唐事笺》后集三）此则唐代因承六朝弊习，将区域作调剂之具，对行政系统，确属纷纭，但非如朱说“自太宗启之”耳。

（二）宦官　中唐以后，宦官之祸，与藩镇同烈，其弊则肇自唐初，至开元、天宝，乃更进而干预政事矣。贞观时，宦官张阿难官至

---

① 《六典》八《兵部》下：“凡天下节度使有八”，或谓岭南此时只称“经略”，至德后始改节度，因疑其书至德后曾重修，非也。“节度”之名，开元末犹未十分固定，故“经略”亦算入节度之内。到天宝元年，自幽州分出平卢，又安西与北庭不合为一镇，故《通典》一七二称十节度，此纯由时间性而数目不同。（参缪著《通史纲要》三册一三九页）八节度即朔方、河东、河北幽州、河西、陇右、剑南、碛西及岭南。

② 此一见解与前引缪著《通史纲要》同。关于节度使起源，并参拙著《续贞石证史》。（《史料与史学》下二八一 — 二八三页）

监门将军、银青光禄大夫,封汶江县开国侯,食邑七百户(《昭陵碑录》下;将军、银青、开国侯均从三品)。贞观四年,内侍王某授右监门将军,进爵为公,曾与李靖同征吐谷浑及出使吐蕃。(《关中金石记》二)武后临朝,喉舌之任,出阉人之口。(《新书》一二四)又神龙三年,吴文授镇军大将军、右监门卫大将军(开元九年《吴文残碑》;镇军从二,大将军正三品),势力日增,故姚崇有宦竖不与政之要约。考唐制内侍省置内侍二人(据《旧唐书》四四。《旧书》一八四及《新书》二〇七作四人)管领,阶不过从四品上。武后时宦官数稍增,中宗时更至三千余,(《旧书》一八四)然衣朱紫者尚少。玄宗在位既久,中官衣朱紫乃至千余,稍称旨者即授三品左右监门将军,门施棨戟①。杨思勗屡亲行阵,黎敬仁、林招隐奉使宣传,尹凤祥主政书院,其余尚有牛仙童(使幽州,受张守珪厚赂被诛)、边令诚等;凡殿头供奉、监军、入蕃、教坊、功德主当,皆为委任之务。监军权过节度,较富之地,一至军所,便冀千万。《南诏德化碑》称,玄宗"降中使贾奇俊详覆,属竖臣无政,事以贿成",则更因任宦官而招致属国离叛。尤甚者,政事可否皆操于高力士,每四方进奏,必先呈力士,然后进御,小事便决之,宇文融、李林甫、李适之、盖嘉运、韦坚、杨慎矜、王鉷、杨国忠、安禄山、安思顺、高仙芝辈皆因之以取高位。玄宗在禁中呼为将军,(《语林》一)肃宗在春宫时呼为二兄,诸王、公主呼阿翁,驸马辈呼为爷,(《旧书》一八四)其妻(唐代宦官常有妻,见《潜研堂·吴文碑跋》)吕氏之祖处贞,且烦张说、张九龄为作碑志,势焰熏天,不言而喻,遂开中唐以后宦官干政之先声。

---

① 棨戟图说可参李文信《辽阳北园画壁古墓记略》。(《沈阳博物院汇刊》一期一五四 — 一五五页)

第二十节　自府兵起源以至于隋

自中唐以后，至最近以前，一般人对于府兵制度，常常发生极大的误会；其一认府兵为“兵农不分”或“兵农合一”。白居易《复府兵置屯田》云：“于是当要冲以开府，因隙地以营田，……俾乎时而讲武，岁以劝农，分上下之番，递劳逸之序，故有虞则起为战卒，无事则散为农夫。”（《白氏集》四七）刘蕡《对策》言：“太宗皇帝肇建邦典，亦置府兵，……居闲岁则櫜弓力穑，将有事则释耒荷戈。”（《旧书》一九〇下）杜牧《原十六卫》云：“三时耕稼，……一时治武。”孙樵《复佛寺奏》：“开元之间，率户出兵（率若干户共出若干兵也），籍而为伍，春夏纵之家，以力耕稼，秋冬聚之将，以成武事，如此则兵未始废于农，农未尝夺于兵，故开元之民力有余也。”（《可之集》六）以上皆唐人之言，因之，宋张洎奏：“唐承隋制，置十二卫，府兵皆农夫也。”（《宋史》九三）司马光《通鉴》目张说建议召募为“兵农之分从此始”。最近专研者如柳诒徵、谷霁光、陈寅恪诸家亦认唐之府兵为“兵农不分”①或“兵农合一”。②

其二认为府兵兵力极强，禄山之叛，方镇之祸，皆废府兵制所促成。《玉海》一三八李繁《邺侯（繁之父李泌）家传》云：“隋受周禅，九年而灭陈，天下统一，皆府兵之力也。时晋王与杨素等凡十八人总管，率师五十万伐陈。……后北破突厥，西灭吐谷浑，南取林邑，东灭流求，皆府兵也。”又云：“自置府兵，未有能以之外叛内

① 柳氏《中国文化史》二〇页，又《中国社会经济史集刊》谷氏《西魏北周和隋唐间的府兵》。（一一四 — 一一五页）

② 《隋唐制度渊源略论稿》三四及一四〇页。

侮及杀帅自擅者。自废以来,召募长征健儿而禄山得以为乱,至今不定。”又杜牧《原十六卫》云:“至于开元末,愚儒奏章曰,天下文胜矣,请罢府兵,诏曰可。武夫奏章曰,天下力强矣,请搏四夷,诏曰可。于是府兵内铲[①],边兵外作。”宋叶适《习学记言》三九亦将周之灭齐,隋之统一,归功于府兵。

上引多唐人言论,闻见较近,似乎少可致疑,试平心静气察之则不然。《家传》云:“府兵之制,史册不甚详”,与李泌同时之刘秩、杜佑,在《通典》内并未替府兵立专节,可想安史乱前,材料已极端缺乏。且就实际上论,府兵废于开元十一而杜牧以为开元末,孙樵还盛称开元府兵如何如何,可为失笑。且据《家传》自言,唐盛时府兵约六十八万,而彼又谓隋文伐陈之师尽属府兵,则是空室以行,殊难置信。《家传》之“郡守以农隙教试阅”,陈氏已驳其非西魏当日真相,“农隙必不能限于每隔十五日之定期”[②],可疑者断不止此,抑开元初朝端尚多明识之人,假府兵如此可恃,张说改制,何未闻交章论奏?甚至无一人出而阻止,偏于六七十年后,乃大夸其功烈,可信乎?不可信乎?

为要解决此项疑问,非再度作深入分析不可。惟是事历西魏、北周、隋、唐四朝,其间不无若干变化,每朝史料复多寡弗齐,如概括论述,或无当于实际,故依各朝先后分言之。

(一)北魏兵制

陈氏谓府兵为鲜卑兵制[③],已无可疑,故北魏兵制,吾人所知虽有限,要不可不先观其究竟。据《魏书》一八淮阳王深(渊)言:“昔

① 胡三省《通鉴释文辨误》云,字书无铲字,今多读为刬。

② 《隋唐制度渊源略论稿》一三三页。

③ 同上一三一页。

皇始（三九六 — 三九七）以移防为重，盛简亲贤，拥麾作镇，配以高门子弟，以死防遏，不但不废仕宦，至乃偏得复除，当时人物，忻慕为之。”又《北齐书》二三，正光末（ — 五二八）魏兰根说李崇曰：“缘遏（？）诸镇，控摄长远，昔时初置，地广人稀，或征发中原强宗子弟，或国之肺腑，寄以爪牙，中年以来，有司乖实，号曰府户，役同厮养。……宜改镇立州，分置郡县，凡是府户，悉免为民。”又《魏书》五八《杨椿传》称：“自太祖平中山（皇始二），多置军府，以相威摄，凡有八军，军备配兵五千，食禄主帅，军各四十六人，自中原稍定，八军之兵，渐割南戍，一军兵才千余。”综此数条观之，“镇”是兵队之驻地，“府”是兵队之泉源，故镇之外有府户。所谓“军府”、“府户”，正府兵所自昉。

漠北民族以游牧为生，其制总是兵、牧合一，有事则合而防御，无事则散而归家。又所习者骑，千里非遥，逮乎南迁，渐成土著，情势大异，故“以移防为重”，或则“渐割南戍”。固定于一处者乃末年流弊，谷氏断为“兵士土著”①，实非初制。谷氏又将“府户”同于“民”，且云：“镇领民户，田守兼重，在这种情形之下，兵农未尝分离，……军镇为兵民合一”②，镇兵是否业农，今姑不论，果府户同于民户，兰根又何须请府户悉免为民？《魏书》八七《刘侯仁传》又何以有“有司奏其操行、请免府籍、叙一小县”之建议？知“军镇为兵民合一”之不确也。唯谷谓府户“世执兵役，非中旨特许，不得请免府籍”③，申言之，即府兵为世兵制度，所见最的。

复次，太和十九年（四九五），诏选天下武勇之士十五万人为羽

① 《西魏北周和隋唐间的府兵》八七页。

② 同上八六 — 八七页

③ 同上八七页。

林、虎贲以充宿卫,(《魏书》七下)显因迁洛而有此选充,是值得注意之一点。

(二)西魏府兵(附东魏、北齐)

《周书》一六称,大统十六年(五五〇)以前,除宇文泰、元欣外,任柱国大将军者六人,"各督二大将军,分掌禁旅,当爪牙御侮之寄。"《北史》六〇称,"每大将军督二开府,凡为二十四员,分团统领,是(为)二十四军,每一团仪同二人,自相督率,不编户贯。都十二大将军,十五日上则门栏陛戟,警昼巡夜,十五日下则教旗习战,无他赋役;每兵唯办弓刀一具,月简阅之,甲、槊、弓、弩,并资官给。"同时大统八年(五四二),"仿周典置六军,合为百府。"(《玉海》一三七引《后魏书》)九年,广募关、陇豪右以增军旅。十六年,籍民之有材力者为府兵。(同上《玉海》引)此即一般史家所谓府兵之始,其制度无疑是昉自北魏,可从北齐方面比较知之,《魏书》一〇六上云:"前自恒州已下十州,永安(五二八 — 五二九)已后,禁旅所出,户口之数,并不得知。"所言为东魏及北齐初之情形,惟其归入"府户",不编户贯,故口数弗详;吴廷燮谓管兵之人,多收户口以为兵,西魏与东魏同①,是也。又近世出土墓志,发见北齐许多兵府名号②,如非东、西魏同承北魏,无缘两朝制度甚相类。由是知陈氏称宇文泰别采取一系统之汉族文化,以异于高氏之系统③,不尽合于事实;

---

① 《学术界》二卷一期七六页《次夔文录》。《魏书》七五《尔朱兆传》:"令人频征献武王(高欢)于晋州,乃分三州六镇之人,令王统领。"《北齐书》二〇《慕容绍宗传》则作"遂割鲜卑隶高祖"。三州者即并、肆、汾三州,依《魏书》一〇六上,东魏时朔、云、西夏、蔚四州寄治并州,恒、廓二州寄治肆州,显、宁、灵三州寄治汾州,唯武州自立,即所谓"前自恒州已下十州,永安已后,禁旅所出,户口之数,并不得知"者也。

② 《西魏北周和隋唐间的府兵》八九页。

③ 《隋唐制度渊源略论稿》一二六页。

两国相争最要莫如兵，然其制皆出自鲜卑，无特殊对立之处，十二将军即永兴五年之十二将，（《魏书》三）犹未脱鲜卑气味也①。

《家传》又记府兵缘起云："初置，府不满百，每府有郎将主之，而分属二十四军。每军以开府一人将焉，每二开府属一大将军，二大将军属一柱国大将军。……等六家主之，是为六柱国，共有众不满五万。……初置府兵，皆于六户中等以上家有三丁者选材力一人，免其身租庸调，郡守农隙教试阅，兵仗、衣驮牛驴及糗粮旨蓄，六家共备，抚养训导，有如子弟，故能以寡克众。"此一段文字首须除去疑障者三处：（1）"六户"，《文献通考》一五一改作"六等之民"，陈氏从之，且据《魏书·食货志》献文帝为租输三等九品之制，谓西魏依此分民为九等，"六户"盖指九等户中自中下至上上凡六等之户而言②。余从其文义推之，六户既有"中等以上"，同时自有"中等以下"，换言之，"中等以上家"只"六户"之一部分。假依陈释，直须云"六等户以上"，何必构成"六户中等以上"之艰涩辞句？考《隋书》二四《食货志》："寻而六镇扰乱，相率内徙，寓食于齐、晋之郊，齐神武因之以成大业；……是时六坊之众，从武帝而西者不能万人。"又"及文宣受禅，多所创革，六坊之内徙者更加简练，每一人必当百人，任其临阵必死，然后取之，谓之百保鲜卑。"（六坊旧无成说，《通鉴》一五六胡注："魏盖以宿卫士分为六坊"，犹是拟议之辞。滨口重国称，六镇反后，魏末禁军之组织，统之者为领军将军，下置左右卫将军各二员，每辖武卫将军各三员，共为六员，各掌一坊之羽林虎贲，是为六坊，说见《东洋学报》二四卷一号四九一五

① 《魏书》三，永兴四年，"置四厢大将，又放十二时置十二小将"，亦鲜卑军制用"十二"之例。

② 《隋唐制度渊源略论稿》一三二页。

一页，亦举不出明确的书据。）寻绎隋志文义，六坊之众，显即六镇内徙之鲜卑，其中一部随魏孝武西入关，惟不如留东者多，《家传》之“六户”，同于《隋书》之“六坊”，宇文泰设六柱国，似用以适应六坊之分隶，仿周典云者汉文人为之缘饰而已，简言之，东西魏最初之兵源，均取六镇鲜卑为骨干，必限于中等以上家者犹诸北魏之取强宗子弟。三等九品乃输赋多寡之分级，与兵制完全无关。（2）“郡守农隙教试阅”之误，陈氏已辨之（见前文），所谓“唐人追述前事亦未可尽信”也①。柱国之下，更有大将军、开府、仪同等节级督率，何劳乎郡守？（3）“六家共备”之换言，即许多物资须由府兵本人自备（参下节），其代价为“无他赋役”，即北魏时之“偏得复除”。《通鉴》一六三误改为“六家供之”，须知六柱国皆奔随入关之人，焉能家家都有大宗财产以供如许之府兵设备。

大义既明，则知“门栏陛戟，警昼巡夜”，西魏府兵所任者纯属禁卫军职务，同于蒙古时代之怯薛歹（Käšiktäi，华言禁旅）。然数不满五万，不逮太和三分之一，时方频岁战争，警卫犹虞未足，岂敷疆场调遣？大统九年之募自关、陇，于势不得不然，北齐处优势，既有百保鲜卑，尚须“简华人之勇力绝伦者谓之勇夫，以备边要”，（《隋·食货志》）可以相例。抑入关之六坊，不满万人，而西魏府兵将达五万，其间显曾取汉人为之扩充，非如《隋唐制度渊源略论稿》（一三六页）所云始自周武。又谷氏认西魏府兵为兵农不分及兵农合一②，按十五日上则任警卫，十五日下则习战事，不知从何觅余隙以务农也。

① 《隋唐制度渊源略论稿》一二四页。

② 《西魏北周和隋唐间的府兵》八八 — 八九页。

（三）北周府兵

涉北周兵制，得如下之史料数条：

保定四年（五六四）九月，命宇文护伐齐，征二十四军及左右厢散隶及秦陇巴蜀之兵，诸蕃国之众二十万人。（《周书》一一）

建德三年（五七四）[①]，十二月丙申，改诸军军士并为侍官，（《周书》五）募百姓充之，除其县籍，是后夏人半为兵矣。（《隋书》二四）

六年（五七七）十二月，移并州军人四万户于关中。（《周书》六）

宣政元年（五七八）十二月，命宇文逌伐陈，免京师见徒，并令从军。（《周书》七）

此项材料，首先表现出府兵数并不多，故保定伐齐，宣政伐陈，都要向各方极力张罗，乃能出发。职是之故，统治者遂悬一免其县籍之优待条件，以广招徕。然赋役凭籍帐，狡黠者乘机钻隙，于是相率挂名兵籍，借以逃避赋税，结果兵源之获益无多，课入之损失反极大。《隋·食货志》所谓“是后夏人半为兵”，实含讥讽语气（据大象中户数与口数之比例，每户平均只得二口半，亦可作尖锐之反映，参前《隋史》十八节六十六页注①），不知者竟谓北周得此大量华人补充，因成其平齐之大业，则由昧于《隋·志》言外之意也。再简括一句，北周府兵除募华人扩充之外，其余制度，相信与西魏无异。

更有与府兵无关而陈氏误会以为改制者。《周书》五，保定元年三月，“改八丁兵为十二丁兵，率岁一月役”，《通鉴》一六八胡注云：“八丁兵者，凡境内民丁分为八番，递上就役，十二丁兵者，分为十二番，月上就役，周而复始。”此是成丁平民每岁应征工作（即力

---

① 《周书》并记月、日，则《隋书》二四之“建德二年”，应是三年之讹。

役）之规制，与府兵无关，胡注大致不误，盖依西魏制定，府兵半月上半月下，并非八番、十二番也。陈氏讥胡注以“民丁”释“丁兵”，不知此时为兵民分治①，则由于误将“丁兵”一词析为二事；按《周书》七，大象元年二月，“发山东诸州兵，增一月功为四十五日役，起洛阳宫，常役四万人以迄于晏驾”，此之“兵”系指应役之平民，盖暂时取消保定元年所减定之三十日役，恢复以前之八丁兵制，故增为四十五日役也（一年三百六十日，以八人轮番，则每人应作工四十五日，以十二人轮番，则每人只作工三十日）。其后开皇三年，“减十二番每岁为二十日役”，（《隋书》二四）又比保定再减少三分之一，然此皆属于庸役之制，于府兵无关，故附正之。

（四）隋府兵

隋制改革之重要者在开皇十年。北周末扩充府兵，致国家财政大受损失，隋文为救其弊，故十年诏曰：“魏末丧乱，寓县瓜分，役车岁动，未遑休息，兵士军人，权置坊府，南征北伐，居处无定，家无完堵，地罕包桑，恒为流寓之人，竟无乡里之号，朕甚愍之。凡是军人，可悉属州县，垦田籍帐，一与民同，军府统领，宜依旧式。罢山东、河南及北方缘边之地新置军府。”（《隋书》二）论其作用，正如吴廷燮所云：“隋开皇时尽放军户为民，故户口大增于前。……兵军还民，荫庇自绝。”②因之，有应辨正者二事：

1. 谷氏认隋“非兵民合一”③，而陈氏却以为然；陈据垦田二句，谓“与《北史》所载府兵初起之制兵士绝对无暇业农者，自有不同。此诏所言或是周武帝改革以后之情状，或目府兵役属者所垦，

① 《隋唐制度渊源略论稿》一三七页。

② 同前引《学术界》。

③ 《西魏北周和隋唐间的府兵》八八页。

而非府兵自耕之田，或指边地屯垦之军而言，史文简略，不能详也"①，既曰史文不明，岂能即据以立兵民合一之断论？抑此二句不过谓每侍官占田若干及其家庭状况，都应依照平民一样，造籍造帐，并未包含侍官业农之意味（"垦"之意义不是"自耕"②），安见其与府兵初起时不同？盖授田、还田，皆凭户籍，军无户籍，乃破坏均田制之最大阻力，然此诏所要求者只其籍帐同于民，若夫指挥调度，仍一循北周之制，"军府统领，宜依旧式"，已明白指出，无用犹疑。何况"农"仅"民"之一分子，纵让一步言之，"兵民合一"讵能引申为"兵农合一"之结论耶？开皇三年，"初令军人以二十一成丁"，军人即军民之讳改，陈说同③，明明"军"与"民"分举，陈氏竟解为"境内兵民合一"④，是陈说已内在矛盾。如果开皇三年军与民已无区别，又何需如陈氏所解释至十年而特令合一。

2. 谷氏以为撤罢新置军府系维持重首轻足之形势⑤，是亦不然。果如其说，何不全罢某某边区的军府而所罢者只限于"新置"？军府之设置愈多，斯避赋之途径愈广，旧置者本有若干年历史及曾立功绩，朝廷为维持此项制度，当然予以照顾、保存。新置者则否，

---

① 《隋唐制度渊源略论稿》一三九页。

② 例如《管子·治国篇》"民事农则田垦"，《后汉书》一下建武十五年六月，"诏下州郡检核垦田顷亩"，注"垦，辟也"，又贞观二年戴胄疏："今请自王公以下，爰及众庶，计所垦田稼穑顷亩……"（《会要》八八）又大历改行两税时，"其田亩之税率，以大历十四年垦数为准"，（《新·食货志》）"垦田"系与"荒地"对立之词，指所占田亩，犹云"见在生产之田"。

③ 《北史》误漏"军"字，以后《通典》、《通鉴》承之，《略论稿》却代解为"以其时兵民在事实上已无可别，故得略去'军'字"，（一三九页）所谓"其时"，不知何指？如指"开皇三年"，则显与十年之令相违，辩详本节正文；盖言"军"者指当兵及授田年限，言"民"者指应役及授田年限。

④ 《隋唐制度渊源略论稿》一三九页。

⑤ 《西魏北周和隋唐间的府兵》一一三 — 一一四页。

彼辈蜂拥而来,目的多为逃避赋役,开皇十年所处置,一则增国课之收入,二则塞逃避之途径。炀帝昧于此旨,征辽之时,增置军府,扫地为兵,自是租税益减;(《元龟》四八四)又大业九年,募民为骁果,置折冲、果毅、武勇、雄武等郎将官以领之,骁果之家,蠲免赋税。(《隋书》四)前后对照一下,便活现出开皇十年废新府之目标所注矣。

其次,隋以府兵分隶于左、右卫等十二卫及东宫率府,置卫大将军一人,将军二人,将军即西魏开府之任(《家传》)。诸府皆领军坊,置坊主,乡团置团主(坊、团之名,均源自西魏)。大业三年,改原有之骠骑将军府为鹰扬府,归十二卫统辖。(均《隋书》二八)以上所举,无非名目、阶等、隶属之更改,实质上无大变化,陈氏乃云:"隋代府兵制变革之趋向,在较周武帝更进一步之君主直辖化即禁卫军化"①,殊不知西魏初置,职主禁卫,北周因之(见前文),于唐亦然(见下节),隋处于承上起下之时期,无所容其"化"也。

第二十一节 唐之府兵及彍骑

唐制之大要如下:贞观十年置折冲府(即隋之鹰扬府),分上、中、下三等,府置折冲都尉,其副曰果毅都尉②,管有卫士一千二百人者为上府,一千人为中,八百人为下。(《会要》七二)府皆有名号,(《新书》五〇《兵志》)"成丁而入,六十而免"。"总名为卫士,

① 《隋唐制度渊源略论稿》一三九页。

② 隋称郎将,贞观始改都尉,谷氏文称"隋代都尉"(八七页)误。

皆取六品以下子孙及白丁无职役者点充”(《六典》五,易言之,即子孙非白丁而有职役者不点,故用“及”字)。“拣点之法,财均者取强,力均者取富,财力又均,先取多丁”。(《唐律疏议》三)番上之法,在五百里内者五番,五百里外七番,一千里外八番,各一月上。二千里外九番,倍其月上①。若征行之镇守者,免番而遣之。(《六典》五)凡充府兵者“人具弓一,矢三十,胡禄、横刀、砺石、大觿、毡帽、毡装、行縢皆一,麦饭九斗,米二升,皆自备”。十人为火,“火具乌布幕、铁马盂、布槽、锸、䦆、凿、碓、筐、斧、钳、锯皆一,甲床二,镰二”。五十人为队,“队具火钻一,胸马绳一,首羁、足绊皆三”(《新·兵志》)②。总数约六十八万人(《家传》)③。

唐代折冲府究有多少,是最复杂而未获解决之问题,今列为(甲)(乙)两表,先就(甲)表加以分析,便得其所由殊异之原因。

(甲)旧史上所列折冲府数目表

折冲府总数	关　中　所　占	本　　据
五九四		《唐六典》(《旧·职官志》同)
八百余	五百余	陆贽《奏议》
五九三		杜佑《通典·州郡》
五七四		同上《职官》(又《杜牧集》)
五九三		杜佑《理道要诀》
六三〇		李繁《邺侯家传》
通计旧府六三三	二百六十一(据《困学纪闻》引,其余二八〇,合计五四一)	《唐会要》

① 《新·兵志》称:“五百里为五番,千里七番,一千五百里八番”,为求省字,读来不如《六典》之明白。《志》又称:“二千里十番,外为十二番,皆一月上”,又与《六典》不同。番犹轮也,《水部式》:“都水监渔师二百五十人:其中长上十人,随驾东都。短番一百廿人出虢州,明资一百廿人出房州,各分为四番上下,每番送卅人。”由此知“四番”就是分作四人一组而互轮,“五番”是分作五人一组而互轮,余可类推。

② 胡禄,盛矢之器,突厥语作 qurluq。觿,解结锥。行縢即裹腿。䦆,大锄。碓,舂具也。

③ 《会要》七二作六十万,杜牧只称四十万人。

续表

六三四	二百六十一	《新书·兵志》
六三三		同上《百官志》

(乙)十道折冲府数目表

道名	《玉海》一三八据《新书·地理志》统计数	谷霁光研究所得数①
关内	(延州新置二府除外)二七三	二八八
河东	一四一	一六三
河南	六二	七四
河北	三〇	四六
陇右	二九	三七
山南	一〇	一四
剑南	一〇	一三
淮南	六	一〇
岭南	三	六
江南	二	五
合计	五六六	六五六

先看(甲)表,六三三与六三四只差一,六三〇乃举其大数,故最末四项,可谓完全相同,是为(a)组。最异者,陆贽之八百余,"八"得为"六"之讹,与(a)组数相近,惟贽称关中占五百余,显属传闻之误。"七"、"九"字相类,易于互讹,《通典》系同一人所著书而两篇数目互异,可信"五七四"应正作"五九四",与杜佑别著《理道要诀》之"五九三"只差一,故除去陆贽条外,前四项亦可谓完全相同,是为(b)组。依此,则八项数目,得简化为(b)五九四、(a)六三三两项,其互异之故,可于《会要》"通计旧府六百三十三"句觇之;盖六三三本连计旧有之数,后来废者已多,只存五四一,乃据时

① 《西魏北周和隋唐间的府兵》九二页。

代较后之记录也①。何焯谓计数“似当以《六典》为据”，则未知《六典》是开元末史料，故府数比最初（六三三）时少，而比较后之《会要》（五四一）为多。若《新书·地理志》所记各道总数只五六六（列出之府名又仅得四四八），其所据残缺材料，必在《六典》之后，《唐会要》之前（苏冕初修《会要》在唐德宗时），故又与他数不相合。近世劳经原父子《折冲府考》补府名一〇九（据罗振玉），罗振玉《府考补》及《拾遗》又增六九，合诸《新书·地志》府名四四八，已得府名六二六，谷霁光《唐折冲府考校补》谓已知各道府名五八一，未知应属某道者四九，两项合计六三〇，可证“六三三”之数，最近于事实（参一九三页注③）。（乙）表之六五六，固许有重复错误，杂于其间。

武后以后，府兵法寖坏，卫佐以之给姻戚之家，为僮仆执役，京师人相诋訾者即呼曰侍官。（《家传》）其家又不免征徭，番役更代，亦多不时，遂渐逃匿，宿卫不能给。（《会要》七二及《新·兵志》）元深（渊）称北魏镇兵之坏云：“自非得罪当世，莫肯与之为伍，征镇驱使，但为虞候、白直，一生推迁，不过军主。”（《魏书》一八）“役同厮养”，事虽隔世，覆辙相同。先天二年（七一三），曾令

① 滨口重国曾指出折冲府数系随时增益，见《禹贡》四卷一期谷霁光引《史学杂志》二〇卷《从府兵制至新兵制》。谷氏《唐折冲府考校补》以为各书所记府数互异，系因材料及时代先后之不同，依我个人研究结果，正与彼不期而合。但彼谓时代越后则增设之府越多，却与事实相反；高、武以后，府兵制日趋破坏，府数只有比前越少，焉有反而增加之理。《会要》所谓关中府二百六十一，其余二百八十，合计五百四十一（此据《困学纪闻》所引，今本《会要》有脱误）者，即是修《会要》时所有之数，通计旧府六百三十三者，即是连已废之旧府计之。可见时代愈前，府数愈多。谷氏对《会要》之文，不能深入了解，故结论适得其反。至《新书》《兵志》及《百官志》所记，只抄自唐代史料，又不能以时代为衡也。

卫士取年二十五已上者充,十五年即放出[①],频经征镇者十年放出,(同上《会要》)竟不实行。开元十一年(七二三),张说为兵部尚书,因简京兆、蒲、同、岐、华等州府兵及白丁共十二万人,号曰长从宿卫,一岁两番,令州县毋得杂役使。十三年,更名彍骑,分隶十二卫为六番,皆免征镇赋役。天宝时彍骑法又稍变废。八载,折冲诸府至无兵可交,此后但存官吏、兵额而已。(《会要》及《新·兵志》)

根据前文来分析,我对唐之府兵,得到如下五点的结论:

(一)府兵不是普遍的征兵　普遍征兵说发自何兹全[②],其不能成立,理甚浅显;果为普遍征兵,关内之府数断不至五六十倍于岭南、江南之府数也(见乙表)。陈氏《略论稿》又引《通典》六龙朔三年七月制:"卫士八等以下,每年五十八放令出军,仍免庸调"(陈引误为"每年放还,令出军"),谓八等指户籍等第,"然则此制与其初期仅籍六等以上豪户者不同,即此制已推广及于设置军府地域内全部人民之确证也"[③]。按"六户"非六等以上户,已辨见前节;府兵之家既不免征徭,自然有户等之别,从何见得府兵制普及于军府地域内之全部人民?且全部人民包含各种阶级,就让一步而言,只能证为"兵民合一",不能证为"兵农合一",一言以折之,无论普及全国或军府地域,都不至弄到无兵可交之地步。

(二)府兵之主要任务为宿卫　武后时岁旱,兵当番上者不能上,苏瓌奏宿卫不可阙。(《新书》一二五)《家传》言诸卫将军称番

---

① 《新·兵志》作"五十而免",与《会要》所言相差十年(依《会要》则四十而免),如依《新·志》,则需廿五年而后放出,比之十年放出者亦差额太大,似以《会要》为可信。

② 何云:"直到隋代统一南北,才又为普遍的征兵所代替,"(《史语所集刊》十六本二四四页)当指府兵而言;但唐之府兵,承自隋代,是彼认唐府兵为普遍征兵也。

③ 《隋唐制度渊源略论稿》一五三页。

上府兵为侍官，言侍卫天子也，又府兵为卫士，神策等为禁军。《新·兵志》云：“其番上者宿卫而已。”谷氏撰文亦称：“当日军备中，至少府兵一项，最重宿卫一点。”[①]再从其隶属观之，左右卫领武安等五十府[②]，威卫领宜阳等五十府，骁骑卫领永固等四十九府，武卫领凤亭等四十九府，领军卫领万年、万敌等六十府，金吾卫领同轨、宝图等五十府，太子卫率领广济等五府，司御兵率领郊城等三府，清道率领绛邑等三府[③]，此十二卫之职掌为宫禁宿卫。又从其后身观之，彍骑初名长从宿卫，分隶十二卫为六番，职务仍是宫禁宿卫。夫府兵原日所隶者及后来代之而起者均以警卫为主要任务，府兵不应独异，于理甚明，《唐律疏议》二八云：“卫士于宫城外守卫，或于京城诸司守当，或被配于王府上番”，可为的证。若夫调拨征镇，事属偶然，故《唐律》分为卫士或征人（《疏议》一六：“征人谓非卫士，临时募行者”），军名或征名（同上：“军名先定，谓卫士之徒”，同上二八：“名属军府者总是有军名”，又“征名已定，谓卫士及募人征名已定讫”），科罪有轻重之别，由此，更可见府兵之非普遍征兵制。

（三）府兵不是兵农合一　《疏议》一六云：“《春秋》之义，春蒐、夏苗、秋狝、冬狩，皆因农隙以讲大事，即今校阅是也”，只是援引古义以缘饰今制。自《家传》呆读旧文，有“郡守农隙教试阅”之

① 《西魏北周和隋唐间的府兵》九七页。

② 《旧·职官志》称武安、武成。

③ 据《玉海》一三八引《六典》。谷氏云：“所领府数共仅三一九，疑后来增加之数未列入。”（九七页）余按《家传》云：“左右卫各领府六十，余卫领府自五十下至四十七，东宫六率领多至六少至三而已”，（《新·兵志》本之，但文有错误。）数目虽比《六典》略异，但曰“各领”，则左右卫合领之数应为一百二十，余卫准此，申言之，《六典》所记实为三一九之两倍，即六三八，与（甲）表六三四相差只四府，是知谷氏所疑不确。

言，《新·兵志》更坐实其“居无事时耕于野”，遂造成兵农合一之长期误解。按《疏议》，征人冒名相代者罪在里正、县典、州典等，卫士以上冒名者罪在队正以至折冲，系统厘然，顾陈氏仍信《家传》所言为唐制①，则未知折冲上隶诸卫，非郡守权力所及。况(1)侍官同于清之“侍卫”，在乡居缙绅之列，安知其下番之后，全事耕农；唐制明言拣自六品以下子孙，尤见府兵之选，多来自士族，焉得谓之农？(2)农民系于田，离田则无以自活，不易亡匿；即稍有逃避，兵源窘乏，亦断不至达到“宿卫不能给”之地步。(3)府兵制之坏，“番上者贫羸受顾而来”，(《家传》)农民常贫农居多，岂易有力雇人代替？陈氏《略论稿》又引《贞观政要》二，简点使封德彝等欲中男十八已上简点入军，魏徵执不可，且云：“若次男以上尽点入军，租赋杂徭将何取给？”以为从租赋一语推之，“则当日人民未充卫士时亦须担负租赋杂徭之义务，是一人之身兼充兵务农之二业也，岂非唐代府兵制兵农合一之明证乎”②？按唐制贵族及士农工商阶级均可受田，惟自耕或否则非政府所过问，有受田之权利，自然有纳租赋之义务，故点府兵之家不见得定是农家，尤其纳租赋之家更不尽是农家。如谓未充府兵时须纳租赋便是兵农合一，论理上太说不过去。此外有须附带说明者，唐制中丁为户主者可受永业田(见下均田节)，杂徭中又或指定以中男充当(见下租庸调节。中丁、中男均即魏徵所谓次男)，故魏徵有从何取给之驳诘。总言之，叶适谓府兵为“兵农各籍，不相牵缀”，大体上无可非难。

(四)府兵在原则上为世兵的征兵制　唐代最初之府兵，似有

---

① 《隋唐制度渊源略论稿》九八页。

② 同上书一五三页。

一部分接受自隋朝，又一部分是太原元从（据《家传》："太原从义之师，愿留宿卫为心膂不归者六万，于渭北白渠之下，七县绝户膏腴之地，分给义师家为永业"，又"元从军老及缺，必取其家子弟、乡亲代之，谓之父子军"），观于成立彍骑时加入潞州元从，（《新·兵志》）固可互证。但当扩充过程中，亦似尝于指定区域采取拣选征充方法（如《文苑英华》四六四载天授二年增设郑、汴、许各八府，汝二府，卫五府），但一经拣定，仍为世户。换言之，州内住有此项世兵者便为军府州，凡军府州地域都可适用乡亲递补的条件，其立法颇与清世八旗兵相类①。唯其如此，然后唐代各道军府数目何以互相悬绝，同一道内之军府分布何以疏密迥殊，突厥、吐蕃入寇之冲途何以毫无布置，方可豁然明白；盖（1）开皇十年勒军人属县籍，此辈须供职长安，除关内之外，必多改属较近之河东、河南二道。（2）太原从义之师必多原籍河东，故河东道府数反居河南道之上。后人不明其故，于是陆贽疏以为军府八百而关中占五百，乃太宗居重驭轻之意，《会要》谓"关内置府二百六十一，精兵士二十六万，举关中之众以临四方"，（《玉海》一三八引）《十七史商榷》七九谓"京兆郡多至府百三十一者，以其为京师也，河南郡则三十九稍多，以其为陪京也"，近人谷氏更推波助澜②，都不足深辨。至于《会要》称，"河北之地，人多壮勇，故不置府"，（《玉海》引）《家传》又称，

① 谷氏文云："清代也有人把八旗兵制相当于府兵"，（一一三页）此一观点并不错误。又云："凡有军府的州，人民便有充当府兵的义务，也便是人人有充当府兵的可能"，（一〇五页）亦能得其一体。由是，吾人对于贞观时崔行为表所云，"丁壮之人，悉入军府，若听移转，便出关外"（《元龟》四八六），又李峤表云，"今之议者或不达于变通，以为军府之地，户不可移"（《全唐文》二四六），便晓然其意义所在，不致误会为普遍征兵之史料矣。

② 如谓府兵"领域大小，与户口多少也有关系，……再则兵府分布的疏密，可以看出当日军事布置的大概情形"（九一页），又"设府的条件，不独是注重政治中心地带，而且是按着地方形势来定府额多寡的"（九二页），据其分析观之，实难成立。

"玄宗时奚、契丹两蕃强盛数寇,河北诸州不置府兵番上,以备两蕃"[①],对河北不置府,解说各异[②]。按兵取强悍,古今通则,前说之妄,不辨而明。河北诸府是否玄宗时全废,现无确证,但改彍骑前宿卫已不给,各道之府同为若有若无,不独河北然矣。王夫之《读通鉴论》二二云:"唐之府兵,世著于伍,垂及百年而违其材质,强使即戎。"认府兵为世兵,固不自我始。

(五)府兵是游牧社会的落后兵制　充兵者要自备许多物资,以现在眼光看之,颇觉可怪,而不知游牧部落皆如是也。俞正燮之《作丘甲[③]义》云:"古足兵皆在民间,《𦍑誓》,敿乃甲胄,敽乃干,备乃弓矢,锻乃戈矛,砺乃锋刃,官不与也。《周礼》,师田军旅,族师简其兵器,县师使皆备旗鼓兵器,是皆在民也[④]。……秦始皇收天下兵器,……亦六国民兵。"[⑤]盖春秋至战国期间,我族尚未脱离游牧兵制。府兵昉自鲜卑,故后来契丹、蒙古,大致与之相同[⑥],朱礼云:"当唐盛时,天下户口八百余万,而府兵四十万,皆自食其力,不

---

① 此一条意义本是说,河北如多置军府,则其人须赴京师番上,结果会弄成当地兵源缺乏,故玄宗时不于河北置府。谷氏文却误解为"河北道兵府,是元(应作玄)宗防御奚、契丹增加的"(九一页),与原文恰相背驰。谷之误会似因陆贽疏有"禄山乘北重之势,一举而覆两京"二语,然禄山所恃者边兵,陆贽之"北重",非指府兵而言。

② 《旧·韦待价传》,永徽中为卢龙府果毅,又《乐恭墓志》,永徽中为丹水府折冲,谷氏以为河北不置军府是贞观时事,谅未必确。复次,此怀州丹水府于开元十一年改为怀仁府,太极元年《石浮图颂》著录易州石亭府左果毅,先天元年《杨乾绪碑》著录幽州开福府折冲,合而观之,贞观末至开元中一个时期,河北地方断然有折冲府之设。贞观末以前,如能详细考证,情形恐亦相同。

③ 据《左氏师说》,作丘甲系使丘出甸马四,牛十二,甲士三,徒七十二人。

④ 《周礼》虽不尽实施之制度,但仍可反映当时现实。

⑤ "兵"字作军器解。

⑥ 详说参拙著《契丹的打草谷制度》。(一九五一年四月廿四日香港《大公报·新史学》)又伯恩斯坦亦言突厥之"黑民(kara－budun)还须自备兵器马匹,服务战役,而大部分战争掳掠品都须呈献伯克。掳掠战争在游牧经济中占有重要的地位。"(《科学通报》一卷八期五三三页引)

赋于民。凡民之租调以奉公上者二十分之十九,其一为兵,是以国富、民裕,亦不失其兵强也。田制既坏,府兵亦废,而唐常有养兵之困。"(《事笺》后集七)甚至西域人志费尼(Djouvéini)对于蒙古战士不特无饷,且每年还有定额献纳,亦极致钦慕①。然而环境不同,方法就未必能钞袭,《魏书·燕凤传》称,"军无辎重樵爨之苦,轻行速捷,因敌取资,此南方之所以疲弊而北方之所以常胜也。"北族战胜后准其军队虏掠,俘虏又得配给,反纳殊不为苛;我国文化前进,以秋毫无犯为口号,岂能适应?若徒因府兵可省度支,不从整个制度作深入之分析,此与保守派之空想唐、虞、三代,曾何以异。其次,漠北人惯于马上生活,倏忽百里,内地则交通匪易,旅费不资,"多惮劬劳,咸欲避匿",(先天二年诏)朱礼云:"其余隶他道者其隔远又何如?……武后时,兵当番上者以贫不能致,则其远,故败吾法也。"(《事笺》七)又《文献通考》一五一引章氏云:"唐以远近分番,皆以一月,恐太纷扰。……又唐在二千里外者亦不免,此法所以坏也。"②府兵之不适合于住国,番上尤其要因,制度本身确自有内在的矛盾,不复能继续维持下去。或误为吐蕃强盛促使府兵崩溃,则须知府兵之主要任务,在宿卫不在守边,统治者不可一日无宿卫以自固,故府兵去而彍骑立,彍骑废而禁军起,改变者只兵源及其组织,初非直接受吐蕃侵略之影响。

经此分析,唐代府兵之渊源,可以下一断论:即西魏、北齐同昉

① 冯译多桑《蒙古史》上一五六页。

② 《六典》五:"凡诸卫及率府三卫贯京北、河南、蒲、同、华、岐、陕、怀、汝、郑等州,皆令番上,余州皆纳资而已,"本指亲、勋、翊等三卫而言,谷氏引《唐大诏令》四天宝三年制,却疑纳资之法,后来推及于府兵。(一一一页注①)按天宝三年制并未说出府兵,且《六典》以开元廿五年成书,其时府兵已废,焉能有后来"推及",此忽略历史时间性之误。

自鲜卑(北魏),历周、隋以传于唐,是也。陈氏《略论稿》大致主张隋、唐制度承北齐不承北周,论兵制时亦不能扫除成见,一方面谓“后世史家以隋唐继承(西)魏、周之遗业,遂不能辨析名实真伪,往往于李唐之法制误认为(西)魏、周之遗物,如府兵制即其一例”①,别方面又谓“后期府兵之制全部兵农合一,实于齐制始见诸明文”②。按所谓“明文”系指河清三年(五六四)令,男子“率以十八受田输租调,二十充兵,六十免力役,六十六退田免租调”,(《隋书》二四)宋陈傅良《历代兵制》五据之以为府兵法之始基。按“兵”字可训作“民丁”,说见前节,“力役”与“军人”异,令文绝未提及“出军”,傅良实误将赋役令与军役令混而为一③,明乎此,则齐制兵农合一之说完全失其根据;未见有异于西魏之制矣。

由是言之,府兵之属,如仍代列缙绅,自可雇人替上,如其沦为破落,又易逃亡④,直至“侍官”恶詈,视若畏途,府兵已达到不能不变之境地,王夫之云:“府兵者犹之乎无兵也”,确一语破的。虽然,隋、唐保留此制,亦自有其用意。文官迁转,出途许多,武员则诸卫军将各有定额,容纳无几,贞观承奠定之余,前在战阵立功者如任其置散投闲,一则无以示奖劝,二又不足备警急。上府折冲都尉正四品上,果毅从五品下,别将正七品下,中下府以次递降,其余校尉、旅帅、队正、队副亦是品官,皆储材之选,升转之阶,府兵废而官吏仍不废,读史者可以悟矣。

---

① 《隋唐制度渊源略论稿》二页。

② 同上书一三八页。

③ 谷氏文亦犯此弊,今不详辨。

④ 同前引何兹全文以战死、逃亡,私家分割及军户解放为世兵数量减少之原因。(二五〇—二五二页)

随废府兵而连带引起者尚有募兵、边兵两个问题，今请先论募兵，边兵则于下节专言之。

征兵与力役同一性质，同出于原始社会①，后世乃有志愿募兵，两者孰利，为争讼未决之问题，或又主寓兵于屯（今军队协助生产，即其遗意之变通）。世无久远不弊之制，是在乎随时刷新。《荀子·议兵》："人主欲得善射、射选中微者，悬贵爵重赏以招致之。"首见选募之法（即职业兵），汉武帝以后常行之②。入唐则贞观十八年发天下甲士召募十万，并趣平壤，以伐高丽。（《旧·本纪》三）太宗对群臣曰，朕今征高丽，皆取愿行者，募十得百，募百得千。（《通鉴》一九七）龙朔元年，于河南、河北、淮南六十七州，募得四万四千余人，往平壤带方（《通鉴》作镂方）道行营。（《旧·本纪》四）咸亨三年正月，发梁、益等十八州兵募五千三百人往姚州击叛蛮。（《旧·本纪》五）《唐律》亦早有"征人"之规定。据是观察，知封建时代，常不得不兼用募法；盖人口既多，如普遍征兵，国家无需此巨大之军备，抑亦费用太大，官吏又易因缘为奸，不如召募之便利也。谷氏以为府兵之利在众强长久，"募兵的弊病甚多，兵的分子不良，亦其一种。府兵得免此弊。1. 简点丁壮，须验才力。2. 入籍以后，

① 伯恩斯坦曾指出，突厥族"加在黑民身上的兵役便是一种封建义务"，（据《科学通报》一卷八期五三三页引）此一事自当分别言之。早在原始社会时期，每一个团体已有防备暴兽或敌寇侵犯之必要，故各人尤其是成年及壮年的都须担任防御的职务。到后来知识渐进，从事分工，服兵之役乃专移于男子。再进一步阶级形成，选派之权，操于酋长。不过在游牧社会内，无论突厥或蒙古，充兵之义务，即贵族亦不能幸免。如错认为兵役到封建社会方始成立，则与社会发展之途径，不尽相合也。

② 《汉书》所记，如时有欲从军者辄诣长安（《汉书》四四《淮南王安传》）。元封二年，杨仆、荀彘将应募罪人击朝鲜。（《武帝纪》）始元元年，遣吕破胡募吏民击益州。（《昭帝纪》）神爵元年，发应募佽飞、射士等击西羌。（《宣帝纪》）留弛刑，应募及淮阳、汝南步兵……（六九《赵充国传》）家贫自奋募。（七〇《常惠传》）复发募士万人……（七九《冯奉世传》）都是选募之例。

不得改业。3. 农隙工余，须行自习，府有冬试，番上有校阅……4. 后备丁壮增多，可养成全国皆兵而无以兵为职业的风气”①。其实募兵亦可挑选。1、2 两点，并不见得募兵弗如府兵，以言操练，则职业兵更优为之，谷氏所提，未足以判二者之优劣。

邓广铭在其《试谈唐末的农民起义》一文②，追论彍骑之召募，又以为开元时失业农民已非常众多，将要纠合起来，打击李唐统治，“李唐政府当局在这一可能还只是一种可能而尚未成为事实的时候，先已体察出这危机，便把军事制度作了一番改变，诱使逋逃之人，争来应募。”吾人试回头一看，宿卫不给，除召募外有何救急之法？又再往后一看，安、史之乱，曾引不起农民大起义，是知如此分析之尚难成立也。

第二十二节　边　兵

未进入讨论之前，首须明了初唐时期国际间之大势与夫国防情形之急剧转变。自太宗平定突厥，三方大致无虞，而且边境得突厥诸族之拱卫，非徒无需乎边兵，有时藉其协助，还可向外伸展。高宗中叶以后则不然，始而西及西南受吐蕃之严重威胁，继而突厥脱离，北边复树一劲敌，最后则东北两蕃，亦时思蠢动。为布置国防，大增边兵，自是环境所驱使，绝非主在宿卫的府兵可以兼揽此重任。

① 《西魏北周和隋唐间的府兵》一一五 — 一一六页。此外尚提“居重驭轻”、“兵农不分”二点，已辨见前文。

② 一九五二年一〇月一七日《进步日报 · 史学周刊》一九期。

吕振羽对此一问题的观点是:“为着加强对被统治者的武装镇压,又助长藩镇制度的发展。”①按中央集权与地方分权是对立的矛盾,唐代藩镇之祸,完全导源于安史,其原因下文再有论及;现在所欲说者矛盾并非无法统一,如果把藩镇单纯地看成是无可避免之流弊,辩证法的作用岂不是因此而削弱?何况依下文表列,武后、玄宗两朝的增兵,都设在外敌可能入侵之要道,并非设在内地,只说为对人民镇压,也不符合事实。

抑府兵之数,是否足以内巩京畿,外备征御,尤为亟须展开讨论之问题。假依《家传》约六十八万人,只是可能征用之总数,然府兵为番上制,试酌中取八番算之,则同时上直者不过八万人,能否肩负此两项重任,大有疑问。职是之故,不得不取资于别项兵源。朱礼云:“一再传后,府兵内铲,边兵外作,伐叛讨逆,多倚镇兵,此与汉之调发郡国何以异”,(同前引)似憾其不能利用府兵者。但假使不依番例,多发府兵,则必须变制。况一经战阵,逃亡、伤虏复多,禁卫之旅,将益缺额,又何以善其后?而且太宗伐高丽用突厥及兰、河二州降胡,(《元龟》一一七)拒薛延陀用突厥兵马,(同上九九一)是亦镇兵之流,太宗已自开其例,非一再传,始破旧制。再从边兵方面观之,天宝初,河西节度领兵七万三千,陇右七万五千,原以备吐蕃,未几,安史难作,兵皆东调,吐蕃由是乘虚内侵,陇右十数州相继陷没。以我国幅员之广大,当日寇敌之环绕,缘边必须置兵,断为不易之论。汉踵秦制,郡国置材官,(《汉书·刑法志》)属于秩比二千石之都尉,(同上《百官表》)本文、武分途。建武以后,乃渐并尉(或都尉)职于太守。(《后汉书》三八《百官志》)唐

① 《中国民族简史》一九九页。

初,州郡兵马原令刺史掌之,自至德后节度使权重,各置镇将领其事,收刺史之权,遂尔自作威福(见元和十四年乌重胤奏)。其弊不在乎有边兵,而在节度使之权过重。安史弄兵之得以蔓延,不在乎府兵之废,而在乎无良好兵制以善其后。

朱礼云:"人以为府卫之法坏而后有方镇之兵,不知府卫之法成而方镇之形已具,府卫坏于内而方镇遂成乎外,内兵不足以捍外患,而至于倚镇兵,其来非一日之积矣。盖太宗既分天下为十道,又于军、镇、城、戍之兵,为十二道而置使处之,总之以都督者,此其为方镇之兆,特待时而张尔。"(《汉唐事笺》后集三)推方镇之祸于太宗,对唐制殊未了了。

太宗分十道,只地理上之区划,初与兵制无关,更未尝有十二道之设置(见下文)。景云二年(《通典》一七二及《旧书》七同,惟《旧书》三八讹三年),拟分置二十四都督府以统诸州,时议犹以权重不便而罢,太宗何曾有此倒行逆施?

开元廿一年,分国内为十五道,道置采访使,检察非法,如西汉之刺史,此为监察上之分区。天宝元年,置十节度、经略使以备边;曰安西,曰北庭,曰河西,以备西边。曰朔方,曰河东,曰范阳,以备北边。曰平卢(原治柳城),以备东边。曰陇右,曰剑南,以备西(南)边。曰岭南五府经略,以备南边。(《唐语林》八)次焉者有经略使一,曰长乐,福州刺史领之。守捉使二,曰东莱,莱州刺史领之,曰东牟,登州刺史领之。(《通典》一七二及《旧书》三八)此为兵防上指挥之分划,只施行于沿边地域,腹内如河南、江南、山南等都未设节度使,且与当日地理区划之十道,采访区划之十五道,其用各异,读史者最应分别清楚,无使混淆(并参看前十九节一七六页注①)。至于边州军镇,除设置年份未详者外,如

玉门军属河西，武德中置。（高祖）

合川郡守捉属陇右，贞观中置。

江源郡（即当州）属剑南，贞观廿一年置。（以上太宗）

河源、莫门、积石三军均属陇右，仪凤二年置。

云中郡守捉及大同军均属朔方，调露中置。（以上高宗）

建康军属河西，嗣圣初置。

清夷军属范阳，垂拱中置。

丰安军属朔方，万岁通天初置。

威武军属范阳，万岁通天二年置。

天兵军属河东，圣历二年置。

新泉军属河西，大足初置。

岢岚军属河东，长安中置。（以上武后）

定远城、中城、东城及西城均属朔方，景龙中置。（中宗）

平卢军属平卢，开元初置。

绥和、平夷二守捉均属陇右，开元二年置。

洪源郡（即黎州）属剑南，开元三年置。

白水军属陇右，开元五年置。

安人军属陇右，开元七年置。

瀚海军属北庭，横野军属河东，恒阳、北平二军属范阳，振威军属陇右，宁远军属剑南，均开元中置。

临洮军属陇右，昆明军属剑南，均开元中移置。

威戎、宁塞、镇西三军属陇右，均开元廿六年置。

天宝军及平戎城属剑南，均开元廿八年置。

宁寇军属河西，天宝二年置。

振武军属朔方，天宝中置。（以上玄宗）

知者四十，其置在贞观前者只三处，何因而归咎太宗？再就地域分析之，则西南边十九处（陇右十三，剑南六），北边十五处（朔方八，范阳四，河东三），西边五处（河西四，北庭一），东边一处（平卢），西南边最多，置于开元年间者占十四，以其时吐蕃最可虞也。

朱礼之误，误于《新书·兵志》；《兵志》既将部分设置兵防之十节度使，混同于原日全国地域分划之十道，复大错特错，于十节度之外，无端创出“江南道”、“河南道”二名，连十节度为“十二道”，于是有“福州经略军一曰江南道，平海军一、东牟、东莱守捉二、蓬莱镇一曰河南道”之误文。钱大昕《考异》四五曾引《新书》三八，登州“有平海军，亦曰东牟守捉”，以辨《兵志》之误一为二；又引莱州刺史领东莱守捉，登州刺史领东牟守捉，辨天宝以前初无河南节度之名。余按不特河南无节度，江南亦无节度，长乐只福州刺史兼领之使。《新书·地理志》莱州云：“又有蓬莱镇兵，亦曰挽强兵”，蓬莱镇疑亦莱州刺史兼领。《新·兵志》种种错误，朱礼非徒不省，更以归咎太宗，可谓不白之冤。

朱氏一面致慨河北、陇右折冲府之少，一面又痛斥河北（范阳、平卢）陇右（陇右、河西、安西、北庭）分镇之大，且申言：“其曰军、曰守捉、曰城、曰镇，隶焉者大者二十余，小者亦不下十余，以天下之极边，为天下之重镇，而抚之以都督，其品秩与十六卫将军同，乃在六尚书之上，而与左右仆射为一流，所为五大不在边者，果若是乎？”按府兵之主要任务为禁卫，道远则难致，朱氏亦既知之（见前廿一节），是不应慨边地置府之少也。都督有大（从二）、中（正三）、下（从三）之异，仆射从二，六尚书及卫大将军皆正三，大都督只有扬、幽、潞、陕、灵（幽州即范阳，灵州即朔方），如就中都督言之，则阶低于仆射，又非在六尚书之上。若高宗以后，吐蕃跳梁于西南，两蕃觊觎于东北，突厥猖獗于朔漠，边置重兵，由大将就近指挥应付，实迫切之图。惟通十节度镇兵凡四十九万，而范阳、平卢约占十三万（加入河东则为十八万余），则分配数目未免太大，玄宗之误，在于不善运用此种制度，而不在于边置重兵，吾人安得因噎而废食也。

或又批评唐代“其先也欲以方镇御四夷，而其后也则以方镇御方镇”，（《唐语林》八）朱礼亦云：“于是外镇盛强，其反者以镇兵，而讨平之者亦以镇兵”，其观念无非深信陆贽“居重驭轻”之原则。然中唐时除去长久分裂之河北及短期割据之数镇外，其余镇兵饷项，依然仰给中央，唐朝仍可以指挥调度，所失只在无久远处置之方；试观裴度平淮蔡，李德裕平泽潞，可作明确之反证。假如认定兵必驻内而后能消弭叛乱，则历史上变生肘腋者例固不少。神策军之地位固同于府兵（见上节），唐代迄未见其如何得力，且成为政治上之蠹虫，是知握指挥之权，尽操练之素，则无论外兵、内兵，同一收效，如其不然，内兵之为害，与外兵等。例如元和七年李绛奏，唐之京西、京北，皆有神策镇兵，原以备御吐蕃，使与节度使掎角相应。今则每有寇至，节度使邀与俱进，辄云申取中尉处分，比其得报，虏去已远。纵有果锐之将，闻命奔赴，节度使无刑戮以制之，相视如平交，左右前却，莫肯用命。请据所在之地，士马及衣粮器械，皆割隶当道节度使，俾号令齐一，如臂使指，斯吐蕃不敢入寇云云；府兵纵使保存，未必即能却安、史之凶锋也。

大抵朱礼论兵制诸端，都不切要，唯云：“凡天下之物，极于成者必坏，而萌于始者必极于成而后已，犹言人之生也，稚而壮，壮而衰，衰而老，老而亡，此其常也”；颇与今世发展、矛盾之说合，则其一节之可取者。

天宝元年十节度兵马数目,《通典》一七二、《元和志》、《旧书》三八、《通鉴》二一五及胡注所记多异同,复互有错漏,严衍《通鉴补》只据《旧书》细数来校改,则陷于片面的观点。十余年前余撰《通鉴唐纪比事正误》,曾参合各书,作为校正,兹以所得结果列表如后,若其校改理由,则有本文在,不复著于篇。

天宝元年各镇军马数目校正表

表例　以各边轻重为序,总数大写,细数小写。

军镇名称	兵 数	马 数
朔方节度	陆肆、柒〇〇	壹肆、叁〇〇
经略军	二〇、七〇〇	三、〇〇〇
丰安军	八、〇〇〇	一、三〇〇
定远军(城)	七、〇〇〇	三、〇〇〇
西受降城	七、〇〇〇	一、七〇〇
东受降城	七、〇〇〇	一、七〇〇
安北都护	六、〇〇〇	二、〇〇〇
单于都护	九、〇〇〇	一、六〇〇
河东节度	伍伍、〇〇〇	壹肆、〇〇〇
天兵军	二〇、〇〇〇	五、五〇〇
大同军	九、五〇〇	五、五〇〇
横野军	三、〇〇〇	一、八〇〇
岢岚军	一、〇〇〇	
云中守捉	七、七〇〇	一、二〇〇
忻州	七、八〇〇	
代州	三、〇〇〇	
岚州	三、〇〇〇	
范阳节度	玖壹、〇〇〇	陆、伍〇〇
经略军	三〇、〇〇〇	五、四〇〇
威武军	一〇、〇〇〇	三〇〇
清夷军	一〇、〇〇〇	三〇〇
静塞军	一一、〇〇〇	五〇〇
恒阳军	六、〇〇〇	

续表

北平军	六、〇〇〇	
高阳军	六、〇〇〇	
唐兴军	六、〇〇〇	
横海军	六、〇〇〇	
安西节度	贰肆、〇〇〇	贰、柒〇〇
北庭节度	贰〇、〇〇〇	伍、〇〇〇
瀚海军	一二、〇〇〇	四、二〇〇
天山军	五、〇〇〇	五〇〇
伊吾军	三、〇〇〇	三〇〇
河西节度	柒叁、〇〇〇	壹玖、肆〇〇
赤水军	三三、〇〇〇	一三、〇〇〇
大斗军	七、五〇〇	四、四〇〇
建康军	五、三〇〇	五〇〇
宁寇军	八、五〇〇	一〇〇
玉门军	五、二〇〇	六〇〇
墨离军	五、〇〇〇	四〇〇
豆卢军	四、三〇〇	四〇〇
新泉军	一、〇〇〇	
张掖守捉	五〇〇	
交城守捉	一、〇〇〇	
白亭守捉	一、七〇〇	
陇右节度	柒伍、〇〇〇	壹〇、陆〇〇
临洮军	一五、〇〇〇	八、四〇〇
河源军	一四、〇〇〇	六五〇
白水军	四、〇〇〇	五〇〇
安人军	一〇、〇〇〇	三五〇
振威军	一、〇〇〇	
威戎军	一、〇〇〇	五〇
漠门军	五、五〇〇	二〇〇
宁塞军	五〇〇	五〇
积石军	七、〇〇〇	一〇〇
镇西军	一二、〇〇〇	三〇〇

续表

绥和守捉	一、〇〇〇	
合川守捉	一、〇〇〇	
平夷守捉	三、〇〇〇	
剑南节度	叁〇、玖〇〇	贰、〇〇〇
天宝军	一、〇〇〇	
平戎军	一、〇〇〇	
昆明军	五、二〇〇	二〇〇
宁远军	五〇〇	
澄川军	二、〇〇〇	
南江军	二、〇〇〇	
益州团结营	一〇、〇〇〇	一、八〇〇
翼州	五〇〇	
茂州	三〇〇	
维州	五〇〇	
柘州	五〇〇	
松州	二、八〇〇	
当州	五〇〇	
雅州	四〇〇	
黎州	一、〇〇〇	
姚州(云南郡)	二、三〇〇	
悉州(归诚郡)	四〇〇	
平卢节度	叁柒、伍〇〇	伍、伍〇〇
平卢军	一六、〇〇〇	四、二〇〇
卢龙军	一〇、〇〇〇	五〇〇
榆关守捉	三、〇〇〇	一〇〇
安东都护	八、五〇〇	七〇〇
岭南经略	壹伍、肆〇〇	
经略军	五、四〇〇	
清海军	二、〇〇〇	
桂管	一、〇〇〇	
容管	一、一〇〇	
邕管	一、七〇〇	

续表

安南府	四、二〇〇	
长乐经略	壹、伍〇〇	
东莱守捉	壹、〇〇〇	
东牟守捉	壹、〇〇〇	

合计北边兵二一〇、七〇〇，马三四、八〇〇，西边兵一一七、〇〇〇，马二七、一〇〇，西南兵一〇五、九〇〇，马一二、六〇〇，东边兵三七、五〇〇，马五、五〇〇，南边兵一五、四〇〇，总计共边兵四十九万，马八万。登、莱二守捉盖备东北诸国登陆之口岸，福州则为日本来航南路之所至也。

第二十三节　西方乐曲影响于开元声律及体裁 从《实践论》看诗词与音乐之分合

《史记》称《诗》三百五篇，孔子皆弦歌之，周代歌谣为四拍子之歌，用构成四言诗之基础①，然亦间插二、三言或五、六、七言之句。春秋时列国交际，《左传》屡记歌诗，诗（至少一部分）可以合乐，不成疑问。惟入汉以后，诗与乐乃呈分离之迹。元稹《乐府古题序》云："《诗》讫于周，《离骚》讫于楚，是后诗之流为二十四名：赋颂铭赞文诔箴；诗行咏吟题怨叹章篇；操引谣讴歌曲词调；皆诗人六义之余。……由操而下八名，……在音声者因声以度词，审调以节唱，句度短长之数，声韵平上之差，莫不由之准度；而又别其在琴瑟者为操、引，采民甿者为讴、谣，备曲度者总得谓之歌、曲、词、

① 据昭和十五年《东方学报》泷辽一撰文。

调,斯皆由乐以定词,非选词以配乐也。由诗以下九名,……悉谓之为诗可也;后之审乐者往往采取其词,度为歌曲,盖选词以配乐,非由乐以定词也。而纂撰者由诗而下十七名,尽编为乐录、乐府等题,……亦未必尽播于管弦明矣。后之文人达乐者少,不复如是配别,但遇兴纪题,往往兼以句读短长为歌、诗之异。"(《长庆集》二三)其言颇能尽诗、乐分流之理致,申言之,歌唱之诗(即时代较前之"乐府"),至中唐已渐以"长短句"为流行之正体。

西汉作品无多,亦复疑议纷起。东汉之末,曹植及建安七子(孔融、陈琳、王粲、徐干、阮瑀、应玚、刘桢),首享盛名。晋宋之间,陶(潜)、谢(灵运)鹊起。阴(铿)、何(逊)、鲍(照)、庾(信),六朝所重。初唐陈子昂《感遇》等章,媲美黄初,(沈德潜《唐诗别裁·凡例》)下逮宋(之问)、沈(佺期),不脱六代遗风①。

唐诗革新,始于开元中之趋重声律;天宝末,殷璠《河岳英灵集》序云:"武德初微波尚在,贞观末标格渐高,景云中颇通远调,开元十五年声律风骨始备矣。实由主上恶华好朴,去伪从真,使海内词人,翕然遵古,有周风雅,再阐今日。"按唐人称玄宗重声乐,(《明皇杂录》)能自度曲(元稹诗:"明皇度曲多新态,宛转浸淫易沈着"),开元中凉州进《凉州曲》,后来锡名《霓裳羽衣》②,又好聆

---

① 元好问《论诗》云:"沈、宋横驰翰墨场,风流初不废齐梁,论功若准平吴例,合著黄金铸子昂。"翁方纲云:"于初唐独推陈射洪,识力直接杜、韩矣。"但子昂之诗,仍未走上声律一途。

② 郑棨《开天传信记》:"西凉州俗好音乐,制新曲曰《凉州》,开元中列上献之";郑嵎《津阳门》诗注:"叶法善引明皇入月宫闻乐归,笛写其半,会西凉府杨敬述进《婆罗门曲》,声调吻合,按之便韵,乃合二者制《霓裳羽衣曲》";又《会要》三三,天宝十三载,"《婆罗门(曲)》改为《霓裳羽衣》",是《凉州》与《霓裳羽衣》本是一曲。唐人《西域记》云:"如《伊州》、《凉州》、《甘州》,皆龟兹至也",(据《西清诗话》引)则《霓裳》实西域乐调。(参胡仔《苕溪渔隐丛话》二四)

《水调》①。仓皇出走,犹令美人歌之,(《次柳氏旧闻》)习染成风,达官贵人皆喜言音律。(《新唐书》二二)然殷璠何以举开元十五为限?犹未有说。今考开元十三年,诏张说改定乐章,玄宗自定声度,说为之词令,(《会要》三二)新乐谱须新词相配,诗取谐叶,当缘于此。试观旗亭画壁(见《集异记》)②及元稹诗之"休遣玲珑唱我辞"(商玲珑乃余杭歌者),中唐唱诗之盛,可见一斑。然两汉以后之诗,多限于五、七言,不能发生天籁,往往辞不达意。遇着西方乐谱大量涌入,有调而无词,一般诗家既昧于乐律,弗能适应潮流,而田野作品又被缙绅阶级视为粗鄙之音,为急于实用,就不能不取较短之曲,迁就流行之诗篇,此开、天间七绝、五绝所以成为歌诗之原因。(王士祯谓绝句为唐之乐府)行之稍久,或渐推及律诗。故唐诗之变化,西方乐曲实具莫大之潜移力,前人论唐诗演进,都未发之,今幸得当时殷璠之言相启示也。或委其功于进士科,然进士程试,诗、赋、策三者并行,岂诗独蒙其影响?宋葛胜仲《丹阳集》有言:"省题诗自成一家,非他诗比",今试取白居易《省试玉水记方流》诗观之:

良璞含章久,寒泉彻底幽。尹孚光滟滟,方折浪悠悠。凌乱波纹异,萦回水性柔。似风摇浅濑,疑月落清流。潜颖应旁达,藏真岂上浮。玉人如不记,沦弃即千秋。

体格犹清代之"六韵试帖",与白氏他诗迥异,固知归功进士科非探

① 《唐会要》三三:"南宫商,时号《水调》";敦煌写本有《水调词》一首,(《敦煌曲子词集》下)则七律诗也。

② 此为高适、王昌龄、王之涣同饮旗亭之故事。近岁出土《王之涣墓志》称,之涣卒天宝元年。(参拙著《续贞石证史》二四九—二五〇页)

源之论。明宋新吴《歌记》以为“诗必歌唱而始极其致”，可谓独有会心。

再论到词，《毛诗》：“殷其雷，在南山之阳”，此三、五言调也，“鱼丽于罶，鲿鲨”，此二、四言调也，“遭我乎猛之间兮，并驱从两肩兮”，此六、七言调也，（《药园闲话》）则长短句早创于东周。惟两汉之世，在文艺场中调久不弹（民间歌谣不在此论），逮六朝而复活；明杨慎谓梁简文帝《春情》之格韵似《瑞鹧鸪》，清毛奇龄衍其说，推本于宋鲍照之《梅花落》，此外更举梁武帝《江南弄》等篇。

由诗而嬗渡到词，除前引元稹外，旧说多未能详析其真相，或以为起于偷声①，甚者将“诗”“词”两项作鸿沟之分割。《苕溪渔隐丛话》后集三九云：“唐初歌辞多是五言诗或七言诗②，初无长短句。中叶以后至五代，渐变成长短句，及本朝则尽为此体。今所存止《瑞鹧鸪》、《小秦王》二阕是七言八句诗并七言绝句诗而已；《瑞鹧鸪》犹依字易歌，若《小秦王》必须杂以虚声，乃可歌耳”，始提“虚声”的名称。《朱子语类》一四〇云：“古乐府只是诗中间却添许多泛声，后来人怕失了那泛声，逐一声添个实字，遂成长短句，今曲子便是。”又《全唐诗》附录云：“唐人乐府元用律、绝等诗，杂和声歌之；其并和声作实字，长短其句以就曲拍者为填词。”所谓“泛

① 谓将七字句中一字偷去而分为每三字一句，成两句，是为原始词体，例如张志和《渔歌子》：“西塞山前白鹭飞，桃花流水鳜鱼肥，青箬笠，绿蓑衣，斜风细雨不须归。”见一九二六年《学衡》五七期王易《词曲史》二一 — 二二页。

② 如《陆州歌》、《祓禊曲》、《思归乐》、《纥那曲》、《甘州》皆五绝，《凉州歌》、《伊州歌》、《破阵乐》、《水调歌》、《何满子》、《清平调》、《雨霖铃》、《渭城曲》、《竹枝》、《杨柳枝》、《浪淘沙》、《突厥三台词》、《欸乃曲》皆七绝，又《抛球乐》为七言六句。

声”、“和声”，同是“虚声”之变文①，然说来话长，反不如元稹之“由乐以定词”，五字已尽其意，而“倚声”之命名较之“词”为浑成也。清汪森《词综》序：“自有诗而长短句即寓焉，……谓诗降为词，以词为诗之余，殆非通论。”张惠言《词选》序：“词者盖出于唐之诗人采乐府之音以制新律。”又青木正儿言，有乐曲而无乐章，因新作乐章以应之，隋唐以来，西域等地传入乐曲极多，唱时或须一字之延，或须泛声之用，或须改修原曲以谋调和，如仍采用律、绝，极不自然，新作家因致力于顺应大势。总言之，破绝句之单调，脱绝句之传统而复归于乐府之长短句，更展开一新生面②。对于诗、词之源流、演变，可谓探得骊珠矣。

今更详之，崔令钦《教坊记》（约开、天间作）著录曲名三百二十余，已见《渔歌子》、《杨柳枝》、《浪淘沙》、《抛球乐》（《刘梦得集》）、《长相思》（《白居易集》）等称；敦煌抄本之曲子，什九亦在其内，未见者只《婆罗门》、《水调词》、《别仙子》、《捣练子》、《恭怨春》（疑是《教坊记》“宫人怨”之讹）、《内家娇》、《郑郎子》、《斗百草》、《阿曹婆》数种③。又《敦煌残卷工尺谱》之八谱，已见者《倾杯乐》、《西江月》、《心事子》、《伊州》、《水鼓子》、《长沙女引》、《撒金砂》，未见者《营富》；《舞谱》之六谱，已见者《遐方远》、《南歌子》、

① 据青木正儿《词格长短句发达之原因》。（大正十三年《支那学》三卷九期）又清万树《词律》以“和声”为群相随和之声，青木氏非之，谓虚声、泛声乃唱者自唱无意义之“拍子言叶”，补充乐章本文对乐曲不足之部分以合于拍子。唱者之外，群众歌和，则为有意义之文，性质迥异。按《毛诗》之“也”、“矣”等字入韵或不入韵，前人各有所主，未尝不可以“虚声”解之。

② 同注①引文。

③ 王重民《敦煌曲子词集·叙录》一一三页。又《乐世》即《绿腰》，已见阴法鲁《敦煌曲子词集序》。《剑器词》当即《剑器子》。

《南乡子》、《浣溪沙》、《凤归云》，未见者《双鹳子》[1]。可知词之乐谱，早大量孕育于开、天之间。又据《会要》三三，天宝十三载太常寺奏请改定曲名，颁示中外，观其所列原名，显有不少译自西方语言，但初次定于何时，并无明文，殷璠特提开元十五为声律始备之岁，又使吾人相信此种译出曲名，原为开元十三年张说所定（参前文）。总言之，开元十五不单是唐诗革新之开基，而且为词或长短句之初孕；亦即是说，唐诗与词皆受音乐所影响而改变，而转进。

《实践论》有云："人类认识的历史告诉我们，许多理论的真理性是不完全的，经过实践的检验而纠正了它们的不完全性。"[2]盖唐前五、七言诗是"文人"鉴赏品，非群众鉴赏品，缺乏音乐美丽感。嗣西乐谱大量输进，悠扬悦耳，国人遂将原有之诗，与之配合歌唱，同时又创为平起、仄起等格调（我国之平仄分声即音乐之调子），由是唐诗始踏上声律之途而诗与乐复合，是为诗格通过实践后之第一次变化。诗虽可唱，然以整齐之字数，配合种种变化之乐谱，行之稍久，终觉其削足适履，于此之时，文人略了解音乐之变，乃长短其句法，使入奏之辞更能与谱相适应，构成晚唐至宋代之"词"，是为诗格通过实践后之第二次变化。长短句固取其易与谱合，进一步乃如李清照所云："歌词分五音，又分五声，又分音律，又分清浊、轻重"（大约如今北剧尖声、团声之类），填词到此境地，渐算尽诗、乐合拍之能事。无如文人方面，达乐者究属少数，由于不求实践，不能使作品群众化，开其倒车，词之大部分又与乐日相违而回到

---

① 各谱名见王重民《敦煌曲子词集·叙录》六页。《水鼓子》，《教坊记》作《水沽子》。《长沙女引》，疑是《长命女》。《遐方远》，《教坊记》作《遐方怨》。

② 《毛泽东选集》第一卷二九二页。

诗、乐离立之境况。惟能接近群众者仍保持诗、乐之配合,且于谱中间歇处插入说白,造成金、元时代“曲”之一格,是为诗格通过实践后之第三次变化。质言之,此一连串的变化,系由“诗为主体”转入“乐谱为主体”之时期,诗格乃益臻于完备及美丽,是进化的,不是退化的,所谓“实践、认识、再实践、再认识”①之循环也②。

唯其如此,故近人谓刘禹锡之《杨柳枝》词与《浪淘沙》词③同一体裁,不应列作词体④,系由于不明诗、词本无绝对界限,同是七绝,未必同配一谱,且歌唱时总可活动运用之。又如王易谓禹锡之《浪淘沙》,与李后主作不同,《教坊记》之《倾杯乐》、《苏莫遮》,仅见于宋词⑤,则由未知以诗凑谱,其句法、字数常可出入,且未得见敦煌钞本也。

曲牌多随意命名,别无深意;较古者如《菩萨蛮》,本自波斯语mussalman(阿敕伯语 muslin)即“回教徒”之意⑥,《苏幕遮》又作

---

① 《毛泽东选集》第一卷二九五页。

② 明王骥德《曲律杂论》云:“吾谓诗不如词,词不如曲,故是渐近人情。夫诗之限于律与绝也,即不尽于意,欲为一字之益,不可得也。词之限于调也,即不尽于吻,欲为一语之益,不可得也。若曲则调可累用,字可衬增。诗与词不得以谐语方言入,而曲则惟吾意之欲至,口之欲宣,纵横出入,无之而不可也,故吾谓快人情者要无过于曲也。”旧体之诗、词、曲固各有其妙境,然从一般言之,曲实最通俗化之体裁也。

③ 后世多作“浪淘沙”;按刘词:“浪涛风簸自天涯”,“君看渡口涛沙处”,“春风吹浪正涛沙”,“流水涛沙不暂停”,均作“涛”,敦煌写本同。唯今本崔令钦《教坊记》作“淘”。又《敦煌掇琐》一一《舜子至孝变文》有“舜子涛井得银钱”之句,知唐人用“涛”作“淘”。

④ 杨启高《唐代诗学》二六七页。

⑤ 同二二八页注①引《学衡》。

⑥ 据《蒲寿庚考》七三页转引。桑原隲藏又据胡应麟《笔丛》,谓此曲殆以唐苏鹗《杜阳杂编》所记为最早,(同上引)金启综认为宣宗自制,《望江南》为大和中李德裕自创,(一九五四年《历史教学》二号三页)但王国维固称,《菩萨蛮》、《望江南》二调,开元教坊已有之,(《集林》二一)金氏之误,盖本自《乐府杂录》。

《苏摩遮》，是波斯人侑神之曲[1]。又有《泛龙舟》[2]（或省言《龙舟》）、《柳青娘》（以上四曲名均见《教坊记》）；按《敦煌曲子词集》下《汎龙舟》一首，词云："春风细雨沾衣湿，何时脱忽忆扬州，南至柳城新造日，北对兰陵孤驿楼，回望东西二湖水，复见长江万里流，白鹤双飞出蹊（豁）壑，无数江鸥水上游。"广州之《龙舟》，体裁大致亦如此，后来有减字或加字，不作呆板的七言，则犹乎诗之变为长短句也。粤小调亦有《柳青娘》，与《龙舟》当皆唐世传下之名称。

第二十四节　盛唐、中唐、晚唐之诗人

品唐诗者向分初唐（景云以前）、盛唐、中唐、晚唐四期，本无划然之年限。初唐略见前节，今只就末三期摘出其较著之人物[3]。

甲、盛唐　录十二人。

常建　长安人，开元十五年进士，《新唐书》六〇只称"肃、代时人"，盖未详考。《河岳英灵集》首列其诗，好处在于玄妙。

---

① 关于此曲之详细考证，见拙著《唐代戏乐之波斯语》。（《东方杂志》四〇卷一七号四六 — 五〇页）苏摩系一种有毒蔓草，梵文作 Soma，"遮"本自 Yašt，此云曲，即波斯人供奉"苏摩"神之曲。《张说之集》一〇有《苏摩遮》五首，旧注云，"泼寒胡戏所歌"，其第一首云："摩遮本出海西胡，琉璃碧眼紫髯须"（"碧"字系余所校正），按依《魏略》，"海西"应指欧洲，而张说明以指波斯，此与下节二一八页注①余谓李阳冰用"条支"字不过泛指西域，正可相证。《宋史 · 高昌传》："妇人戴油帽谓之苏幕遮"，或因歌唱时有此服饰而误会。辽希麟（统和五年丁亥）《续一切经音义》云："案《苏莫遮》，胡语也，本云飒摩遮，此云戏也，出龟兹国。"林谦三评云，"此语不得为梵语"。（同前引书一四九页）

② 林谦三云，清乐《泛龙舟》，《会要》入《小食调》，龟兹乐工白明达所造。（同前引书一六〇 — 一六一页）

③ 以下涉于诗之评品，除特著外，多取材于翁方纲之《石洲诗话》。

崔颢　汴州人，开元十一年进士，官至司勋员外，天宝十三载卒。（《旧书》一九〇下）《黄鹤楼》诗最知名，李白所谓"眼前有景道不得，崔颢题诗在上头"者也。（《渔隐丛话》前五）①

孟浩然　襄阳人，开元末卒，（《新书》二〇三）又称孟山人。皮日休云，遇景入韵，不拘奇抉异，涵涵然有平大之风。（同前《渔隐》后九）

王昌龄　江宁人，开元十五年进士，屡贬龙标尉。（同前《新书》）精深可敌李东川（颀），而秀色更掩出其上。

储光羲　兖州人，开元十四年进士，历监察御史，（《才子传》一）后人或误称储太祝。诗以浅淡鸣，得陶之质。

李颀　东川人，开元廿三年进士。七律自杜甫外，唐人莫之与京。

高适　旧、新《书》均有传，又称高散骑。诗浑朴老成。

王维　字摩诘，祁人，开元十九年进士，官至右丞，亦善画。（同前《旧书》）性闲音律，妙能琵琶。（《集异记》）苏轼云："味摩诘之诗，诗中有画，观摩诘之画，画中有诗。"其五言神超象外。

岑参　南阳人，天宝三年进士，官至嘉州刺史。长于五言。（吴师道《诗话》）奇峭为入唐以来所未有。

刘长卿　宣州人，字文房，开元廿一年进士，终随州刺史。（拙著《姓纂四校记》八四页）以五古胜，七古渐入坦迤。翁方纲置中唐，于时序不合。

李白　字太白，号谪仙，世又称李供奉，涉其籍贯，近人颇多

① 崔诗首句，《该闻录》及《渔隐》后一七皆引作"昔人已乘白云去"，但如此则第三句"黄鹤一去不复返"之"去"，上无所承矣，似以"已乘黄鹤去"为是。此诗之妙，即在首四句中三用"黄鹤"字。

异议①。盛唐之诗，陵跨三唐，而李、杜齐名，又盛唐之霸主也。王安石云，李白歌诗豪放飘逸，人固莫及，然其格不知变。（金王若虚《滹南诗话》）大约元稹以后，评者意多偏杜；今试就琢句比之，李云："山随平野尽，江入大荒流"，是眼前真景色，杜云："星垂平野

① 李阳冰《太白集序》："凉武昭王暠之后，谪居条支，神龙之始，逃归于蜀，复指李树而生伯阳"；冯承钧谓"条支为古之亚叙利亚（Assyri）"，因疑白是华化蕃胡，（《东方杂志》廿七卷十七号六七页《唐代华化蕃胡考》）陈寅恪亦著《李太白氏族之疑问》。（《清华学报》十卷四期）按徙罪人谓之"谪"，条支如果指西亚，我国何以能有此权力？试观下文即接言指李生伯阳（即老子李耳），则"条支"一词，在阳冰或只用作"典藻"以泛指西边，非必实言其地也（参前节二一六页注①）。让一步说，条支自《史》、《汉》著录以后，二千年来考证者不下十余家，当今日何地，各持一说，迄无定论，唐人尤其是阳冰对条支位置，恐比今人更不了了，由是益反映"条支"之用法与"伯阳"同为词藻而非现实。易言之，殆泛指玉门关外唐代所辖之西域，故能徙谪罪人。日人中村又疑李白《上云乐》所咏康老系一景教教徒（大正十四年六月号《史学杂志》；方豪在《东方杂志》四一卷八号撰文，即本自中村）；按《上云乐》之"金天之西，白日所没，康老胡雏，生彼月窟，巉岩容仪，戌削风骨。碧玉炅炅双目瞳，黄金拳拳两鬓红。华盖垂下睫，嵩岳临上唇。不睹诡谲貌，岂知造化神"，不过泛描一般白种人形态，初无景教徒意味。下文接云："大道是文康之严父，元气乃文康之老亲，抚顶弄盘古，推车转天轮，云见日月初生时，铸冶火精与水银，阳乌未出谷，顾兔半藏身，女娲戏黄土，团作愚下人，散在六合间，濛濛若沙尘，生死了不尽，谁明此胡是天真"，实将周舍原文"遨游六合，傲诞三皇，……昔与若木为友，共弄彭祖扶床，往年暂到昆仑，复值瑶池举觞，周帝迎以上席，王母赠以玉浆"，任意扩大之，"大道"、"元气"犹是描写神仙通用之语，更不定指景教教义。胡震亨泥读其文，遂疑白诗之"陛下应运起，龙飞入咸阳"数句，系指肃宗朝此胡来游，（《太白集注》三）殊不知永王璘以至德二载二月败死，白随被贬，是年九月始收复长安，京师之事，白未必详知，即知之，世亦岂有真敢自夸"抚顶弄盘古"之人耶？唯本无其事，故白自注曰"拟作"，无非借此以颂肃宗（参看《隋史》讲义十六节注），诗人荒唐之言，直可放四海，弥六合，今乃视作实事，加以考订，不其傎欤！

《列子·汤问》："秦之西有仪渠、文康之国。"仪渠即义渠，余已证为梵文 Agni 之音写，义云"火国"，可能与后世之焉耆有关。文康，余旧疑其在印度西北，今乃知不然。考撒马尔干古名为 Markand（a），见 Arrian 之《亚历山大王东征记事》，（据白鸟《塞外史地论文译丛》二辑一六七及一七〇页）kand 即"康"国所由名，"文"古读从 m——发声，故"文康"之原语，可断其为康国都城古名 Markand（a）之汉译，人以地名也。唯其为康国人，故又曰"康老"，得此语原而全诗之意义可解。抑据勒柯克（Le Coq）说，摩尼当日亦风行于粟特，是知康老为景教教徒之拟议，益觉不易成立。

阔，月涌大江流”，出句已流入意象，不及李之自然，是亦各有千秋者矣。朱熹云：“《古风》两卷多效陈子昂，亦有全用其句者。”

杜甫　字子美，家居长安南之少陵，肃宗初，拜右拾遗，后佐严武于成都，授检校工部员外。元稹作墓系，称其“上薄风、骚，下该沈、宋，言夺苏、李，气吞曹、刘，掩颜、谢之孤高，杂徐、庾之流丽，尽得古今之体势，而兼人人之所独专。”秦观云：“子美者穷高妙之格，极豪逸之气，包冲澹之趣，兼峻洁之姿，备藻丽之态。”（同前《渔隐》前六）唯绝句少唱叹之音。（《唐诗别裁》）翁方纲云，七律则雄辟万古，前后无能步趋者。

乙、中唐　录廿五人，诸贤率比肩，难轩轾，故所录反多于盛唐。

韦应物　京兆人，少以三卫郎事玄宗，玄宗崩，始折节读书，官左司郎中及苏州刺史。白居易云：“苏州歌行，才丽之外，颇近兴讽，其五言又高雅闲澹，自成一家。”魏道辅言韦古诗胜律诗。（《临汉隐居诗话》）苏轼称柳宗元诗居韦上，许彦周（𫖮）《诗话》、王世贞《艺苑卮言》及王士祯《论诗绝句》均不谓然。翁方纲云，韦独得陶之隽。

钱起　吴兴人，字仲文，天宝十年进士，终考功郎中①。《江行》百篇，韵短意密。（吴师道《诗语》）与卢纶、吉中孚、韩翃、司空曙、苗发、崔峒、耿沣、夏侯审、李端同号大历十才子。（《极玄集》上）②

---

① 参拙著《读全唐诗札记》九七页。

② 按《新唐书》二〇三卢纶诗序称，与吉中孚、司空曙、苗发、崔峒、耿沣、李端风尘追逐，向三十载，（《全唐诗》五函二册）可见此十人之名，出自当日品骘。宋江休复《邻几杂志》去韩、崔、夏侯，而增皇甫曾、郎士元、李益、李嘉佑，得十一人，于数不符。翁方纲《石洲诗话》二不数吉、苗、崔、夏侯，而易以刘长卿、郎士元及皇甫冉、皇甫曾兄弟，管世铭《读雪山房诗钞》比翁氏更多去耿沣，而进长卿、士元、冉及二李（益、嘉佑），杨启高却主张管氏之说，（《唐代诗学》一九九页）此无非后世诗家因崔、苗、耿等存作无多，遂强参己见而改造历史，殊不知其违背“大历十才子”之现实也，故不取。

卢纶　蒲人，在十才子中号为翘楚。（吴师道《诗话》）

韩翃　南阳人，字君平，天宝十三年进士，终中书舍人，即春城无处不飞花之韩翃也。风致翩翩，有右丞格韵，惟已开晚唐拗调。

司空曙　广平人，字文明，终驾部郎中，绪思尤精。（吴师道《诗话》）

皇甫冉　安定人，字茂政，天宝十五年进士，终右补阙。（《新书》二〇二）在中唐所谓铁中铮铮者。（吴师道《诗话》）其弟曾，同登天宝进士，亦有诗名。（同上《新书》）

李益　陇西人，字君虞，大历四年进士。其七绝与刘禹锡皆足方驾盛唐。

柳宗元　贞元九年进士。苏轼称其诗在韦应物之上。（说见前）元好问云，“柳子厚，唐之谢灵运”，持论与苏同。

刘禹锡　字梦得，贞元九年进士，官至太子宾客，黄庭坚云，“《竹枝》九章，词意高妙”，（同前《渔隐》前二〇）骚之裔也。唯不工古诗。（同前《别裁》）

李贺　唐之宗室，字长吉，居河南昌谷。乐府数十篇，云韶诸工皆合之弦管。（《新书》二〇三）杜牧《长吉诗序》云：“使加以理，奴仆命骚可也。”其《美人梳头歌》完全画出一个封建时代奄奄无生意之女子①。

贾岛　范阳人，字浪仙（或作阆仙），曾官长江主簿，初为僧。苏轼称“郊（孟郊）寒，岛瘦，元轻，白俗”，然五律亦多胜慨。

---

① 歌云：“西施晓梦绡帐寒，香鬟堕髻半枕檀，辘轳咿哑转鸣玉，惊起芙蓉睡新足。双鸾开镜秋水光，解鬟临镜立象床，一编香丝云撒地，玉梳落处无声腻。纤手却盘老鸦色，翠滑宝钗簪不得，香风烂熳恼娇慵，十八鬟多无气力。妆成鬖髻欹不斜，云裾数步踏雁沙，背人不语向何处，下阶自折樱桃花。”读之亦略见唐代女子之发饰。

卢仝　范阳人，自号玉川子。（《新书》一七六）翁方纲只称其《月蚀》一篇为雄快奇作；按卢又有《谢孟谏议惠茶歌》，歌云："天子须尝阳羡茶，百草不敢先开花。"（阳羡今江苏宜兴）又"安得知百万亿苍生命，堕在颠崖受辛苦，便为谏议问苍生，到头合得苏息否？"设辞深刻，固可作一幅流民图看。

权德舆　武元衡　两人皆元和宰相，词并清超。

张籍　和州人，（《新书》一七六）[①]贞元十五年进士，曾官水部郎中，终国子司业。乐府天然清削，奇艳不及李贺而真切过之。

王建　字仲初，大历十年进士。以宫词称，与张籍齐名。

李德裕　律诗胜于古诗，五言又胜七言，（《临汉隐居诗话》）虽不敌白居易，亦权、武二相之亚也。

白居易　字乐天，生大历七年，终会昌六年，贞元十六年进士，身历八朝，官终少傅[②]。长庆时始编集，自号《长庆集》。"情致曲尽，入人肝脾，随物赋形，所在充满，……人或以浅易轻之，盖不足与言矣。"（《滹南诗话》）元好问云："陶渊明，晋之白乐天。"翁方纲云："白公之为广大教化主，实其诗合赋、比、兴之全体，合风、雅、颂之诸体，他家所不能奄有也"；又云："白公五古上接陶，下开苏、陆。七古乐府则独辟町畦，其钩心斗角、接筍合缝处，殆于无法不备。"按白之《新乐府》诸篇，指陈民间疾苦，讥刺朝政得失，真可当社会政治史读，不应徒以诗视之。

元稹　字微之，曾入相。诗与白齐名，所谓长庆体也。诗至元、白，针线钩贯，无乎不到，所以不及前人者，太露太尽耳。

---

① 宋汤中考订其为吴郡人，见《直斋书录解题》一九。

② 白罢太子少傅，以刑部尚书致仕，后人多误称为太傅。

张祜　字承吉，南阳人，绝句佳妙（如《宫词》）。

温庭筠　本名岐，字飞卿，与李商隐齐名，工于小诗。（同前《渔隐》前二三）

姚合　陕州人，元和十一年进士，曾作武功尉，后人常称曰姚武功，然实官终秘书少监也[①]。诗恬澹近人而过于清弱。

杜牧　佑之孙，字牧之，居樊川，大和三年进士，曾官司勋郎中；以与杜甫别，世又称为小杜。真色真韵，殆欲吞吐中、晚千万篇。

李商隐　字义山，号玉溪生，开成二年进士。王安石称唐人知学老杜而得其藩篱者惟义山一人。翁方纲云，五律、七绝之妙，微婉顿挫，使人荡气回肠。其《锦瑟》一篇之故事，至今犹聚讼不休，（诗云："锦瑟无端廿五弦[②]，一弦一柱思华年，庄生晓梦迷蝴蝶，望帝春心托杜鹃，沧海月明珠有泪，蓝田日暖玉生烟，此情可待成追忆，只是当时已惘然。"）刘攽（贡父）《诗话》谓锦瑟乃当时贵人爱姬之名，《缃素杂记》已辨之，近人更比诸御沟红叶，益为厚诬[③]。

丙、晚唐　只录五人

许浑　字用晦，丹阳人，居丁卯桥，大和六年进士。五律在杜牧下，庭筠上，七律亦较庭筠为胜。

赵嘏　山阳人，字承佑，会昌二年进士，官渭南尉。五、七律均能与许匹敌。

马戴　华州人，字虞臣，会昌四年进士，五律又在许之上，直可

---

① 参拙著《唐集质疑》七五 — 七七页。

② 或作"五十"，非，《旧唐书》二九，"昔者夫帝使素女鼓五十弦瑟，悲不能自止，破之为二十五弦。"

③ 元好问《论诗》："望帝春心托杜鹃，佳人锦瑟怨华年"；翁方纲云："遗山当日必有神会，惜未见其所述耳。"余颇疑此诗是伤唐室之残破，与恋爱无关，好问金之遗民，宜其特取此诗以立说也。

侪伍盛唐。

吴融　字子华，山阴人，龙纪元年进士，与韩偓同时著名。

韩偓　字致光（或讹致尧、致元），京兆人，龙纪元年进士。以香奁体著称，笔力清澈，远过皮（日休）陆（龟蒙）。

宋沈括《梦溪笔谈》谓《香奁集》为和凝所作，后人嫁名于偓，《遁斋闲览》已辨其误。

此外尚有称咸通十哲者（如方干、罗隐、杜荀鹤辈），概乏风骨，故不复录。

诗亦有合作之体，即连句也，亦称联句，始于汉武柏梁。唐诗以韩（愈）、孟（郊）为极，次则皮、陆。

第二十五节　四镇始末及其南方屏障

龙朔设府后（见前七节）不久，吐蕃即觊觎四镇，弥射于龙朔末被杀，（《元龟》四四九）步真亦以乾封二年（六六七）死，其余众遂附于吐蕃。（同上九六七）咸亨元年（六七〇），四镇并废（见前十二节）。西藏文字母相传系七世纪中叶弃宗弄谶赞普时代自东印度摩揭陀国所输入，近年经佛兰克（Francke）之探究，乃知彼时吐蕃方陷于阗，藏文字母实由于阗婆罗门传授。（Hoernle 著《佛学艺文遗卷·序言》十七—十八页）四年（六七三），弓月、疏勒二国王入朝请降。（《旧书》五）上元二年（六七五），于疏勒置疏勒都督府，焉耆置焉耆都督府，于阗置毗沙都督府。（同上四〇）仪凤二年（六七七），西突厥复连吐蕃寇安西。（《新书》三）裴行俭乘送波斯侍子之便，执其可汗，立碑碎叶。（《张说之集》一四。碎叶即 Su-ab，今之 Tokmak,属吉尔吉斯共和国。据《新书》三,事在调露元即六七九年)其副王方翼随筑碎叶镇城,(《旧书》一八五上)乃以碎叶、龟兹、于阗、疏勒为四镇。(《元龟》九六七)此为四镇再置之颠末,与前异者用碎叶代焉耆。

永淳元年(六八二),十姓复反,方翼破之于热海(Issik—kul,今属吉尔吉斯共和国),屡次奏捷。(《说之集》一六)会东突厥离唐独立,北方多难,无暇西顾,武后垂拱二年(六八六),又弃安西。(《全唐文》一六五员半千文)长寿元年(六九二),王孝杰大破吐蕃,克四镇,复于龟兹置安西都护府,遣汉兵三万镇之,(《旧书》一九八)是为四镇之第三次设立。

小勃律(今 Gilgit)国东南三百里为大勃律(今 Baltistan)①,南五百里箇失密(Kašmir),北五百里当护密(Waxan)之娑勒(Sarhad)城,东少南三千里距吐蕃都城。(《新书》二二一下)吐蕃每假其道以攻四镇,开元十年(七二二),又夺其九城,国王使求救于北庭,节度使张孝嵩曰:"勃律,唐之西门,勃律亡则西域皆为吐蕃矣。"因遣疏勒副使张思礼将蕃、汉步骑四千,昼夜倍道往,与国王合击吐蕃,大破之。(同上及《通鉴》二一二)天宝初,吐蕃卒诱使附己,都护田仁琬、盖嘉运、夫蒙灵詧②三次往讨,均无功。六载(七四七),又诏安西都护高丽人高仙芝领马步万人征之。仙芝自龟兹出发,行十五日至拨换城(大食文 Barxuan,今温宿县),廿余日至疏勒,又廿余日至葱岭守捉(Sarikul),又廿余日至播密(Pamir)川,又廿余日至五识匿国(Sighnan)。乃分为三军:一军统三千骑趣吐蕃

① 同前引《禹贡》七卷袁复礼撰文以今之布鲁特、黠戛斯为唐之大小布(勃)律,大误。近世发见西藏文件有 Bru-za 一名,Thomas 以为即勃律'Gilgit',见一九三〇年 *JRAS* 二八五页。

② 又作马灵詧,盖夫蒙其本姓,马乃所改之汉姓。

连云堡[①],自北谷入。一军自赤佛堂(未详)路入。仙芝自护密国入,约于连云堡相会;堡城下有婆勒川[②],仙芝率军径济,破之。三日,追至坦驹岭(Darkot P. 海拔四、五七六公尺),恐兵士不肯下,使人假装胡服来迎,且言娑夷河(张以为 Gilghit R.)藤桥已斫讫,仙芝遂传令下岭。下岭后四日至阿努越城(Arniah)[③],遂破小勃律,虏其王,沿婆勒川、连云堡路而归。诏改其国曰归仁,置归仁军,募千人镇之。(《旧书》一〇四及《新书》一三五)沙畹尝言,万人之高原行军,即今世计划最精之参谋部,亦难为力,其艰巨可想。

别有羯师国(Kaškar 或 Xasa[④],又称杰师,今之 Mastuj),天宝八载(七四九),吐火罗叶护称:邻境有朅师国,居在深山,恃其险阻,亲附吐蕃,知勃律地狭人稠,无多田种,镇军在彼,粮食不充,于箇失密市易盐、米,然得支济,商旅来往,皆著朅师国过。其王遂受吐蕃货求,于国内置吐蕃城堡,捉勃律要路,自高仙芝开勃律后,

---

① 《西突厥史料》一一四页疑在今 Sarhad 附近;张星烺《交通史料汇编》五册一六四页疑即今 Chitral,张说误。

② 婆一作娑,娑勒与 Sarhad 言音甚近,沙畹以为今之 Panj 河。张星烺谓婆勒川即今培拉木河(R. Beilam),盖承藤田丰八《〈往五天竺国传〉笺释》之说,藤田云:"哥那尔河(R. Kunar)又称培拉木;勃律河,《唐书,高仙芝传》作婆勒川,殆由培拉木而讹也。"(八五页)按仙芝渡川后,追三日至坦驹岭,则认婆(或娑)勒川为哥那尔河之支源雅尔浑(Yarxun)河,亦非绝不可能,但对音究嫌不近,且断非哥那尔本河也。

③ Arniah 又作 Arniya,住 Gilgit 流域之 Dardo 人用此名以称今之 Yasin。(见斯坦因《古代于阗》一〇页;按 Dardo 即《汉・西域传》之难兜,Yasin 即清代之乾竺特。)沙畹以阿努越为 Gupis,张氏谓即 Gilghit,均不可信。

④ 此据《新书》二二一下《吐火罗传》,《通鉴》二一六作朅师,《元龟》九六五及九九九讹朅帅。沙畹误以为即今之 Chitral,(《西突厥史料》一一八页)又或以为即其附近之 Wasit,据我最近考证,应在今麻斯多(Mastuj)附近,详说见拙著《羯师与赊弥今地详考》。又 Kaskar 一名与我国之"喀什噶尔"甚相近,读者幸勿误混。

更益兵三千人，勃律困乏[①]，竭师与吐蕃拟乘危而入，请饬安西兵马进攻，玄宗许之。（《元龟》九九九）翌年二月，仙芝破竭师，虏其王归。

第二十六节　突骑施兴废及大食东侵

西突厥十姓自垂拱（六八五—六八八）以来，为东突厥所侵略，散亡略尽，天授元年（六九〇）[②]，继往绝可汗斛瑟罗收其余众，入居内地。留彼方者突骑施（见前十九节）首领乌质勒于圣历中（六九九）移衙碎叶，（《元龟》九六七）神龙中（七〇六）死[③]，子娑葛立。（同上）景龙二年（七〇八），自立为可汗，（《旧书》七）与他部阙啜阿史那忠节不和，请徙之内地，时宗楚客等用事，取忠节赂，不纳其奏，乃陷安西，四镇路绝。（同上九七及《元龟》三三八）唐随赦之，册为十姓可汗，赐名守忠。（同前《旧书》及《元龟》三六六）后为默啜所败而被杀，开元二年（七一四），十姓来降者前后数万帐，（《玄宗实录》）内乱故也。

苏禄者突骑施部人，颇善绥抚，十姓渐附之，众二十万，遂雄西域。七年（七一九）十月，唐册为忠顺可汗（《元龟》九六四），请居碎叶，因改以焉耆备四镇，（《新书》二二一上）[④]此为四镇最末次之

---

① 困乏二字，据冯氏校改。（同上《史料》一五一页）

② 《通典》、《旧·传》及《通鉴》二〇四均同，惟《会要》九四作长寿二年（六九三）。

③ 《会要》九四误为景龙二年。

④ 慧超《往五天竺国传》作于开元十五年，亦以焉耆为四镇之一，可互证。

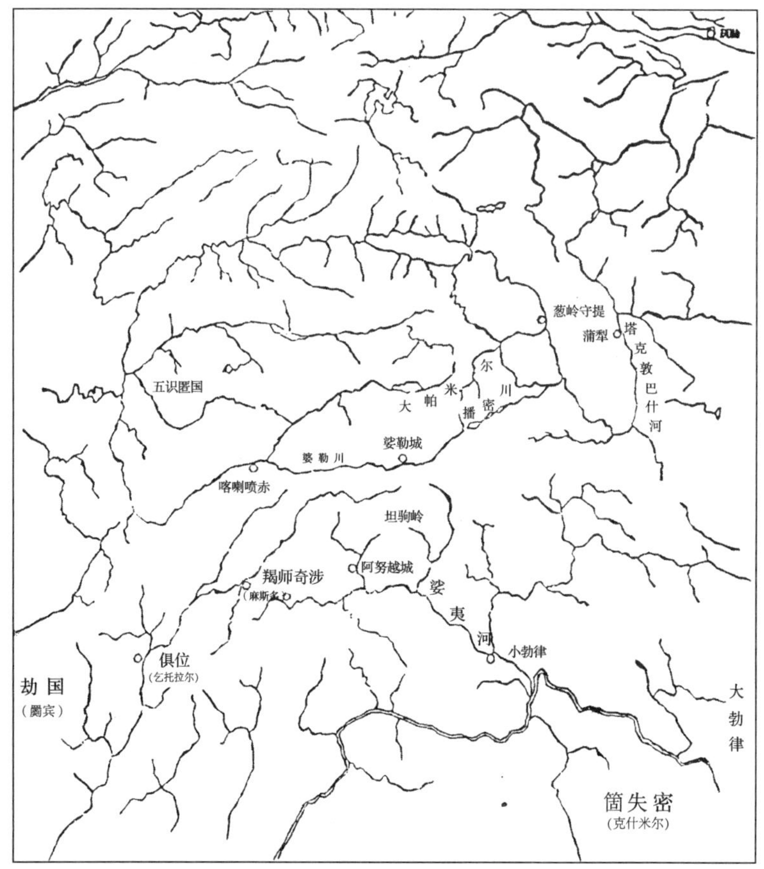

图六　高仙芝西征路程概略

说明：阿努越城即 Yasin（雅兴）

蒲犁即塔什库尔干

喀喇喷赤即朅盘陀

改制。十年（七二二），封阿史那怀道女为金河①公主以妻之。后与安西都护杜暹不和，十五年（七二七），引兵寇四镇。（《旧书》八）晚年，国用不足，部下渐携贰，百姓又分为黄姓（娑葛部）、黑姓（苏禄部）两种，互相猜阻。廿六年（七三八），大首领莫贺达干攻苏禄，杀之②。别一首领都摩度③立苏禄子吐火仙为可汗，与莫贺互相攻。翌年，北庭都护盖嘉运与莫贺率石、史两国王破吐火仙于碎叶，擒之。嘉运又遣夫蒙灵詧率拔汗那王攻入怛逻斯（Talas 今属吉尔吉斯共和国）城，收得散落数万人，悉付拔汗那王。唐于是册拔汗那王为奉化王，石王为顺义王。廿八年（七四〇），吐火仙俘至京，乃立怀道子昕为十姓可汗，明年，遣兵护送赴任，至俱兰城，为莫贺所杀，天宝三年（七四四），灵詧讨之，斩莫贺，更立黑姓人为可汗。余按喀拉喀尔巴克自治共和国（在乌兹别克共和国北部，里海稍东）之原语 Kara-kalpak，义犹"黑帽"（参《隋史》一四节（己）项 3. 九离伏条），十七世纪末其人尚住吹河流域④，与《新书》二一五下所云黑姓至"大历后，葛罗禄盛，徙居碎叶川（即今吹河）"恰相当，应即黑姓突骑施之裔，华人不达其全义，故称曰"黑姓"也。自此之后，国内纷扰，中国遂与东侵之大食相接触。

阿剌伯人（Arabs）为闪族（Semitic）三大支之一，外人对之有种种异称（亚美尼亚文 Tačik，叙利亚文 Tayi，中波斯文 T'čyk，新波斯

---

① 他书多作交河，此据《旧书》一九四下及《元龟》九七九，辨见拙著《唐史馀沛》。

② 沙畹又引 Tabari 之书，苏禄被杀在回历一一九即开元廿五年。（《西突厥史料》二〇六页）

③ 此据《旧书》及《考异》引《实录》，《新书》二一五下作都摩支，《元龟》九六七作都摩友，"友"应为"支"字之讹。

④ 见《回教百科全书》二九册七三六页 Kara kalpak 条。

文 Tājīk，Tāzī，于阗文 Ttaśīki，西藏文 Stag-gzig），犹云“耕种者”，唐人呼曰多食（见前十四节）或大食、大实、大石，盖通过于阗或西藏文之音译[①]，犹诸清初通过蒙古语而有“俄罗斯”之音译也。林幹云，“这里所谓大食国，就是指今日之波斯、阿剌伯及中央亚细亚一带而言，唐宋时，对这一带地方都称作大食”；按中唐以前所记大食[②]，率不包举中亚，林氏之言，近于淆混。

摩诃末（谟罕默德，Mohammed）生于陈太建二或三年（五七〇—五七一），首创天方教，其经曰《可兰》（Koran 或 AlKoran），历法以六二二即武德五年为元年。总教务者称哈里法（Caliph），义为“代天行事”，类于天主教之教皇。摩诃末卒后（贞观六，六三二），总教一席，屡生争执，其徒分为两派。一为其婿阿里（Ali），流行东方者皆此派，号称“十叶”（Siyi）教。一为其从昆之裔阿拔斯（Abbas），衣尚黑，唐人称曰黑衣大食（Abbassides）。至龙朔元年（六六一），哈里法位又旁落于倭马亚（Ommia）族之人，衣尚白，曰白衣大食（Ommiades）。天宝八年（七四九），阿蒲罗拔（AbulAbbas）大杀倭马亚族，自立为哈里法，是名阿拔斯朝。此天方教创立及内哄之经过。

在政治方面，则波斯、东罗马同疲于多年战争，大食得以新兴力量，四向扩展，贞观十年（六三六），取东罗马之叙利亚（Syria），未

① Bailey 谓于阗文之名，传自我国（一九三九年 *JRAS* 九〇页），据余所见，适得其反。又“食”“实”“石”在中古均为辅音收声，冯家昇《从历史上看阿拉伯和中国的友好关系》（一九五五年六月九日《光明日报》）只推原“大食”于波斯文 Taji，亦未得其的。

② 《新建设》四一期四二页。又 M. Broomhall 著《中国与阿剌伯人关系之研究》，译文登《中大史学专刊》一卷一期，所言波斯、大食与唐之交际，多难信据，读者应分别观之。

几，又击走波斯王伊嗣俟（Yezdegeri Ⅲ）①，萨山（Sāsān）王朝遂亡。其子卑路斯（Piruz）奔吐火罗，遣使来唐告难，高宗以道远难出师谢之，会大食内乱，侵掠稍阻。卑路斯后入居长安（在咸亨四即六七三年，见《元龟》九九九），死于中国，调露元年（六七九），裴行俭谋讨西突厥，携其子泥涅师师（Narses）②以行（见前廿五节），因客吐火罗廿余年，景龙初（七〇七）复回长安。

同时，武后初叶，唐弃安西（见前节），与大食最前线接触者乃为西突厥。自神龙元年（七〇五）起凡十年，是为大食名将异密屈底波（Emir Qutaiba）③东侵时期，景龙元年（七〇七）破安国，先天元年（七一二）降康国，皆尝击败突厥军队④。开元三四年间（七一五—七一六），东、西突厥皆内乱（参前十九节及前文），又会屈底波叛其哈里法苏利漫（Suleyman）⑤，故三年安西都护张孝嵩偶有击

① 据《西突厥史料》一八四及一二六页，此王出走在六三六年之末或六三七年之初，后被杀于东境之木鹿（Merv，今属土尔克曼共和国），约在六五一或六五二年（永徽二—三）。《元龟》九九五称："永徽五年，大食引兵击波斯及米国，皆破之，波斯王伊嗣俟为大食兵所杀。"显是事后之报告，吾人考证外域记事时，应时常注意此一点。

② 此名在旧史中写法不一，《实录》作泥涅师师，《旧·传》作泥湼师师，《唐历》作泥汨师，《唐统纪》作泥洹师，（均《考异》一〇引）《通鉴》从《统纪》。余按今本《旧书》八四作泥涅师师，《新书》一〇八作泥涅师，《中西交通史料汇编》以泥涅师师为合，（四册七七页）考《集韵》，泥涅斯，波斯酋长名，字作"涅"，与《实录》合，泥涅即 nar 之音写，师师即 ses 之音写，《实录》本不误，后人因"涅"字较僻，又误"师"为复出，妄以己意删改，此又非得西史对比，无从决定其是非之一例也。

③ 一九三二年，塔吉克共和国发见阿剌伯文书一通，是开元六—七年（七一八—七一九）间遗物，内有 emir al-Djarrah 名称，说者谓即中文之异密屈底波云。（《唐代文献丛考》一四六—一四八页）

④ 参《史料》二〇九页。

⑤ 《史料》作七一五年（二一一页），但洪钧《元史译文证补》二三称，威利特第一卒于七一六年，弟苏勒满嗣，按苏勒满即《元龟》九七一及九七四、开元四年七月所见之苏利漫，则年分当以《史料》为正。又《新书》二二一下《大食传》称，开元"十四年，遣使苏黎满献方物，拜果毅，赐绯袍带"，检沙畹所辑《元龟》，只有四年大食国苏利漫遣使献物一条，颇疑《新·传》误四年为十四年，又以哈里法之名为使人之名也。

走大食、吐蕃所立拔汗那王之捷。

七年（七一九）二月，安国王上表言，年来被大食侵扰，请敕突骑施救护。俱密国王表言，吐火罗、安、石、拔汗那等国并属大食，臣国内库藏珍宝及部落百姓物并被大食征税将去，望免臣国征税。康国王表言，三十五年来每共大食斗战①，不蒙救助，去今六年，被屈底波部侵入，臣部兵士大损，为寡不敌众，入城自固，请派兵救助。又十五年（七二七）吐火罗叶护表言，父被大食统押，身被大食重税，请敕突骑施可汗发兵除却大食。（均《元龟》九九九）凡此呼吁，都无非苦大食之苛征，回想到唐对属国之不事搜索，故切望援助，俾解倒悬。然其时苏禄方强，唐岂能越疆而理；抑大食东侵，西突厥固感切肤之痛，亦非坐视不顾也。巴尔托勒（V. Barthold）云："苏禄既奄有中亚西部，自不能以缚刍河外（Transoxania）②地方，拱手让于大食。盖如大食人既视粟特为'天授首领之乐土'，则此富盛省份，在突厥自亦相当重要，故苏禄一朝，均协助酋豪以抗大食。大食深为所苦，因而称苏禄曰 Abū Muzāhim，犹云挑战者或头触者，以象或牛喻之也。"③

明乎此之关系，则知保护中亚，抵抗侵略，自吐火仙之灭，其责任乃由突骑施而移转于唐。由是，唐除册封拔汗那及石王外（见前），天宝元年（七四二），封西曹（Ištixan）④王为怀德王，三年（七四

---

① 据《史料》说，其修表应在前一年即七一八年（一四六页），由此上推三十五即六八四（光宅元）年，是知武后初元，大食已开始其中亚之侵略。

② 多桑云：大食人称 Transoxiana 为 Mavera-un-nehr，即谓越过缚刍河之地方，其地界缚刍河与锡尔河之间。（田中译本一三二页）

③ 《蒙古侵略前之中亚》一八七页。

④ 据《新书》二二一下，其国在史国北。

四),以宗室女和义公主妻拔汗那王,都多少示安怀之意。日人佐野猥说商业资本发达为唐代外侵一个动机[①],显未尝作过全面的观察。最误事者仙芝屡胜而傲,贪得无厌,玄宗复老耄昏愦,弗知应付中亚的危局,九载(七五〇),仙芝绐石国王为好,随引兵袭破之,杀其老弱,虏其丁壮,掠其金宝,取石国王以献,斩于阙下。一时群胡忿激,王子乞援大食,大食遣 Ziyad ibn calih 来援。仙芝将蕃汉兵二万[②]深入至怛罗斯城,葛逻禄(Qarluq)部叛,与大食夹攻唐军,十载(七五一)七月,大败于怛罗斯河附近之 Athlač城[③]。唐代百年来在极西所树立之基础,遂因昧于国际情势而面临崩溃,不数年,唐亦有安、史之乱。

是役也,中国俘虏将造纸术输入康国,成为彼国之重要出产,往日西方所用"皮纸"及埃及草纸,以缺乏美观及便利,遂渐被淘汰[④]。又有杜环者亦被虏西行,宝应元年(七六二)循海道还至广州,著《经行记》,其书早佚,惟《通典》曾采入数条。

有不可不顺带提示者,今塔吉克共和国之原语亦作 Tajik,《元史译文证补》二六上曾因其音读相同,将塔吉克与阿剌伯混而为一[⑤]。考塔吉克族最初见于国史者为《后汉书》之德若国[⑥]。又别出噶勒察(Galča)一支,(名见《西域水道记》一)即《汉书》

---

① 《中国历史教程》二四〇页。

② 《旧书》一〇九、《新书》一三八同,唯《通鉴》二一六作三万。

③ 关于仙芝之败,参照《史料》二一六页。

④ 《史料》二一七页。

⑤ 《东方杂志》四一卷二号三一页拙著《从人种学看天山南北之民族》,又四二卷一七号三六页拙著《塔吉克噶勒察及大食三名之追溯》。大致言之,塔吉克属于阿利安系之寒原型,语言为古伊兰语。

⑥ 《东方杂志》四二卷一七号三四 — 三五页拙著。

之依耐,《佛游天竺记》之竭叉[①]。塔吉克与噶勒察为对举之辞,后者指山民,色白而发黄,前者犹云耕种之民或农民,皮肤及发均黑[②]。

第二十七节　安史之乱

安史之乱,近年史学界有种种看法,或以为对国内部落和种族实施军事镇压和民族压迫的政策所酿成,或以为唐统治阶级内部的斗争,或认为无数农民参加了那个造反[③],其中亦已有人提出异议[④]。余尝细思之,此一动乱实深关乎中外之大防,应先分清敌我,勿庸轻易作公式的断论也。

要抉出禄山谋叛的动因,先须明了东北发展及其住民之历史。周代燕国领地达于朝鲜,汉元帝以后乃渐收缩(见前《隋史》十七节),然辽水以西营、平、燕诸州,自汉至隋,皆吾有也。

隋文时,粟末靺鞨有厥稽(突地稽)部渠长率数千人内附,处之柳城郡(营州)北,炀帝为置辽西郡,(《通典》一七八)后改燕州[⑤]。开皇初又置玄州,处契丹李去闾部落。(《旧书》三九)入唐以后,增设尤多,如

慎州　武德初置,处涑沫(即粟末)靺鞨乌素固部。

① 《东方杂志》四一卷二号三六 — 七页拙著。

② 玉尔(Yule)著《中国及其通道》四卷二一〇 — 一一页。

③ 吕振羽《中国民族简史》二〇一页,《历史教学》一九五五年三期二六页奚风文,又王拾遗《白居易研究》三页等。并参236页注①。

④ 一九五五年十一月二十日《光明日报》陈珏人文。

⑤ 参《旧书》一九九下,《靺鞨传》。

威州 武德二年置,处契丹内稽部。

崇州 武德五年置,处奚部。

鲜州 同上。

昌州 贞观二年置,领契丹松漠部。

师州 贞观三年置,领室韦部。

瑞州 贞观十年置,处突厥乌突汗达干部。

带州 贞观十九年(《新书》作十年)置,处契丹乙失革部。

夷宾州 乾封中置,处靺鞨愁思岭部。

归义州 总章中置,以处新罗人,后废,开元中复置,处契丹李诗部。(此条参《新书》四三下)

黎州 载初二年置,处粟末靺鞨乌素固部。

沃州 载初中置,处契丹松漠部。

信州 万岁通天元年置,处契丹乙失活部。

归顺州 开元四年置,处契丹松漠府弹汗州部。

瀍州 天宝初置,处降胡。(以上均《旧书》三九)

其中又多向南移动,如突地稽部先迁幽州昌平,(《旧书》一九九下)其孙李秀又住范阳,(《云麾将军碑》)秀父谨行有家僮数千,以财力雄于边塞。(同上《旧书》)

综览上表,可知东北在百余年间,已招致许多外族(契丹、奚、靺鞨、室韦、新罗、突厥、胡人等)入居,大有喧宾夺主之势,此等人原为照顾其有家可归,特辟地安顿,与开皇末之突厥情形相同,但与久处边疆非新近迁入之弱小民族有异;既属托庇,自应服从主人,若其诡谋弄兵,阴期夺国,直是侵略举动,岂能视为敌对斗争?如果把安史之乱如此处理,则武德、贞观间突厥之对我侵略,亦得以振振有辞矣,乌乎可。

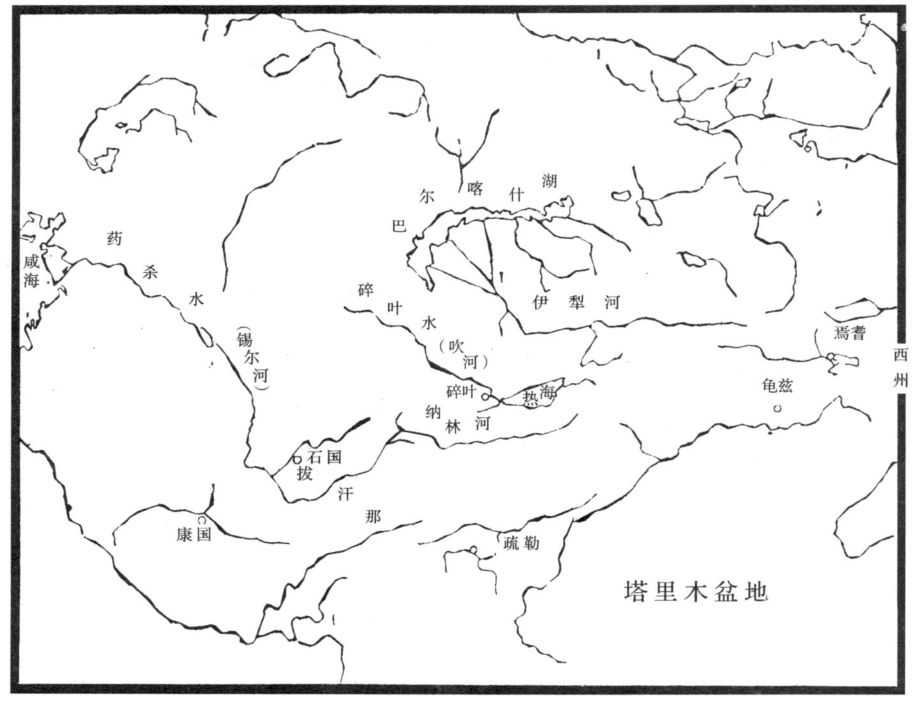

图七　大食东侵的形势

以如是复杂之边区，分应慎选忠诚爱国之干才，为之监护，玄宗老年昏愦，溺宠艳妻，信任黠胡，遂启狄人之贪惏，累民生之涂炭。《旧唐书》三九云：“自燕以下十七州，皆东北蕃诸降胡散处幽州、营州界内，以州名羁縻之，无所役属，安禄山之乱，一切驱之为寇，遂扰中原。”（参《寰宇记》七一）其为胁从作乱而非农民起义，事迹甚明。正如桑原隲藏所指出，从禄山者孙孝哲、李怀仙等为契丹人，阿史那承庆、阿史那从礼为突厥人，安忠志、张孝忠为奚人，达奚珣为鲜卑人，苟读李泌“今独虏将或为之用，中国之人惟高尚等数人”（《通鉴》二一九）之语，则知贼军之中坚，大半为外来异族①。再从官军干部检之，高仙芝、王思礼均高丽人，哥舒翰，突骑施人，与郭子仪齐名之李光弼，契丹人，浑惟明、浑释之、仆固怀恩均铁勒人，荔非元礼，西羌人，论惟明，吐蕃人，白孝德，龟兹人，对安史之乱，均曾在官军下建立相当功绩②。由此观之，其能简单地公式地承认为民族压迫之后果耶？必持此论，则是溃中外之防篱而为敌作伥也。陈珏人曾大致说，农民决不能是这回主要参加造反的人，禄山所凭藉的兵马，依《新书》本传，养同罗、降奚、契丹曳落河八千人为假子，是最基本的队伍，后来又并吞了阿布思的部落，故兵雄天下，主要是以畜牧为生的，不会都是汉人③。吾人试再看颜真卿辈振臂一呼，河北响应者十五郡，求诸公私史乘，并未见农民乐意参加禄山行列之痕迹，主张农民起义说者亦可以休矣。

---

① 《文哲季刊》五卷二号四四〇页《隋唐时代西域人华化考》。

② 同上四四一页。

③ 一九五五年十一月二十日《光明日报》陈珏人文。

说至此，吾人可进行审查禄山之履历。九姓胡于后汉为粟弋，北魏为粟特（Sogd），言语属吐火罗语系，与月氏无关，惟五胡之羯，从其以石为姓及多须两点观之，可能属于此一种，羯（古读 kiät）之语原则未详。俗呼其战士曰柘羯或赭羯，但非必善战之军队，吾人研究安史之乱，首须要廓除此类误会及成见①。

禄山胡父而突厥母，生于突厥，开元初逃来，为互市牙郎（即今之经纪），给事幽州。廿四年失律，幽州节度张守珪请诛之，大约武惠妃、高力士受其贿，为之缓颊（详说见拙著《通鉴唐纪比事质疑》），幸免于戮。性狡黠，常厚赂往来，为之延誉，天宝元年，遂擢为平卢节度，初无赫赫之边功也。越二年，递升范阳节度，交结内

① 陈氏《述论稿》（二九 — 三五页）对此，最少犯了三种错误：（1）以九姓胡为月氏人。按此说首见《隋书》，而《新唐书》承用之，然九姓胡在西汉时实役属于康居，与南方之月氏各别为国，《隋书》所云，白鸟目为“全无证佐的空中楼阁之谈”，（《塞外史地译丛》二辑四二一 — 四二二页）是也。（2）认“赭羯”为种族之名，原义不是“战士”，按《西域记》一，飒秣建国，“兵马强盛，多是赭羯，赭羯之人，其性勇烈，视死如归，战无前敌”，《新书》二二二下《安国传》，“募勇健者为柘羯，柘羯犹中国言战士也”。《通典》一九七亦有太宗招柘羯不至之记载（关于太宗事，他书有异文，此处不具论）。马迦特（Marquart）《答沙畹问》，谓柘羯、赭羯皆波斯语 tčakar 之异译，义犹奴仆、从属，在粟特一带训作卫士；白鸟又以突厥语 Sagas 即战士解之。（《东洋学报》一卷三三二页）巴尔托勒（Barthold）《中亚史》云：大食作家闲说及君长之卫士，即 šākir 或 čākir，义犹奴仆。但从 Naršaxi 所记捕喝王后之朝廷观之，显见此种卫士，徒有其名，彼系以贵族之青年子弟组成，须轮班入值于王廷，与欧洲武士子孙之服事其王侯者无异；（一八〇页）依此言之，柘羯制度与我国贵族子弟之更番宿卫者相同，亦略类于初期府兵及蒙古时代之怯薛，陈氏谓“战士”之解，由于宋祁误会，则未知宋固有其根据也。若瓦德尔（Watters）言，飒秣建西北有都会名 Calak，其人体躯长大而勇健，疑赭羯即其地之居民，（同前引白鸟二三 — 二四页）毗尔（Beal）疑为赤鄂衍那（Chaghāniān）之人民，（《译西域记》三三页注一〇三）藤田丰八《西域篇》又以比拟塞种，均嫌证佐不足或对音不合。总之，善战与否（就正义之战立论），须以爱国思想及经常训练等为先决条件，陈氏独谓“安史之徒乃自成一系统最善战之民族，在当日军事上本来无与为敌”，则未免陷入唯心论，且更违反禄山亦常败衄之现实也。（3）以石国或译“柘支”、“赭时”与柘羯、赭羯相混比。按前者是国名，后者是通名，不过译音上截有些类似（此是译音常见之现象），其语原并不相同。

宠，请为杨贵妃养儿。七载赐以铁券，进封东平郡王。九载兼河北采访，听于上谷铸钱五垆，十载入朝，求为河东节度，又许之，权兼三道，阴作反计。国忠及太子屡奏禄山必反，玄宗不听，反授以陇右群牧等都使，十年不调。十四载（七五五）十一月，反于范阳，以讨国忠为名。先三日，集大将观绘图，起燕至洛，山川险易攻守悉具；又下令，有沮军者夷三族，可见其蓄反谋非一日。陈寅恪谓："安史叛乱之关键，实在将领之种族"①，未尝无片面之理由；然封

① 《述论稿》三四页。按章嵚论安史之乱有远近四因：（1）设立节镇；（2）重用蕃将为远因；（3）攻伐奚、契丹；（4）溺惑嬖宠为近因（《中华通史》下册）。吕思勉亦承认（1）（2）两条，并称禄山之发动叛变，系与国忠不和。（《白话本国史》三册）傅安华在其《唐代安史之乱的发动与扩大》一文中，以为（1）之说不外承袭《廿二史劄记》，（2）之说本自《旧书·林甫传》，然多设节镇与重用蕃将，均是适应某种需要而发生之制度或政策；并无主动某事件发动之力量。此种制度或政策，运用可以有利，亦可以有弊，运用方向之决定，系依赖于其他条件，所以（1）（2）两事，并不是发动之原因。彼以为凡毗邻之两种民族，如果经济发展相差极远，则经济条件较低者为物质享受所引诱，必向经济较优者施行侵略及掠夺，此为禄山发动叛变之原因，其立说之根据有二：（甲）禄山部属是一个胡人集团（引姚汝能《安禄山事迹》："养同罗及降奚、契丹曳落河八千人为己子"，"唯与孔目官严庄、掌书记高尚、将军孙孝哲、蕃将阿史那承庆、庆绪同谋"，"十四载五月……以蕃将三十九人代汉将"）。（乙）当时中国之经济条件，确能引起胡人觊觎。又扩大之原因亦有二：一、当日社会下层已酿成普遍不安，大暴动之机，已经成熟。二、兵制废弛。（一九三五年十月四日天津《大公报·史地周刊》五五期）概言之，傅说似比章、吕有进，玄宗对禄山，根本在过度信任，蕃将或非蕃将尚是次要问题。唯是欧、美资本主义之侵略，初非经济条件比我较低。以言中亚经济，汉以前早铸用金币，彼中商人能转运我国缯帛，赴西方牟大利，又《汉书·西域传》言："大宛左右以蒲陶为酒，富人藏酒至万余石，久者至数十岁不败"，则胡族经济条件是否较低，尤成疑问。至禄山起后，农民响应者史册上几等于零，响应者却有九姓府六胡州诸胡及武威九姓商胡，（《通鉴》二一八—二一九）所谓大暴动之机，亦乏充足之信证。窃以为由唐廷言之，错在边兵失调，过度信任禄山而招惹其野心，由禄山言之，则是为当日中国经济繁荣所引诱，如此说法，较为浑括。若过分迷信禄山兵力，吾人只须看长安收复，主力靠回纥四千骑，及禄山之窘急图却，此疑便可以解。《唐代小说研究》云："安禄山是胡人，玄宗要藉他统治北方胡族区域，不惜以各种方法表示宠异，以图结欢。"（旧版一〇〇页）即承陈氏之误解，而且看得玄宗过高。

建时代将领称兵以反抗其统治阶级者，常多为同族之人，而当时异族派兵援唐者数却不少（见下文），则亦未可一概论也。窃谓中亚胡族自古习于贩贸，东来者多唯利是图（可参看下卅二节九姓胡之屡屡生事），禄山本出身市侩，复加以玄宗不次超擢，宠任无间，遂欲效法王世充而作统治汉土之计。突厥可汗之击波斯（见前《隋史》五节），成吉思汗之西征，均以中亚胡商为发动原因之一；更观禄山事起，阿史那从礼说诱六胡州诸胡数万，拟寇朔方，武威九姓商胡安门物等合河西兵马使共杀节度使周泌，武威大城中七小城，胡据其五，（《通鉴》二一八—二一九）事前则"潜于诸道商胡兴贩，每岁输异方珍货百万数"，（《禄山事迹》上）又肃、代间曾官安南都护之商胡康谦被告谋叛，（《新书》二二五上）此种潜势力，吾人不应忽视。禄山既抱野心，其亲信部属热中利禄，当然乐听驱策，但以异族之故，汉将随附者无多，（《新》一三九《李泌传》）且承开元之盛，农民经济，尚属优裕，非群众所归，所以亡不旋踵而唐祚得延也。简言之，国内阶级矛盾，未算尖锐，故引不起农民起义，从另一面看，经济尚属繁荣，故惹起禄山之野心（参上页注①引傅安华说），其情况恰可互相说明。

于时承平日久，民不知战，六军宿卫皆市人，不能受甲，高仙芝、封常清等师出均败。十二月，陷东京，前锋西至陕郡。玄宗使哥舒翰"为副元帅，领河、陇诸蕃部落奴剌、颉跌、朱邪、契苾、浑、蹛林、奚结、沙陁、蓬子、处密、吐谷浑、思结等十三部落①，督蕃、汉兵

① 部名只得十二，今《学海类编》本《安禄山事迹》中卷作"二十三部落"，亦许是"十二"之倒衍。蹛林应是思结之别部，奚结应是奚结（参前第二节；《学海》本正作奚结，惟讹蹛为蹄），蓬子一名未详。此外《学海》本尚讹契苾为契丹，思结为恩结，并校正于此。

二十一万八千人，镇于潼关。”（《通鉴考异》引《安禄山事迹》）十五年（即至德元）正月，禄山建国曰燕，改元圣武。六月，郭子仪、李光弼出土门路（井陉）攻常山（恒州）禄山窘急图却。同月，哥舒翰军覆没，潼关不守，玄宗幸蜀，至马嵬驿，军士鼓噪，杀国忠，缢贵妃，众遮留太子亨（即肃宗），太子于是收兵灵武，长安遂陷。至德二年（七五七）正月，禄山被其宠人杀之于东京，子庆绪继。

庆绪懦弱，政不自主。唐遣仆固怀恩请援于回纥，是年八月，回纥以四千骑至。九月，广平王俶（后改名豫，即代宗）领蕃、汉之众收西京，战屡胜。庆绪奔回邺郡（相州），乾元元年（七五八）九月，郭子仪等九节度之师合攻之，贼大溃，求救于史思明（时方驻范阳），子仪等九节度围相州，数月未下。二年（七五九）三月，思明引兵来援，子仪等大败，解围而南，思明入邺，杀庆绪及其四弟；安氏起事，未足四年而灭。

思明亦突厥杂种胡人，与禄山同为牙郎。天宝十一载，禄山奏授平卢节度都知兵马使。（据《旧书》二〇〇上）十五载正月，受禄山命，攻拔颜杲卿所守之常山，郭、李军自土门来，思明屡败（据《事迹》中，十五年六月八日，郭、李败思明于嘉山），光弼进围之于定州（博陵）。潼关失守，光弼解围去，思明军势复振，河北悉陷。至德二年正月，思明进围光弼于太原，会禄山死，奉庆绪召归范阳，寖与庆绪贰，十二月，遂以范阳降。唐授为河北节度使，奈肃宗、光弼图思明过急，未发而谋泄，明年（乾元元）二月复叛。二年四月，自称大燕皇帝，改元顺天。九月，再陷洛阳。上元二年（七六一）正月，又改元应天。二月大败光弼等军，进围陕州。三月，为其子朝义所弑。宝应元年（七六二）十月，雍王适（即德宗）会诸道节度及回纥兵马于陕州，数路并入，朝义败，走幽州。二年（七六三即广德元）

正月，朝义部将李怀仙擒朝义于莫州，枭首送阙下；自思明僭号至朝义之灭，亦未足四年。

唐代处置安史之失策，先误于光弼之引还。方光弼收常山，子仪取赵郡（赵州），进围思明于博陵，于时饶阳（深）、河间（瀛）、景城（沧）、平原（德）、乐安（棣）、清河（贝）、博平（博）诸郡，犹能募兵自固，众达廿万（《事迹》中称，广平等十五郡归国），复有颜真卿辈联络于其间（李萼说真卿力言清河之富），贼后空虚，乘胜而前，不难覆其巢穴；根据既失，贼势自摇，所谓围魏救赵之法也。计不出此，引军遽退，既不能远解西京之危，复使河北多郡陷于水火[①]。原夫郭、李初意，本主张北取范阳，固守潼关，后来竟不能坚持其说，李泌说肃宗先取范阳，亦不见纳，（《新》一三九）此一失也。

用兵最要有统一之指挥，如各自为政，则军队愈多，溃败愈易。九节度之师（朔方郭子仪，淮西鲁炅，兴平[②]李奂，滑濮许叔冀，镇西、北庭李嗣业，郑蔡季广琛，河南崔光远，河东李光弼，关内、泽潞王思礼），因郭、李皆元勋，难相统属，不置元帅，已现必败之征；又复使昧于军旅、毫无功绩之阉人鱼朝恩为观军容宣慰处置使以牵率之，更非败不可。且当日九节度之师，号称六十万，转饷者南自江淮，西自并、汾，势以速战为利，光弼主张分军逼魏州，阻思明南下，期早日拔邺，本是上策；奈被妄人朝恩所阻，使思明得觇官军之

① 《旧书》二〇〇上："肃宗理兵于朔方，使中官邢廷恩追朔方、河东兵马，光弼入土门"；《新书》二二二上："属潼关溃，肃宗召朔方、河东兵，光弼引还"，叙事大致相类。按潼关陷在六月九日辛卯，肃宗则七月九日辛酉始至灵武（朔方），潼关溃时肃宗尚无权追召外兵，如果系肃宗在朔方追召，则其事应在七月。《通鉴》二一八只书光弼引还于六月末，（参前引《事迹》中）不言追召，当因《旧》、《新》两书叙述不明之故。

② 兴平节度，至德元年置，领商、金、岐等四州。

弱点，以少破众，此二失也。

思明入邺，杀庆绪而夺其位，贼军根本未固，（见《通鉴》二二一）使唐朝当日能收拾残旅，专任大将，乘其未定，再行急击（据《通鉴》，光弼、思礼全军以归），未始不可雪丧师之耻。而乃任其从容整军，致洛阳再陷，此三失也。

安史虽乱，唐代过去之声威，犹未尽落，外方入援者除回纥外，尚有于阗（至德元）、安西、北庭、拔汗那、南蛮、大食（至德二）、吐火罗及西域九国（乾元初）。回纥之对唐，与突厥无异，止贪财货而非贪土地，诚能利用回纥兵力，对幽州策乱地，扫穴犁庭，忍一朝之痛，仍可易百年之安，乃见不及此，此四失也。

讨叛须拣忠诚之将，代宗竟毫无抉择，入宦官程元振、鱼朝恩之言而任仆固怀恩，发端已错。及朝义授首，所余李怀仙、田承嗣、薛嵩、张忠志辈，乘战胜之威，本可更易，即曰赏功，予以一州足矣；更不然则废去节度名称。而乃一误再误，听怀恩言（李抱玉、辛云京已上言怀恩有贰心），各授大节（如怀仙授幽州节度使，承嗣擢魏、博、德、沧、瀛五州都防御使），承嗣辈俱图自固，修缮兵甲，署置官吏，户版不籍于天府，税赋不入于朝庭，河北三镇非复唐有，此五失也。

总言之，肃、代昏暗，辅弼无谋，安、史虽死，而安、史之乱却未定，于是形成晚唐藩镇之祸。

第二十八节　藩镇之祸

投降之将而升授节钺，固益启割据之野心，杀其主将而即予留后，更昭示威信之扫地（乾元元年，平卢节度王玄志卒，裨将李怀玉杀其子而推立侯希逸，唐因以希逸为节度。军士废立节度由此始）。顾唐廷外治方镇，一若舍此而外，别无良法者，故其祸愈演而愈烈。兹略表其割据经过如左（名外有□者，是唐朝自动除授）：

幽州。（范阳）领幽、涿、营、瀛、莫、平、蓟、妫、檀九州。	李怀仙 禄山部将，大历三年，为部下朱希彩所杀。	朱希彩 七年，为部下所杀。	朱泚 军人拥立，九年入朝，留京师。	朱滔 泚弟，九年授，建中三年，自称大冀王，四年去号，贞元元年卒。	刘怦 军士拥立，同年卒。	刘济 怦子，军士请立，元和五年为其子总所鸩。	刘总 自领军务，长庆元年，以八州归朝（八州别有说）。
	[张弘靖]	朱克融 滔孙，长庆元年逐弘靖，宝历二年，为本军所杀。	朱延嗣 克融子，军士拥立，被部下李载义所杀。	李载义 大和五年，为部下杨志诚所逐。	杨志诚 八年为部下所逐。	史元忠 会昌元年，为部下陈行泰所杀。	陈行泰 同年为部下张绛所杀。
	张绛 同年为本军所逐。	张仲武 大中三年卒。	张直方 仲武子，旋奔京师。	周綝 军士拥立，四年卒。	张允伸 军士拥立，咸通十三年卒。	张简会 允伸子，旋出奔。	张公素 乾符二年，为李茂勋所逐。
	李茂勋 乾符三年致仕，以子可举为留后。	李可举 光启元年，为部下李全忠所攻，自焚死。	李全忠 二年卒。	李匡威 全忠子。	李匡筹 匡威弟，景福二年，拒其兄而自立，乾宁元年为李克用所破。	刘仁恭 克用所授。	

成德。初领恒、定、易、赵、深、冀六州，后削易定。	李宝臣 原名张忠志，禄山部下，建中二年卒。	李惟岳 宝臣子，三年为部下王武俊所杀。	王武俊 称赵王，兴元元年去号，贞元十七年卒。	王士真 武俊子，元和四年卒。	王承宗 士真子，元和十五年卒，弟承元归朝。	[田弘正]	王廷凑 长庆元年杀田弘正，大和八年卒。
	王元逵 廷凑子，大中十一年卒。	王绍鼎 元逵子，旋卒。	王绍懿 鼎弟，咸通七年卒。	王景崇 鼎子，中和二年卒。	王镕 景崇子。		

魏博。领魏、贝、博、相、澶、卫、洺七州。	田承嗣 禄山部下，大历十三年卒。	田悦 承嗣从子，建中三年称魏王，四年去号，兴元元年为田绪所杀。	田绪 承嗣子，贞元十二年卒。	田季安 绪子，元和七年卒。	田怀谏 季安子，同年为军士所废。	田弘正 本名兴，承嗣从侄，军士拥立，元和十五年朝命移成德。	李愬
	田布	史宪诚 长庆二年军士拥立，大和三年为部下所害。	何进滔 三年军士拥立，开成五年卒。	何重顺 进滔子，赐名弘敬，军士拥立，咸通七年卒。	何全皞 弘敬子，军士拥立，十一年为部下所杀。	韩允忠 原名君雄，军士拥立，乾符元年卒。	韩简 允忠子，中和三年，为部下所杀。
	乐行达 赐名彦祯，军士拥立，文德元年为部下所逐。	赵文玠 军士拥立，旋又被逐。	罗弘信 军士拥立，光化元年卒。	罗威 弘信子，军士拥立。			

已上谓之河朔三镇（又有所谓四王，即朱滔、王武俊、田悦及彰义之李希烈）。其中如李怀仙、王武俊为契丹人，李宝臣、史宪诚为奚人，李茂勋、王廷凑为回纥人，皆东北之归化人也。又如幽州之朱泚、刘怦、张仲武、张允伸，皆幽州人，魏博之韩允忠、乐彦祯、罗弘信皆魏州人，田承嗣平州人，余或无可考见，亦必多久寄其地。计五十七人中，由唐所任者只四人，又五十四人中（除去最末三人已入五代），被其部下逐杀者乃廿二人，李泌尝论士兵之善，以为顾恋田园，恐累宗族，不敢生乱，又云："兵不土著，又无宗族，不自重惜，亡身徇利，祸乱遂生。"（《通鉴》二三二）由前观之，殆不其然。三镇之祸，非师不土著之患，正师率土著之为患也。（并参下引《旧书》）

淄青。（平卢）领淄、青、齐、海、登、莱、沂、密、曹、濮、兖、郓十二州。	侯希逸 乾元元年军人拥立，永泰元年为李正己所逐。	李正己 原名怀玉，建中二年卒。	李纳 正己子，建中三年称齐王，后去号，贞元八年卒。	李师古 纳子，元和元年卒。	李师道 师古弟，元和十四年被诛。

续表

横海。领沧、景、德、棣四州。	程日华 本名华，建中三年授，贞元四年卒。	程怀直 日华子，八年为从兄怀信所逐。	程怀信 永贞元年卒（?）	程执恭 后改名权，怀信子，（?）元和十三年归朝。	关于怀信、执恭，可参《互证》一九及《通鉴》二四〇胡注。
宣武。领汴、宋、亳、颍四州。	刘玄佐 本名洽，建中二年授，贞元三年卒。	刘士宁 玄佐子，军士拥立，十年被部下李万荣所逐。	李万荣 十一年卒。		
彰义。（淮蔡）领申、光、随、蔡四州。	李希烈 大历十四年逐李忠臣（即董秦），建中三年自称建兴王，贞元二年为部下陈仙奇毒杀。	陈仙奇 旋为吴少诚所杀。	吴少诚 军士拥立，元和四年卒。	吴少阳 自为留后，九年卒。	吴元济 少阳子，十二年诛。
泽潞。（昭义）领泽、潞二州。	刘悟 元和十五年授，宝历元年卒。	刘从谏 悟子，会昌三年卒。	刘稹 从谏侄，四年诛。		

各镇领州之数，时有增减，上文第记其大概，可参《新书·方镇表》及《唐方镇年表》。

河朔三镇及淄青之割据，始自代宗，除淄青外，三镇虽均中间一度曾由朝廷选任，然不旋踵而复失，成德之王氏，继世至八十余年，魏博田氏五十余年，是其最久者。此外横海、宣武、彰义，均启自德宗，宣武为时最暂，余两镇皆宪宗所收复。若泽潞则中唐割据之最后者。

若夫镇使跋扈，初无非挟军士以自重，久之军士得势，镇使反为其所左右，稍失控制，危亡立至。《旧书》一八一《罗弘信传》云："魏之牙中军者，自至德中田承嗣盗据相、魏、澶、博、卫、贝六州，召募军中子弟，置之部下，遂以为号，皆丰给厚赐，不胜骄宠，年代寖远，父子相袭，亲党胶固，其凶戾者强买豪夺，逾法犯令，长吏不能禁。变易主帅，事同儿戏，如史宪诚、何进滔、韩君雄、乐彦祯，皆为其所立，优奖小不如意，则举族被害。”有类于春秋时代国君之政，下移大夫，大夫之政，又下移家臣，后浪推前浪，孕生自己崩溃之矛盾。《廿二史劄记》二二云：“藩帅既不守臣节，毋怪乎其下从而效之，逐帅、杀帅，视为常事”，下至五代诸帝，亦多由军士拥立，直至陈桥兵变（九六〇），风始衰歇，计传习至二百年之久。由此而观，知参加方镇运动者无非骄兵蹇将，全为自己打算，希图夺取富贵，并不代表一定阶层；同时国计民生却大受损害，驯至国力疲弊，燕云十六州奉献于外人，辽、金、元、清之入侵，胥于是基始。或者批评，“未免有些言过其实”，则由过于短视，未深察乎当日东北住民组织复杂所由造成之原因；盖幽、营一带在天宝以前内附之部族，为时不过三数世，各成聚落，只知有当地之节帅，与中央联系极弱，逮燕、云割地，陷溺愈深，反观西北，陷吐蕃虽及百年，唯其陇右人民，念念不忘祖国，故张义潮攘臂起义，不崇朝而十一州归朝，诚能比较其异同，自会豁然而领悟。陈氏《述论稿》云：“安史之霸业虽俱失败，而其部将及所统之民众依旧保持其势力，与中央政府相抗，以迄于唐室之灭亡”，（一九页）按对抗唐室者只方镇及其部将之首领，唐室固剥削，然有时地方之剥削，或比中央更甚，在广大群众视之，同是一丘之貉，初非予以支持，故部将旋起而旋蹶也。

抑藩镇之祸，多以为不可救药，观察亦误。始终怙恶者惟河北三镇，综观经过，非无转机，惜人事不臧，如下文所举耳。

1. 宰相无谋　幽州为始乱之区，去京亦最远。刘氏居燕三世，穆宗时，刘总归朝，群龙无主，既籍军中素有异志者朱克融等，遣至阙下，（《旧》一八〇《克融传》）则宜宠以虚位，移于他方，或更正其罪名，使留者知警。乃宰相崔植、杜元颖等毫无谋略，既不能餍其欲望，反而勒令归镇，（同上及一五四《刘总传》）有同于纵虎还山，幽州再失之咎，崔、杜实尸之。

继而幽、镇两藩之乱，王涯献议先讨镇冀而后及幽蓟，策本可行，然朱克融、王廷凑竟能以万余之众，抗官军十五万余，则统制不一，玩寇邀利，宰相昧机，胶柱鼓瑟，亦崔植等之过也。（《旧书》一四二）

文宗时，杨志诚之乱，非谋定后动者，牛僧孺乃言，"安、史之后，范阳非国家所有，前时刘总向化，朝廷约用钱八十万贯，而未尝得范阳尺布、斗粟，……且范阳，国家所赖者，以其北捍突厥，不令南寇，……则爪牙之用，固不计于逆顺"，以见解如此幼稚之人任宰相，国事安得不坏？理全国事，应见其大，岂能效市井商人锱铢之计？抑以八十万易八州归朝，价并不贵，如长为唐有，每岁八州所赋，何止此数？未得尺布、斗粟者，崔、杜之无能耳（说见前）。欲养叛藩以御外寇，懦弱无能，何一至于此！回纥自肃、代以后，绝少入寇，彼似了无闻知者，故曰幽州之三失，实牛僧孺之罪，后世犹多助牛以排李（德裕），世论之失其平者久矣！（僧孺毫无远见，可参拙著《会昌伐叛集编证》）

2. 将帅失策　德宗建中三年，田悦之役，马燧、李抱真、李艽三师破之于洹水，悦归至魏州，初为部下所拒，假使官军长驱直进，魏州指顾可复，奈燧与抱真不协，（《通鉴》二二七）顿兵弗前，坐失良机，宜乎识者所痛。（《旧》一四一《悦传》）

3. 计臣短视　穆宗时，田弘正由魏博移师成德，请留魏兵驻成德，其粮给出于有司，度支使崔倰固阻其请，魏兵甫归，王廷凑即叛。倰不知大体，成德遂非唐有矣。（《旧》一四一《倰传》）

4. 宦官误事　李宝臣遗中使马承倩百缣，承倩诟詈，掷之道中（大历十）。李纳遣二弟入质，中使宋凤朝欲邀功，说德宗拒其请

（建中三）。穆、敬两朝则有如讨廷凑之役，每军遣内官一人监军，内官悉选骁健者自卫，以羸懦应战，因而兵多奔北；刘悟节度泽潞，监军刘承偕常对众辱悟，及悟卒，中尉王守澄及宰相李逢吉又受其子从谏之赂，为奏请留后，皆贻误大计之彰彰者。

总言之，代、德两朝京畿之内，累遭创夷，无所振作，犹有其困难之因。元和藉廿年安定之基，财赋稍充，复得毅决如宪宗，佐以杜黄裳、李吉甫、裴垍、李绛、裴度诸谋臣，中央威权，于是一振。凡阻挠淮西军事，如韦贯之、钱徽、萧俛、独孤朗辈，皆行罢黜，故能勒夏绥韩全义致仕，讨其留后杨惠琳，专任高崇文讨西川刘辟（皆元和元），斩镇海（浙西）李锜（二年），逮昭义卢从史（五年），发夏州兵诛振武乱军（八年），用裴度、李愬擒吴元济（十二年），杀沧州刺史李宗奭，平李师道，复淄青十二州（十四年），在藩镇方面，则有易定张茂昭（元年及五年）、山南东于頔（二年）、魏博田弘正、宣武韩弘（十四年）之入朝，与夫田弘正之申领籍，请官吏（七年），程权之奉还沧、景，王承宗之愿献德、棣（十四年）。故元和之治，为中唐冠。

王夫之《读通鉴论》以为安史之后，各镇相继为乱，“而唐终不倾者，东南为之根本也”；余则谓开元之世，米斗不过十许钱，谷贱固可伤农，同时亦易免于饥饿。安史及各镇之乱，结果所至，适以破坏百姓之长年生息，群众不获其利而先获其害，比诸晚唐时代，农民久居水深火热之中渴望苏息者，情况显有不同。换言之，东南财赋之供给唐室，犹是次要，中唐得以不倾者，其主因实在大多数农民对唐作消极之支持，另一方面对野心军将不作积极之支持，故乱事无法扩大。

至史家所谓“方镇”，系指设置节度或观察使之区域，其数无一定，所领军号亦常变更（可参《方镇年表》）①。贞元中为节度三十一，观察、防御、经略十一，以守臣称使府者共五十。（权德舆《贞元十道录序》）元和中镇四十七（李吉甫《上元和郡县图志表》）或四十六（《唐语林》三载裴度之言）。开成初，节度二十九，观察十，防御四，经略三。（《旧·王彦威传》）余可类推。又节度名位，不过比观察稍隆重，实际无大殊异，故如鄂岳一镇，时而观察，时而节度，废置无常。

或者谓唐代初行虚三级制，有节度使后，变为实三级制，其分析亦不尽合。都督本身为刺史，但又可节制领下各州之刺史，与节度无异。节度之坏，在于权太重，如支度、营田、转运、采访等，初本别置专使充任，后乃全付之藩臣，尾大不掉，实在于此。

第二十九节　西南之开发

自高宗以后，吐谷浑、党项等族相继被吐蕃所侵略及迫逐，唐朝怜其弱小无依，在内地之延（今陕西延安）、银（今陕西米脂）、庆（今甘肃庆阳）、灵（今甘肃灵武县）诸州辟地安置。但自武德至天宝一个时期，亦曾向西南及南方从事展拓，总说一句，唐对于我国西南之开发，实有先路之功，不过当日唐的主要政策是羁縻，仍任

① 《旧·地理志》列举节度、观察等使四十四镇，《廿二史考异》五八以为“据太（大）和中方镇言之”，钱氏大约因宝历元年改鄂岳观察为节度，至大和五年而复旧，《地志》称“武昌军节度使”，故有此论定也。但考《新书》六四《方镇表》，乾元元年置振武节度，领麟、胜等州，上元元年置鄜坊节度，领鄜、坊、丹、延四州，贞元三年置夏州节度，领夏、绥等州，此后无甚大更革，今《地志》不见振武三节度，所领州仍分附邠宁、朔方二镇之下，则非尽合于大和制度可知矣。

用土人的头领为长官，并非采取强迫同化主义；有的与汉族接近日久，渐融浑而为一，则是后来之事。此等羁縻州之统属移隶，与及废置、分立、改名等种种经过，史料都缺乏详确地系统地叙述，旧、新《唐书》记出的年代、数目，亦有不相符合之处，现只概列其大要，若欲作更深入之分析，则有待于专题研究。

1. 黔州（治今彭水） 天宝元年领充、明等五十州，比羁縻，寄治山谷。（《旧书》四〇）

2. 泸州（治今泸县） 督羁縻州十（《新书》作十四），皆招抚夷僚置。（《旧书》四一）

3. 戎州（治今宜宾） 天宝元年督羁縻州十六。（同上）

4. 茂州（治今茂县） 原领羁縻州十；维、翼两州后进为正州，其馀涂（武德五）、炎、彻、向、冉、穹（均贞观五）、笮（贞观七），皆羌族归附所置。（同上）

5. 松州（治今松潘） 天宝十二载督一〇四州，内二十五州属党项，余皆生羌部落。（同上，并参《新书》四三下）。

6. 雅州（治今雅安） 督一十九州，（《新书》作四十七）并生羌、生僚羁縻州。（《旧书》四一）

7. 黎州（治今清溪） 统制五十四（《新书》作五十三，其名只得五十二）羁縻州，皆徼外生僚。（《旧书》四一）

8. 嶲州（治今西昌） 管十六羌州。（《新书》四三下）

9. 桂州（治今桂林） 管七蛮州。（同上）

10. 邕州（治今南宁） 管蛮州二十六。（同上）

11. 峰州（今属越南） 贞元十年领爨州十八。（同上）

12. 安南都护府 领羁縻州四十一，其中不少为代、德两朝所置，更有迟至开成三、四年者。（同上）

第三十节　吐蕃乘虚攻陷河、陇及安西、北庭

要了解唐代藩镇之祸之延长，同时就要明白当日对外之紧张关系。安、史之乱，各国都向唐声援（见前廿七节），独吐蕃取乘危态度。吐蕃往日以我河、湟一带设备充实，故用兵侧重争取外围（如安西四镇），及安、史乱起（七五五），侦悉河西兵内调，守备空虚，于是改计从内围进攻，河、陇先沦，西方路断，安西、北庭遂为彼囊中之物。又复结合南诏，窥伺西南，使唐常处于心腹受胁之劣势。外忧内患，相逼而来，唐之一蹶不振，亦吐蕃牵制有以致之，朱礼记陇右分镇之大（见前廿二节），观此而益知其非审时度势之论。

州名及沦陷年份	备　考
鄯（《新·地志》，宝应元以前）	《新·吐蕃传》，广德元。《元和志》三九，宝应元。
武（同上）①	景福元年始更名阶州。
叠（同上）	
宕（同上）	
秦（《新·地志》，宝应元，七六二）	《新·吐蕃传》同。《元和志》三九，宝应二。
渭（同上）	同上。
成（《新·吐蕃传》，宝应元）	《新·地志》同，《元和志》不载。
洮（《新·地志》，宝应元）	《地志》之“又陷秦、渭、洮、临”句，应作“临洮”，即洮州之郡名。《元和志》三九，广德元。

① 《会要》七一：“武州，大历二年五月十一日置，旋陷吐蕃。”所记沦陷年与《新·志》异。

续表

河（《新·地志》，广德元，七六三）	《元和志》三九，宝应元。又《新·吐蕃传》，“宝应元年，——明年，——明年，——取兰、河、鄯、洮”、其末一“明年”字衍，因宝应元之“明年”，吐蕃便陷长安，非隔两年也。
兰（同上）	同上。
岷（同上）	《元和志》三九，上元二（七六一）。
廓（同上）	《元和志》三九，乾元元（七五八）。
临（《新·吐蕃传》，广德元）	传文“兰、河、鄯、洮”之洮字，应正作临，因洮州即临洮，已陷于上年也，余参河州注。《元和志》三九，宝应元，《新·地志》同。
原（《新·地志》，广德元）	
凉（《新·吐蕃传》，广德二，七六四）	《元和志》四〇同。
甘（《元和志》四〇，永泰二，七六六）	
肃（同上，大历元，七六六）	
瓜（同上，大历十一，七七六）	
沙（同上，建中二，七八一）①	

吐蕃此时侵势，系取河、湟路入。广德元年十月，破泾、邠二州，直

① 沙州之陷，《元和志》四〇以为建中二年，《西域水道记》因之；罗振玉《张义潮传》谓徐氏不知何据，盖失考也。（一九五四年《历史教学》二期三五页金启综谓“沙州沦陷年月无确实史料可考”，亦仍未检《元和志》）罗氏又据颜真卿《宋广平碑侧记》，推阎朝杀沙州节度周鼎当在大历十二，据《新·吐蕃传》朝杀鼎后自领州事，城守八年，乃降吐蕃，因从大历十二下数八年，定为沙州陷于贞元元年（七八五）；然《新·吐蕃传》既误叙沙州陷于宪、穆之间，则其他所言，亦未必尽信，故从《元和志》。

薄长安，代宗经华奔陕。吐蕃入京，立章怀太子贤之曾孙承宏为帝，欲掠城中士女、百工，整众归国，适传郭子仪引大军将至，仅留城十三日，即悉数遁去。

建中之后，大食诃论（Haroun-al-Raschid 七八六 — 八〇九年天方教之大主教）与吐蕃数相攻，吐蕃岁西师（《新书》二二一下）①。然自时厥后，陇道不通，赴西域者须取道回纥。北庭、安西初时犹为唐守，迨贞元六年（七九〇，据《通鉴》二三三。《新书·地志》作贞元三），北庭沙陀部酋朱邪尽忠降于吐蕃，节度使杨袭古率部二千人奔西州，安西道绝，莫知存亡。（据《通鉴》二三三。《元和志》四〇称："贞元七年没于西番"，大约因此）

唐蕃边界说

长庆二年（八二二）唐遣刘元鼎入吐蕃会盟，五月六日盟成，吐蕃人以汉、蕃文合刻于石碑，现存拉萨，汉文已多剥泐。《西藏图考》三所录，略云："今蕃、汉二国所守见管封疆，洮岷之东属大唐国界，其塞之西尽是大蕃地土。……唐差、蕃使并于将军谷交马，其洮岷之东，大唐供应，清水县之西，大蕃供应。"大致同《清一统志》，他本所录，文字又不尽相同。吴景敖专据《图考》，作出如下之考证：

> ……惟盟文既首载各守见管本界，复载洮岷以东大唐所管，其塞以西方是蕃境，又秦、渭、洮、岷诸州地方，蕃人统以

① 巴尔托勒（Barthold）《蒙古时代前之突厥史》言，七八二 — 七八七年（建中三 — 贞元三）布哈尔筑造长城，或用以防御吐蕃。又《新·传》称贞元十七年吐蕃与康国兵出现于南诏。

> “墨儒”称之,《藏史》纪清水勘界事曾云:“于唐土墨儒地方,甥舅各修一庙,画日月于石,以为盟誓。”是双方均认当时洮岷边塞以东之地为唐土甚明。其远在洮岷以东千里之清水故县,自不能又为两界(? 国)界地所在。且盟文原有洮岷以东大唐供应之规定,苟以此清水界址确为清水故县,则唐何能越界千里以事供应? 反之,清水西至洮岷间既明为唐境,则清水以西大蕃供应之规定,又宁非矛盾? ……长庆以后,吐蕃落门川讨击使尚恐热曾一度窃据秦、渭、洮、岷间,内向求封请援,吐蕃相尚思罗保洮河以拒之,迨恐热败,九州亦悉复,可知长庆间唐蕃两地之清水界址,原必不在清水故县。(《西陲史地研究》一五 — 一六页)

吴氏因本其身历,断定唐蕃国界应在今岷县西之大沟寨一带(同上一六 — 一八页;按大沟寨应即《申报图》之大沟寨),颇坚人信,余初亦以为无可非议,近再取唐史细勘,始知吴说之谬,其证有六:

1. 盟文既别本不同,如非取得别项强证,即不能专信《图考》。据吴氏引《武备志》及《西宁新志》,均作“二国所守见管封疆,× ×属大唐国界,其塞以西,方是大蕃境土,……其绥氏栅已(?)东,大唐祇应,清水县以西,大蕃供应”(同上),“封疆”下只阙两字,显非“洮岷之东”,否则正如吴氏所指出,《图考》著录之文,为何前后矛盾? 此《图考》作“洮岷之东”之大可疑者一。

2. 藏语之“墨儒”,依吴说既包秦州在内,而清水又是秦州属县,是《藏史》所谓“于唐土墨儒地方”,译汉得为“于唐之清水县”。

且唐蕃建中四年正月会盟于清水，正是约定疆界之首次，谓“唐土墨儒”实指清水县，尤与历史事件吻合，初无蕃人认洮岷以东为唐土之痕迹，此吴氏解释之不合逻辑者二。

3. 建中四年正月张镒与吐蕃盟文曰：“今国家所守界，泾州西至弹筝峡西口，陇州西至清水县，凤州至同谷县，暨剑南西山、大渡河东为汉界。蕃国守镇在兰、渭、原、会，西至临洮，东至成州，抵剑南西界磨些诸蛮、大渡水西南为蕃界。”（《旧书》一九六下，并参本篇四六节。凤州今凤县。大渡河即岷江西支，近世所谓大小金川者是。）此约定吐蕃极为重视，其累次悔盟，亦以疆场未定为藉口，长庆初彼国未弱，多年争持之界线，何故忽肯退让至数百里以西？此吴说之不合当年事势者三。

4. 再从吐蕃之侵略观之，自洮岷以东至清水县，其武、秦、渭、成四州均陷于宝应元（七六二）或以前，原州陷于广德元（七六三）（参本篇三十节），如果长庆初蕃人愿退守洮岷，则是将六十年前吞并之五州，一旦无条件的复归之于唐，此是如何亲善之举，何以唐人竟漠然视之？且何故秦、原二州至大中三年（八四九）而后称其来归？（本篇四六节）成、武二州更至咸通中而后收复也？（《新书》四十。此外渭州有无收复，史乏明文）此吴说之显背史文者四。

5. 吴氏又称长庆后尚恐热曾窃据秦、渭、洮、岷间，因以证长庆时两国界址必不在清水；按恐热内乱是会昌二年（八四二）以后事，距长庆初已廿年，且尚恐热所据，当时是“吐蕃辖下的渭州”，非取之自唐，何能借此影射长庆间秦、渭之复为唐地，此吴氏之误解史实者五。

6. 唐秦州在今秦安县东,《元和志》三九称清水县西南至秦州一百二十五里,《九域志》则称清水县在秦州东九十里,合此推之,唐清水与今清水当相距不远。依《申报图》,今清水在东经一〇六度,西去洮岷只二度或二度有奇,何尝如吴氏所云相隔千里。《元和志》又称秦州西至渭州三百里,渭州西南至岷州二百二十六里,充其量清水至岷州亦六百余里耳,此吴说之里地失实者六。

总之,长庆盟书之国界,断与张镒约定无大出入,吴所考定,只此已可以推翻,任乃强氏认盟碑之清水即今清水县西,与旧史正相合也。

稿既成,始知姚薇元有《唐蕃会盟碑跋》,其第三项《长庆唐蕃疆界考》研究已颇详尽。(一九三四年六月《燕京学报》十五期九六—九九页)彼谓碑文"今但云谨守如故,各守见管,是必所守之界,仍遵建中清水之盟。"实是定论,吴氏盖未参及也。彼又引《甘肃新通志》一三:"清水故城在今甘肃省清水县西十五里牛头山下,俗名西城。"更求出实址,不必但作推测。

前引碑文末四句,姚校为"其绥戎栅已东,大唐祗应,清水县已西,大蕃供应",与《八琼室金石补正》七一无甚出入(《补正》只"祗"字写法略误),吴书作"绥氏栅"者非是。姚氏引《旧书》八三《薛仁贵传》,推定绥戎栅必居大非岭即陇山之上;(九七页)按《仁贵传》云:"军至大非川,将发赴乌海,仁贵谓待封曰,……彼多瘴气,无宜久留,大非岭上足堪置栅,可留二万人作两栅,辎重等并留栅内。"大非岭无疑在大非川之旁,与乌海均是今青海地方(参本篇十二及六十两节),姚氏乃以之相当于甘肃之陇山,未免疏忽。姚氏又谓陇州汧源西大中六年改名之安戎关,即栅之故址,(九七页)

然据《新书》三七，此关本名大震关，与“绥戎”名称不近，故其说亦待证实。

姚氏又云：“是介于绥戎清水中间之地，必不属任何一方”，“建中之盟，在蕃盟于清水，是其证”，（九九页）此数语亦须略作修正。据《旧书·吐蕃传》，建中三年原约“以十月十五日会盟于境上”，清水的地点显未划入蕃界，换言之，此一通道上东自绥戎栅起，西至清水县止，均属于姚氏所谓“缓冲区域”，出了清水县的地点，才算蕃界。非谓到清水县城即入蕃界也。约文解释，分应慎重，故特拈出之。

姚文曾引《旧书》一一八《元载传》：

> 今国家西境，极于潘原（姚云，今平凉东四十里），吐蕃防戍，在摧沙堡（姚云，今固原西北），而原州界其间。

及《沈下贤文集》一〇《元和末对策》：

> 又尝与戎降人言，自瀚海已东，神乌（姚误“鸟”）、燉煌、张掖、酒泉，东至于金城、会宁，东南至于上邽、清水，凡五（？）十郡、六镇、十五军，皆唐人子孙，生为戎奴婢。……令邠宁、泾原军皆出平（姚误“乎”）凉，道弹筝；邠宁军北固崆峒，守萧关；泾原军西遮木硖关；凤翔军逾陇出上邽，因临洮取凤林南关；南梁军道凤逾黄花，因狄道会陇西。

皆可供研究天宝以后唐、蕃国界之参考，并附录于此。

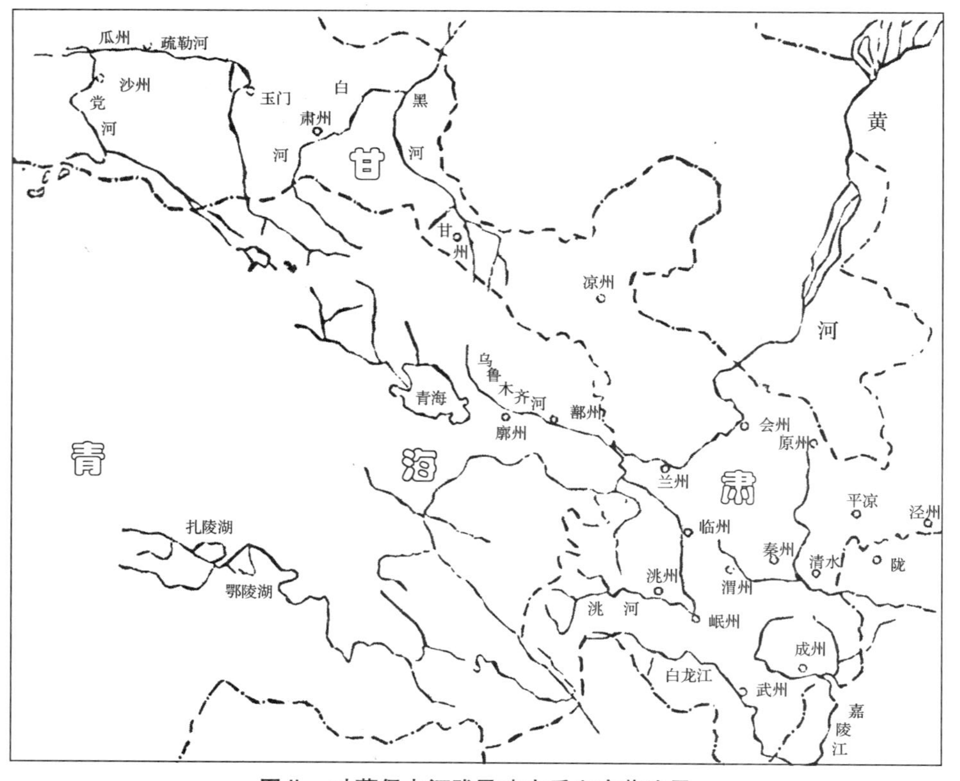

图八　吐蕃侵占河陇及建中后之唐蕃边界

第三十一节　南诏之兴

天宝后吐蕃之横行，南诏实为之助，“诏”犹云“王”，本氐羌语，故苻坚称作苻诏，相当于西藏语之 Rgyapo（按汉语古称“酋长”，“酋”“诏”只清浊之音转而已）。并吞各诏之蒙舍诏，在诸部落之南，故称南诏也（樊绰《蛮书》三）。

古代住落云南之民族，最为复杂，此属于专门研究，即就其堆层问题言之，已有四种不同之说法：

1. 戴维斯（Davies）说	a. 蒙吉蔑 Mon-Khmer	b. 泰 Tai，Thai	c. 藏缅 Tibeto-Burman
2. 给尔登（Geldern）说	a. 蒙吉蔑	b. 藏缅	c. 泰
3. 鲁易斯（Lowis）说	a. 藏缅	b. 蒙吉蔑	c. 泰
4. 李济说	a. 藏缅	b. 泰	c. 蒙吉蔑

陶云逵主张 1. 说，其理由是自汉迄魏，史册中所记云南土族，多近于藏缅，惟哀牢夷当为泰之一支，其时已居于较西南之保山、蒙化一带，藏缅语族至晋初乃构成东、西爨族①。

我从历史观点推之，以为最初应是蒙吉蔑，其主要住地，初名扶南，后名真腊，即柬埔寨②。慧超《往五天竺国传》：“崑峇诸国，阁茂为大。”阁茂即吉蔑异译③。吉蔑族繁盛于印度恒河东岸之时代，尚在泰族（布依）未至湄南江（Menam）下流之前④。又阿剌

① 《云南土俗现代地理分布》。（《史语所集刊》七本四分四三七—四三八页）

② 费琅《崑峇及南海古代航行考》八五页。

③ 同上七页。（并参《西域南海史地考证译丛》一八八页注六）

④ 同上四七页。

伯作品尚有一奇异传说，云：创世纪，雅弗（Japhet）之子歌玛（Gomer）传种于吉蔑、Komr及中国三处；此三族之祖，居于大地之东，后因不和，中国人乃逐其邻族于海岛，自是以后，吉蔑居今之柬埔寨，Komr徙于今之马达加斯加①；说虽离奇，然越南半岛人本由高原南下，系不能反驳之事②。大凡民族迁徙，往往后浪推前浪，今观吉蔑之南居海滨，在藏缅及泰族前，则认蒙吉蔑堆层居先，实近于事理。若其他两族亦许同时并进，尚难遽作后先评定也。

云南之开发，可上溯于楚，楚王曾经使将军庄蹻（《后汉书》作庄豪）溯沅水西略至滇池③，因留王其地（《通典》一八七）。汉武元封二年，发巴蜀兵临滇，滇王举国降，于是以为益州郡（今晋宁县）。蜀后主建兴三年，诸葛亮南征，擒孟获，改益州郡为建宁，用其俊杰爨习等为官属。西晋置宁州，晋武初年有交阯太守建宁爨谷，又有爨能。李雄帝蜀，分宁州置交州，以爨深为刺史。刘宋初，有宁州刺史爨龙颜④。梁元帝授爨瓒南宁州刺史；其子翫降而复叛，开皇十七年，史万岁讨平之。当天宝中，东北自曲靖州起，西南而石城（石城川，今曲靖）、昆川（今昆阳）、晋宁（今同名）、安宁（今同名），至龙和城（《通鉴》胡注："绰云，由安宁西行一日至龙和，疑为今老鸦关"）谓之西爨白蛮。又自曲靖州、升麻

① 《昆仑及南海古代航行考》六八页。

② 同上一三一页。

③ 《华阳国志》四，滇池县，"故滇国也，有泽水，周回二百里，所出深广，下流浅狭如倒流，故曰滇池"；按突厥语tengis或dengis，海或湖之义，滇音颠，（《通典》一八七）与ten相对，（参《成吉思汗实录》五三一页）余认为"滇"系以海得名，今云南土俗，有水便呼"海子"，正可反映。《国志》又云："蹻泝沅水，出且兰以伐夜郎"，此是古代入滇之东路。

④ 龙颜碑见《金石续编》一。

川南至步头①，谓之东爨乌蛮②。（《蛮书》四）

诏有六，曰蒙巂（巂，式委切，今小云南附近）③，越析（亦曰磨

① 《蛮书》六："通海城南十四日程至步头，从步头船行，沿江三十五日出南蛮。夷人不解舟船，多取通海城路贾勇步，入真登州林西原，取峰州路行量水川西南至龙河，又南与青木香山路直，南至昆仑国矣。"（渐西村舍本）伯希和谓步头即《蛮书》一之贾勇步，贾耽之古涌步；但从步头船行，沿江三十五日出南蛮，日期大长，暂以步头位置于今之临安（今建水），后文又疑贾勇步即今蛮耗。（《交广印度两道考》八及一四一页）余曾以其行程日期差之，疑步头应为《蛮书》一之下步而非贾勇步。（《圣心》二期拙著《南海昆仑与昆仑山之最初译名》三八页注①）近在讲义初稿又断定《蛮书》原本应作"沿江三、五日出南蛮"，不知者误增"十"字；《蛮书》六同一条内，步头与贾勇步并举，则两者显非一地。今再详之，步头即下步之说，实不可通；考《德化碑》曾三著步头（"安南都督王知进自步头路入"，"威慑步头，恩收曲靖"又"东爨悉归，步头已成内境"），当日南诏及东爨势力范围，东南不能出今滇省边界，而依《蛮书》一，下步却系安南管地，同理，由通海城起出南蛮（即南诏）境，亦断不需十八九日程（十四日加三至五日）。反覆寻勘，始悟"通海城南十四日程"之"十"字，同是衍文，通海即今通海，如以其南四日程之步头置于建水，则嫌太近，置于蛮耗，又觉失之过远，以里程准之，似应在蛮耗更西北之上游，盖现时上水虽在蛮耗止航，下水之起点似可更西移也。惟其今本多衍两个"十"字，故令地理家无从捉摸。更应附带提及者，余在《圣心》稿内，依渐西村舍本以"行量水川"为句，又揭出此句以下与前文不相接；今又悟"行"字应属上句，量水川以下三句别为一事，与前文无涉，龙河殆今澜沧江，故南与青木香山路相直也，青木香山在永昌（今保山）南三日程。后来又考《元史》六一建水州条："在本（会川）路之南，近接交趾，为云南极边治，故建水城，唐元和间蒙氏所筑，古称步头，亦云巴甸，每秋夏溪水涨溢如海。"据《地理今释》，建水州在今建水县之西。按《元和志》三八钦州灵山，"今南四十里谓之水步，即是钦州北来人泝流舍舟登陆处"。南方俗语现在犹呼水陆上下处为"水步头"或"步头"，"步"音转轻唇则曰"水阜"或"阜头"，或又加土作"埠"，近世称"商埠"，义即本此。今建水县不边红河，非舟船上下处，应非步头所在；惟建水西南红河边沿尚有地名"坝头"，或其是欤？

② 《元史》一二一："察罕章盖白蛮也"，又"合剌章盖乌蛮也"。《元史类编》二〇称，白蛮据丽江，乌蛮据大理。沙海昂疑"章"为"戎"之讹，J. F. Rock 亦言 jang 常念作 jung，同"戎"字或许有些关系，向达更进一步称戎族以氐羌为主要成分。（《历史研究》二期四页）余殊不谓然；"羌"切韵 k'iang，如 K-音颚化，且变为不送气，则与"章"切韵 tsiang 甚相近。戎与羌在上古区别极明，与其谓"章"为"戎"之转，毋宁谓"章"为"羌"之转也。

③ 据铃木俊《南诏之意义及六诏住地考》，（《东洋学报》一九卷二号）余别撰《六诏所在及南诏通道一段之今地》一文，加以证明。陈碧笙以为"在今之蒙化附近"，（《厦门大学学报》社会科学版一九五六年五期一四五页《试论白族源出于南诏》）地仍未的。

些诏，在今宾川之北），浪穹（今洱源），邆赕（赕，式冉切，今邓川），施浪（今洱源），蒙舍（今蒙化）①，皆乌蛮也②，高宗永徽四年（据《南诏野史》上），南诏细奴逻始遣使朝参。细奴逻生逻盛炎，武后时身自入觐；其俗父子以名相属③，逻盛炎生炎阁，炎阁弟盛逻皮，开元元年，授盛逻皮特进台登郡王（台登，今四川冕宁县）；十八年，其子皮逻阁灭并五诏，廿六年，赐姓名蒙归义，以破西洱蛮功，晋特进云南王，势力日强，筑太和城（"和"犹云坡陀，今大理南十五里太和村）④及大釐城（即后来"大理"一名所本，今大理北四十里），守之，天宝七载卒，炎阁养子阁罗凤（亦名承炎阁）立⑤。

九载，阁罗凤与妻入谒都督，过云南郡（即姚州，今姚安），太守张虔陁私之⑥，又多征求，罗凤怒，攻取姚州，杀虔陁。翌年，剑南节度鲜于仲通讨之，罗凤请还姚州，且曰：今吐蕃赞普观衅浪穹，否则

① 蒙舍当即《庸那迦国纪年》之 Muon Se。（《译丛》一四九页）

② 此据《蛮书》三；《通鉴》二一四引窦滂《云南别录》作"蒙舍、蒙越、越析、浪穹、样备、越澹"，按滂只定边军节度，（《新书》二二二上）不如樊绰之可信。越澹应即《蛮书》二之越赕（同书八"川谓之赕"），在澜沧江西，今腾冲地。（说见一九四七年《文史周刊》七四期拙著《唐代云南管内几个地理名称》）《蛮书》又云：浪穹、邆赕、施浪总谓之浪人，故曰三浪诏。

③ 参一九五四年《历史研究》二期四四页刘尧汉《南诏统治者蒙氏家族属于彝族之新证》。

④ 同前《译丛》云："其北境与大 Muon Se（大理）之 Ho 国（中国）接界"（一四九页）。按 Muon Se 即蒙舍，见前注①，Ho 应是"和"之音写，《庸那迦（Yonaka）国纪年》此一句应译为"与大蒙舍之太和城接界"，非指"中国"，原译误。

⑤ 此据《蛮书》三及《新·传》。照世系言，则阁罗凤本为皮逻阁之从兄弟行，但《德化碑》称："王姓蒙，字阁罗凤，大唐特进云南王越国公开府仪同三司之长子也。……先王统军打石桥城，差诏与严正海攻石和子，父子分师，两殄凶丑。……天宝七载，先王即世，皇上念功旌孝。"固视阁罗凤为皮逻阁之子，（《南诏野史》上同）《蛮书》三越析诏条亦言蒙归义（即皮逻阁）长男阁罗凤，岂当日炎阁养从孙为子耶？复次，胡蔚《南诏野史校注》（上卷）误读碑文为"家居阁罗凤"，故谓其"取地名以为名"。

⑥ 《德化碑》称为"越嶲都督张虔陁"。

我归吐蕃耳；仲通不许，战于西洱河，大败，死者六万。杨国忠又使剑南留后李宓将兵十万①击之，深入至太和城，瘴疫及饥死者什七八，引还，罗凤追败之，擒李宓。罗凤遂称臣于吐蕃，吐蕃册为赞普锺南国大诏（赞普锺，藏语 Btsanpo čúng，“锺”此云“弟”也，余按“锺”当与汉语“仲”有关），改元赞普锺元年（天宝十一，七五二）。十三载，筑京观于龙尾关（即今下关）②。至德元年，乘禄山之叛，合吐蕃取越嶲（今四川西昌，即嶲州）、会同，二年，进陷台登、邛部，据清溪关③。

① 据《新书》二二二上；惟《通鉴》二一七作七万。

② 元郭松年《大理行记》：云南州西行三十里品甸，又山行三十里白崖甸，赤水江经之。又山行四十里赵州甸，即赵睑也，神庄江贯于其中。川行三十里至河尾关，即洱水下流。其西又有关，北入大理，名龙尾关。入关十五里为点苍，太和城在其下，周十余里。又北行十五里至大理，名阳苴咩城，亦名紫城，方围四五里（广德二年筑）。

③ 《蛮书》一：“黎州（今汉源）南一百三十里有清溪峡，乾元二年（？）置关，关外三十里即嶲州界也”；又“从石门外出鲁望、昆川至云南，谓之北路。黎州清溪关出邛部，过会通至云南，谓之南路，从戎州南十日程至石门，……天宝中，鲜于仲通南溪（今南溪县西）下兵，亦是此路。”按《蛮书》同卷下文称，自石门第九程至鲁望，再行十二程到柘东（今昆阳北平定乡），则石门路之一部，应相当于今威宁、宣威、曲靖（《德化碑》亦言仲通军至曲靖）、昆明之通路，从方位而言，应曰东路。《蛮书》一清溪关，“至大定城六十里，至达士驿五十里（黎、嶲二州分界），至新安城三十里，至菁口驿六十里，至荥水驿八十里，至初里驿三十五里，至台登城平乐驿四十里（古县今废）”，共程三百五十五里；但《新书》四二嶲州下称，“自清溪关南经大定城，百一十里至达仕城，西南经菁口，百二十里至永安城，城当滇笮要冲；又南经水口，西南度木瓜岭，二百二十里至台登城”，实四百五十里，今本《蛮书》之地名、里数，显有夺误。（可参《蛮书校注》）又《德化碑》云：“节度使鲜于仲通已统大军取南谿路下，大将军李晖从会同路进，安南都督王知进自步头路入。”唐邛部县，今越嶲北七十里，会同即《蛮书》之会通，又曰会川或会同川（会川今四川会理县）。复次，由台登至俄淮（即准字）岭为程五百三十里以上（据《新书》四二；《蛮书》此段路程，亦有脱漏），又由俄淮岭至会川二百八十五里（据《蛮书》，但比《新书》亦少差数十里，依《新书》则台登至会川共约九百里上下）。从方位言，此路应曰西路。据《新书》，贞元十年袁滋使南诏，系取东路（石门），十四年内侍刘希昂使南诏，系取西路（清溪）。

宝应元年,西开寻传[①],南通骠(Pyu)国,裸形、祁鲜,不讨自服[②]。永泰元年(七六五),命长子凤伽异于昆川置柘东城[③],其部下为立《南诏德化碑》(现存大理),明罗凤不得已叛唐归吐蕃之故[④](此

① 寻传是部落名称,见于《蛮书》者分在两个不同区域;其一,在今八募一带(说详同前引拙著),即本文之所指。《德化碑》云:"爰有寻传,畴壤沃饶,人物殷凑,南通渤海,西近大秦",是也。其又一则在今金沙江与鸦砻江会流之处。《蛮书》二云:"又有水,源出台登山,南流过嶲州,西南至会州(当作"川",见上一条注)、诺(同书八,"诺,深也")赕,与东泸合("合"字原脱,今校补),古诺水也,源出吐蕃中节度北,谓之诺矣;江南,郎部落。又东,折流至寻传部落,与磨些江合,源出吐蕃中节度西共笼川犛牛石下,故谓之犛牛河,环绕弄视川,南流过铁桥,上下磨些部落,即谓之磨些江,至寻传,与东泸水合,东北过会同川,总名泸水。"所谓"又有水"者,即今安宁河。东泸即鸦砻江,樊绰以当古之诺(亦作若)水,与《野史》上以金沙江当若水之说不同。磨些江则今之金沙江也,弄视川当指今丽江以北地方。安宁河在会理西北,先合于鸦砻江,再南,乃合入于金沙,汇点附近就是另一寻传部落之住地。

② 《德化碑》:"裸形不讨自来,祁×(当是"鲜"字)望风而至。"按《蛮书》四:"裸形蛮在寻传城西三百里为窠穴,谓之为野蛮";同书七:"自银生城、柘南城、寻传、祁鲜已西蕃蛮种,并不养蚕",又同书六:"丽水渡面(? 西)南至祁鲜山,……祁鲜已西,即裸形蛮也。"

③ 《蛮书》六:"柘东城,广德二年凤伽异所置也,其地,汉旧昆川。"按《德化碑》以置柘东城为赞普锺十四年春之事,依碑,败李宓在三年,相当于天宝十三载(七五四),是十四年应相当于永泰元,今《蛮书》作广德二(七六四),或其工程连两年耶?

④ 《萃编》一六〇著录《南诏德化碑》,前截几全泐,独碑首题"清平官郑回撰"六字完好无缺,是否原来真迹,颇成疑问。考碑末:"×成家世汉臣,八王称乎晋业,锺铭代袭,百世定于当朝,生遇不天,再罹衰败,赖先君之遗德,沐求旧之鸿恩,改委清平,用兼耳目,心怀吉甫,愧无赞于《周诗》,志效齐斯,愿谐声于《鲁颂》,纪功述绩,实曰鸿徽,自顾下才,敢题风烈";一望而知为撰文者自述之语,其人无疑是清平官,但姓名(或名)为"×成",与"郑回"不类,"八王"尤非郑氏典故。考《蛮书》三:"阁罗凤尝谓后嗣悦归皇化,但指大和城碑及表疏旧本,呈示汉使,足以雪吾罪过也",并未揭出撰人姓名,《新·传》及《通鉴》二一六亦然。惟《南诏野史》上云:"令清平官郑回撰《德化碑》,唐流寓御史杜光庭书,立石太和国门外,明其不得已叛唐归吐蕃之故",未知有何前据?复次,王昶《跋德化碑》云:"考《云南通志·古迹》载,阁罗凤刻二碑,一曰《南诏碑》,在城西南,注云,天宝间阁罗凤归吐蕃,揭碑国门,明不得已而叛,西泸令郑回撰文,今无可考。一曰《蒙国大诏碑》,即《德化碑》也,是南诏群臣颂德之碑,注云,在城北,郑回撰文,杜光庭书,今剥落殆尽云云。是南诏有二碑,皆郑回撰文,其刻石国门之碑,朱子《纲目》系其事于天宝十一载,此碑则在大历

一段多参据《德化碑》)。

大历十四年,罗凤卒,其子风伽异先死,伽异男异牟寻立,合吐蕃分三道入寇,德宗遣李晟等将禁兵往援,大败之。兴元元年,改号大理国。然吐蕃责赋重,岁征兵助防,牟寻稍苦之,思归唐;时西川韦皋(贞元三)侦知其情,屡遣谍遗书,九年,牟寻乃决策派使者三道来。十一年,皋奉朝命,使亲信赴羊苴咩城(今大理城,羊亦作阳,苴音斜,咩,符差切)[①],与牟寻盟于玷(亦作点)苍山下(盟书见《蛮书》末),因发兵袭吐蕃,战于神川(即丽江县北之金沙江),降其众十余万。自是,遣子弟来成都习书算,学成辄去,复以他继,垂三十年不绝。(《可之集》二)

杜元颖镇西川,昧于外情,削减士卒衣粮,戍边者因皆入诏境钞盗。大和三年末,诏人袭陷巂、戎(今宜宾)、邛(今邛崃)三州,径抵成都,陷其外廓,留西郭十日,去时,掠珍货及子女百工数万人,成都以南,越巂以北,八百里之间,民畜为空。(《可之集》)彼俗不解织绫罗,自是遂知纺织。(《蛮书》七)翌年十月,李德裕为西川节度,至镇,即

元年,两碑之立,相距十五年,而前碑已亡";所引《通志》,可疑者计有四点:(1)罗凤曾立两碑,《蛮书》、《新·传》、《通鉴》、《野史》等都未说过。(2)南诏是唐人对彼之称谓,蒙国大诏是彼国人自用之称谓,彼国何以有"南诏碑"的名称?(3)今《德化碑》前截即说明不得已叛唐之故,是否别有一所谓"南诏碑"成立在前,专叙此点?如其既有,《德化碑》似无须复述。(4)《新·传》将立碑表明心迹事记在天宝十载仲通失败之后(《通鉴》同),《野史》记在十三载破李宓之后,似皆不知确年而顺带提及,吾人相信朱氏《纲目》处理此节故实,亦应用同样手法,并非经过考实,不应强调"天宝十一载"之时间性。合此观之,我并不相信罗凤曾立两碑,《滇志》之误,由于呆信《纲目》,且以《德化碑》后截纯然歌颂吐蕃(文云:"我圣神天帝赞普德被无垠……","我"字上空两格),疑其与无心叛唐不相应而信为别有一碑也。碑文只叙到赞普锺十四年(叶昌炽《语石》二即以为是年所撰,且认《南诏蛮颂德碑》与《南诏德化碑》为一碑歧出),相当于永泰元年,王昶以为大历元年立,似属计算之误。唐末至前蜀有道士杜光庭,《野史》所揭书人,亦极可疑,今不具论。

① 骠苴低之"苴",哈威谓即 Swabwa 之 Swa,意即"君"也,(《缅甸史》上一五页),又突厥语呼"新"为"阳",则阳苴咩城全义当为"新王城"。

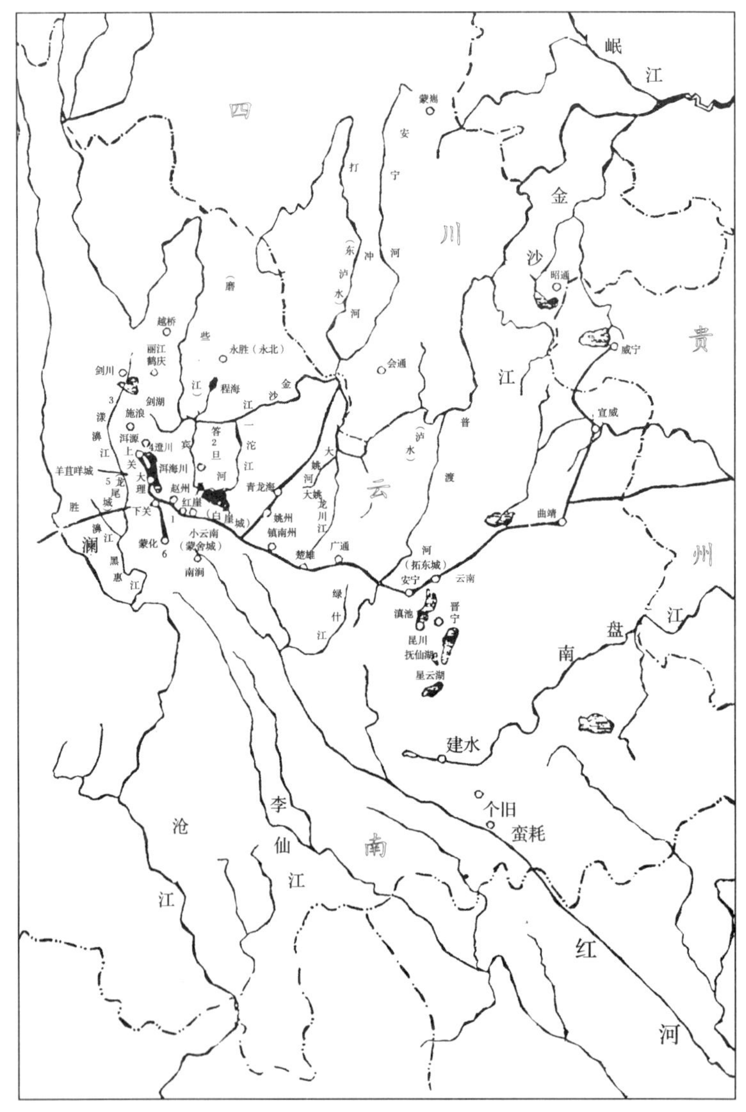

图九 六诏住地及其通路

1. 蒙巂诏 2. 越析诏 3. 浪穹诏

4. 邆赕诏 5. 施浪诏 6. 蒙舍诏

讲求吐蕃、南诏通道形势。朝命塞清溪关，德裕言，清溪之旁，大路有三，自余细路至多，不可塞。若得二三万人，精加训练，南诏自不敢动。最要是大度水（今大渡河）北更筑一城，迤逦接黎州，守以大兵。其朝臣建言者（暗指宗闵、僧孺）由于祸不在身，望人责一状，留入堂案，他日败事，不可令臣独当国宪。朝廷皆从其请，蜀人粗安。德裕又遣使索还所虏西川百姓约四千人。

德裕贬死，西川节度所任皆非人。（《野史》上）会昌六年、大中十二年两寇安南，咸通元年陷之①，其酋世隆始僭称皇帝。二年，陷播州（今遵义）②，又寇邕、嶲二州。四年，再陷安南。五年、六年，连寇嶲州。七年，高骈复安南③。十年，寇嘉州。十一年，围成都。十四年，寇黔中。乾符元年，又深入至成都城外④。用兵几廿载，上下俱困，此后不能为大患矣。

南诏之祸，率起于边将失职，其最坏者天宝有张虔陁、鲜于仲通，大和有杜元颖。玄宗老耄，忽视吐蕃，纵容仲通、国忠等开衅西南，遂至为虎添翼，迫陷长安，代、德之际，无岁不寇。反之，韦皋密

---

① 《通鉴考异》二三云："按宣宗时南诏未尝陷安南，据《新·（南诏）传》则似大中时已陷安南"；按《新书》各列传之叙事，不依年序为先后，其例甚多，《南诏传》在咸通元年之前称南诏陷安南者，实将咸通元年事倒错于前耳。

② 《考异》二二，大中十三年南诏陷播州云："《旧·纪》、《实录》今年皆无陷播州事，惟《新·纪》有之；《实录》，咸通六年三月卢潘奏云，大中十三年，南蛮陷播州"；是《新·纪》似据卢潘奏而书也。《通鉴》二五〇又于咸通元年十月己亥后书，"安南都护李鄠复取播州"，亦本自《新·纪》九。考尉迟偓《南楚新闻》记黔南事有云，"咸通二年蛮寇侵境"，兹从之。

③ 陈碧笙《滇边散忆》云："七年复取安南，高骈大败之"；（二〇页）按再陷安南在四年，陈书误。

④ 广明元年，卢携称咸通以来，南诏两陷安南、邕管，一入黔中，四犯西川，（《通鉴》二五三）只概括言之，可参看《考异》二三及胡注，《互证》二〇疑安南只咸通四年一陷，系未见携奏之故。

行招抚，则“南诏入贡，西戎寝患”，(《唐大诏令》一一八)以是知对待兄弟民族之万万不能自大。

南诏之地方区域，以赕为号，赕即泰语之 xieṅ(英文作 chieng)，与 muoṅ (汉译“孟”、“蒙”或“猛”)①之义相等。“赕者州之名号也”，凡六赕：“大和阳苴咩谓之阳赕，大釐谓之史赕，邆川谓之赕赕，蒙舍谓之蒙舍赕，白厓谓之勃弄赕”(今凤仪县白崖)②，韦齐休《云南行记》则作十赕。(《蛮书》五)

第三十二节 安史乱中之回纥——不与吐蕃合作

我国古代往往受北方强邻之侵略，当危急之际，不受侵略而反得其援助者史册上确是罕见(可与吐蕃之侵夺河、陇比观)。

回纥(Uighur，景教徒作 Ighur，Iaghur，《海屯纪行》作 Ioghus)隋时称韦纥，《隋书》列作铁勒之一种，德宗时改译回鹘，或谓即汉之乌揭。其开化似比突厥较早。唐初居独洛(Tohgula)河北之娑陵(Sälänga)水上，部内分为十姓；属部中别有九姓乌护(Toguz Oghuz见《回鹘英武威远毗伽可汗碑》)。后世又分为黄头回纥(Salik Uigur)等支派。拉施特谓“回纥”之义为“联合帮助”。

回纥，于阗文或拼作 Hve：hvu：ra，其前两音相当于“回回”(见

① 《蛮书》四言：“茫蛮部落，并是开南杂种也，茫是其君之号。”张礼千谓泰语“孟”为城镇之意。(《东方杂志》四〇卷一八号)

② 今本夺去一赕，《校注》云：“疑后龙口一城当亦为一赕，系传写误脱一句也。”余按龙口城即今大理上关，似未得为一赕，惟《蛮书》五云：“渠敛赵，本河东州也，西岩有石和城，乌蛮谓之土山坡陀者，谓此州城及大和城俱在陂陀山上故也”(同书八，“山谓之和”)，似占一赕之数，即《野史》上之赵州赕，今改凤仪县。

拙著《回回一词之语原》,《史语所集刊》十二本),彼族徙居天山后多信奉天方教,明、清人遂呼天方教为回回(或回)教,更进一步混称天山各种部族为“回人”,至今犹称奉天方教者为“回族”。羽田亨云:“回教”系因回纥人最先信奉而得名①,立说最为得当。林幹以为“当时所谓回回,系指大食国,即现今的波斯及阿拉伯而言”,又引《正字通》云:“回回是大食种”②,实未能追溯其原义。

回纥与突厥世仇,可从古突厥文碑见之。突厥内部历次乱事,回纥几无不为积极分子。但两族之语言,差异极少(据伯希和说)。当武后初,突厥徙回漠北,回纥又尝拔刀助唐,合谋突厥(参拙著《突厥集史》八)。后来回纥破败,一部来投,居甘、凉间,一部仍为突厥所役属,此点最宜分辨清楚。

天宝初,其酋骨力裴罗(即阙毗伽“Kül Bilgä”可汗,《唐历》及《新书》二一七上倒为毗伽阙可汗或骨咄禄毗伽阙可汗)击杀突厥之乌苏米施(Ozmiš)可汗,兼并漠北,唐封为怀仁可汗(《旧书》误以英武威远毗伽可汗为阙毗伽可汗),其全衔应为登里啰没蜜施、颉翳德蜜施、毗伽可汗,天宝六年卒。

子磨延啜立,击破西北边之拔悉密(Basmil)及三葛逻禄(Üč Qarluq)。会禄山叛,请助讨,自率兵与郭子仪合击同罗突厥(即禄

① 《西域文明史概论》八八页。

② 《新建设》四一期四一 — 四四页及四二期四五 — 四八页《试论回回民族的来源及其形成》。林氏曾言:“若谓回回民族中含有突厥族的成分,那到是可能。”又“因此回回在其形成为一个民族的过程中,自不免掺入许多汉族的成分。”按伊思兰教输入我国,其范围是逐渐扩大,在去今三百年前,某些汉族掺入成分,当然尚易识别,故顺治四年甘抚张尚列举为缠头回、红帽回、辉和尔、哈拉回、汉回等数种,意义本甚明白。林氏却认为彼时不合用“汉回”二字,则对于彼分析回回民族来源的初意,反觉有所矛盾矣。

山部下自长安逃赴朔方者),破之榆林河上(至德元)。遣太子叶护将四千骑至凤翔,肃宗命广平王俶与约为兄弟,率朔方、回纥、大食等军收复长安(至德二)。回纥继随子仪追贼,破于陕州之新店,庆绪大惧,弃洛阳走河北。回纥大掠东都三日,意犹未厌,耆老复以缯锦万匹赂之,乃止。既而叶护还长安,请自归取马扫范阳余孽,帝令岁遗回纥绢二万以报之(均至德二)。明年(乾元元),磨延啜请昏,帝妻以幼女宁国公主,是为破格之例(唐代前所外降者皆宗室或外戚子),并册为英武威远毗伽可汗,其本国全衔曰"×登里啰汩没蜜施、颉咄登(?)密施、合俱录×",寻卒。国人欲以宁国殉,公主拒之,后以无子得还。

继位者少子牟羽(Bügü)可汗。宝应元年秋,受史朝义所诱,方率兵向阙,遇唐使告知代宗即位,时兵已过三城(即三受降城),见州县丘圩,有轻唐之意。上亟遣药子昂往迎劳,遇于忻州南,又令仆固怀恩(九姓铁勒人,其女为可汗之可敦"qatun")往见之,乃允助讨朝义。回纥欲入自蒲关(即蒲津关),由沙苑(同州冯翊县南)出潼关东向,子昂阻之,请自土门(井陉)略邢、洺、怀、卫而南,不可。又请自太行南下扼河阴,亦不可。乃请自陕州大阳津度河,食太原仓粟,回纥从之。诏以雍王适为天下兵马大元帅,会师进讨。回纥辱雍王,引左右厢兵马使药子昂、魏琚、判官韦少华、行军司马李进,各鞭一百,琚、少华均死。既而会同诸道兵进攻,复收洛阳。回纥兵大掠,人皆遁保圣善、白马二寺,回纥火之。屠杀万余人,可汗留营河阳三月,乃去。唐于是(广德元)册为"登里罗汩没蜜施、颉咄蜜施、合俱录(英义建功)毗伽可汗"(tängri dä qut bulmyš 为天赋庄严,iltutmys 为以功绩御国,又 alp külüq bilgä 为神武、光荣、贤智)。永泰初,怀恩反,诱回纥、吐蕃入寇,会怀恩死,二虏不和。子仪自叩回纥营,与其帅握手(握手如平生欢,见《后汉书》),让其背约。回纥请击吐蕃以报。子仪取酒共饮,回帅请设誓。子仪酹地曰:"大唐天子万岁! 回纥可汗亦万岁! 两国将相亦万岁!(互祝之词,与近世欧俗同)有负约者身陨阵前,宗族灭绝。"因与回纥合击吐蕃,大破之。然其人留京师者率负功,横行无忌。大历十三年,入寇太原,河东节度鲍防与战,不利,死者万余。及德宗立,又入九姓胡之言,欲悉师向塞,宰相顿莫贺达干(ton bagha tarqan)持不可,弗听。莫贺怒,因击杀之而自立,并诛其支党及九姓胡几二千人,建中元年(七八〇),册为武义成功可汗。

先是,回纥来者常参九姓胡,往往留京师至千人,居赀殖产甚厚。值其酋长还国,逗留振武三月,耗供给甚巨,军使张光晟诇知其用橐盛女子阑出,因勒兵尽杀回纥及群胡,收驼马数千,缯锦十万,送女子还长安,可汗虽知之,卒未责偿。贞元三年,来请和亲,德宗积旧憾,初欲不许,继用李泌言,妻以八女咸安公主。四年,可汗上书自称子婿,愿以兵助除吐蕃,又请改"回纥"为"回鹘",于是加册为汨咄禄(qutluq 庄严　幸福)长寿天亲毗伽可汗,明年卒(七八九)。

以后国更数主,贞元十一年(七九五)奉诚可汗卒(即汨咄禄毗伽可汗),无子,国人立其相跌跌骨咄禄为可汗,即登里啰羽录没蜜施、合、汨咄禄、胡禄、毗伽可汗(胡禄 = ulugh,神圣),唐称怀信可汗,永贞元年卒(八〇五)。

继位者曰保义可汗,中文全衔为"爱、登里啰、汨没蜜施、合、毗伽可汗"(爱即 Ai 之音译,义为月神)①,据此可汗之汉文圣文神武

① 据田坂兴道氏言,回纥可汗衔之常为"爱登里啰"(ai tängridä,奉月神)或君登里啰(kün tängridä,奉日神)系受摩尼教之影响。可汗衔之回纥文为 alpu inanču bagha targhan tänridä ülug bulmis alpu qutlugh bilgä qaghan(见同第二七三页注①引文)。

碑，其在位时为回纥极盛之世。曾北击坚昆，殪其可汗；西收北庭，越大患鬼媚碛；吐蕃攻围龟兹，汗自领兵赴援，败吐蕃兵于于术[①]；西方某族不贡，汗复征之，遂北至真珠河（Jinčüügüz，Naryn R.），俘掠无数；又进攻葛禄，西追至拔汗那国；此其大较也。元和三年，来告咸安公主丧。既而屡请昏，有司度费当五百万，宪宗方内讨叛藩，不之允。及元和末，始许以太和公主下嫁，长庆元年来逆女，纳马二万，橐驼千。

上文所言汉文碑[②]，旧史未之及，清光绪十六（一八九〇）年，芬兰人 Heikel 始访得之，文甚残缺，今所据者为罗振玉《辽居杂著》校本。沙畹等谓是保义可汗所立（《摩尼教考》二四页），殊有语病；考碑文言唐“×帝蒙尘”，上空二格，与称其“天可汗”同，“俘掠人民”之民字缺末笔，则知碑为歌颂保义功德而立，其文由唐人撰书者。碑阴粟特文所志之年为马年，由是可推定立于元和九年甲午（同上引书二四页）[③]。

回纥自有国以来，曾助唐一收长安，两复东京，殄灭朝义，除大历十三年一役及后来亡国时外（见下文），未尝扰唐边，前后三尚帝主，明以前我国北邻之最为亲善者也。至于助唐牵制吐蕃，除前文

---

① 据沙畹氏言，于术在库车与库尔勒（Korla）之间。

② 全碑系以汉、突厥、粟特三种文字分撰，冯译《摩尼教流行中国考》误粟特为康居。（二二页）

③ 据《新书》二一七上，永贞元年怀信可汗死，唐册其所嗣为滕里野合俱录毗伽可汗，元和三年死，唐册新可汗为保义可汗（长庆元年死），《通鉴》二三六—二三七及二四一，又《元龟》九七六及九六五略同。惟《会要》九八则称俱录毗伽可汗死元和六年（《元龟》九六五别一条同，殆钞自《会要》），七年正月，唐另册一可汗，其人死于元和十一年，是年十一月始册立保义可汗，与《新书》、《通鉴》异。关于保义嗣位之年，《会要》断不可信，据回纥可汗碑之粟特文纪年，保义嗣位，不能晚于元和九（马）年也。田坂兴道疑保义嗣位在元和六年，再无他据，（同第二七三页注①引文六一七页）司马修《通鉴》，尚得见《宪宗实录》，故从之。陈垣氏《摩尼教入中国考》谓可汗碑立于长庆间，亦误。

所举外，贞元六年①，其相颉于伽斯（il ugäsi 国光荣之义）拟合北庭节度杨袭古复取北庭，不幸大败，七年，吐蕃攻我灵州，回纥败之，十三年，回纥取凉州，元和十一年，吐蕃向漠北进攻，于时李绛曾言，“北狄、西戎素相攻讨，故边无虞”，（《李相国论事集》）宪宗末年，亦因吐蕃比岁为边患，故许降公主。（《旧·回纥传》）惜肉食者无远谋，卒不能与北邻作有计划之密切联合，以消弭西边之大患。

第三十三节　唐之马政

我国产马无多，尤其不产良马。周穆王之八骏，《左传》晋国屈产之乘，据余考之，皆西北方之马也②。汉武向大宛求善马，亦明汉马之不良。

高祖起兵太原，曾言“蕃人未是急须，胡马待之如渴”。乃突厥以马千匹来太原交市（匹、疋通用），义士咸自出物，请悉买之；帝曰：“彼马如羊，方来不已，吾恐尔辈不能买之。胡人贪利，无厌其欲，少买且以见贫”；（《大唐创业起居注》）寥寥数语，乃恰道着中唐以后市马之困苦。

隋、唐牧马，均在西北。文帝遣屈突通往陇西检覆群牧，得隐藏马二万匹。（《续世说》一〇）贞观时鉴于国初马匹之缺乏，将赤岸泽（在旧长安城东数十里，即长安、同州之间，见《周书》七大象二

① 涉六、七年事，《旧·回纥传》与《会要》九八有冲突，可参看田坂兴道《中唐西北边疆之情势》。（《东方学报》一一册五八六 — 五九〇页）

② 八骏及屈产名称，大多数已经学者及余个人证明为突厥语或中亚语之音写，此处不备引。

年下）所得牝牡三千，徙牧于陇右。下至麟德，四十年间，蕃生至七十万六千疋，置八使以董之，四十八监以掌之①。马牧在秦、渭二州之北，会州之南，兰州之东，中包原州之地，东西约六百里，南北约四百里；犹嫌狭隘，更析八监，布于河曲丰旷之野，乃能容之。马一匹仅值一缣，是为马价最贱时期，高宗时卖宛中马粪，犹得廿万缗云。

垂拱后廿余年，马疋潜耗大半。开元初，王毛仲领闲厩使，牧马廿四万疋，至十三年，乃四十三万匹。（《张说之集》一二，参《元和志》三）又据郗昂《岐邠泾宁四州八马坊颂碑》，知五坊在岐，余在三州，十九年时有马四十四万疋。（《全唐文》三六一）天宝十二载，诸监养马三十一万九千三百余疋，内十三万三千五百余为骒马（《元和志》三。骒马，牝马也。同书又称都监牧使管四监牧使，天宝中共五十监，内东宫使管九监，南使十八监，西使十六监，北使七监），是为马牧复兴时期。然开元间犹岁市突厥马三四千，一岁一市。廿四年马竟一岁再来，总一万四千，玄宗为可汗初立，特予多留，十退一二，酬物五十万匹（伸计每马价四十余匹），突厥犹有违言。（《张曲江集》六）盖突厥、回纥皆信用九姓胡，胡人素操商业，性嗜利②，我国丝绢，中古时在西方取得重价，其迫我市马，将以营谋厚利也。（参《隋史》第五节）

秦、渭、兰、原四州于广德初都陷吐蕃，牧场尽失，故永泰元年吐蕃入寇，有诏大搜马。而回纥自乾元以后，负讨贼功，每岁来市，纳一马取直四十绢（此据《旧书》，《新书》作缣），动以数万求售，欲帛无厌。大历八年七月，代宗欲悦其意，尽为市之，回纥辞归，载赐遗及马价，用车千余乘。其年十一月，再市六千匹。（《通鉴》二二

① 唐代诸牧畜产每年死耗及生长数目，有厩牧令为之规定。（《唐律疏议》三）

② 大和五年，李恭子借回纥钱一万一千二百贯不偿，（《元龟》九七九）此必胡人在中国经营高利贷之事业。

四)德宗建中初,诏市关辅牝马三万,(《会要》七二)似欲从内地繁殖,而缺乏经营,无济于事。三年,回纥遣使来,追唐所负马直一百八十万匹,德宗诏以帛十万及金银十万两偿之。(《通鉴》)洎贞元三年,释憾和亲,未始不因"会边将告乏马,无以给之"(《通鉴》)之故。

购马之经济损失,言之最痛切者莫如白居易,其《阴山道乐府》云:"五十疋缣易一疋,缣去马来无了日,养无所用土非宜,每岁死伤十六七。缣丝不足女工苦,疏织短截充匹数,藕丝蛛网三丈余[①],回鹘诉称无用处。咸安公主号可敦,远为可汗频奏论。元和二年下新敕,内出金帛酬马直。……谁知黠虏启贪心,明年马来多一倍。"(《长庆集》四)又《元和(三年)与回鹘可汗书》云:"省表,其马数共六千五百匹;据所到印纳马都二万匹,都计马价绢五十万匹。缘近岁已来,或有水旱,军国之用,不免缺供,今数且方(或作"万",皆"先"字之讹)圆支二十五万匹。……顷者所约马数,盖欲事可久长;何者?付绢少则彼意不充,纳马多则此力致歉,马数渐广,则欠价渐多,以斯商量,宜有定约。"(同上四〇。平均每马价廿五匹)当日收入既短,复征役岁兴,市马而至负债,财政之拮据可想。经过此一回要约后,每年所来之马,仍以万计。(参《通鉴》二四四大和四年)

关于马价所直物匹之数,陈寅恪曾提出三项疑问:(1)绢精而缣粗,何以《旧书》作绢,《新书》作缣,是否直绢四十,直缣五十?(2)以二十五万匹绢充六千五百匹之马价,则一马约直绢四十匹,与《旧·传》之言颇合;若纳马二万而索绢五十万,每马只易绢二十五匹,何以相差甚远?(3)如以时代先后为解,则实物交易,似不应相差如此。颇疑回纥系用多马贱价倾售,唐人则减其马数而依定

① 唐时绢(即缣)每匹规定长四丈,见下文。

直付价云云。(《元白诗笺证稿》二四四 — 二四五页)其实,陈氏未注重“方圆支”三字,方圆支者犹谓先行筹给一笔数目,易言之,即所来二万匹全数收买,惟马价未立时付清,故下文有欠价渐多之申言。《说文》:“缣,并丝缯也”,《释名》:缣,“其丝细致,数兼于布绢也。”又《汉书·外戚传》上作缣单衣,颜注:“即今之绢也。”颜师古是唐初人,缣、绢相同,似可无误①。质言之,称“绢”者用唐世当日之通言,称“缣”者引汉代之旧语,所谓(1)绢贵缣贱,于典无征。若时代先后,缣价确有不同;开元初,绢一匹仅值钱二百(见前十九节),大历中,一缣直四千,贞元末又降为八百,(《新书》一六五)就数字论,大历中比开元初为廿倍,贞元末仍为四倍(关于此点,仍须兼顾钱币值之升降,但元和系钱荒时期)。元和三年夏上去贞元末不过三数年,绢价谅无大上落,每马给价廿五匹,按物价涨缩言之,元和马价还比开元为高,则(2)项之疑可以解决。抑《元和与回鹘书》断断以约定马数为言,即欲其后此岁纳有定,以免频开交涉;如果核减来马,便当如开元之书所云“十退一二”也,故(3)之疑尤不确。陈氏结论谓“唐回马价问题,彼此俱以贪诈行之”,(同前引书二四五页)应有所修正。

马除供军之外(天宝中各镇戎马八万余匹,见前廿二节),驿传所用不少,据近年出土唐世文书,四镇运输多用马力,罕用驴驮,至少官家如是。(《文物参考资料》二卷五期一六〇页)但考大业九年,“课关中富人,计其资产出驴,往伊吾、河源、且末运粮,多者至数百头,每头价至万钱”,(《隋·食货志》)此或隋代突厥来马无多,(参前文太原起义)亦许两国失和,互市断绝。唯北方内地民运,用驴比较普通,试观开元廿九年京兆府奏:“两京之间,多有百

① 《西域文明史概论》四五页称,“有一前记之缣(即绢)书”,是羽田亨亦知缣、绢同一。

姓儆驴，俗谓之驿驴，往来甚速，有同驿骑”，(《元龟》一五九)便可知之。官驿亦有时用橐驼。(哥舒翰为陇右节度，常遣人乘白橐驼奏事，日驰五百里，见《通鉴》二一六)

第三十四节　西方宗教之输入

说回纥就不可不顺带论及与回纥最密切之摩尼(Mani)教；然回纥之摩尼教，实经中国输入，故又不可不总唐时输入之西方宗教，一并论之。除佛教已见前外，兹依其输入先后为序。

(甲)祆教

祆字之右旁，或谓从“天”，或谓从“夭”，历来争讼不决。按《唐律》三：“诸造祆书及祆言者绞”。从夭者即“妖”字，更证祆教字之不从夭。《玉篇》，祆，呵怜切，xien(《广韵》呼烟切)，《通典》四〇，呼朝反，xiäu，其差异处只收声附-n缀或不附-n缀，从“天”者示其为天神也(会意字，非谐声字)。读神祇音则两皆可通。

教之创始时代，外史无确记，近世华译为拜火教，或简称火教。发生地大约在亚塞尔拜然(Azerbaidzhan，今为苏联加盟共和国)。石油发汽，遇热而燃，故自古称为“火之国”①。教之主旨注重化畜牧为农耕，故其书谓不专力于畎亩者非苏鲁支之徒，虽仍未完全脱离神鬼思想，但比诸他教之迷信，确已迈进一步。(耆那教及佛教均非暴力，戒摧残生物，故视耕地为贱业而有夏坐之仪式)其重要神祇之名称，大抵与婆罗门者相同，而性质善恶则迥别(如ahura之梵文为asura，其义只是邻近诸天)，由此可见两教根本差异之处。

① 参《苏联民族之话》七〇页。

近世中亚考古,曾发见佛教之起颇受祆教之影响,抑据公元前四世纪希腊学者之说,此教约创于公元前二千年左右,自中古波斯学者误将火教经(Zend Avesta)内之 Vištaspa 与波斯王大流士之父联合而为一,遂认创教人苏鲁支(即 Zoroaster,译名见宋姚宽《西溪丛语》上,吐鲁番残经作 Zrušč)系公元前六世纪人物。但据大流士自述之世系,与火教经所记之世系,除此名外,其他无一相合。近世学者虽知此项考证之误,然仍有维持公元前六世纪之观点者,可见成说之难于屏除也。我个人研究所得,火教创立,总在公元前十五六世纪已前;换言之,最少在周民族东徙之二三百年已前,大致与最初希腊学者之说,甚为相近。如果晚在公元前五六百年顷,则与希腊人最初所闻,相隔不过一二百年,何至传说为二千年前之人物。

《墨子·节葬篇》:"楚之南有炎人国者,其亲戚死,朽其肉而弃之,然后埋其骨,乃成为孝子。"《列子·汤问篇》略同,此周代已有祆教之确证。祆教称天曰 ahura(君主及上级曰 ahu),依上古汉化读法,得变为 hun。有时省略为 hu,《毛诗·鄘风》:"胡然而天也,胡然而帝也","胡天"、"胡帝",就是后来北魏之"胡天神"。徐铉《说文新附》"关中谓天为祆",当有所本;王昶《金石萃编》谓关中统西域而言,盖不知而强为之辞。卫王孙贾曰:"与其媚于奥,宁媚于灶",奥,切韵 âu,即 ahu(ra)之音略。凡此类古史断片,都足证明祆教早来我国,且深入内地。秦始皇所禁之"不得祠",往日我疑其与吠陀或浮屠有关,后乃明其非是;"不得"实安息语称火教为 apistak 之音写。俄国学者 Rostovtseff 曾言安息时期,中国大受波斯势力之影响(引见前《隋史》十三节),与此可以互证。

后来再度传入,时在北魏。《魏书》一三:"灵太后幸嵩高山,从者数百人,升于顶中,废诸淫祀,而胡天神不在其列。"鲜卑初隶匈奴,匈奴本奉祆教,(《真理杂志》三期三一一页拙著)突厥俗,祭神例采极高之地(《东方》四一卷三号三七页拙著引 Czaplicka 之说,此与我国之封禅相类),故鲜卑祭胡天实承匈奴之俗。北齐后主及北周均拜胡天,(《隋书》七)无非承其余绪,一面沿旧有之习惯,一面安东徙之侨民。

《西溪丛语》载:贞观五年,有传法穆护何禄将祆教诣阙闻奏,敕长安崇化坊立祆寺,号大秦寺,又名波斯寺;殆混祆、景两教为一谈。又韦述《两京新记》三称,长安布政坊胡祆祠为武德四年所立,则贞观前长安已立祠,非贞观始来。若醴泉、普宁、(同上《新记》)靖恭,与洛阳城中会节、立德(参张鷟《朝野佥载》、《长安志》及《两京城坊考》)诸坊之祠,均立于隋、唐。西面凉、沙诸州有祆祠,亦见于载记。杜环《经行记》称为寻寻(Zemzem)法。(《摩尼教考》十页)陈垣《火祆教入中国考》以为唐代两京之有胡祆祠,类于清之尊崇黄教,(《国学季刊》一卷一号)只得其一体。

司理祆祠祀之员,且见于唐代官制,有视流内、视流外之别;开元初,视流内者为萨宝、祆正二官(视正五品及视从七品),视流外者为萨宝祆祝(视勋品)、萨宝率府(视四品)、萨宝府史(视五品),其制承自齐、隋。(《通典》四〇称"武德四年置",谓复置则是,谓始置则非)北齐鸿胪寺置京邑萨甫二人,诸州萨甫一人,(《隋书》二七)隋之雍州萨保为视从七品,诸州胡二百户已上萨保为视正九品,(同上二八)甫、保、宝无非一音之转。此教至会昌禁佛时,乃与景教、摩尼,同归消灭。

穆护即教士,乃古伊文 moghu 之音译(古波文 maguš,中波文 maghūk,新波文 mugh mōgh,英文译作 magi,法文 mage,希腊 magos,拉丁 magus,火教经则作 aðravana[①]。萨宝,Deveria 以为即叙利亚文

---

① 墨公谷《贾耽与摩尼教》一文有云:"颜鲁公(真卿)与康国人颇有往还,且以穆护之名字其男,康国人多奉摩尼教。"(《禹贡》半月刊二卷四期九页)乃误混祆教于摩尼。

之 Sābā，长老之义）。（藤田《〈往五天竺国传〉笺释》六六页）①

《新唐书》七八《李暠传》："太原俗为浮屠法者死不葬，以尸弃郊饲鸟兽，号其地曰黄院，有狗数百头，习食胔，颇为人患，吏不敢禁。暠至，遣捕群狗杀之，申厉禁条，约不再犯，遂革其风。"按此实祆教之习俗，所谓黄院，西人称曰无言台（Silence Tower），至今生息于印度之少数波剌斯（Parsi）人，尚有行之者。唐人目为浮屠法，由于不辨外教之原委也。当日祆教之分布，观此可得其一脔。

（乙）景教

唐世始输入我国者为景教，唐人或称曰弥施诃教（Messiah，见《贞元新定释教目录》。叙利亚、犹太及阿剌伯称耶稣之名，义为救世主），乃基督教之一支。（十七世纪中叶在华之基督教会曾自称"景教堂"，见《史地考证译丛》六编二五五页）倡之者叙利亚人聂思脱里（Nestorius），以为耶稣母玛丽（Maria）只产耶稣之体，不盛耶稣之神，不当称曰圣母（与中国旧日追尊所生之义，处于对立地位），聂于四二八年已为大总管②，但四三一年（宋元嘉八）在 Ephese 开宗教会议时，大为别派所斥，禁其传道，聂遂出奔。四八九年（南齐永明七），聂派别开会于波斯，自称 Catholicos（正）派，逐渐东传。贞观九年（六三五），其徒阿罗本（Rabban，见《中西交通史料汇编》一册一八五页）来长安，十二年七月，敕于义宁坊建寺一所，度僧廿一人，原名波斯寺。天宝四载，为免与祆教寺相混，诏改号大秦寺。（参《会要》四八）③

---

① 此名还原最少第一音 sā 与"萨"之古音不相合；伯希和曾有长篇考证，登 Bull，*de Ecole francaise*，vol. Ⅲ，pp. 665—671，惜未之见。

② 向达《新疆考古概况》称："公元前二世纪以前的南疆、印度、伊兰（摩尼教、景教）文化颇盛。"（《文物参考资料》四〇期二九页）按公元前二世纪时摩、景两教均未创立，向氏殊为失考。

③ 冯承钧谓景教入唐之时，叙利亚已为大食所据而名其地曰苫（Sām），与其名景寺为大秦寺，不如名为苫寺云云；（《景教碑考》四七页）其说可谓泥极。"大秦"真义犹云右方或西方（余已有证明），在当日施之罗马也可，施之叙利亚亦可，冯氏之论，徒见其好为文字上之异议，非注重实际研究者所应出此也。

景教来唐历史，我国旧籍记录极少，幸而明末有“景教流行中国碑颂并序”之发见。碑立于建中二年（七八一）正月七日，题“大秦寺僧景净述”（景净之教名为 Adam）。碑下面及左、右二面用叙利亚文记人名（或附汉名）、职名及立碑年分（称希腊纪元一〇九二年）。惟关于出土时期、出土地点及立碑原因，则言人人殊①。据碑所言，高宗时诸州各建景寺，仍崇阿罗本为镇国大法主；圣历、先天

① 涉出土时期，钱谦益以为“万历间长安人锄地”得之，（《牧斋有学集》四四《景教考》）林侗以为“明崇祯间西安守晋陵邹静长先生有幼子，……卜葬于长安崇仁寺之南，掘数尺，得一石”，（《来斋金石刻考略》下）李之藻天启五年四月《景教碑书后》称，“庐居灵竺间，岐阳同志张赓虞惠寄碑一幅，曰迩者长安中掘地所得”，崇祯十四年，葡教士阳玛诺（Emmanuel Diaz）撰《唐景教碑颂正诠》，称“天启三年，关中官命启土，于败墙基下获之，置郭外金城（胜）寺中，岐阳张公赓虞拓得一纸，读竟踊跃，即遗同志我存李公之藻”，（《碑考》三至八页）足立喜六主张天启五年说最确，（《长安史迹考》一九〇页）冯承钧断为“要在天启五年之前”；（同前引九页）按由掘得而树立，而张赓虞拓得，而由陕寄浙，古代交通、消息，两俱濡滞，应以天启三年（一六二三）说最为可信。

涉出土地点及立碑原因，伯希和曾提出两项意见：（一）发现不在盩厔而应在长安金胜寺，即阿罗本所居之大秦寺。（二）碑非墓碑，只是当年大会时由景教大施主所建之碑（即碑文中之赐紫袈裟僧伊斯，《史地译丛》五九页）。冯承钧历引明末波兰人卜弥格（Michael Boym），法人金尼各（Nicolas Trigault），法人方德望（Etienne Le Fèvre）诸神甫之书札，信为出土不在西安而在盩厔，出土后运至金胜寺，且是伊斯之墓碑（同前一〇 —一三，一八及六九页）。余按此实两个互相连锁之问题，主张出盩厔则近于墓碑，主张出金胜寺则应非墓碑。据宋敏求《长安志》一〇，义宁坊“街东之北，波斯胡寺，贞观十二年太宗为大秦国胡僧阿罗斯（本讹）立”；《清一统志》一八一，“金胜寺在长安县西郭外，即崇仁寺，唐建”；又《长安县志》，唐开源门内义宁坊有崇圣寺，明改崇仁寺，以寺邻金胜铺，故亦名金胜寺（此据《碑考》一八页转引；但唐城西无开源门，《长安志》义宁坊之北街通开远门，“源”乃“远”讹）；是明之崇仁寺（即俗称金胜寺）与唐之大秦寺同在义宁坊内，其为同一寺之嬗化，已极有可能。假如发现在盩厔而运至长安，此碑初时尚无人能考其内容，崇圣寺之本身为大秦寺。在流俗亦必无记忆，长安名刹尽多，何以运来后恰放在唐代之大秦寺？此从客观体察而未必有如是之偶然者也（冯书一八页亦以大秦寺、崇圣寺同在一坊为讶）。若第二问题，解决尤易，碑文末段无非赞扬伊斯之出资崇饰及布施，绝无溘逝之意味（“今见其人”一句，尤非对已死者之言）。且向来墓碑未闻有取颂为名者，更未有替官吏作墓碑而专颂历朝帝皇之功德者，况碑文固非唐文之下乘作品乎？至伯希和以为伊斯自立，亦误；末言“白衣景士，今见其人，愿刻洪碑，以扬休烈”，明明是景众颂伊斯而立石矣。详说见拙著《景教碑里好几个没有彻底解决的问题》。

间颇受佛、儒之讪谤，得僧首罗含（Abraham）①、大德及烈（Gabriel）②维持不坠；玄宗即位，令宁国等五王建坛寺内，天宝三载后，有僧佶和（Givuargis = Giwargis，此据《汇编》还原）自大秦来，诏在兴庆宫内与同侣十七人共修功德；肃宗又于灵武等五郡重立景寺云云。明李之藻谓以“景”为名者，盖取“光炤”及“大”之意义。（《景教碑考》四页）

建中时，彼教来中国仅百许年，流传之文献有限，清儒未审其缘由，又不识叙利亚文作何语，故于景教来源，生出许多误会。冯承钧撰《景教碑考》（一九三一年），力诋前贤，但于碑之出土地点、建立原因，却乏卓见，此外更无所发明。

碑额两傍有基路冰（即 Cherubim，有翼之天使），正中有十字纹（据钱念劬《归潜记》），皆基督教之特征。碑言：“三一妙身无元真主阿罗诃”，阿罗诃本自叙利亚文 Eloh，此云上帝（同前引《汇编》）③，景教经之妙身皇父阿罗诃，应身皇子弥施诃，证身卢诃宁俱沙（传达者、豫言者及使徒），即三身同归一体也。“判十字以定四方”及“印持十字”，指彼教之十字架也。“娑殚（Satan）施妄”，娑

① 波斯人阿罗喊仕高宗朝，景云元年卒，墓志见端方《匋斋藏石记》二一，应即同名之异译。张星烺以为 Luhe 之译音，（《汇编》一册一八五页）对音殊不符。

② 沙畹以为即开元廿年波斯遣来朝贡之大德僧及烈，先时回国，后又随贡使而来；冯承钧不以为然，谓是叙利亚文乡主教 Rorappisqopa 之省译，（同前六〇—六二页）张星烺又谓是 Cyriacus 或 Cyril 之译音。（同前）其实“及烈”切韵约读如 giepliat，唐人读外语之收声 l（r）如 t，故 Gabriel > gab liet，正与“及烈”吻合；冯、张均不知古代音读，故相差极远。景教碑中以 Gabriel 为名者便有两人，开元、天宝两及烈，不能必其为一人，只有可能性而已。

③ 方豪云：原出希伯来文 Elohim，东叙利亚派（即聂派）称 alaha，西叙利亚派（即 Jacobite 派）称 aloho，即一赐乐业教（犹太教）碑中之阿无罗汉，玄应《一切经音义》作阿罗汉，调露元年所译《陀罗尼经》作阿罗诃，与梵文之 Arhat 当为同源，（《东方杂志》四一卷八号《景教史稿》）由此见耶教与佛教之关系。

殚,彼教之恶魔也。“神天宣庆,室女诞圣于大秦”,耶稣母玛丽许婚未嫁而孕,此犹余所证《毛诗》之姜嫄以处女而“居然生子”也。“景宿告祥,波斯睹耀以来贡”,耶稣生后,邻国观星象者谓有异人降世,远迹得之,祇献珍贶,此作“波斯”者举其著以为称;佛徒传称佛生之夕,星陨如雨,固异曲而同工也。“经留廿七部”,聂派有一个时期曾改新经为廿七卷也。“法浴水风”,行洗礼也。“击木震仁惠之音,东礼趣生荣之路”,行礼必向东方,且击木为号也。“存须所以有外行,削顶所以无内情”,教徒之落发、留须也。“不畜臧获,均贵贱于人,不聚货财,示罄遗于我”,明其不畜奴婢、货财也。“七时礼赞,大庇存亡”,每日为存亡诵经七次也。“七日一荐”,星期日必行礼也。“远将经像”,示景教亦设像也。碑末“七日”之下,书“耀森文日”,乃安息语 ev sambat(犹太文 Sabbath,新波文 Yakšanbah)之音译,此云星期日也。又云:“时法主僧宁恕知东方之景众也”,“知”为管理之义,犹近世称“知府”、“知县”,宁恕即当日报达城大总主教 Hananishu Ⅱ之省译,其人卒于建中元年(七八〇),碑仍用其名者,因相去遥远,长安教徒尚未得讯之故。

碑中叙利亚文称我国为 Tzinisthan(tzin 即“秦”之音译,sthan①是地名语尾),长安曰 Kumdan②,洛阳曰 Saragh③。清光绪三十一年(一九〇五),丹麦人 Holm 拟以银三千两购此碑,运往伦敦,清廷闻之,急电陕抚阻止,经多方交涉,始得毁约,陕抚乃将此碑移入碑

① 亦作 Stan,帐幕或村落之义。

② 即“金殿”之音译,见《新中华复刊》三卷四期七七 — 八三页拙著《外语称中国的两个名字》。

③ 余疑为“洛师”之音译,见《东方杂志》四二卷十一号二四 — 二六页拙著《唐人文字称洛阳为“洛师”者为数不少》。

林。(《史迹考》一九一页)

会昌五年禁断佛教,除道教外,他教同被株连,大秦及祆教三千余人,被勒还俗(据《旧书》一八上,《新书》五二作二千余),递归本贯;外国人则送还本处收管,景教之传播遂衰。是否一部转赴北方,尚难确证①。

景教特殊之点,为不拜玛丽,不用偶像,教士分为八级,除主教以上三级外,其余皆可娶妻。

此外在敦煌石室,曾发见景教文件写本数种:(一)《景教三威蒙度赞》,现藏巴黎,系赞扬三身之经文,"威蒙度"本自叙利亚语Emad,受洗之义。(同上《汇编》一九五页)(二)《一神论》,日本人藏,约贞观十六年译。(三)《序听迷诗所经》,一名《移鼠迷诗诃经》,日本人藏,约贞观九 — 十二年译成。移鼠即耶稣(Yisseu,摩尼教经作"聿斯")之古翻,《一神论》作翳数;迷诗所或迷诗诃,即弥施诃也。(四)《志玄安乐经》。(五)《宣元始本经》。(方豪《唐代景教史稿》)又八世纪末,汉译景教经目约有三十五六种,多半由波斯僧景净所译。(同前《汇编》一九七页及《中亚史地译丛》六〇页)

(丙)摩尼教②

摩尼(Mani)或译末尼,《回鹘可汗碑》称曰明教。创始者摩尼,波斯人,生二一五或二一六年,二四七年开始传教,曾游中亚及印

① 金上京遗址(黑龙江省阿城县南)及吉林省洮南附近之古城,均曾发见金十字架,鸟居以为景教曾流行于东北;(《满蒙古迹考》一四〇页)同氏又谓景教取儒教之崇拜祖先,其宗教形式在唐时最民俗化,因而不知不觉间大为流行。(同上一七四页)按婆罗门教固有祭先之礼,景教为存亡诵经,不过性质相近,未得谓之采自儒教;但无论何教,其面向群众者必易于流行,则不易之论也。

② 此项之材料,多据沙畹《摩尼教流行中国考》及陈垣《摩尼教入中国考》,不一一注明。

度，后为祆教所忌，钉死于十字架上（一说二七三年，一说二六二—二六五年）。四五世纪时在中亚及地中海沿岸推行最广，西方之修士实受其影响，至七世纪初叶，乃渐消歇。居西亚者为回教所驱，康国及河间一带是此教避乱之地①。居东欧者十三世纪时罗马教皇借十字军兵力剿平之。唐人伪撰《化胡经》有句云，“号末摩尼”，或误“末牟尼”，盖与佛教相混，元释志磐《佛祖统纪》（一二六九年撰）又误合摩尼与祆教为一事。

摩尼教唱二宗、三际，二宗者明暗，与祆教之善恶二元论同，三际者过去、现在、未来（《回鹘可汗碑》云，“洞澈三际”），盖波斯型之基督教而又兼带犹太及佛教色彩者。教之立法为：

严行制欲主义（《统纪》三九云：“男女不嫁娶，互持不语”）；

不祭祖（陆游《渭南文集》五称：牟尼教“以祭祖考为引鬼，永绝血食”）；

不茹荤（《国史补》下：“其法日晚乃食，敬水，不茹荤②，不饮乳酪”，宋绍兴四年，王居正言两浙有吃菜事魔之俗）；

不饮酒（《释门正统》三九③，“其法不茹荤饮酒”）；

白衣白冠（见《统纪》四一及五四，元代禁令亦有“白衣善友”之名称）；

死则裸葬（同前《统纪》：“病不服药，死则裸葬”）。但大部分不能实行。

清宣统元年，蒋斧据《敦煌摩尼教残经》（存北京图书馆）及《长安志》光明寺（开皇四年，因蜡烛自然发焰而立）后改大云经

① 见勒柯克《新疆地下的宝藏》。（一九三一年《地理杂志》四期）

② 旧本作“而茹荤”，当是“不”字之讹。

③ 一二三七年良渚（即宗鉴）著。

寺之记载，以为摩尼入中国，早在北周，沙畹及伯希和（一九一一及一九一三撰《摩尼教入中国考》）不采其说（参冯译沙畹书四页）。

玄奘《西域记》说波剌斯有提那跋外道，提那跋即摩尼教之dênâvarî。其次，《沙州图经》载："大周天授二年（六九一）腊月，得石城镇将康拂耽延弟地舍拨状"，余以为即此教入唐之先声。据《佛祖统纪》三九，则武后延载元年（六九四），波斯人拂多诞（安息语Fur-sta-dan，犹云知教义者），持二宗经入朝。开元七年（七一九），吐火罗上表献解天文人大慕阇（安息语mōze，此云师。慕阇之名，亦见《回鹘可汗碑》），惟十三年后（即开元二十）即敕，"末摩尼（mār māni犹云摩尼主）法本是邪见，妄称佛教，诳惑黎元，宜严加禁断"，（《通典》四〇）大约受佛徒排挤之故，惟胡人自习者不在禁列。

宝应元年（七六二），回纥牟羽可汗助唐收复东京，留屯河阳三月，归国时携摩尼教徒睿息等四人入国（见《回鹘可汗碑》），是为摩尼自唐传入漠北之始。按外蒙宗教，以萨满（Shaman）及祆教流行最早，次则北齐时之佛教，故河套突厥祠犹存Burqan之号，张星烺谓摩尼为最早输入漠北之外教，（《汇编》四册一四九页）非也。

于时回纥势力方张，摩尼教又凭藉之为向唐反攻之进展，故大历三年（七六八）敕许回纥奉末尼者在长安建大云光明寺（此殆采用武后之大云寺以为名，非摩尼寺与武后之"大云"有关系），越三年，更许于荆、扬、洪、越等州各置寺一所。渐且由民间信仰，推及宫掖，贞元十五年（七九九）遂有令摩尼师（亦称阴阳人）祈雨之举（祈雨所用之石名"鲜苔"，见《辍耕录》四）。其人往来西市，商贾颇与囊橐为奸[①]。元和二年（八〇七），回纥又请在东都、太原建寺。凡此种种，皆由可汗使臣为之进言，且派有专员保护。唐廷赐赠，回纥宰相之外，兼及摩尼师，（《白氏长庆集》五七及李德裕《会昌一品集》五）可见教徒在漠北之势力不小。

开成末，回纥为坚昆所破，唐因乘其衰弱，先停江、淮诸寺。（《一品集》五）[②]会昌三年（八四三），进一步普遍申禁，没入摩尼资产及书像，长安女末尼死者七十二人。（赞宁《僧史略》）

摩尼教当时本畅行于江、淮一带，武宗以后，祆、景两教虽随摧残佛教而消息，惟此教仍继续秘密宣传，末流渐趋于诞妄。至五代初期，以陈州为大本营，说教均在夜间，甚至男女杂交，互易匹耦。梁末帝贞明六年（九二〇）七月，其首领母乙聚众称兵，自号天子，迄同年十月，始行平定（《新五代史》三及十三）。后来宋徽宗宣和二年（一一二〇），睦州人方腊揭竿于青溪，号称圣公，事亘年余，死事者相传二三百万，（方勺《泊宅编》五及《青溪寇轨》）亦与摩尼有关云。

摩尼教尝流行于甘州，后周广顺元年（九五一），有摩尼师随回鹘使者入贡。大食作家墨哈黑尔（Ibn Muhalhil）记其地土人不杀牲，全不食肉，有人杀牲者犯死刑，（《东方杂志》四一卷一七号拙著

① 见《新书》二一七上，盖本自《国史补》之“蕃人常与摩尼僧议政，……其大摩尼数年一度来往本国，小者年转，江岭、西市商胡橐其源生于回鹘有功也”。（参据《通鉴》胡注所引及今本）今本末十数字显有错误，又如“来往本国”作“来往中国”，亦以胡注所引为优，《新书》称“囊橐为奸”，由胡人逐利（见前卅二节）观之，谅与李肇原书无大背驰。陈垣不信其说，未免带多少成见。

② 郑亚《会昌一品集叙》：“而又移摩尼之风，坏浮屠之俗。”李德裕助成此举，对于教徒藉外势横行，加以惩创，未为不当。陈垣乃目取销江淮诸寺为“李德裕之阴谋”，又是先存成见之一事。

四一及四三页）纯是信奉摩尼之反映。再西则高昌有摩尼寺，见王延德《行纪》（太平兴国六，九八一），似随回纥而西迁，勒柯克曾在此盗去摩尼壁画。南道之于阗亦尝信奉之。（《宋史》四九〇建隆二年，九六二）

元末，白莲教首领韩山童倡言“天下大乱，弥勒佛下生”，其子林儿自号小明王，朱元璋承之，改国号大明，则佛、明二教之糅合也。

关于唐时外教之输入，尚有一事亟应辨正者。天方教以武德五年（六二二）为纪元元年，摩诃末卒于贞观六年（六三二），相传彼曾训令其徒，须往中国学习科学。（《汇编》三册八页）观后来阿刺伯与我贸易之盛，谓天方教在唐已输入，大有其可能性，但搜寻唐人著述，并无确据①。长安之天宝元年清真寺碑，题“赐进士及第户部员外郎兼侍御史王鉷撰篆”，显非唐人文字，唐时又无“赐进士及第”之称，（同上八一 — 八三页）尤其是，唐人释褐以后，即不复提及其出身也。陈垣、桑原两家皆谓此碑为明人伪作，因天方教徒住落西安，乃元代以后之事。（同上及足立书一九九页）其余后人记录，歧说错出，更难凭藉。（《汇编》七四 — 八一页，又《蒲寿庚考》一九及一四二 — 一四六页）惟广州元至正十年（一三五〇），《重建怀圣寺记》称原有古碑，此教可能由海道先入，南方文化落后，故不见于记载耳②。

① 《汇编》引《太平广记》二八大振州陈武振及《群书类从》四辑卷六九冯若芳两条，认为唐时海南有天方教徒，（九九 — 一〇〇页）然细审两故事，绝无教徒痕迹，张说未可据。又十三世纪 Nour Edin 之书，记八世纪前半叶有十叶（Seyids）派回教徒移住中国北边，桑原以为未可尽凭；按至德二年（七五七）大食曾派兵入援，见前二七节，有少数流落，自是可能，但非专门从事宣教而已。

② 《苏莱曼游记》（大中五，八五一）称，广府有天方教教士一人，教堂一所。

第三十五节　宦官之祸

唐之亡，或云由方镇，或云由宦官，其实两者兼有之。然藩帅不恭，河北为烈，河北失于处置，怀恩之携贰实致之，怀恩得副雍王适，则又因程元振、鱼朝恩之沮子仪，推原祸始，方镇之乱，亦宦官所造成者。

贞观十一年顷屡遣阉宦充外使，妄有言奏，事发，太宗怒。魏徵进曰："阉竖虽微，狎近左右，时有言语，轻而易信，浸润之谮，为患特深，今日之明，必无此虑，为子孙教，不可不杜绝其源。"太宗即诏自今已后，充使宜停。（《政要》五。并参《通鉴》一九五贞观十四年十一月韦元方事及前第十九节）

宦官揽权，酿于玄宗（见前十九节），而完成于肃、代、德。开、天之际，宦官几若无所不能，直开前古未有之奇局。尤甚者监军持权，节度反出其下（高仙芝征勃律，与边令诚同行）。后来愈变愈坏，"戍卒不隶于守臣，守臣不总于元帅，至有一城之将，一旅之兵，各降中使监临，皆承制诏委任"；（《宣公集》一八）例如河东帅严绶，贞元、元和间在镇九年，军政补署，一出监军李辅光之手。又如淮西之役，诸道皆有中使监阵，进退不由主将，胜辄先使献捷，不利又陵挫百端，苟非裴度奏请完全罢去，恐无成功之望。

肃宗时，李辅国以扈从灵武功，还京后拜殿中监，兼闲厩、五坊（鵰、鹘、鹰、鸡、狗为五坊）、宫院、营田、栽接总监、陇右群牧、京畿铸钱、长春宫等使；凡有刑狱，必诣取决，随意处分，皆称制敕。于是谮死建宁王倓（至德二），矫诏移上皇（玄宗）于西内（上元元），杀张后及越、兖二王（宝应元），以阉宦而官司空、中书令，渎秽朝纲甚矣。究其横行之由，则专掌禁兵实为之。

宠任宦官，汉、唐之弊政相同；汉以宦官典中书，是政权归之（汉初禁卫有南、北军，盖因方位而得名，与宦官无涉），唐以宦官典禁兵，则兵权归之，前者易制而后者难图。代宗身受辅国之逼，不能明正其罪而出以贼杀，既贼杀矣，犹复多方掩饰，追赠太傅，彼辈小人何惧而不作恶耶？程元振虽有翼戴功，然惩前毖后，假不再令专制禁兵，何至吐蕃入犯，诸道坐视，仓皇幸陕，府库荡空（广德元）。去一辅国，复养一元振，去一元振，复养一朝恩，宦官之害，遂根深蒂固，牢不可拔，故谓唐亡由于自杀，可也。

鱼朝恩初以观军容使莅九节度之师（见前廿节），卒致滏水（乾元二）、邙山（上元二）之败，宜若有所戒矣。及又令朝恩统神策军（本临洮西之军，禄山反后，卫伯玉率之赴陕）驻陕；只因陕州迎驾功[①]，代宗回銮后，遂超擢为天下观军容宣慰处置使，朝恩于是率神策军归禁中，自充将领，且收管好畤、麟游、普润、兴平、武功、扶风、天兴诸县，势力益盛。

唐代十六卫（左右卫及骁骑、武、威、领军、金吾、监门、千牛等七卫，后七卫亦分左右，故共成十六），本以府兵为基本队伍，府兵制渐坏，自须别谋补充；如高宗龙朔二年置左右羽林军，玄宗开元二十七年扩置左右龙武军（用唐隆功臣子弟充之），肃宗至德二载置左右神武军（因羽林军减耗寇难未息之故。《新唐书·兵志》称，禄山反，天子西驾，禁军从者才千人），仍不失为因时制宜之策，可议者，后来都付诸阉竖之手耳。羽林等军统称北衙六军，与原有十

---

① 广德元年吐蕃退出长安，系传说子仪将至，永泰元年则败于回纥、子仪之合兵，梁思成云：吐蕃两次进犯长安，鱼朝恩都以神策军平定了大局，（《文物参考资料》三三 — 三四期八七页）殊非事实。

六卫对峙，故称十六卫为南衙；因此又常称宦官所领之兵为北衙。柳伉尝劾元振，兼及朝恩，请悉出内使隶诸州，持神策兵付大臣；及朝恩既诛（大历五），内官不复典兵，其权本可以日削。讵泾卒溃变（建中四），德宗恨禁军本不集，仅得窦文场、霍仙鸣诸宦者从行，遂将左右神策，悉委诸窦、霍，特立护军中尉两员，则不悟其过在自己误用白志贞，初非外边武臣之全不可恃，猜疑成性，飞蛾投火，宜乎阉祸之卒不可纾矣。

尤无识者，唐廷之纵容宦寺，不徒付以兵，抑又听其贿。代宗时，内官使四方者求赂弗禁，某次，遣使赐妃族，所得颇少，代宗滋不悦。又建中二年，振武监军刘惠光贪婪，军士共杀之。夫内使恣苞苴，为守令者苟不能敝屣一官，持正守法，势必悉索以应；内官既可贪，外官宁复廉洁自葆，由是上行下效，重重剥削，民被压迫而生变，此必然之势也。

中唐以后，志清阉宦者有三人：其一曰王叔文。顺宗即位，叔文谋夺神策军权，用宿将范希朝为京西北禁军都将，其事殆与顺宗有默契①。顺宗在位，仅及七月，然甫继大祚，即禁宫市之扰民、五坊小儿之横暴，及盐铁使之月进，又出教坊女伎六百还其家，追左降官陆贽、郑馀庆、韩皋、阳城还京师，起姜公辅为刺史，德宗秕政，廓然一清，“人情大悦”（此语见《顺宗实录》），只此小小施行，已为李唐一朝史所不多见，躁进小人，岂愿办此？岂能办此？若叔文引用者如柳宗元、刘禹锡、陆质、吕温、李景俭辈，皆知名于时，非佥壬

① 《旧唐书·韩愈传》言，韦处厚撰《顺宗实录》三卷，愈所撰繁简不当，拙于取舍，颇为当代所非，穆宗、文宗均尝诏史臣添改。又《路隋传》言，愈撰《顺宗实录》，书禁中事太切直，宦寺不喜，訾其非实，有诏摘贞元、永贞间数事为失实，余不复改云云。案经数朝，显与宦者有关，今传之韩撰《顺宗实录》，或有一部分已非真迹。

可比，而论者乃诋以居心不正（宋洪迈），冤枉极矣！《旧唐书》一八四，称赞俱文珍忠荩，尤为无识；此因唐末留下之记事，多属小人秉笔，史家不精别择，便昧是非。余尝著论云："宪宗中官者计，惑于不愿立太子之谮，切齿叔文（《十七史商榷》七四《程异复用》条，谓'宪宗仇视其父所任用之人，居心殆不可问。'犹未澈见其私欲。刘禹锡《子刘子自传》谓，上素被疾，诏下内禅，宫掖事秘，功归贵臣①，于是叔文贬死云云，即欲为叔文此案辩护；不过禹锡晚年深自引晦，故有匣剑帷灯之隐耳）。文人需次稍久，郁郁不得志如韩愈辈（清《陈祖范文集》一《记昌黎集后》云：'退之于叔文、执谊，有宿憾，于同官刘、柳有疑猜'，正诛心之论，亦持平之论，吾人不能因彼负文名而从恕也），更诋以新进（按柳、刘同于贞元九年举进士，历十二年而授从六上之员外，尚非甚躁进者），从而群吠之，酿成君臣猜忌，旧新轧轹，阉寺乃隐身幕后，含笑而作渔人。然叔文暨八司马辈非真丑类比周、党邪害正（语本前引《商榷》条），大有公论在也。"（见《翰林学士壁记注补·自序》。八司马即韦执谊、韩泰、陈谏、柳宗元、刘禹锡、韩晔、凌準、程异。又《顺宗实录》虽有改写，然观愈作《柳子厚墓志铭》，责宗元"不自贵重"，及不能"自持其身"，可推知《实录》固不以叔文为然者）②。

---

① 白居易《陵园妾》序："托幽闭，喻被谗遭黜也。"陈寅恪以为寄慨者"其永贞元年窜逐之八司马"，（《元白诗笺证稿》二五四页）所见甚的。叔文为之魁，别无大恶，被谗亦可想，韩、白同时而臭味不相投，非特文章致力处之各走一途已也。白赞刘"文章微婉"，（《长庆集》六九）即在此等处着眼。

② 《韩昌黎集》三《永贞行》，"小人乘时偷国柄"，目叔文为小人（《新书》一六八承其说），已论失其平；又曰"侯景九锡行可叹"，则正欲加之罪矣。至于"夜作诏书朝拜官，超资越序曾无难"，无非发自己的牢骚。平心言之，韩此诗直是党宦口气，与禹锡不党宦者臭味迥异，而陈氏《述论稿》竟谓禹锡"所言禁中事亦与退之相同"，（九七页）盖犹未窥《子刘子自传》之真意也。

以论叔文个人，则尤有可纪者："刘辟以剑南节度副使将韦皋之意于叔文，求都领剑南三川，谓叔文曰：太尉使某致微诚于公，若与其三川，当以死相助；若不用，某亦当有以相酬。叔文怒，亦将斩之，而执谊固执不可。"（《顺宗实录》四）此叔文遇大事而能不自私且有裁酌于其间者也。得韦皋之助，或足以抗宦官，然去宦官而长藩镇，则犹饮鸩止渴、拒虎进狼耳①。抑使无韦执谊之固执而终斩刘辟，又何至辟据蜀邀节钺劳朝廷征伐之师耶。

次为文宗。宪、敬两宗之弑，唐廷无一人敢抗言其事。大和二年，刘蕡应直言极谏试，策凡五千余言，其切论黄门太横，则言："以亵近五六人总天下大政，……群臣莫敢指其状，天子不得制其心，……其恶如四凶，其诈如赵高，其奸如恭、显，陛下又何惮而不去之耶？"其论贪官污吏，则言："人之于上也，畏之如豺狼，恶之如仇敌，今海内困穷，处处流散，……官乱人贫，盗贼并起，土崩之势，忧在旦夕。"又主张"斥游惰之人以笃其耕植，省不急之费以赡其黎元。"考官惮宦官，不敢取，物论皆为叫屈（《旧书》一九〇下）。大和末文宗谋去宦官，未始不为刘蕡之言所感动。换言之，此一举措，文宗实主其事，郑注等不过居辅成地位（昭宗天复《昭雪王涯等十七家诏》，有云："并见陷逆名，本承密旨"，可证），阉寺处此，上

① 范仲淹《论叔文》云："刘禹锡、柳宗元、吕温坐叔文党，贬废不用，览数君子之述作，礼意精密，涉道非浅，如叔文狂甚，义必不交。叔文以艺进东宫，人望素轻，然传称知书好论理道，为太子所信，顺宗即位，遂见用，引禹锡等决事禁中，及议罢中人兵权，牾俱文珍辈，又绝韦皋私请，欲斩之（按此"之"字衍）刘辟，其意非忠乎。皋衔之，会顺宗病笃，皋揣太子意，请监国而诛叔文，宪宗纳皋之谋而行内禅，故当朝左右谓之党人者，岂复见雪。《唐书》芜驳，因其成败而书之，无所裁正，孟子曰，尽信书不如无书，吾闻夫子褒贬不以一毫而废人之业也。"（据绍兴卅二年严有翼《柳文序》转引）

无所施其主君摇惑，下无可搧其两派交争，洎杨承和、韦元素、王践言流徙远州，陈弘志杖杀，王守澄赐鸩，王守涓被诛（弘志即弑宪宗之人，皆大和九年事），事机日逼，兔死狐悲，遂不得不铤而走险，是酿甘露之变。《十七史商榷》九一《训注皆奇士》条，辨《新唐书》本传诡谲贪沓之说，语最公允。当日阉人势盛，士夫固多为作鹰犬者，《新唐书》仅据旧籍转录，正王氏所谓史官曲笔，不可尽恃也。《通鉴》二四五云："训、注本因守澄进，卒谋而杀之，人皆快守澄之受佞而疾训、注之阴狡"；又二六三评训、注二人云："况李训、郑注反覆小人，欲以一朝谲诈之谋，翦累世胶固之党"；按处变用权，圣贤所许，因守澄而进，固未能定训、注终身。旧说谓训、注反覆，无非为其谋杀守澄，充彼辈之说，则邪正不分，示人以从恶须终，而绝人自新之路，其为悖理，无待蓍龟。文宗既与郑、李有密谋，（见《通鉴》二四五）则请问头巾书生，应背守澄以诛奸恶乎？抑应念私恩而忘国事乎？大义尚可灭亲，以谋守澄而目郑注曰反覆，直不啻为宦官泄愤。行谲诈之谋，犹不克翦，而谓凭三数人之公言（充其量不过一刘蕡，于国事无大补救），可以翦恶乎？狄仁杰荐张柬之，论者极称其保唐有功；夫五王（柬之与袁恕己、敬晖、桓彦范、崔玄時），武后所用，而幽武后者五王，未闻责五王之背武后也。司马光之论郑、李，与《新唐书》之论叔文，同一鼻孔出气，质言之，迂儒不可与言大事而已。然阉宦之怒郑、李、王（涯）、顾（师邕）诸君子，犹未息也，即《翰林学士壁记》之小小留题，亦芟除务尽①，藉口曰"文字昧没"，美称曰"粉绘耀明"（皆丁居晦《翰林学士壁记》中语），

① 《资暇集》下云："大和九年后，中贵人恶其名（注子）名同郑注，乃去柄安系……目为之偏提。"可见我谓《翰林院壁记》之改修，系宦官欲削去郑注、李训、王涯、顾师邕诸人之名，并非臆测及深文之论。

读史者稍一失察，便为居晦之曲笔所蒙，阉寺之用心，不既阴且狠乎！阉寺之手段，不既毒且辣乎！文宗得不至灭烛之弑（敬宗），少阳之幽（昭宗）者，徒以外乏奥援（如泽潞刘从谏表请王涯等罪名），有所顾忌耳。幸奸邪虽炽，正谊终存，寺人之阴狠、毒辣，可以掩当日之目，不能盲后世之心，可以箝百官之口，不能断史家之腕，吾人生千百年下，犹得发其覆，揭其私，使郑、李、王、顾诸君子之名，不至终于"昧没"。（"阉寺处此"以下一大段，原见前引《壁记注·序》，惟字句先后，略有更动）李潜用记甘露之变，谓之《乙卯记》，李商隐诗只题《乙卯年有感》，都不敢显斥其非（《渔隐丛话》前二二引蔡宽夫《诗话》。大和九是乙卯年），可见当日宦官横行，人敢怒而不敢言之状。

第三人为崔胤，别见下文。

宪宗英武，视肃、代、德三宗稍胜，故元和之治，陵驾中唐，如斥刘光琦之分遣敕使赍赦书（元和三年），允许孟容之械系神策吏李昱（四年），抵许遂振于罪（五年），赐弓箭副使刘希光及五坊使杨朝汶死（六及十三年），杖死王伯恭（六年），听裴度言，撤回诸路监军（十二年），又吕全如擅取樟材治第，送狱自杀，郭旻醉触夜禁，即予杖杀，未尝不奋其刚断，振彼朝纲；然宠任吐突承璀，始终不悟，卒死小人之手，复何闵焉。

自宪宗而后，除敬宗以太子继位外，无不由宦官拥立：

穆宗　　梁守谦、王守澄等。

文宗　　梁守谦、王守澄、杨承和等。

武宗　　仇士良、鱼弘志。

宣宗　　诸宦官。

懿宗　　王宗实。

僖宗　　刘行深、韩文约。

昭宗　　　杨复恭、刘季述。

宦官之中，又以神策派占多数，握兵权也。穆宗之立，神策军士每人赏五十千，六军人三十千，金吾人十五千。敬宗之立，神策军士犹每人赐绢十匹，钱十千，视藩镇之拥立留后，曾无以异，夫何怪复恭有定策国老、天子门生之夸语，而文宗至于泣下沾襟也。（《新唐书》二〇七《仇士良传》）

第三十六节　北魏均田之缘起及其制度

住国之分田，同于行国之分牧，徙大宗之民而不设法安插，使有所资生，势必致地方不宁，封建统治者头脑如稍为清醒，当能见及；例如北魏天兴元年（三九八），徙山东六州民吏及徒何、高丽杂夷三十六万，百工伎巧十万余口，以充京师（盛乐），给以耕牛，计口受田，（《魏书》二）①又永兴五年（四一三），徙越勤倍泥部二万余家于大宁川，给农器，计口受田，（同上三）此乃应有之措施，其细则虽不得而详，然吾人如能深味此二事之动机，对于后来太和何以均田，便不难了解。

北魏孝文太和九年（四八五），特诏均天下之田，诏曰："富强者并兼山泽，贫弱者望绝一廛，致令地有遗利，民无余财，……而欲天下太平，百姓丰足，安可得哉！"（《魏书》七上）此一制度大致维持至唐天宝之末（七五五），几达二百七十载，可说是我国中古经济之

① 此即《魏书·食货志》所载，既定中山后之徙民，定中山在皇始二年十二月，其明年为天兴元年，《南北朝经济史》（一八页）未检对本纪，误将一事作两事，分列于皇始、天兴之下。

一次大变革。

魏朝有此变革，或以为根于鲜卑族之野蛮性，且当日土地荒废，人口稀薄，农业劳动生产力大大破坏，均引起均田制之条件①。又或谓受占田之影响②，然均田与占田本质不同③。前一说虽有相当之理由，究其实则促成此巨大改制者尚有三端：（甲）鲜卑来自漠北，应多少受突厥族文化之影响；突厥旧习节级分地，行国分牧转入住国则为分田，故北魏之均田，实执行漠北旧俗之变相。（乙）孝文以太和十九迁都洛阳，南徙之心，蓄之谅非一日，假使部人来至新都，并无寸土，不徒益激本族大多数之反抗，抑亦无以资生。再看“新居三口给地一亩，奴婢五口一亩”之条，亦近于预留地步；故曰均田为鲜卑南迁之跳板。（丙）鲜卑俗战胜时所俘掳，恒散给部下④，汉族蓄家奴总不如鲜卑之多，今观露田、桑田、麻田三项，奴婢或奴均各依良，用意大可见。又牛多者受田可至百二十亩，亦似偏替畜牧业者着想。故曰均田之创制，基本为鲜卑人谋生计，亦即是巩固其统治基础。唐长孺言：“关于太和定品的原因，主要是在提高鲜卑贵族在社会上的地位”⑤（据《魏书》七下，太和十五年大定

---

① 《中国社会经济史》一五七页。近十年来论者更多，自有专门索引，此处不克一一介绍，较早的如张铁弦《记近年苏联史学界一瞥》，佐野袈裟美《中国历史教程》（一九三七年一月），刘槃《论北魏均田制度》等，均可参看。

② 《食货》五卷八期一七页曾謇撰文。

③ 据《晋书》二六，男子占田七十亩，女三十亩；此外丁男课田五十亩（十六至六十岁为正丁），丁女二十亩，次丁男（十五已下至十三，又六十一已上至六十五为次丁）半之，女则不课。远夷不课田者，输义米户三斛，远者五斗。有官品者可占田五十顷至十顷，又因品之高卑，得荫及九族或三世。森谷正已《中国社会经济史》以为课田即徭役田，（一五六页）徐士圭《中国田制史略》以课田为助法。（四三页）唐长孺又谓占田法令之用意，在限制贵族官僚地主之无限止地占有土地及田客，并非授田。（《魏晋户调制及其演变》三五页）此事应专文讨论。

④ 此是行国习惯，《魏书》七上，太和五年四月“壬子，以南俘万余口班赐群臣”，知当日犹守漠北之俗。

⑤ 《九品中正制度试释》，见唐长孺《魏晋南北朝史论丛》八九页。

官品，十九年十二月宣示官品，即九品之制），此一事正与均田政策平行并进。均田既施于鲜卑，对汉族自不能不同样敷衍，一般贫无立锥之下层阶级，不知葫芦里卖什么药，当然表示欢迎。行之百年（约开皇初），鲜卑族已急剧融化于汉族，浑忘其游牧之习惯，初制之重点便日趋消失①。同时，富豪大地主为数激增，均田制于是开始崩溃，然即无此变化，只世业廿亩，身没不还，历时愈久而可供授受之田愈少，已足使均田制无法继续。隋、唐交替，国基未固，统治者固不敢招致大多数贫农之反对，贸然取消此制而要接受下来。开皇十二年发使四出均天下之田（狭乡每丁才至廿亩，老小更少），大业五年正月，又"诏天下均田"，无非统治阶级在玩弄手段。逮唐承平既久，贵族土豪与官吏相勾结，益事兼并，王室要倚此辈为支柱，不愿过问，别一方面则权势逃赋，尽量转嫁于农民，远过其可能负担之程度，变成无田胜于受田，人反乐为浮客，均田之制，至是遂全部解体。其成立及转变经过，据个人所见，大致不外如此。

太和均田，办理至如何程度，其细则如何施行，因《魏书》七上及一一〇文字过于简质，段落难以分辨，《通鉴》一三六又节采不如法，语成歇后，益增近人之误会。兹先录《魏·志》原文，再就检阅所及，举其大误者数则为示例。他书相类之点，可据以旁推，盖魏制不明，则其后之因革，必都失其确解，所关不只北魏一朝也。

（太和）九年下诏均给天下民田：诸男夫十五以上受露田四十亩，妇人二十亩，奴婢依良。丁、牛一头受田三十亩，限四

① 北齐制，"丁牛一头，受田六十亩，限止四牛"，虽似比魏制为优，但牛调二尺，垦租二斗，义租五升。又奴婢受田依官品而等差，以三百人为极限，无受桑、麻田之明文。北周有室者田百四十亩，丁百亩，更不提及奴婢。（《隋书》二四及《通典》二）

牛。所授之田率倍之,三易之田再倍之,以供耕作及还受之盈缩。诸民年及课则受田,老免及身没则还田。奴婢、牛随有无以还受。"诸桑田不在还受之限,但通入倍田分,于分虽盈,没则还田,不得以充露田之数;不足者以露田充倍。诸初受田者,男夫一人给田二十亩,课莳余(果),种桑五十树,枣五株,榆三根。非桑之土,夫给一亩,依法课莳榆、枣。奴各依良。限三年种毕,不毕,夺其不毕之地。于桑榆地分杂莳余果及多种桑榆者,不禁。诸应还之田,不得种桑、榆、枣果,种者以违令论,地入还分。诸桑田皆为世业,身终不还;恒从见口,有盈者无受无还,不足者受种如法,盈者得卖其盈,不足者得买所不足,不得卖其分,亦不得买过所足。"诸麻布之土,男夫及课,别给麻田十亩,妇人五亩,奴婢依良,皆从还受之法。

诸远流配谪、无子孙及户绝者,墟宅、桑榆,尽为公田,以供授受;授受之次,给其所亲,未给之间,亦借其所亲。

上项记载,余所见数种引文,均作"课莳余种桑五十树",读者因以"课莳"为句,"余"字连下"种桑五十树"为句(如陈氏《略论稿》一四二页),但于文不可通。桑、枣、榆下文既列举,试问更课莳何物?后检《通志略》一六作"课莳余果",与下文"杂莳余果"可相比照,盖今本夺去"果"字。

其次,读时最要分清段落。第一段可再分为三节(以"号为记):第一节说明一般受田、还田之原则。第二节系授受桑田及其有关之条例。第三节系授受麻田之条例。由是,可见《通鉴》只叙至"有盈者无受无还,不足者受种如法,盈者得卖其盈",便戛然而止,不特割裂文义,且引起后人因读《通鉴》而发生(1)项的误会。

（1）谓溢额的田产听民自由买卖之误。（《田制史略》五三页）由于上文分段的说明，吾人就晓得“盈者得卖其盈”四句系承上桑田而言，尤其下文接叙与桑田对立之麻田，反映更为清楚。无如《通鉴》只截取四句中之首句，又把麻土一节略去，遂令原文之界限，变而模糊。后人因误会“有盈”、“不足”指一般露田而言，谓魏之露田可买卖；殊不知准许买卖者限定于有盈或不足之桑田，且限定于某种条件之下，今竟误解为溢额田听民自由买卖，并不强制征收，则大失太和立法之本意矣。

（2）充做授受的只限定绝户墟业或原有官地并不曾一律把田亩收归国有之误（同上《史略》等）。所谓“原有官地”及其数量若干，在《魏书》上找不出丝毫消息。如谓最初立法时只靠原有官地作为最大宗的授田本钱，（《南北朝经济史》一八页及陈氏《略论稿》一四二页）吾人试想人口率日在增加，分田所需的数量日益扩大，资本势必愈用愈亏，如何能将此一规制支持到二百多年？或引正始元年“以苑牧公田分赐代迁之民”，（《魏书》八）作为“田地很够分配”的证据，（同上《史略》）从我看来，正适得其反。苑牧原是皇室私有的牧场，等闲不容易开放，现在亦慨然将其分给南迁人民，正是公田极度不敷分配之现象；恰如我所说，为减少北方人反对迁都起见，皇室亦不能不忍痛割弃其私产矣。刘业农又引太和十七年宇文福规石济（今延津）以西、河内以东南北千里为牧地，以为“中原未耕的地方是很多”，（一九五五年《文史哲》二期）则须知鲜卑畜牧之习，仍未尽脱（可比观后来蒙古入侵时期），而且养马与国防有关，唐代均田极不敷，尚圈出会宁数州作马场，知此事与荒地多寡无必然之关系。（参《魏书》二八《古弼传》）更有最要者，吾人现在所见到的唐代文献，均田确是普及制度，唐初距太和不过百三十余年，如果认太和未尝干涉私产，则此一部分田地当仍握在私人手中，不能由公家支配，显与吾人所见唐制不合。又假如谓中间已收归国有，吾人就要问收归在何时？何以文献上总未提及？经此种种疑质而知均田只限国有土地说之绝不可通。

关于绝户墟业的讨论，不可不先阅李安世之奏疏。安世云："窃见州郡之民，或因年俭流移，弃卖田宅，漂居异乡，事涉数世。三长既立，始返旧墟，庐井荒毁，桑榆改植，事已历远，易生假冒，强宗豪族，肆其侵凌，远认魏、晋之家，近引亲旧之验，又年载稍久，乡老所惑，群证虽多，莫可取据，各附亲知，互有长短，两证徒具，听者犹疑，争讼迁延，连纪不判，良畴委而不开，柔桑枯而不采。……又所争之田，宜限年断，事久难明，悉属今主。"（《魏书》五三；下文言"高祖深纳之，后均田之制起于此矣。"按依《魏书》七下及一一〇，立三长在太和十年二月，则推行均田制时未立三长，《田制史》（一六七页）因强谓三长制立在均田之前。后见《南北朝经济史》（三〇页）引《册府元龟》作"子孙既立"，始恍然于今本《魏书》之传讹，"子孙既立"，正是"事涉数世"；若作"三长既立"，则文气、意义，两不衔接，故可决其必误）此只是说远流配谪之子孙，回到故乡后争取旧日田地，涉讼不休，令到此项讼田，流于荒废，地方政府无法判决。《魏·志》第二段即针对其弊，决定没收入官，以断葛藤，不过没收之后，仍斟酌"给其所亲"或"借其所亲"。简言之，荒废而没收者只少数讼田，非一般土田，何能靠作分田之基础[①]？读者不会，或举土地荒废、人口稀薄为均田之引线，（森谷正已书一五七页）

---

① 如果认"三长既立"之文为不讹，则须知三长制颁布之后，必经过数年时间，流离各地之人民，始能多数遄返旧墟。但安世之疏，明明上于均田已前，倘把其移后——最少三四年，则无论事实、时间，都不相容，故可决"三长"必"子孙"之讹。《魏书》五三《李冲传》载文明太后言："立三长则课有常准，赋有恒分，苞荫之户可出，侥幸之人可止。"后世读史者以为三长与课赋有关，即与均田有关，遂臆改"子孙"为"三长"耳。

实未深明当日之实情，吾人须知鲜卑族克定中原，至是已逾八十年矣。

《南北朝经济史》论及安世奏疏，更强调太和均田之令，“所有权分明之土地，虽多也不去管它，所有权不分明的土地，才拿去按人分配，以免相争的弊端”，（一九页）苟如其说，直是处分争田，安得谓之“均田”？况绝户等之田，魏令已明白规定“给其所亲”，可能分给旁人者数必甚少，更何烦作出许多的规例？且所有权分明者，创制之初，既皆不问，则必长此不问矣，而独迫新给者以继续不已之还受，立法既不平，推行亦多弊，稍明治道者断不出此。抑均田之立，一般以为由于安世建议，而安世疏固云：“细民获资生之利，豪右靡余地之盈”，如果将所有权分明者置不问，则豪右势大，必依然占居上风，对于安世条奏，显相违背，是知作此解释者之粗心武断。

（3）认太和元年已开始均田之误。（《田制史》一六五页及《史略》五〇页）按《魏书》七上载是年三月诏云：“去年牛疫，死伤大半，耕垦之利，当有亏损。今东作既兴，人须肆业，其敕在所督课田农，有牛者加勤于常岁，无牛者倍庸于余年，一夫制治田四十亩，中男二十亩，无令人有余力，地有遗利。”此是规定每夫男耕田之亩数，引文或漏“治”字，遂误会为均田之始基。《唐代经济史》以“鼓励耕垦”立说，（五页）尚得其的。

《南北朝经济史》于考定魏制时，引证尤多悖谬，指鹿为马，误人不浅，更不能不辨。

一、以高允所言证豪右占夺之谬。（二五 — 二六页）《魏书》四八：“是时（太武帝）多禁封良田，又京师游食者众，允因言曰：……若勤之则亩益三升，不勤则亩损三升，方百里损益之率，为粟二百二十二万斛[①],况以天下之广乎。……世祖善之,遂除田禁,悉以授民。”允只言农不力作,损失已极大,以见不宜封禁良田而付诸荒废,与富强侵占绝不相关。

二、引《关东风俗传》以证北魏时豪富侵夺(二七—二八页)之不切合时间性。豪强兼并,无代蔑有,北齐初丁丧乱,在河清三年以前,田制未遑颁定,更启侵夺之机;《关东风俗传》所记,《通典》二在引文之末固有“齐氏全无斟酌”之语,《唐代经济史》亦言,“只是齐的政治紊乱特别的鼓励大田产之造成”,(九—一〇页)不应混看为北魏的情况。

抑由《高允传》观之,太武时已多禁封良田,良田固多属于豪族,况均田为非常之举,而谓仅用以处分官有土地,名实殊不相称。《魏书·食货志》又言,太和十二年,“别立农官,取州郡户十分之一以为屯民,相水陆之宜,断顷亩之数”,曰水陆之宜,则不尽官地可知,且事在均田行后不久,尚安得如许官地以安置巨额屯民也?尤须知者,富豪占田虽多,然奴婢亦多,依令分受,则取于彼辈之余地,数必有限,贫富不均,早决定于法令起草之时,不待施行之后。

此外,《魏·志》文字尚有奥晦难明之处,兹摘出分释于后:

(甲)“奴婢依良”近人往往以“丁”字属上读作“奴婢依良丁”,非也。《隋·食货志》固有“丁牛”之文,《通鉴》一六九胡注:“丁牛者胜耕之牛,牧牛者得受其田”,《南北朝经济史》以为其说可通,(三〇页)亦非是。于文,“丁”字应一逗,成丁之人方可役牛,故规定属于成丁者之牛乃能受田,如未成丁,虽有牛亦不受也。苟以胜

① 据高允前文言:“方一里则为田三顷七十亩,百里则田三万七千顷。”如以六斗乘三万七千顷,则3700000(亩)×6(斗)=2220000(斛),古写“斗”、“升”字相近,故知两个“三升”均应正作“三斗”。

耕为标准，势必多生争执，窒碍难通。

（乙）“三易之田再倍之”此“倍”字应依原受“四十亩”等而计算，即男夫可受一百二十亩，《田制史》以为“授百六十亩”，（一六九页）殊未可信。

（丙）“以供耕作及还受之盈缩”此句意义难明，检《通典》一及《通志略》一六均作“耕休”，“作”字误，“休”字是，系针对三易而言。

（丁）“但通入倍田分”以下五句授田率为原数之一倍，所倍之数，名曰“倍田”。但某人已有若干亩之桑田，即归入倍田计算，假如把桑田计入后已溢过他应得之数，身没之后，仍然得保存此项原来之桑田，所还者只露田，政府不能将桑田看作为露田而收回之。如果把桑田计入后，倍田之数仍不敷，政府应用露田补足其不敷之数（《田制史》一六九页所解同）。

（戊）“诸应还之田”以下四句诸应还之田者，指法律上身没后应还之田，但在未还之时期内，如违法种植桑榆枣果，则随时可将其田收回，作为分给之用。

（己）“身终不还”以下八句桑田系世业，身终不还，职是之故，每家所有桑田，多寡不一，但国家分给桑田，则只依现在人口计算。假如甲家已有桑田四十亩，现在应受桑田者仅得一人，则为盈二十亩，类此者不须重新给以桑田，而盈出之廿亩亦不收回，所谓“有盈者无受无还”也。又假如乙家只得桑田廿亩，现在应受桑田者计三人，则为不足四十亩，政府应补足之。惟是盈廿亩者可将此盈数卖去，但不能卖出应有之廿亩，不足四十亩者（如政府补给不足时）可买足此数，但不能溢出四十亩之外。凡此皆就桑田言之，全与露田无关（最近《新史学通讯》六月号刘尧庭所释略同）。

《魏·志》尚有一不明之点，即奴婢之桑田还否。据余揣之，似当依露田例“随有无以还受”也。

后人或称元稹均田，亦不可不附带辨明。考周显德五年，世宗欲均田租，以元稹均田表制素成图，遍赐诸道；（《通鉴》二九四）今考元稹在同州刺史任上奏均田状称：当州两税地“并是贞元四年检责，至今已是三十六年，……近河诸县每年河路吞侵，沙苑侧近，日有沙砾填掩，百姓税额已定，皆是虚额征率。其间亦有豪富兼并，广占阡陌，十分田地，才税二三。……臣遂设法令百姓自通手实状①，……便据所通，悉与除去逃户荒地及河侵沙掩等地，其余见定顷亩，然取两税元额地数，通计七县，沃瘠一例，作分抽税。”（《长庆集》三八）核其实乃是均租，不是均田，陈伯瀛《中国田制丛考》说同。

第三十七节　唐之均田

唐代初期之均田，大致承用隋制，唯女无丁称，均曰中女。授田之法，每丁男百亩，内八十亩为口分，廿亩为世业（即永业）。老男、笃疾、废疾各口分四十亩，寡妻妾各卅亩，先永业者通充口分之数。黄、小、中、丁男子及老男、笃废疾、寡妻妾当户（即户主）者，各给永业廿亩。永业田皆传子孙，不在收授之限；（《通典》二）其田课植桑、榆、枣等，土地不宜者任依乡法。（《唐律疏议》）

今将唐以前授田数目，作出一个比较简表：

---

① 通，报也，手实状即据实书写之文件，通手实犹云据实填写报告。徐士圭氏谓“户籍簿册叫做手实”，非也。

魏、齐、周、隋男女授田标准亩数比较简表

朝代＼田别＼性别	男		女	备　考
	露　田	桑　田	露　田	
魏	四〇	二〇	二〇	奴婢依良。
	连倍田八〇		连倍田四〇	
齐	八〇	二〇	四〇	无倍田，男丁桑田始名“永业”，奴婢无桑田。
周	单丁一〇〇			
	有室一四〇			
隋	八〇	二〇	四〇	未受地者皆不课。

略观上表，便知齐、隋之制，承袭后魏。北周授田，实际少于北齐①。唐制，女不给田（寡妻妾除外），比北周为近而更加缩减。陈氏《略论稿》强调唐制承北齐（见前府兵节），即此国政最重要之授田一项，已知其不然。

此外，魏制奴婢受田及桑（麻）田，人数无限，课各有差，北齐奴婢受田者以庶人六十至亲王三百人为限，限外不给田者不输，惟不给桑（麻）田，北周无明文，隋有仆隶半课之规定，疑同齐制，至唐而革除。又魏制，丁牛一头受田三十亩（连倍田为六十），齐六十亩，均限四牛，至周、隋而革。可见授田制度之宽紧，与人口增加为反比例，同时又表现自然环境、社会变化与制度统一之交互影响。在奴婢不给田一端，则可收限制蓄奴及促成放奴之效力。

从另一方面观之，则贵族富豪之蓄奴愈多，受田亦愈多，北齐虽

① 胡钧《中国财政史讲义》谓齐地小口多，周地大口少，万国鼎曾加以辨正，但万氏以为齐、周两制适合，（《中国财政史》一七四页）实际上却不然。封建时代多妻盛行，齐制女四十亩，则二妻可得八十亩，三妻可得百二十亩；周制，有室者比单丁多四十亩，则妻数虽加而授田不加，在施行时却可省田不少。大抵齐口虽多，而地处平原，垦田宽广，周口虽少，可耕之面积却锐减，周授田较少，实为地理环境所限制，此则胡、万两家所未注意者也。

有限制，然与贫农无奴者比，犹得以一人受六十人之田，其次，有牛者连本身计，受田又可当贫而无牛者之四倍。凡此，皆充分表露游牧民族之气味，与儒家“不患寡而患不均”及通过住国思想之“井田”理论，臭味迥异，前文谓北魏均田系替鲜卑族设想，于是可以再度证明。

授田、还田，以丁、老为准，然丁、老初无固定之年限，故其或升或降，对于田地之运用，饶有关系，兹表列北齐至唐广德之年龄升降表如次：

朝代 名称	北齐	北周	隋开皇元	开皇三	炀帝初	唐武德七	神龙元	天宝三①	广德元
黄			一三			一三			
小	一一五		四—一〇			四—一五			
中	一六—一七		一一—一七			一六—二〇		一八—二二	
丁	一八—六五	一八—六四	一八—五九	二一—五九	二二—五九	二一—五九	二二—五七	二三—五七	二五—五五②
老	六六—	六五—	六〇—	六〇—	六〇—	六〇—	五八—		五六—
	十八受田输租调，二十充兵，六十免力役，六十六退田免租调。	十八至五十九皆任役；丰年不过三旬，中年二旬，下年一旬。	丁从课役，六十乃免。③					景云元年停。	

① 万国鼎《中国田制史》表列开元二十六年，三岁以下为黄，四至十五为小，十六至二十为中；（一七二—一七三页）按此实《六典》辑录旧令，对武德之制，并无变更，故从削去。

② 此据《通典》七及《新书》五一，同上《田制史》作二十三至五十七为丁，五十八以上为老，当误。

③ 森谷正己《中国社会经济史》称，隋时“露田，至六十六岁必须返还”，（一七二页）显是据北齐河清三年“六十免力役，六十六退田免租调”之规定。（《通典》二）但隋承齐制，绝非只字不改（例如齐十五已下为小，隋十岁已下为小），《隋书》二四明言“六十为老乃免”，可见森谷之言，纯是误解。

首须注意者，魏制十五已能受田，又是替北族年力早强者打算之一证。北齐骤提高三岁，显因其对政府施行有碍，不得不变。自是而后，凡有更革(隋炀一次除外)，无非以抬高受田年龄、降低退田年龄为一贯政策，由北魏起至广德止，丁龄计升高十岁，又由北齐起至广德止，老龄降低十岁，总差乃至廿岁，其为人口增加之映响，于事甚明。王永兴曾强调隋唐徭役负担比齐周减轻了三年，(一九五六年八月三十日《光明日报》)但吾人亦要明白受田同时却迟了三岁，于人民还不见得有利。

授田多寡，又有宽、狭乡之别(宽乡之名始北齐)；田多可以足给者曰宽，否则为狭，狭乡授田减宽乡之半，业工商者宽乡亦减半授，狭乡不授。凡乡有余田，以给比乡，县、州亦如之。非宽乡不得限外更占田，占过限者罪自笞十起至徒一年止。(《唐律》)凡授田先课役，后不课役；先贫，后富；先无，后少。(同上)

授田之式，每岁一造计帐，三年一造户籍，定户以仲年(子、卯、午、酉)①，造籍以季年(丑、辰、未、戌，见《六典》)。岁十月，里正预造簿，县令总集应退应受人对共给受。(《唐律》)新附之丁，春附则课、役并征，夏附免课从役，秋、冬附则课、役俱免，盖计龄犹就足年伸算。

近年发见敦煌附近之唐代残户籍，计有七八种②：

大足元年(辛丑，七〇一)	存？
先天二年(癸丑，七一三)	藏伦敦英国博物院
开元九年(辛酉，七二一)后	藏法
天宝六载(丁亥，七四七)	藏巴黎国立图书馆
又(妹姜姜残籍)	藏英(同前)

① 唐武德元年始戊寅，又七年甲申定令，故以卯、酉为仲年。

② 散见于《沙州文录补》、《唐代文献丛考》及日本《东洋学报》第四卷。

大历四年(己酉,七六九)　　　同上

又　　　同上

大顺二年(辛亥,八九一)　　　同上

按天宝六(亥)、大历四(酉)均非造籍之年,如此之类,应如玉井是博所云“纲纪已弛”。玉井又谓唐代均田,《六典》所记最近正确,则须知《六典》成于开元末年,只承旧制而记载。至如大顺之籍,则在西北收复之后,授田之制,久已不行,故每户只注“都受田”若干,且无黄、小、中、老之区别。

隋唐授田实施至如何程度,吾人有深入了解之必要,今试取残籍之较完整者合计之:

户主	应受亩数	未受亩数	未受百分数	年代
王万寿	一〇〇	九〇	九〇	开元九后
王行智	三四四	二七〇	七八	先天二
程恩楚	三六五	二八六	七八	天宝六
未详	二三四	一七七	七五	天宝六
赵大本	四五三	三六三	八〇	大历四
索思礼	六、一五三	五、九一〇	九五	大历四
安游璟	三、一〇一	三、〇七二	九六	大历四
安大忠	一〇一	六八	六七	大历四

除去索思礼、安游璟两户应受太多者外,其余受得之数,不及应受四分之一,敦煌如依狭乡论,亦不及半数,可见口分之田,已多有名无实,其他永业、职分等田,更无论矣。狄仁杰《乞免民租疏》云:“窃见彭泽地狭,山峻无田,百姓所营之田,一户不过十亩、五亩,准例常年纵得全数,纳官之外,半载无粮”,(《全唐文》一六九)武后时情形之坏,已甚于开皇。

北齐授田,不听卖易。(《通典》二)唐则在相当范围内可以卖买帖赁,如徙乡及贫无以葬者得卖永业田,充宅及碾硙、邸店者得卖口分田，自狭乡乐迁宽乡者并许卖之，若赐田，若五品以上及勋官之永业地，亦并听卖。其他卖口分田者一亩笞十，二十亩加一等，罪止杖一百，地还本主，财没不追。已卖者不复授。（《唐律》及《新书》五一）凡此措施，一方面为经济发展所促成，一方面亦以照顾贫困。然日久弊生，豪强乘机兼并，故永徽中、开元廿三、天宝十一均申买卖典贴口分、永业之禁。（《新书》五一及《元龟》四九五）

森谷论均田制所由废，谓耕作者自身在宽乡中，已取得渐次蓄积之机会，王侯官吏[1]亦可依其实力，侵占垦地，横夺生产增进之果实；换言之，即造成大地主之可能性。又人口增加，促进宽乡之开垦，农业社会生产力渐次向上，其结果使官僚、土豪、商业、高利贷资本能够发展，官吏豪富遂成为破坏统制之人，兼并私田，横敛租赋矣。（同前引书一八四 — 一八六页）万国鼎亦举出原因四项：（1）人口增殖，土地有限，供不应求。（2）均田以籍为本，官怠造籍，不可复凭。（3）贵族永业田多，以有尽之田，给无穷之官。（4）经济演变，渐集中少数人之手[2]。按天宝十四载制，诸郡逃户有田宅产业妄被破除，并缘欠负租庸先已亲邻买卖，如归复者宜并却还，纵已代出租税，不在征赔之限（《会要》八五），无疑是想阻止兼并；然大防已溃，势如燎原，杜佑所以谓“开元之季，天宝以来，法令弛坏，兼并之弊，有逾于汉成、哀之间”也。（《通典》二）

隋、唐时究有垦辟田若干，亦应在吾人研究之列。据《通典》二云：“开皇九年任垦田千九百四十万四千二百六十七顷，隋开皇中，户总八百九十万[3]七千五百三十六；按定垦之数，每户合垦田二顷

---

[1] 森谷又以为诸在官侵夺私田，《唐律》虽明著罚条，但对王侯无此禁限云云，（一八五页）殊属误解，《唐律》系适用于一般，无论何种犯罪，都不特提王、侯，因《名例》内有八议，六曰议贵，流罪以下灭一等也。

[2] 同前引书二一八 — 二二五页。

[3] 《旧书》四，永徽三年高履行奏，开皇中有户八百七十万；七十，九十，未详孰是。

余也”；又云：“至大业中，天下垦田五千五百八十五万四千四十顷，按其时有户八百九十万七千五百三十六，则每户合得垦田五顷余，恐本史非实。”按大业二年户亦八百九十余万，（《通典》七）则开皇中之户数，似在平陈之后，但开皇九年之垦田数，比大业五年数（据《隋书》二九）相差太远，显未加入平陈之所得。《通典》更犯一种严重错误，即彼列举开皇中及大业中两次户数同为八、九〇七、五三六，处经济繁荣时代，断无相隔十余廿年而数毫不变之理，事实上亦不会如此恰合。今依《隋书》二九所记，八、九〇七、五四六（与《通典》之数只差十户）实大业五年之户数（见前《隋史》一八节），由此观之，《通典》盖误用大业户数充作开皇户数，其第一项比算（二顷余）应属无效。其次，北齐庶人所蓄奴婢，亦得有六十人受田，今即使折半计算（三十人），则每户得田五顷余，每奴所受仍不及廿亩；尤须注意者，当日北方地狭人稠，南方地广人稀，用平均法来计算，多见其与现实不尽适合，故杜佑第二项之比算，尚难论定①。

再从唐代观之，开元廿八年应受田一千四百四十余万顷，（《旧书》三八）又《通典》三云：“天宝中应受田一千四百三十万（顷），……按十四年有户八百九十万余，计定垦之数，每户合一顷六十余亩。”依杜佑解释，则所谓“应受田”即定垦之数，比大业五年几短四分之三，殊可惊异；杜佑疑隋史非实，固非无因，但唐代垦田之数，匿报者亦必极多，户既可逃，安见田不可匿？

① 据梁方仲引《长江日报》一九五〇年《读报手册》，解放后全国垦田面积共一千四百七十四万顷有奇，如果确实可靠，则与唐代数目甚相近，隋时疆域比现在尚小，断不可能垦田数反大至现在四倍。隋尺谅同于唐尺，虽比今时市尺较短，要超出许多。又据《旧书》四三，“五尺为步，步二百有四十为亩”，进位之数，与清制相同，近人或云唐制广一步长二百二十四步为亩者误。

第三十八节　租庸调及杂征徭

唐给民以田，所以责偿者约言之有四项：一曰租，二曰调，三曰庸（即役），四曰杂徭。租庸调之法，开始宣布于武德二年，再申明于武德七年，犹《孟子》所云有粟米之征，有布缕之征，有力役之征也。

首先须知户有课或不课之别。唐制，太皇太后、皇太后、皇后缌麻以上亲；内命妇一品以上、亲郡王及[①]五品以上祖父兄弟；职事勋官三品以上、有封者若县男、父子；国子、太学、四门学生、俊士、孝子、顺孙、义夫、节妇同籍者（即同一户籍）皆免课役。凡主户内有课口者为课户，若老及男废疾笃疾、寡妻妾、部曲、客女、奴婢及视九品以上官不课。据《旧唐书》九，天宝十三载课户五、三〇一、〇四四，不课户三、八八六、五〇四[②]，又课口七、六六二、八〇〇，不

---

① 此处据《新·志》五一，疑有夺文。按《六典》三《蠲免之制》条称："诸王宗籍属宗正者及诸亲五品以上父祖兄弟子孙及诸色杂有职掌人"，则"五品"之上似夺"诸亲"二字，诸亲系指太皇太后等之亲属（与皇亲指皇帝本身亲属者有别）。依此，则《新·志》"兄弟"之下，亦疑漏脱"子孙"二字。复次，鞠清远《唐代财政史》（三页）引令文一条，钞自《六典》（但我所见日本刊本并无此文），兹照其原来句读转录，并参《旧书》四二用括弧表示拙见以为应加之字样如下："诸皇宗籍属宗正者，及太皇太后、皇太后、皇后缌麻以上亲，内命妇一品（小功）以上亲，文武职事官三品以上，若（亲王）郡王周亲，及同居大功亲，五品以上及国公同居周亲，并免课役。诸内外六品以下官，及京师诸色职掌合免课役。"按缌麻、大功及周（即期），皆就血族之亲疏，定免课之降杀，今若以"内命妇一品以上亲"为一句，试问究是何等之亲？其必有讹误者一。比郡王（从一品）更高者为亲王（正一品），与正一品之内命妇（唐制只有妃三人）地位相埒，今言妃言郡王而不数亲王，其必有讹误者二。爵级只提到国公（从二品），而《新·志》则提到最低级之县男（从五上），其必有讹误者三。总言之，两本《六典》及《新·志》均各有脱误，日本刊《六典》脱文最多，但以无他项史料相比定，不敢草率校正也。

② 两数相加，得九、一八七、五四八，与同书所载户口总数九、六一九、二五四相差至四十三万；与《会要》八四之数，所差较少。

课口四五、二一八、四八〇[①]；据《通典》七，天宝十四载课户五、三四九、二八〇，不课户三、五六五、五〇一[②]，又课口八、二〇八、三二一，不课口四四、七〇〇、九八八[③]；合两年数目观之，不课户约占总户数百分之四十至四十一，不课口计占总口数百分之八十四或八十五已上，其隐匿逃避者犹不在内。简单言之，即以一户担负两户之课，其不均孰甚。

（一）租　北齐一床（合夫妇言），垦租二石。北周一床，粟五斛，丁者半之。隋制，丁男一床，租粟三石。唐女不授田，凡课户，每丁纳租粟二石[④]。

（二）调　调之名称，最少可上溯至东汉末叶[⑤]。约建安四年，

① 两数相加，得五二、八八一、二八〇，比之同书所列总口数五二、八八〇、四八八，多出七九二人，则知课口之数，应校正为七、六六二、〇〇八，相加恰符。《旧书》九八记开元廿一年裴耀卿言，天下输丁约四百万人，数当不确。

② 相加得八、九一四、七八一，比同书之总数八、九一四、七〇九计多七二户；如总数不误，则将课户之尾数"二百八十"校正为"二百八"，衍去"十"字便合。

③ 相加得五二、九〇九、二〇九，比同书之总数五二、九一九、三〇九，其万、百两位不相符合，则许任一数有误。

④ 《新书》五一《食货志》言每丁岁输稻三斛、绢二匹，非蚕乡则岁输银十四两，皆是极端荒谬之错误，森谷书亦沿之，可参看钱大昕《廿二史考异》四五及赵绍祖《新旧唐书互证》六。又《南北朝经济史》谓太和十年前调以户为单位，十年后以一夫一妇（床）为单位，唐以丁为单位，税制一步一步的缜密云云，（七二 — 七三页）所论并未抓得重点。太和十以前尚未行均田制，唐则女不授田，征税自须随田制之改革而改革，此非税制趋密之特征也。

《晋书》二六："……十二已下、六十六已上为老小，不事。远夷不课田者输义米户三斛，远者五斗；极远者输算钱人二十八文。"应以"不事"为句，《洹子齐姜壶》之"余不其事"，犹云"我不管"，即不加征赋也。又汉高诏："非七大夫以下皆复其身及户，勿事。"注释为不徭赋。徐士圭读作"老少虽'不事远夷'，'不课田'，但也要尽些换纳粟米的义务。他的等级近者输义米户三斛……"（《中国田制史略》四四页）语不可通，故附此正之。

⑤ 《后汉书·明帝纪》，即位后，诏"勿修今年租调"，唐长孺以为"在东汉初年调已成为人民经常交纳的一项，可是没有规定其数额及缴纳物，直到曹操始将调加以固定化及普遍化"，（《魏晋户调制及其演变》，见《魏晋南北朝史论丛》六四页）申言之，此时之调，即是包括一切的调发。

豫章已有租布(《三国志》四九《太史慈传》)①,同时豫州又户调绵绢。(《三国志》二三《赵俨传》)九年,曹操克袁绍,令收田租亩四升,户出绢二匹、绵二斤。(同上一注引《魏书》)晋平吴后,制户调之式,丁男之户,岁输绢三匹、绵三斤,女及次丁男为户者半输;诸边郡或三分之二,远者三之一;夷人输賨布户一匹,远者或一丈。(《晋书》二六)南朝户调有取钱者②。北周一床,绢一匹,绵八两,

---

① "租布"一名,《南北朝经济史》谓"系田租与调布之合称",(六五页注四)唐氏亦认"租是田租,'布'就是户调","布只能是一种税目",又"南朝将'布'一词代替了户调"(同前引七三及七五、七六页)。此解如不误,则与新疆发见之"租布"(布上写"婺州信安县显德乡梅山里祝伯亮租布一端光宅元年十一月□日",见斯坦因《腹里的亚洲》第三卷附图一二七),意义迥异,唐之"租布"系两字名,与"庸调布"相对立(同上引又有"婺州兰溪县……姚君才庸调布一端神龙二年八月□日"),犹云江南诸州租回造纳布之布。

《南北朝经济史》谓租布在"《宋书》卷五《文帝纪》为税布,卷六《孝武纪》称田租布";(同前引)余检《宋书》五,只有元嘉四年三月"其蠲此(丹徒)县今年租布"及廿六年三月"复丹徒县侨旧租布之半"两条,并无"税布"字样,或是根据误本。《宋书》六,大明三年"三月甲申,原田租布各有差",其读法颇有疑问,如依前引同书之说,布即调布,则"田租布"得断读为"田租与布",非"田租布"为"租布"之别称也。

② 《齐书·武帝纪》,永明四年五月下云:"诏扬、南徐二州今年户租,三分二取见布,一分取钱。来岁以后,远近诸州输钱处并减布直,匹准四百,依旧折半,以为永制";《南北朝经济史》以为"二分取钱,一分取布之误",(八二页)固然毫无证据,即唐氏所释,(同前引八二 — 八三页)亦未能令人满意。唐引《隋书》二四,梁初唯京师等地用钱,诏明言输钱处,可知亦有不输钱之处,拙见正与相同。惟(一)诏书之"户租",彼谓户指户调,租与户仍是两项,则大可商榷。诏下文所言与田租无关,无提出田租之必要,余谓"户租"即"户调"之变文,犹诸唐氏认"调"字有两种不同之用法也。(二)《齐书》四〇《萧子良传》:"诏折租布二分取钱,子良又启曰……且钱、帛相半,为制永久,或闻长宰,须令输直,进违旧科,退容奸吏";据传,子良上启亦是永明四年事,但唐氏认为"二分取钱是加重,诏书之一分取钱是减轻",上启"跟上面的诏书可能有关,却不是一件事",因解"二分取钱"为"三分二取钱",似乎出于误会。余认为"二分取钱"者即将应纳之布分作二分,其一分取钱之谓,文过简省,遂欠明白,然意犹可通,若谓"二分"同于"三分二",恐无此混沌之文法也。诏虽如此说,外边奉行与否又是别一问题,启文之"或闻长宰,须令输直",盖谓官吏阳奉阴违,不肯半数取布,故再向朝廷揭发。如此解释,则上启应在下诏之后,直是同一回事之发展矣。抑又思之,田租大致须取谷,乃统治者对水旱之最要防备,传文之"租布"显为"调布"之变文,与"田租"无关,故前谓"户租"即"户调"变文,此亦一旁证。

非桑土一床,布一匹、麻十斤,均丁者半之。

隋制,丁男一床,桑土调绢絁[①]一匹,加绵三两,麻土布一端,加麻三斤,单丁及仆隶各半之。开皇三年,减调绢一匹为二丈。

唐制,每丁岁输绫或绢、或絁二丈[②],(开元八年令称,向例绢一匹,长四丈,阔一尺八寸)布加四分之一[③],即二丈五尺;输绫、绢、絁者兼调绵三两[④],输布者麻三斤。据《六典》三,当日丝、麻产地之分布,约如下举:

关内　京兆、同、华、岐四州调绵绢,余州布麻。

河南　陈、许、汝、颍调絁绵,唐州麻布,余州并绢绵。

河东　蒲州调祢[⑤],余州麻布。

河北　相州兼以丝,余州绢绵。

山南　梁、利、随、均、荆、襄杂有绵绢,合州绵紬,余州麻布。

淮南　寿州絁布、绵麻,安、光絁绢,申绵绢,此道庸调杂有纻、

---

① 《史记·范雎传》绨(音啼)袍注:"盖今絁也",又《急就章》颜师古注:"络即今之生纚(始移反,又式支反,音施)。"王应麟补注:"今俗作絁,非是。"《广韵》作纚,云:"缯,似布。"按粤中旧有"生丝"一种,质薄,当即此。

又据天宝四载官帐,缦绿及大练每匹估四百六十文,缦绯五百五十文,大生绢四百六十五文,陕群(郡)孰絁六百文,河南府絁六百廿文(《敦煌掇琐》三),则絁价在上举各种中为最贵。

② 据《唐律疏议》二及《陆宣公集》二二。惟《六典》三、《旧书》四八及《会要》八三均作"绫、绢、絁各二丈",措辞究欠明白,故森谷书误会由绢变为絁布,(一八〇页)又《田制史》二〇一页第十五表作"唐调绢二匹……或布九丈六尺",亦误。

③ 据《唐律疏议》引《赋役令》及《陆宣公集》二二。惟《六典》、《旧书》四八及《会要》均作五分之一;按布以五丈为端,绢二丈是半匹,布二丈五尺亦是半端,以理推之,作四分一者近是。

④ 森谷书称武德二年调绵二两,开元廿五年令变为三两云云;(一八〇页)按《疏议》引《赋役令》及《会要》八三载武德二年制,均作绵三两,可见中间并无变更,彼不知据何误本也。彼所谓"开元廿五年令",乃指《唐六典》而言。

⑤ 《六典》原校称,"《唐·志》祢作䘸",余疑祢实纚之别体,见注①。

资、火麻等布①。

江南　润州火麻，余州纻布。

剑南　泸州葛、纻等布，余州绵绢及纻布。

岭南　广州等以纻布，端州蕉布，康、封落麻布。

（三）庸　役法，周制十二番，率岁一月役（近人或称“服役十二番，每番三日”，非也。三乘十二为三十六日，但《隋书》二四明言一月役，即三十日役，则日数不符，误一。如每丁每年须应役十二次，每次三日，则民不胜奔走之劳，误二），开皇三年，减十二番每岁为二十日役。又十年六月，制人年五十，免役收庸。（《隋·纪》二）王永兴说：“由于隋末农民战争打击并削弱了统治阶级，唐初的统治者采取了对农民让步的措施，其中最主要的是农民可以纳绢代役。”（同上节引文）则未知开皇中早已有此规定。

唐承隋制，凡丁，岁役二旬，闰年加二日，无事则收其庸，每日折绢三尺，布加四分之一②。有事而加役者，旬有五日③免其调，三旬则租、调俱免，通正役不得过五十日。凡役有轻重，功有短长，法以四、五、六、七月为长功，二、三、八、九月为中功，十、十一、十二、正月为短功。（《六典》廿三《将作监》）

凡庸、调之物，仲秋敛之，季秋发于州。租则准土收获早晚敛之，仲冬起输，孟春纳毕。

如遇水、旱、虫、霜为灾，十分损四已上者免租，损六已上免租、

① 按《六典》下文称：“滁、沔二州麻资布，……黄州纻资布。”又《金部郎中》条称：“资布、纻布、罽布各（一）端”，则资布是布之一种。

② 《通典》六云：“布则三尺七寸五分。”折算是四分之一。《六典》三作“布加五分之一”，其误与上页注③所举同。

③ 《新书》五一误作“二十五日”，森谷书（一八〇页）沿而不察，可见研究家应旁参各书，不可专据一本。

调，七已上课、役俱免。桑麻损尽者各免调。（《唐律疏议》二）

森谷论租庸调云，均田法之主要目的，是要尽人类劳动力与地力，发挥农业社会之全生产力，以图农业中剩余生产之增进，所以原则上田土只分配于十八以上、六十以下得耐劳动之男子。因之，赋税当然不是对亩而课，而是对于分得永业口分田合计百亩之丁男而课。（《中国社会经济史》一七九页）按北魏初创均田之要因，已见前节，隋及唐初犹是率行旧规，然课役既设蠲免之条，为逃避者开一途径，则并不是向尽人类劳动力之目的而迈进。法令又未规定受田必须自耕，课役之重担，结果总落在贫雇农身上，或延滞奴隶之解放而已。

近人论租庸调者或以为与均田无关（如一九五四年《历史研究》四期邓广铭《唐代租庸调法研究》，又五五年《新史学通讯》六期张博泉《试谈对租庸调的看法》），虽其持论根据，各有不同，但如就唐之租庸调法来看，都未免陷于片面。余曾提出唐制确建立于均田令之上者凡有五点：（1）后世田可自由买卖，故按亩征税。法令稍上轨道的国家，即使赋税苛重，亦不能违背社会经济之基础，而超然独立为一套。今土田既非任便买卖，如果又不执行授田，单责人民以租若干，微论统治阶级（尤其比较清明时代）不至如此幼稚，恐人民之执梃以抗者亦未崇朝而遍于全国。（2）隋授露田百二十亩，租粟三石，唐授八十亩，租粟二石，租率建立于均田制之上，绝无可疑。（3）按丁征调而不按户征调，即因每丁依令得受桑田（或永业）二十亩，故知调亦建立于均田制之上。（4）授田常不足数，则租调实征之数，不能不设法调整；户等即调整之方法，但同时户等又须依据均田以厘定，可知租调与均田有关。（5）庸似乎离立为一项，然依令，庸过定限则租、调可免，故从立法初意而言，租庸调三者实互相联系，易言之，庸亦与均田制有关（其详说见一九五五年《历史研究》五期)。

(四)杂徭　亦曰色役,名目颇多,大致是:

1. 守陵墓人　皆取侧近下户充,仍分四番上下;

2. 内外职事五品以上营墓夫　人别役十日;

3. 防阁等　京师文武职事官皆有之;

4. 白直　州县官寮皆有之,两番上下;

5. 执衣　州县官及在外监官皆有之,并以中男充,三番上下;

6. 士力　诸亲王府属有之。

防阁、白直之名,已见于南北朝,大概即近世之胥役。仪凤三年,曾诏令王公已下,百姓已上,率口出钱以充防阁、庶仆、胥士、白直、折冲户仗身等料(《会要》九一。此项料钱亦称资课),故宣宗大中六年诏放免元舅郑光庄地差科色役,中书门下以"随户杂徭,久已成例"驳回。(同上八四)杂徭之征,可说遍及上下,其浪费人力至巨,试观开元廿二年敕减诸司色役廿二万余(《六典》三)便见之。天宝五载敕:"郡县官人及公廨白直,天下约计一载破十万丁已上,一丁每月输钱二百八文,每至月初,当县征纳,送县来往,数日工程,在于百姓,尤是重役。其郡县白直计数多少,请用料钱如税充用。其应差丁充白直望请并停,一免百姓艰辛,二省国家丁壮",(《会要》九一)即以此也。

四项之外,尚有杂征,较要者为户税及义仓(或称"地税"),近年我国学者或感到分别不清,益有略加说明之必要。

甲、户税　武德六年令全国户量其资产,定为三等。贞观九年①,改为九等。长安元年,诏诸州王公以下宜准往例税户。大历

① 《通典》六、《会要》八五皆误为武德九年,(陈氏《略论稿》一五三页同)兹据《旧书》三及《通鉴》一九四。

四年制一例加税，上上户四千，每等减五百，至下中则七百，下下五百[1]。天宝中此项收入约得钱二百余万贯。(《通典》六)

抑九等之别，或以为专备户税而设(因之，对两税性质有所误会)，实亦不然；《通典》六，江南折布下注云："大约八等以下户计之，八等折租每丁三端一丈，九等二端二丈。"是租粟折布之计算，亦随户等而有所不同，明户等与租之直接相关也[2]。

乙、义仓　北齐旧制，率人一床纳垦租二石、义租五斗，垦租送台，义租纳郡，以备水旱。开皇五年，依长孙平奏，令诸州百姓及军人劝课当社，共立义仓，收获日随所得劝课出粟、麦，于当社造仓窖贮之，即义租之变相。贞观二年，戴胄献议仿用隋制，于是户部尚书韩仲良奏定王公已下，垦田亩纳二升，粟、麦、粳、稻，各依土产，贮备凶年，则已由自愿而进为强制。征收手续，系每年户别据已受田及借荒等，具所种苗顷亩，造青苗簿，按簿征收。(《六典》三)永徽二年，以义仓据地收税，实是劳烦，敕令率户出粟，上下(？上)户五石，余各有差。(《会要》八八)但从《六典》三及《通典》六观之，开、天间有田者仍是据亩定征。至商贾户无田及田不给足者，上上户税五石，上中已下递减一石，中中一石五斗，中下一石，下上七斗，下中五斗，下下户免。(《六典》三)估计天宝时每岁约得千二

① 《通典》六称，天宝中八等户税四百五十二，九等二百二十二，比大历为低。

② 《续汉书·百官志》称，啬夫"知民贫富，为赋多少，平其差品"，唐长孺据此，以为计资定课，由来已久，汉、魏间计算资产，与调有关，但不仅是为了调。至曹魏、西晋规定每户征收绢、绵之额，只是交给地方官作统计户口征收的标准，其间贫富多少，仍可由地方官斟酌，《晋故事》所云"九品相通"，(《初学记》二七)《魏书·食货志》所云"天下户以九品混通"，又同书《世祖纪》，太延元年诏"计赀定课，裒多益寡，九品混通"，皆可为证。此一办法到梁才废除，但陈又恢复。(《魏晋南北朝史论丛》六五—七三页)

百四十余万石。(《通典》六)

义仓之粟,唯许给荒,不得杂用,可是大业中国用不继,早开挪借之端。(《会要》八八)唐自神龙以后,亦费用向尽。(《通典》一二)故开元四年有变造(犹今云加工)义仓糙米送京之禁。(同上《会要》)

其余传驿税、外官月料税,则俟后再详之。

总括言之,隋以前征课,因缺乏详细纪录,唐税究比前代为轻为重,难作定评。试单就租一项立论,假使受田足额,则北齐露田一百二十亩,垦租二石,北周一百亩,租五石,隋、唐均每亩二升五合,是隋、唐比北齐为重,而轻于北周一半。

第三十九节 租庸调变为两税

鞠清远尝疑两税是包含户税及"地税"(即义仓税),近人或奉为定论,余已发表过长篇辨正①,今不多赘。所须再行拈出者,唐在建中以前,公私文件中已屡见"两税"字样,即凡分两度征收者便可称"两税",只是一种通名,无"两项税制"之函义②。庸调敛于仲秋,租则仲冬起输(见前节),租布与庸调布分而为二(见前节三一四页注①),则租庸调亦可谓之"两税",两税之成为专名,乃在建中以后。另一方面元稹奏有云:"臣昨因均配地税,寻检三数十年两税文案。"(《长庆集》三九)是两税亦可统称作"地税",吾人对两税

① 参看拙著《唐代两税基础及其牵连的问题》。(《历史教学》二卷五、六两期)

② 《历史教学》二卷五期一二页。

之“两”字，不宜过为泥解。

《韩非子·诡使篇》：“士卒之逃事状（藏）匿，附托有威之民以避徭赋而上不得者以万数。”逃税之弊，自昔不免，逮中古而其风益厉，东魏武定时有逃户，北齐文宣时，阳翟郡籍多无妻（逃避半床），隋初有浮客。武后证圣元年李峤已极言逃户之弊，又圣历元年陈子昂《上蜀川安危事》云：“今诸州逃走户有三万余，在蓬、渠、果、合、遂等州山林之中，不属州县，土豪大族，阿隐相容，征敛驱役，皆入国用。”（《伯玉集》八）农民非不愿有田，然处于超经济剥削之下，无能担负，始不得已而逃亡，同时版籍失修，豪强兼并，赋纳大量转嫁于贫农，是又加速逃亡之一因。宝应二年九月，令客户住经一年，自贴买得田，勒令编籍，又大历四年令割贯改名，一切断禁，（《会要》八五）既非对症下药，宜其无补时艰。杜佑论隐户所由起云：“直以选贤授任，多在艺文，才与职乖，法因事弊，隳循名责实之义，阙考言询事之道；……不无轻薄之曹，浮华之伍，习程典、亲簿领谓之浅俗，务根本、去枝叶目以迂阔，风流相尚，奔竞相驱，职事委于群胥，货贿行于公府，而至此也。”（《通典》七）不能深求病源，更何从设计适宜之对策？

大历十四年八月，杨炎为宰相，即献议[①]玄宗不为版籍，丁口转死，田亩移换，贫富升降，一切非旧，户部徒以空文，承用故书，久违当时之实。旧制，人丁戍边者蠲其租庸，六岁免归，当日戍卒多死，边将不申，故贯籍不除。天宝中，王铁为户口使，方务聚敛，以丁籍且存，丁身焉往，决为隐课，遂按旧籍除去六年之外，积追其家三十年租庸，百姓苦而无告。至德兵兴，军国之用，仰给于度支、转运二

① 《历史教学》二卷六期一九页。

使,各大镇又自仰给于节度、团练使,赋敛之司,增数而莫相统摄,权臣猾吏,因缘奸盗,科敛之名,新旧仍积,不知其涯,而正赋所入却无几。富人丁多,率为官、为僧。贫民无所伏匿,则丁课长存,相率逃避为浮人,土著者百无四五[①]。因请作两税法以一其名,量出制入(犹现时预算之意),户无土客,以见居为簿,人无丁中,以贫富为差;不居处而行商者,在所州县税三十之一,度所取与居者均,使无侥幸;居人之税,夏、秋两征之,其租、庸悉省。田亩之税率,以大历十四年垦田之数为准。(《会要》八三)

按均田制之崩溃,具如前论(三十七节),租庸调与均田相辅而行,均田制坏,租庸调不能独存[②]。且当日征赋繁复,棼乱已极,军国待用,急如然眉,正须有快刀斩麻之手段以对付,徒为枝节补救,无益也。整理版籍,固非易事,即能矣,而人仍相率逃避于浮浪之途,则徒劳而无功,此其一。均田虽寓制抑兼并之意,然开皇之际,人不及廿亩(《通典》六亦云,“西汉每户所垦田不过七十亩”),若更少焉,受田者因生产力弱,不能负担税额,或备受各方压迫,结果必仍为富豪兼并,与统治阶级之急于济用,无所禆补,此其二。开、天时代已普遍造成富豪地主阶级,安史之乱,除北方一部分外,谅破坏甚微(《通典》六引大历四年制,寄田、寄庄一切并税),此辈拥有大量农业生产工具,使其庄客、佃客等从事于发展地力;若贫农受一二十亩之田,除应付课役及维持生活之外,实无力旁顾。统治者为求从速恢复生产以

① “建中初,命黜陟使往诸道按比户口,约都得土户百八十余万,客户百三十余万”。(《通典》七)换言之,客户约占总户数十分之四有奇。

② 《田制史》一九六及二三页。《唐代经济史》称:“均田制度与租庸调制度二者间,没有什么永常的有机关系。”(六六页)按政府苟非按丁授田,试问凭何以责每户租庸调之上供?均田制度之重要意义,并不专于鼓励开垦,与太和元年诏不同。

达其剥削目的起见，初无利于均田制之复行，此其三。

职此种种原因，建中元年正月即诏令计百姓及客户，约丁产，定等第，均率作年支两税，其旧租庸及比来征科色目，一切停罢。（参《通典》六及《会要》八三）同年二月，更详定令式；凡州县长官应据旧征税数及人户、土客，定等第、钱数多少为夏秋两税，其丁租庸调并入两税，丁额仍准式申报，应科斛斗，据大历十四年见佃青苗地额均税，夏税六月内纳毕，秋税十一月内纳毕。（同上《会要》）考广德二年二月赦文，曾提出"天下户口宜委刺史、县令，据见在实户，量贫富作等第差科，不得依旧籍帐，据其虚额，摊及邻保"，（《全唐文》四九）似已尝试行类似之办法①。又永泰二年十一月制，京兆府奏今年合征秋税八十二万五千石；大历三年六月制，京兆府今年率夏麦七万硕；四年三月制，放免京兆府今年秋税钱；同年十二月制，京兆府来年秋税宜分作两等，上下各半，上等每亩税一斗，下等六升，荒田有能开佃者每亩税二升；五年三月制，京兆府夏麦上等每亩税六升，下等四升，荒田开佃者二升，秋税上等每亩五升，下等三升，荒田开佃者二升；（均常衮《制诏集》一四）则最少京兆府辖境之内，已实行夏、秋分征。不过均田制之正式宣告结束，还以建中为始，去太和创制，计二百九十五年。

此次改制之要点有三：（1）使人不能借浮浪为逃避。（2）使人不能借行商为掩护。（3）仍保留着旧制三年造籍之形式（贞元四年诏两税等第，自今三年一定估），使负担者于短时期内获得应有之调整。森谷以为势豪兼并，使到户口激减，唐室已不能依据均田及

① 森谷据《新书》五一，谓广德元年亩税二升，不能不说是一个划时期的改革，因为从丁税推移到亩税，系土地所有关系自身变化之最适确的表现。彼又言大历亩税，亦分夏、秋二期而征收。（《中国社会经济史》一九〇页）

丁税本位而存立;换言之,统治阶级要维持地位,必须重新组织其物质的基础,既不能改革发展起来之土地所有关系,势只有承认其存在而变更旧日税制以适应之而已①。

反对两税改革者以陆贽为最力;其《论两税之弊》云:“有藏于襟怀囊箧,物虽贵而人莫能窥,有积于场圃囤仓,直虽轻而众以为富,有流通蕃息之货,数虽寡而计日收赢,有庐舍器用之资,价虽高而终岁无利。”又云:“往者纳绢一匹,当钱三千二三百文,今者纳绢一匹,当钱一千五六百文,往输其一者今过于二矣。”②又云:“望令所司应诸州府送税物到京,但与色样相符,不得虚称折估。”同人《请两税以布帛为额不折钱数》云:“遂或增价以买其所无,减价以卖其所有,一增一减,耗损已多。”按开元廿二年诏称:“布帛不可以尺寸为交易,菽粟不可以抄勺易有无。”又《六典》三称:“若当户不成匹、端、屯、綟者,皆随近合成”(绵六两为屯,麻三斤为綟),是专征布帛,亦未必于民甚便。同一疏又云:“是乃物之贵贱,系于钱之多少,钱之多少,在于官之盈缩,官失其守,反求于人,人不得铸钱而限令供税。”按铸币操于政府,古今中外所同,此一反驳,殊不轨于财政之原理。总之陆贽所言,多与估征手续、物价盈虚、钱币鼓铸、年岁丰俭等事有连带关系,非两税法原则之不合,盖两税法(1)化繁为简,(2)引偏于均,(3)防杜逃户,(4)征及行商,从经济政策观之,总比租庸调为进一步。所惜当日定制未尽周密,估资产后既以钱、谷定税,而临时又折征杂物,色目颇殊,(《陆宣公集》)是则启吏胥高下

① 《中国社会经济史》一八八页。

② 绢价之升降,有种种原因,如贞观时马周言,荒岁一匹绢才得一斗粟,丰年乃得十余石,而开元中则绢一匹只值钱二百(末一事见前十九节),而且政府折征,理应减去市价之利润,吾人既无法获知当日物价指数,对陆贽之批评,自无从判断其是非。

其手之弊矣。若夫正供之外,复巧立名目,违法滥征,超乎民力所能负荷,以至于群起抵抗,国祚随亡,此非杨炎之过也①。

租庸调不能不革,与府兵不能不变正同。开元廿五年敕云:"关辅庸调所税非少,既寡蚕桑,皆资菽粟,常践粜贵买,损费逾深。又江淮苦变造之劳,河路增转输之弊,每计其运脚,数倍加钱。……自今已后,关内诸州庸调诸课,并宜准时价变粟取米,送至京逐要支用。其路远处不可运送者,宜所在收贮,便充随近军粮。其河南、河北有不通水利,宜折租造绢,以代关中调课。"(《会要》八三)是开元末年已觉租庸调征收方式有变通之必要,陆贽乃必请"总计合税之钱,折为布帛之数,……勿更计钱以为税数",则有类于因噎废食,况各州固有"土乏桑麻"者乎。(见《会要》八四元和十五年八月条)

《通典》七论两税云:"建中新令,并入两税,恒额既立,加益莫由,浮浪悉收,规避无所。"《文献通考》三亦指出"立法之初,不任土所宜,输其所有,乃计绫帛而输钱,既而物价愈下,所纳愈多,遂至输一者过二,重为民困,此乃掊克之吏所为,非法之不善"。胡钧又尝列举两税五利:(1)税制简单,(2)合于租税依负担能力之原则,(3)合于租税普及之原则,(4)用货币纳税为税法之进化,(5)因出制入合于财政学理②。斯皆持平之论。

《唐代财政史》评两税云:"……只能是一种收支适合原则的应用,他不求支出与税赋征收的合理而只是量出以制入,不顾及财政(政)策的社会影响,还谈不到健全的预算制度。"从现实观之,处财政紊乱收入无着之时,炎之第一步整理,只有如此,吾人不能悬现代之理论,作求全之责备,凡事自然有最后之目标,实施时却不能

① 森谷书云:"建中元年,杨炎确立所谓两税法,其时宇文融墨守高祖、太宗之法……"(一九〇页),按融是开元初人,森谷误矣。

② 据《田制史》二四八—二四九页引。

躐等以求进。

刘开荣云："……但是何以不造版籍，何以田亩会转易，他（杨炎）就没有说出所以然来。玄宗本来是励精图治之主。安能疏忽如此？……一言以蔽之，就是国际贸易发达所引起的国内剧烈经济变化——由农业经济变成商业经济。……又农业经济是人随土地，原有版籍法，可以顺利使用不混，但一旦变为商业经济，土地被兼并，则人口流向城市，原有以农村为中心的户口统计，当然不能使用。"①只从英雄主义观点出发，故不能得到合理之结论。外贸发达，无疑对若干大城市有多少影响，然大致言之，仍是农业经济。《唐律》，占田过限者罪可徒一年，宽乡虽不罪，仍须申牒立案，不申请而占者从应言上不言上之罪，（《疏议》一三）使户籍时修，实行法令，何尝不可阻抑兼并（参下节）。受田以本贯为主，又工商有狭乡不给、宽乡半之规定，如坚持当地有户而后受田，即使人口流向城市，安见不能造籍？究其实，则玄宗自以为可永享升平，不知修省，开元之末，法令已非常废弛，杨炎"法度玩敝"一语，已和盘托出。唯其不修版籍，故益助长兼并，初非因兼并而籍不能修，亦非因人口流转而户口统计不可复用，刘氏处处把玄宗看作"终身英雄"（如论禄山之乱），偏谓杨炎不能揭出症结，宜其立论之无当。

第四十节　户口升降及收支大账　附和籴

国课无论按丁（租庸调）或按亩（两税）征收，都与版图之伸蹙、户口之涨缩有密切关系，可惜唐代涉此类材料，非常残缺，然汇合群

① 《唐代小说研究》旧版一〇三 — 一〇四页。

书之零碎片段，于读史者未始无多少补益，（甲）表即本此意以编成。

年　份	州府数	县数	户数	口数
武德			二、〇〇〇、〇〇〇 （《通典》七）	
贞观十三 （六三九）	三五八 （《括地志》）	一五一一 （《括地志》）		
贞观廿三① （六四九）			三、八〇〇、〇〇〇 （《通典》七）	
神龙元 （七〇五）			六、一五六、一四一 （《会要》八四）	三七、一四〇、〇〇〇 （《通鉴》二〇八）
开元十四 （七二六）			七、〇六九、五六五 （《旧书》八）	四一、四一九、七一二 （同上）
开元二十 （七三二）			七、八六一、二三六 （《通典》七）	四五、四三一、二六五 （同上）
开元廿二 （七三四）			八、〇一八、七一〇 （《六典》三）	四六、二八五、一六一② （同上）
开元廿八 （七四〇）	三二八 （《旧书》三八）③	一五七三 （同上）	八、四一二、八七一 （同上）	四八、四四三、六〇九④ （同上）
天宝元 （七四二）	三二二 （《旧书》九）⑤	一五二八 （同上）	八、三四八、三九五⑥ （《通典》七）	四五、三一一、二七二⑦ （同上）

---

① 《通典》七称永徽元年户部尚书高履行奏，去年进户一十五万，今户三百八十万，则此是贞观廿三年之数。

② 尾数六一，《旧书》四三作五一。又同年之户数，《会要》八四列于开元廿四年下，今从《六典》，因此年甲戌正是造籍之年。

③ 原作“二百二十有八”；按是年县数比贞观十三增六十余，州数断不会反缩一百三十，略翻阅《地理志》及《括地志·序略》，便自晓然，故可断“二百”必“三百”之讹。

④ 《新书》三七及《通鉴》二一四作四八、一四三、六〇九。

⑤ 按开元廿八之州府数，已校正为“三二八”（见注③），天宝十三之州府数又为“三二一”，则本年之数，不应与前后出入太大，据此理由，知《旧书》“三百六十二”应“三百二十二”之讹，并参《通鉴考异》。

⑥ 《会要》八四作八、五三五、七六三，《旧书》九及《通鉴》二一五作八、五二五、七六三，均与此数不符，并参三二九页注①。

⑦ 《旧书》九作四八、九〇九、八〇〇，与开元廿八相比，《通典》竟少三百余万，当有误。

续表

天宝十三（七五四）	三二一（《通鉴》二一七）	一、五三八（同上）	九、〇六九、一五四①（《会要》八四）	五二、八八〇、四八八②（《旧书》九，《通鉴》同）
天宝十四（七五五）			八、九一四、七〇九③（《通典》七）	五二、九一九、三〇九④（同上）
乾元三（七六〇）	上计数一六九（《通典》七）		一、九三三、一七四⑤（同上）	一六、九九〇、三八六⑥（同上）
广德二（七六四）			二、九三三、一二五⑦（《旧书》一一及《会要》八四）	一六、九二〇、三八六⑧（《旧书》一一）
大历中			一、二〇〇、〇〇〇（《通鉴》七）	
建中元（七八〇）			三、〇八五、〇七六⑨（《通鉴》二二六）	

① 参看卅八节三一〇页注②。

② 参看卅八节三一一页注①。

③ 参看卅八节三三七页注②。

④ 参看卅八节三三七页注⑧。

⑤ 内分不课户一、一七四、五九二，课户七五八、五八二，计不课户占总户数百分之六十有奇，与天宝十三、四载情形无大殊异。（参看前卅八节）。又《新书》五二所记，百位以上数目相同，只尾数作“二十四”小异。《会要》八四作一、九三一、一四五，则千位以下数目不相同。

⑥ 内不课口一四、六一九、五八七，课口二、三七〇、七九九，计不课口占总口数百分之八十七有奇，比天宝末更多（参看前卅八节）。

⑦ 此与《新书》五二所记乾元三年之一、九三三、一二四，除百万位外几全同，但断无户增百万而口数反减七万之理，可见《旧书》、《会要》所记广德户口，不过是钞袭乾元三年之旧户籍，当日实未尝另造新籍也；二百万应是一百万之讹。

⑧ 试与乾元三年数比观，只万位之数不同，此亦广德二年照钞旧册之证。（参《十七史商榷》七二）

⑨ 《会要》八四作三、八〇五、〇七六；按《通典》七称，“约都得土户百八十余万，客户百三十余万”，知今本《会要》系将万位之数误为十万位。

续表

元和二（八〇七）	二九五①（《旧书》一四）	一、四五三（同上）	二、四四〇、二五四②	
长庆			三、九四四、九五九③（《会要》八四）	一五、七六二、四三二（《旧书》一六长庆元——八二一）
宝历			三、九七八、九八二（《会要》八四）	
大和			四、三五七、五七五（《会要》八四）	
开成四（八三九）			四、九九六、七五二（《会要》八四）	
会昌五（八四五）			四、九五五、一五一④（《会要》八四及《通鉴》二四八）	

首须注意者，自武德至天宝之末，户与口在数目上虽表示着一

① 《通鉴》二三七胡注引宋白云："国计簿比较数，天宝州郡三百一十五，元和见管总二百九十五，比较天宝应供税州郡计少九十七。天宝户总八百三十八万五千二百二十三，元和见在户总二百四十四万二百五十四，比较天宝数税户通计少百九十四万四千六百九十九。"由其所举州郡、总户二数来看，似是比较天宝元年，但由三二二（或三六二）减去二九五，只差二十七（或六十七），并无"九十七"之多，岂宋白所引有误欤？抑李吉甫合不申版籍及沦陷各州而计之欤？其次，八、三八五、二二三，亦与《通典》、《会要》、《通鉴》三书所记天宝元年总户数不合（参看三二七页注⑥），岂吉甫所据非元年之数欤？最末，元和户数比天宝断不止少百九十余万，今如由八、三八五、二二三减去二、四四〇、二五四，则相差为五、九四四、九六九，胡注应校正为"五百九十四万四千九百六十九"方合，盖百万位上漏"五"字，又将百位、十位两数字误易。

② 《会要》八四《杂录》条及《通鉴》胡注引宋白均同，惟《会要》同卷户口数条称"元和户二百四十七万三千九百六十三"，不知究指元和某一年。

③ 《旧书》一五七《王彦威传》作三百三十五万，《新书》五二同；惟《新书》一六四《彦威传》又作三百五十万。《旧书》一六，长庆元年户二、三七五、八〇五，与此所差乃少百余万，或百万位之"二"是"三"之讹也。（参《十七史商榷》七二）

④ 《新书》五二言："武宗即位，户二百一十一万四千九百六十，会昌末户增至四百九十五万五千一百五十一"；按开成四及会昌五户均四百九十余万，不应前后三四年间遽减复遽增二百余万，《新书》此处必误无疑。

路增加，但吾人试从户数观之，汉之极盛，民户一二、二三三、〇六二，口五九、五九四、九七八，（《汉书·地理志》）隋大业五年户八、九〇七、五四六，（《隋书》二九）唐唯天宝十三载计户九、〇六九、一五四，始过于隋，此何故也？（《会要》八四永徽三年户部尚书高履行奏，开皇中有户八百七十万，今现户三百八十五万。高宗曰："迩来虽复苏息，犹大少于隋初"，对此已有疑惑）如曰"战伐死伤"，（《汉唐事笺》八）则隋末之乱，不十年而大定。《通典》七云："我国家自武德初至天宝末凡百三十八年，可以比崇（隆）汉室，而人户才比于隋氏，盖有司不以经国驭远为意，法令不行，所在隐漏之甚也"；又云"唐百三十余年，虽时起兵戎，都不至减耗，……若此（比）量汉时，实合有加数，约计天下人户，少犹可有千三四百万矣。"盖有民间之隐匿，有官吏之隐匿，两者合斯户数愈少。隋文大索貌阅（又称团貌[①]，今以照片代之）而得新附一百六十四万余口，（《通鉴》一七六）宇文融献策括籍而得客户八十余万，（《新唐书》五一，开元十二年）其隐匿之严重可想。大历七八年间，舒州刺史独孤及《答杨贲处士书》云："昨者据保簿数，百姓并浮寄户共有三万三千，比来应差科者唯有三千五百，其余二万九千五百户，……不持一钱以助王赋。……每岁三十一万贯之税，悉锺于三千五百人之家，谓之高户者岁出千贯，其次九百、八百，其次七百、六百贯，以是为差，九等最下，兼本丁租庸，犹输四五十贯，以此人焉得不日困，事焉得不日蹙，其中尤不胜其任者，焉得不襁负而逃。"（《毗陵集》一八）推原祸始，无非玄宗不为版籍，六七十年积渐成风，难以复反矣。

---

① 《隋·食货志》，每年正月，五党、三党共为一团，依输籍定样定户上下，同时，隋文帝又令州县大索貌阅，《中国田制史》（二二〇页）以为团貌之义，即本于此。

其次，乾元为急剧转变之枢纽；此一年户数比天宝十四载约损七百万[①]，口数约损三千六百万[②]，森谷以为由于战争死亡及隐匿过甚[③]，固然是两个要因。然尚有彼未注意者一，即此数只包含一百六十九州，概言之，只得天宝末州郡之半数，如以二倍之，应约户四百万，口三千四百万；但安、史所盘据或残破之地方，人口率多属较密，是又不能遽用比例推算者。

其次，据李吉甫《元和国计簿》，元和二年有户二百四十余万，前视建中，后比长庆，均所差颇大。考吉甫言，凤翔、鄜坊、邠宁、振武、泾原、银夏、灵盐、河东、易定、魏博、镇冀、范阳、沧景、淮西、淄青十五道凡七十一州，不申户口[④]。每岁赋入倚办，止于浙东西、宣歙、淮南、江西、鄂岳、福建、湖南等八道，合四十九州、一百四十四万户。全国之兵，仰给县官者八十三万，率以两户资一兵云云；按山南、剑南、岭南三道又畿辅及河南、河东[⑤]、江南三道之一部，其收入当不菲，作何处置，吉甫并未提及。复次，由二九五州减去一百二十州（七十一加四十九），仍剩一七五州，应属于吉甫所未提之地

① 《新书》五二言，乾元末"减天宝户五百九十八万二千五百八十四，口三千五百九十二万八千七百二十三"；《十七史商榷》七二取与天宝元年及十三载互行比较，两均不合，因云，"既非元年，又非十三载，不知其所据者为何年之籍矣"。按《新·志》此节实钞自《通典》卷七，《通典》系与天宝十四载数目相较，如由八、九一四、七〇九减去一、九三三、一二四（尾数依《新·志》，见三二八页注⑤），实损户六、九八一、五八五，《通典》七作损户五、九八二、五八四，盖误少算一百万也。

② 如由天宝十四年之五二、九一九、三〇九减去一六、九九〇、三八六，应损口三五、九二八、九二三，《通典》七作损口三五、九三八、七三三，则万位百位十位之数均不合；《新·志》作损口三五、九二八、七二三，只百位之数不合，可见今本《通典》错字颇多。

③ 同前引书一八八页。佐野亦以为乾元激减，不是都死于战乱，而是"从政府支配的户籍范围脱漏"。（同前引书二二八页）并参《禹贡》二卷十期杨效增文。

④ 《李相国论事集》五，"今中夏河南北申、蔡有五十余州，法令所不及"，约元和七年事，其数又与吉甫所言异。

⑤ 前文吉甫所言，系指河东节度使所辖，此之河东，系指河东全道，范围不同。

域，由是思之，此一七五州之收入，除用以供给政费及皇宫开支外，直无他途，吾人讨论唐代收支时不可忽略此一点[①]。

抑逃户之弊，改定两税后仍未少戢，是亦元和户数较少之一因。元和四年六月敕："两税法总悉诸税，初极是便民，但缘约法之初，不定物估，粟帛转贱，赋税自加。"（《会要》八四）同时李翱《进士策问》云："初定两税时，钱直卑而粟帛贵。……及兹三十年，……其输钱数如故，钱直日高，粟帛日卑，……是为钱数不加而其税以一为四，百姓日蹙而散为商以游，十三四矣。"（《李文公集》三）十五年李渤疏："臣出使经行，历求利病，窃知渭南县长源乡本有四百户，今才一百余户，阌乡县本有三千户，今才有一千户，其他州县，大约相似，访寻积弊，始自均摊逃户"；（《旧书》一七一）逃避之始，由于所纳实物，增加数倍，继而已逃之赋，复摊派于未逃，大有令人非逃不可之势。又六年衡州刺史吕温奏："当州旧额户一万八千四百七，除贫穷、死绝、老幼、单孤、不支济等外，堪差科户八千二百五十七。臣到后团定户税，次检责出所由隐藏不输税户一万六千七。……臣昨寻旧案，询问闾里，承前征税，并无等第，又二十余年都不定户，存亡孰察，贫富不均。……州县虽不征科，所由已私自率敛"，（《元龟》四八六）依温之言，匿税者直达三分之二，其所以能隐匿，则因不执行三年一定户有以致之。

天宝中岁入岁出，据《通典》卷六所推估（《元龟》四八七记在天宝八年下），物归其类，可次列为三表：

---

① 陈氏《述论稿》未深究《元和国计簿》之内容，故有"唐代自安史乱后，长安政权之得以继续维持，除文化势力外，仅恃东南八道财赋之供给"之语。（二〇页）

(乙)　天宝中度支岁入约计表

户税钱	贰、〇〇〇、〇〇〇贯
地税	一二、四〇〇、〇〇〇石
出丝郡县三百七十万丁所纳租粟(每丁二石)X	七、四〇〇、〇〇〇石
出布江北郡县二百六十万丁所纳租粟(同上)X	五、二〇〇、〇〇〇石
三项合计	贰伍、〇〇〇、〇〇〇石
出丝郡县三百七十万丁庸调输绢(每丁二匹)X	柒、肆〇〇、〇〇〇匹绢
同上庸调输绵(两丁一屯)	壹、捌伍〇、〇〇〇屯绵①
出布郡县四百五十万丁庸调输布(每丁两端一丈五尺)X②	一〇、三五〇、〇〇〇端布
出布江南郡县一百九十万丁租折布(约每丁三端)	五、七〇〇、〇〇〇端布
两项合计	壹陆、〇伍〇、〇〇〇端布③

(表内小计数字用大写,余俱小写,下表同。附X号的均是约计之数。)

《通典》又云:"诸色资课及句剥所获④,不在其中。据天宝中度支每岁所入端、屯、匹、贯、石都五千七百余万,计税钱、地税、庸调、折租得五千三百四十余万端匹屯(贯石),其资课及句剥等当合得四百七十余万。"按此四百七十余万,未据将各单位所占数目分别列

① 据《敦煌掇琐》三《天宝官帐》,大绵每屯估一百五十文。

② 按每丁调布二丈五尺,庸每日折布三尺七寸五分,合二十日为七丈五尺,两项相加计十丈即二端(布五丈为端);今《通典》云,"两端一丈五尺",殆将调麻三斤折布一丈五尺也。

③ 《新书》五一于天宝五载下记称:"天下岁入之物,租钱二百余万缗,粟千九百八十余万斛,庸调绢七百四十万匹,绵百八十余万屯,布千三十五万余端。"与《通典》相比,知材料同出一源,但粟数漏计出布郡县五、二〇〇、〇〇〇石,布数漏计江南郡县五、七〇〇、〇〇〇端,故总数与《通典》不符。

④ 《安禄山事迹》下,"日以勾录征剥搜捕为事",即句剥之义。

出，故无从计入。

（丙） 天宝中度支岁出约计表

诸道州官课料及市驿马	一、四〇〇、〇〇〇贯
添充诸军州和籴军粮（和籴说见后）	六〇〇、〇〇〇贯
合计钱	贰、〇〇〇、〇〇〇贯
折充绢布添入两京库	三、〇〇〇、〇〇〇石
回充米豆供尚食及诸官厨等料并入京仓	三、〇〇〇、〇〇〇石
江淮回造米转入京充官禄及诸司粮料	四、〇〇〇、〇〇〇石
留当州官禄及递粮	五、〇〇〇、〇〇〇石
诸道节度军粮及当州仓	一〇、〇〇〇、〇〇〇石
合计粟	贰伍、〇〇〇、〇〇〇石
入西京	一三、〇〇〇、〇〇〇
入东京	一、〇〇〇、〇〇〇
诸道兵赐及和籴并远小州便充官料邮驿等费	一三、〇〇〇、〇〇〇
合计匹屯端	贰柒、〇〇〇、〇〇〇

比观（乙）（丙）两表，便见钱、米两项，收支相抵。（丙）表未将绢、布、绵三项细数开列，本来不能与（乙）表相比，惟是（乙）表之虚数约计，只得五二、三〇〇、〇〇〇，而据《通典》所注，实是五三、四〇〇、〇〇〇，则约计内少差一、一〇〇、〇〇〇，此外尚有资课等四、七〇〇、〇〇〇，故（乙）表收入之匹屯端二五、三〇〇、〇〇〇，亦可认为与（丙）表支出之匹屯端二七、〇〇〇、〇〇〇，大致相抵。

唐代财政之收入与支出，都在中央一大系统之下运用着，地方应支出若干，中央即在征收所得中令其留下，故税款分为供京、留使、留州三项；留使者送交本州所隶之节度或观察使支用，留州者即留在各本州支用。《唐代财政史》谓“留使则是解交诸道的，留州是地方应克留下的税款”，（一五一页）然“诸道”亦是“地方”，对于各级支用之区别，说来殊不清楚。

（丁）　开、天间军用岁出表

河东	五〇〇、〇〇〇石
幽州	七〇〇、〇〇〇石
剑南	七〇〇、〇〇〇石
合计军食	壹、玖〇〇、〇〇〇石
陇右	一、〇〇〇、〇〇〇匹段
朔方	八〇〇、〇〇〇匹段
河西	八〇〇、〇〇〇匹段
河东	四〇〇、〇〇〇匹段
群牧使	四〇〇、〇〇〇匹段
安西	一二〇、〇〇〇匹段
伊西北庭	八〇、〇〇〇匹段
小计籴米粟	叁、陆〇〇、〇〇〇匹段
陇右	一、五〇〇、〇〇〇匹段
朔方	一、二〇〇、〇〇〇匹段
河西	一、〇〇〇、〇〇〇匹段
群牧	五〇〇、〇〇〇匹段
河东	四〇〇、〇〇〇匹段
伊西北庭	四〇〇、〇〇〇匹段
安西	三〇〇、〇〇〇匹段
小计给衣	伍、叁〇〇、〇〇〇匹段
幽州	八〇〇、〇〇〇匹段
剑南	八〇〇、〇〇〇匹段
河东	五〇〇、〇〇〇匹段
小计别支计	贰、壹〇〇、〇〇〇匹段
合计	壹壹、〇〇〇、〇〇〇匹段①

①《通典》云“大凡一千二百六十万”；按一千一百万与一百九十万相加，应为一千二百九十万，《通典》之“六十”当校正为“九十”。又《旧书》三八称，“每岁经费衣赐则千二十万匹段，……大凡千二百一十万”，数目亦误，前数当校正为一千一百万，后数当校正为千二百九十万。

首应说明者，（丁）表支出之数，已包括于（丙）表诸道节度军粮等一千万石及诸道兵赐等一千三百万匹屯端之内，《通典》所以特提者，见开元以前每岁边用不过二百万贯，而开、天间军费之特别膨胀也。其次，匹段虽未指出为绢为布，吾人可相信是包含两种，因全国征绢之数，据表（乙）只有七百四十万匹而已。还有一层，前文所谓收支相抵，并不是意味着必须支出，即如表（丙）折充绢布添入两京库之三百万石，回充米豆并入京仓之三百万石，入西京、东京之一千四百万匹端，其中全部或最少一部固完全归君主自由支配而可任意浪用。

以上是唐代经济最繁荣时中央收支之概况。安史乱后，始而河北不贡，继而陇右沦陷，京西一带又多为神策军收管（见前卅五节），情形自迥然不同；幸而《通典》卷六尚有一节，略述建中初情形，兹参合《通鉴》二二六之说，制成（戊）表①。

（戊） 建中初收支概况表

供京师	一〇、八九八、〇〇〇贯
供外费	二〇、五〇〇、〇〇〇贯
合计征钱	叁壹、叁玖捌、〇〇〇贯
供京师	二、一五七、〇〇〇石
充外费	一四、〇〇〇、〇〇〇石
合计征米麦	壹陆、壹伍柒、〇〇〇石

米、麦之价值不同，米、麦与钱如何伸算，又毫无标准，故外费占总收入百分之几，实无法估计。若分别言之，则外费占总收钱三分之

① 《新唐书》五二引此项数目，错误甚大，《通鉴》所引，又是偏而非全，致读者或走入歧途，可参看《历史教学》二卷五期一〇 — 一一页拙著。

二弱，占总收米、麦约八分之七弱，总括一句，外费几达总收入三分之二矣。

关于军费之浩大，开成元年又有王彦威之奏；彼称长庆户凡三百三十五万（参三二九页注③），而兵额约九十九万，天下赋税一岁所入三千五百余万，上供者只三之一，通计以三户资一兵，故其余四十万众须仰给度支。按彦威去吉甫时仅卅年，似不应有两户、三户之大异，三百三十五万之三分一，约户一百一十万，如以两户资一兵，计可供军六十万，由九十九万减去六十万，所余便是四十万，故疑“三户”本二户之讹。若大中间，孙樵奏称率中户五仅能活一兵，（《可之集》六）彼非计臣，其言未必可据。

审计工作亦已相当发展，由刑部之比部掌之。据《旧唐书》四四，比部“掌勾诸司百寮俸料、公廨赃赎、调敛徒役课程、逋悬数物、周知内外之经费而总勾之，……凡仓库出纳、营造庸市、丁匠工程、赋敛、勋赏赐与、军资器仗、和籴、屯牧亦勾覆之”。至各机关呈送帐目之程限，据《六典》六，“其在京给用，月一申之，在外，二千里内，季一申之，二千里外，两季一申之，五千里外，终岁一申之”。

陈寅恪论财政云：“此章主旨唯在阐述继南北朝正统之唐代，其中央财政制度之渐次江南地方化，易言之，即南朝化，及前时西北一隅之地方制度转变为中央政府之制度，易言之，即河西地方化二事，盖此二者皆系统渊源之范围也。”①此种论调，近于“出奇制胜”，乍观之，容易使人接受，细按之则不然，今请先观其立论之基据。

陈引《新书》五三，“……于是初有和籴，牛仙客为相，有彭果者献策广关辅之籴”，因而申其说云：“史言其（仙客）在相位庸碌，不

① 《略论稿》一四一页。

敢有所裁决，自是实录，但施行和籴于关中，史虽言其议发于彭果，然实因仙客主持之力，乃能施行”①；夫既曰“不敢措手裁决”，(《旧书》一〇三《仙客传》)从何而断其极力主持？而且此议发自彭果，“彭果与此政策之内容究有何联系”，自应先行推考，方能得其渊源，陈竟以“难以考知，故置不论”②两语跳过，且再进一步作大胆之决定云③：

> 以仙客之庸谨，乃敢主之者，其事其法必其平生所素习，且谂知其能收效者，否则未必敢主其议。由此推论，则以和籴政策为足食足兵之法，其渊源所在疑舍西北边隅莫属也。

谓主持一种政策者必先尝试行有效，证诸旧日政治家举动，多不如是，相反者则往往由理论而见诸实行，着一“疑”字，知彼亦不敢坚信和籴法之必创自西北矣。陈氏于是又引《隋书》二四《食货志》以证其出自西北之主张，其言云：

> 依据《隋・志》纪述，知隋初社仓本为民间自理，后以多有费损，实同虚设，乃改为官家收办，但限于西北诸州边防要地者④。

余按《隋・志》又言，开皇十六年诏社仓准上、中、下三等税，上户不

① 《略论稿》一四八 — 一五〇页。
② 同上。
③ 同上。
④ 同上一五一页。

过一石，中户不过七斗，下户不过四斗，并未声明官办只限于西北。抑和籴法确不始于开元间之河西，请举七证以破之：

1. 唐太仓粟窖砖："贞观十四年（六四〇）十二月廿四日，街东第二院从北向南第六行，从西向东第九窖，纳和籴粟六千五百石。"陆耀遹跋云"和籴之米，始于后魏，《通鉴》梁武中大通六年（五三四），魏谋迁都，拥诸州和籴粟悉运入邺城，注：和籴以充军食，盖始于此。王应麟亦云，后魏定和籴之制"。（《金石续编》四）①

2. 唐太仓米窖砖："贞观廿三年十二月廿九日，大街西从北向南第一院，从北向南第六行，从西向东第十三窖，纳和籴米四千四百石。第一头一千五百石，和籴官人，……第二头二千九百石，和籴官人……和籴副使……"（同上）

3. "天授初，……兼检校丰州都督仍依旧知营田事，则天降书劳曰：……不烦和籴之费，无复转输之艰"。（《旧书》九三《娄师德传》）

4. "证圣元年三月二十一日敕，州县军司府官等不得擅取和籴物。"（《会要》九〇）

5. 开元十六年十月敕："自今岁普熟，谷价至贱，必恐伤农。加钱收籴，以实仓廪，纵逢水旱，不虑阻饥，公私之间，或亦为便。宜令所在以常平本钱及当处物，各于时价上量加三钱，百姓有粜易者为收籴，事须两和，不得限数。"（《会要》八八，并参《宣公集》一八《军粮事宜状》、二二《请置义仓状》及

① 关于唐代和籴，可参《会要》九〇及《金石续编》四。

《旧书》四九)

6. "开元二十四年三月六日,户部尚书……李林甫奏,租庸丁防、和籴杂支、春彩税草诸色旨符,承前每年一造。"(《会要》五九)按仙客于廿四年十一月始入相,(《旧书》八)此云"承前",即是廿四年之前已有和籴。

7. "凡和市籴皆量其贵贱,均天下之货以利于人。"(《六典》三)原校云,"《旧唐·志》作和籴和市"。按《六典》虽呈上于开元廿六,然着手纂辑,早在多年以前,且是"排比当时施行令式"(用《略论稿》八二页之语),亦见仙客作相前已有和籴。

合各证观之,和籴之法,隋之前早行于北魏,实由常平、均输演变而来,原以均货利民,但政府需要某种物品时,亦得适用其法。贞观在开元前百年,京师已设许多和籴专官,开元十六又令所在和籴,足证其绝非"河西地方化"。陈氏固屡引《会要》八八及九〇两卷,独证圣元、开元十六两条避不提及,此非由于偶然疏忽,实"系统论"之成见误人不浅也。

《新书》五三全文云:"贞观、开元后,边土西举高昌、龟兹、焉耆、小勃律,北抵薛延陀故地,缘边数十州戍重兵,营田及地租不足以供军,于是初有和籴。""初有"指河西而言,即是说,河西原无和籴,后因边军需要,乃将中原和籴法推行于河西,以充当地军食。《新书》又接言:"牛仙客为相,有彭果者献策广关辅之籴,京师粮廪益羡。"曰"广"则示原来关辅已行此法,不过是时再加扩充。陈氏不会其意,竟认为中央制度变而河西地方化,正适得其反。《敦煌掇琐》六六号有《天宝四载豆卢军(属河西)和籴计帐残本》,又高适《送窦侍御知河西和籴还京序》:"天子务西州之实,岁籴亿计,何始于贵取而终以耗称,俾边兵受寒,战马多瘦,挽域中之税,铸海上之山,江淮之人,盖奔命矣。……我幕府凉公勤劳王家……”(哥舒翰于天宝十二年封凉公,并加河西节度)实缘开、天之际,西北用兵频繁(见前廿五、六节),故就近在河西大行和籴,免运输之困。依和籴正规,固行于有余价贱之年,其违此者非法制之正轨;(参前引《宣公集》一八)然陈过分信《明皇杂录》“自安远门西尽唐境万二千里,闾阎相望,桑麻翳野,天下称富庶者无如陇右”(安远是“开远”之讹,陈氏谓本名“安远”①,实未详考故书),未察当日用兵之实,遂谓必须其地农民人口繁殖,有充分之生产,始得行收购之实,西北边州“为当日全国最富饶之区域”②。则须知长安西出万二千里,已达今之帕米尔,其中大半沙漠不毛之地,即就敦煌以东言之,亦只河西走廊一段较为肥沃,比之江淮大平原,要为落后许多。陈氏乃据此为立论之点,固知其脱离现实也。

第四十一节　中唐后理财之言论及方法

开元之初,缘边戍兵常六十余万,中间虽尝罢遣廿余万(《通

① 陈寅恪云:“《通鉴》作安远门,甚是。盖肃宗恶安禄山,故改安为开。郑綮之书,叙玄宗时事,自不应从后所改名也,于此足征《通鉴》之精密。”(《元白诗笺证》二一七页)虽未举出证据,然稍不经意,便受眩惑。按开远门之名,首见《隋书·食货志》,《六典》七“西面三门:中曰金光,北曰开远,南曰延平”,此后《旧书》二〇〇下,《新书》二一六下,《通鉴》二五六及《通鉴》二五四之胡注,均作开远,惟《通鉴》二一六作安远,胡注云:“长安城西面北来第一门曰安远门,本隋之开远门也。”似系因《通鉴》讹“安”,故揣测言之。然亦只谓由开远改安远,陈氏乃断为由安远改开远,又与胡注不合。复考《长安志》六,唐之西内有永安门(?)、安礼门、安仁门及大安宫,又志七皇城有安上门、安福门,外郭有安化门,京师有长安县,都未之改,何为独改“安远”门也?明是字讹失检,却不惜以意逆臆,且更诩为精密,实属是非颠倒。又《新书》二一六下“开远门揭候署曰西极道九千九百里”。里数比《杂录》减二千。

② 《略论稿》一五三页。

鉴》二一二开元十年),然不久而屡兴战役(东北、西北及西南)。安史乱后,更军费大增。职是之故,不得不讲求理财,理财又可分言论与方法两项记之。据余所见,通李唐一朝,其言论可取者得二人焉。

(一)刘彤　北周之际,凡盐池、盐井,皆禁百姓使用,官赋其税,隋开皇三年始罢之。(《隋书·食货志》及《通典》一〇)入唐后,诸州所造盐铁,每年虽有官课,但中央似不大过问。开元九年①左拾遗刘彤上论盐铁表云:"……然而古费多而有余,今用少而财

① 《通典》一〇:"开元元年十二月,左拾遗刘彤论上盐铁表曰,……遂令将作大匠姜师度、户部侍郎强循……检责海内盐铁之课。"《旧书》一八五下《姜师度传》:"(开元)六年,以蒲州为河中府,拜师度为河中尹,……再迁同州刺史,……寻迁将作大匠,……明年,左拾遗刘彤上言。"又《会要》八八:"开元元年十二月,河中尹姜师度以安邑盐池渐涸,开拓疏决水道,置为盐屯,公私大收其利,其年十一月五日,左拾遗刘彤论盐铁上表曰"(《旧书》四八《食货志》十二月作十一月,余同),三书所记年月,各有不同。首就《会要》论之,十二月在十一月之后,如果叙十二月于前,依照古人作文成法,似应云"先是十一月",不应云"其年十一月"。再就《旧·传》言之,考《旧书》八,开元九年"正月丙辰(九日),改蒲州为河中府,置中都,……七月戊申(三日)罢中都,依旧为蒲州",《通典》一七九:"开元九年五月,置中都,……六月三日诏停。"又《通鉴》二一二,置中都月日与《旧书》八同,惟罢中都在"六月己卯"(三日),合而参之,诏置中都应在九年正月(其余《元和志》一二作"元年五月",《旧书》三九及《新书》三九作"八年",《旧书》一八五下之"六年",与《通典》一〇、《会要》八八之"元年",均错误无疑),罢中都应在同年六月(《元和志》亦称"至六月诏停";《旧书》八误推迟一月,故书作"七月戊申")。抑《通典》一七九引韩覃《谏作中都疏》有云:"《礼记·月令》曰,孟夏之月,无起土功,无聚大众,昔鲁夏城中丘,《春秋》书之,垂为后诫,今建国都乃长久之大业,犯天地之大禁,袭《春秋》之所书,夺人盛农之时。"似彼称九年五月,置中都,亦大可信;殊不知定计后未必立即动工,以事理推之,盖诏置在正月,动工在夏月,《通典》亦未细考;况从严义而言,五月非孟夏也。语归正传,师度之拜河中尹,殆与诏置中都同时,《会要》八八之"元年十二月",应"九年二月"之衍误。惟刘彤上表究在九年十二月(依《通典》)抑十一月(依《会要》),却无法断定。至《旧书》一八五下之"六年",如改作"九年",则下文之"明年"字不复适合,因《会要》同卷又称十年八月十日已敕师度不须巡检盐地,彤之表必非上于十年冬间也。

不足者，何也？岂非古取山泽而今取贫民哉。取山泽则公利厚而人归于农，取贫民则公利薄而人去其业。故先王之作法也，山海有官，虞衡有职，轻重有术，禁发有时，一则专农，二则饶国，济民盛事也，臣实为当今宜之。夫煮海为盐，采山铸钱，伐木为室，丰余之辈也，寒而无衣，饥而无食，佣赁自资者，穷苦之流也，若能收山海厚利，夺丰余之人，蠲调敛重徭，免穷苦之子，所谓捐有余而益不足。……然臣愿陛下诏盐铁木等官，各收其利，贸迁于人，则不及数年，府有余储矣。然后下宽大之令，蠲穷独之徭，可以惠群生，可以柔荒服。"（同上《会要》）其计划之大致，即（1）凡人民未获国家许可，不得霸占公地、公物，以取丰富之利润，此种获利甚厚之事业，应归国家专营及贸易。（2）贫穷之民，宜免除徭赋，使得专心务农。（3）如果贫民可以蠲免税赋，则被压迫之民众，自然望风景附。其言颇与近世主张国家收入主要靠国营事业之理论相近，见解迥出向负唐代理财盛名的刘晏之上。玄宗曾令姜师度、强循①等计会办理，卒以沮议者多，并未由中央收管。（同上《会要》）

刘彤"柔荒服"之见解，实即儒家所谓"王道"，如果善于体会及运用，何难化臭腐为神奇。

（二）陆贽 有中央统治之剥削，有贪官污吏之剥削，更有豪门、地主之剥削，剥削愈多，人民愈苦，则反抗生焉。试观陆贽论兼并之家，私敛重于公税（见下文），又李绅诗："四海无闲田，农夫犹饿死。"知中唐以后，上层阶级如何压迫剥削，下级农民如何困穷无告，即此一端，唐已有必亡之道矣。兹节录贽疏（《宣公集》二二）：

① 唐人写"循"、"脩"两字，颇难辨别，故他书或称为"强脩"，参看拙著《元和姓纂四校记》四一八 — 四一九页。

于下方，所言虽仍不免受时代之限制，然在彼时能作此等话，称曰“民主经济论”，不为过也。

> 国之纪纲，在于制度，商、农、工、贾，各有所专，凡在食禄之家，不得与人争利。此王者所以节材力，励廉隅，是古今之所同，不可得而变革者也。代理则其道存而不犯，代乱则其制委而不行；其道存，则贵贱有章，丰杀有度，车服、田宅，莫敢僭逾，虽积货财，无所施设，是以咸安其分，罕徇贪求，藏不偏多，故物不偏罄，用不偏厚，故人不偏穷，圣王能使礼让兴行而财用均足，则此道也。其制委，则法度不守，教化不从，唯货是崇，唯力是骋，货力苟备，无欲不成，租贩兼并，下锢齐人之业，奉养丰丽，上侔王者之尊，户蓄群黎，隶役同辈，既济嗜欲，不虞宪章，肆其贪婪，易有纪极，天下之物有限，富家之积无涯，养一人而费百人之资，则百人之食不得不乏，富一家而倾千家之产，则千家之业不得不空。……今兹之弊，则又甚焉。……且举占田一事以言之，古哲王疆理天下，百亩之地，号曰一夫，盖以一夫授田，不得过于百亩也。欲使人无废业，田无旷耕，人力、田畴，二者适足，是以贫弱不至竭涸，富厚不至奢淫，法立事均，斯谓制度。今制度弛紊，疆理隳坏，恣人相吞，无复畔限，富者兼地数万亩，贫者无容足之居，依托强豪，以为私属，贷其种食，赁其田庐，终年服劳，无日休息，罄输所假，常患不充，有田之家，坐食租税，贫富悬绝，乃至于斯，厚敛促征，皆甚公赋。今京畿之内，每田一亩，官税五升，而私家收租，殆有亩至一石者，是二十倍于官税也；降及中等，租犹半之，是十倍于官税也。夫以土地，王者之所有，耕稼，农夫之所为，而兼并之

徒，居然受利，官取其一，私取其十，穑人安得足食？公廪安得广储？风俗安得不贪？财货安得不壅？昔之为理者所以明制度而谨经界，岂虚设哉。斯道浸忘，为日已久，故欲修整顿，行之实难，革弊化人，事当有渐，望令百官集议，参酌古今之宜，凡所占田，约为条限，裁减租价，务利贫人，法贵必行，不在深刻，裕其制以便俗，严其令以惩违，微损有余，稍优不足，损不失富，优可赈穷，此乃古者安富恤穷之善经，不可舍也。

安、史发难，昔日之财源既大大缩减，同时又军费日增，唐室自不得不多方设法以求应付。当日筹款方法，约可别为六类如下：

1. 盐　至德元年，第五琦拾刘彤之策，创立盐法，就山海、井灶收榷其盐，官置吏出粜，如旧业户并游民愿业者，使为亭户，免其杂徭，隶于盐铁使，私煮者罪有差。（《旧书》一二三）琦既贬死（上元元），刘晏代之（宝应二），法益精密。初岁入钱六十万贯，季年逾十倍，大历末，通计一岁征赋总千二百万贯，而盐利且过半。元和三年收入七百二十余万，（《元龟》四九三）是为最高之数。（又《旧书》一四称，元和五年收卖盐价钱六百九十八万五千五百贯。惟《通典》一〇言“每岁所入九百余万贯文”，按《会要》八七，元和“七年王播奏，去年盐利，除割峡内井盐，收钱六百八十五万，从实估也”，九百余万或非实估之数，故而不同。）

刘晏之理财，计有三长：(1)募疾足传递四方物价，其上下能于四五日内知之，故食货之重轻，尽在掌握，使囤积者无所施其术。(2)所任使多后进有干能者，故富朝气而不敢为非。(3)视事敏速，乘机无滞。

当日产盐之区，约可分为三类：一曰散盐，即海盐，自幽州以南至岭南沿海之地。二曰池盐，河中府解县池与陕州安邑县池总谓之两池，元和时岁收一百六十万贯。(《元和志》一二)灵州回乐县有温泉盐池，怀远县有盐池三所。(《元和志》四："隋废；红桃盐池盐色似桃花，在县西三百二十里。"①)威州温池县有温池。盐州五原县有乌池、白池。夏州有二盐池，色青者曰青盐，一名戎盐，入药用。(《元和志》四)丰州界有胡洛(落)池。三曰井盐，成州长道县有盐井。剑南之陵、绵、资、泸、荣、梓、遂、阆、普、果十州②共有盐井九十所。

元和六年，户部侍郎卢坦奏，河中两池颗盐只许于京畿、凤翔、陕虢、河中、泽潞、河南、许汝等十五州界内粜货，比来因循，兼越兴元、洋、兴、凤、文、成等六州。臣移牒勘责，得山南西道观察使报，其果、阆两州盐不足供给当地，若兼数州，自然阙绝，今请将河中盐放入六州界粜货；(《会要》八八)此为后世划分引岸之始基③。

2. 茶　茶饮至中唐而盛(玄宗时毋景著《伐饮茶序》，代宗时陆羽著《茶经》)。贞元八年水灾，诏令减税，诸道盐铁使张滂筹抵补之法，因请于出茶州县及茶山外商人要路，委所由定三等时估，十分税一，是为茶属专税之始。自此，每岁得钱四十万贯。(《会要》八四。惟《陆宣公集》二二言岁约得五十万贯)大和九年，从王

① 据一九五三年四月廿五日《南方日报》，宁夏省政府东自黄河岸石咀山起，筑公路长三百里，西至阿拉善旗蒙族自治区巴音乌拉山下之吉兰泰盐湖，湖周约一百六十里，有深达五尺的盐层，殆即唐代怀远县盐池。关于吉兰泰盐池，可参《蒙古游牧记》一一。

② 鞠著《唐代财政史》引《元龟》四九三有梁州，无果州(五八页)；按梁州即兴元府，不属剑南，"梁"是"果"之讹。又本文盐井之数，系据《通典》一〇；《新书》五四则言黔州井四十一，成、嶲各一，果、阆、开、通一百二十三，邛、眉、嘉十三，梓、遂、绵、合、昌、渝、泸、资、陵、荣、简四百六十，合散得六百三十九，与《通典》相差颇巨。

③ 关于盐之专卖，可参鞠氏书五六—六四页。

涯议，设榷茶使，由官收茶自造作，旋即罢之。(《元和志》二八言，饶州浮梁每岁出茶七百万驮，税十五余万贯)

代宗以后，尚茶成风，回纥入朝，始驱马市茶，是为我国茶叶外销漠北之始。(《新书》一九六《陆羽传》)又建中二年常鲁使吐蕃，赞普以寿州、舒州、顾渚(今长兴)、蕲门(应即今之祁门)、昌明(川茶名)、㴩湖(今岳阳)各茶出示，(《国史补》下)又知此时茶饮已输入吐蕃。

3. 酒　北周之末，曾置酒坊收利。(《隋书·食货志》)唐至广德二年，始敕诸州各量定酤酒户，随月纳税，大历六年又分酒店为三等，建中元年罢之。三年，初榷酒，悉令官酿，每斛收直三千，米虽贱不得减二千，委州县综领，惟京畿免榷。贞元二年，并推行于京兆，每斗榷酒钱百五十文，然亦有榷曲而不榷酒之地方。大和末税收约百五十六万余缗，酿费居三分之一①。

4. 青苗钱及地头钱　广德二年，百司俸料不给，初令诸州征青苗钱，每亩十文，大历三年更加五文，候苗青即征之，故名青苗钱。又有地头钱②，每亩二十文，共约得钱四百九十万贯。(《旧书》一一永泰二年数)

5. 借商钱　北齐武平时，料境内六等富人，调令出钱，(《隋书·食货志》)此借商钱亦见于六朝者。肃宗初，遣御史分赴江淮、蜀汉，籍豪商富户家资，所有财货畜产，十收其二，谓之率贷。(《通典》一一)建中三年，两河用兵，月费百余万缗，府库不支数月，韦都

---

① 榷酒法之变更，可参鞠氏书七〇 — 七四页。

② 《通鉴》二二三胡注据宋白引大历五年诏："自今已后，宜一切以青苗钱为名。"鞠氏书沿之；(一九页)可是大历八年正月制仍称青苗、地头，(《制诏集》一四)长庆三年元稹奏(《长庆集》三八)及会昌三年七月制又只见地头钱之名。

宾等建议,货利所聚,皆在富商,请令富商出万缗者,借其余以供军。于是试行于京师,约罢兵后以公钱还,计借商及括僦柜(即今之质库、当铺)①质钱共得二百万缗。(《通鉴》二二七)论者多责其苛扰,试问此种做法,比诸同年税钱每千增二百,盐每斗价增百钱,其苛扰之广狭为如何也。一家哭何如一路哭,持论者乃见不及此。唐末仿行者有乾符五年太原借商人助军钱五万贯文,(《唐末见闻录》)又广明元年度支以用度不足,奏借富户及胡商货财,敕借其半,高骈奏盗贼蜂起,皆出饥寒,独富户、胡商未耳,乃止。(《通鉴》二五三)

6. 屋间架税及除陌钱　建中四年,判度支户部侍郎赵赞奏设两种杂税:(甲)税屋间架,即今之住屋税。法凡两屋谓之一间,屋分三等:上等每间出钱二千,中一千,下五百,隐匿一间者杖六十,告者赏钱五十贯,取于犯家。(乙)除陌钱,约与今印花税相类。东晋货卖牛马、田宅,有文券者率一万输值四百,无文券亦约百分收四,名为散估。唐旧制公私给与、贸易率一贯税二十,至是增为五十(即百分之五),凡给与他物或两换者,约钱为率算之。市牙各给印纸,人有买卖,随自署记,翌日合算;有自贸易不用市牙者,给其私簿,无私簿者投状自集。其有隐钱百者罚二千,杖六十,告者赏十千,出于犯家。行不数月,遇兴元元年正月朔大赦,悉予停罢②。同时,赞又请置大田,收天下田十分之一,择其上腴,树桑环之,名

---

① 加藤繁《唐宋柜坊考》谓僦柜即《乾䉅子》之柜坊,赁其柜以藏金银财物而付保管费,与质库异,辨《通鉴》胡注之误。又认《霍小玉传》之寄附铺即柜坊。(《师大月刊》一卷二期)按吾县旧俗质库建筑颇固,除质当外,亦代人保管财物而收费,想中古时亦两者兼营,无专立一业之必要,此可比观近世银行而知之。佐野以为农民卖农产的所得税,(同前引书二三〇页)非也。

② 鞠著以为除陌钱一项只是停止加算,(九九页)是也,可参看。

曰公田、公桑，自王公至庶人按差等助耕，收谷、丝以补公用，旋自认非便，遂寝不行。

征课之色目既增，收入之数自应大进，而征之事实，却又不然。李吉甫《元和国计簿》称，元和两税、榷酒斛㪷、盐利、茶利总三千五百一十五万一千二百二十八贯石，比较天宝所入赋税，计少一千七百一十四万八千七百七十贯石（《通鉴》二三七胡注据宋白转引），以物质不同之单位，糅合互加，实际本无从比较，今姑如所言计之，建中初之收入，总计四千七百五十五万五千余贯石（见前节），是元和初期不特比天宝少，且比建中较少一千二百余万贯石。

推原其故，则由于地方官假公款以为进奉，进奉之入于宫内者愈多，斯公款之上于度支者愈缩。代宗生日，臣工有献，是其开端。德宗宫内颇事奢靡，相传每引流泉，先于池底铺锦（蔡絛《西清诗话》引李石《开成承诏录》）。及朱泚既平，尤属意聚敛，常赋之外，进奉不息；韩滉献羡钱五百余万缗（贞元二），节度使韦皋有月进（据《国史补》，《旧书》四八作日进），观察使李兼有月进，诸使杜亚、刘赞、王纬、李锜皆以常赋入贡，名为羡余。至代易时，又有进奉，常州刺史裴肃鬻薪炭案纸为进奉，得迁观察，宣州判官严绶假军府为进奉，召补刑部员外，是直卖官鬻爵之变相矣。

顺宗即位，罢诸粃政。宪宗继体，旋又复旧，度支盐铁诸道，贡献尤甚，号助军钱，贼平则有贺礼及助赏设物，群臣上尊号则献贺物。（《新书·食货志》）此外，如王锷自淮南入朝，厚进奉，山南西柳晟、福建阎济美违赦进奉（均元和三），河东王锷进家财三十万缗（元和五），皆彰彰在人耳目。代宗时，常衮曾言，“节度使非能男耕女织，必取之于民”，取之什而供其二三，唐帝视之，已有受宠若惊之势，易言之，即教下使贪也。由是而吏治益不可澄，财政益不能理，民生益不得不困，唐室有自杀之道，此又其一端矣（市舶使之收入，亦归宫中，下文再言之）。

再推而下之，地方官吏、土豪、富户之剥削，益不可数计。此外更有因钱币价涨，不加调整，使民间负数倍之损失者；如李翱元和末《疏改税法》云："建中元年初定两税，至今四十年矣，当时绢一匹为钱四千，米一斗为钱二百①，税户之输十千者为绢二匹半而足矣。今税额如故，而粟帛日贱，钱益加重，绢一匹价不过八百，米一斗不过五十，税户之输十千者为绢十有二匹然后可。……假令官杂虚估以受之，尚犹为绢八匹，乃仅可满十千之数，是为比建中之初为税加三倍矣。"（《李文公集》九）耕地面积相同，隔三四十年，生产不会增多，纳实物却增三四倍，折征而不随币值为升降，民困乃如水益深、如火益热矣。

第四十二节　钱币及矿冶

甲、钱币

为欲明了币值之升降，不可不讲求铸钱之情况，国家鼓铸货币，如果权理得宜，不徒于国家收入饶有关系，人民亦可免除极大

① 同集三，《进士策问第一道》又云："初定两税时，钱直卑而粟帛贵，粟一斗价盈百，帛一匹价盈二千，税户之岁供千百者不过粟五十石、帛二十有余匹而充矣。……及兹三十年，……而其税以一为四。"首须说明者此文内之两个"千百"，均应乙正为"百千"，与疏内之"十千"文例相同，犹云"百贯"（粤俗旧亦呼"百贯"为"百千"）。再以粟斗价百、帛匹价二千与应纳实物相勘合，价目之数字，并无错误。但与疏文之绢匹四千、米斗二百之价相比，则价值较廉一半；可是此两段文字均指建中初定两税时之物价，不应悬差若此，故知其中任一必误，兹以疏上在后，故从疏说。

之损失。

北齐私铸极多，冀州之北，钱皆不行，惟用绢布。周武铸布泉，以一当五，与魏之永安五铢并行，梁、益则杂用古钱，河西或用西域金银而官不禁。

南朝在梁时，惟吴、郢、江、湘、梁、益用钱，余则杂以谷帛交易。交、广全以金银，岭南他州多用盐、米、布。各地钱之单位，亦往往不同，东钱八十为百，西钱（江郢以上）七十为百，长钱（建业）九十为百，足百者曰陌，梁朝末年，至以三十五为百云。

开皇元年，改铸新五铢钱，每千重四斤二两，严禁私铸，其后扬、并、鄂、益四州均听开铸。当时行用之钱，和以锡镴[1]，锡镴既贱，私铸不可禁约，大业已后益甚。初每千犹重二斤，后乃轻至一斤，或剪铁锞，裁皮糊纸，相杂用之，币贱而物愈贵。

武德四年，改铸新币，径八分，重二铢四絫（絫即累，十絫为铢，廿四铢为两），十文重一两，千文重六斤四两，说者谓得轻重大小之中。其名曰开元通宝，字有八分、篆、隶三体，为欧阳询所书，如循左回环读之，则曰"开通元宝"，于义亦通[2]。在洛、并、幽、益、桂诸州分置钱监，秦王、齐王各赐三炉铸钱，右仆射裴寂一炉，敢盗铸者身死，家口籍没。

私铸之害，无代蔑有，显庆五年，令官以一好钱易五恶钱。乾封元年，改铸乾封泉宝钱，径寸，重二铢六分（《会要》八九、《新书》

① 《急就章》颜注："锡一名钥（音引），在银、铅之间，今名白镴也。"

② 《谈宾录》谓开元钱初进蜡样日，文德皇后掐一甲迹，故背有掐文，但据《钱录》八所著录，则掐文不一其式，彼以为当时铸者各作标识示别，事属可信；况武德中文德犹是王妃，蜡样似无缘通过其手。傅振伦言武德铸钱"上有州名"，（一九五五年《历史教学》二期二四页）大约系误会昌所铸（见下文）为武德所铸。

五四同，殆六篆之异文），一文当旧钱之十行用。明年正月，因米帛踊贵，随停新钱，复行开元通宝，然私铸益猖獗。仪凤中，申严铜禁，有载铜、锡、镴过百斤者没官。下逮武后，用钱益滥，江淮游民多依山陂海以铸，吏莫能捕。开元十一年，更禁卖铜铁及造铜器者。

开元二十二年，张九龄奏请不禁断私铸，下百官详议，言者多谓不便，刘秩更上五不可之论，（见《通典》九）其事遂寝，然对于根绝私铸，卒无善法。

二十六年，于宣、润等州①加置钱监。天宝之末，铸炉共九十九（《通典》九云：绛州三十，扬、润、宣、鄂、蔚皆十，益、邓、郴皆五，洋州三，定州一），每炉岁铸钱三千三百贯，役丁匠三十，费铜二万一千二百二十斤，白镴三千七百九斤，黑锡五百四十斤，每千钱用铜、锡、镴价约七百五十文。全国岁铸三十二万七千贯②。

乾元元年，经费不给，用铸钱使第五琦议，铸乾元重宝，径一寸，缗重十斤，以一当开元通宝十。翌年，又命绛州铸乾元重宝大钱，径一寸二分，背之外郭为重轮，缗重二十斤③，（《通典》九）以一当开元通宝五十，于是物价腾踊，米斗钱至七千，民间致有虚钱、实钱之别。上元元年，乃改重轮钱一当三十，开元旧钱与乾元钱同为一当十。代宗即位，更敕三品钱皆一当一，矫枉过正，故特重之乾元、重轮两种，民间都销铸为器。

自是而后，铜器之禁，屡申屡弛（如大历七年、贞元九年皆禁铸铜器，元和元年禁用铜器）。然铜与钱比则铜贵钱贱，销千钱得铜

---

① 《元和志》二八，饶州有永平监铸钱，疑即同时所置。

② 依计应为三十二万六千七百贯；《通典》九作“二十二万七千余贯文”，《新书》五四《食货志》（竹简斋本）作“三十三万七千缗”，各有错误。

③ 《会要》八九及《旧书》四八《食货志》同；惟《新书》五四作“十二斤”，疑误。

六斤，铸器后斤值钱六百，每销千钱，可得利两倍。救其弊者虽设为种种方法，如(1)贞元初，骆谷、散关禁行人以一钱持出；十四年，李若初奏诸道州府多以泉货数少，缯帛价轻，禁止见钱不令出界，致使商贾不通，请予撤废。(2)贞元十年，限铜器每一斤值不得过百六十。(3)贞元二十年，命市井交易以绫罗绢布杂货、与钱兼用(先是开元廿二年亦曾行用此制)，元和六年，制公私交易十贯钱已上，即须兼用匹段。(4)元和七年，禁民藏见钱。十二年，又诏贮见钱不得过五千贯，过此者限两月内换别物收贮，若一家内别有宅舍店铺等，所贮钱并须计同此数，误犯者白身人杖死，文武官、公主、戚属、中使等委有司闻奏，取五分之一充赏。(5)宝历元年，河南尹王起请销铸见钱为佛像者，同盗铸钱论。然利之所在，人争趋之，唐廷迄束手无策；尤其是军吏、商贾，勾结为奸，贮钱者多依倚左右神策军官钱为名，阉竖横行，府县不敢穷验，有法遂与无法等。

大抵唐之初期，患在私铸多，唐之末期，患在钱币少，其弊皆由铜与钱之比价，无法均调。宪宗时，每岁只铸十三万五千缗，大和之末，更不及十万缗。既闹钱荒，除陌之习(京城用钱，旧日每贯头除二十文)，变本加厉，元和十一年，每贯除垫至一百，(《会要》八九)长庆元年改令除垫八十，至于昭宗，京师用钱乃以八百为贯云。

唐代鼓铸，苟明乎轻重之术，亦绝非无利可图①，此可从下举两例见之：(1)刘晏领诸道盐铁，以江、岭诸州任土所出，皆重粗贱弱

① 《新书》五二引长庆时户尚杨於陵云：“开元中天下铸钱七十余炉，岁盈百万，今才十数炉，岁入十五万而已。”按以岁铸三十三万贯计之，每贯用铜、锡等成本七百五十文，则毛利(薪炭、工匠等费用未扣)约为四分之一，即每岁总毛利约八万二千五百贯，是知於陵所谓“百万”、“十五万”，系指“文”数言，非指“贯”数言，恐有误会，特揭出之。

之货，输京师不足以供道路之直，于是积之江淮，易铜铅、薪炭，广铸钱，岁得十余万缗，(2)建中二年，户部侍郎韩洄言江淮钱监岁出钱四万五千贯，输于京师，度工用转送之费，每贯计成本二千，是本倍于利也。今商州红崖冶出铜益多，于洛源故监置十炉铸之，岁计出钱七万二千贯，度工用转送之费，贯计钱九百，则利浮于本矣，其江淮七监请皆停罢①。（以上参据《会要》八九及《新书》五四）

后发现非正式铸行之唐钱：（大曆元寶）（建中通寶）又会昌毁佛后各地所铸开元钱，其背均注明地名，计有昌、京、洛、扬、蓝（蓝田）、襄、荆、越、宣、洪、潭、兖、润、鄂、平（平州）、兴（兴元）、梁、广、梓、益、福、丹（丹州）、桂等廿三品。

再就当日钱币经济情形言之，我以农立国，基本就是农业经济，工业不发达，境内金银铜比较缺乏，对国际贸易，除丝、茶及小量瓷器外，无贵重物品，入输者率皆量轻之奢侈品，以故常处于入超劣态，铜货外流，同时又由于佛寺之大宗消耗，晚唐遂长受铜缺钱荒之害。长庆元年杨於陵奏称钱币流入四夷。《大和上东征传》云，鉴真东渡日曾携大量铜钱。大食人 Abu Zeyd 称，唐末波斯湾有中国钱币散布。此亦是唐末币荒之一个原因。

① 鞠著批评此一事云："不过江淮七监所铸得的钱币，不完全是运送到京师，有些是在荆、扬二地散放，难道后者也是'本倍利'，江淮钱监就根本没有经营的价值了吗？或者是史书有缺误，据我们所知道的江淮七监于此以后仍然铸钱。"（八一页）所言仍只是片面的观点。吾人须知铸钱之铜、锡、铅等材料，多由收购而来，当日等重之铜器，比钱价为贵，韩洄所言"每贯计钱二千"，究竟原料需价若干，未有说明，如其超过一千，则是亏本事业，安见有经营价值，此其一。全国方闹钱荒，江淮所铸不过四万五千贯，中央正靠此批官铸好钱以资周转，未必愿在南方散放，此其二。至鞠氏谓江淮后来仍铸，未提证佐，故不复论。

铜币转挽，费巨而劳，各州或禁见钱出界（见前文），更不得不别谋救济，《因话录》六称："有士鬻产于外，得钱数百缗，惧以川途之难赍也，祈所知纳钱于公藏，而持牒以归，世所谓便换者。"元和七年，王播奏"商人于户部度支盐铁三司飞钱，谓之便换"。（《旧书》四九）同时"商贾至京师，委钱诸道进奏院及诸军诸使富家，以轻装趋四方，合券乃取之，号飞钱"。（《新·食货志》）是即后世汇兑之先驱，且有由公家经营者①。

乙、矿冶

铸币与矿冶相表里，《新书·地理志》，各县下只有五金出产之简单记载，无详细描述。同书五四《食货志》称："凡银、铜、铁、锡之冶一百六十八，陕、宣、润、饶、衢、信五州（按信州，乾元元年始由饶州析置，此称五州，当系肃宗已前之统计）银冶五十八，铜冶九十六，铁山五②，锡山二，铅山四"（合散只得一百六十五）。然古代采矿用旧法，时开时闭，所在多有，据《食货志》所搜集之材料，略参他书各时代出产之额，往往甚悬绝，兹概述如左：

高宗麟德二年，废陕州铜冶四十八。

玄宗开元十五年，初税河南府伊阳县五重山银锡（据《元和志》五，每岁税银一千两）。

宪宗元和三年，复开郴州平阳、高亭两县铜坑，又令五岭以北

① 美人 A. M. Davis：*Certain Chinese Notes* 据《泉布通志》上，有永徽年十贯钞、会昌年（无贯数）钞两种（见一九三三年《中国经济》一卷二期秦璋《唐代货币之一考究》），前者称："吏部奉旨印造"及"首告者给银三十两"，后者称"内阁奉旨印造"及"告捕赏银贰佰陆拾两"，均与唐代官制、职掌及经济状态不符，其为伪造，无待深辨。

② 王应麟《通鉴地理通释》二，"唐天下有铁之县一百三"，殆据《新书·地理志》统计之，但《新书·地理志》之数实一百一十三。

见采银坑，并宜禁断（参据《会要》八九），采银一两者流它州，银冶废者四十。逾年，复诏岭北银坑依前任百姓开采，禁见钱出岭，计岁出银十余万两[①]，铜二十六万六千斤，铁二百七万斤，锡五万斤，铅无常数。七年，复开蔚州飞狐县三阿冶铜山（参据《元和志》一四）。文宗时，铜坑五十，岁采铜二十六万六千斤。

宣宗时，增银冶二，铁山七十一，废铜冶二十七，铅山一，岁率银一万五千两，铜六十五万五千斤，铅十一万四千斤[②]，锡一万七千斤，铁五十三万二千斤。

唐之银矿，大概以饶为最著，贞观中，权万纪上言，宣、饶银大发，太宗斥之。厥后，总章初，用邓远议，置场榷银，号邓公场，又称德兴场，南唐因以德兴名县。其次，抚州临川县上幕镇东二里有银山，唐亦尝置监。又莱州昌阳县东一百四十里有黄银坑，隋开皇十八年，辛公义于此冶铸得黄银，大业末及贞观初更沙汰得之。

第四十三节　庄田

近世译 manor 为“庄园”，然其本质与唐之“庄宅”或“庄园”（庄亦作庄）有异。古典中庄字无“田庄”、“庄宅”之训，今北方村

---

① 《新书》五四作“岁采银万二千两”；按《元和志》二八《饶州乐平县》下称：“银山在县东一百四十里，每岁出银十余万两，收税山银七千两”，则《新唐·志》所谓“采银”实“银税”之误。鞠氏书未将《新唐·志》与《元和志》细比，故仍有“岁采银万二千两……不知税收量是多少”（六九页）之沿讹。

② 余检不同版本之《新书》两种，数目均同，惟鞠氏《财政史》引作“银二万五千两，铜五十六万五千斤，铅四十一万四千斤”，（九六页）未审所据。

落以某庄或某家庄为名者数不在少，是知中古时代庄宅之组织，颇占重要位置。白居易曾称其远祖白建有功北齐，诏赐庄、宅各一区，(《长庆集》二九)大业末，柴绍妻平阳公主自归鄠县庄所(《旧书》五八)，则北朝之末，其名已著①。武德八年《赐少林寺教》："前件地及碾，寺废之日，国司取以置莊"，(《萃编》七四)是唐初皇室已自置庄之证②。李吉甫《百司举要》称，则天分置庄宅使。(据《事物纪原》六引)今所见遗文，掌其事者名内庄宅使(《会要》八三大历十四)，亦曰庄田使(《元龟》四九一贞元廿一)或庄宅使(《文苑英华》四四一咸通八)，其田或为各州府所没入，(同上《会要》)有时亦以卖给人民。(《萃编》一一四大中五年《敕内莊宅使牒》)安、史之乱，尤急于搜括，以济军用，如肃宗诏"其近日隔绝人庄宅，宜即括责，一切官收"，(《全唐文》四二)是也。

官吏豪富往往在别处购买田地，名为寄庄户，诸道将士亦常置庄田。(同上《会要》。又元载城南别墅数十所，见《旧书》一一八；东川节度严砺籍没管内将士、官吏、百姓及前资寄住等八十八户庄宅共一百二十二所，见《元氏长庆集》三七；大中初，韦宙在江陵府东有庄，积稻如坻，见《唐语林》七)开元二十四年诏："闻王公百官及富豪之家，比置庄田，恣行兼并，莫惧章程，借荒者皆有熟田，因之侵夺，置牧者唯指山谷，不限多少。"(《元龟》四九五)其弊往往逃避税收，元和十四年敕："如闻诸道州府长吏等，或有本任得替

① 加藤繁谓"庄"字如此用法，始于昭明太子诗之"命驾出山庄"；两汉之"园"，南朝之"墅"，其一部与唐代之"庄"同。

② 睿宗敕："其逃人田宅，不得辄容卖买，其地(租?)任依乡原例纳州县仓。"(《唐大诏令》一一〇)《唐代经济史》以此为"官府搜括田宅按私租例出租的较早记录"，(二六页)但从《少林寺碑》观之，似唐初已有此制。

后，遂于当处买百姓庄园、舍宅，或因替代情弊，便破定正额两税，不出差科。今后有此色，并勒依元额为定。”（同上《会要》）

各地僧寺拥有田庄不少，故会昌灭佛，收良田数十万顷①，通称曰常住僧田，（《萃编》七四及一〇八）如大像寺即“管庄大小共七所，都管地总五十三顷五十六亩三角荒熟”，（同上一一三）又长山县（今山东）醴泉寺有庄园十五所。（《入唐求法巡礼行记》二）在均田制中，僧、尼、道士、女冠均可受田，大约男三十亩，女二十亩。惟其广占田地，政府屡加以限制，唐隆元年敕：“寺观广占田地及水碾硙，侵损百姓，宜令本州长官检括，依令式以外及官人百姓将庄田宅舍布施者，在京令司农即收，外州给贫下课户。”（《唐大诏令》一一）又开元十年敕：“天下寺观田宜准法据僧、尼、道士合给数外，一切管收，给贫下欠田丁。其寺观常住田，听以僧、尼、道士、女冠退田充，一百人以上不得过十顷，五十人以上不得过七顷，五十人以下不得过五顷。”（《会要》五九）末一敕对于每单位常住田额已加以总数的限定。

关于此项公私庄田之生产关系，史言之不详，据情推之，当有如下三类：（甲）租佃，又可再分为 1. 抑配，2. 自由领耕及 3. 转佃②三种。（乙）雇佃。（丙）奴佃。政府直接辖下之庄田，据大历十四年内庄宅使奏，有租万四千斛，（同上《会要》）当然是采招民领耕的方式，如无人愿领，就必仿处置职田之例，出以抑配。（参

① 《旧·本纪》作“数千万顷”，《中国田制史》云：“按天宝中天下赋只一千四百三十万三千八百顷有奇，……数千万当为数十万之误。”今据以校正。

② 《唐律疏义》二七“官田宅私家借得，令人佃食，或私田宅有人借得，亦令人佃”。所谓“借得”即包佃转批的制度。去声之“食”字，有些方音与“住”字同呼，“佃食”应“佃住”之讹，此从下文“以见住见佃人为主”一句见之。

《元氏长庆集》三八）庄田属私人者，唐时当仍存在奴耕之一种，但施之寄庄，庄主必感管理不便。杜佑云："《管子》曰，以正户籍，谓之养赢，赢者大贾、蓄家也，正数户既避其赋役，则至浮浪为大贾、蓄家之所役属，自收其利也。"又云："浮客谓避公税，依强豪作佃家也"，（《通典》七）浮客亦称庄客，多者至数百户（《太平广记》二〇二，相州王叟夫妇二人有客二百余户），森谷正已解为"庄园农奴"①，立名未确。人民之流为浮户，非必苦正式之租庸调，而是苦无限之额外科派，流徙之后，未必甘于鬻身为奴，再堕入泥犁地狱，味《通典》所言，浮户似多属于自由佃农与雇佃之两途。

综结上项情况，唐代生产力虽然渐次向上，产品增多，其结果只被小部分人所剥削及集积，不能保留之于耕农手边，常人既困于暴敛，于是放弃或出卖其田地，流转为寄住户或庄客。同时，豪强者因财富之增加，乘机实行兼并，庄田之制，遂益臻发达。彼辈以社会上地位之优越，当地官吏根于互相隐庇，畏惧权势等观念，匿报由是日多，户籍由是日坏，还授之法，寖成具文。总言之，庄田发展，均田制便于不知不觉间开始及继续崩溃。

第四十四节　武宗之攘外安内

（一）攘外者逐回纥也。回纥自太和公主出降后，国更三主。

① 《中国社会经济史》二〇〇页。佐野亦比庄园的佃农为完全农奴。（同前引书二三三页）

开成末，其酋帅与黠戛斯合兵，攻杀可汗，诸部溃散，或奔葛逻禄，或入北庭（时属吐蕃。《新唐书》作安西，非也），唯乌介特勤一部劫公主南来，请假振武以居。武宗听李德裕言，弗欲乘人之危，遣使资以粮二万石，但不允借振武（会昌元）。别有嗢没斯（Ormuzd）特勤一支，于开成五年先至塞上，率二千六百余人来降，特命德裕裒集秦、汉以后外国归化建立功业者三十人，作《异域归忠传》赐之，并赐姓名曰李思忠。

乌介本军渐逼把头烽（马戴诗作爬头，经余证为今之包头）[①]，掠横水，杀戮至多。唐廷对付之法，议论不一，德裕援元和中讨王承宗、李师道，长庆中讨李齐（宣武留后）例，请令公卿集议。奈两次议覆之状，词意空洞，不切事势，于是授刘沔为招抚回纥使，张仲武为东面招抚回纥使，相机驱逐，兼令蕃将何清朝、契苾通领沙陀、退浑马军六千人助讨（会昌二年九月）。既而沔破回纥于大同军之杀胡山，迎太和公主回京，乌介走依黑车子室韦（会昌三）。其别支那颉啜特勤，先已东逼幽州，为仲武所破（约二年七月），共招降三万人。乌介旋为室韦所杀，余部被黠戛斯收去。走北庭者，后来逾天山取西州，今土鲁番一带之维吾尔，即其遗裔[②]。

黠戛斯之源流，有加以详述之必要（参《隋史》十四节及《唐史》二节）。其族在汉为坚昆或鬲昆，北周曰契骨，隋曰纥骨，初唐曰结骨，会昌时或翻作纥扢斯，元时常称吉利吉思或乞儿吉思，即前清布鲁特之一，今人亦译柯尔克子，乃极古民族之一。自太宗之后，高宗世再来朝。景龙中，遣使献方物，中宗引使者劳之曰，而国

① 《中大史学专刊》二卷一期一四五页拙著《李德裕会昌伐叛集编证》上。

② 此有元人文字可据，今闻维吾尔人多不认为回纥之裔，未审其故。

与我同宗，非它蕃比。玄宗世凡四朝献。肃宗乾元初，为回纥所破，遂被隔绝。（《新书》二一七上下及《旧书》一九五）元和时，回纥保义可汗再败之，杀其可汗（参前卅二节）。至开成末，始将漠北回纥逐走，遣使奉太和公主回，中途为乌介劫去。德裕代武宗《与纥扢斯可汗书》云，“闻可汗受氏之源，与我同族，汉北平太守材气，天下无双。……至嫡孙都尉提精卒五千，深入大漠。……我国家承北平太守之后，可汗又是都尉苗裔”。又云：“但以惜可汗宗盟之国，愿保先名，……便以坚昆为国，施于册命，更加美号，以表懿亲。”“须示邻壤情深，宗盟义重。”（《会昌一品集》六）直视黠戛斯为李陵之裔。余尝谓外族华化，近年研究者颇不乏人，独华族蕃化，尚少人详考[①]。开元年，安西都护盖（汤）嘉惠《西域记》云：“坚昆国人皆赤发、绿睛，其有黑发、黑睛者即李陵之后。”（《会要》一〇〇）《酉阳杂俎》四云：“其髭、髯俱黑者，汉将李陵及其兵众之胤也。”又《元史》六三《地理志》云：“吉利吉思者，初以汉地女四十人，与乌斯之男结婚，取此义以名其地。”按突厥语 qïrq 此云“四十”，苏俄学者 Czaplicka 一九一八年著书，亦言北方有此传说[②]。考汉世匈奴屡次入寇，俘虏至多，此等俘虏在漠北曾构成若干突、汉混种（匈奴应为突厥族，别有说），自无可疑。然汉已见坚昆之名（伯希和以为坚昆即 qïrqïz 之单数音译），然则上项传说，应发生于汉前，谈民族学者所宜注意之点也。近年苏俄革命后，其居住叶尼塞河（Yenisei R. ）之部分，特取我国旧译黠戛斯（Khahes’今哈卡斯自治省）以自称（《回教百科全书》九〇七页，苏俄学者巴尔托勒说），而我国人则鲜有知者[③]。

① 拙著有《卫拉特即卫律说》，见金大《边疆研究论丛》。

② 《历史上及现在之中亚突厥人》四八页注一。

③ 参《东方杂志》四一卷二号，拙著《从人种学看天山南北之民族》之柯尔克子条。

黠戛斯平回纥后，初时不留居其地；咸通四年（八六三），曾遣合伊难支表求经籍，并拟每年走马请历。又欲讨回纥，使安西以来悉归唐，唐未之许。（《通鉴》二五〇）七年，遣将军乙支连岁入贡，派鞍马迎册立使及请明年历日（同上）。中和二年（八八二）与高骈诏云，"黠戛、单阐，并至梯航"。（《旧书》一八二）又大顺元年（八九〇），云州赫连铎引其众数万攻遮虏军。（《通鉴》二五八）[①]同年韦昭度等亦有"黠戛斯举勤王之众"语。（《旧书》二〇上）自是以还，直迄蒙古崛起（十二世纪末），漠北情况只于辽太祖西征（十世纪初）及宋王延德使高昌（十世纪末）两事略见之，各部落如何转徙，殊不明了。

（二）安内者平泽潞也。回纥甫定，复有泽潞继帅问题：会昌三年四月，刘从谏死，其侄稹秘不发丧，觊觎真授，朝臣多以回纥尚存余烬，请任稹权知军事。德裕独谓泽潞近处心腹，与河北三镇不同，向无承袭，敬宗不恤国务，以从谏继悟，今如再授稹，诸镇谁不思仿效。稹所恃惟在三镇，如得镇、魏不与之同，稹无能为矣。武宗从之，使谕镇帅王元逵、魏帅何弘敬，二人皆听命；于是制削从谏及稹官爵，分命元逵为北面招讨，弘敬为南面招讨，与河中陈夷行、河东刘沔、河阳王茂元合力进攻。弘敬迟疑不出师，乃令忠武（陈许）王宰自相、魏趣磁州以胁弘敬。时稹将迫近怀州，议者鼎沸，谓刘悟有功（斩李师道），不可绝其嗣，从谏又养精兵十万，如何可取？德裕劝帝勿听外议，传谕朝士，有沮议者斩之，众喙乃息。更令王宰改援河阳，使石雄代李彦佐为晋绛行营节度使，互相钤制。翌年八月，稹内部不和，邢、洺、磁三州相继降，未几，稹亦为部下所杀，

① 原作"吐蕃黠戛斯"，实"北蕃"之误。

泽、潞等五州平。宋孙甫《唐史论断》下云："上党拒命，举朝惧生事，不欲用兵，德裕料其事势，奏遣使魏、镇，先破声援之谋，且委征讨之任。魏帅迁延其役，使王宰领师，直趋磁州，据魏之右，魏帅惧，全军以出，又以王宰必有顾望，令刘沔领军直抵万善（怀州），示代宰之势，宰即时进兵。……此皆独任其策。不与诸将同谋，大得制御将帅用兵必胜之术。"又范祖禹《唐鉴》二〇云："李德裕以一相而制御三镇，如运之掌，使武宗享国长久，天下岂有不平者乎。"

此两役之所以成功，皆由武宗能专信德裕，不为浮议所摇惑。德裕以为自德宗后，将帅出兵屡败，其弊有三：（1）诏令下军前，日有三四，宰相多不预闻。（2）监军各以意指军事，将帅不得专进退。（3）监使选军中骁勇数百为牙队，参战者皆怯弱之士，每战，监使乘高立马，自有信旗，视军势小却，辄引旗先走，余卒相随而溃。因与枢密使约，监军不得与军政，每军千人，听取十人自卫，有功随例沾赏；凡回纥、泽潞两役，皆用此制，自非中书进诏意，更无他诏自中出，故能成其功。毛凤枝评云："每见赞皇之料事明决，号令整齐，其才不在诸葛下。"（《关中金石文字逸编》九）余谓学者能细读《文饶集》之条议诸作，当助长辨事见识不少。

以短短四年期间而解决两项困难问题，成功之速，为天宝乱后所仅见。此外武宗朝尚有可纪之两事：

（三）淘汰僧尼　据开元末统计，全国共有寺五千三百五十八所，内僧三千二百四（或三）十五所，尼二千一百一（或二）十三所（《六典》四）。天宝八载闰六月册尊号，度僧尼十二万人。（《沙州文录补》）自元和二年后，累诏各州府不得私度僧尼，敬宗时徐使王智兴在泗州置坛，江淮人闻之，意在规避征徭，影庇资产，趋之若鹜，浙西李德裕奏，如不特禁，江淮已南，将失却六十万丁壮。（《旧书》一七四)大和九年七月,亦诏不得度人为僧尼。(《旧书》一七下)及武宗即位,益恶僧尼蠹国,会昌四年三月,先敕代州五台山及泗州普光王寺并不许置供、巡礼。(《入唐求法巡礼行记》四)同年七月,再下诏力陈释教之弊,毁寺四千六百余区,招提、兰若(aranya,皆私立寺之称)①四万余区,勒归俗僧尼廿六万五百人。大秦、穆护祆僧二千余人,收良田数十万顷,奴婢十五万人,比北魏更为澈底。此事虽说道士赵归真等曾与推动,然取寺材葺公廨、驿舍,取铜像、钟磬铸钱,于国计民生,大有裨益。孙樵云,"民瘼其瘳,国用有加",允为笃论。宣宗务反武皇所为,诏营废寺,自即位至于大中五年,斤斧之声不绝,樵奏称中户不十,不足以活一髡,(《可之集》五及六)盖有痛乎其言之者。

(四)裁抑宦寺 武宗虽为仇士良拥立,然颇裁抑之;会昌二年将宣赦,或告士良宰相作赦书,欲减禁军衣粮、马草料。士良曰,必若有此,军人须至楼前作闹。德裕等诉于上。上曰,奸人之词也;召两军中尉谕之曰:赦书出自朕意,不由宰相,况未施行,公等安得此言?士良惶恐称谢。翌年,士良遂出宫归第,又明年,追削其授赠官阶,家财籍没。使非武宗消弭未然,何难重演甘露之变,此一事也。旧例,宣学士草制,必经枢密使,时枢密使刘行深、杨钦义皆愿悫,不敢预事,故三年崔铉之相,枢密不知。老宦官尤之曰:此由刘、杨懦怯,堕败旧风故也。合前文德裕与枢密约法观之,便见武宗尚能慎选其人,此二事也。会昌五年四月初,敕索左右神策军印,(《巡礼行记》四)此三事也。蓝氏顾谓"不见有任何抑制",(五五页)未免疏于考史。

① 《西域记》五作练若,林也,故后世又称禅林,若音惹。

专制君主所不能必得者为寿命，故佛教玄想之涅槃，终不敌道家长生之金丹。宪宗饵柳泌之药而遇弑，穆、武、宣均以饵丹而促寿（穆年三十，武三十二，宣五十），覆辙相寻，曾不少悟。武宗御宇仅逾六载，此后唐事益无可为矣。

第四十五节　牛李之李指宗闵（宋祁说）　李德裕无党（范摅、《玉泉子》、裴庭裕及孙甫说）

邪正不辨，敌我不分，最是人心之大患，牛僧孺、李宗闵结党蠹国，贿赂公行，一般无行文人，鼓其如簧之舌，播弄是非，颠倒黑白，遂令千百年后之正人君子，犹被其蒙蔽而不自觉，是不可不大声疾呼，亟加以廓清、辨正也。

（一）李德裕无党

元和以后，标举“牛李”一词，牛指僧孺，自无待论，“李”则相沿以为指目德裕，或且推及其父吉甫，此应辩明者一。《旧书》一七四《德裕传》：“宗闵寻引牛僧孺同知政事，二憾相结，凡德裕之善者皆斥之于外。（大和）四年十月，以德裕检校兵部尚书、成都尹、剑南西川节度……，至是恨（裴）度援德裕，罢度相位，出为兴元节度使，牛李权赫于天下。”“牛李”显指前文之“二憾”无疑。又《新书》一七四赞云：“僧孺、宗闵以方正敢言进，既当国，反奋私昵党，排击所憎，是时权震天下，人指曰‘牛李’，非盗谓何？”是“牛李”一词之初意，当时人原用以指斥僧孺、宗闵之结党营私，五代时史官及宋祁尚能知其真义。无如牛党之文人，好为谰言，施移花接木之计，把“李”字属之德裕，形成“牛”、“李”对立，藉以减少僧孺之过恶。后世不察小人之用心，遂至今而仍被其蒙蔽。

德裕与僧孺不协，益令人误信德裕确树党与僧孺为敌，此应辨明者二。后世政党各标举其政策，故可形成对立。僧孺、宗闵之党则不然；其目的、手段，只是把持政权，以个人及极少数之利益为第一位而不顾国家、人民，性质属于黑暗社会，非必有对立之敌党存在，吾人读史，不应胶持“两党”之成见。而且，德裕两度执政，初次自大和七年二月至八年十月，二次自开成五年九月至会昌六年四月，末次尤得武宗专信，如果树党，正是其时。然而宣宗贬德裕，被波及之官位较著者，仅有工部尚书薛元赏、京兆少尹元龟兄弟及给事中郑亚、刘濛三数人，元赏在开成初已位跻方镇，挫抑阉寺，大为《新书》（一九七）、《通鉴》（二四五）所称道，且与刘濛不久仍被起用。其余德裕引进者，如白敏中、周墀、崔铉，更大受宣宗倚任，敏中及墀固世所称牛党分子。又柳仲郢为僧孺辟客，德裕不以为嫌。（《旧书》一六五）征诸史实，德裕无党，事甚了然。或又引《旧书》一七一《张仲方传》，“自驳谥之后，为德裕之党摈斥，坎坷而殁”，以明德裕有党；但同传曾载文宗谓“仲方作牧守无政，安可以丞郎处之”，是仲方自无能，何与李事，且彼尝历官中外，尤不得谓之坎坷也。

再征诸德裕本人之言论，则文宗尝与之论朋党事，德裕对曰：方今朝士三分之一为朋党；（《通鉴》二四四）言外见得德裕不结私党。然此犹可诿曰德裕自誉也，今又进而求诸唐末中立派之言论，则懿宗时（咸通十年后），范摅《云溪友议》八云：“或问赞皇之秉钧衡也，毁誉无如之何，削祸乱之阶，辟孤寒之路，好奇而不奢，好学而不倦，勋业素高，瑕疵不顾，是以结怨侯门，取尤群彦（光福、王起侍郎自长庆三年知举，后廿一载复为仆射，武皇时犹主柄，凡有亲戚在朝者不得应举,远人得路,皆相庆贺)。后之文场困辱者,若周人之思乡焉,皆曰八百孤寒齐下泪,一时回首望崖州"。僖宗时,无名氏《玉泉子》云:"李相德裕抑退浮薄,奖拔孤寒,于是朝贵朋党,德裕破之,由是结怨而绝于附会,门无宾客。"又昭宗时,裴庭裕《东观奏记》上云:"武宗朝任宰相德裕,虽丞相子,文学过人,性孤峭,疾朋党如仇雠。"庭裕自承李珏(牛党)是其亲外叔祖,尤见批判无偏,宋孙甫《唐史论断》成于《通鉴》(元丰七)之前,司马光曾为作跋(元丰二),其卷下谓"德裕所与者多才德之人,几于不党";在"牛李"案中最是平情之论。反之,如牛派为死党,则《玉泉子》有云:"杨希古,靖恭诸杨也,朋党连结,率相期以死,权势熏灼,力不可拔。"(杨汝士是牛党之一,居靖恭坊)德裕无党,僧孺一派有死党,记载甚分明,奈史家弗察,妄称"牛"、"李"各分朋党,互相倾轧,垂四十年①,以嫉视小人为私党,排斥奸佞为倾轧,如此颠倒是非,举世宁复有公论。

不畏强御,拒绝请托,最易招惹毁谤;若不挟私怨如丁柔立(见

① 《旧书》一七六《李宗闵传》:"长庆元年,子婿苏巢于钱徽下进士及第,其年巢覆落,宗闵涉请托,贬剑州长史。时李吉甫子德裕为翰林学士,钱徽榜出,德裕与同职李绅、元稹连衡言于上前云:徽受请托,所试不公;故致重覆。比相嫌恶,因是列为朋党,皆挟邪取权,两相倾轧,自是纷纭排陷,垂四十年。"推《旧·传》之意,系由元和三年(八〇八)制策案起,数至大中初元(八四七),恰符四十之数。《新书》一七四《宗闵传》只过录《旧书》,故措辞亦含胡。司马光修《通鉴》,明知元和时代僧孺等无与吉甫对抗立党之可能,于是变易其文,在长庆元年下书称:"自是德裕、宗闵各分朋党,更相倾轧,垂四十年。"一面似已替《旧·传》弥缝,另一方面却又自开漏洞。因为自长庆元年(八二一)起,须计至咸通初元(八六〇),才够四十之数,即使承认德裕得势时有党,然自彼外贬后十余年间,事实上并无人继而代之(观德裕在崖州与姚谏议书所云"平生旧知,无复吊问",可以反映),从何施其倾轧?故《通鉴》改写,反不如因仍旧贯,表面尚说得去矣。(《述论稿》九四—九五页以为始自元和,是承《旧书》之误。)

《通鉴》大中二年正月下），封建时代宁得几人，牛党对德裕父子多怨辞，在现存晚唐史料中，渗杂不少，此宜辨明者三。大抵牛党对于异己，多任意诬善①，而德裕尤为怨府，其深文巧诋，稍一不察，便堕术中。开成五年正月，武宗即位，杨贤妃、安王溶、陈王成美赐死，《旧书》一七五采牛党之说，以为德裕主谋；殊不知其时德裕尚在淮南，司马光虽持偏牛态度，亦不能不为之辨正。（《通鉴考异》二一）周墀迁江西观察，明明是德裕荐拔，而杜牧则以为德裕无法吹求墀之过失，故不得已而提升②，可谓极尽反云覆雨之能事。或更觉其未足，则又嫁名闻人以惑后世，如所传白居易《贬崖州三首》③，白已前死两年，固人人知其作伪者也。

更有以为僧孺、德裕分树两党，各自有其阶级分野者，如沈曾植谓“唐时牛李两党以科第而分，牛党重科举，李党重门第”④，此或一时不经意之言。近年陈寅恪从而推阐之，然其论实经不起分析，此宜辨明者四。原夫沈之立说，或因《玉泉子》称：“李德裕以已非由科第，恒嫉进士举者。”⑤然此条陈氏已揭出其不可信⑥。今试观德裕入相武宗而后，除杜悰以门荫、驸马进身外，自余陈夷行、李绅、李让夷、崔铉、李回、郑肃六相，均是进士，按进士地位取得优

---

① 全祖望《李习之（翱）论》云：“且习之而惧逢吉耶，亦不敢斥逢吉；既斥之矣，抑复何惧之有？是盖当时朋党小人诬善失实之词，而史臣误采之者，虽以荆公之识，不能尽谅此事，异矣。”

② 杜牧《周墀墓志》云：“李太尉德裕伺公纤失，四年不得，知愈治不可盖抑，迁公江西观察使兼御史大夫。”（《樊川集》七）即让一步如牧所言，德裕仍比始终挟怨报复者较胜一筹。

③ 参拙著《白氏长庆集伪文》。（四八三 — 四八四页）

④ 据张尔田《玉溪生年谱会笺》三引。

⑤ 此一条语焉不详，如谓德裕嫉进士中之浮华者，则并不为误，可参看前第十八节。

⑥ 《唐代政治史述论稿》七三页。

势,前第十八节已有详论,然非谓进士科可以把持整个仕途也。陈氏误会《旧书》不明确之叙述,因谓崔佑甫代常衮当国,用人不拘于进士,"前日常、崔之异同,即后来牛、李之争执"①;殊不知进士名额,平均每年绝不能超过三十(见前十八节),根于不乐仕宦、继续死亡及进士多中年人(同上)各种原因,任何时期可能在仕途之进士数目,试假定为六百,并不低估。此六百人当中又可画分为三级,每级只约二百人;第一级登第未久,所官不过县尉、主簿之类。第二级年资中等,内则遗、补、御史,外则藩镇幕僚。第三级年资最老,位至郎中、刺史,甚而尚、侍、宰相。如果把内外文职作一统计,便晓然进士数目,大大供不应求,佑甫未上一年就除吏八百(《论事集》五,"每年春同年吏部得官一千五百人",数更倍之),即使全用进士,仍是不敷,何况六百人中最少有三分二已厕身仕途耶。每岁吏部常选,皆悬缺待补之员,抑亦非宰相所能积压。是知任何人执政,均无全用辞科或完全排斥非辞科之可能,常衮之偏差大约只是对于非辞科出身者不喜援引,论者未从客观了解实际,漫据书本上模糊之词,以行推断,过矣。

陈氏亦觉沈说站不稳,于是提出两项区别:(甲)山东士族以经术、礼法为门风。(乙)新兴阶级系文词浮薄之士,既转成世家名族,遂不得不崇尚地胄(按"地胄"即"门第"之变文),同时,士族之旧习门风沦替殆尽者,亦属此类②。乍观似剖析入微,细读乃牴牾错出;今先就德裕本人论之,郑覃女孙所适为九品卫佐之崔皋,陈以为保持旧门③,然德裕以淮南使相之公子,竟娶一个"不知其氏族

① 《唐代政治史述论稿》八九页引《旧书》一一九《常衮传》:"尤排摈非辞科登第者。"又同卷《崔佑甫传》:"常衮当国,……非以辞赋登科者莫得进用,……及佑甫代衮,……作相未逾年,凡除吏几八百员"。

② 《唐代政治史述论稿》七七 — 八〇页。

③ 同上七九页。

所兴”及“不生朱门”之刘氏为妻[①]，则又何说？岂非德裕已门风废替与新兴阶级同流耶[②]？夫所谓旧族或非旧族，指其人所属之整个氏族而言，有远系可考者曰“旧”，无远系可考者为“新”（参前六节），区别甚易，不问本人之富贵、贫贱及行业如何也。故崔皋虽九品卫佐，不害其为旧族，李積只自署“陇西”，（《国史补》上）意亦相同。如陈之说，则应为旧族或新兴，直以个人之行业为标准，此岂中古时代“门第”之真义[③]。抑既曰“李党重门第”，何以德裕反奖拔孤寒[④]？“孤寒”者孤立寒门，与“旧族”极端对立之阶级也。抑既曰“牛党重科举”，而又曰“崇尚地胄”，是牛党熔“科举”、“门第”于一炉也。高元裕奏请，“科举之选，宜与寒士，凡为子弟，议不可

① 德裕自撰《刘氏志》云：“炼师道名致柔，临淮郡人也，不知其氏族所兴，……不生朱门。”志又称，刘嫁德裕四十一年，以大中三年己巳去世，依此上推，其嫁在元和四年己丑，正吉甫节度淮南之时。陈氏未细读志文，误认刘是李妾，（《史语所集刊》五本二分一七三页）事因同时出土者又有李妾《徐盼志》，徐亦曾入道（同上一六九页），但女子入道，与妻、妾身分无固定联系。（何光远《鉴诫录》二，“李德裕相公性好玄门，往往冠褐”）若刘是妻非妾，最少有三个铁证：（1）《徐志》称其生子二人，一名多闻，次名多烨；《刘志》则称“有子三人，有女二人，聪敏早成，零落过半，中子前尚书比部郎浑，……幼子烨、钜”；前志只记所生，后志兼记徐妾所生，嫡庶之分极明。（2）徐是妾，故志云，“惟尔有绝代之姿，……庶尔子识尔之墓”，带狎昵及命令口气；刘是妻，故志云，“愧负淑人”，措词庄重，尤其铭文“念子之德，众姜莫援”，众姜指各妾，刘非嫡妻而何？（3）《刘志》后，第四男烨附记云：“己巳岁冬十月十六日，贬所奄承凶讣，……匍匐诣桂管廉察使张鹭请解官奔讣，竟为抑塞。……壬申岁春三月，扶护帷裳，陪先公旌旐发崖州”，完全是庶子致敬嫡母之文；惟刘为嫡母，故烨须解官奔丧，若刘为众妾，则无需乎此。上三项均中古士族最重要之礼法，陈氏屡屡标榜礼法，反忽略嫡、庶之分，宁非百密一疏耶！鹭为牛党之一（参《旧书·李德裕传》），故阻烨奔丧，可见牛党之报复手段。

② 《述论稿》八七页云：“亦有虽号为山东旧门，而门风废替，家学衰落，则此破落户之与新兴阶级不独无所分别，且更宜与之同化。”

③ 《唐语林》四：“崔程谓人曰，崔氏之门若有一杜郎，其何堪矣！”杜氏自希望以来，屡代簪缨，却被崔程如此鄙视，可见唐人所谓“门第”，有时就全族立论。

④ 《述论稿》七九 — 八〇页。

进”（见前十八节），是旧族未尝不极力争取进士也。如斯糅合，两派之间，何能画出一道鸿沟？李珏、杨嗣复明明是旧族，陈曰：“即使俱非依托，但旧习、门风，沦替殆尽”，试问沦替殆尽，有何征据？李珏初举明经，依陈氏论证之法，还继承着北朝经术，未得为“家学衰落”。嗣复之父於陵，“居朝三十余年，……始终不失其正”，更万不能遽断其“门风废替”。文宗有言：“轻薄、敦厚，色色有之，未必独在进士。”（《旧书》一七三）彼于当时风习，自必知之较悉；观开天间，贵门子弟争诣名姬楚莲香（《开天遗事记》）及白行简所撰《李娃传》，便可互相反映。杜牧本出“城南韦杜、去天尺五”（《辛氏三秦记》）之旧门，而其人特以浪漫著，浮薄之士，何曾必在新兴？陈无法转圜，乃执杜佑之一节，列牧于新兴阶级①，由是旧族可以拨入新兴，新兴又忽变成旧族，构成“团团转”之论证方法②。夫近世论阶级烙印，并不容易脱换，今所谓“两阶级”既绝无厘然界限，究

① 《述论稿》谓佑以妾为妻，不守闺门礼法。（九二 — 九四页）按宋吴缃《五总志》：“杜佑妻梁氏早卒，既久嬖姬李氏，有敕策为夫人。崔膺劝佑让封梁氏，且为表，其略曰：以妾为妻，鲁史所禁；又云：岂伊身贱之时，妻同劝苦，而于荣达之后，妾享封荣，上怜之，乃并封梁氏”；则册封之举，发自德宗，佑虽嬖李，然仍未正妻号，故权德舆撰《佑墓志》，不提李氏。陈漏检此条，所论遂未中肯。《述论稿》又谓佑父希望实以边将进用，并非士大夫之胜流门族（同上）；按希望曾为恒州刺史，代、鄯二州都督，并不能算是边将；其祖行敏为荆、益二州长史，父悫为右司员外郎、丽正殿学士（均见拙著《姓纂四校记》六一一页），家系如此，宁可谓非胜流士族耶？由此愈见陈氏之抹煞事实，执持成见。

② 《述论稿》（九一页）云：“山东旧族苟欲致身通显，自宜趋赴进士之科，此山东旧族所以多由进士出身，与新兴阶级同化，而新兴阶级复已累代贵仕，转成乔木世臣之家”（七九页文略同）；是进士变成门第、门第转入进士之混乱状态，远发展于牛党产生之前，到牛党滋长时期，两派分野，恐彼辈自己亦无从辨别。且如德裕祖栖筠出身进士，何以不列新兴？倘曰栖筠能守家风，何以不走明经？（《述论稿》九一页有“仕进无他涂”之言，误也）且德裕不联婚七姓，反取不知氏族之女子为妻（依管见推之，德裕之妻可能出身伎女，盖如为贫农之子，犹可用“父某躬耕乐道”一类句语填入，今直云“不知其氏族所兴”，当有难言之隐矣），宁非陈所谓家风沦替耶？

属新兴抑属旧族，可以任意安排，执“既自可牛……亦自可李”之游移态度，或更谓“牛李两党既产生于同一时间，而地域又相错杂，则其互受影响，自不能免，但此为少数之特例，非原则之大概也，故互受影响一事，可以不论”①，不了了之。若夫明经之为学，则文宗所云，“只念经疏，何异鹦鹉能言”（引见前十四节），已是定评，猥以“经术”相推，滑稽已极。吾人细从事实推求之，则知牛党对德裕，只是同一士族阶级内结党营私者与较为持正者之相互间斗争，并非“门第”与“科举”之斗争②；因为争取“科举”出身，旧族与寒族并无二致，陈氏支离其辞，正所谓遁辞知其所穷③，已无赘辨之必要。今试分列两表，其说能否成立，读者当可了然矣。

（甲）牛党

牛僧孺　旧族及进士。

李宗闵　同上。

---

① 《述论稿》八六 — 八七页。

② 《述论稿》屡提“山东士族”及“七姓”（见前第六节）字样，其意像是不属此者就非旧族。但京兆韦氏之阆公房，曾收入“山东士大夫类例”之内，“山东”字样，不能呆读；张沛称许“陇西李亶”，而袁谊斥为“山东人”（《旧书》一九〇上）亦可证。

③ 此外陈氏尚提出三点（八七 — 八九页）：（一）“牛李两党之对立，其根本在两晋北朝以来山东士族与唐高宗、武则天之后由进士词科进用之新兴阶级两者互不相容，至于李唐皇室在开国初期以属于关陇集团之故，虽与山东旧族颇无好感，及中叶以后山东旧族与新兴阶级生死竞争之际，远支之宗室及政治社会之地位实已无大别于一般士族”；费如许气力，无非替牛党有宗闵寻求一个“例外”（非“原则”）。但须知旧族或非旧族的条件，只问其有无远祖，是否名门，初无“远支”、“近支”之别，李回是太祖系，比宗闵为高祖系者支派更远，何以李回又编入“李党”？（二）“凡山东旧族挺身而出，与新兴阶级作殊死斗者，必其人之家族尚能保持旧有之特长，如前所言门风家学之类，若郑覃者即其一例”；但对于李珏、杨嗣复，却不能拈出门风废替之实例（说见前），然则郑覃个人之适合，系偶然性，非一般原则也。（三）“凡牛党或新兴阶级所自称之门阀多不可信也”；按彼辈以旧族自居，时人信之，此是当年之现实一，陈氏必要把僧孺、令狐楚排出于西魏以来关陇集团之外，无非歪曲史实以迁就其臆见。

李　珏　旧族，明经及进士。

杨嗣复　旧族及进士。

魏　謩　同上。

杨虞卿　同上。

杨汝士　同上。

杨汉公　同上。

萧　澣　同上。

李　汉　同上。

张元夫　同上。

杜　悰　同上。

杜　牧　同上。

白敏中　同上。

苏景胤　同上。（《因话录》三）

李　续　出身未详[①]。

张　鹭　同上。

张又新　进士，非旧族。

周　墀　同上。

熊　望　同上。

刘栖楚　出身寒鄙，为镇州小吏。

此外尚有两人，被陈氏列入牛党而实际确不然者：

白居易　旧族及进士。长庆元年，白为进士重试官，将宗闵婿苏巢落下，与主张用兵之裴度亲善，显不能列于牛党。陈又谓白不孝[②]，其事早经陈振孙《白文公年谱》辨正。陈复拾罗振玉遗稿之

---

① 《新·表》七二上，赵郡东祖房有李续，曹州刺史，时代不符，非此人。或作李续之，按郎官柱及拓本王谭志（咸通五）皆作李续，《旧书》一六五《柳公绰传》同。

② 《述论稿》九一页。

说，认白父季庚舅、甥为婚，罪犯刑事①，更属厚诬。如果德裕鄙薄白家②，何故拔用敏中③？

---

① 见《元白诗笺证稿》二九二 — 三〇三页；其据点在居易所撰《外祖母陈白氏墓志》，志云："夫人，大原白氏，其出昌黎韩氏。……唐利州都督讳士通之曾孙，尚衣奉御讳志善之玄孙，都官郎中讳温之孙，延安令讳锽之弟（陈引讹作"第"）某女，韩城令讳钦之外孙，……故颍川县君之母，故大理少卿襄州别驾白讳季庚之姑。"（《丛刊》本《长庆集》二五，颍川县君即居易之母）此文非加以校正，则于事理不通，是众所公认。陈以为应"曾"、"玄"二字互易，又罗、陈均认"姑"字是居易讳言；殊不知陈校假如不误，则陈白氏为季庚姊妹，已和盘托出，居易何必尚效鸵鸟埋首沙中，作一字之讳饰，其解释实异常脱离现实！我廿余年前手头校本，则衍去"玄"、"某"两字，改"之孙"为"之女"，乙"弟女"为"女弟"（《李公夫人姚氏志》："相州临河县令、赠太子右庶子府君之季女也，秘书监、赠礼部尚书我府君之女弟也。"见拙著《唐集质疑》七七页），如是，则陈白氏确为季庚之姑，季庚与颍川县君不过中表结婚，绝非舅、甥联婚。如果依罗、陈说，陈白氏是锽之女，则锽娶"河东薛氏，夫人之父讳俶，河南县尉"（据《白集》二九《白锽事状》），《陈白氏志》应云："其出河东薛氏，……河南县尉讳俶之外孙。"今乃云"其出昌黎韩氏，……韩城令讳钦之外孙"，此为陈白氏非锽女而为温女，亦即季庚非舅、甥联婚之铁证。抑文家替外人作碑志，不审其雁行，故稿内有用"第某女"字样；若陈白氏为居易尊属，排行应自知之，盖传本《白集》既倒"女第"为"弟女"，妄人又强插"某"字于其间，痕迹尚可覆按也。惟陈既加季庚以刑事罪名，又重诬大诗人之家风浮薄，故不得不详为昭雪之。陈振孙《年谱》云："有陈府君夫人白氏……墓志，夫人，公之祖姑、且外祖母也。"必其所见本墓志尚未传讹。

② 《述论稿》九一页。陈氏又云："以乐天父母之婚配既违反礼律，己身又以得罪名教获谴，遂与矜尚礼法家风之党魁，其气类有所不相容许者也。"（《元白诗笺证稿》三〇二页）按白、李非挚友，自无可疑，但前两事皆莫须有之狱，居易原俯仰无愧。李婚寒门之刘，若依陈说，正所谓社会不齿者（同上一〇六页），德裕又凭什么家风以傲白？况彼并无不容居易之明确事迹耶。

③ 白 非牛党，已见正文。居易《论制科人状》、《请僧孺等三人准往例与官》，（《集》四一）无非公事公言，且其时牛未入仕途，绝无党之痕迹，后此牛致身通显而《长庆集》极少来往篇章，是可证也。居易会昌六年《立春日人日》诗："试作循、潮、封眼想，何由得见洛阳春。"循、潮、封指僧孺、嗣复、宗闵，语含讥讽，白如系牛党，必不作如此话头。若据白诗自注，"循、潮、封三郡迁客皆洛下旧游"为证，则须知"旧游"与"相知"异；居易《感旧》诗云："晦叔坟荒草已陈，梦得墓湿土犹新。微之捐馆将一纪，杓直归丘二十春。平生定交取人窄，屈指相知唯五人。……岂无晚岁新相识，

萧 俛 出自后梁，璃至俛一家五相（瑀、嵩、华、复、俛），俛嫉奸邪，性介独，家行尤孝，（《旧书》一七二）曾疏救吉甫，无依附牛党痕迹。如曰俛不主用兵[①]，则须知当时不主用兵者，非止俛一人。

（乙）陈氏所拟之“李党”

郑 覃 旧族，非进士，会昌初，德裕荐为相，不就。

陈夷行 进士，非旧族，开成二年初次入相，非德裕所引。

李 绅 旧族及进士。

李 回 旧族及进士，初因德裕贬官，后复起用。

李让夷 进士，非旧族，宣宗治德裕党，并未波及[②]，且以司空节度淮南。

李商隐 进士，非旧族。

相识面亲心不亲。”（《集》六九）此是真诚话，然四人中无一牛党。裴度何尝不是洛中旧游，而彼则与牛党对立，是知循、潮、封者正是面亲心不亲之流也。再从对面观之，文宗时，“李珏奏曰：臣闻宪宗为诗，格合前古，当时轻薄之徒，摛章绘句，聱牙崛奇，讥讽时事，迩后鼓扇名声，谓之元和体，实非圣意好尚如此。今陛下更置诗学士，臣深虑轻薄小人竞为嘲咏之词，属意于云山草木，亦不谓之开成体乎，玷黯皇化，实非小事”。（《语林》二）陈氏于“讥讽时事”句注云：“此指玉川子《月蚀》诗之类”，（《元白诗笺证稿》三二三页）未免意求迂避。元和体以元、白为主脑，不特元、白二公所自认，亦当时众论所同认，（同上三二〇 — 三二三页）元诗硬涩聱牙，陈氏固曾揭出，（同上一一九页）讥讽时事之多，又莫如居易，诗学士果置，定占一席，珏言志在沛公，了然可见，何因而特指卢仝？然元和体初无损于“元和”，珏顾以“开成体”转移文宗之意，其沮白之心良苦矣。余尝揭出牛党柄国时不能用白，得此正相印证，而陈氏偏为牛党出脱，且造成白为牛党之冤狱。大抵险诈之徒易为工，鲠直之士翻受谤，故封建时代之是非常颠倒也。

① 《述论稿》一〇〇页。

② 以让夷为德裕党，本于《通鉴考异》二二，其长庆三年李逢吉结王守澄条云：“李让夷乃李德裕之党，恶逢吉，欲重其罪。”又四年八关十六子条云：“此皆出于李让夷《敬宗实录》”，谓让夷监修有曲笔也。然监修官常不操载笔之权，撰人为陈商、郑亚，（《新书》五八）司马宁勿之知，司马欲替逢吉开脱，硬指让夷为德裕党，太过牵强。

王茂元　武将，非旧族，以上二人，万不能列入“李党”①。

刘　柯　进士，非旧族，以白居易荐入京应举，曾撰《牛羊日历》，但无“李党”痕迹②。

牛党多佥壬，稍持正者即嫉之，故反对牛党者可能是中立派，不必定是“李党”，此一点，《述论稿》似乎分别不清。上举八人，唯李绅、李回与德裕较密耳。其他，德裕柄政时曾见用者，若郑亚、（四代进士，见《旧书》一七八）崔嘏、（《元龟》六四四）姚勗、（《新书》一二四）崔铉、白敏中、令狐绹，皆旧族及进士，李拭为旧族及制

① 说详拙著《玉谿生年谱会笺平质篇导言》。（《史语所集刊》十五本）

② 尚有韦瓘一人，应附带论及。《新书》一六二《韦瓘传》：“正卿子瓘，字茂弘，及进士第，仕累中书舍人，与李德裕善，德裕任宰相，罕接士，惟瓘往请无间也。李宗闵恶之，德裕罢，贬为明州长史，会昌末，累迁楚州刺史，终桂管观察使。”按韦瓘《浯溪题名》云：“太仆卿分司东都韦瓘，大中二年十二月七日过此。余大和中以中书舍人谪宦康州，逮今十六年，去冬罢楚州刺史，今年二月有桂林之命，才经数月，又蒙除替，行次灵川，闻改此官。”《容斋随笔》八评《新・传》云：“以《题名》证之，乃自中书谪康州，又不终于桂，史之误如此。瓘所称十六年前，正当大和七年，是时德裕方在相位，八年十一月始罢，然则瓘之去国，果不知坐何事也。”余按大和七年二月德裕始入相，同年六月宗闵方罢相，瓘固可因宗闵而去，《新・传》谓贬在德裕罢相后，许有错误。洪迈之意，无非坐实瓘为德裕党，故有此疑；然德裕柄国五年余，瓘未内召，位不过刺史，擢桂管反在德裕失势之后，改分司只因马植报复旧恨（见莫休符《桂林风土记》），瓘与德裕之关系，从可知矣。瓘以元和四年状头及第，榜下即除左拾遗（同前《风土记》及《唐才子传》六），行辈还在德裕先，《读书后志》二竟谓瓘“李德裕门人，以此（《周秦行记》）诬牛僧孺”，所谓拾人牙慧而不加深考者。刘开荣既引《全唐文》六九五《浯溪记》之一节，反作出瓘为明州长史“必在会昌四年十一月以前李宗闵还未败的时候”（《唐代小说研究》旧版五二页）之无关痛痒的猜测，凡读书不细看全文者，往往发生此弊。《唐宋传奇集》将《桂林风土记》之韦瓘与《新书》一六二之韦瓘，分作两人，（三一三 — 三一四页）实一时失察，《新书・韦瓘传》末明言其官终桂管观察，固与《桂林风土记》所叙无异。其次，《传奇集》及《唐代小说研究》均不信《周秦行纪》为牛作（均同前引），自有其片面理由，然另一方面《周秦行纪论》之作者，亦非毫无疑问；一般外集所收，往往渗入伪作，是常见之事，此论收入《李卫公外集》卷四，尤可疑者，论云：“须以大牢少长咸置于法，则刑罚中而社稷安，无患于二百四十年后。”按自武德元（六一八）计至大中十一（八五七）才足二百四十年，德裕死已七年矣。人多为牛辨，对德裕事迹却未细加审察，故难免乎一偏之见也。

科;(《会要》七六)又赵蕃、(《摭言》)刘濛(《新书》一四九)为进士,吕述为制科,(《会要》七六)薛元赏、元龟兄弟出身未详,则皆非旧族也。旧族进士何以变为新兴阶级,《述论稿》已不惜笔墨为其解释,然旧族仍有如许进士归入德裕领导,何竟默不一言耶。

质言之,从古史中寻求出一种系统,固现在读史者之渴望,然其结果须由客观归纳得来。中唐以后,除非就选举法根本改革,任何人执政都不能离开进士①,无论旧族、寒门,同争取进士出身,寒门而新兴,亦复崇尚门第,因之,沈氏"牛党重科举,李党重门第"之原则,微特不适于二三流分子,甚至最重要之党魁,亦须列诸例外。是所谓"原则",已等于有名无实。如斯之"系统论",直蒙马虎皮而已。

(二)《通鉴》丧失公正立场——赞同僧孺放弃维州

柳诒徵又言"唐之牛僧孺、李德裕虽似两党之魁,然所争者官位,所报者私怨,亦无政策可言,故虽号为党而皆非政党也"②;是说也,施诸牛党合,施于德裕则否。德裕非党而有政策可言,其最要者曰复维州失地。

维州地区(今汶川西北),辟自刘蜀。隋开皇四年讨叛羌,以其地属会州,后又没贼。武德七年,白狗羌首领内附,因地有姜维城,命名曰维州。乾元二年,被吐蕃攻陷③。德宗时,韦皋屡出兵攻之,

---

① 《述论稿》云:"宣宗朝政事事与武宗朝相反,进士科之好恶崇抑乃其一端";(八五页)按事多相反,则诚有之,必谓武宗朝抑进士,却未尽然。武宗用相九人(连崔珙),进士居其六,宣宗用相十八人,进士居十六(白敏中、卢商、崔元式、韦琮、马植、周墀、崔铉、魏扶、崔龟从、令狐绹、魏謩、裴休、崔慎由、萧邺、刘瑑、蒋伸。非进士者为郑朗、夏侯孜),不过九分之六与九分之八之比耳。且武宗在位年数,不及宣宗之半,是亦比较时所应注意者。

② 见所著《中国文化史》。(《学衡》)

③ 此据《元和志》三二。《文饶集》一八则称河、陇尽没,唯维州独存,二十年后,始被侵陷。《通鉴》二二三又记于广德元年之下,不审何据,此后《通鉴》二二六又于大历十四年末记李晟等复维州,但无再陷之年,故不取。

不能克。大和五年九月，吐蕃所置吏悉怛谋尽率其众来降成都，德裕方节度西川，受其人及地；事下百官议，时僧孺执政，藉口弃信恐激吐蕃侵京师①，于是诏将维州及诸降众付吐蕃，吐蕃悉诛之，“掷其婴孩，承以枪槊”，（《文饶集》一二）惨不忍闻。司马光为自护其非②，乃拾僧孺余唾，断断作义利之辨，其辞曰：

> 论者多疑维州之取舍，不能决牛、李之是非。臣以为昔荀吴围鼓，鼓人或请以城叛。吴弗许，曰：“或以吾城叛，吾所甚恶也，人以城来，吾独何好焉，吾不可以欲城而迩奸。”使鼓人杀叛者而缮守备。是时，唐新与吐蕃修好，而纳其维州，以利言之，则维州小而信大，以害言之，则维州缓而关中急，然则为唐计者宜何先乎？悉怛谋在唐则为向化，在吐蕃不免为叛臣，其受诛也，又何矜焉。且德裕所言者，利也，僧孺所言者，义也，匹夫徇利而忘义，犹耻之，况天子乎。譬如邻人有牛，逸而入于家，或劝其兄归之，或劝其弟攘之，劝归者曰：“攘之，不义也，且致讼。”劝攘者曰：“彼尝攘吾羊矣，何义之拘？牛，大畜也，鬻之可以富家。”以是观之，牛、李之是非，端可见矣。（《通鉴》二四七）

---

① 杜牧撰《僧孺墓志》云：“大和五年，西戎再遣大臣贽宝玉来朝，礼倍前时，尽罢东向守兵。李太尉德裕时殿剑南西川，上言：维州降，今若使生羌三千人烧十三桥，捣戎腹心，可洗久耻，是韦皋二十年至死恨不能致。事下尚书省百官聚议，皆如剑南奏，公独曰：西戎四面各万里，来责曰，何事失信？养马蔚如川，上平凉坂，万骑缀回中，怒气直辞，不三日至咸阳桥；西南远数千里，虽百维州，此时安可用。弃诚信有利无害，匹夫不忍为，况天子以诚信见责于夷狄，且有大患。上曰，然，遂罢维州议。”（《樊川集》七）《元和志》三，蔚茹水在百泉县西，一名葫芦河，源出原州西南颓沙山下（百泉县在今平凉县北十里）。回中宫在今陇县。

② 胡三省《通鉴注》云：“元祐之初，弃米脂等四寨以与西夏，盖当时国论大指如此”；胡为司马忠臣，故不直斥而微辞以讽也。

僧孺之说，王夫之已详予驳正[①]。然司马之说，迄未得史家注意。其言有害于世道人心，不可不深辨也。维州本我失地，我纳其自拔来投，于“义”何害，不通者一。自陇右迄安西、北庭，天宝后都被吐蕃侵据，维州自拔来归，譬之邻家从前盗我牛羊数十，现在一羊逃回；司马乃以比邻牛逸入，直是数典忘祖，不通者二。维州降人三百余，其父、祖应属唐籍，今竟执送吐蕃，任彼惨戮，令人发指；司马乃谓死无足矜，蔑视同胞，靡分敌我，不通者三。吐蕃四盟（见下节），而有平凉之劫（贞元三），尤为唐耻；况维州自拔前一年，彼已先失信围攻鲁州，（《文饶集》一二）以此言“信”，何异宋襄不禽二毛，不通者四。司马谓关中急而维州缓，乍似有理，但吐蕃陷维州后，“得并力于西边，更无虞于南路”；（《文饶集》一二及《旧书》一四七）我收维州，作用与谋通南诏相同，正是釜底抽薪，围魏救赵。不收维州，则剑南节度所押西山八国蕃落，都被隔断，藩篱尽失，不通者五。大中三年，正牛党执政时期，去大和五仅十八年，去德裕追论维州事仅六年，吐蕃国势，当无大更变，而是年秦、原、安乐三州及石门等七关之来归，即诏令剑南、山南对没蕃州县，量力收复，随有西川杜悰报收维州，山南西郑涯报收扶州，（《通鉴》二四八）相去无几时，何以彼则“信大”，此则可“徇利而忘义”？彼则“维州缓而关中急”，此遽不然？其为挟持私见，百辞莫辨，不通者六[②]。

---

① 《读通鉴论》二六：“其所谓诚信者亦匹夫之谅而已矣。……夫吐蕃自宪宗以后，非复昔时之吐蕃久矣，元和十四年，率十五万众围盐州，刺史李文悦拒守而不能下，杜叔良以二千五百人击之，大败而退；其明年，复寇泾州，李光颜鼓励神策一军往救，惧而速退。长庆元年，特遣论讷罗以来求盟，非慕义也，……其南，则南诏方与为难，而碉门、黎、雅之间，乃其扼要之墟，得之以制其咽吭，则溃败臣服，不劳而奏功。……夫僧孺，岂果崇信以服远，审势以图宁乎？事成于德裕而欲败之耳。”

② 明胡广谓司马直牛曲李，其意盖有所为，宋神宗喜论兵，欲假此以抑要功生事之人云；（《明文衡》五五）则不如胡三省注之深中隐微。维州来归，非弄兵之例，且何以对大中事又不贯彻其主张耶？

大中复收维州，“亦不因兵刃，乃人情所归”，（《旧书》一四七）扶州想亦相同；僧孺所言蕃兵三日至咸阳，无非长他人意气，灭自己威风，假其可能，则边防已十分脆弱，尤非放弃维州，便可了事，何未闻僧孺建言修缮守备，如德裕所为？（德裕立五尺五寸之度，汰去蜀兵羸弱四千四百余人，又以蜀作兵器不堪用，取工别道以治之，此两事《通鉴》二四四即叙在悉怛谋来归之前）不通者七。唯僧孺“与德裕不协，遽勒还其城”，（《旧书》一四七）以私害公，故德裕恶之，非私怨也，而《通鉴》偏书曰“德裕由是怨僧孺益深”，对于公私之判别，模糊已极。

此外回鹘之役，僧孺在两次会议，所言皆空洞不切实际①，而回鹘、泽潞之平，则德裕为首功，其余备南诏，废佛寺，除淫祠，拒织绫，均办理正确，德裕与牛党之比较，孙甫所评②，最为公允。柳以“所报者私怨，亦无政策可言”之批评，混加于德裕，总是人云亦云。德裕果挟党派私怨，何为救杨嗣复、李珏？（见《通鉴考异》二一引《献替记》）何为请给宗闵一郡③？陈氏以为牛党反对用兵④，仍属皮毛之论；杜牧献策平泽潞，（《通鉴》二四七）杜悰再收维州，白敏

---

① 参看拙著《会昌伐叛集编证》一八六 — 一八七及一九〇 — 一九一页。

② 《唐史论断》下云：“德裕未相，在穆宗、昭愍朝论事忠直，有补于时，所历方镇，大著功效；……宗闵未相，绝无功效著闻，任侍郎日，结女学士宋若宪、知枢密杨承和求作相，以此得之；……此德裕之贤，与宗闵不侔矣。”

③ 《考异》二二云：“《献替记》曰：四月十九日，上言东都李宗闵比与从谏交通，今泽潞事如何？可别与一官，不要令在京师。德裕曰：臣等续商量。上又云：不可与方镇，只与一远郡。德裕又奏云：须与一郡。此盖德裕自以宿憾，因刘稹事害宗闵，畏人讥议，故于《献替记》载此语以隐其迹耳；今从《实录》。”按当日宰相不止德裕，如作诳言，宁不畏同官之揭发？何况湖州固杜牧屡求而后得之美缺（见拙著《伐叛集编证 · 自序》一一二页），德裕如力挤宗闵，何不与一远郡？此所谓《实录》乃宋敏求补本，未必毫无偏差，司马唯挟持成见，故不能作平情准理之言。

④ 《述论稿》九七页。

中出征党项，都是最好之反证。

《通鉴》于德裕持极端反对态度，除摭拾细故之外①，更表现其对付权奸之口诛笔伐②，一若武宗纯任德裕播弄者。唯恶德裕，故对于险谲贪污，旧、新《书》均直叙不讳之牛党李逢吉，更不惜颠倒黑白，力为辩护③。唯袒牛党，故进一步爱屋及乌，誉濒于崩溃之宣宗为“小太宗”（本自《金华子》），称其“明察沈断”；（《通鉴》二四九）即号称《通鉴》忠臣之胡三省，亦觉忍无可忍，于其下注云：“卫嗣君之聪察，不足以延卫，唐宣宗之聪察，不足以延唐。”又于二四八大中元年恢复佛寺下注云：“观《通鉴》所书，则会昌、大中之是非可见矣。”反唇相稽，语婉而讽。昔太宗评隋文，讥其“性至察而心

① 开成五年十一月云：“仇士良请以开府荫其子为千牛，给事中李中敏判曰：开府阶诚宜荫子，谒者监何由有儿？士良惭恚，李德裕亦以中敏为杨嗣复之党，恶之，出为婺州刺史。”按《新书》一一八《中敏传》：“士良惭恚，繇是复弃官去，开成末为婺、杭二州刺史。”未涉及德裕，且其事书在开成末之前，是否在武宗即位后，亦属可疑，《通鉴》不审何据。复次，《唐阙史》上称，咸通初吏部侍郎郑薰判：“正议大夫诚宜荫子，内谒者监不合有男。”词意相类，高力士娶妻，鱼朝恩荫子，此种恶例，不始士良，亦许是误传也，至如柳公权只以书名，白居易悬车已届，《通鉴》犹必认为德裕阻抑（会昌二），都于大局无关。

② 如“先是汉水溢，坏襄州民居，故李德裕以为僧孺罪而废之”（会昌元）；“李德裕复下诏，称逆贼王涯、贾悚等已就昭义诛其子孙，宣告中外”（会昌四）；又“李德裕以柳仲郢为京兆尹”（会昌五），都属此例。

③ 如长庆四年八关十六子，《考异》云：“按宰相之门，何尝无特所亲爱之士，数蒙引接，询访得失，否臧人物，其间忠邪溷殽，固亦多矣。其疏远不得志者则从而怨疾之，巧立名目，以相讥诮，此乃古今常态，非独逢吉之门有八关、十六子也。《旧·逢吉传》以为有求于逢吉者，必先经此八人纳赂，无不如意，亦恐未必然；但逢吉之门，险诐者为多耳。”既无别项反证，何必“考异”？且既认险诐者多，何由决其未必纳赂？又宝历元年，李绛请除昭义帅，李逢吉、王守澄不用其谋，《考异》云：“《实录》，从谏以金币赂当权者；《旧·从谏传》曰：李逢吉、王守澄受其赂，曲为奏请；事有无难明，今不取。”抛弃旧有书证而欲以空言洗刷，其为存心袒护，肺肝如见。《通鉴》所书贿赂公行事件，计亦不少，除破案外，谁复证之？是皆可以“查无实据”抹去矣，此条不啻打自己的嘴巴。

不明”（见前第四节），宣宗何得比太宗？宋祁谓宣以察为明而唐衰，（《新书》八）识见远出司马之上。

德裕攘外安内，政绩彰彰，史家衡量人物，应采其大长，宽其小短。《通鉴》在宪、穆、敬、文、武、宣各纪，夹杂着许多私见，对德裕不特毫无表彰[①]，而且偏采反对派之意见，吹毛求疵，为非分之苛责；牛党诸人毫无建树，朋比济贪，却多方替之掩饰，是直丧失史家之公正立场，无当于“鉴戒”之本义。余尝抉其隐，以为德裕敢作敢为，深得武宗信用，略类安石，司马光痛恶安石，因而恶及德裕，不惜倒行逆施，同情于险谲之逢吉。简言之，怀挟着满胸私见，其为信史也几希矣。

至于德裕被贬，显因宣宗深恨武宗，唯其察而不明，故惑于党人无君之谮，孙甫、张采田之解释，最得其实[②]。此后兴吴湘之狱，更是小人无聊之构陷，湘自有应得之罪[③]，检阅《旧·纪》一八下，便自明白。大中五年末准由崖州归葬，咸通二年再敕复太子少保、

① 敬宗即位年之九月，诏浙西织绫一千匹，德裕拒不奉诏，其事遂罢；（《旧书》一七上）比之牛党李汉谏沈香亭子，其有益于人民者更多，两件事发生在同月，而《通鉴》二四三竟采彼遗此，谓非有偏牛之见，直无可解说。

② 《唐史论断》下云：“宣宗久不得位，又不为武宗所礼，旧怨已深，德裕是用事大臣，自不容矣。”又《玉谿生年谱会笺》三云：“案卫公之贬，虽由于党人，实则宣宗以尝不见礼于武宗，迁怒及之，恐其不利于己耳。《贬崖州制》曰：李德裕当会昌之际，极公台之荣，骋谀佞而得君，遂恣横而持政，动多诡异之谋，潜怀僭越之志，计有逾于指鹿，罪实见其欺天。则当时党人必有以卫公无君之说谗于宣宗者，不然，安得有此言？”

③ 湘受赃有据，见《旧·本纪》大中二年覆审之状，状称：“节度使李绅追湘下狱，计赃处死，具狱奏闻。朝廷疑其冤，差御史崔元藻往扬州按问，据湘虽有取受，罪不至死。”可见湘受赃是实，出入只数量问题，考《唐律疏议》一一，“诸监临主司受财而枉法者，……十五匹绞。”今大中覆判竟未举出湘受财多少以证其罪不至死，显系有意出脱，构成德裕之罪名。然主判者李绅，最多不过错在失入，更非德裕直接负责也。涉湘事，《云溪友议》卷一及卷三各有记载，可参看。

卫国公,赠左仆射①,宣、懿两朝亦稍觉自坯长城之失计矣②。《旧书·德裕传》末云:"史臣曰:臣总角时,亟闻耆德言卫公故事,是时天子神武,明于听断,公亦以身犯难,酬特达之遇,言行计从,功成事遂,君臣之分,千载一时,观其禁掖弥纶,岩廊启奏,料敌制胜,襟灵独断,如由基命中,罔有虚发,实奇才也。……所可议者不能释憾解仇,以德报怨……"所赞许并无溢美,然除恶唯恐不尽,如必责德裕"以德报怨",则是熏莸杂处,非深于治道者所当出此论也。

(三)吉甫何以受谤

元和前半叶僧孺、宗闵无与吉甫对抗立党之可能,已于本书三六七页注①辨明。唯是,元和三年贤良对策案之真相,迄今犹未被揭露,因之,史家对于牛党之批判,往往不得其平,是不可不于此处亟作补充,免时人再生误会。考吉甫相宪宗凡两次:第一次,二年正月以中书舍人入相,三年九月出为淮南节度。第二次,六年正月自淮南入,至九年十月卒于位。当三年初策试贤良时,僧孺、皇甫湜及宗闵皆条对甚直,有人泣诉上前;泣诉者何人?旧有两说:一曰吉甫,如《旧书》一七六《宗闵传》及一六九《王涯传》,是也。一曰权幸或贵幸,如《旧书》一四《本纪》、一四八《裴垍传》及《会要》七六,是也。于是主试及覆阅官杨於陵、韦贯之、裴垍、王涯辈均贬降。此疑案之最要关键,在牛、李二人之策文,如果确是攻击吉甫失政,则此等文章正牛党后来宣传之极好资料,党人尤应大事表

---

① 据《东观奏记》中及前引德裕《妻刘氏志》。

② 《述论稿》又谓,德裕入相,由仇士良派援引;(一二〇页)然崔铉入相,宰相、枢密皆不之知(同上页引),岂武宗用德裕而必藉宦官推荐乎?且会昌三年六月,士良已以被忌恶而退休,四年六月复遭籍没,假使德裕由士良进,宁能丝毫不受影响乎?武宗任德裕五年余,言听计从,必平日对其人已有深刻认识,故能如此契合,断非偶凭宦官推毂,可以获致;陈氏亦唯求驱使史料以凑成其意想中之"系统论"而已。

扬，何以都不见于晚唐书说？此点最是疑问。若就当年宰相而论，郑絪先入中书，资历老于吉甫，如果是概括的攻击时宰，则负责者尚有絪及武元衡二人，何以偏吉甫独自泣诉？而且，吉甫流落江淮，逾十五年，永贞之末，始自散州饶刺入为中书舍人，作相至此，仅一年有二月，初非根深蒂固之权贵，何至要胁贬三四大臣？更何敢一再要胁？（贯之及涯均在道再贬）余尝检视湜策，则其文有云："今宰相之进见亦有数，侍从之臣，皆失其职。……夫亵狎亏残之微，褊险之徒，皂隶之职，岂可使之掌王命，握兵柄，内膺腹心之寄，外当耳目之任乎"；（《皇甫持正集》三）纯是集矢宦官，于宰相无深责。余乃悟牛、李（宗闵）新进气盛，牛又由韦执谊而登第（见李珏《僧孺碑》及杜牧《僧孺志》），承王叔文派之风气，策文所指斥，应与皇甫同途。湜官不过郎中，比较无所畏忌，故其对策得与刘蕡同传。牛、李（宗闵）则后来身居宰辅，投鼠忌器，唯恐内官旧事重提，不安于位；又以早年对策，喧腾一时，遂计为接木移花，以转人视听，吉甫泣诉之谰说，夫于是应时产生，《宪宗实录》之被牛党重视①，此其一因也。《旧书》一四八《吉甫传》云："先是，制策试直言极谏科，其中有讥刺时政，忤犯权幸者，因此（裴）均党扬言，皆执政教指，冀以摇动吉甫；赖谏官李约、独孤郁、李正辞、萧俛密疏奏陈，帝意乃解。"则不特非吉甫泣诉，吉甫且犯教唆之嫌，与《旧·宗闵传》恰恰极端矛盾，余信其近于事实。《通鉴考异》一九

① 拙著《伐叛集编证》一一〇 — 一一一页。《旧书》一八上又言："时李德裕先请不迁宪宗庙，为议者沮之，复恐或书其不善之事，故复请改撰《实录》。"按《会昌一品集》系德裕生时自编，其卷十首载《请为不迁庙状》，是此事德裕并不自讳，且其事发生在武宗朝，与《宪宗实录》无关。若谓恐书其不善之事，则彼元和末始登朝，事迹甚少，何不并请改修穆、敬、文三朝《实录》？合观两事，可见牛党对德裕之深文周内。

乃云："裴均等虽欲为谗，若云执政自教指举人诋时政之失，岂近人情耶？吉甫自以诬搆郑絪、贬斥裴垍等，盖宪宗察见其情而疏薄之，故出镇淮南。及子德裕秉政，掩先人之恶，改定《实录》，故有此说耳。"按湜之策文，斑斑可考，曾弗之察，指斥时政者犹云指斥宦官，与"倖"字常指小臣相合，宰相教举子诋讥阉寺，安见不近人情？元和元年，宰相郑馀庆以主书滑涣勾结枢密使刘光琦，偶然怒叱之，不久便罢，光琦即湜所谓"掌王命"者；又吉甫官中书舍人时，揭发涣之罪恶，籍没家财，至数千万（《旧·吉甫传》，又《旧书》一五八《馀庆传》及《通鉴》二三七），此皆时政大可指斥之处。司马不详审当日政局，求书传所由异同之故而遽行臆断，一失也。宪宗如察吉甫搆陷而疏薄之，而使出外镇，则从前被贬者似应同奉召回，顾稽之史乘，并不如是，二失也。淮南为当日唐家第一个节镇，正旧官僚欲求不得之美缺，杜佑深受德宗倚畀，故连任十余年，以云"疏薄"，则渴营"疏薄"者大不乏人，何爱于吉甫而以相授，而亲临通化门饯行，三失也。《宪宗实录》争执之焦点，在于掩盖当年之攻击宦官，司马乃听信谎言，以为德裕掩先人之恶，四失也。如谓《旧书·吉甫传》采自《宪宗实录》，则大中二年十一月所颁，说是路隋旧本，（《旧书》一八下）于时德裕已远窜南服，岂尚能由彼改定[①]？况李

① 《新书纠谬》一谓德裕秉政日尝重修《宪宗实录》，故吉甫美恶皆不实，亦无非吠景之谈。《旧书》一五九《路隋传》载文宗时诏曰："其《实录》中所书德宗、顺宗朝禁中事，寻访根柢，盖起谬传，谅非信史，宜令史官详正刊去，其他不要更修。"陈氏谓"《顺宗实录》中最为宦官所不满者当是述永贞内禅一节"。（《元白诗笺证稿》二三六页）吾人可依此推定，《宪宗实录》中为宦官所注意者亦是永贞内禅及宪宗被弑二事，故反对修改，牛党固明悉内幕者，即不能声讨宦官，反借箭以伤德裕，则其作恶比宦官为尤甚。千年后读史者犹昧昧随声，吾不惜哓哓，非为德裕父子悲，而深慨正义之不得伸也。

约等四人皆知名之士，未易妄捏，牛党无法完全毁灭证据，遂有德裕改定《实录》之谰言以混耳目，司马信之，五失也。总而言之，排击宦官之案，吉甫尚同处于嫌疑地位，不能挽救则有之，断非落井下石者。窃谓当日宪宗蓄意用兵，饷需是急，王锷入朝，又被弹劾，吉甫之出，君臣间许有默契，故两年后即复召为相[①]，司马光之批评，完全不就时间、地点及条件着想，所谓唯心之论也[②]。

吉甫初相，《通鉴》许为"得人"（元和二），则无偏党可知。及其再相，《通鉴》纯取敌视态度，元和五年十一月裴垍以风病罢相为兵部尚书，时吉甫尚在淮南，六年，垍因不任朝请，再改太子宾客，不久便卒，（《旧书》一四八）而《通鉴》以为吉甫恶之，司马竟未读《垍传》也[③]！此外更多采牛党之言[④]，不加抉择，甚至语杂揶

---

① 元和十二年，太常定吉甫谥曰敬宪，张仲方非之，宪宗怒，贬为遂州司马，特赐谥曰忠；（《旧书》一五）此可反映宪宗对吉甫之信任，宁能尚谓仲方为吉甫所排挤耶？《通鉴》二三八记元和五年顷李绛尝谏聚财，宪宗曰：今两河数十州皆国家政令所不及，河湟数千里沦于左衽，朕日夜思雪祖宗之耻，而财力不赡，故不得不蓄聚耳。聚财莫要于淮南，吾人不要把吉甫出守看作寻常之迁转。

② 《述论稿》云："吉甫为人固有可议之处，而牛李诋斥太甚，吉甫亦报复过酷，此所以酿成士大夫党派竞争数十年不止也。"（一〇二页）所谓"诋斥太甚"，不知凭何知之？

③ 《语林》六称，吉甫再入相，"论征元济时馈运使皆不得其人，数日，罢光德为太子宾客，主馈运者裴之所除也。"按垍居光德坊，然是时征王承宗，非征吴元济，垍实因病危而改宾客，已见正文，可见唐末记事多诬辞。

④ 如元义方为京兆尹事，采自《李相国论事集》，（《述论稿》九九页）《述论稿》云："其书专诋李吉甫，固出于牛党之手。"（八一页）又考《论事集》二称，宪宗对李绛言，彼曾与郑絪议敕从史归上党，续征入朝，讵絪泄之于从史，从史便称上党乏粮，就食山东；郑絪泄漏之事，系据吉甫密奏云云，此即所谓"诬构郑絪"之本据，其事《新·郑絪传》曾采之。《通鉴考异》一九云："按三年九月戊戌，李吉甫罢相出镇扬州，四年二月丁卯，郑絪罢相，三月乙酉，王士真卒，承宗始袭位，四月壬辰，从史起复，若以从史山东就粮有诏归潞，则于是吉甫、絪皆已罢相，何得有谮絪之事？……若其讨

揄[①]，完全失去史家体裁，然始终未有指出其树植党羽，故可断言吉甫之无党[②]。

大致言之，唐末文人经过八司马之贬，甘露门之变，已逐渐丧失对抗宦官之勇气，责宦官不得者遂移而责宰相，乃宗闵以儿女私情，深恨德裕，更进而波及其先人。另一方面宦官欲夺取立宪宗之功，消灭弑宪宗之迹，会昌元年之敕令重修《实录》，似志在彰正其罪（此可由武宗之裁抑宦寺见之），为彼辈所不便，故诬德裕归美私门，暗施反抗，牛党恨李，又从而附和之。由是双方夹攻，吉甫父子

承宗时，朝廷不违其请，何尝使之旋师？盖郑、李未罢之前，从史尝毁邻道，乞加征讨，因擅引兵出山东，……但不知事在何年月日，……今因李绛论李锜家财事并言之。《新书》（《絪传》）云，从史与承宗连和，有诏归潞，误也。”《通鉴》因以意将吉甫谮絪事附于二年十一月，换言之，即深信《论事集》所言之不虚。《新唐书纠谬》二则力证新郑絪、李绛两传之误，所提时间性理由虽略同《考异》，但云：“此盖李绛之门生故吏撰集绛事者，务多书其事以为绛之美，然皆参错不实”，换言之，即指出《论事集》之不信。按《论事集》由牛党造以诋吉甫，所言自有“参错不实”，必欲求其与时间真状相合，未免强作解人。《考异》又引《贬从史制》辞云：“况顷年上请，就食山东，及遣旋师，不时恭命。”司马氏即执“旋师”两字，以为即许其进讨承宗，无命其旋师之理，此制出自朝廷之口，与《论事集》之诬诋不同。吾人如无法说明其中曲折，便难辟惑。考《白氏长庆集》三九，《与昭义军将士诏》，中有一段指陈从史罪状，其辞云：“近又苟求起复，请讨恒州，与贼通谋，为国生患，自领士马，久屯行营”（元和五年夏作）；据我所了解，久屯行营即是就食山东，确在请讨恒州之后。彼之东出，略类中和二年孟方立徙昭义军于邢，朝命其“旋师”，实促彼还治上党，非谓不必进讨承宗，措辞稍含胡，故启人误会。此解苟合，则所谓吉甫谮絪，益为无根之说，而《新·絪传》之记事，实本《白集》，司马氏偎诋《新·传》为误，适见其疏于考察而自逞臆断也。

① 如“吉甫至中书，卧不视事，长吁而已。……吉甫失色，退而抑首，不言笑竟日”。（元和七）此类事谁复记忆及之？

② 或引宪宗对李绛称，“向外人言朋党颇甚，如何？”（《论事集》五）以为元和前半期早有朋党存在，余则谓此乃宦官对宪宗之蛊说也。宪宗虽入宦官之谮，深恶八司马，然宦官犹恐其死灰复然，并防再有皇甫湜一流继起奋斗，故造为朋党之说以淆主君之视听，目的在隔断外廷建言之得入而已。

乃受谤益重,所谓“李党”,不外如是如是,僧孺等少数人狼狈为奸,说不上阶级斗争也。

第四十六节 吐蕃之衰及河陇恢复

吐蕃自为子仪与回纥所败(见前三十二节),曾四次会盟(永泰元,大历二均在京城兴唐寺,建中四年正月盟于清水,又同年七月盟于京城西),清水之盟,约定泾州西至弹筝峡[①]西口,陇州西至清水县(今甘肃清水县西),凤州西至同谷县(今甘肃成县),又剑南西山[②]大渡河东为汉界。吐蕃守备在兰、渭、原、会四州,西至临洮,又东至成州,抵剑南西界磨些诸蛮、大渡水西南为蕃界。(《通鉴》二二八胡注)然吐蕃视如无物,终代、德两朝,几于无岁不寇。朱泚之乱,浑瑊用吐蕃兵破泚将(兴元元年四月),初约复长安后,以伊西、北庭界之[③],然长安未复,已大掠而去,且受泚馈(同年五月)。及乱平,求如约,唐不许,遂以为怨。贞元二年,攻占盐、夏二州。翌年,约会盟平凉,浑瑊奉命往,虏酋尚结赞伏精骑数万于盟地之西,伏发,瑊仅得免,死者数百,被擒者千余人,劫副使崔汉衡等六十人而西。然其戍盐、夏者病疫思归,遂焚城去,数年间泾、陇、邠

① 《元和志》三,泾水“南流经都卢山,山路之中,常如弹筝之声,故行旅因谓之弹筝峡”。同书又言,都卢山一名可蓝山,在百泉县(见前四十五节三七八页注①)西南七十里。

② 《通鉴》二三四胡注:“自彭州导江县西出蚕崖关,历维、茂至当、悉诸州,皆西山也”;导江,今灌县东二十里,据《元和志》三一,蚕崖关在导江西北四十七里。茂州,今茂县。当州,今松潘西南二百一十里。悉州在清龙安府(今平武)叠溪(今同名)营西二百二十里。

③ 此据《通鉴》二三一;《新书》二一六下作泾、灵四州,当误。

一带，掠夺尽空，诸将束手。九年，诏泾原、山南、剑南各发兵深入吐蕃以分其势，毋令专向东方，于是剑南韦皋结合南诏，遣兵出西山，拔堡栅五十余，功最多。十七年，虏陷麟州，又诏皋九道并出西山以纾北边，然皋攻维州卒不能下。观于贞元两次措置，知维州实国防必争之地，司马光诚未深研当日之形势也（参前节）。

入元和后，寇患渐稀，盖南诏与之离，而彼方佛教传布日广，亦为一要因（佛徒豫国事者曰钵阐布，亦作钵掣逋）。下至开成末，国政渐乱，大中三年（八四九）七月，其秦、原、安乐（后改威州）三州及石门、木硖、驿藏、制胜、石硖、六盘、萧关等七关复来归[①]。（《会要》八六及七一）四年[②]，沙州人张义潮[③]逐去吐蕃当州守将。五年，以沙、瓜、伊、西、[④]甘、肃、兰、鄯、河、岷、廓十一州图籍归朝，因命义潮为归义军节度使，吐蕃占据陇右之时代，于是告终。先是，吐蕃所破州郡，皆毁其城郭、庐舍，弃羸老，虏丁壮，分隶诸蕃部，质

---

① 《元和志》三，《原州平高县》（《魏书》一〇六下，《通典》一七三均作高平，《通鉴》二四九胡注亦云，“原州本治高平”，说见拙著《隋书求是》），“木硖关在县西南四十里”，又“萧关故城在县东南三十里”；《新书》三七，原州“州境又有石门、驿藏、制胜、石硖、木靖等关，并木峡、六盘为七关”，又渭州平凉县，“西南陇山有六盘关”。按《元龟》五〇三载大中三年八月敕有武州，无萧关，据《会要》七一，则武州为收复萧关后所置，实际并无不同。

② 近金启综《唐末沙州张议潮的起义》引斯坦因的 S_{3329} 敦煌本，“时当大中二载××××沙州既破吐蕃，大中二年，……”谓义潮“于大中二年（八四八）率众擐甲噪州门”，“第二年的二月，天德军的报告送到长安……继而议潮又遣其兄议潭……入朝，于同年十月安抵长安，同年十一月唐廷宣布在光复地区设置节度使”。（一九五四年《历史教学》二期三三页）依文“第二年”应指大中三年，但按之旧有史料，实是四年之事，金氏既未书用唐年，又未注入公元数目，未免含混。旧史料无作大中二年恢复沙州者，金氏仅凭抄本孤证，遽行改定，亦未可从。

③ 金氏据敦煌六三、七一及一二一窟壁题名及义潮少年所书《谢死表》，“肯定义字系议字之误”。（同上引三四 — 三五页）按罗振玉《义潮传》注引《李氏再修功德记》及敦煌写本又作义潮，唐人好改名，不能肯定“义”字之必误。

④ 参《通鉴考异》二三大中七年二月条。

其妻子，厚其财货，驱迫之以寇中国；独沙州阎朝之降，约毋它徙，州人虽易虏衣冠，每当岁时祀先，则衣汉服，号恸而藏之，沙州人民之得全①，实河、陇恢复之基础。又《沈下贤集》十言："又尝与戎降人言，自瀚海已东，神乌、燉煌、张掖、酒泉，东至于金城，东南至于上邽、清水，凡五十郡、六镇、十五军，皆唐人子孙，生为戎奴婢，田牧种作，或丛居城落之间，或散处野泽之中，及霜露即降，以为岁时，必东望啼嘘，其感故国之恩如此。"至是，义潮阴结豪英归唐，一日，帅众擐甲噪州门，汉人皆助之，虏守者惊走，遂摄州事，不一年而再收复十郡，此皆当地汉族不甘为奴虏之意识所表现，非义潮一人之力也②。吾人既知陇右何以易于恢复，亦就明白河北所以长期沦没之故。

咸通二年（八六一），义潮又收复凉州③（四年，置凉州节度）。八年，义潮从子淮深继义潮之位。大顺元年（八九〇），淮深卒（敦煌本张景球撰《淮深志》称是年二月"陨毙于本郡"）④。景福元年（八九二），义潮婿索勋篡张氏自立，不久，被义潮女（李明振妻）所诛，乾宁元年（八九四）唐以义潮孙张承奉为节度。天祐二年（九〇五），有张奉者自立为白衣王⑤，号西汉金山国。约后梁贞明五年

① 晋天福三年（九三八）高居诲使于阗，犹称瓜、沙二州多中国人，见《新五代史》七四。

② 参《新书》二一六下及孙楷第《敦煌写本张淮深变文跋》。（《史语所集刊》七本三分四〇二 — 四〇三页）

③ 此据《新·传》，惟《新·纪》作三年，《通鉴》作四年。

④ 谢稚柳《敦煌艺术叙录》以为由于索勋之谋杀。（一四页）

⑤ 唐长孺《白衣天子试释》引《创业起居注》，开皇初，太原童谣有白衣天子，又《隋书》二三宋子贤、向海明均自称弥勒佛出世等故事，以为出于佛徒之妖言，远起元魏之世，疑王重民秦陇谣谶之说为不确，（《燕京学报》三五期二二七 — 二三八页）是也。记童时乡中妇女有持白衣斋者，秘密不愿人知，亦妖教之残迹。奉之残敕称"西汉金山国圣文神武帚敕"，（《沙州文录》）又《新五代史》七四称，"沙州梁开平中有节度使张奉自号金山白衣天子"，按唐末摩尼教流行西陲，白衣又与摩尼有关（见前卅四节），"圣文神武"之号复恰同乎回纥保义可汗。奉殆一摩尼教徒也。

(九一九),张氏戚曹义金主州政①;至宋景祐二年(一〇三五),始为西夏所并。

第四十七节　西北之内附部落

一、党项之兴及吐谷浑之同化

回纥甫定,党项复扰。党项之语原,余曾证为古突厥文之 Tangut(后译唐古、唐兀),突厥文称其复数,汉语称其单数②,亦即于阗文之 Ttamgūtvā③。部落甚多,不相统一,拓拔氏最强。北周时始大,其地北连吐谷浑,东接临洮(今临潭西南)、西平(今乐都)④,西拒叶护(即西突厥),南北数千里;换言之,即自今青海东南部南达西康,西迄西藏之东北。迨后吐谷浑虽衰,吐蕃又盛,党项乃渐向北移(与一般民族多自北徙南异)。吐谷浑,宋以后鲜有闻(《通鉴长编》一二,开宝四年,丰州言愿诱吐浑、突厥内附),而党项则成立西夏帝国,意前者同化力较强,否则其一部渐消纳于后者之中也(如吐谷浑本拓拔之裔,而党项亦有拓拔氏,又隋时吐谷浑有嵬王,而西夏时有嵬名令公)。俗皆土著,有栋宇,妻其庶母、伯叔母、嫂及

---

① 《千佛洞壁题》作曹议金。

② 见拙著《党项及於弥语原辨》(金陵大学《边疆研究论丛》一一九 — 一二〇页)。蓝文徵《隋唐五代史》上编谓党项即"羌"之音转,(四八页)非也,隋、唐时常称曰党项羌。丁骕谓藏语称高寒平旷之地为"党",因将党项比于宕昌,吴景敖已辨正之,(同前引书二〇 — 二一页)但如果"党"是高地之解释不误,则"党项"之原义殆为"高原人"。

③ 见拙著《突厥集史》卷一六。(未刊)

④ 见《隋书》八三,临洮、西平皆隋郡,故依《地理今释》隋郡所治之今地注之。若《西陲史地研究》二〇页称"西平即西宁",系晋郡之今地,又"临洮即今洮岷",亦非就郡治注释,故不取。

子弟之妇,唯不婚同姓。人多寿,年至一百五六十岁。无文字,但候草木以记时。

自北周及隋,或叛或服,常为边患。贞观初元以后,诸部数十万口相次内附,以松州为都督府,羁縻存抚之。嗣以吐蕃之逼,拓拔氏内徙庆州,余为吐蕃所役属。其居西北边者,天授三年内附,凡二十万口,散居灵、夏间;在庆州者号东山部落,在夏州者号平夏部落。

安史之乱,仆固怀恩之叛,皆觊隙为寇。大历后,稍徙石州,贞元十五年①,不堪官吏之诛求,奔还河西。元和九年寇振武,十四年,助吐蕃寇盐州,长庆二年,寇灵州。文宗时,藩帅恣其贪惏,强市羊马,不时偿直,羌人苦之,相率为盗。会昌三年,聚众寇邠宁,德裕奏党项愈炽,不可不为区处,向来分隶诸镇,剽掠于此,则亡逃于彼,节度使各利其驼马,不为擒送,宜择廉干之臣,兼统诸道,居于夏州,理其辞讼,从之;顾仍侵盗不已,六年二月,命夏州节度米暨为东北道招讨党项使。宣宗即位,发诸道兵进征,连年无功,大中五年,白敏中出任招讨,虽奏报平定,旋又扰边,知不过一时偃息而已。

咸通末,平夏部裔拓拔思恭窃据宥州,称刺史,中和年,命为夏绥银节度,弟思谏、思孝、思敬②皆位至节镇。后晋天福三年(九三八),高居诲使于阗,其《行记》称,自灵州过黄河,行三十里始涉沙入党项界,即宋代西夏中兴府所在地也(今宁夏)。

吐谷浑③自龙朔末迁入后(见前十二节),罕为唐患,与党项之

① 据《旧书》一九八,《通鉴》二三五同;《会要》九八作十二年,当误。

② 参《通鉴考异》二四中和元年及《廿二史考异》四二天复二年条。

③ 陈寄生《青海土人为吐谷浑后裔考》引《通考》三三四:"甘肃为回纥所并,归义诸城多没浑末,浑末亦曰嗢末,吐蕃数部也";又引同书三三五,梁开平二年西凉府遣拓拔承诲来贡,谓凉州旧有郓人二千五百为戍卒,及黄巢起事后,遂以阻绝,陈以为嗢末及郓人似皆吐谷浑遗部。(《新中国》七期三一页)按嗢末似波斯文 Ormuzd 之音译,是否吐浑,事殊可疑。若"郓人"则显是天平戍卒,故云阻绝,陈乃比诸吐浑,未免望文生义。

倔疆者异。安史之乱，吐蕃取安乐州，其众散居于朔方、河东[①]。永泰间，党项骚扰，子仪请置吐谷浑于夏州之西，以阻党项、吐蕃之相通。开成元年，生退浑部三千帐投丰州(《旧书》一七下)。无何，党项大扰河西，振武节度(治金河，今呼和浩特南)刘沔率吐浑等军大破之。(同上一六一)会昌初，回鹘南下，退浑马军助讨有功。(见《文饶集》)广明年间，其都督曰赫连铎，乾宁元年，李克用大破吐谷浑，杀铎，北汉刘氏犹有吐浑军数千人。(路振《九国志》八)

二、突厥族

突厥族流落于西北者数亦不少，除沙陀下文另见外，今择其较著之数种言之。

未分叙各部之前，先须说明一要点，自贞观以至开、天，唐对漠北屡次用兵，彼方亦迭生内乱，于是原住漠北之部落，或举众来投，或一分留居而一分南下，由于如此离析，同一部落遂有漠北、漠南之别，读史者切不要混视之。

(1)回鹘　高宗时，回纥某都督之亲属及其部落曾助唐征战有功者，自碛北移居甘、凉州界，天宝末，取其骁壮以充赤水军骑士；留碛北者则自则天朝起，并为默啜所役属(《会要》九八，并参《太平广记》一九一引《谭宾录》、《旧书》六七《李令问传》及一〇三《王君㚟传》，又前文卅二节)。天宝末年，突厥文《回纥毗伽可汗碑》云："残留于娑陵河流域而被控治之人民，有十姓回纥与九姓乌护，经已百年。"由天宝末上推百年，约当高宗初叶，中外书说，正堪互证。《旧书·回纥传》不能别开南、北两支，《新书·回鹘传》更接

① 《文饶集》一四《请市蕃马状》："右访闻蕃浑羊马，多在浑河川。"浑河即今晋北之桑乾河。

合两支不同之世系，王国维因而认天宝初回纥阙毗伽可汗为吐迷度之七世孙[①]；但吐迷度死贞观廿二年（六四八），而天宝（七四二）之前，阙毗伽之子磨延啜已二十六岁（据同前引碑），相距不过九十余年，试问此八世如何安插？回纥世系之应画分南、北，事甚显然。

下至唐末，河西居留之回纥，势始渐强；懿宗时扰灵、盐，乾符元年（八七四），又合党项寇天德。甘州回鹘之立国，史无确年[②]，其非从西州分来[③]，亦非乌介败后分来[④]，固毫无疑义[⑤]。考乾宁元年

① 《九姓回鹘可汗碑跋》。

② 《通鉴》二五二只于咸通十三年（八七二）下称："是后中原多故，朝命不及，回鹘陷甘州。"

③ 此为《旧·回纥传》之说（一九三六年《史学集刊》一期王日蔚《唐后回纥考》主之），孙楷第《张淮深变文跋》已辨其非，略言唐末据边州者多是内徙之外族，久居其地，值中国多事，遂成强虏，如沙陀居振武，因据河东而创后唐，党项居夏、绥、银、宥等州，因世守其地，吐蕃嗢末居陇右、河西，因陷河湟诸州，盖由生聚蕃衍，根柢已深，安西回鹘虽号强蕃，距甘州甚远，越国鄙远，究非易事，则据甘州者疑非安西回鹘而系夙居河西境内者云。（同前引《集刊》三八八页）余按此两者各自为部，故五代时有甘州回鹘、西州回鹘之别，可参拙著《误传的中国古王城与其水力利用》。（《东方杂志》四一卷一七号四三页）

④ 此为沙畹《摩尼教考》（五四页）之说，前引孙楷第文颇参用之；据余所见，即使会昌时有分入甘、凉，要非立国之主力部分也。

⑤ 在回鹘寇天德之同月，《通鉴》二五二又称："初回鹘屡求册命，诏遣册立使郗宗莒诣其国；会回鹘为吐谷浑、嗢末所破，逃遁不知所之，诏宗莒以玉册国信授灵盐节度使唐弘夫掌之，还京师。"吾人对此，首先要明白四点：党项与安西遥隔，合寇天德之回鹘，必应近在河西，一也。安西回鹘已成住国，未尝移徙，何至不知所之？其指河西一支，毫无疑义，二也。据《通鉴》二四九，安西回鹘曾于大中十年（八五六）遣使册命，相去未远，何云屡求？屡求者必非安西，三也。乾符元年末既不知所之，《通鉴》随又于二年书称："回鹘还至罗川，十一月，遣使者同罗榆禄入贡，赐拯接绢万匹。"则上年不知所之，似因其随党项入寇，四也。同罗榆禄应即同罗部之人，至德元年，同罗突厥随禄山反者有五千骑，自长安逃归朔方，（《通鉴》二一八）可信其遗余已与河西之各部合流。罗川，天宝改名真宁（今正宁），与党项寄居之庆州相接，回鹘来至此地，实同于入寇，故有拯绢之赐，唐末文献失坠，后人掇拾残余，致不明原委。胡注于还至罗川下注云："大中二年回鹘西奔，至是方还，实沿《通鉴》合安西、甘州为一部之误。"

（八九四），义潮婿李明振之子弘谏尚为甘州刺史（《李氏再修功德记碑》），天祐三年（九〇六），敦煌人为张奉撰《龙泉神剑歌》，始记奉与甘州回鹘争战，后梁乾化元年（九一一），沙州百姓上甘州回鹘可汗书称，遇可汗居住张掖，东路开通，天使不绝，近三五年来，彼此各起雠心，遂令百姓不安，而天复二年（九〇二），昭宗幸凤翔，有回鹘遣使来，愿率兵赴难①，则其始立断在乾宁、天复间，即九世纪最末之数年。

可汗牙在甘州（晋天福三，九三九年《高居诲行记》），盛时兼有甘、肃二州。古山丹城（Sandabil）亦其一都会，建筑于甘州南一百里扁豆谷附近，水草丰茂，路通青海，明、清时往来青海、西宁者多由之。大食作家伊宾墨哈黑尔（Ibn Muhalhil）约以天福六年（九四二）来华，其《游记》误认为“中国王城”，并称国内行政简要，法律严明，土人不杀牲，全不食肉，有杀生者犯死刑，地住突厥人、印度人甚多。墨氏又详记此城之情势云：

> 是城（如此）弘伟，故需一日（之程）乃能（横过）之。内计六十街，每街各延达于官署。吾人往游一（城）门，知其墙高厚各九十臂。墙上有一大川，分为六十支流。每支流向一闸流去，冲动一个转水之风轮，于是别一风轮又将水卷流至地面。由是，渠水之一半，流出墙外而灌溉田园。他半则导向城中以供给（渠水所经之）：街上居民及（街道所向之）官署之用水。后此（渠水）达到街之他端，（最后）流出城外。因是之故，每街有两条流渠。全街上两流渠之流向，系一顺一逆。其由城外

① 同前孙氏文三八八及三九七页。

流向城内之渠，所以供饮，其由城内流向城外者，载（民居之）污秽以去。①

由于以上所记，知甘州回鹘当日系信奉摩尼（参前卅四节）。整个部落似由寄居甘、凉之突厥各族——尤其是思结所组成，称曰回鹘者，举著要之族以概括其他也。传至宋天圣六年（一〇二八），始为西夏所灭，享国约一百三十载②。

（2）契苾　贞观六年来降，置于甘、凉二州，（《旧书》一〇九）与回纥、思结、浑等杂居。（同上一〇三）大和六年，振武节度李泳招收得黑山外契苾部落四百七十三帐。（同上一七下）开成时，振武刘沔率其部讨破党项。（同上一六一）会昌讨回纥之蔚州刺史契苾通，（《文饶集》五）中和元年败李克用之振武节度契苾璋，（《新书》九）皆其部人也。

（3）浑　初唐投降之浑，一部入塞，麟德中，灵州界上住浑、斛薛部落万余帐，后徙之河北。（《旧书》一八五上）亦有居凉州界者，开元中，其酋浑大得以罪流吉州，（同上一〇三）相德宗之浑瑊一家，即属此部。

（4）奴剌（奴赖）　贞观廿一年，奴剌啜匐俟友③率其部兵千余、口一万内附，开元三年，北蕃投降者有奴赖部，（《元龟》九七四）沙畹谓即奴剌④。上元二年，奴剌合党项寇宝鸡，宝应元年，寇

① 以上均见同前引《东方杂志》拙著三九—四四页。

② 同上四三页。

③ 《元龟》九七七作“侯友”，《通鉴》一九八作“俟友”，《丛刊》本下一字作“发”，余疑是“俟支”之讹。《元龟》常讹“支”为“友”。

④ 《西突厥史料》二三九页。《通鉴》一九八胡注：“奴剌部落居吐谷浑、党项之间”，又二二二注：“奴剌，西羌种落之名。”按“啜匐”是突厥酋长之衔称，“俟支”亦突厥译文常用之字，胡氏以为羌种，其误显然。大约奴剌内附后，安置于吐谷浑、党项之间，因而生误会也。

成固及梁州，永泰元年，仆固怀恩又诱奴剌等入寇，（《新书》二二一上及《通鉴》二二二）其后无闻。

第四十八节　外族之徙入与汉化（附蜑之名称）

安志敏言："中国古代之文化，决非由某一民族或某一单纯之文化所构成。"①此其说应为考古学家所公认。晚近二三十年，我国治上古史者亦尝努力作民族之分析，若为炎帝集团，若为黄帝集团，分别部居，有如指掌；然究其旨归，空洞无物，某集团相当于人种学之某派，否则因何关系而结合，其文化有何特点，曾无明了之界说，但求意想之编排，对于科学上之人种及考古，绝不能表现或多或少之现实联系，纸上谈兵，大辜所望。更锢蔽者，坚持单元，摆在眼前之汉、唐书说，熟视无睹，或充耳不愿闻，缺乏学者应有的虚衷态度，何怪乎致力虽多而呈功尚少矣。兹将汉、唐地理书说关于战国前戎、狄（亦作翟）两族之分布地域，约依自西而东之顺序，分列两表，（亦许书说未尽，然已可窥见大概）凡是汉郡、唐州，只取其所治之县，对注今地，下加"一带"字样为别。又汉县命名，如"渠搜"、"大夏"等，注家均认其与"龟兹"同例；实则此各种民族早已在当地奠居，汉置郡县，乃因之立名耳。

甲、戎族分布表

敦煌郡 敦煌	《汉书》颜注，即《春秋左氏传》所云，允姓之戎居于瓜州者也。	今敦煌。

① 《评安特生〈中国史前之研究〉》。（《燕京学报》三八期二七四页）

续表

瓜州	《通典》,古西戎地,战国时为月支所居。	今安西一带。
肃州	《元和志》,古西戎地也,六国时月氏居焉。	今酒泉一带。
张掖郡骊靬	《汉书》。(钱坫新斠注“本以骊靬降人置县”)	今永昌。
昭武	同上。	今张掖西北。
甘州	《元和志》,自六国至秦,戎、狄、月氏居焉。	今张掖一带。
凉州	《通典》,周时为狄地。《元和志》,自六国至秦,戎、狄及月氏居焉。	今武威一带。
陇西郡大夏	《汉书》。	今导河(宁夏)。
洮州	《通典》,秦、汉以来为诸戎之地①。《元和志》,古西羌地也。	今临潭一带。
陇西郡	《后汉书·西羌传》,秦昭王灭义渠戎,始置。	今临洮一带。
渭州	《元和志》,古西戎地,战国时羌、戎杂居其地。	今陇西一带。
天水郡獂道	《汉书》应劭注,獂,戎邑也。	今陇西。
戎邑道	《汉书》。	今秦安。
秦州	《通典》,古西戎之地。	今天水一带。
陇西郡上邽	《汉书》应劭注,故邽戎邑也。	今天水西南。
安定郡	《汉书》杨恽《与孙会宗书》,安定山谷之间,昆戎旧壤。	今固原一带。
原州	《括地志》,战国及春秋时为义渠戎国之地。	今固原一带。
安定郡朝那	《汉书》应劭注,故戎那邑也。	今平凉。
乌氏戎②	《括地志》,周之故地,后入戎。	今平凉。

① 观此,似秦、汉以后,尚有戎族住其地。

② 蒙文通《犬戎东侵考》云:“乌氏盖即《穆天子传》赤乌氏之裔,亦进而处安定之近地。”(《禹贡》六卷七期一二页)赤乌氏,据我研究,应在于阗附近(说已刊),又据杨恽言,安定山谷为昆戎旧壤(引见前),但昆戎或绲戎即犬戎,(《史记·匈奴传》)我曾证其为今之于阗,(《新疆论丛》创刊号七一 — 七二页)是拙说与蒙氏说有互相证合之用。换言之,蒙氏据《穆天子传》,认于阗附近之人,迁至安定,我则据杨恽言,认于阗人迁至安定,实殊涂而同归也。

续表

朐衍戎	同上，盐州，古戎狄居之，即朐衍戎之地。	今灵武东南。
庆州	《通典》，春秋时义渠戎之地。	今庆阳一带。
宁州	同上，春秋时戎地，即义渠戎国。	今宁县一带。
北地郡	《后汉书·西羌传》，秦灭义渠戎置。	今环县一带。
北地郡义渠道	《汉书》韦昭注，本西戎国。	见上庆、宁二州。
朔方郡渠搜	《汉书》。	今鄂尔多斯右翼。
丰州	《通典》，春秋戎、狄之地。	同上右翼后旗一带。
胜州	同上。	同上左翼后旗一带。
上郡阳周	《汉书》陈馀《与章邯书》，蒙恬为秦将，北逐戎人，开榆中地数千里，竟斩阳周。	今安定北①。
龟兹	《汉书》颜注，龟兹国人来降附者处之于此，故于名云。	今榆林北。
上郡	《后汉书·西羌传》，秦灭义渠戎置。	今绥德一带。
京兆尹新丰	《汉书》，骊山在南，故骊戎国。	今临潼东北。
醴泉	《汉书·西域传》颜注："今雍州醴泉县北有山名温宿岭者，本因汉时得温宿国人，令居此田牧，因以为名。"	今醴泉。
左冯翊临晋	《汉书》，故大荔（戎），秦获之	今大荔。
陕州河北	《左》成元年，王师败绩于茅戎，《括地志》，茅城在陕州河北县西二十里。	今陕县。
弘农郡陆浑	《汉书》，春秋迁陆浑戎于此。	今嵩县东北。

① 《括地志》谓汉阳周县在宁州东南七十里之罗川县，（《史记·项羽纪》正义）《通典》一七三、《元和志》三均沿之，但罗川即今甘肃正宁，与榆中相隔太远，依《韵编今释》，正宁之阳周乃后魏所置。

续表

河南郡新成	同上，蛮中，故戎蛮子国[1]。	今洛阳南。
汝州梁县	《元和志》，蛮中聚即戎蛮子国也，在今郡西南，俗谓之麻城。	今临汝。
岚州	《通典》，晋灭后为胡地，有楼烦王居焉。	今岚县一带。
雁门郡楼烦	《汉书》应劭注，故楼烦胡地。	今崞县。
陈留郡济阳	《左》隐三，公会戎于潜，杜预云，陈留济阳县东南有戎城。	今兰封。
宋州楚丘	《寰宇记》一二引《九州记》，己氏本戎君之姓，盖昆吾之后，周衰，入居中国，故此有己氏之邑。	今曹县。
蓟州渔阳	《通典》，古北戎无终子国也，一名山戎，凡三名。	今蓟县。
平州	同上，春秋山戎国地[2]。	今卢龙一带。
营州	同上，春秋时地属山戎。	今朝阳一带。

乙、狄族分布表

甘州	见甲表。	
凉州	见甲表。	
丰州	见甲表。	
胜州	见甲表。	
坊州	《元和志》，古之翟国。	今中部一带。
鄜州	《通典》，春秋白翟之地。	今鄜县一带。

---

① 此非南蛮之谓，见前引蒙氏文一〇页。

② 《通典》一七八，平州，“春秋山戎、肥子二国地也”。按《左传》昭十二年晋假道鲜虞，遂入昔阳灭肥；《通典》同卷镇州稾城县下称，“汉稾县故城在今县西垒，故肥子国”，则肥国之地显不能东达平州，《广韵》“平”字下所注系沿《通典》之误。近人方庭《论狄》一文，谓上郡与平州之间当为白狄故地，则又过信《广韵》而未之察也。

续表

绥州	《元和志》,《隋图经》云:义川本春秋时白翟地,今其俗云,丹州白室,胡头汉舌,其状似胡,其言习中夏;白室即翟语讹耳,近代号为步落稽胡,自言白翟后也。	今宜川一带。
延州	《通典》,春秋白翟之地。	今延安一带。
绥州	同上。	今绥德一带。
银州	同上。	今米脂、神木一带。
陕州垣县	《元和志》,皋落城在县西北六十里。	今垣曲。
石州	《元和志》,春秋时①为白狄之地,今步落稽其胄也。	今离石一带。
潞州	《通典》,春秋时初为黎国,后狄人夺其地,赤狄潞子婴儿为晋所灭。	今长治一带。
朔州	《元和志》,春秋时为北狄地。	今朔县一带。
云州	同上。	今大同一带。
镇(恒)州②	《通典》,春秋时鲜虞国之地。	今正定一带。
定州	《元和志》,春秋时鲜虞白狄之国。	今定县一带。
洺州	《通典》,春秋时赤狄之地。	今永年一带。

在未进行分析上表之先,须得说明者三事:(1)书说如《通典》、《元和志》,似乎时代较晚,但须知杜、李之书,只是集合两汉以来书说,并非由其创造,故信值与《汉书》诸家注无异。(2)胸中先不要横一个《禹贡》观念(金文及战国巨著之《左氏传》,均未见九州之分画),尤不可因此以为我国尤其黄河流域,在公元二千年前已为单纯的民族所专据。彼时实际上分布着各种民族,甚而从《禹贡》雍州下"昆仑、析支、渠搜、西戎即叙"之文,亦可反映出来,故唐虞

① 《元和志》一四,此下原有"属赵亦"三字,但春秋时赵国未立,故删去。

② 杜佑生时恒州尚未改名(《元和志》一七亦作恒州),今本作镇州,是后人追改,故条末有"元和十五年改为镇州"之羼入。

之世的记载，须暂行撇开。(3)近世尝谓夷、蛮、戎、狄字古常混用，并非专系于东、南、西、北之方向①，此只是片面的看法；时代较早或较有系统之作品，固北必是狄，西必是戎(如所引《通典》及《元和志》)。吾人更要顾及民族非固定不移之自然物，例如陆浑戎由西方迁到弘农(河南)，何怪东边有戎②(东北有山戎，亦同斯例)，西戎之义，溯其本土。至于狄系指涂兰族(Turan)，即后世所谓突厥族，余已有说明③。接触于我国西方、最古老而又最强大者，舍阿利安族莫属，再征诸汉代西北之有龟兹、渠搜、大夏、骊靬、昭武等族姓与唐时天山南路几全属于伊兰印度语系，则认古代之戎为阿利安族，殆可谓毫无疑议。

依此以分析上表，可得到如下之结论：(甲)大致言之，甘肃几于全省，陕北、晋北、晋南山岭地带、冀北以及冀西南，都是戎、狄分布之地区。(乙)戎之主要地在西边④，狄之主要地在东边，惟戎又循着长城边缘，断续散处，达于太平洋海岸⑤。(丙)除去简称为"狄"者之外，白狄与赤狄，其间显有区别，惟现时尚难确言；只知白狄占地特广，西起陇边，东达冀部，赤狄则逼处晋南山地及冀之一隅，白处北而赤处南，准后浪推前浪之理，可信赤狄之来在先，白狄

① 倡之者为崔述《丰镐考信别录》三，近如梁启超《饮冰室文集》、童疑《夷蛮戎狄与东南西北》，(《禹贡》七卷一〇期)李斐然《中国古代民族之迁徙考》(《新亚细亚》一二卷五期，谓"戎"、"狄"无严密之界限)等均持相类之见解。

② 李斐然谓"西戎之伸张，适与中国为平行，屏蔽雍、冀之北，直达渤海之岸，由中州视之，固北而非西矣，故曰北狄"。(同前引二六页)前截对于西戎之伸张，已能勘破，惟末截以"西戎"转变为"北狄"，则仍陷于"戎""狄"同一之错误。

③ 《东方杂志》四一卷三号拙著《中华民族与突厥族之密切关系》。

④ 王国维云："汧、渭之间，乃西戎出入之要道。……又西逾陇坻，则为戎地，张衡所谓陇坻之险，隔阂华戎者也。"

⑤ 参本页注②，又张星烺《交通史料汇编》一册云："此处(指山西)之大夏，或为新疆移来之一部分。"

居后。（丁）渭州先为戎地而后则羌、戎杂居，洮州或称戎地，或称羌地，均表示戎与羌犬牙交错，靠南山之边缘地方，两族势力有互为伸缩之可能。

推言之，春秋时戎、狄分布之地域，就现在全国总面积论，似乎比重不大。但试一思及当日文化发展，仅限于黄河流域，有"戎狄几半天下"之现象，便觉得非同小可。况据近年可靠之甲骨文研究，商族活动之范围极狭[①]，可信商及西周已有戎、狄散布的现象，并不止春秋为然，民族既殊，文化自异，是考古学家认为某地有两三种文化者，正得与上古民族分布之复杂，互为证明（例如甘肃即可有戎、狄、羌及月氏三四种文化）。现时亟须努力者，则某一种文化应属于某一民族而已。抑尚须特别辨正者，各种民族经过长久时间，逐渐冶合为汉族之原子，故难以复辨，王国维乃谓战国时中国戎、狄既尽，或逃亡奔走，复其故土[②]，则观于后来仍有步落稽一族而知其妄矣。

上举事实，为国史可知之第一次民族大混合。次则五胡乱华时期。（《晋书》五六江统言："关中之人，百余万口，率其少多，戎狄居半。"）再次则唐所招徕提携之数多降众。近年学者对于末一时期之归化事迹，虽已极力搜索，著成专篇[③]，然往往注重个人，未见其大。考隋、唐时代遇比邻兄弟民族有受强暴侵陵至于国破家

① 参看《甲骨学·商史编》一附图。其他所考，未必定可信据。

② 《甲骨学·商史编》五页一二及二一引。李斐然谓"秦、赵北击之后，狄人受此重劫，却退北鄙，集合诸部，汇为大国，……国号匈奴"（同前引二七页），即王说之引伸。按秦、赵作战，都在北边，而许多戎、狄之住地，远出其南，初未闻于南边实行扫荡及驱逐，故李说最少不适用于居地较南之戎、狄。

③ 桑原隲藏《隋唐时代往来中国之西域人》（一九二六年内藤《还历论丛》）及向达《唐代长安与西域文明》。

亡者，往往划地安置之，任度其自由生活，未尝挟狭隘之民族观念，强迫同化，此实汉族伟大思想之表现，值得自夸。居处既接，历年稍久，文化较低之族，辄不知不觉与我族融洽而为一，唐史中类此之归化人，乃不可悉数。《新唐书·地理志》为弥补《旧唐书》之过略，特于卷四三下辟羁縻州一门，实宋代修史诸公之特识；据其序言：

> 突厥、回纥、党项、吐谷浑隶关内道者为府二十九，州九十。突厥之别部及奚、契丹、靺鞨、降胡、高丽隶河北者为府十四，州四十六。突厥、回纥、党项、吐谷浑之别部及龟兹、于阗、焉耆、疏勒、河西内属诸胡、西域十六国隶陇右者为府五十一，州百九十八。羌、蛮隶剑南者为州二百六十一。蛮隶江南者为州五十一。隶岭南者为州九十三。又有党项州二十四，不知其隶属。大凡府、州八百五十六，号为羁縻云。①

吾人读之，固叹其用力之勤，却又惜史料不足以相副。篇内杂乱无章，事远年湮，不易一一加以批评分析，今姑摘其最要者，则编纂时未尝与各外国传作详细之比定；即如关内道之坚昆都督府、烛龙州、余吾州，河北道之奚（奉诚都督府领州五，又开元置之归义州）、契丹（松漠都督府领州八）、黑水州都督府、渤海都督府及安静都督府，陇右之诸胡州（河西内属诸胡州十二，府二）②及西域（府十六，

① 按细数合计，关内重出坚昆都督府（一误坚毗），河北多出“归诚州”一，不详原来部落，陇右突厥府只得二十六，故陇右府实五十，剑南州只二百六十，岭南州只九十二，依此加减，总数应正作“八百五十四”。（并参蓝文徵《隋唐五代史》上编一二九页）

② 四镇都督府所领三十四州皆阙名，但河西内属诸胡州府中如乌垒、和墨、温府、蔚头、渠黎等都是西域国名，容与阙名之州有关。

州七十二)[①],皆是虚给名义,实际上彼等仍为独立之民族或国家,其事实已多少见于外国传中,此处自不应复出。

其次,关内道之突厥(新黎、浑河、狼山三州)及回纥(燕然、鸡鹿、鸡田、东皋兰、榆溪、置颜、居延、稽落、浚稽、仙萼、瀚海、金微、幽陵、龟林等州府),虽一度降附,然州府设在彼等本部,唐对其内政并未行使何等权力,实际仍与独立民族无殊;陇右濛池、昆陵二都护[②]所辖廿六府、四镇都督府所辖三十四州亦大抵相同,事实已略具本传,不必复见。

又次,关内道隶单于都护之突厥四府、十五州[③],与河北道之突厥二州,原系将徙入我国之突厥部落分置,但到调露元年突厥廿四州首领同时叛变,其后更迁回漠北,留漠南者数必有限,事实已详《突厥传》;又河北道之高丽九府,只短时间在我国统治之下,不久就被新罗、靺鞨所吞并,亦详高丽本传,都无庸复见。

又次,关内道之党项(府十四,州五十一)[④]、吐谷浑(州二),陇右道之党项(府一,州七十三与未详所属州二十四[⑤])、吐谷浑(州一),剑南道之羌(州百六十八)、蛮(州九十二),江南道之蛮(州五十一),岭南道之蛮、獠(州九十二),多数系置于各族原日之住地。就中党项、吐谷浑两族,经过吐蕃侵略,一部分内徙庆、夏数州(分

---

① 关于府、州数目,各书所记,不尽相同,可参《圣心》二期拙著《课余读书记》三四 — 三七页。

② 蓝云:“时有崐陵、濛池二都护,后俱废罢,且不在沿边。”(一三〇页)按此二都护辖西突厥之十箭,设在西北极边,蓝乃谓不在沿边,盖于西突厥史未尝深究也。

③ 内呼延都督府下之跌跌州,乃开元三年跌跌在北庭降附时所置,与贞观间之设置无关,兹剔出,另见下文。

④ 内兰池都督府即宥州,不属党项,故剔出,另见下文。

⑤ 只列出乾封州等十一个州名,余阙。

见本传),孰为原置,孰为侨置,已无法分析。凡此之类,似可依《旧书·地理志》分附各道、各府之下,不必别自成篇。

名称之错误者,如志云:"回纥州十八,府九,贞观二十二年分回纥诸部落置。"依隋、唐间称呼之习惯,应称曰"铁勒州……"或"铁勒诸部落",回纥不过铁勒中之一部,不能用以概括其他各部。

由于以上之大致清除,再旁参他书,略加整比,则原住汉地及陆续徙入之非汉族,其逐渐汉化者颇为大宗,兹分项叙述以见一斑。

(一)突厥族

甲、步落稽　一曰稽胡,自称白狄之后(见前引《元和志》)①。晋州稽胡,晋初赐姓呼延氏。(《通志略》三)自离石以西,安定(今甘肃泾县)以东,方七八百里,居山谷间。其俗土著,如延州、上郡、丹州、绥州、银州一带皆有之。兄弟死,皆纳其妻。(《周书》四九)按《后汉书·西羌传》,"分散为附落",又"摧破附落",江统《徙戎论》,"听其部落",附落与部落同义,只读音小变;步落稽又"部落"之延音,其原名必是突厥语之 bulak 或 bölük②。离石胡首见于史者为东晋孝武初年(三七三——据《梁书》五四),魏太和二十年(四九六),破汾州叛胡,(《魏书》七下)世宗初(五〇〇),汾州属吐京(今孝义西)、五城(今蒲县东南)二郡山胡皆叛。(《魏书》六九)周建德六年(五七七)稽胡反,齐王宪讨平之,宣政元年(五七八)汾州稽胡又反,越王盛讨平之,(《周书》六及七)隋石州(即离石)总

① 《周书》四九云:"盖匈奴别种刘元海五部之苗裔也;或云山戎、赤狄之后。"赤狄当白狄之讹。山戎远在东北,未见其相关。首句加"盖"字,似是史家个人意见,且《刘渊载记》并未之及,《隋图经》之说当上有所承,自较可信。

② 毗尔云:部落与突厥语 bulak 相当,帐地也(《译大唐西域记》四五页注⑫)。余按突厥语 bölük,此云"部分",亦可能为步落稽之语原。

管虞庆则招徕稽胡八千余户。(《隋书》四〇)隋、唐之交,直至大历中犹见于载籍①,后此不复闻,其后来同化是意中事②。其语呼奴曰"库利",(《元和志》三)古突厥文 qul,此云奴隶,故知余证狄族为突厥族之不诬也。

乙、铁勒各部　有如

皋兰、燕然、燕山、鸡田、奚鹿、烛龙等六州。开元元年,复以九姓部落置,并属灵州③;(《会要》七三)计燕然户一百九十,口九百七十八,鸡鹿户一百三十二,口五百五十六,鸡田户一百四,口四百六十九,以上三州并寄在回乐县(今灵武),鸡田即李光进兄弟所属。(参下注②)(东)皋兰寄在鸣沙县(今中卫)界,户一千三百四十二,口五千一百八十二。燕山户四百三十,口二千一百七十六,烛龙户一百一十七,口三百五十三,以上二州并寄在温池县(今灵武)界。(《旧书》三八)总计不下万人。

达浑都督府。开元三年,以延陁部落置,寄在夏州宁朔县(今榆林)界,管姑衍、步讫若、嵠弹、鹘、低粟五小州,户一百二十四,口四百九十五。(参《旧书》三八)

仆固州都督府。约开元四年置,寄在夏州朔方县(今横山)界,户一百二十二,口六百七十三。(同上)④

① 武德元年四月寇富平,四年正月酋刘佡成数万寇边,同年三月降,(《通鉴》一八五、又一八八 — 一八九)并参《旧书》五六《梁师都、刘季真传》、一九六下《吐蕃传》及《隋史》十九节。

② 《旧书》一六一云:"李光进本河曲部落稽阿跌之族也。"按阿跌为漠北十三部之一(见前二节),而部落稽则久居汉地,考《光进碑》称:"公之先本阿跌氏,出于南单于左厢十二姓,……尝统数千庐落,号别部大人。"(《金石萃编》一〇七)并未提步落稽,《旧书》当是误增"稽"字,《新书》一七一只称"河曲诸部"。

③ 奚鹿即鸡鹿之讹,此是开元初新附之众,除燕山外,其余五州,虽与贞观所设同名,但人事上并无关系,读者切不可误信《新·志》,以为贞观降众至开元犹存。

④ 尚有安化、宁朔二府,殆非铁勒部落,说详拙著《突厥集史》卷一三。(未刊)

顺州　贞观六年，以突厥部置于营州。则天时李尽忠陷营州，乃侨治幽州城中（今北京西南），天宝户一千六十四，口五千一百五十七。（参《新·志》及《旧书》三九）

瑞州　贞观十年，以乌突汗达干部置威州于营州境，咸亨中更名，神龙初改隶幽州，领来逮（或作来远）一县，天宝户一百九十五，口六百二十四。（同上）

兴昔部落[①]、皋兰府、卢山府、金水州、蹛林州、贺兰州。皆契苾、思结等部，寄在凉州界内，连吐谷浑两部合计，共有一万七千余人。（《旧书》四〇及《新·志》）

（二）东北族

甲、奚　（1）崇州，武德五年，分饶乐都督府置，处奚可汗部落，后寄治潞县（今通县），天宝户二百，口七百一十六。（2）鲜州，同是武德五年置，后亦寄治潞县，天宝户一百七，口三百六十七。（《旧书》三九）

乙、契丹　（1）归顺州，开元四年，以松漠府弹汗州部落置，天宝户一千三十七，口四千四百六十九。（2）威州，武德二年，以契丹内稽部落置，后寄治良乡（今房山），天宝户六百一十一，口一千八百六十九。（3）玄州，隋开皇初置，处契丹李去闾部落[②]，侨治范阳县（今涿县），天宝户六百一十八，口一千三百三十三。（4）带州，贞观十九（《新·志》作十年）置，处契丹乙失革部落，后侨治昌平县（今同名），天宝户五百六十九，口一千九百九十。（5）昌州，贞观二年置，领松漠部落，后侨治安次县（今同名），天宝户二百八十一，口一

① 或与高宗时西突厥之兴昔亡可汗有关。

② 《新·志》作“贞观二十年，以纥主曲据部落置”。

千八十八。(6)沃州,载初中析昌州置,后寄治蓟县(今北京西南),天宝户一百五十九,口六百一十九。(7)信州,万岁通天元年置,处契丹乙失活部落,后侨治范阳县,天宝户四百一十四,口一千六百。(8)青山州,景云元年析玄州置,后寄治范阳县,天宝户六百二十二,口三千二百一十五。(《旧书》三九)按契丹即辽之前身,由上数观之,在燕云未陷二百年前,彼族繁息于幽州一带者已万六千人以上矣。

丙、靺鞨　(1)隋末酋帅突地稽内附,武德初改置燕州[①],后移昌平之桃谷山,天宝户二千四十五,口一万一千六百三。突地稽赐姓李,子谨行,有部落家僮数千人。(《旧书》三九及一九九下)(2)慎州,武德初置,领涑沫靺鞨乌索固部落,天宝户二百五十,口九百八十四。(3)夷宾州,乾封中置,处靺鞨愁思岭部落,天宝户一百三十,口六百四十八。(4)黎州,载初二年析慎州置,天宝户五百六十九,口一千九百九十一;以上三州,后皆寄治良乡。(《旧书》三九)

丁、室韦　师州,贞观三年置,领契丹、室韦部落,后寄治良乡,天宝户三百一十四,口三千二百一十五。(同上)

戊、高丽　江统称,正始中毌丘俭徙句骊于平阳,(《晋书》五六)此是早期之入徙。贞观廿二年,房玄龄表称:陛下"亲总六军,问罪辽碣,未经旬日,即拔辽东,前后虏获数十万,计分配诸州,无处不满。"(《政要》九)又《新书》二二〇《高丽传》;"总章二年,徙高丽民三万于江淮、山南,……仪凤二年,授(高)藏辽东都督,封朝鲜郡王,还辽东以安余民,先编侨内州者皆原遣。……藏与靺鞨谋反,未及发,召还,放邛州,厮其人于河南、陇右。"合观之,可决河南、陇右唐时确有

① 《新·志》称"顺化州,县一,怀远",且误附奚州之内,兹从《旧书》。李邕书撰之《云麾将军李秀碑》即谨行之子,别有详说。

高丽徙民,惟原遗若干,是否并及贞观末所分配,则不可确知矣。

己、新罗　长庆元年,平卢节度薛平(据《旧书》一六,《会要》误苹)奏海贼诋掠新罗良口,将到当管登、莱州界及缘海诸道,卖为奴婢,乞明敕禁断;三年及大和二年又重申前令。(《旧书》一六及《会要》八六)同时有新罗人张保皋,请于其王,予以万众,镇守绾扼海路之清海,自大和后,海上遂无贩鬻之风云。

(三)伊兰族①

《洛阳伽蓝记》三云:"商胡贩客,日奔塞下,……乐中国土风因而宅者不可胜数,是以附化之民,万有余家。"又贞观中康国大首领康艳典东来,于鄯善一带修筑新城、典合城(后名石城镇)以居,(《沙州图经》)此为自北魏至初唐中亚人入居我国之零星史料。唯有数量极大而迄未得相当之注意者,则六胡州是。

六胡州之胡人,最初自何处徙来,史无明白之记载,据《元和志》四,调露元年于灵州南界置鲁、丽、含、塞、伊、契六州,处突厥降户,时人谓之六胡州。按调露即突厥复叛之年,突厥辖下胡人极多(参前《隋史》五节、十九节及《唐史》二节),此六州之户,必是突厥原辖之中亚胡人,既居留我国七八十年,乐不思蜀,故不随突厥叛去;到武后圣历间,默啜屡申索回六胡州之议(参十二节),即索取此项丁口也。长安四年将六州并为匡、长二州。神龙三年在盐州白池县(今灵武东)北八十里置兰池都督府②,改六州为六县,隶

① 向达《新疆考古概况》称:"维吾尔、塔塔尔、柯尔克兹、俄罗斯、乌孜别克这些民族,过去我们叫它为伊兰民族,分布在中国与西域之间。"(《文物参考资料》四〇期二五页)非也。伊兰是阿利安之一派,若维、柯二族属突厥,塔、乌二族为蒙古混血,都与伊兰无关。同一文内又称:"伊兰语系即印欧语系。"(三三页)亦误,印欧与印伊擘分为两大语系,伊兰语应属于印伊一系。

② 《新·志》误将此府列入党项府。

之。开元八年，河曲胡首领康待宾、安慕容、何黑奴、石神奴、康铁头（康、安、何、石皆九姓胡之姓）等拥众反，攻陷六胡州①，翌年六月，平之，斩三万五千骑（据《旧书》八，《通鉴》二一二则称杀叛胡万五千人），可见生齿甚众。玄宗《平胡》诗序言："戎羯不虔，窃我荒服"（《全唐诗》一函二册），又可确证其为中亚胡人也。待宾甫平，余党康愿子复反，十年始行底定，因移河曲六州残胡五万余口于许、汝、唐、邓、仙、豫等州（仙州，开元三年分汝、唐、豫、许四州地置），二十六年，听还故土，于盐州（今灵武东南）东北三百里、夏州（今横山县西）西北三百里置宥州安置之（即在今河套之内）。贞元二年，吐蕃寇盐、夏，马燧出击，六胡州皆降，乃迁之云、朔之间（《通鉴》二三二。云州今大同，朔州今朔县）；大和四年仍住其地。（同上二四四）

此外尚有河北道之瀛州，天宝初于范阳县界置，户六百四十八，口二千一百八十七（《旧书》三九），当是禄山用以处置其同族者。

综上零碎材料，已见得中唐之前，西起甘、凉，东迄幽、燕，外族逐渐融合于汉族者不下数十万，西方之羌，如党项、吐谷浑，尚未计入，其数至可惊。此后北方氏族之孰纯孰杂，已达于无可究诘之地步，吾人正不必摭拾少数个人材料，甚而牵强附会，诧为异事矣。

说虽如此，吾人论点要当求其泾渭之可分，蓝文徵《隋唐五代史》将此一期之民族，分为（1）基本民族，（2）新归化民族，所辑材料占五十页，几居全书三分之一，用力不可谓不勤，惟对问题区别弗清，编次之间，已不无可议，今姑举一二例言之：如汉化与蕃化之混同也，"虞庆则'本姓鱼，其先仕于赫连氏，遂家灵武，代为北边豪族，……（庆则）善鲜卑语。'"（二五页）仕赫连氏与善鲜卑语均只

① 此条，《旧书·本纪》错字颇多，现经校正，说详拙著《突厥集史》卷九。

属于蕃化性质，不能遽与系出鲜卑者一体并论。赐姓与血统之无别也，"观德王雄'高祖族子也，父纳仕周，……赐姓叱吕引氏'；牛弘'安定鹑觚人也，本姓寮，……父允，魏侍中工部尚书临泾公，赐姓为牛氏'，是杨雄、牛弘亦皆胡化汉人也。"（同上）按鲜卑时代，汉人稍有功绩，便赐以鲜卑之姓，充其量凡北人曾受鲜卑统治者皆可谓之多少蕃化，何得与真鲜卑人等量齐观。又外兵与流寓、内徙与降附、教徒与蕃人之区别不清也。蓝云："'元帅广平王领朔方、安西、回纥、大食兵十五万以收京师。'此十五万人中，朔方军数殊有限，余悉为外兵也。"（同上三一页）按回纥遣来不过四千余人，（《通鉴》二二〇）于阗尉迟胜所率只五千人（《新书》一一〇），则其他大食、吐火罗之兵数若干，可想而知；安西兵额原二万四千，河西七万三千，朔方六万四千七百，唯其当日将河西、朔方兵马调空①，故吐蕃得以攻陷河、陇。即让一步说，外兵来者岂便流寓中国耶？蓝氏称西晋初期外族"归化者四十四万余口"，（同上二二及六八页）但须知史载"归化"、"内附"、"来降"等等，许多只是愿为藩属，不能看作全数内徙。蓝氏更引会昌五年"勒大秦穆护祆②三千余人还俗"，以为"异域人留唐者众"；（同上三一页）然当日诏敕固有"如外国人送还本处收管"之规定，（《旧书》一八上）所勒者只本国归依外教之教徒，此一条不足为外人留唐者众之证佐。简而言之，吾人考史，须把界限分清，寻出明确之证佐，切不可贪多而杂采。

归化外人之效力我国者已有专篇可考，此不再赘。唯咸亨中，

---

① 蓝书亦有"肃宗起灵武，悉召河西兵赴难之语"，（二一页）此其不相照应之处。

② 此文应"穆护祆"为一句，蓝书以穆护为"摩尼教徒"，（三一页）则由未考穆护之语原（见卅四节），余所以谓历史家须兼通不并世之语言也。宋张邦基《墨庄漫录》始误以祆与穆护分为二教。

李谨行出击高丽叛众，其妻刘氏留伐奴城，高丽引靺鞨攻之，刘氏擐甲率众守城，久之，寇退，高宗嘉其功，封燕国夫人，（参《新书》二二〇及《通鉴》二〇二）则有特记之价值。

广东有所谓“蛋家”，始见于柳宗元《飨军堂记》（“胡夷蜑蛮”）。《说文》，蜑，南方夷也，或以为即《淮南子》“使但吹竽”之“但”。考之五代以前书说，于湘有天门蜑（《晋书》九，今石门），于蜀有让（或作獽）蜑（《华阳国志》一，在涪陵郡即今彭水之北），于桂则称洞蜑，（《昌黎集》二七《房公墓碣》）于滇则称夷蜑、（《蛮书》十）蛮蜑（《唐语林》七，又作“蛮坦”）及姚蜑，（《鉴诫录》二）于安南则称蛮蜑，（《桂苑笔耕》一六）称谓绝不一，面积亦极广，按《隋书》三一“长沙郡又杂有夷蜒，名曰莫傜”，四八《杨素传》有巴蜑卒，八二《南蛮传》序称蜒为南蛮杂类之一，又《蛮书》十“蜑即蛮之别名”，合观前引各例之用法，“蜑”字似为极泛之称谓，与“蛮”字略同，近世苏人犹称鲁人为蛮子，（见章太炎《新方言》）吾乡呼广州语及其他语言为“蛮声”，简言之，即谓“与我们有所不同”而已，“但家”未必是原来种族之区别。

第四十九节　唐末之一瞥及其史料

古代传下之史料，即使相当充实，亦常只表现其片面；如果某一时期史料缺乏，则更如观背面美人图，无由窥其真相。唐自武宗以后无《实录》，故五代所修《旧唐书》本纪，乃同于断烂朝报，而且错误甚多，读者病焉。宋人亟思整理，欧阳修修《新书》，于至和二年请派吕夏卿赴西京检讨唐世之奏牍案簿，宋敏求又追补武、宣、懿、僖、昭、哀六宗《实录》百四十三卷，然相隔百余年，零碎弗全，自是势所不免。

司马光修《通鉴》，除根据旧、新《书》及宋《补实录》之外，关于晚唐史实所旁参之书说，见于《考异》征引者数亦不少，兹约分为晚唐、五代及宋三部分录如下表：①

李德裕《文武两朝献替记》	同人《会昌伐叛记》
李德裕《次柳氏旧闻》	同人《西南备边录》
裴旦《李太尉南行（或迁）录》	韦昭度《续皇王宝运录》
令狐澄《贞陵遗事》（宣宗事）	柳玭《续贞陵遗事》又《柳氏叙训》
郑言《平剡录》（裘甫事）	郑樵《彭门纪乱》（庞勋事）
王坤《惊听录》（黄巢事）②	蔡京王《贵妃传》
林恩《补国史》（僖宗时人）	范摅《云溪友议》
高彦休《唐阙史》	樊绰《蛮书》
张云《咸通（庚寅）解围录》（西川）	郭廷诲③《广陵妖乱志》（高骈事）
康骈（或軿）《剧谈录》④	裴廷裕《东观奏记》
徐云虔《南诏录》	郑延昌《郑畋行状》
阙名《云南事状》	《郑畋集》
杨堪《平蜀德政碑》	吴融《生祠堂碑》
冯涓《大厅壁记》（涓仕前蜀）	同人《收复印州壁记》
李巨川《许国公（韩建）勤王录》	薛廷珪《凤阁书词》
林崇禧《武威王庙碑》	韩偓《金銮密记》
何致雍《天策寺碑铭》	《杜牧集》
阙名《大中制集》	阙名《玉泉子见闻真录》⑤
阙名《乾宁会稽录》（董昌事）	
以上唐人作品⑥	

① 表内之时代、作家及名称，参据《新书·艺文志》、《崇文总目》及《书录解题》。

② 《崇文总目》三及《宋·志》均有《惊听录》一卷，当即《新·志》之王坤《惊听灵》，《宋·志》作沈氏撰者误。

③ 《崇文总目》二及《新·志》均作郭廷海，《书录解题》五作郑延海。

④ 《崇文总目》三、又《新书》五九及一八九均作康軿。

⑤ 《书录解题》一一亦称《玉泉笔端》，前有中和三年序。

⑥ 内林崇禧、何致雍二人未确考，总是唐末或五代初人。

续表

程匡柔《大唐补纪》(或"记",南唐人)	孙光宪《续通历》
同人《北梦琐言》	郗象等《梁太祖实录》
敬翔《梁太祖编遗录》	阙名《梁功臣列传》
赵凤《后唐懿祖纪年录》(执宜)	同人《后唐献祖纪年录》(国昌)
同人《后唐太祖纪年录》(克用)	同人《庄宗实录》
张昭远《后唐列祖实录》①	同人《庄宗功臣列传》
王仁裕《唐末三朝(僖、昭、庄)见闻录》②	同人《天宝遗事》
尉迟偓《中朝故事》③	刘崇远《金华子杂编》(南唐人)
张彭《锦里耆旧传》④	皮光业《见闻录》
毛文锡《前蜀(王建)纪事》	蒋文还(或"恽",或"怿")《闽中实录》⑤
阙名《闽书》	林仁志《王氏启运图》
罗隐《吴越行营露布》	阙名《马氏行年记》
曹衍《湖湘马氏故事》	高远《南唐烈祖实录》(南唐人,入宋)
王振《杨本纪》⑥	沈颜《杨行密神道碑》

① 《考异》二六又引《唐元祖录》,不知是否此书之一部分。

② 原引无撰人。《崇文总目》二著《唐末见闻录》八卷,《宋・志》作王仁裕撰,《书录解题》五著《三朝见闻录》八卷,不知作者;按此实同一书。

③ 《新・志》不著录,《崇文总目》二作尉迟枢,《书录解题》七作伪唐给事中尉迟偓(《郡斋读书志》作偓,《宋・志》作握),按《新书》五九以尉迟枢为唐末人,偓似别为一人。

④ 《崇文总目》二著张绪《锦里耆旧传》十卷,钱绎按语以为张绪即《通志・略》之张彭(音静)。余按《书录解题》七云,《续传》十卷,张绪所撰,起乾德乙丑,迄祥符己酉;而《考异》二三 — 二五所引张彭书皆记咸通至中和事,据中和三年下所引,司马之意,固认张书在句延庆前,今吾人又知延庆确在绪前,则张彭、张绪显是两人。彭自言"年仅八十,追记为儿童以来平生见闻为《耆旧传》",(《考异》二五引)其为唐末及五代人,可无疑义。

⑤ 《考异》作文还,《崇文总目》二文恽,《书录解题》五云,周显德中,扬州永贞县令蒋文恽记王审知父子等事迹。

⑥ 《新・志》五八,王振昭宗时拾遗,《书录解题》五,《汴水滔天录》,"唐左拾遗王振撰,言朱温篡逆事",据本条,则振逮事吴杨。

续表

殷文圭《杨行密墓志》①	游恭《杨渥墓志》
高若拙《后史补》②	贾纬《唐年补录》
以上五代人作品③	
范垌《吴越备史》④	宋敏求《补实录》
范质《五代通录》	刘恕《十国纪年》
同人《闽录》	徐铉《吴录》
句延庆《锦里耆旧传》⑤	李昊等《前蜀书》
路振《九国志》	王举《天下大定录》
王禹偁《五代史阙文》	王皞《唐馀录(史)》
李昊等《后蜀后主实录》	欧阳迥(或炳)《唐录备阙》⑥
以上宋人作品	

以上所录几八十种,传于今者仅逾什一,职是之故,吾人对晚唐许多问题,仍有疑莫能明之处。

宣宗徒快私愤,自坯长城,即此一端,已觇器小。所用宰相,如白敏中、令狐绹辈,皆阘茸无能,虽察察为明(《新书》八。如大中十二因李远诗有"长日惟消一局棋"句,谓其不胜郡守,是显明之例),遇事节俭,只合作盛世守成之主,迥非挽回危局之材。宋祁云:"贤臣斥死,庸懦在位,厚赋深刑,天下愁苦。"(《新书》二二五下)孙甫谓宣宗"知人君之小节而不知其大体",(《唐史论断》下)范祖禹谓

---

① 文圭初事田頵,见《新书》一八九,据本条则頵败后降吴。

② 《崇文总目》二同作高若拙,《书录解题》一一称前进士高若拙。

③ 唯《马氏行年记》及曹衍、高若拙三条,未确知时代。

④ 原缺撰人,《崇文总目》二范坰、林禹撰,《书录解题》五同,且云初尽开宝三年,后又增至雍熙四年。

⑤ 可参《书录解题》七。

⑥ 原缺撰人。《崇文总目》二作欧阳炳,《宋・志》作迥,注云,一作炳;按迥见《宋史》四七九,附《西蜀世家》。

“宣宗抉擿细微以惊服其群臣，小过必罚而大纲不举，……特一县令之才”（《唐鉴》二一）①，所见大抵相合，可算公评。而《通鉴》猥美为“从谏如流，……谓之小太宗”（引见前），无非陷于偏牛恶李之成见；大中二年，丁柔立讼德裕冤，贬南阳尉，王皞请以郭后祔宪宗，贬句容令，（《通鉴》二四八）又郑裔绰以谏授杨汉公同州而贬，（《东观奏记》中）尚得谓从谏如流乎？

《通鉴》二四九言，“继选儒臣以代边帅之贪暴者，行日复面加戒励”（大中五），又“诏刺史毋得外徙，必令至京师，面察其能否，然后除之”（大中十二），此若镇帅多得其人矣，而实则不然。六年，河东节度李业纵吏民侵略少数民族，妄杀降人，北边扰动，魏謩请贬黜，不许，只量移义成（即郑滑）。九年，泾原康季荣擅用官钱二百万，初虽贬夔州长史，随又授以武宁（即徐泗）。又大中末，李琢贿令狐绹除安南都护，贪暴侵刻，獠民群起，（《旧·纪》一九上咸通四）凡此，皆贪暴之武人，非儒臣也。

泽潞之平，唐势一振，宣宗苟善守者，最少应保全会昌之余威，而实际则何如耶？镇将跋扈之风，今且延蔓于往日较为安靖之地域，节帅被逐者，有武宁李廓（大中三年），浙东李讷（九年），容管王球（十一年），岭南杨发，湖南韩琮（据《东观奏记》下及《新书》八，惟《通鉴》作悰），江西郑宪，宣歙郑薰（均十二年），武宁康季荣（十三年）。尤其十二年一岁之中，遍于江、岭四镇，容管宋涯亦几不免。韦澳云，时事浸不佳（十一年），蒋伸云，乱亦非难（十二年），唐之必亡，大中朝已具体表现，翻誉曰小太宗，何其妄也！

大中七年，度支奏，自河湟平后，天下共收税钱九百二十五万

① 祖禹虽佐司马修《唐纪》，然观其批评宣宗，与《通鉴》迥异，可反映出《通鉴》之誉宣宗，直司马光个人之成见。

余缗,内租钱约五百五十余万,榷酤八十二万,盐利二百七十八万;(同上《通鉴》)按税钱一项,是否专指供京师者而言,叙来不甚明白,但建中初,只供京之钱,已有一千零九十万贯(参前四十节表戊),比此多一百六十余万,又大和末,榷酒约岁收百万(除去酿费),元和三年盐利多至七百余万,再推而上之,大历末,一岁征赋总一千二百余万贯(均见前四十一节),今辖土比大历、建中增多,而收入反少,官吏之贪冒益甚,大可不言而喻。

懿宗用韦保衡、路岩作相,纳贿树私,大紊时政,(《论断》下)已复不德,奉迎佛骨,暴殄天物,行幸扈从,常十余万人,所费不可胜纪,奢纵之祸,流毒于僖宗。

僖宗即位,年仅十二,专事游戏,赏乐工伎儿,辄以万计,“强夺波斯之宝贝,抑取茶店之珠珍”(《考异》二四引广明元年正月侯昌业疏语),宇内扰攘,迄无闻见,陈敬瑄至以赌毬第一得三川。卒之,两幸兴元(末次光启二),一次入蜀(中和元),计光启元年(八八五)时,李昌符据凤翔,王重荣蒲陕,诸葛爽河阳、洛阳,孟方立邢洺,李克用太原、上党,朱全忠汴滑,秦宗权许蔡,时溥徐泗,朱瑄郓齐曹濮,王敬武淄青,高骈淮南八州,秦彦宣歙,刘汉宏浙东,皆自擅兵赋,迭相吞噬,江淮转运路绝,两河、江淮赋不上供,国命所能制者只河西、山南、剑南、岭南四道数十州(《旧书》一九下),其不及身而亡,幸也。

降至昭宗,内外交逼,志欲兴复,然听断不明,任用非人,刘季述画地以数罪,杨复恭致怨其负心(复恭与其假子守亮书),在位十七年而一胁于华州(乾宁三,韩建本忠武军牙将),再幽于少阳(光化三,中尉刘季述等),三困于凤翔(天复元,李茂贞本姓宋,光启二年之扈跸都头。天复二年六月,朱全忠即朱温围凤翔,是冬,城中食尽，复大雪，冻馁死者无数，或卧未死，肉已为人所咼，市卖人肉，斤直钱百，犬肉直五百，诸王妃主一日食粥、一月食汤饼，亦不能供），四迁于洛阳（天祐元，全忠），唐不亡于黄巢而卒亡于巢之降将朱三（即全忠；德宗时朱泚亦称朱三），则环境为之也。哀帝只过渡缓冲延颈待戮之一员，更何责焉。

僖、昭两朝所以能苟延残喘，半由内廷有挟天子以令诸侯之宦官，外朝有保爵禄而拥王室之士族；前者之专横，久为后者所切齿，士族而欲扫除阉寺，势非凭藉军帅不可，永贞命范希朝为京西北禁军都将（见前卅五节），大和使郑注为风翔节度，其往事也。独至唐末，则朝廷欲自动命一镇帅而不可能，崔胤之联结外援，自是不得已之举。全忠久欲自帝，苦无机会，得胤之招，所谓正中下怀，于是乘凤翔之役，杀宦官数百人（天复三年正月），仅逾年而胤亦及祸，逼迁洛阳（天祐元年正月），清流旋绝（二年六月）。两者皆已廓清，可以为所欲为，天祐四年（九〇七）三月，温遂取唐而代之。唐自高祖起至哀帝止，计二十一主（连武后），十五世，先后二百九十年。

唐虽已亡，而昭宗之年号，却仍为数处方镇所沿用，如蜀王建称天复七年，九〇八年始改元武成，吴杨渥称天祐十五年，九一九年始改元武义，秦李茂贞兼用天复、天祐两号（石刻见天复十二、十九及二十，又见天祐十九），晋李克用称天祐，至天祐二十年，存勖始改元同光，此非唐之犹有遗爱也，彼辈既不愿低首下心于梁，乃求所以抵抗及藉口之术，否则自视基础未固，暂取观望态度而已。

第五十节　农民受严重压迫及其反抗

《唐鉴》二二云：“君为聚敛刻急之政，则其臣阿意希旨，必有甚者矣，故秦之末，郡县皆杀其守令而叛，盖怨疾之久也，唐之盗贼尤憎官吏，亦若秦而已矣。”又云：“自古盗贼之起，国家之败，未有不由暴赋重敛而民之失职者众也。”彼所谓“盗贼”，概言之，则反对统治阶级严重剥削之农民也。唐自玄、肃、代、德，暴敛已烈①，然犹可勉强度活，入晚唐后，遍地虎狼，逃亡无所，其势变成“官迫民反”②，此所以一爆发而立即燎原也。

农民生产之大宗为粮食，藉以供赋役需索者亦惟粮食，唐代米价升降之差额至巨，兹将贞观中迄元和末见于著录者依年次记之③。

年 份	每 斗 价	本 据
贞观三年	三四钱	《贞观政要》一
八九年	四五钱	《通典》七
十五年	两钱	同上
永徽五年稔	十一钱	《通鉴》一九九，洛州秔米价
麟德三年	五钱	《通典》七

① 《佛祖统纪》三九引宋理宗时良渚云：“诸以《二宗经》……不根经文传习惑众者以左道论罪，二宗者谓男女不嫁娶、互持不语、病不服药、死则裸葬等，不根经史者谓……《大小明王出世经》、《开元括地变文》，……”向达云：“《开元括地变文》则当是唐代俗讲话本之支与流裔。”（《燕京学报》一六期《俗讲考》）但对于“开元括地”之意义，未有发明。尝考开元十二年听宇文融之计，遣判官多人分往各道，检责賸田，于是括得客户凡八十余万，田亦称是，（《会要》八五）当封建时代遇此非常机会，吏豪必因缘为奸，横加欺剥，民怨之腾沸，在意想中，《开元括地变文》谅系对此作不平之鸣，与统治阶级相对抗，故易代而犹遭禁绝也。括地之义，与括田无殊，惜未得其片词以与拙见相佐证。

贞元二十年关中大歉，京兆尹李实奏不旱，由是租税不免，人穷无告，乃撤屋瓦木、卖麦苗以供赋敛。优人成辅端因戏作语云：“秦地城池二百年，何期如此贱田园，一顷麦苗五硕米，三间堂舍二千钱。”凡如此语有数十篇，实以为诽谤，德宗遽令杖杀。（《旧书》一三五）

② 语见《郎潜记闻》五。

③ 同一年内有两个以上不同之价格，则取其较高者。

续表

永淳元年京师饥	四百钱	同上
景龙三年饥	百钱	《通典》二〇九
开元十三年青齐	五钱	《通典》七
两京	二十钱以下	同上
二十八年稔两京	二十钱以下	《旧书》九(《通鉴》二一四)
天宝四年敦煌	(每斗估)①二七—三二钱	《敦煌掇琐》三《天宝四年官帐》
五年	十三钱	《新书》五一
青齐	三钱	同上
十二年	白米一百钱	《沙州文录补》
乾元元年	七千钱	《旧书》四八,受钱币影响
三年饥	一千五百钱	同上一〇
广德元年虫	千钱	同上三七
温州饥	万钱	《太平广记》三三七
二年关中虫、雨	千余钱	《通鉴》二二三
永泰元年旱	一千四百钱	《旧书》一一
二年	五百钱以上	《元次山文集》七
大历四年京师雨	八百钱	《旧书》三七
五年京师饥	千钱	同上一一
六年旱	千钱	同上
建中初	二百钱②	《李文公集》九
兴元元年关中	千钱	《通鉴》二三一
贞元元年河南河北	千钱	《旧书》一二
二年	千钱	同上
河北蝗旱	一千五百钱	《旧书》一四一
三年稔	一百五十钱	《通鉴》二三二
八年淮南	一百五十钱	《陆宣公集》一八

① 原“斗”字刘复氏俱误作“升”,此可以其估价相乘知之。

② 参前文四十节。又《旧书》四九云:“自兵兴以来,凶荒相属,京师米斛万钱。”不知专属何年,故不列入。

续表

元和四年	二十钱	同上
六年年丰	二钱	《通鉴》二三八
元和末	五十钱	《李文公集》九①

除开乾元元年特受钱币影响及广德、温州两例外，因丰歉而米价升降，其差额竟达七百五十倍之巨（即二钱与一千五百钱之比），在一般看法，固以丰年为盛事，然谷贱伤农，所入或不足以供赋役之需索②；反之，农民经过多方剥削，余粮有限，米价踊贵，更只有坐而待毙，正有类于啼笑皆非也。张籍《野老歌》："岁暮锄犁傍空室，呼儿登山取橡实，西江贾客珠百斛，船中养犬常肉食。"正劳苦农民与富商大贾之强烈对比。李绅《咏田家》诗云："锄田当日午，汗滴禾下土，谁念盘中餐，粒粒皆辛苦。"（《云溪友议》一）③聂夷中诗云："二月卖新丝，五月粜新谷，医得眼前疮，剜却心头肉。我愿君王心，化为光明烛，不照绮罗筵，只照逃亡屋。"（《唐摭言》）又韦庄《秦妇吟》云："岁种良田一百壥，年输户税三千（？十）万。"④不顾农民辛苦而剥削如此严重，焉能不演出大崩溃。咸通八年，怀州民诉旱，刺史刘仁规揭牓禁之。十年，陕州民诉旱，观察崔荛答以树犹有

① 可参看全汉昇《唐代物价的变动》（《史语所集刊》十一本）。若如咸通九年庞勋在徐州起事时，旬日间米斗直钱二百，（《通鉴》二五一）中和二年黄巢占京师时，米斗三十千，（《旧书》二〇〇下）光启二年三月荆襄仍岁蝗，米斗三十千，（《会要》四四）同年秦宗言围荆南二年，城中米斗四十千，（《南楚新闻》）三年扬州大饥，米斗万钱，（《旧书》三五）同年十月杨行密围扬州，城中米斗五十千，（同上一八二）则有特殊状况，其价格不可以常理论。

② 清吴廷琛《丰年谣》："米足无如不值钱，半年艰苦更谁言，却忆凶年乏食犹得蒙哀怜。"（《粟香五笔》五）正谷贱伤农之绝好注脚。

③ 何光远《鉴诫录》八同，惟《摭言》误为聂夷中诗，夷中咸通十二年进士。

④ 字书无"壥"字。三千万即三万贯，数目过巨，"千"当"十"讹，三十万即三百贯，已万万非农民所能负荷矣。

叶，诉旱犹不可，他复何言。

当安史乱时，江淮间即有白著之激变；缘元载为租庸使，以江淮虽经兵荒，比诸道犹有资产，乃按籍举八年租调之违负及逋逃者，计其大数而征之，择豪吏为县以督收，不问负之有无，资之高下，察民有粟帛者发徒围之，籍其所有而中分之，甚则什取八九，谓之白著。不服则威以严刑，民或蓄谷十斛，便重足待命，或相聚山泽以抗。高云《白著歌》云："上元官吏务剥削，江淮之人多白著。"（《通鉴》二二二胡注）即指此事。其台州首领袁晁（《新书》六作袁鼌）攻陷浙东诸州，改元宝胜，民疲于赋敛者多归之，又取信、温、明三州，聚众近二十万；广德元年四月，始为李光弼部将所平。（同上《通鉴》）

其次则有蓬、果二州界之鸡山民军（大中五年），湖南衡州之邓裴（六年），都尝与官军相抗衡，（《通鉴》二四九）末年（十三），乃有以裘甫①为首领之浙东起义。

甫初时只有众百人，攻占象山，明年正月，败浙东军，取剡县，开府库，募壮士，众至数千，观察郑祗德益兵来，又大败之，众至三万，分为三十二队。甫自称天下都知兵马使，改元罗平，铸印曰天平，大聚资粮，购良工，治器械，声震中原。朝命王式代祗德，授以忠武②、义成、淮南等诸道兵。甫之帅刘睢主张急引兵取越州，循浙江筑垒以拒，大集舟舰，得间则长驱进取浙西，掠扬州货财，还守石头，别遣万人循海袭闽，甫不能用。式既至浙，甫别部有降者，余部

① 《通鉴考异》二二引《平剡录》作裘甫，《东观奏记》下作仇甫。

② 《通鉴》二五〇下文有"又以义成将白宗建忠将游君楚，……"胡注云："唐无建忠军，按此时发忠武军从王式，史逸武字也，白宗建，人姓名。"按王丹岑《农民革命史话》称："……与义成将白宗、建忠将游君楚，……"又"是忠武、建忠、义成、淮南、宣歙、浙西六镇的大兵"（一九二 — 一九三页），只看节本之《纪事本末》，连《通鉴注》都不暇看，凭空造出一个"建忠镇"，可谓疏忽之至。

力战，亦连败，甫走入剡，式军围之，甫部勇悍甚，其女军亦乘城掷砾以中人，三日凡八十三战，欲突围不克，遂与晅等同被擒，时咸通元年六月也。别帅刘从简乘官军少弛，率壮士五百冲出，入大兰山（在今奉化），逾月亦被破灭。《玉泉子见闻录》曰："初甫之入剡也，虽已累败，向使城守，期岁未可平也。"当日甫不听晅言，固为失策，然使能依王辂"拥众据险自守，陆耕海渔，急则逃入海岛"，如清代之蔡牵，犹足以自存。乃忽略后门，部队驻宁海东者不虞式之水军遽至，各走山谷，弃其船只，愈加深失败之机。但使固守城池，如《玉泉子》所云，犹有扭转残局之一线希望，顾竟轻身外出，束手就擒，斯不能不咎其计略之疏也。

声势更大者为徐州戍卒。先是，咸通四年（八六三）南诏陷安南[①]，在徐泗募兵二千赴援，内分八百戍桂州，约三年一代，至是已六年，屡求代还，徐泗观察崔彦曾[②]又拟再留一年，戍卒闻之，怒。九年（八六八）七月，都虞候许佶等杀都将王仲甫，推粮料判官庞勋为都头，夺库兵，统五百人[③]北还，掠湘潭、衡山，八月，朝遣高品[④]

① 《通鉴》二五一叙戍卒事，原作"初南诏陷安南"，胡注云，"见上卷四年"；《革命史话》竟作"起于公元八六〇年（李漼咸通元年）南诏的入寇邕州"（一九五页），以四年为元年，一误也，以安南为邕州，二误也。而且《史话》下文亦称"他们在桂州戍守了六年"（一九六页），试问由元年至九年何止六年？

② 《革命史话》误为"徐彦曾"。（一九六 — 一九七页）

③ 《史话》云："于是就激起八百戍卒的愤怒。"又"八百壮士完成了数千里的长征。"（一九六 — 一九七页）按八百只初戍时数目，经过六年，由于死亡、逃走等原因，当然数目减少，故《通鉴》于北还时并未明著八百。《旧书》一九上称，"徐州赴桂林戍卒五百人官健许佶、赵可立杀其将王仲甫"，事当近信，兹从之。

④ 《史话》于"监军"下注云："指高品、张敬思，"（一九六页）似以"高品"为人姓名，殊易误会。胡注云："《新书・百官志》，内侍省有高品一千六百九十六人。"如《通鉴》下文"遣高品康道伟赍敕书抚慰之。"又《旧・纪》一九上，"今差高品李志承押领宣赐。"皆是宦官衔称。

张敬思赦其罪，于是荆南[①]节度崔铉严兵守要害，勋乃泛舟沿江东下。佶等相与谋曰：朝廷之赦，虑缘道攻劫或溃散为患耳，若至徐州，必葅醢矣；各出私财造甲兵、旗帜，过浙西，入淮南，有众至千。十月取宿州，悉聚城中货财，令百姓取之，然后选募为兵，得数千人，彦曾遣三千人来攻，全数覆没。勋进攻徐州，对城外居民，无所侵扰，由是人争为助，遂陷城。遣徒四出，于扬、楚、庐、寿、滁、和、兖、海、沂、密、曹、濮等州界剽牛马，挽运粮糗，招致亡命，有众廿万，其人皆舒锄钩为兵，号曰霍锥，连克濠、滁、和数城。唐命康承训为都招讨使，沙陀朱邪赤心（后赐姓名李国昌）及吐谷浑、达鞑、契苾酋长各帅其众以随，时勋部久围泗州，招讨使戴可师来救，勋部以计诱之，官军几全没，承训退屯宋州[②]。

勋既累胜，自谓无敌，日事游宴，周重谏曰：自古骄满奢逸，得而复失，成而复败者多矣，况未得、未成而为之者乎。于是参与桂州起义一辈，行尤骄暴，夺人资财，掠人妇女，勋不能制，勋复表求节镇，士气先馁。十年，承训既增援，连败勋军，凡得农民皆释之，于是驱掠而来者每遇官军，多自溃散。加以内部疑猜（如勋杀孟敬文，梁丕杀姚周），精锐残丧（姚周败于柳子镇，王弘立死于泗州，刘行及败于濠州[③]），反侧睽离（下邳土豪郑镒[④]，以下邳降，蕲县[⑤]土

① 《通鉴》作“山南东道”，《方镇表》五以为荆南之误，是也；徐军北还，荆州应首当其冲。

② 《通鉴》二五一叙承训退屯于先，可师覆军在后，殊背于事理；《史话》于可师败后，始言承训退屯，（二〇〇页）正与拙见相同。

③ 《史话》称唐军“攻克昭义、钟离、定远各县，进兵围攻濠州，切断了濠州与徐州的联络。起义军的南北两个重心——徐州与濠州变成了彼此隔绝的孤城”。（二〇五 — 二〇六页）按昭义是招义之误，《通鉴》云：“贼入（濠州）固守，（马）举堑其三面而围之，北面临淮，贼犹得与徐州通，庞勋遣吴迥助行及守濠州，屯兵北津以相应。”则徐、濠交通并未切断，王氏直未读清《通鉴纪事本末》也。

④ 《史话》二〇六页误郑鉴；乾符四年诏，“郑镒、汤群之辈，已为刺史”，即其人也。

⑤ 同上误作蕲。

豪李衮以其县降,朱玫以沛县降,又保据山林之陈全裕亦降于承训),及内围据点尽失,勋始欲西攻宋、亳,因实力不足而回兵,死于蕲县(九月)。同时,张玄稔举宿州降,并攻下徐州。唯吴迥固守濠州,至十月粮尽,突围而死。

第五十一节　大革命之爆发——领导者黄巢

庞勋虽败,各地农民起义,并不就此歇息,其面积且日广,声势亦日大。咸通十一年(八七〇)①,光州民逐刺史李弱翁,乾符元年(八七四),商州民逐刺史王枢,五年(八七八),农民陷朗、岳二州,六年,朗州人周岳陷衡州,石门蛮向瓌陷澧州,桂阳人陈彦谦陷郴州②,中和元年(八八一),鄮人钟季文陷明州,临海人杜雄陷台州,永嘉人朱褒陷温州,遂昌人卢约陷处州,史不绝书,而成绩最大者端推黄巢(大食文作 Banšoa)③与王仙芝之一派。

黄巢自曹州起事,率领义军,由北而南,复由南而北,转战十几省(就现在言),取洛阳,下长安,所至如入无人之境,经过十年,才失败自杀,乃中古民军之最为翘出者,旧、新《书》都为之特立专传。所惜宣宗后官中无实录,五代、北宋三次修史(连《通鉴》计),虽极力搜罗故事,仍感觉非常残缺,不徒各书间互有异同,即在同书之内,亦常常发见矛盾,其详将分见下文。试就最简单之人名言之,

① 《史话》误为八七一年(咸通十二)(二〇一页)。

② 《通鉴》二五三误柳州。

③ 此名由法人 Klaproth 证定。

李孝章又作李孝昌,(《新・传》)黄邺又作黄思邺,(《新・传》及《通鉴》)王璠又作王播,(《通鉴》)如果尽信,便不难误一为二。再论到年、月、日问题,更不易作左右袒,《新・传》之写作,根本缺乏时间观念,开篇揭出“乾符二年”之后,中间夹叙几十件事,便云“时六年三月也”,换言之,作传之宋祁,并未经过时序考证,只硬把所有事实,随便纳入此上下两限之内,假使读史者不了解其内容,以为叙述次序,取代表事情发生之次序,因而据以批判,便违背当年之现实。更如涉及黄巢本人,忽而说其攻掠蕲、黄,忽而说其进破滑、濮,巢用兵虽然飘忽,要须问其有无分身术之可能。简言之,黄巢事迹,异常踳驳陵乱,向未经人整理,如果不加以深入研究,删讹去复,使得稍露真相,未免蔑视革命之史实。唯是人言庞杂,一国三公,取舍之间,苟不揭出主张,仍贻读者以其谁适从之感,职是之故,本节附注乃多于正文数倍,亦欲法司马《考异》之美意也。今将王、黄二人事迹,分作四项述之,除数处外,极力避免夹叙夹议之写法,务求事实裸现,细大不捐,庶读者各可运用眼光,得出理论。若如王丹岑之近著,(《中国农民革命史话》二一〇—二四三页)往往改窜或杜撰史实,供其构成理论之根据,则固期期以为不可者。

一、王仙芝初期事略

仙芝,濮州人,未起事之先,咸通十四年(八七三)关东自虢至海受旱灾,同年八月,关东河南大水。(《通鉴》二五二)又有谣言云:“金色虾蟆争努眼,翻却曹州天下反。”(《旧・传》)乾符二年

(八七五)正月三日①,仙芝在濮州阳县②起义,传檄诸道,言吏贪赋重,赏罚不平,自称天补平均大将军兼海内诸豪都统。(《续宝运录》及旧、新《传》)

黄巢,冤句人,少以贩私盐为事,善骑射,喜任侠,粗涉书传,屡举进士不第;是年夏③,闻仙芝起,与群从八人募众数千以应,民之

---

① 《旧·传》作乾符中,其下接叙乾符三年,《新·传》作"乾符二年",《旧·纪》作二年五月,《新·纪》作二年六月。《通鉴考异》二三云:"《实录》,二年五月,仙芝反于长垣;按《续宝运录》,濮州贼王仙芝……檄末称乾符一年正月三日,则仙芝起必在二年前,今置于(元年)岁末。"首应辨明者,《考异》二四引文又作"乾符二年正月三日",古人无以"元年"为"一年"之习惯,则今本《考异》二三之"一年",显为传钞之误。何况乾符元年十一月五日庚寅冬至,始改元乾符,(《通鉴》二五二)在是年正月时,实际仍称"咸通十五年正月",仙芝焉能于十个月以前预知改元。故今以传檄之日为起义之日。攻取濮州则依旧、新《纪》,放在本年五六月。《史话》以起义为元年十一月。(二一一页)最近韩国磐《黄巢起义事迹考》(《厦大学报》社会科学版一九五六年五期,以下简称韩考)据乾符二年正月七日南郊赦书,有"勿令无路营生,聚为草贼"之语,判定在乾符元年。按"草贼"为通名,非专名。

② 《旧·纪》一九下:"濮州贼首王仙芝聚于长垣,其众三千,剽掠闾井,进陷濮州。"(《新·传》、《通鉴》略同)唯《旧·传》称"起于濮阳";今考《隋书》及《旧书·地志》,濮之长垣,已于开皇十六年改名匡城,开皇新设之长垣,又于大业初并入韦城,唐代并无长垣县名称,故从《旧·传》。

③ 《新旧唐书互证》四云:"新、旧《纪》书黄巢之始,皆在四年三月,相隔太远,恐皆有误。考《旧书·黄巢传》,尚君长弟让以兄奉使见诛,据查牙山,黄巢、黄揆兄弟依让(《新·纪》,四年十一月,尚君长降,宋威杀之,《旧·纪》在五年二月),是黄巢之起,更在四年之后。《新·传》,巢与群从募众数千人以应仙芝,帝使平卢节度使宋威与其副曹全晸数击贼,败之,拜诸道行营招讨使(《新·纪》,宋威为招讨在三年二月,《旧·纪》在四年三月,《通鉴》在二年十一月),是巢之起,在威为招讨之前。此一代大事所关,而草率如此,后之人何所取信哉。"按《通鉴》记巢起于二年六月,其"巢少与仙芝皆以贩私盐为事"一句,容易令人看作仙芝未起事之先,二人已经合伙(此句固不定如此解释),今放在夏月,总不至言之过早。至《旧·传》称巢兄弟与尚让共保嵖岈山,系指仙芝死后之事,并非巢到此时才与仙芝部相合,《旧·传》固叙述欠明,赵氏亦失之太泥。

韩考"大起义为何发生于山东"一节,似乎受了地理决定论的影响。中古时所谓"山东",指太行山以东而言,相当于唐之"河北",并不是现在"山东省"之等词。许、滑、青、汴、兖、郓、徐、泗都属于河南道之范围,关东则包括更广。而且由前文所举,唐末起义散布各地,时代较前及声势较大之裘甫,乃在浙东。窃谓黄巢出身盐贩,早养成一种与政府对抗之坚忍勇气,其能支持较久,领导的成分要不可忽视也。

困重敛者争归之，数月之间，众至数万。（《新·传》、《通鉴》）

取濮、曹二州，进攻郓州①，略沂州，平卢节度宋威击走之②。

乾符三年（八七六），仙芝从沂州转向河南③，逼颍、陈、宋，破许州之阳翟，汝州之郏城，郑州之阳武。九月，下汝州，执刺史王

---

① 《旧·纪》只称濮州，《旧·传》"陷曹、濮及郓州"，新《纪》、《传》及《通鉴》均只称濮、曹二州。今本《旧·纪》五月又言，"郑州节度使李種出兵击之，为贼所败"，《太平御览》引作"乾符二年，王仙芝陷濮州，俘丁壮万人，郓州节度使李穜出兵击之，为所败"。按郓州节度别名天平，驻郓州，濮州在其辖下，今本《旧书》"郑"是"郓"讹，"種"应作"穜"（古童、重通写，故鐘可作锺，董可作蕫），已无可疑（参看拙著《唐方镇年表正补》之天平、义成两条）。唯《通鉴》与《旧·纪》异，其二年六月下称，"天平节度使薛崇出兵击之，为仙芝所败"，沈炳震主张从《通鉴》，此事尚难论定。郓在曹之东北，可信义军曾进兵其地，惟并未攻占。

② 见《新·传》及《通鉴》，《通鉴》叙在十二月下。

③ 《通鉴考异》二四："乾符三年七月，宋威击王仙芝，破之。《实录》，去年十二月，宋威自青州与副使曹全晸（亦作晟，见《廿二史考异》五五）进军击王仙芝，仙芝败走；按仙芝若以去年十二月败走，中间半年，岂能静处？盖实因威除招讨使连言之，其实仙芝败在此月，不在十二月也。"把此事排在三年七月，全出臆测，毫无根据。《旧·纪》，三年"七月，草贼王仙芝寇掠河南十五州，其众数万"，当有一部分系七月以前之事（参下页注①），司马晓得仙芝不会安静半年，同时，对于仙芝活动所需之时间，却加以忽略。仙芝从沂州转向西南，据《通鉴》本身说，八月已到许州之阳翟，汝州之郏城，前后仅一月，谓已攻略过七八州，比较其前后活动时间，亦不可信。况且《通鉴》二年十一月下，"群盗侵淫，剽掠十余州，至于淮南"数句，实即前引《旧·纪》三年七月及后引《旧·纪》四年三月两段之变相文字，今《通鉴》先于二年十一月揭出，显与《旧·纪》违背，试问有何信证？尤其错误者，《通鉴》于二年十二月书"王仙芝寇沂州"，三年七月书"宋威击王仙芝于沂州城下，大破之"，是仙芝攻围沂州先后八阅月，此乃任何起义初期实力未充所应避免之错误，仙芝断不至顿兵坚城。如曰一击即去，中间六个月究作何事？"半年岂能静处"之反质，正是请君入瓮。何况《通鉴》下文即接着称，"三年春正月，天平军奏遣将士张晏等救沂州，还至义桥，……"假使非沂州已击退仙芝，援兵何至抽回？试为反思，便甚明白。由此推之，《通鉴》三年七月接叙一段，"仙芝亡去，威奏仙芝已死，纵遣诸道兵，还青州，居三日，州县奏仙芝尚在，攻剽如故，时兵始休，诏复发之，士皆忿怨思乱。"正与三年正月天平回军事件相接榫，必原来《补实录》二年底之一节。司马光唯知其一，不知其二，又率以己意武断，割裂分隶，难乎其为信史矣。

《史话》一方面不认识《通鉴》之错误，另一方面又搞自己的一套，叙事几全与旧史（连《通鉴》在内）相背违；（二一二 — 二一三页）其书首言："宋威为行营招讨使，指

王镣[①]。十月，南攻唐[②]、邓，十一月，破復、郢[③]二州，十二月，攻随、

挥平卢、忠武、宣武、义成、天平、淮南六镇的大军，……同时出兵四面包围。"把唐军之布置，渲染得井井有条；按二年十一月（此只据《通鉴》，参本页注①），虽诏淮南等五镇亟加讨捕，然并无部署包围之痕迹。《史话》又言："唐军从八七五年七月出兵，围剿了一整年，各路大军疲于奔命，始终没接触到农民军的主力，直到公元八七六年六月，宋威才会集了各镇主力，在沂州城下与王仙芝打了一仗。东路的王仙芝虽说受到挫折；但西路的黄巢军却更加发展，连破了阳翟、郏城、阳武、汝州。"宋威与仙芝战，即依《通鉴》说，亦在七月，不在六月。早于二年五六月，仙芝已败天平李穜，何尝未有接触？兖州（即沂海）节度齐克让之出击（见《旧·传》），《史话》亦漏记。至阳翟等四地之攻取，史皆题仙芝名，王氏以属黄巢，既未说明理由，不知从何处体会出来。

① 《新·传》之"转寇河南十五州"，纯系钞袭前引之《旧·纪》。考《旧·纪》，四年三月下又称，"青州节度使宋威上表请步骑五千，特为一使，……乃授威诸道招讨草贼使，仍给禁兵三千，甲马五百匹。仍谕河南方镇曰：王仙芝本为盐贼，自号草军，南至寿、庐，北经曹、宋，半年烧劫，仅十五州，两火转斗，逾七千众，诸道发遣将士，同共讨除，日月渐深，烟尘未息。……今平卢节度使深愤萑蒲，请行诛讨，……今已授指挥诸道兵马招讨草贼使，……仍命指挥都头，凡攻讨进退，取宋威处分。"按《通鉴》二年十二月之记事，除寇沂州一节外，纯是《旧·纪》此段之缩编，而比《旧·纪》前差十五个月，故必先将唐朝谕河南方镇之内容，分析清楚，方能决定威为诸道招讨之年月。谕言，"半年烧劫，仅十五州"，如认为二年下半年，则各史料（连《通鉴》）都无此痕迹，此《通鉴》编入二年十二月之必不确切者也。到四年三月，距仙芝起事已逾一年半，且其攻略地点，去平卢甚远，此《旧·纪》编入四年三月之同不可通者也。唯《新·纪》编入三年三月，可信《旧·纪》系后差一年，由此上推至二年秋间，大致为"半年"，相合者一。寿、庐、曹、宋即此一时期内之活动，相合者二。仙芝离沂州未久，加以威自请奋勇，故授为诸道招讨，相合者三。更须声明者，上页注③所引《旧·纪》，实即谕文之复出，所差只放在三年七月，并改"逾七千众"为"其众数万"而已。

《新》一八三《郑綮传》："丐补庐州刺史，黄巢掠淮南，綮移檄请无犯州境，巢笑为敛兵，州独完。"或是义军过而不留耶。

依上文观之，十五州并非全属河南道区域。《旧·纪》称，七月"逼颍、许，攻汝州，下之，虏刺史王镣"，《新·纪》陷汝州在九月，单见于《旧·传》者有陈州，见《新·传》、《通鉴》者有郑州；按《通鉴》，四年郑畋奏贼往来千里，涂炭诸州，独不敢犯崔安潜之境，安潜是时节度陈许，故《旧·纪》亦只称"历陈、许、襄、邓"。较可疑者，《通鉴》于九月克汝州后，继称"陷阳武，攻郑州"，又称十月"南攻唐、邓"，路途似乎迂逆，或者是先攻郑而后西南入汝，否则攻郑者为别一支队。若《旧·传》以陷汝州排在五年八月之后，其误更无可疑。

② 《旧·传》讹"襄"，参下页注②。

③ 郢州今湖北钟祥；《史话》以为"湖北江陵"，（二一四页）大误。

安、黄及申、光、舒[①]各州[②]，义军所至，大致即现时河南之南部、湖

---

① 《史话》以为安徽怀宁（同上），据《韵编今释》，应是潜山。

② 《旧·纪》七月后，"遂南攻唐、邓、安、黄等州"，《旧·传》有"历陈、许、襄、邓"之语（"襄"应"唐"字之讹）。《新·纪》，十一月陷郢、复，十二月陷申、光、庐、寿、通、舒六州，《通鉴》同，胡注云，"通当作蕲"，但《通鉴》下文别著蕲州。复按《新·传》称，"转入申、光，残隋州，执刺史，据安州自如，分奇兵围舒，击庐、寿、光等州"（首句已著光州，末句"光"字当是复出），《新·纪》独无隋州，行写"隋"、"通"形似，"通"必"隋"之讹，非"蕲"之讹也。其次，谕河南诸镇已称"南至寿、庐"，如上页注①所证不误，则是三年上半年以前事，《新·纪、传》或强行插入，故阙疑不录。隋、安、黄三州系依交通顺序为先后，申、光偏于东北，或别队所经。舒州最东，《新·传》所云分奇兵出围，颇近事理，故附于末。

将安、随二州事排在本年，尤须予以相当说明：(1)《旧·纪》置攻安州于三年七月后，《新·传》置在围舒前（均引见前文），《旧·纪》又于四年三月下称，"时贼渠王仙芝、尚君长在安州"，此皆安州陷于三年之证。《通鉴》独置陷安州于四年八月，未提本据，故知《通鉴》不可信赖。(2)《新·传》之"残随州，执刺史"，系在据安州之前；唯《旧·纪》称四年"八（今本讹"七"，兹校正）月，贼陷随州，执刺史崔休征"，《新·纪》亦称四年"八月，黄巢陷隋州，执刺史崔休征"，然《新·纪》实本自《旧·纪》，只嫌"贼"字无着落，故以意易为"黄巢"，此由四年八月巢不在南方，可反映知之。《通鉴》特著八月"乙卯"，仙芝陷随，检《朔闰表》三，是年八月己巳朔，月内无乙卯，由于《旧·纪》有将三年事错编入四年（如前引谕河南方镇一事），又由于《通鉴》之纪日不合，所以认《新·传》为比较可信。再从地理形势察之，仙芝既破復、郢，为避免鄂州实力，故迂回东北，经随、安以入黄、蕲，如其不然，仙芝军岂能飞越；根此数种原因，认本年曾破随、安，似属无可非难之事。

《史话》云："唐朝的大军，于九月集中河南，农民军……在邓州击溃了李福的大军，十月破唐州。"（同上）循览《旧》、《新》两书及《通鉴》，都无击溃李福之记载，杜撰史实，殊失史家忠实态度。王氏屡用"大军"字样，殊不知李福即遵照朝命，派出者亦不过步骑二千（见下文），未得为"大"，余可类推，不复多辨。

《史话》又云："十二月，转攻申州、光州、寿州、庐州，并南攻舒州，沿江西进，包围了蔪州。"（同上，蔪应作蕲）王氏编王、黄史话，除《通鉴纪事本末》外，直无暇旁参他书，故对于当日实情，十分隔膜。仙芝主力当十二月时，系由随州（今随县）东南，向安（今安陆）、黄（今黄冈）进攻，故同月即到达蕲州（今蕲春），舒州只是分兵（说见前），就地势言，本是沿江东下，唯王氏不知参据《旧·纪》、《新·传》，遂误为破郢、復后东出至舒州，再回军西指而入蕲，非特往返徒劳，有违战略，抑亦完全抹煞前人之记录也。

关于此段时期，唐廷如何对付民军，《史话》有云："增派……曾元裕为副招讨使，统帅昭义、义成两镇大军驻洛阳；忠武节度使崔安潜守许昌，山南东道节度使李福分扼邓州、汝南，……邠宁节度使李侃、凤翔节度使令狐绹驻潼关，……兵力重点是集结在亳州、汴州、许昌、洛阳东西之线，来包围汝州、郑州间的农民军"（同上）；如此叙述，令人觉得唐朝部署非常严密。但试检王氏所专据之《通鉴》观之，则并不如此；《通鉴》云："八月，仙芝陷阳翟、郏城，诏忠武节度使崔安潜发兵击之；……又昭义节

北之东部及安徽之西部。

同月,仙芝攻蕲州,王镣为仙芝致书蕲州刺史裴偓(《新·传》"渥"),偓开城迎降,并上表为之求官,朝只授以左神策军押衙兼监察御史。报至,仙芝喜,巢大怒曰:始者共立大誓,横行天下,今独取官赴左军,使此五千余众安所归乎?请给我兵,吾不留此。因击仙芝伤其首,众亦喧噪不已。仙芝惮众怒,遂不受命,大掠蕲州,并分所属为两部,以三千余人从仙芝及尚君长,二千余人从巢,各分道而去。(《新·传》及《通鉴》)①

度使曹翔将步骑五千及义成兵卫东都宫。以左散骑常侍曾元裕为招讨副使,守东都。又诏山南东道节度使李福选步骑二千,守汝、邓要路。仙芝进逼汝州,诏邠宁节度使李侃、凤翔节度使令狐绹选步兵一千,骑兵五百,守陕州潼关。"《史话》将曹翔所统部队易为元裕,且数不满万,未是大军,误一。陈许(即忠武)节度本治许州,非特命防守,误二。邠宁、凤翔只是合选步骑一千五百,派守潼关,非侃、绹二人往驻,误三。汴州为宣武所治,于史未见兵力集结之明文,如谓节度治地即兵力所在,则《史话》所举,又有罣漏,误四。统观上之任命,出击者只得安潜一支,其余不过分守据点,守点是消极性防御,包围是积极性合攻,王氏将"守点"看作"包围",此尤瞢然于战略之运用者也。《旧·纪》曾言,"时关东诸州府兵不能讨贼,但守城而已",《新·传》略同,王氏不能认识官吏之无能,徒挟私见以驱遣史事,画犬作虎,固知其不类。

① 《通鉴》同月又载郑畋奏:"自沂州奏捷之后,仙芝愈肆猖狂,屠陷五六州,疮痍数千里,宋威衰老多病,……今淹留亳州,殊无进讨之意;曾元裕拥兵蕲、黄,专欲望风退缩",因请以崔安潜为行营都统代威,张自勉为副使代元裕云云;据《通鉴考异》二四,此奏本自《补实录》,但未言行与不行,《新·纪》遂于三年十二月大书安潜为都统,自勉为副使,其实四年威、元裕为使副犹如故,因断定《新·纪》错误。余按此奏必原见《郑畋集》(司马光作《考异》,亦尝直引《郑集》),相信集内不署上奏年月,故《补实录》以己意编入三年十二月,而司马氏无从断其是非也。依我个人分析,此奏非上于三年十二月,可得两个反证:其一,《通鉴》三年十二月又载:"招讨副使都监杨复光奏,尚君长弟让据查牙山,官军退保邓州。"招讨副使都监者即招讨副使所部之监军,常与招讨副使同在一起,换言之,则三年十二月元裕方退保邓州(今邓县),并未进至蕲、黄。其二,如果认三年十二月元裕已驻兵蕲、黄,则双方总不免发生接触,仙芝安能自由"出入蕲黄"(语见《新·传》)?复次,四年七月威被黄巢围于宋州,得张自勉来援,巢始解围(见下第三项),亳在宋州南,威进驻亳州,似在解围之后,畋称自勉为骁雄良将,亦似因其援宋立功,据是以观察,元裕进驻蕲、黄,总在四

二、王仙芝之末路

尚君长领兵入陈、蔡(《新·传》及《通鉴》据王坤《惊听录》)。乾符四年(八七七)二月,仙芝克鄂州(《新·纪》及《通鉴》据《惊听录》)①。八月,再度西掠復、郢。(《通鉴》)十月,又东下蕲、黄②。

十一月,遣尚君长等请降于招讨副都监杨复光,复光送君长等赴长安求官爵③,途中为宋威截获,伪称在颍州(今阜阳)西南生擒,斩之④。

年七月前后,故四年十月《通鉴》有元裕破黄巢于蕲、黄之记载,但所破者是仙芝不是黄巢。司马氏既能断《新·纪》之误,顾仍列畋奏于三年十二月,且附加"上颇采其言"之结语,盖未能将此问题彻底解决也。

① 《新·传》开首即列柳彦璋为仙芝部将之一,故以彦璋陷江州事附见传内;唯《旧·纪》四年八(今本讹七)月称"江州贼首柳彦璋",《新·纪》四月称"江西贼",《通鉴》三月称"贼帅",六月只称"柳彦璋",均未认为仙芝部下,故从阙疑之例。韩考将彦璋与乾符二年事牵合为一起(一二二页),亦不可从。

② 此事亦只见《通鉴》,云:"黄巢寇掠蕲、黄,曾元裕击破之,斩首四千级,巢遁去。"按此时巢断不在长江,可参看下文第三项。唐末纪事,即同属一书,往往极参错,如《惊听录》忽而谓巢趣闽广,仙芝指郓州,忽而谓仙芝陷鄂,巢陷郓,已经《通鉴考异》指出,如斯之例,当不在少数。

③ 《史话》云:"王仙芝派副统帅尚君长秘密去洛阳,与杨复光商谈投降条件。"(二一六页)非也。复光是元裕之监军(说见上页注①),当时已进至今湖北境内,不在洛阳,唯复光转送君长等至长安,故路出颍州西南。《旧·传》云:"仙芝乃令尚君长、蔡温球、楚彦威相次诣阙请罪,且求恩命",《旧·纪》云:"仙芝令其大将尚君长、蔡温玉奉表入朝"(温玉、温球当为同一人,未详孰是),是也,此事,《旧·传》记在三年十月后,应是四年之讹,《新·纪》、《通鉴》均作四年十一月。若《旧·纪》记在五年二月,则因仙芝失败而连类及之。

④ 《旧·传》,"并擒送阙,敕于狗脊岭斩之",《通鉴》亦作"生擒以献",似斩于长安。但《旧·纪》称"威乃斩君长、温玉以徇",《新·纪》称"宋威杀之",《新·传》称"命侍御史与中人驰驿即讯",又似斩于军前。狗脊岭,据《通鉴》二四七胡注引宋白《续通典》在京城东市,则《旧·传》为合。

仙芝闻之，怒，率众渡汉水，攻江陵[①]，荆南节度杨知温不设备，众自贾堑（在今钟祥县）潜渡，乾符五年（八七八）正月朔，攻入江陵外郭城[②]，山南东道节度李福悉众来援[③]，挟沙陀五百骑与俱，次荆门（今同名），沙陀骑破仙芝军。仙芝闻之，焚江陵郛郭而去，城下旧三十万户，至是死者什三四。（参《旧·纪》及《通鉴》）[④]

六日（壬寅），曾元裕破仙芝别部于申州（今信阳）之东[⑤]。

---

① 《旧·传》陷江陵在四年（今本讹三年）七月，今从《旧·纪》，《通鉴》放在岁末，盖因五年元旦陷江陵外郛而连言之。《旧·传》又言："贼怒，悉精锐击官军，威军大败，复光收其余众以统之"，然威似未进至鄂南，亦不见于其他纪传，故从阙疑。《史话》云："当公元八七七年六月王仙芝围攻襄阳时，……派副统帅尚君长秘密去洛阳"（同上），按仙芝自起事以至失败，未尝围攻襄州（即襄阳），此是大大错误。如说是"江陵"之误笔，则各史都未说是"六月"，是两重错误也。仙芝早已丧失革命立场，按兵不动，故派君长等赴长安谋妥协，及闻君长被杀，才率众攻荆州，如依《史话》的叙法，则其早失立场之事实，被遮掩过去，不特与旧史不符，亦非所以昭炯戒。推原《史话》所以致误，实由于《通鉴》四年八月有如下一段："山南东道节度使李福遣其子将兵救随州，战死，福奏求援兵，……忠武大将张贯等四千人与宣武兵援襄州，自申、蔡间逃归。"姑无论陷随州是否四年之事，（见前四三一页注②）然援襄州云者，豫备之行动，非谓仙芝已围襄阳。且如《史话》言仙芝"由襄阳撤围，南入荆州"（同上），则须知襄阳、江陵同在汉水之西，仙芝何需乎渡汉？既缺乏地理知识，复出以逆亿，其能了解事实之真象者仅矣。

② 《旧·纪》叙在四年十二月，今依《新·纪》及《通鉴》。

③ 观此，尤徵《史话》"自襄阳撤围，南入荆州"之无稽。

④ 可参看四四四页注②。

⑤ 《新·纪》，"壬寅，曾元裕及王仙芝战于申州，败之"，又《通鉴》，"壬寅，招讨副使曾元裕大破王仙芝于申州东"。按两书皆称丁酉朔，仙芝陷江陵外郛，则其逗留江陵，必有数日，申州隔江陵，直距亦五六百里，既非被敌尾追，无用急行，岂能于六日之前，回达申州之东。《新·传》曾言，"诸军屡奏破贼皆不实"，余以为此事亦属一例。仙芝是首领，故所遇者虽为别部，亦必指名仙芝以欺骗朝廷，所谓尽信书不如无书也。《新·传》又以其事排在仙芝死后，谅无别据。《史话》云："王仙芝在李福、高骈两路大军压迫之下，转入河南"，（二一七页）据《通鉴》，正月庚戌（十四日）方以西川高骈为荆南节度，是时仙芝已离开江陵，仙芝之走，只因李福来援，《史话》所叙，殊违当日之实况。

二月，仙芝败于黄梅县（今同名），死焉①。

三月，仙芝余部王重隐克洪、饶二州，重隐旋死，其将徐唐莒代领，不久亦失败②。同时，别将曹师雄掠宣、润，四月，攻湖州，为镇

① 旧、新《纪》及《通鉴》皆作二月。击败仙芝者，《旧·纪》、《新·传》称宋威，《通鉴》据《补实录》作元裕，《旧·传》作王铎（“代为招讨，五年八月，收复荆州，斩仙芝首”。荆今本讹亳，据《考异》所引改正），除《旧·传》绝对不可信外，其为威或元裕，表面虽异，事实则同。依前文，元裕军在申州，打仗者相信是元裕，然威本正招讨，《新·纪》、《通鉴》正月下虽著威罢招讨，或尚未交卸，自然引为己功。其次，《考异》引《补实录》云：“元裕奏大破王仙芝于黄梅县，杀戮五万余人，追至曹州南华县，斩仙芝。”南华今东明，谓尾追千五百里以上，始行俘获，亦奏报不实之一例，《通鉴》称“追斩仙芝”，则仍有惑于《实录》也。

《新·传》于仙芝攻江陵之后，未死之前，夹叙“进破朗、岳，遂围潭州，观察使崔瑾拒却之，乃向浙西扰宣、润，不能得所欲，身留江西，趣别部还入河南”一大段，试取《通鉴》比观，纯是仙芝身后之事，今且不论。吾人须记取此一时期，前后不足两月，仙芝焉能作出如许事业，此为时间性问题。从潭州进向浙西，要横过湘东及赣、皖，今《新·传》竟一步超跃，此为空间性问题。有此疑难，其能奉为信史耶。《通鉴》五年三月有“群盗陷朗州、岳州”一条，未指明仙芝党徒。潭州事，《通鉴》不载，但《新·纪》、《通鉴》均称是年三月瑾为部下所逐，如《新·传》可信，亦只能安排在三月耳。

② 关于重隐事，旧、新《纪》、《传》，说各不同：（1）《旧·纪》先称本年“二月，王仙芝余党攻江西”，既曰“余党”，显示仙芝已死。其下又称君长等被杀，“仙芝怒，急攻洪州，陷其郛”，系追叙仙芝未死时之事，换言之，即陷洪州时仙芝未死。（2）《旧·传》言“四（今本讹“三”，前文已校正）年七月陷江陵，十月，又遣将徐唐莒（今本讹君莒，据《考异》引文校正）陷洪州”，以陷洪州为四年事。（3）《新·纪》，五年二月称，“王仙芝伏诛，其将王重隐陷饶洲，刺史颜标死之，江西贼徐唐莒陷洪州”，又“四月，饶州将彭令璋（《通鉴》作幼璋）克饶州，自称刺史，徐唐莒伏诛”。按洪（今南昌）、饶（今鄱阳）邻比，依《通鉴》，唐莒是重隐部下，合而观之，当日盖连克二州，不过或称饶，或称洪，或称重隐，或称唐莒，致令读者迷惑耳，年、月与《旧·纪》同。（四）《新·传》叙事最为混乱，攻江陵后称“仙芝自围洪州，取之，使徐唐莒守”，显系钞自《旧·传》。尚君长等被杀后又称，“仙芝怒，还攻洪州，入其郛”，显系钞自《旧·纪》。将一件事分作两件，正所谓多修一回史，越增加一重错误者也。唯《通鉴》所记，前后较联贯，故据为底本而参合《新·纪》书之；其可疑之点，则重隐占洪州之下，继言“贼转掠湖南”，不知是否朗、岳二州之复出，故弗予采入。总言之，关于重隐及曹师雄之行动，史虽不一其词，究丝毫无背叛仙芝痕迹，《史话》所谓仙芝破江陵时，“大将王重隐与曹师雄就脱离了王仙芝”，（二一七页）殊觉无征不信。

其次，韩考引《全唐文》八一九杨钜《唐御史里行虞鼎墓志》：“乾符二年（八七

海节度裴璩所破[1]（参下第三项）。余部攻取信、吉、虔等州[2]。

综观本项列举之事实，已可断言仙芝与巢分道而后，两人再未曾会在一起，其理由将于下项申言之。论到仙芝失败，无非咎由自取，其重要原因有二：

第一，彼出身盐贩，保存着贪图富贵的观念。唐朝初时只授以闲散差使——左神策军押衙，便欲牺牲群众，献身投降，经黄巢责以大义，加之群众愤怒，才将卑鄙心情，暂时按捺下去。然而认识真理不够，终久必然落伍，彼一经离开黄巢，即屡次派遣使人，请求任命（《通鉴》载郑畋奏，"王仙芝七状请降"），立场如此不坚定，其失败已属于必然性。

第二，自与黄巢分道，时逾一年，考其活动范围，西不过江陵，东不过黄梅，跼促于现在鄂省东南部一段小小地带，多半时间未闻有何进取，大约无非等候官封。立志既低，士气便馁，其注定失败，不待蓍龟。

三、黄巢独当一面之巨大发展

巢自蕲州与仙芝分道，北出齐、鲁。（《新·传》）四年三月，入

五）黄巢寇饶州，……城遂陷"，为王仙芝在元年起事之证，并认定二年巢军已攻下饶州。（一一九及一二二页）按依前文所考，二年时义军只活动于曹、濮、郓、沂数州，实力未伸至长江北岸，更安能渡江而破饶州？志称鼎"咸通十年（八六九）进士，为校书郎，累迁至监察御史里行，……寻陟饶州刺史"。唐末升转虽较速，但仅及七年，似未能迁至刺史，各史亦无二年破饶事，惟"五"字略漫便讹"二"，如作"五年"，斯与《新·纪》相合。所难决者《新·纪》明言颜标死事，则破城时饶州刺史不得为虞鼎，鼎至五代方死，或是后来的刺史，而志之记事有误欤？抑《新·纪》所书不确欤？

① 《新·传》开首虽列师雄为仙芝部将之一，然传内再不见其名，此一节全本《通鉴》（参下四三九页注①）。

② 参下四三九页注①。

郓州，杀天平节度薛崇①，又破沂州②。七月，围宋威于宋州，会张自勉引兵来援，乃解围去③。十二月，克滑州之匡城④（今长垣西南），进破濮州。（《通鉴》）⑤

① 《旧·纪》，三月"黄巢聚万人攻郓州，陷之，逐节度使薛崇"，《新·纪》月分同，唯云"薛崇死之"，独《通鉴》作二月，杀崇则与《新·纪》同，《廿二史考异》五五引《新五代史·朱宣传》，中和中郓州节度使薛宗卒，谓薛宗即薛崇，因断定张裼镇郓，必在崇前（参下页注②。按《通鉴考异》引《旧五代史·朱瑄传》及《补实录》，均作薛崇）；按旧、新《纪》及《通鉴》均以崇镇天平止于四年，《通鉴》更于乾符二年著崇镇天平，（参前四二九页注①）《新书·朱宣传》亦称郓州节度使薛崇拒王仙芝战死。有此多条反证，则崇镇天平，似不应晚在中和三年（《新五代史》称薛宗卒于"中和二年王敬武遣曹全晸入关与破黄巢还过郓州"之时，则最早不得过中和三年），只持《新五代史》一条，恐不足以打销其他之记载，钱氏亦认为"俟后贤论定"也。

② 《新·纪》、《通鉴》均作三月，《旧·纪》作五月。《旧·传》叙"陷沂州"于仙芝死后，非也。

《通鉴》据《补实录》于四月下称，"黄巢与尚让合兵保查牙山"。按《通鉴》三年末载杨复光奏，已称让据查牙山，官军退保郓州，则让占此山（即嵖岈山，在今河南遂平县西五十里）不始本年，况本年春夏间，巢方活动于鲁西，何为忽然退至汴南山里？《通鉴考异》虽表示怀疑，却不能扫除障翳，遂致略现矛盾。由是知《旧·纪》所云，"七月，黄巢自沂海（帅？）其徒数万趋颍、蔡，入查牙山，遂与王仙芝合"，同属错误，七月巢方围宋（见下文），不会移旆查牙。总言之，让保查牙，应依《旧·传》在其兄君长被杀之后，而让以所部（即仙芝余部，不是仙芝本人）合于巢，又应晚在五年仙芝既死之时，即《旧·传》之"仙芝余党悉附"，如此排比，则皆合于事理矣。

③ 《新·传》，"巢引兵复与仙芝合，围宋州，会自勉救兵至，斩贼二千级，仙芝解而南，度汉攻荆南"，实以前条注所引《旧·纪》及《旧·纪》另一段（"十一月，贼王仙芝率众渡汉，攻江陵"）为底本，而中间插入围宋之事。然仙芝此时方屡使通唐，坐待官赏，绝不类有北上围宋之举。惟《通鉴》亦称七月"庚申，王仙芝、黄巢攻宋州"，按宋、郓相距不足五百里，巢从郓围宋，是极自然之事；不过仙芝尚生，巢名还未大显，因之地方报告往往冠以仙芝之名，其理由非常简单，不足为异。反之，《通鉴》是年十月称"黄巢寇掠蕲黄"之"黄巢"，又许是事后追记之误，巢此时不可能分身南下也。《史话》云："黄巢集团北入山东，连破郓州、沂州，……宋威从亳州驰援山东，先后为黄巢所击溃，宋威退守宋州。六月，黄巢进围宋州，……张自勉驰救，黄巢由宋州撤兵，北渡黄河，攻占了濮州。"（二一六页）此一段叙事，在全章中尚较为干净；唯威驻亳州似在四年七月以后（见前四三二页注①），《史话》所揭威由亳援山东屡被巢击溃，则皆于史无征，仍脱不尽附会之故智，围宋作"六月"，亦是小误。

④ 《新·传》作考城，当因讳匡之故。

⑤ 《新·纪》以陷濮州附五年三月下。

五年二月，方攻亳州未下，会仙芝死，其余党尚让等归之①，推巢为首领，号冲天大将军，改元王霸。（旧、新《传》）②

三月以后，巢开始其南北大转战，首攻滑州之卫南（今滑县东），南略宋州之襄邑（今睢县西），汴州之雍丘（今杞县），又西南至郑州之新郑（今同名），许州之阳翟（今禹县），汝州之郏城（今辅城）、襄城（今同名）及叶县（今同名）③。乃率众十万，渡淮出淮南，

① 《旧·传》："及仙芝败，东攻亳州不下，乃袭破沂州，据之，仙芝余党悉附焉。"内破沂一句，四三七页注②已指出其误，攻亳颇疑是巢之别队（见本页注③）。《史话》云："当公元八七八年二月王仙芝集团在黄梅失败于曾元裕时，黄巢集团正在亳州，包围了宋威，曾元裕的大军从黄梅乘胜北援亳州"。（二一八页）元裕援亳一节，纯是无中生有，黄梅与亳相隔千里之外，《史话》往往将濒于崩溃之唐室，煊染成调度有方，行军敏捷，而不知如此适足使人看不见中古革命之真象。

② 《通鉴》于改元王霸下接称："巢袭陷沂州、濮州，既而屡为官军所败，乃遗天平节度使张裼书，请奏之，诏以巢为右卫将军，令就郓州解甲，巢竟不至。"此段叙事倒错，半沿《旧·传》之误（见前条）。《通鉴》已书陷沂在四年三月，陷濮在同年十二月，此处不应复出，窃谓段首应补"先是"二字。就巢个性观之，似不会随便请降，我以为可有两种解释：(1)缓兵之计。《旧·传》曾称巢渡淮时伪降于高骈，可互证。(2)地方官吏伪造以塞责。关于巢遗裼书，《通鉴》系本自《补实录》；按《旧·纪》，乾符二年七月，裼镇郓，四年三月，巢逐郓使薛崇，似裼在崇前。但《旧·张裼传》，乾符三年冬出镇郓，四年卒于镇，出镇年月，纪、传不符，又与巢遗裼书不相容（遗书在破沂、濮之后，则应五年初之事），《新·纪》置裼卒于五年，亦自有其理由（《通鉴》更迟在六年三月）。综合观之，《廿二史考异》五五裼必在崇前之证（见四三七页注①），仍觉未能确立。又《通鉴考异》引《补实录》，巢自称黄王，恐不确，参四五〇页注④。

③ 从四年年底巢所活动之地区观之，我相信五年之初，巢仍留在滑、濮（濮州是仙芝起义时之老本营），《通鉴》三月下称"黄巢自滑州略宋、汴，……黄巢攻卫南，遂攻叶、阳翟"，其"自滑州"三字亦表现滑为此次南下发轫之点，余疑攻亳是巢之别队者，职是故也。不过《通鉴》先言略宋、汴然后攻卫南，显系先后倒错，兹故依南北顺序记之。襄邑等七县均见《新·传》，唯误以"郏城"为"郏"。《史话》云："黄巢在曾元裕未到亳州以前，从亳州撤围，北攻宋州、汴州，连破阳翟、叶县，曾元裕的大军就急入洛阳"；（二一八页）按攻宋汴两句本自《通鉴》，但《通鉴》明言"自滑州"出发，今臆改为从亳州北攻，殊觉南辕而北辙。其次，《通鉴》于三月下先书"又诏曾元裕将兵径还东都"，继又书"诏曾元裕、杨复光引兵救宣、润"，可见元裕还在鄂东，故令就近驰援宣、润，《史话》竟说元裕北援亳州，又西入洛阳，写成生龙活虎一样，确为腐化之反动军队增色不少，弗知其大错特错也。

其锋甚锐[①]。原夫王、黄分道,王向南,黄向北,北方节镇较密,活动

① 《旧·纪》,五年二月下云:"尚君长弟尚让为黄巢党,以兄遇害,乃大驱河南、山南之民,其众十万,大掠淮南,其锋甚锐。"其实此乃巢之本军,让特部帅之一耳,系诸二月,亦失之过早。抑淮南为南下必经之路,除《旧·纪》外,旧、新《传》均有叙及,《通鉴》乃只字不提,可算一个大漏洞。至渡淮时间,从前后事情推之,总在六月以前,《旧·纪》三月下称:"黄巢之众,再攻江西,陷虔、吉、饶、信等州"(末句,《旧·卢携传》同),《新·传》、《通鉴》皆袭其文,唯《新·传》不著年月,但《旧·纪》即接称"自宣州渡江";按饶、信已在江南,吉、虔更近于五岭,假使攻此数州者为巢之本部,则先经渡江,何来此时又在宣州径渡?司马光知其前后文义不能联接,于是将此一句改为"黄巢引兵度江",且移于"攻陷虔、吉、饶、信等州"句之上,在文字之外表,诚然得到解决,可是对于事情之实质,依然未有解决。因为,《通鉴》于八月称,"黄巢寇宣州,宣歙观察使王凝拒之,败于南陵,巢攻宣州,不克,乃引兵入浙东",比《旧·纪》著于三月者相差五个月,《旧·纪》究如何错误,未能明白指出,此为第一点。巢知仙芝(二月)失败后(《考异》引《惊听录》,六年巢回至衡州,"方知王仙芝已山东没阵,又尚君长生送咸京",事必不确),方自滑州南下,转战宋、汴、郑、许、汝诸州,再渡淮至江,只此一段曲折行程,已约可三千里,即使日行六十,毫不停留,亦非五十日不办;然巢须沿途掠取物资以谋供给,又常会遇着人力或自然之多少阻抗,而虔州更在江之南千里以上,依此审度,在五年三月底以前,巢军非特不能到达虔州,实亦不能到达长江边缘,此为第二点。然则《旧·纪》此一节究应如何解释耶?吾人试将前文所记仙芝余部之活动,比合观之,并核其时间、空间(同是三月,同是饶州,又饶、信毗连),便知攻江西断非巢本军所为,仙芝余部固许遥奉巢为主帅,然其混乱之最要原因,还是根于两种史料记载之不同。盖秉笔者如知重隐等原属仙芝,则特揭其名,不知则统算入黄巢账上,《旧·纪》杂采同事异辞之两种史料,弗能审择,只可于先后两月间用"再攻"字了之。明乎此,则知《新·传》所云,"在浙西者为节度使裴璩斩二长,死者甚众",实即《通鉴》之仙芝别将曹师雄(见第二项);《通鉴》六月下称"王仙芝余党剽掠浙西",又岁底附称"是岁曹师雄寇二浙",皆为复叠之记载,应并作一条。《史话》云:"于三月渡江,转入江西,与王重隐一军在洪州会师";(二一八页)盖未尝联系实际,稍作思考。或者援《旧五代史》,"武皇(李克用)杀段文楚,……乾符五年,黄巢渡江,……以武皇为大同军节度使"(《新·沙陀传》略同,惟易克用为国昌),又据《唐末见闻录》,国昌除大同节度在五年四月(均见《考异》引文),以为黄巢三月渡江,固有别证;殊不知《旧五代史》此处之"黄巢",与《旧·纪》"黄巢之众,再攻江西",事同一例,所谓仙芝余部之活动算入黄巢账上者也。

《新·传》叙事,未经过时间性之检查,故往往后先倒错,如先云,"巢兵在江西者为镇海节度使高骈所破",骈以五年六月调浙西,则是五年事;后又云,"转寇浙东,……于是高骈遣将张璘、梁缵攻贼,破之,贼收众逾江西,破虔、吉、饶、信等州,因刊山开道七百里,直趋建州",在入闽之前,亦应是五年事。唯其如此踳驳,故周连宽得出"骈第一次败巢是在江西,张璘等破巢于浙东已是第二次告捷"之结论。(《岭南

之范围,较受限制。今巢乘仙芝已死,改辕易辙,抛弃中原必争之胜,转入大江以南兵备稍虚之地以培养实力,此所谓战略上之成功也。

巢攻和州(今和县),未下,渡江攻宣州(今宣城)①,入浙西。

八月,攻杭州。九月,进克越州,执浙东观察使崔璆,镇海军将张潾复取越州。(《新·纪》)②由浙东欲趋福建,以无舟船,

学报》一一卷二期二〇页《唐高骈镇淮事迹考》)为要分清泾渭及判明巢本人行踪起见,首须知饶(今鄱阳)、信(今上饶)在今江西省东北,吉(今庐陵)、虔(今赣县)在其南部,断是仙芝(或重隐)余部两支之分扰,绝非巢之本军;否则虔州已面临大庾之前门,何为不径出广南,反取由浙入闽之迂道?且如坚持《新·传》之叙述,系顺着时序,则巢军之进行,应为(1)渡江入江西,为骈所败,(2)转入浙东,为璘等所败,(3)复西回江西,破饶、信、吉、虔等州,(4)开山路七百里至建州;巢纵无谋,未必如此疲于奔命以削减自己之实力。且有一更要问题,即(3)(4)两段路程如何联接?吉、虔为入粤之路,非入闽之路,应无相关,信州虽可通建州,但依《旧·纪》及《通鉴》,巢系经浙东入闽(见本页注②),由此言之,是巢于同一年内两出江西,两转浙东,然后变计入闽,合观前文大庾之反诘,揆诸事理,殊无信值。申言之,作《新·传》者对于时间、空间,俱缺乏认识,又无能除繁去复,故至芜杂不堪,读史者所应扫清荆棘,以惠后学也。

《旧书》一七八《郑畋传》:"五年,黄巢起曹、郓,南犯荆、襄,东渡江、淮",首句是追叙,二句是仙芝的活动,唯末句才是巢本人本年(五年)的事业,可见晚唐史料,非常陵乱,不容呆读。

① 渡淮后所经地不详。《旧·纪》称"自宣州渡江",语涉含胡,今略易其文;得此,益见《史话》会师洪州及六月放弃江西(二一九页)之无据。《新·传》又有"巢攻和州未克"一事,他书都不载,以地理求之,和州在淮水之南,江之西岸,宣州之西北,恰合于渡江的条件,其为五年事无疑。《通鉴》著攻宣于八月,足证三月渡江说之不信,《旧·纪》将实质不同之事,错误的连叙而下,非谓皆发生于三月也。巢在整个南北转战过程中,据我的看法,只三次渡江(沿江而下则不算作一次),奚风以为"四渡长江",(《历史教学》一九五五年三期二六页)不知其如何排算也。

② 璆,《新·纪》误球,据《新·传》及《新旧唐书互证》四改正。《通鉴》根本上不信有此事,其广明元年称,璆罢职在长安,即暗示璆未被执。记载略与之相近者,有《旧书》一七八《郑畋传》,传云:"五年,黄巢起曹、郓,南犯荆、襄,东渡江淮,众归百万,所经屡陷郡邑。六年,陷安南府,据之,致书与浙东观察使崔璆,求郓州节钺,璆言贼势难图,宜因授之,以绝北顾之患。"似璆未被执,然《畋传》叙致多误(参四三九页注①及四四五页注①),难为信证。抑《通鉴》于五年底附称,"是岁,曹师雄寇二浙,杭州募诸县乡兵各千人以讨之",《新五代史》六七《钱镠世家》则称,"唐乾符二年,浙西裨将王郢作乱,石鉴镇将董昌募乡兵讨贼,表镠偏将,击郢,破之,是时黄

乃开山洞七百里①，由陆路趋建州（今建瓯）②。十二月，克

巢众已数千，攻掠浙东，至临安，……遂急引兵过"，又《旧·纪》于"自宣州渡江"下，继称"由浙东欲趋福建，以无舟船，乃开山洞五百里，由陆趋建州，遂陷闽中诸州"，《通鉴》大致亦钞袭《旧·纪》，吾人试问既入浙东、西，所经何地？欲乘船则必抵达沿海，据此推求，本年之连攻杭、越，是极可能的事，故今从《新·纪》。《史话》谓"与曹师雄会师"，又是杜撰事实。

继检《吴越备史》一云："（乾符）五年，寇盗蜂起，有朱直管、曹师雄、王知新等各聚党数千，剽掠于宣、歙间。秋九月，王（即钱镠）率本镇兵讨平之"（直管，下文光启三年又作"杭州山贼朱直"），可见师雄与巢，军事上并无联络。《备史》又云："乾符二年夏四月，浙西镇遏使王郢作乱，敕本道征兵讨之，时董昌戍石镜镇，亦募乡里之众以副召，王遂委质于董氏。……六年秋七月，黄巢拥众二十万大掠州县，……巢将及石镜镇，众才三百人。王谓董氏曰：黄巢以数万之众，逾越山谷，旗鼓相远，首尾不应，宜以伏兵袭之，或可少却耳。巢前军二千余众果崎岖而至，王率二十骑伏于草莽，巢小将单骑先进，王亲注弩射之，应弦而毙，伏兵遂起，巢兵大溃。"即前引《新五代史》之本据，惟误作六年（六年七月巢方在岭南），《新·纪》既正作五年，但又讹攻杭为陷杭。《临安志》，石镜山在临安县南一里，钱镠改为衣锦山；《新五代史》作石鉴，殆五代时避石敬瑭之嫌名。宋葛澧《帝都赋》："自唐乾符之后，……虽黄巢之众，不能逾临安而深入"，（《舆地纪胜》二）亦表示义师已到临安境上。复次，据《备史》，镠只破巢众二千余人之前锋，陆烜《黄巢事迹考跋》引《备史》，钱镠以少骑破巢众廿万，则并未细读其文。最近韩考既主张攻下广州在六年，（一二八页）同时又说攻杭以乾符六年为当，（一二六页）对时间性之安排，似未详加考虑。

① 《新·传》、《通鉴》均作七百里，《旧·纪》作五百，《通鉴》胡注云："按《九域志》，自婺州至衢州界首一百九十里，衢州治所至建州七百五里，此路岂黄巢始开之耶？"按《元和志》二六，衢州"南至建州七百里"，同书二九，建州"正北微东至衢州七百里"，衢、建间至今尚为闽、浙交通大道，必非巢始开，特加工而已。

《通鉴》，五年八月后云："开山路七百里，攻剽福建诸州。"大半系承袭《旧·纪》，惟不得其确月，故连叙而下；桑原隲藏之《史料异同表》既陷于呆引，且更误作"七月"。

② 《史话》称巢"以大将毕师铎留守浙东，自率大军南入福建"，又"王重隐一军屯江西，……毕师铎一军屯浙东，……这是公元八七八年农民军发展的大体情况"（二一九页）；今据《旧书》一八二《高骈传》，骈授镇海节度（同上《史话》误为宁海），"令其将张璘、梁缵分兵讨贼，前后累捷，降其首领数十人，贼南趋岭表，……六年"，又同卷《师铎传》："曹州冤朐人，乾符初，与里人王仙芝啸聚为盗，相与陷曹、郓、荆、襄，……仙芝死，来降，高骈初败黄巢于浙西，皆师铎、梁缵之效也。"是师铎本仙芝余部，此时已降唐而抵抗民军，《史话》不了解《通鉴》事实排比之方法（见下页注②），竟认为巢之留守，可谓敌我不分。王重隐本年三月占洪州，不久即死，代之者徐唐莒，亦以四月被杀（见前第二项），《史话》还称重隐屯江西，何来此梦呓也！复次，镇海节度即浙西，领润、常、苏、杭、湖、睦等州，《史话》既误镇海为宁海，又以为"领越、衢、婺、温、台、明等六州"（同上注①），直浙西与浙东之无能判别矣。

福州[1]。

六年（八七九）[2]，攻下广州[3]，执岭南东道节度使李

① 此据《新·纪》。至《新·传》所云，"巢入闽，俘民绐称儒者皆释，时六年三月也"。如解作六年三月巢尚留滞福建境内，于义亦通；倘认为三月始入闽，则后来转战两广，时间殊感不敷分配。

② 《通鉴》，六年正月下称："镇海节度使高骈遣其将张璘、梁缵分道击黄巢，屡破之，降其将秦彦、毕师铎、李罕之、许勍等数十人，巢遂趣广南。"此一节事实所以安排于此，《通鉴考异》曾揭出其理由如下："郭廷诲《妖乱志》曰：初黄巢将蹂践淮甸，委师铎为先锋，攻胁天长，累日不克，师铎之志沮焉，及巢北向，师铎遂降勃海。按《旧·师铎传》，骈败巢于浙西，皆师铎之效，故置于此"。"故置于此"犹云"姑置于此"，即不知其的确年月而暂作如此安排，乃修史者所常用之变通方法。不过《通鉴》此一安排，殊有可议之处；骈败巢于浙西及浙东，当然在巢入闽之前（见上页注②引《师铎传》；《旧·纪》亦云，"初骈在浙西，遣大将张璘、梁缋等大破黄巢于浙东，贼进寇福建"），师铎降唐更应在其前，故除李罕之外，此一节断应于五年八月"巢攻宣州不克"下夹叙之，方能首尾联贯。今叙在六年正月，且继以"遂趣广南"，则事实与文义两不接榫，故周连宽以为"《通鉴》叙事，有时亦不可尽信"（同前引）。王丹岑唯未了解《通鉴》排比之意，遂臆测为师铎留守浙东，肯定师铎之降为六年正月，更进一步臆测巢为避免骈主力攻击而转入广南。（均二一九页）其实当日浙西兵力，鞭长不及马腹，并未能威胁闽中，骈亦并无南征举动；巢趣广州，自为其物资丰富，远胜闽南耳。若《妖乱志》记师铎降事之未确，除《考异》所举外，《旧·高骈传》尚有一反证，传云："广明元年夏，黄巢之党自岭表北趋江淮，由采石渡江，张璘勒兵天长，欲击之，……大将毕师铎曰：……"是巢攻天长时，师铎已为骈之大将，《妖乱志》未可信也。李罕之降唐，应在广明元年，见下四四八页注⑤。秦彦，《旧书》一八二有传，传内附见许勍。彦授和州刺史，勍授滁州刺史，见《桂苑笔耕集》三，又勍改庐州刺史，见同集一四，末牒有云："前件官自举六条，已踰四载"。则勍任滁州刺史，已过四年，《新·纪》乃于中和三年书，"十月，全椒贼许勍陷滁州"，其为错误无疑。

邓广铭《试谈唐末的农民起义》云："起义军的主力在八七八年夏秋间从赣州经由大庾岭韶州等地而去攻打广州。"（一九五二、一〇、二七《进步日报·史学周刊》九〇期）此殆从《旧·高骈传》"南趋岭表"（见上页注②）及《通鉴》之"遂趣广南"意想得之，然此两句均属括叙的性质。《旧·纪》虽有过"北逾大庾岭"一语（见下四四六页注①），但说归时之路，非说去时之路，且亦不可信，韶州则各书全未提及。抑巢经浙入闽，各史料叙述灼然，无论空间、时间，均与由赣入粤两不相容也。

③ 此一问题，可从中外史料两方面分论之。《旧·纪》，本年"五月贼围广州，……黄巢陷广州，大掠岭南郡邑"，《新·纪》同；《旧·传》称："是岁自春及夏，其众大疫，死者十三四，众劝请北归"，亦表现夏初巢已入粤。唯《通鉴》独将陷广州排在九月，其余虽采录《旧·传》之文，但删去"自春及夏"一句，又五月末尚称于悰"以

为广州市舶，宝货所聚，岂可令贼得之"；可是彼书亦有不自照应之处，因为五月下又著巢表求广州节度，王铎请以李系为湖南观察，将兵"屯潭州以塞岭北之路，拒黄巢"，（末一事《新·纪》系于五月）如果五月巢未入粤，两方都不至有此准备。何况据《通鉴》，十月廿七巢已经桂州至潭州，把陷广州放在九月，试联系实际，中间的时日殊觉不敷分配。

九一六年（梁贞明二），大食人阿布赛德哈散（Abu Zaid Hassan）著书，记巢取广州在回历二六四年，相当于乾符四年八月三日至五年八月二日（此据陈垣《中西回史年历表》，桑原书五九页作"乾符四年八月二日至乾符五年八月一日"，系上差一日），与前引我国记事不符，桑原隲藏因援《旧·卢携传》及《新五代史》六五《南汉世家》（"唐乾符五年，黄巢攻破广州"），以六年说为不可信。（《蒲寿庚考》一四——一五页）按《旧·携传》云："五年，黄巢陷荆南、江西外郛及虔、吉、饶、信等州，自浙东陷福建，遂至岭南，陷广州"，各事连叙而下，不定全发生于五年之内，陷荆南、江西原属仙芝及其余党，而且此传前文既书"乾符末"，下面又称四年、五年、六年，正所谓"踳谬较之《新·传》尤甚"者，（《廿二史考异》五五）是五年说在我国史料中只有后出之《新五代》一条。抑更须知吾人不能用片面方法解决问题，而要顾及全局，中回两历之对照，其二六四年之下限为乾符五年七月，换言之，如信赛德书不误，则破广州应在五年七月底以前。由是，即引起别一个更为复杂而无法解决之问题，即是说，吾人应同时将黄巢从滑州南下起迄破广州止，所有带着时间性记录之活动，一一从新安排。但史料上并未获得基据，可以任吾人如此做法，结果必至坚持孤证，陷入泥涂，将互有联系之时间性记录，任意移动或改造，此则稍经思考而知其必不可行者也。职是之故，破广州之时间，仍须维持六年夏初之说。《史话》称："二月，全军西征，……七月，攻破了广州"（二一九页），仍未免以主观来驱使史料。郑畋、卢携之罢相，或以为因南诏处置问题，或以为因黄巢处置问题；关于前一事件，桑原引《新·南蛮传》，谓应发生于乾符四年初或以前，似难认为二人罢相之原因，故彼主张郑、卢罢相系争论处置黄巢之结果。唯是罢相年分，亦有两说，（一）五年说，见《旧》一七八《卢携传》、宋敏求《补实录》、《新·僖宗纪》、《新·宰相表》、《新》三五《五行志》、《新》一六〇《崔沆传》及《通鉴》。（二）六年说，见《旧·僖宗纪》、《旧》一七七《豆卢瑑传》、《旧》一七八《郑畋传》、《元龟》三三三及《新》三六《五行志》。桑原之意，史料中最足信赖者为《新·宰相表》，而此表明记五年五月丁酉郑、卢并罢，故赞同五年之说；两人之罢，既是五年，则巢围广州自不得不认为五年云云。（《唐宋贸易港研究》五七——五九页）余往年撰《翰林学士壁记注补》（《史料与史学》下或《史语所集刊》十五本），在豆卢瑑条下曾主张六年之说（原文误以《旧·卢携传》加入六年说之内，兹更正），然未提出确据。今检阅桑原此文，不妨再申前见。首须辨明者，《新·宰相表》亦错误屡出，不应先存最可信赖之成心，《新书》纪、表、志（卷三五）、传似同出《补实录》之一源（说见前引拙著），若是，则五年说只有《旧·携传》及《补实录》两种史料。六年说除桑原所引外，《旧》一六三《崔沆传》称，"乾符末，本官同平章事"，亦应加入六年说之内；换言之，六年说所据不同源之史料，似总比五年说为较迢[1]，自称“义军百万都统兼韶、广等州观察处置等使”，（《续宝运录》）[2]露表告将入关，因数宦竖柄朝，垢蠹纪纲，朝臣与中人赂遗交

多，今检《旧·纪》一九下乾符五年三月后，“以吏部尚书郑从谠、吏部侍郎崔沆考弘词选人”，又六年“三月，以吏部侍郎崔沆、崔澹试弘词选人”，向例宰相不充试官；又《新》《纪》、《表》称沆以吏侍转户侍（《旧·纪》作吏侍转兵侍）入相，是六年三月以前沆未入相，亦即是六年三月以前郑、卢并未罢相。郑、卢未罢，则桑原之考定，完全失其所依矣。得此硬证，再加以前文强有力之反驳（巢入广以前及以后之活动，吾人非提出确据，不能将其时间任意挪移；试让一步言，承认入广为五年事，则经浙东赴闽不能不移入四年下半年，然此时仙芝未死。且五年三月巢尚在河南，如何隔了两月便到广州？桑原竟有此论，正谚所谓“聪明一世，懵懂一时”也！又如入广在五年，则巢留岭南应一年以上，史文更无可征信。或前或后均移动不得，故入广非在六年不可），黄巢下广州及郑、卢罢相之必是乾符六年，可谓已成铁案。

此外尚有一附带问题，大食文之 Xanfu，非广州莫属，说见后文。但 Klaproth 曾证为“澉浦”，大体即杭州，一时学者如 Reinaud、Yule、Richthofen、那珂通世等靡然从之，其证佐之一，即《新·纪》五年八月巢陷杭州，与回历二六四年可以相当也；（《蒲寿庚考》一四页）但杭非唐之商港，其他条件，尤不相合，可无繁辨。

韩考主张六年说，固与拙见相同，但彼引《全唐文》八一六韦昌明《越井记》作旁证，却有疑问。记内所言岁数不合，又昌明充翰林学士，绝无可稽，说详拙著《补唐代翰林两记》二四二页，此一证当存疑也。

① 《郎官柱》亦作李迢，唯《北梦琐言》作李佋。今本《旧·纪》之李岩，系原写作“李岧”之转讹（据《考异》引文，又《旧书》一七八《卢携传》同）。

② 赛德之书又言巢在广州，杀回教、基督教、穆护教徒及犹太人十二至二十万，近世解者多据此为当日外侨之数目；（《中西交通史料汇编》三册一三二及《蒲寿庚考》一五页）此踸言也。据《新书》四三上，广州全州人口只廿二万一千五百，纵多隐瞒，然郡城一隅，未必即达廿万（近闻桂林来人，说全城人口不足十万），抑广州沿河一带，由于近世淤垫及新填者面积颇广，居民住地，据我六十年来所见，亦扩充不少。廿年前，广州曾清查人口一次，包入对河的地区，结果不足百万。试合人口增加率，市区面积，城市集中程度等等来比较，认为唐时广州全城人口约廿万，未为低估，岂外侨之数竟等于全城，不信者一。让一步说，外侨即只十万，其势已喧宾夺主，且异族触目皆是，最易惹人注意，何以唐末关于岭南记载，如刘恂《岭表录异》、段公路《北户录》、房千里《投荒杂录》等，曾无提及，不信者二。再从经济方面言之，当日输入，不过香料、药材及若干珍奇物品，留住者已十余万，试问操何业以营生？广州在中古时代之经济发展，是否能支持此蚩蚩之众？不信者三。或谓此数包含汉族信徒在内，吾人试问唐代外教惑人之深，孰如浮屠？当会昌五年（八四五）检括天下僧、尼，只得廿六万五百，勒大秦、穆护祆三千余人还俗（连外国人在内），相隔只卅余年，而谓广州一隅，竟有如许教徒（中古来华之外人，多数信奉任一种宗教，此是当然之

构及铨贡失才诸弊，一面申禁刺史殖财产，凡县令犯赃者族。（《新·传》）从此西入桂管①，其众患疫，劝之北归，自桂州编大栰

事实），且增至三四十倍耶，不信者四。闲尝思之，仙芝破荆州外郛，多所残害（见前文），其时正是回历二六四年，粤语"王"、"黄"同读如 Wong（照语言学公例，双唇音 w，b 常可通转，故大食文翻黄巢为 Banšoa），巢亦曾陷江陵，又唐人常称荆州为"荆府"，"荆府"与 Xanfu 音近，因是，展转传讹，误王仙芝为黄巢，荆府为广府，一般人民为外国教徒，市虎之言，固历史上所常见。荆为西南重镇，必有蕃商居留，曾被波及，赛德未尝身历中土，只录传闻，宜有不尽不实之处。我国旧史家每患偏差，保守者唯知捧着残编，沾沾自足，不肯向别个角落寻求有关之史料，采人之长，补我之短，其失也固。新进则反是，宜若可喜，然记载不能无舛错，中外所同，若唯爱其新奇，不以冷静头脑审察其信值，贸贸然囫囵接受，则过犹不及也。复次，马司帛洛（G. Maspero）云：八七九年黄巢入广以后，大食人遂不直赴中国而停舟羯荼（Kilah，Kalah），以其货物转载中船；中船当时大致发航广州，约十日至占城，又沿岸约十日抵 Saint-Jacques（疑即大食人之 Kadarn，贾耽之军突弄），又约十日抵 Tioman 岛，沿马来半岛行，渡海峡，复沿岸行而达羯荼，全程约三四十日，（《史地译丛》一六九—一七〇页）按巢为争取物资，驻广州之外国商人，势必不能幸免，此则无须讳言者。唯是，蕃商输入多数为奢侈品，经过进奉、收市、舶脚种种名称，彼辈本身亦曾饱受李朝及官吏之严重剥削，革命军及一般人民对之，似不至抱深切仇恨，如邓广铭所想象（同前引文）。而且，检巢军全部纪录，除中和元年长安洗城为清除反动分子外，他处未闻大量杀戮，此一特殊例外，颇难置信。据《教工通报》三七期在山东大学讲授中，"广州因黄巢占住过一个时期，经了一次大破坏"之错误意见，经过讨论批评而后得到纠正，（九页）详情未之知，拙见或与之相接近也。

赛德书略言：摧毁广府后，乱党进向国都，皇帝奔至吐蕃边境之 Bamdou，得 Tagazgaz 王之助，继续战斗，乃复位。惟京城破坏，府库已虚。精兵良将皆死，威权坠失。贪狠之冒险家割据各省，无些微奉上之忠心。外国之商人船主，皆遭虐待侮辱。货物则悉为劫掠。国内工厂皆被摧毁。对外贸易全为停阻。中国之厄运及大乱，波及于海外万里西拉甫港（Siraf）及瓮蛮省（Oman）两地之人。前此恃营商中国为生，至此破产者所见皆是云云；张星烺以为据阿拉伯各家记载，Taghazghaz 系指回纥，显因安史之乱回纥助唐收复两京而误会（同前引《汇编》一三〇—一三一及一三四页）。按 Taghazghaz 系 Toguzoghuz 之音变，义即九部或九姓，鞑靼亦有九姓（见《隋史》七节），当日沙陀曾附鞑靼，其称谓或由于此。至虐待侮辱，与杀戮迥异，是知彼之记载，含有多少矛盾，难为信史。至 Bamdou 一名，张氏未释，以黄巢可译 Banšoa 例之，殆"皇都"之对音。

① 由闽赴桂林，须经广州，此是普通所走之路线，《旧·纪》乃云："四月，黄巢陷桂管，五月，贼围广州"，《新·传》亦袭其文而称"巢陷桂管，进寇广州。"旧日史家之缺乏地理知识，于此可见一斑。唯《惊听录》云："复并燕海隅，又陷桂州，次攻

数千，乘暴水沿湘江而下①，历永、衡二州②。十月二十七日（癸未），克潭州③；时李系守潭，有众五万，并诸团结军号十万，巢急攻一日而城陷，系仅以身免，流尸塞江。（《旧·纪》）闰十月，进克澧州。（《新·纪》）尚让乘胜逼江陵，节度使王铎闻系败，弃城走襄阳，其留守刘汉宏纵兵大掠，焚剽殆尽。十一月六日（辛酉），巢入江陵④；欲攻襄阳，前锋一万屯团林驿，江西招讨使曹全晸与襄阳节度刘巨容屯荆门（在襄阳南二百七十余里），全晸等匿精甲林薄中，挑战伪不胜，义军弗为备，廿二日（丁丑），失利于荆门，全晸等尾追不舍。十二月七日（壬辰），巢弃江陵，率舟师东下，攻鄂州，陷其郛⑤。

湖南，屯衡州”，叙致最为赅备。

《旧·郑畋传》：“六年，陷安南府。”安南殆岭南之误，巢实无时间可以南征安南也。《新·纪》不察，遂于陷广后接称“陷安南”，反略去桂州不提，中间遂失却联系。

《史话》称巢“在广州，经过两个月的休息整顿”，（二一九页）系因《通鉴》排陷广于九月，自桂入湘于十月；但陷广比旧、新《纪》后差五月，《通鉴》不特未提实证，且亦时间过促，说见前四四二页注②，倒不如旧、新《纪》之可信。

① 《旧·传》云：“寻南陷湖、湘，遂据交、广。”巢从何路入广，都不之知，其误更甚于《旧·纪》。《旧·纪》，六年十月云，“时贼北逾大庾岭”，亦不合。桂州，《旧·纪》讹桂阳，据《新·传》改正。数千，世界影本《通鉴》讹“数十”，兹从《旧·纪》。

② 从湘水北出，先永后衡，《旧·纪》、《新·传》不误，《通鉴》倒为“历衡、永州”。巢屯衡州，见前引《惊听录》。

③ 《旧·纪》，克潭州在广明元年二月，《旧·传》亦系于广明元年，《考异》引《补实录》云：“闰月，湖南奏黄巢贼众自衡、永州下，十月二十七日攻陷潭州。”其说可信；《新·纪》系于闰十月者，据报到之月也。

④ 《新·传》云：“其十月，巢据荆南。”《通鉴》因亦记在十月之下，此实时间所不许，廿七始克潭，月底仅余三日耳，能飞渡荆门耶？《旧·纪》称王铎闻系败弃城，汉宏大掠，“半月余，贼众方至江陵”，亦可作反证，今从《新·纪》。复次，《新·传》开首列汉宏为仙芝部将之一，然《通鉴考异》引《吴越备史》，对汉宏出身经过，尚存疑问，《史话》径云：“王仙芝失败时投降了唐军”，（二二二页）未免太坐实。

⑤ 自此以后至明年七月渡江北讨之前，巢所攻取的地方，各书记载不一，几于无法董理，今先分述其概略，再以管见综合批评之：（1）《旧·纪》，广明元年三月下称，“攻鄂州，陷其郛，……遂转战江西，陷江西饶、信、杭、衢、宣、歙、池等十五州”，此无疑是总叙在一起，纪又言，“是岁春末，贼在信州疫疠”。（2）《新·纪》，六年末称，

广明元年（八八〇）巢离鄂后[①]，连下饶、信、池、歙、衢、婺、睦

是岁"黄巢陷鄂、宣、歙、池四州"，又广明元年四月，"壬寅，张璘克饶州"，五月，"张璘及黄巢战于信州，死之，六月，巢陷睦、婺、宣三州"，内饶州只著克，未著陷，宣州乃为两陷。(3)《新·传》云，"转掠江西，再入饶、信、杭州，……攻临安，戍将董昌兵寡，不敢战，……乃还残宣、歙等十五州，广明元年，……张璘度江，……巢数却，乃保饶州，众多疫，……巢得计，破杀张璘，陷睦、婺二州，又取宣州"。按《旧·纪》之十五州，包饶、信、杭在内，今《新·传》既先提饶、信、杭而后文仍称十五州，显系随便钞袭旧文，未加考察；又董昌一节，与前四四〇页注②所引《新五代史·钱镠世家》相同，是否乾符六年之事，大有可疑；此两点最应注意。至巢众患疫，《旧·纪》作信州，此传作饶州，则因信、饶相邻，未为冲突。(4)《通鉴》将本自《旧·纪》之"攻鄂州，陷其外郛，转掠饶信池宣歙杭十五州"一节，完全记在六年十一月之下，不知何故，独削去衢州一名（或因其不见于《新·纪》）。按《旧·纪》以攻鄂列于广明元年三月，虽属不确，然《通鉴》在此之前同一个月内，方称"黄巢北趋襄阳"，此时战略上固无分兵东下之必要或可能（因为襄阳得手，即可北窥关中），纵可能矣，岂便一月之内蹂躏十五州？岂便东及于浙杭？司马光未尝顾及时间，是其疏略之处。此后广明元年正、二、三月都不记巢事，至四月始云，"张璘度江，……屡破黄巢军，巢退保饶州，……璘攻饶州，克之"，五月，"黄巢屯信州，遇疾疫，卒徒多死，张璘急击之，……兵败，璘死"，六月，"黄巢别将陷睦州、婺州，……庚戌（廿八日），黄巢攻宣州，陷之"，论其大致，事同《新·传》，月同《新·纪》，惟信州遇疫，特采《旧·纪》而已。

概述既毕，试就管见所及，提出三点来讨论：(1)杭州。巢军犯杭州，旧、新《纪》、《新·传》及《通鉴》均只一见，论其时期，约分三说：(甲)乾符五年八月，《新·纪》主之。(乙)乾符六年，《新·传》、《通鉴》主之。(丙)广明元年三月后，《旧·纪》主之。然《新·传》缺乏时间性，乾符六年无容纳其事之余地，《通鉴》强附于十一月，绝不合理（说见前），实应依《旧·纪》移入广明，由是再可缩并为乾符五及广明元之两说。考杭、越（今绍兴）相去不过一百四十里，既犯杭便可犯越，既犯越亦可犯杭，故《新·纪》以犯杭、越连著于八九两月。乾符五年巢入浙东，见《旧·纪》、《通鉴》，是无可否认之事实，越为浙东首治，且濒海隅，巢既欲乘海入闽，越州想必其曾到之地，《新五代史》缀攻杭于乾符二年之后，则乾符说似为近是。反之，巢当广明元年时，目的方欲复寻故道，逾淮北上，何故分弱兵力，远征越、杭？四五月间与张璘相持，尤多阻碍。质言之，旧史料内确有广明元年巢克杭、越之一种误传（如《旧·郑畋传》云："广明元年，贼自岭表北渡江浙，虏崔璆"），稍经分析，便知难以成立，故本篇仍维持《新·纪》之说。(2)宣州。《新·纪》及《通鉴》之六年陷宣，从其文观之，都系本自《旧·纪》，若广明元年六月陷宣，则又本自别种史料；但《旧·纪》之文，原亦编入广明元年，故所谓宣州再陷，实是复出。(3)衢、睦、婺三州。衢州只见《旧·纪》，婺、睦见《新》《纪》、《传》及《通鉴》，亦许在《旧·纪》十五州之内。按婺今金华，睦今建德，巢军如果由信州东出，实应先经衢州，何以《新》《纪》、《传》及《通鉴》均独删此一州，殊不可解。反之，如将三州全删却，更不易足十五之数。或者系饶、信相持时分兵旁掠，亦未可定，总不似迟在六月耳。

《旧》一八二《高骈传》于乾符六年冬后称，"既黄巢贼合仙芝残党，复陷湖南、浙西州郡"，盖将五年之事，误记于六年之末。

① 离鄂是去年底抑本年初，难以确定。

等州[①]。淮南节度高骈遣其将张璘渡江[②]，四月，璘复取饶州，五月，巢与战于信州，杀之[③]。六月廿八日（庚戌），克宣州[④]。以上皆巢在长江以南活动之概略。

七月，自宣州采石矶渡江[⑤]，下和、滁二州[⑥]，进围扬州之天长、六合，高骈不敢出战，又破天平节度曹全晸。九月[⑦]，乃悉众渡淮，自称率土大将军[⑧]；转牒诸军，首称，"屯军淮甸，牧马颍陂"，（《唐

---

① 说见四四六页注⑤。池，今贵池；歙，今歙县。《史话》列举有湖州，（二二二页）不知何据。

② 《通鉴》于六年十二月下称，"至是，骈将张璘等屡破黄巢"，按此是巢将离鄂或刚离鄂之时，淮南兵何由接触？皆因《通鉴》将转掠十五州编入十一月，故连带而致误也。唯广明元年三月下云："高骈遣其将张璘等击黄巢，屡捷。"论其时间，殊为近之。又《新·传》云："张璘度江，败王重霸，降之，……别部常宏以众数万降。"按传首列仙芝大将李重霸而传内无名，谅即同一人。

③ 《旧·传》谓璘被杀于天长，且误记于南据交广之前，《旧·高骈传》略同；惟《旧·纪》则著于此次渡江之前，《新·纪》更标明为信州，兹从之，可参《通鉴考异》二四。

④ 《新·传》于取宣州下称，刘汉宏"残众复奋寇宋州，掠申、光，来与巢合"；按《通鉴》五月下称汉宏之党，侵掠宋、兖，六月称汉宏南掠申、光，七月辛未（十九日）请于濠州归降，唐以为宿州刺史，是汉宏并未与巢合军，《新·传》误。

《吴越备史》一云："汉宏，兖州刺史院之小吏也，寻为大将，领本州兵以御黄巢寇，遂杀将首劫辎重而叛，诏忠武军讨之，不利，复命前濠州刺史崔锴招携之，宏遂降，授宿州刺史。"亦未言宏与巢合。

⑤ 渡江，《旧·高骈传》作"广明元年夏"，《妖乱志》及《旧·纪》均作七月。《通鉴》胡注云："采石戍在宣州当涂县西北，渡江即和州界。"又《旧·纪》称，"其将李罕之以一军投淮南"，《新书》一八七《罕之传》："随黄巢渡江，降于高骈，骈表知光州事"（《新五代史》四二《罕之传》略同），是罕之早已反动；《新·巢传》乃云，"李罕之犯申、光，颍、宋、徐、兖等州吏皆亡"，殊误，《史话》称巢十月攻占光州，（二二四页）即因过信《新·传》。

⑥ 《新·纪》先滁后和，于顺序不合。

⑦ 《旧·纪》，"十月乃悉众渡淮"，《旧·传》作"九月渡淮"，今从《旧·传》。

⑧ 此号见《旧·纪》、《新·传》。《通鉴》本年十一月下载齐克让奏，"黄巢自称天补大将军"；按《续宝运录》谓仙芝"自称天补均平大将军兼海内诸豪帅都统"，是否两人称号相同，未详（《史话》二二三页倒作"补天"）。《史话》以率土大将军为巢在广南时之称号，（二一九页）绝对无据。

未见闻录》）后又申言，“各宜守垒，勿犯吾锋，吾将入东都，即至京邑，自欲问罪，无预众人”。（《通鉴》据齐克让奏）①自淮已北，整众而行，不剽财货，惟驱丁壮为兵。（《旧·纪》）十月，别队破申州。（《新·纪》）②十一月，克汝州。（《新·纪》）③十七日（丁卯）④，进平东都，留守刘允章率分司官属迎谒，只供顿而去，坊市晏然，（《旧·纪》）旋攻陕州。（《旧·传》）廿二日（壬申），克虢州，（《旧·纪》）檄关戍曰，吾道淮南，逐高骈如鼠走穴，尔无拒我。（《新·传》）廿六日（丙子），攻潼关，（《旧·纪》）⑤白旗满野，不见其际，举军大呼，声振河华。（《通鉴》）十二月二日（辛巳），下潼关，（《旧·纪》）⑥

---

① 《史话》引此节，称本自“《唐书·黄巢传》”；今考《新·巢传》并无其文，盖据别书转引，并未检对原文也。

② 《通鉴》承《新·传》文（引见上页注⑤），于破申州后称，“遂入颍、宋、徐、兖之境”；按巢之攻洛，取道汝州，除颍州外，宋、徐、兖均偏在东北，最低限度亦非巢之主力。《史话》又言九月攻占泗州；（二二四页）按《惊听录》引豆卢瑑奏，只言“淮南九驿，便至泗州”，《通鉴》亦只言卢携请急发诸道兵扼泗州，并无巢克泗州事，《史话》之无根如此。

③ 《通鉴》书在十日庚申之前。

④ 《旧·传》、《新·纪》及《通鉴》均同，惟《旧·纪》作己巳，后差两天。

⑤ 廿二日克虢州，《新·纪》、《通鉴》均与《旧·纪》同；考虢州西北至潼关一百三十里，自关至华州一百二十里，又华州西至长安一百八十里（《元和志》六及二），巢当日系取急进战略，而唐军方面，只有齐克让以饥卒万人，依托关外（据《通鉴》），无如何梗阻，若依《通鉴》十二月庚辰朔巢前锋方抵关下，则上去入虢已八日，未免太迟。张承范表称，“到关之日，巨寇已来”，盖谓到关之前，巢已攻潼，《通鉴》乃误会为双方同日到潼也。

⑥ 《新·纪》，《通鉴》皆作壬午（三日），当据宋敏求改编之《补实录》，然自潼至京三百里，以其后来程途差之，则《旧·纪》较可信。《史话》云：“张承范等十一月丁丑到潼关，十二月壬午失潼关，时间一共是六天。”（二二六页）按《通鉴》明言，十一月“乙亥，张承范等将神策弩手发京师，……丁丑，承范等至华州，……十二月庚辰朔，承范等至潼关”，由承范庚辰至潼计至壬午失关（依《通鉴》言），前后仅三日，《史话》乃以至华之日为至潼之日，颟顸已极。抑承范表称，“臣离京六日，甲卒未增一人”，系由乙亥数至庚辰，编史者未将史文从头至尾仔细看过，因此又引生“六天”之误会。

过华州,使乔钤留守①。四日,过昭应。(《旧·传》)②五日(甲申)晡时,前锋柴存入长安,金吾大将军张直方率在京文武迎巢于灞上③。巢乘金装肩舆,位次者乘铜舆,其徒皆被发,约以红缯,执兵卫者绣袍华帻,甲骑如流,辎重塞涂。入自春明门,坊市聚观,尚让慰晓市人曰:"黄王④为生灵,不似李家不恤汝辈,但各安家。"军众遇穷民于路,争行施遗,尤憎官吏。十三日(壬辰),巢即皇帝位于含元殿,国号大齐,改元金统,悉陈文物,御丹凤楼宣赦。赦书有云:"揖让之仪,废已久矣,窜遁之迹,良用怃然,朝臣三品以上,并停见任,四品已下,宜复旧位。"以妻曹氏为皇后,尚让为太尉兼中书令,赵璋兼侍中,崔璆、杨希古并同平章事,孟楷、盖洪为左右仆射兼左右军中尉,费传古枢密使,郑汉璋御史中丞,李俦、黄谔、尚儒为尚书,马祥右散骑常侍,方特谏议大夫,王璠京兆尹,皮日休、沈云翔、裴渥为翰林学士,许建、朱实、刘塘为军库使,朱温、张言、彭攒、季逵为诸卫大将军四面游奕使。又选骁勇形体魁梧者五百人曰功臣,令其甥林言为军使⑤。下

① 《旧·传》作奋钤,今依《通鉴》。但《通鉴》明年四月下又有华州刺史乔谦,不知是否同一人。

② 昭应,宋改临潼,西至京五十里,见《长安志》一五。

③ 《旧》《纪》、《传》及《通鉴》均作甲申(五日),惟《新·纪》作丙戌(七日);按韦庄《秦妇吟》:"前年庚子腊月五,……已见白旗来匝地。"无论如何,前锋五日已入长安矣。金吾,《旧·传》、《新》《纪》、《传》及《通鉴》均同,惟《旧·纪》云:"时右骁卫大将(军)张直方率武官十余迎黄巢于陂头。"右骁卫想是兼职,陂头必灞上地名。《秦妇吟》又云:"是时西面官军入,拟向潼关为警急,皆言博野自相持,尽道贼军来未及。"盖义军进行甚速,非一般人意料所及。

④ 此当是对俗间所用之称呼,巢以前并未有王号,《补实录》谓巢自称黄王,殆涉是而误会者。

⑤ 涉各项任命及其姓名,《旧》《纪》、《传》及《新·传》、《通鉴》等各有详略异同,今参合记之。赵璋,《笔耕集》一一及《新·传》、《通鉴》同,《新·传》则传古、全古并见。王璠,旧、新《传》及《旧·郑畋传》同,《通鉴》又璠、播并见。此外朱实、刘塘、张言均见《旧·传》,《新·传》则作米实、刘瑭、张全。《史话》误谏议大夫为御史大夫,误传达旨意之枢密使为军事人员,所举唐朝降官,最少漏去杨希古(见上四十五节)、沈云翔(见《旧·纪》)二人,反之,以赵璋为降官,(均二二八页)于书无据。

皮日休事迹,各书所记不同:《北梦琐言》谓黄巢时遇害,《唐语林》谓寇死浙中,《该闻录》谓陷黄巢,被诛,尹师鲁则言其后依钱氏,官太常博士云(《老学庵笔记》)。

令，军中禁妄杀人，悉输兵于官。农民革命军之光辉历史，至是而达于顶峰，禁令虽或不尽行，然《秦妇吟》有云："千间仓兮万斯箱，黄巢过后犹残半，自从洛下屯师旅，日夜巡兵入村坞，……入门下马若旋风，罄室倾囊如卷土。"人民对于义军之观念，固已此善于彼矣。

此种缺点犹其小焉者，巢入京后之第一个大失着，即纵令僖宗徜徉入蜀，使反动派得藉以号召，致李朝死灰复然，结果无异于削弱自己之势力。先是，十二月甲申（五日），僖宗闻警，偕田令孜率神策军五百，自金光门出①，宦官西门匡范统右军以殿，是日次成阳。戊子（九日），至骆谷婿水驿。丁酉（十八日），次兴元。《补实录》谓巢曾派数万众西追，《通鉴考异》因其不言追及与否，又不言为谁所拒而还，弃而不取，所见甚当；诚以唐主等五日次咸阳，仅行四十里（参《元和志》一），盩厔在长安西南百三十里，骆谷关又在盩厔西南百二十里，（《元和志》二）由此推之，五日至九日，平均每日只行五六十里，神策军皆疲败不能战，假使入京后立遣万骑，以急行军之姿势趣之（由潼入京，巢军约日行百里），则唐主等尽可一网成擒，何至遗后来之祸根，大约巢既进京师，便急温其帝皇之迷梦，略同于秦之陈涉，明之李自成，故不复谋及追蹑也，革命胜败之枢机，端系于此。《史话》云："在这种群情瓦解的情势下，如果农民军继续西攻，尽力穷追，唐朝在陕西境内的武装，当可全被击溃的。可是从公元八八〇年十二月②到公元八八一年三月，农民军却在长安按兵不动，忙着列爵分土，忙着称国号，改正朔，陈文物，易服色，登丹凤楼，下赦书，向领袖黄巢，上承天广运启圣睿文宣武皇帝的

---

① 《旧・传》云："十二月三日，僖宗夜自开远门出，趋骆谷。"与《旧・纪》及《通鉴》异，其下文递言"四日"，"五日"，则"三"非"五"讹，所谓传闻异辞也。

② 就实际言，巢入京之日已是公元八八一年。近人写作，往往上系公元，下附旧历月份，揆诸文义，实不可通（我亦曾犯此弊），如令外国人读之，更易发生误会。如为避免查对，我仍主张用"广明元（八八〇 — 八八一）年十二月"之记法，否则月份亦应检《中西历对照表》改正，方两不相背，余可类推。

尊号,以为一纸空文的赦书,就可以统一全国了。因此反动唐朝的残余势力,得到了喘息的机会,得到重新的部署。”(二三〇页)此一段批评,至为恰当。

四、巢入京后以至失败

巢居京二年又四月,举措多不可知,概言之,谓从此走入下陂之途,谅无大误。昔人言,日中则昃,盛极则衰,二者实不可以相况也;日月运行为自然之规律性,不可以外力改造,盛衰为社会变化性,合群众力量,可使之适应而转移。物必有腐,能推陈出新,则不至于全腐,巢之失败,自是人事不济,无可讳言。

于时,前庞勋部诸葛爽领代北兵马驻栎阳,来降,巢授为河阳节度①,又河中留后王重荣初受命而旋叛,巢遣朱温自同州、弟黄邺自华州合击之,大败,失粮仗四十余船②。

中和元年(八八一),巢以朱温为东南面行营都虞候,攻邓州。三月三日(辛亥),克之,遂命镇守,以扼荆、襄。巢先遣将王晖召凤翔节度郑畋,畋斩晖,乃使林言、尚让、王璠率众五万攻凤翔,欺畋

① 爽之降巢《旧·纪》在中和元年八月,当误(见《殿本考证》),今从《新·纪》及《通鉴》。《史话》云:“当时方镇大使先后向新政府投降的,有忠武军留后周岌,河中军留后王重荣,感化军留后时溥,平卢军留后王敬武,河阳军节度使诸葛爽。”(二二九页)按爽之河阳节度,系巢所授,(《旧书》一八二)非以河阳来降,《新·纪》实创其误,《玉泉子》称,“黄巢入洛,(邓厂)避乱于河阳,节度使罗元杲请为副使,巢寇又来,与元杲窜焉”;所谓“巢寇又来”,即爽受巢命而来也。周岌其时已正授节度,非复“留后”(见《通鉴》),时溥至中和元年八月方为留后,王敬武又迟至二年九月(此据《新·纪》及《通鉴》,唯《旧·纪》系敬武留后于元年十月),时溥更无降附革命军之事迹,《史话》所叙,殊欠分明。

② 此据《通鉴》。《旧书》一八二《重荣传》:“既而贼将朱温舟师自同州至,黄邺之兵自华阴至,数万攻之,重荣戒励士众,大败之,……朝廷遂授节钺检校司空,时中和元年夏也。”按《通鉴》,元年四月,以河中留后王重荣为节度,《旧·传》所记“元年夏”,系指授官时言之。

文人,不设备,陷于伏,畋军追击至岐山之龙尾陂,损失万计①。时畿内诸镇禁军尚数万,众无所归,畋乘胜收集残余,与泾原节度程宗楚、秦州节度仇公遇等结盟,(据《旧·畋传》檄文)移檄反抗。邠宁将王玫据邠州应义师,巢即以为节度②,旋被别将朱玫所杀,复附于唐。于是反动军队云集畿辅,北面则唐弘夫以泾原之师屯渭北,易定(即义武)王处存屯渭桥,东面有河中王重荣屯沙苑(同州),西面有鄜延节度李孝章、夏州节度拓拔思恭屯武功③,邠宁朱玫屯兴平,郑畋屯盩厔,义军已处于三面包围之危险形势,诸葛爽亦以河阳叛④。

四月,宗楚、弘夫等在兴平、咸阳(在兴平东)再胜⑤,直逼京师。

---

① 龙尾陂或作坡,二字通用。《旧·传》、《新·纪》及《旧·郑畋传》系此役于二月,《旧·纪》、《通鉴》在三月,盖其事亘二、三两月也。领兵者《旧·纪》、《新·传》著林言、尚让,《旧·畋传》及《通鉴》无林言而有王璠(唯《通鉴》此处作王播),《旧·传》只称尚让。"斩馘万计"见《旧·畋传》,《通鉴》作"斩首二万余级"。又《旧·传》中和二年有"二月,泾原大将唐弘夫大败贼将林言于兴平,俘斩万计"一段,实元年事之误编,只看其后接叙王处存一段,应属于元年(参下页注②),弘夫亦死于元年,便可比较知之,惟地点在兴平小异,当是四月进逼京师前之另一战役,应与《新·纪》所云四月"程宗楚……唐弘夫及黄巢战于咸阳,败之"之一段相当。

② 《新·纪》二月下称"邠宁将王玫陷邠州",似王玫为起义之唐将,巢因而授以节度;《通鉴》四月下谓"黄巢以其将王玫为邠宁节度使",恐未确。

③ 《旧·纪》,七月下作孝章;三月下讹孝恭,广明元年四月下作孝昌,《新·纪》作孝章;《新·传》则孝章、孝昌并见(《新·党项传》亦作孝昌),《通鉴》作孝昌。又《旧·传》云:"鄜延拓拔思恭之师屯武功。"《殿本考证》谓"鄜延下当脱'李孝昌夏州'五字",是也。

④ 《史话》云:"感化军节度使时溥、河阳军节度使诸葛爽都先后叛归了唐朝。"(二三二又二三六页)按溥未尝降巢,见上页注①,且溥八月才自为留后,三、四月时尚是牙将,尤征《史话》之无稽。

⑤ 《新·传》云:"于是中和二年二月也。"《通鉴考异》辨之云:"《旧》《纪》、《传》、《新·传》皆云弘夫败在二年二月,《惊听录》、《唐年补录》、《新·纪》、《实录》皆在此年四月,《新·纪》日尤详,今从之。"按《旧·纪》二年书弘夫胜,处存败,《旧·传》亦只言二年处存败,《考异》所辨,尚欠分明。关于兴平或咸阳之役,已引见本页注①。

五日(壬午),巢潜军东出,伏灞上①,宗楚、弘夫、处存等军入京②,士无部伍,分占第宅,竞掠货财、妓妾,巢诇知其无备,十日(丁亥),分门复入,大败官军,杀宗楚、弘夫③,军势复振,处存率残部还营④。十三日(庚寅),又败思恭、孝章于三桥⑤,部众上巢尊号曰承天广运启圣睿文宣武皇帝。巢怒百姓迎官军,下令洗城,凡丁壮皆杀之。唯时,东南外围不知长安确息,同州刺史王溥、华州刺史乔谦、商州刺史宋岩皆弃城奔邓州,朱温斩溥、谦,释岩使还商州。

五月,忠武监军杨复光将忠武等兵八千人败朱温,复取邓州,追温至蓝桥(在蓝田关南),昭义节度高浔⑥又合重荣取华州,于是

① 《旧·纪》称"贼伪遁去",《新·传》称"巢窃出至石井,……巢伏野,使觇城中弛备",是巢为有意空城以诱官军;《通鉴》最初只言"黄巢帅众东走",未免掩盖当时真相。

② 宗楚、弘夫入京,只见《新》《纪》、《传》及《通鉴》,《新·传》、《通鉴》兼及处存,《新·传》更增邠军(朱玫)。《旧》《纪》、《传》误将处存事编入二年(见上页注①),《旧·传》云:"二年,王处存合忠武之师,败贼将尚让,乘胜入京师,贼遁去。"按《通鉴》五月始称忠武周岌叛巢,以兵三千付杨复光,《旧·传》所称"忠武之师",是否先时援京所留下,来历不明,故从阙疑。《通鉴》叙入城事有云:"宗楚等恐诸将分其功,不报凤翔、鄜夏,军士释兵入第舍,掠金帛。"《史话》引文漏"恐"字,又误读"分其功不报"为句,"凤翔、鄜夏"连下"军士"为一小句,遂生出"把王处存、拓拔思恭也打得溃不成军"之误解(二三三页)。按凤翔指畋,鄜指孝章,夏指思恭,思恭并未参预入京之役,故三日后(庚寅)得与巢军战于土桥也。

③ 此据《新·纪》及《通鉴》;《新·传》只谓害弘夫,故后来王铎出总师干时,再见"程宗楚营京右"之记载。

④ 处存原驻渭桥,还营者还渭桥也;沙苑是重荣屯地,此次并未参与入京,则渭桥、沙苑两地恐未收复。《史话》云:"收复了渭北、渭桥、兴平、沙苑几个军事据点。"(二三三页)殊有言过其实之处,参本页注⑤。

⑤ 《新》二二一上《党项传》称:拓拔思恭"次王桥,为巢所败",王桥殆三桥之讹。在京城西,见《通鉴》二三一兴元元年注。

⑥ 周连宽认高浔是高劭之误,举出二疑、三证,因之,又以《旧五代史》二〇之高劭为高劭之误,(同前引文四一——四三页)其错盖由于确定高浔即高劭而起。唐代许多将相,两《唐书》皆未立传,尤其唐末无实录可据,浔之无传,并不可疑。崔致远《桂苑笔耕集》一二之《报昭义成璘》,系迎取浔之家口,一五之《为故昭义仆射斋词二首》,又是祭浔之作,周疑"《笔耕集》毫不提及",实缘彼先确立"高浔即高劭"之错误前提而引生。所提三证,今不必逐一条驳,只举两项反证,便知浔、劭各为一人,断

南路同感威胁。六月十五日（辛卯），王璠围兴平，朱玫退屯奉天①。七月，孝章、思恭进壁东渭桥，遣朱温拒之②。八月，巢将李详败高浔于石桥，复取华州③，即授详华州刺史，浔退至河中。九月一日（丙午），尚让、朱温败孝章等于东渭桥④，十一月一日（乙巳），孟楷又进袭之于富平，孝章、思恭各引还本道。

乎其不能并合也。"中和二年七月二十三日，为故昭义侄孙仆射及二孙子敬设斋于法云寺"，（《笔耕》一五）则浔是高骈侄孙，"臣堂侄男劭"，（同上五）则劭是骈之堂侄，二人世系相差一代，浔、劭不能强并者此其一。浔于咸通九年已为安南都护，乾符六年二月由陕虢观察转昭义节度，固周氏所承认之事实；劭官则《奏侄男劭华州失守请行军令状》云："比在河中司录，得受李都指挥，领昭义之甲兵，收华州之城邑，……已蒙特降殊恩，俯旌微效，服荣金紫，位忝星郎，始离蒲坂之具寮，遽假莲峰之通守。"（同上）比在二句言李都节度河中时，劭为蒲州司录参军，服荣四句言其以收复华州有功，得赐金紫及检校郎官之职衔，且由司录参军超升为华州别驾（通守是隋末所设，位次于太守），由是言之，巢入京时，浔是检校仆射（从二品）、昭义节度，劭不过司隶参军（七品），洊升之后，仍止四品，职位之高下悬殊。且《旧·纪》称以王徽代浔，贬浔端州刺史，若由别驾改刺史，则不是贬而是升，不能强并者此其二。周氏无非强调同是收复华州，同属昭义部队，同为高骈亲人，然只见其小同而未见其大异。领昭义两句犹言劭系收华州案内有功人员，论劭之官，此时已隶于重荣（重荣继李都为河中节度），论其军团，则高浔所部，劭在高浔与重荣联合领导之下，参加取华，初不定与浔为一人。骈文叙事，容有辞不达意，周既未细加分析，又把劭看作是取华之唯一领导人，故铸此错。抑浔于本年被杀，依周之解释，即劭于本年被杀，由是，对光启尚生之高劭，不得不别觅一高劬以为之代。按《旧五代史》二〇《劭传》云："高劭字子将，淮南节度使骈之从子也，……唐僖宗避敌在蜀，骈镇淮南，……以故劭幸而早官，年十四，遥领华州刺史，光启中，以骈命谒晋公王铎于郑。"与《笔耕》之高劭，大致符合（只误别驾为刺史），而周偏谓其"毫不相类"。若高劬之官，则是"前鄂州都团练副使，……始佐理于江阳，旋从知于寒壤"，（《笔耕集》四）与薛史所记弗符，而周偏断薛史之"劭"为"劬"讹，何也？窃尝合《奏华州失守状》及《劭传》观之，相信无论河中司录或华州别驾，都同于近世之挂名保举，未尝之官，《失守状》所云"旋见脱归"，只是门面转圜之语，周氏乃以比浔"奔河中"，则又误虚为实也。

①　《旧·纪》系于八月，《新·纪》、《通鉴》同作六月，《新·纪》且著日，故从之。奉天今乾县。依此，知兴平据点，亦至是始被义军攻克。

②　参据《通鉴》及《新·传》。

③　《旧·纪》误"同州"。

④　月日据《新·纪》，《通鉴》本年下漏书九月，故读来一如八月之事。

中和二年（八八二）二月一日（甲戌），朱温再取同州[①]，以温为刺史[②]。维时京畿百姓皆砦于山谷，耕耘荒废，义师坐空城，赋输无入，谷食腾踊，米斗三十千，屑树皮充食，或以金玉买人于官军，每口直数十万[③]，山砦避乱者多为诸军所执卖。《秦妇吟》云："尚让厨中食木皮，黄巢机上刲人肉，东南断绝无粮道，沟壑渐平人渐少。"长安革命军之处势，至是几同于瓮中之鳖。

同时，唐朝为都统郑畋去岁被大将李昌言逼走，高骈不肯出兵，改用首相王铎为都都统[④]，从新部署其攻围队伍；铎自将山南、剑南军屯灵感祠，重荣、处存屯渭北，孝章（保大军）、思恭（定难军）屯渭桥，朱玫屯兴平，复光领忠武军屯武功[⑤]。巢号令所行，不出同、华，义军内部，开始崩溃，潼关守将成令瓌首率众四万人、马军七千骑擘队奔逃，南投高骈[⑥]。

① 日据《新·纪》。《通鉴》云："同州刺史米诚奔河中。"唯《新·传》云："朱温以兵三千掠丹、延南鄙，趋同州，刺史米逢出奔，温据州以守。"刺史名与《通鉴》异。

② 此据旧、新《传》及《通鉴》；《旧·纪》及《新五代史》一称为"同州防御使"。

③ 此据旧、新二《传》，《旧·纪》及《通鉴》作数百万。

④ 按铎为都都统，权知义成节度或记在中和元年（八八一），或记在二年，各说不同（参《通鉴考异》二四）。今本《考异》说："又《旧》《纪》、《传》、《新·传》铎止为都都统，《新·纪》作都统。"按今《新·纪》实作"都都统"（《考异》前文引《新·纪》同），《旧》《纪》、《传》及《新·传》止作"都统"，今本显传刻之讹，应正作"又《旧》《纪》、《传》、《新·传》铎止为都统，《新·纪》作都都统"，也须这样改然后文气乃通。《考异》又称："《实录》，初除及罢时皆为都统，中间多云都都统，又西门思恭为都都监，按时诸将为都统者甚多，疑铎为都都统是也。"一九五四年五月广州越秀山发见《王涣志》，志称；"初僖皇之幸蜀也，时王公以相印总戎，镇临白马，仍于统制有都都之号。"千年疑窦，得此志可以解决矣，说详拙著《从〈王涣墓志〉解决晚唐史一两个问题》。

⑤ 当日入援者如忠武、感化，都由别将统领，《史话》乃云："当时王铎联合的兵力，计有忠武军周岌、威（感之误）化军时溥……"（二三六页）读者颇易误会为岌、溥身亲行阵，此则措辞失当也。

⑥ 骈《奏诱降状》云："草贼黄巢下擘队贼将成令瓌徒伴四万人，马军七千骑。右件贼徒元受黄巢指使，占据潼关，寻自擘队奔逃，所在烧劫，就中蕲、黄管内，最甚伤残，……以今月二十三日部领手下兵士，到楚州倒戈讫。"（《笔耕集》五）状下文有与时溥交恶之语，令瓌拔离潼关，当是本岁春间或以前之事。

五月，围奉天节度齐克俭于兴平①。六月，尚让攻河中，破重荣于河上，遂拔郃阳（今同名），进攻宜君砦②。七月，攻武功③。

义军内部裂痕，至朱温降唐而益著。时唐河中军粮艘三十，道出夏阳（今韩城），温劫取之，重荣率众三万来援，温惧，凿沈其舟。河中军悉众来围，温数请济师，知右军事孟楷抑不报，九月十七日（丙戌），温杀其监军严实④，帅大将胡真、谢瞳⑤举同州降重荣，唐授为金吾卫大将军、河中行营招讨副使⑥，赐名全忠，李详素与温善，巢遣人杀之，使其弟邺代为刺史⑦，十一月，详旧部王遇等逐邺，以华州降唐，唐授王遇为华州刺史⑧。

---

① 《通鉴》云："黄巢攻兴平，兴平诸军退屯奉天。"不提克俭。按《新·传》有"齐克俭营兴平，为贼所围，决河灌之，不克"，当系同一事件；但兴平在渭水流域，用"河"字颇易令人误会。胡注只言"时凤翔、邠宁军驻兴平"，亦未将《新·传》详细比勘。

② 《旧·纪》及《通鉴》系于七月，《新·传》在六月。高骈《贺表》云："得进奏院状报，北路军前定难军节度使拓拔思恭、保大军节度使东方逵等奏，宜君县南杀戮逆贼黄巢徒伴二万余人，生擒三千人并贼将者；又凤翔节度使李昌言奏，探知京中贼徒溃散，六月十三日，皇帝御宣政殿，……"（《笔耕集》一，又卷六《贺状》略同）则宜君之役，似在五六月间。但《旧·纪》又云："雨雪盈尺，甚寒，贼兵冻死者十二三。"（《新·传》、《通鉴》同）六七月时都似不应有此大雪（是年闰七月）

③ 《新·传》云："七月，贼攻凤翔，败节度李昌言于涝水，又遣彊武攻武功槐里，泾邠兵却，独凤翔兵固壁。"按涝水出鄠县，东北入咸阳，凤翔则在武功之更西，疑所攻者只凤翔军，非凤翔辖境，今节取之。

④ 《旧·纪》系温降于八月庚子朔，兹从《新·纪》及《通鉴》。杀监军严实见《旧·纪》及《通鉴》，《新·传》则称"即斩贼大将马恭"，大约所杀者不止一人。

⑤ 《新五代史》一及《通鉴》作瞳，《旧·纪》作曈。

⑥ 《新·纪》、《通鉴》作右金吾，《新五代史》作左。《旧·纪》云："拜华州刺史、潼关防御镇国军等使。"《通鉴》云："以温为同华节度使。"按华州是时不在唐军手中，事同于惠而不费，未必如此恶作剧。《通鉴》既记同华节度，又于十月下再著授官，与《新·纪》同，尤不可信，因同、华二州，唐代向来分治也。《史话》引《通鉴》此一段，竟误题作"《唐书·黄巢传》"。（二三七—二三八页）

⑦ 《旧·纪》作黄邺。《新·传》在此处作黄思邺，《通鉴》承用之，故两书皆前后矛盾。

⑧ 邺并未死，《考异》已辨《补实录》之误。《旧·纪》十一月下，"贼将李详下牙队斩华州守将归明，王铎用其部将王遇为刺史"，"部将"指详之部下，《新·传》云："巢以王遇为刺史，遇降河中。"似是误会。

仙芝遇沙陀而惨败于江陵，巢遇沙陀而惨败于长安，前后如出一辙，江陵之败，注定仙芝的末路。“鸦军至矣[①]，当避其锋”，（语见《通鉴》）义师既患内馁，分当先谋自处之道；况同、华失守，左翼洞开，敌人有随时渡河的可能，如度无力阻止，则应姑避其锋，此稍谙兵略者之所知也，而巢竟如毫无感觉者。先是，中和元年三月，代北监军陈景思言于唐，请招沙陀李国昌、克用父子以拒巢，克用至河东，与节度郑从谠交恶，转掠诸州，事经年余，畿辅部队与义师相持，无敢力战，杨复光等再提前议，说王铎召克用，一面谕从谠示意。十一月，克用将沙陀万七千骑[②]，经岚、石路趣河中，十二月，自夏阳渡河。中和三年（八八三）正月，破巢弟黄揆军，二日（己巳）进屯沙苑。二月十五日（壬子）再进至乾坑[③]，林言、尚让、赵璋等率众十万，与克用战于成店，大败，死者数万，被追至良天坡[④]，惟王

---

① 《新五代史》四：“克用少骁勇，军中号曰李鸦儿。……巢党惊曰，鸦儿军至矣。”《通鉴》则谓“克用军皆衣黑，故谓之鸦军”，解释不同，似前说较可信。吕振羽称唐求助于突厥、吐蕃，（同前引书二〇〇页）按就族类而言，沙陀可属于“突厥族”，但非隋、唐时之“突厥”，若吐蕃则时方衰弱，唐并无求助之举。

② 《旧·纪》与《新五代史》同。《通鉴》于十一月下既称万七千，十二月下又作四万，盖杂采两项史料而未能剪裁者（《新书》二一八《沙陀传》作步骑三万五千）。

③ 月日据《通鉴》，惟《旧》《纪》、《传》、《新·传》及《新五代史》均附正月下。胡注：“乾坑在沙苑西南。”按《元和志》二，沙苑在同州南十二里，乾坑在州西三十里，则乾坑似在沙苑西北。《旧·纪》云：“己巳，沙陀军进屯沙苑之乾坑。”系误合两地为一地。

④ 此役，旧、新《传》及《通鉴》皆记在二月，《旧·纪》及《新五代史》记在三月。十万之数，据旧、新《传》，《通鉴》作十五万，良天名据《旧·纪》，惟旧新《传》、旧新《王重荣传》、《新·沙陀传》、《新五代史》及《通鉴》均作梁田。《旧·纪》云：“三月丁卯朔，壬申，沙陀军与贼将赵章、尚让战于成店，贼军大败，追奔至良天坡，横尸三十里。”成店、良天二地都未确知所在，丁谦《沙陀传考证》云：“梁田坡在同州西南，《通鉴》载，克用败贼于沙苑，即系此战。”按同州西南一句，只意想得之，依《通鉴》，沙苑、梁田坡二役亦先后不同，丁氏误。又《旧·重荣传》于朱温既降之后，重荣、复光谋召克用之前，叙称：“黄巢自率精兵数万至梁田坡，时重荣军华阴南，杨复光在渭北，掎角破贼，出其不意，大败贼军，获其将赵璋，巢中流矢而退。”《新》一八七《重荣传》同；按未召克用之前，赵璋如已被执，此时不应复在巢军，是知旧、新《重荣传》都误以中和三年之事，倒叙在先。

璠、黄揆乘隙取华州。廿七日（甲子），克用围华，堑栅以环之[①]，三月六日（壬申），尚让引兵往援，败于零口[②]，廿七日（癸巳），克用拔华州，揆率众出走[③]。四月四日（庚子），沙陀、忠武、河中、义成、义武等军合趋长安，义师拒战于渭桥，大败而还[④]。先是，义师发兵三万扼蓝田道，阴作退走计，八日（甲辰），巢率部出蓝田七盘路，入商山东走[⑤]，

---

① 《秦妇吟》云"又道官军收赤水，赤水去城一百里"，记在三月之前；按《长安志》一一，"竹谷在（万年）县南六十里，《方舆记》曰，竹水，俗谓之赤水"，毕沅"案《水经注》云，竹水南出竹山，……俗谓之大赤水，北流注于渭，即此水也"，依此求之，收赤水当是围华前后之事。

② 《旧·纪》以良天坡之败系于壬申，《新·纪》未提良天坡，只云，"壬申，李克用及黄巢战于零口，败之"；据《长安志》一五，零口镇在临潼县东四十五里，约当长安、华州间之半途。《新·传》及《通鉴》都分良天坡、零口为两役，可信非同一地点，但未知日期孰是耳。

③ 《旧·传》云"黄揆弃华州，官军收城"，附二月下，《新·传》略同。《旧·纪》则云："二月，沙陀攻华州，刺史黄邺出奔，至石堤谷，追擒之。"《新五代史》亦云："二月，败巢将黄邺于石堤谷。""邺"应"揆"之误。但无论为揆为邺，此时都未被擒，《旧·纪》不可信。月日今据《通鉴》书之。

④ 此据《旧·纪》及《通鉴》；《旧·传》称"四月八日，克用……遇贼于渭南，决战三捷"，八日即甲辰。《新·纪》亦称，"甲辰，又败之于渭桥"，据《长安志》一一，渭桥镇在万年县东四十里，即东渭桥李晟屯兵处。《史话》云："黄巢集中十五万大兵，扼守渭桥，双方展开了激战之后，农民军一面击退了唐军的进攻，……"（二四一页）按《新·传》云"巢夜奔，众犹十五万"，是言巢离长安时犹有此数，非空城而出以扼守渭桥。至渭桥（或渭南）一役，无论旧新《纪》、《传》、《新五代史》及《通鉴》，均说巢军失败，《史话》翻易言为"击退唐军"，直是歪曲史实，使人得不到革命军何以失败的教训。

⑤ 《考异》据杨复光露布（见《旧》《纪》、《传》），断巢离长安为四月八日。按《后唐太祖编年录》、《唐年补录》均称巢九日乙巳出走，《梁太祖编年录》称乙巳出走，翌日官军入京，《旧·传》称十日（丙午）夜出走，诘旦克用入京，《新·纪》取丙午复京师之说，《补实录》取乙巳收京师之说。此外，张彭《耆旧传》称中和三年正月十日，句延庆《耆旧传》称四年正月十日收复长安，年月虽有错讹，而为十日则相同，《旧·纪》称，"己卯，黄巢收其残众，由蓝田关而遁，庚辰，收复京城"，四月内固无己卯、庚辰（以上均见《考异》），但假己、庚为癸、甲之讹，则《旧·纪》又与复光露布相合。所难决者，高骈《贺收复京阙表》云："得河中节度使王重荣牒报，四月十日，当道与雁门节度使李克用及都监杨复光下诸都马军，齐入京城，与贼交战，约杀却贼步军一万余人，其马军贼便走出城，往东南路去。"（《笔耕》一，同书六《贺状》略同）固作十日，此为司马氏未见之别一重要史料，亦许分队退却，故记载有参差。七盘山在蓝田县南二十里（《长安志》一六），蓝田关在县东南九十里，（《史记正义》引《括地志》）又长安东南至商州二百六十五里。（《元和志》一）

克用自光泰门先入[①]，诸军大肆虏掠。

五月，前锋孟楷攻蔡州，节度秦宗权降[②]。楷移兵攻陈州，刺史赵犨逆战，生斩楷，巢怒，六月，悉众攻陈州，营于城北五里[③]，为持久之计，旁略唐、邓、许、汝、孟、洛、郑、汴、曹、濮、徐、兖等州。于是感化时溥、宣武朱温相继为陈助[④]，犨又求援于克用，唐廷亦诏克用出兵。（见《旧·纪》）时关东仍岁大饥，木皮革根皆尽，至俘人为食。十一月，宗权围许州。十二月，温败巢军于亳之鹿邑，遂取亳州（宣武辖）。中和四年（八八四）二月，克用出师援陈许[⑤]，为河阳诸葛爽所拒，三月十三日（甲戌），移军自蒲陕济河，东下洛阳、汝州，四月廿四日（甲寅），次汝州[⑥]。时尚让屯太康（陈州北），黄邺屯西华（陈州西），稍积刍粟（《旧·纪》），廿九日（已未），沙陀分兵攻太康、西华，卅日（庚申），让、邺皆走，退保郾城[⑦]，巢本人亦解

---

① 据《长安志》六，禁苑东面二门，南曰光泰门。《补实录》谓巢"收余众，自光泰门东走"（据《考异》引），盖误官军之入路为义师之出路。

② 高骈《致诸葛爽书》云："访聆贼巢自逃商岭，久逼许田，蔡师相连，狂锋尚炽。"（《笔耕集》八）

③ 《新·纪》系攻陈于八月，兹从《旧·纪》及《通鉴》。

④ 《旧·纪》云："贼攻（陈州）城急，徐州节度使时溥、许州周岌、汴州朱全忠皆出师护援之"，此于辞义尚无妨碍。《通鉴》乃稍改其文，于秦宗权围许之下，始称，"赵犨遣人间道求救于邻道，于是周岌、时溥、朱全忠皆引兵救之"，则大犯语病；所因岌节度忠武，陈州是其本管，不得谓之"邻道"，而且忠武治许州，于时岌本身尚在被围，何从引救？以是见改编旧史之工作，稍一失检，便引生新的错误。

⑤ 《考异》云："《唐末见闻录》，晋王三月十三日发大军讨黄巢；……案四月已与巢战，三月十三日发晋阳，似太晚，……今从《旧·纪》。"按旧、新《传》均以为克用二月由蒲陕济河，惟《旧·纪》云："三月壬戌朔，甲戌，克用移军自河中南渡，东下洛阳"，甲戌即十三日，今《通鉴》云，"二月，……自陕、河中度河而东"，所依者乃旧、新《传》之说，非《旧·纪》之说，《考异》竟以为从《旧·纪》，未免有点糊涂。若《唐末见闻录》之误，不过将度河之日，记为出发之日耳。

⑥ 《通鉴》，"夏四月，癸巳（三日），诸军进拔太康，黄思邺屯西华，诸军复攻之，思邺走"，与《旧·纪》不合，盖采自《旧·传》，惟特著癸巳，未审所据，今依《旧·纪》。又宗权再次附唐，应在此时。

⑦ 《旧·纪》，"黄巢亦退保郾城"，郾城在西华西南，余初颇疑其不实，后乃悟此乃指巢之外围部队，因官军从北而来，故初时须向西南退却也。

围，退军故阳里（陈州城北），革命军围陈，至是已逾三百日矣。

五月三日（癸亥），巢引兵西北趣汴州[①]，七日（丁卯），次尉氏[②]，八日（戊辰），至中牟北王满渡，半济汴，沙陀奄至[③]，杀伤万余，义师大溃；尚让率部万人归时溥，别将杨能、李谠、霍存、葛从周、张归霸、张归厚等降朱温[④]。巢挟残众，逾汴而北，九日（己巳），又被克用追败于封丘，获巢之幼子，巢东走，只余千人。十日（庚午），克用仍紧追不舍，过胙城、匡城（均属滑州），一日夜行二百里，至冤句，以马乏而还[⑤]。巢众散入兖、郓界。二十日（庚辰），

① 《通鉴》作“东北”，非是。又在此之前，《新·纪》云“五月辛酉（一日），朱全忠及黄巢战，败之”，未举地点。佐野称中和四年巢在汴州为其部下所杀，（《中国历史教程》二五一页）大误。

② 《通鉴》三月下云：“朱全忠击黄巢瓦子寨，拔之，巢将陕人李唐宾、楚丘王虔裕降于全忠。”按《新五代史》二一《唐宾传》：“初为尚让偏将，与太祖战尉氏门，为太祖所败，唐宾乃降梁”，则唐宾降温在尉氏，瓦子寨未知是否尉氏辖境。又同书二三《虔裕传》：“琅琊临沂人也，……少从诸葛爽起兵青、棣间，……中和三年，孙儒陷河阳，虔裕随爽奔于梁，是时太祖新就镇，黄巢、秦宗权等兵方盛，……”按孙儒陷河阳在光启二年十二月，《新五代史》固有错误，但依彼所言，虔裕未尝直隶黄巢，且籍贯亦异，不审司马何据。

③ 《通鉴》云：“丙寅（六日），克用……发许州。”依两军交战地理观之，其说可信。《旧·传》以为“贼分寇汴州，李克用自郑州引军袭击，大败之，获贼将李用、杨景”，《新·传》又以为“巢取尉氏，攻中牟，兵度水半，克用击之，贼多溺死，巢引残众走封丘，克用追败之，还营郑州，巢涉汴北引，夜复大雨，贼惊溃，克用闻之，急击巢河濒，巢度河攻汴州，全忠拒守，克用救之，斩贼骁将李周、杨景彪等，巢夜走胙城，入冤句”，都说来曲折，《新·传》尤属难通。彼所谓“度水”、“涉汴”及“度河”，实际上均是渡汴（唐时黄河经濬、滑东北出，不过汴州，封丘、胙城皆在黄河之南）。从南方来只须一渡，无缘三渡，克用对巢取紧追战略，有后来行事可证，何故西赴郑州（在汴州西一百四十里）？此盖宋祁杂采《旧》《纪》、《传》及其他史料，无法剪裁联贯，故有此不合事理之复述。李用、杨景即李周、杨景彪之讹夺，但《旧·纪》称“李周、杨景彪以残众走封丘”，又与《旧·传》异。

④ 各名据《新·传》；《旧·纪》无归厚，《通鉴》无杨能，《旧·传》有“杨霍”，当即“杨能、霍存”之残文。

⑤ 此据《旧·纪》。《旧·传》则作“追击至济阴而还”；按济阴为曹州治，西南至汴州二百四十五里，冤句在济阴西四十七里（《元和志》一一）。《新·传》言巢奔兖州，乃过曹州以后之事（兖在曹州东三百七十里）。《新·纪》称，辛未（十一日）“李克用及巢战于冤句，败之”，只系想当然之记叙；如克用果追及巢于冤句，即不至遽行西旋矣。

溥遣李师悦、陈景瑜等追巢[①]，六月，郓州节度朱瑄破之于合乡（地属滕县），十五日（甲辰），师悦等又败之于莱芜县北[②]。十七日（丙午），巢行至泰山狼虎谷[③]之襄王村，追者已逼，巢嘱林言斩之，言不忍，巢遂自刎，言斩巢兄弟邺、揆等七人首[④]，并巢妻子将诣时溥，遇太原、博野军，并杀言。巢自起义至亡，计先后十年[⑤]。

---

① 《笔耕》一及《新·传》皆作景瑜，《旧·纪》讹景思；惟《旧·传》谓溥"遣将张友与尚让之众掩捕之"。

② 《通鉴》云："甲辰，武宁将李师悦与尚让追黄巢至瑕丘，败之。"（瑕丘，兖州治）除月日外，事实本自《旧·纪》。按高骈《贺杀黄巢表》称，得时溥状报："黄巢、尚让分队并在东北界，于六月十五日，行营都将李师悦、陈景瑜等于莱芜县北，大灭群凶，至十七日，遂被贼将伪仆射林言枭斩黄巢首级，并将徒伴降部下都将李惟政、田球等讫，其黄巢函首已送行在者"（《笔耕集》一）；莱芜更在瑕丘东北二百六十里，今从《笔耕》。

③ 《旧·纪》作七月癸酉（十五日），盖误六月为七月；《新·纪》作七月壬午（廿四日），依《旧·纪》乃报到成都之日，今据前条引《笔耕》。《通鉴》胡注云，狼虎谷在泰山东南莱芜界。

④ 《新·传》云，"及兄存，弟邺、揆、钦、秉、万通、思厚"，《旧·传》七人中只著邺、揆两名。

⑤ 毕沅《关中金石记》八《元顺帝至正甲午修忠惠王庙碑跋》云："忠惠王者唐刺史崔尧封也；或曰，尧封名伟，中和三年黄巢乱，有太白山人献计于伟曰，一发牛山，巢灭，掘之，得黄要兽，置剑其上，斩之，巢败，伟由是得道，至宋封为忠惠王。"此齐东野人之言也。

《平巢事迹考》一书（石印奇晋斋本）旧题宋人撰，显系综合旧、新《书》尤其是《通鉴》而以己意裁成者，别无重要殊异，其中不合之处，已分见各注，今只顺次摘要指出，无烦再加讨论矣。例如乾符元年仙芝起于长垣，三年七月宋威击仙芝于沂州，大破之，四年十月仙芝陷安州，五年（二月后，七月前）巢陷虔、吉、饶、信等州，十月遂陷福州（《新·纪》、《通鉴》皆作十二月，殆误脱"二"字），六年正月节度使高骈遣将分道击黄巢，大破之，李系将兵五万屯澶州（澶是潭讹），其余错字不复一一校。

此书之钞撮旧史，可举二三事为证：

（一）"高骈奏请遣兵马使张璘将兵五千于彬州守险……扈管兵五千壁端州"，此是合钞《新·高骈传》及《通鉴》，彬应作郴，扈应作邕。

（二）"忠武监军杨复光率陈蔡兵万人屯武功，王重荣与连和，击贼将李详于华州，执以殉（徇），贼使尚让来攻，而朱温将劲兵居前，败重荣兵于西关门，于是出兵陈蔡，掠河中漕米数千艘"；此一段钞自《新》一八七《重荣传》，而《新·传》执李详之一巢之姬妾，械至成都，僖宗宣问何故从贼。其居首者对曰："狂贼凶逆，国家以百万之众，失守宗祧，播迁巴蜀，今陛下以不能拒贼责一女子，置公卿将帅于何地乎！"僖宗即不复问，皆戮于市，人争与之酒，居首者独不饮不泣，至于就刑，神色肃然。此一段故事，司马光引自张彭《锦里耆旧传》，其答辞当然经过文饰，然义烈之气，已活跃纸上。巢一门群从，胥以革命牺牲，更有此从容就义之女子，是值得大书特书者。巢之从子浩，巢死后率众七千，游击江、湖间，自号浪荡军。天复初（九〇一）始为湘阴恶霸所刺杀云①。

巢自仙芝死后，独树一帜，领导革命，从滑、濮南下，而淮南，而两浙，而闽，而粤，再经桂、湘，入江陵，顺流而下，至于赣、皖，阅时仅两年，走过唐代十道的七道（河东、陇右、剑南除外），前清十八省的十三省（山西、甘肃、四川、云、贵除外），行一个万里以上象〇字形的大圈子，不徒明代以前任何革命首领未尝作过如此大冒险，即近而太平天国，专就此一点而论，亦未能与之媲美。当革命队伍进行时候，曾预备循浙海以达福州，曾穿越长七百里之山道，曾建造数千条转运大栰，技术是如何优长，精神是如何无畏。方其从汝州

节又本自《旧》一八二《重荣传》（《旧·传》作李祥），但李详后来实为黄巢所杀，此时未被执徇，旧、新《重荣传》当误。复次，《新·重荣传》本云"出兵夏阳"，此乃作"出兵陈蔡"，则差以千里。（《新·巢传》之"使朱温攻四关"，以《新·重荣传》证之，知系"攻西关"之讹）

（三）中和二年十月后称，"贼帅韩秀昇、屈行从断峡江路"，此句系钞自《通鉴》，但韩、屈为长江民军，与黄巢无涉。

又如陷虔、吉、饶、信，此书放在乾符五年二月后、七月前，不过沿《旧·纪》、《通鉴》记之（原作三月），并非谓即二月之事，桑原乃引作"二月"（《唐宋贸易港研究》附表），可谓呆读史书。

总言之，此书不过钞撮旧文，对于黄巢事迹之研究，直无丝毫补助，自可束之高阁，是为定评。韩考屡引此书作强证，则未进行比较以确定其信值也。

① 此据《新·传》。韩考引《九国志》一一《邓进忠传》，浩为巢弟，并未被杀，与《新·传》异，（一三三页）则《新·传》所记，未必信史。

推进，仅及一月，便踏平两京，进展是如何迅速。初至潼关，“白旗满野，不见其际”，“举军大呼，声振河华”，军容是如何壮整。“自淮已北，整众而行，不剽货财”，入东都之日，“坊市晏然”，以被视为“草贼”之队伍，本极不容易博得如此称誉，而尚幸有少许公论，流露于历史行间，我相信巢所领导之革命队伍，仍有不少可歌可颂之事迹而弗克传今者。

关于革命军之政令，获得材料无多，只如在广州布告，“禁刺史殖财产，县令犯赃者族”，到长安时，“军中禁妄杀人，悉输兵于官”，“尤憎官吏”，要其大旨，无非禁止贪污，维持纪律，镇压反革命，都是革命分子应做之事。

史籍上屡次说巢拟降唐，此许是处紧急关头暂谋缓兵之计，论史者分应原情略迹；《续宝运录》曾称巢“并所赐官告并却付(仇)公度”，(《考异》二四引)方是真情之表现。

总而言之，巢性坚定，有忍耐，富于冒险精神，不肯屈服妥协，终于为革命事业而光荣牺牲，惟具此优良品质，故能领导群众，达于十年。

然而巢终至失败，任何事业之失败，必自有其原因。现在所见记载，都属外间作品，未尝有局中人揭露其内幕，论列时少不免犯隔靴搔痒之病，今姑结合片段材料，试作表面批判，以供讨究。

第一失着在入长安后，不立作斩草除根之计，此点前文已经指出。朱温移唐祚之未尝十分棘手者，就在首清宦官、次摧朝士以剪其羽翼，温固非革命，然演出手段，却能抓紧重点。

第二失着在物质引诱，革命变质，结果使到队伍沾染城市之腐化，减低作战之士气，另一方面又招致及加深群众之反感。原夫纯洁队伍，是极为难办之事，何况于中古时代统领数十万大军，《新·

传》所称"贼酋择甲第以处,争取人妻女乱之",破坏纪律,总或不免。浸渍于享乐者日深,斯奋斗之雄心锐减,尚让以万人而倒戈,林言以献首而冀免,即最为密切之伙伴,亦已不知革命与反革命两无并存①,此皆入城腐化之恶果也。关中转粟为李唐二百多年之艰巨问题,夫岂毫无所知,今无论江淮非巢有,潼关以东未打通,甚而长安一隅,亦经常处于三面包围之劣势,纵使太仓少有储积,焉能久支。驯至关辅百姓,饿死沟壑、析骸而食,不特未解倒悬,抑且加深荼炭,招致群众之反感,势所必然,《史话》云:"但农民军没有抓紧这一个胜利的时机,展开军事的进攻,还是苟安在长安拖延岁月,集结几十万武装,来困守着一个京城,外面又没有粮饷的接济,即使敌人不进攻,旷日持久,也会自行崩溃的"②;其批判良自不误,然犹未也。黄河流域是唐代节镇布置最密之区,亦即反动军队最为集中之地,彼辈虽未必替李家出死力,却肯为自己争地盘,试看黄巢移向江淮,势如破竹,回到北陆,掣肘便多,其中消息,自可参透。关中有同釜底,当日环境条件,断非适应于义师指挥作战之地,既见情景不同,即应跳出重围,避实就虚,别谋立足,尤其成令瓌、朱温等内部崩溃,更须移师整肃,以固本根,今乃临到鸦儿军将至、伯有相惊之际,始狼狈以去,此无他,对繁华诱惑恋恋不舍,沉醉于帝皇将相之错误观念有以使之也。《旧·传》称巢攻陈州时,为营象宫阙之制,正可表示其思想变质;《史话》翻谓其采取机动战略而后安全退出长安③,吾斯未之信。

---

① 林言被杀,已见前文;尚让后事,不可确知,考《新五代史》二一《敬翔传》云:"太祖破徐州,得时溥宠姬刘氏,爱幸之,刘氏,故尚让妻也。"溥而纳让之妻以为姬,则让想亦早遭毒手矣。

② 二三三页,所谓胜利时机,系指中和元年四月巢复入京一事。

③ 二四〇页,按《新·传》云:"出蓝田,入商山,委辎重珍资于道,诸军争取之,不复追。"亦略见退走时狼狈情形。

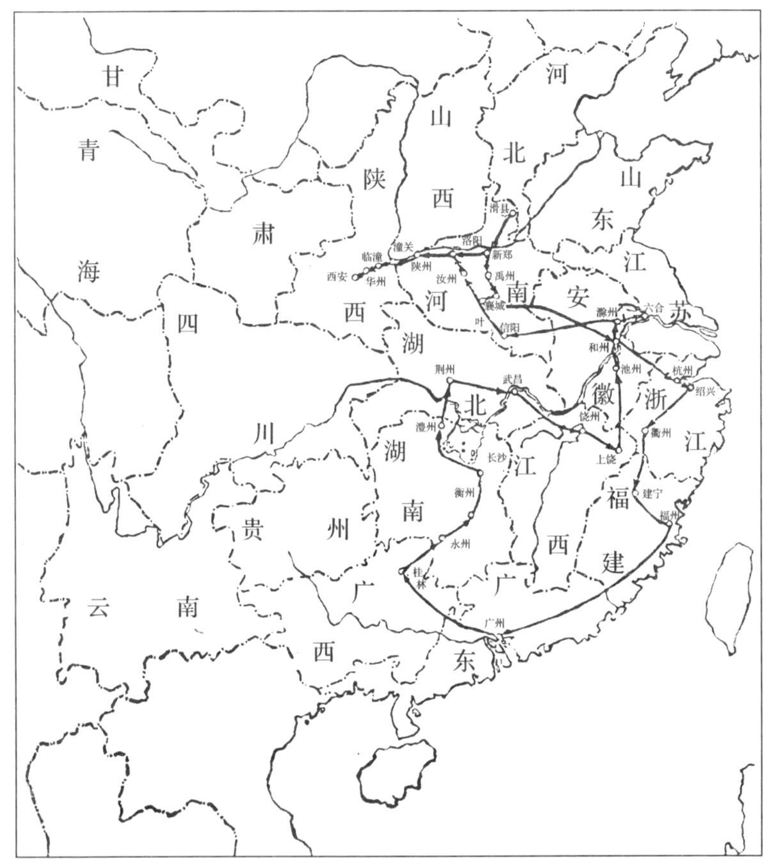

图一〇　黄巢南北大转战经途略图(用近世地名注明)

第三失着在盲目打击，结果不特不能分化敌人，且促使敌人之合以谋我。夫知己知彼，百战百胜，乃万劫不磨之格言，长安退出，无论有无计划，形式上总是表现失败，为欲挽回颓丧之士气，必须夺取别一较为安全之据点以休养生息，再振军心，今据《旧·纪》言，孟楷攻陈，刺史赵犨临阵斩楷，巢惜其死，遂怒而悉众攻陈，是负气之行动也。陈处颍水中游，本四通八达之区，无险可扼，然使稍攻不下而弃去，斯亦可矣，乃环攻逾十个月①，非特不培养士气，又从而挫抑之，顿兵坚城，犯兵家大忌，且重蹈卧困长安之覆辙，何也？《史话》云："……收降了淮蔡节度使秦宗权的一枝劲兵。这时如果能长征到江南富庶之区，建立革命根据地，是很可以重新储备革命力量的"②；我以为尚可补充者，高骈坐拥淮南，毛羽自惜，且与浙西周宝不协（参《笔耕集》一一），两浙复相恶（浙东刘汉宏，参《吴越备史》一），诚能利用其分化，何难观衅以待时；不此之图，而乃争胜于意气之间，此是何等蠢笨行动。复次，唐末方镇非遇利害切身，多求自固吾圉，苟明乎此种情势，则新败之后，自不应多树敌以自困；唯巢要苦攻陈州，军中所需，迫得旁掠他郡，《时溥传》云："及黄巢攻陈州，秦宗权据蔡州，与贼连结，徐、蔡相近，溥出师讨之。"（《旧书》一八二）是即盲目攻击而树敌自困之一例也。

第四失着在无能灵活运用其战略。闲尝谓巢前半期之成功，由于流动作战，后半期之失败，由于不流动作战；然非谓必流动而后可以成功也，要看其适应与否。盖革命军初起之际，根据薄弱，自须采我之长，攻人之短，及夫声势浩大，差能立足，又须略谋变通。当其未入长安之前，所过之郡，不下数十，未闻拣选较形胜之雄镇，派重兵驻守，作为后方老本营。而革命期中，逗留稍久者长安余二年，陈州几一年，然此两地又非当日适于久据之区也。失败

① 《史话》云"从五月围攻到十二月"，（二四二页）殊犯语病；据史料，实由六月围攻到翌年四月底，非遇沙陀军至，则巢尚未解围也。

② 同上，按蔡州名奉国军节度，此时无"淮蔡节度"之名，《史话》误。

最足以消磨志气，唯无老本营，故东出蓝田，流离失所，一败涂地，未始无因。抑义师所畏者沙陀骑军，骑军利平原不利山泽，诚能先期向南或西南方避去，即使暂无发展，要可保全实力，如黄浩之游击湖湘多年。顾竟不能摆脱乡土观念，敌从北来而我偏向北冲，何面目见江东父老，智未免出项羽之下矣。

第五失着在不能组成立场较稳之基本干部。常言孤掌难鸣，革命偌大事业，非可以由个人或少数人包办，必须挑选及训练一班缓急可恃之人材，临到危难之时，方不至树倒猢狲散。巢奔走革命，将近十年，可能接触之人，实非少数，然部下初未闻有如何杰出，足以继承大业，大抵多贪图富贵，可胜而不可败（如同州刺史王溥等）。最先有秦彦、毕师铎、许勍、李罕之等降高骈，其次朱温降王重荣，而降朱温者又有李唐宾、葛从周多人，甚至久共患难之尚让，亦以汴水失败而倒戈，此后“巢愈猜忿，屡杀大将”，（《新·传》）悔无及矣。狼虎谷末日，只落得一门殉难，而穷途相逼者还是尚让部下，质言之，即未有注意到识拔及栽培干部之失也①。

① 黄巢起义对社会生产力如何影响，自是一般读史者渴望得到解决的问题，但解决的关键，非将革命前期（唐）与后期（五代及宋）的经济发展，得出真确状况的比勘，不容易轻下断论，只凭片断的记载是不能推论到全面的。我在此一方面的研究，连浅入也说不上，当然无从提出积极的意见，然而对近人某些说法，也多少存着疑问；比如孙祚民说：“这次起义成为从中世纪庄园地主经济过渡到近古新兴地主经济的重要契机。附着于土地上的、带有隶属性的农奴从世族地主庄园中解放出来，……”（《中国农民战争问题探索》一九页）然而唐代耕庄田的是否大部为农奴，似乎还没有什么确证，另一方面经济学者却认为宋代的庄园继续发达（并参一九五六年《历史教学》四期李景林《对北宋土地占有情况的初步探索》）。其次，论到巢的流动作战，孙氏不同意“在绝对优势敌人压力下，为适应具体情况而采用机动战术”的说法，它的内在原因，“就是农民起义军群众中间游民阶层的相当大数量的存在”。（同上四一页）可是我的看法，凡起义军都包含相当大量游民阶层的，如果不错，则孙氏所驳“并没有回避流动，而是据地坚持反抗”的现象，就难以说得通了。总之，流动或不流动，环境情势与领导人物应该起着极大的作用，其中非常复杂，如果想作一个呆板的公式来套上，反而会脱离实际。比方巢初到江南，曾受过如何抵抗，史料不明，浙东形势亦复如是，南入福州，许有不得已之苦衷，广州物资丰富，那时当远胜闽地，到桂之后，部下都劝其北归，是亦有不以流动为然者，焉能一概而论也。凡此问题，仍有待吾人之深入探讨，遽作断结，尚非其时。

第五十二节　沙陀之起并辨石晋不是突厥族沙陀

黄巢革命，以沙陀助唐而受到打击，五代、十国割据中，如后唐、后汉，均属于沙陀部之组织（《新五代史》一〇《汉本纪》，“姓刘氏，初名知远，其先沙陀部人也”），故吾人不可不追查此一民族之缘起。

史家常称后晋为三沙陀部之一①。按《旧五代史》七五称，石敬瑭之先居甘州，《新五代史》八《高祖（敬瑭）本纪》云：“其父臬捩鸡，本出于西夷，自朱邪归唐，从朱邪入居阴山，……臬捩鸡生敬瑭，其姓石氏，不知其得姓之始也。”是宋人薛、欧修史，均不认石晋为沙陀。如曰不然，则何不径称“其先出于沙陀”，如后唐、后汉两《本纪》所云，而偏作委曲之叙述，试为反想，便知问题并不如此简单。大抵前人认石晋为沙陀者，纯因其随执宜（见下文）而入唐，然东、西突厥下常结集许多中亚胡人，前文已屡屡提出，甘州及盐、夏间（执宜初降时居盐州）又多胡人寄居（参前四十八节），若谓随沙陀来降者必同是沙陀，殊不轨于论理。考石勒之羯族多髭，近世学者或拟为胡人（伊兰族多胡），唐时归化人以石为氏者又率石国之裔，则认敬瑭之先，出自石国胡，与《新五代史》“出于西夷”②之说，正相适合。

沙陀，《旧唐书》无传，本突厥余种（《语林》六），《新唐书》二一八述其缘起云：“西突厥别部处月种也；……处月居金娑山之阳，蒲

① 《西突厥史料》一九六页、蓝文徵《隋唐五代史》上编三七页均承用此说。

② 应正云“西戎”；然《孟子·离娄下》已称文王为“西夷之人也”，此即前文四十八节所谓较后的作品，不复知夷、蛮、戎、狄为东、南、西、北之别者。

类之东[1]，有大碛名沙陀，故号沙陀突厥云。"是沙陀为碛名，其义并不就是"沙漠"[2]。《新五代史》四《唐本纪》言："其先本号朱邪，盖出于西突厥，至其后世自号曰沙陀，而以朱邪为姓"，则沙陀是部，朱邪是姓，两者并非同一。（哥舒翰所领诸蕃兵，朱邪与沙陀分为二部，见廿七节）自元耶律铸谓："涿邪后转为朱邪，又声转为处月，……即今华夏犹呼沙漠为沙陀，突厥诸部遗俗至今亦呼其碛卤为朱邪"（《双溪醉隐集·涿邪山诗注》），以"处月"、"朱邪"为同语之音转，以"朱邪"、"沙陀"为同义，后之人翕然奉之，今不暇详辨。只看《新·传》，太宗时有处月朱邪阙俟斤阿阙，《新·纪》永徽二年有处月朱邪孤注，同时复有射脾俟斤沙陀那速，处月、朱邪往往连称，朱邪不能概处月，盛昱《阙特勤碑跋》已举其证。

永徽四年（六五三）于处月地置金满、沙陀二州。龙朔初（六六一—）处月酋沙陀金山从薛仁贵讨铁勒有功，金山死，子辅国嗣[3]，

---

① 金娑山，沙畹以博克达鄂拉（Bogdo ola）当之，（《西突厥史料》七八页）又以蒲类为巴尔库勒淖尔（Barkul nor，同上），系据《西域图志》二一而加以引申。按山南曰阳，如居博克达南，则在天山南路，如居巴尔库勒东，则在天山北路，两解殊不相容，余别有详辨。大抵处月牧地，应在今空格斯流域迤北。丁谦《沙陀传考证》云："金娑山在巴里坤城东北三百余里，《西图》作尼赤金山"，无非因蒲类海而旁想及之，并无他据。

② 沙陀之语原，有人以《阙特勤碑》文 birijä šadapyt bäglär（右厢之……诸匐）之 šadapyt 相比；（同前引田坂兴道文六二〇页）按此词在唐史中经余证为常见之"失毕"或"矢毕"，（《跋突厥文阙特勤碑》二三页）但假使转译时读作 šadavü（t），亦未始不可与"沙陀"相对，薛延陀即 Syrtardus 之 tardus，本来亦突厥行政区之名称。

③ 《新·传》书金山死于先天初（七一二）之前，但《元龟》九七一著先天元年十月突厥沙陁金山来朝，同书九七四又著开元二年（七一四）十二月沙陁金山来朝，沙畹因疑金山享年甚永，但又与《新·传》不合。（《史料》二三七页）余按《元和姓纂》三称沙陁，"西北蕃突骑施首领也，神龙、右骑卫大将军金满州都督张掖公沙陁金山，开元、左羽林卫大将军永寿郡王沙陁辅国"，（参拙著《四校记》三卷二五一页苏农条）似金山确卒于先天之前；《元龟》仍书沙陁金山者，或承旧文，未暇详审而误为国名也。特进永寿郡王沙陁辅国见《开元十七年庆唐观铭》碑阴。（《山右金石志》六）

辅国死，子骨咄支嗣，与平安禄山，死，子尽忠嗣①。

贞元五年（七八九）吐蕃攻唐北庭，尽忠降于吐蕃②，吐蕃徙其七千帐于甘州。十三年，回纥取凉州，赞普疑尽忠持两端，尽忠乃与其子执宜率部东奔，吐蕃追之，尽忠战死。执宜领残众投灵州范希朝③，唐处之盐州，置阴山府。元和四年（八〇九）希朝移镇太原，诏沙陀举军以从，居于定襄神武川之黄花堆④。同时有住延州者（《新》一五五《浑镐传》），元和、长庆间，屡助唐攻讨镇州、淮西。

① 《姓纂》三有左金吾卫大将军同正、酒泉公沙陁尽忠（见同上拙著《四校记》）。蓝著引《姓纂》，初唐归化沙陀人有沙叱（应作吒）阿博、沙陀忠仪两支；（三七页）按沙吒阿博实舍利阿博之讹。沙陀忠仪乃沙吒忠义之讹，李峤《行制》称为"三韩旧族，九种名家"，则是百济人。此两支均与沙陀无涉，说详拙著《四校记》五卷四一一—四一二页。

② 《新·回鹘传》："沙陀别部六千帐与北廷相依，……故吐蕃因沙陀共寇北廷，"又《沙陀传》"贞元中，沙陀部七千帐附吐蕃，与共寇北廷，陷之"，说略相同。唯赵凤《后唐懿祖纪年录》谓尽忠说回纥忠贞可汗援北庭，贞元六年十二月为北庭之众所劫，降于吐蕃，殆为后唐讳也。

③ 《沙陀传》称："士裁二千，骑七百。"《语林》六："元和中三千人归顺，隶京西节度使范希朝主之"，《旧》一五一《希朝传》则谓"众且万人"，赵凤《纪年录》亦谓"犹有马三千骑，胜兵一万"。《沙陀传》下文又云："尽忠弟葛勒阿波率残部七百叩振武降"，实本自《元龟》一七〇所著、元和三年六月"沙陀突厥七百人携其亲属归于振武节度使范希朝，乃授其大首领曷勒阿波阴山府都督"（《旧·纪》一四文同，惟讹振为镇，阿为河），是沙陀来归，本分两次，据《旧·希朝传》，彼于德宗时官振武节度（《旧》一四四《杜希全传》在贞元九年），而《纪年录》作河西灵盐；又于元和二年官朔方灵盐节度（《纪年录》及《旧·纪》二年下同），而《元龟》及《旧·纪》三年下作振武；以此比勘，知各书互有错误。复次，《纪年录》言执宜初授阴山府都督，元和元年七月入觐，留宿卫，二年，吐蕃诱党项寇河西，执宜佐希朝往讨之，事平，戍西受降城；核其年月，正下与阿波授阴山府都督相衔接，由是思之，《纪年录》所称执宜于贞元十七年（八〇一）来降，殆未可厚非。《通鉴考异》一九所辨（"据《德宗实录》，贞元十七年无沙陀归国事，《范希朝传》，德宗时为振武节度，元和二年乃为朔方灵盐节度，诱致沙陀，元和元年亦无沙陀朝见，《纪年录》恐误"），仍未能比勘各史，细求其致误之因；且将执宜、阿波之降，同纳入元和三年，执宜先降，众近万人，既置阴山府而彼仅为兵马使，阿波后降，众止七百，而授以都督，试问如此处置，其果合于事理耶？

④ 据《通鉴》胡注，神武川在唐之马邑善阳县界；按善阳即今朔县。黄花堆，《通鉴》二〇四胡注云："意即黄瓜堆"，夏德以为在今大同东桑乾之南岸，余按黄瓜阜见《水经注》一三《湿水》下，当在今山阴县境，拙著《突厥集史》卷八别有详考。

大和四年(八三〇)柳公绰奏委执宜料部人三千,捍御云朔,号代北行营,执宜为招抚使。执宜死,子赤心嗣,会昌时回纥[①]、泽潞二役及大中元年讨党项,皆尝用沙陀骑军。

赤心,克用之父也,武、宣二朝,历迁朔、蔚二州刺史,咸通九年,朝允康承训之请,以沙陀、萨葛、安庆三部隶麾下,既破庞勋,改云州刺史、大同军防御使[②],赐姓名曰李国昌;回纥扰灵盐,擢鄜延节度[③];

① 并参《旧书》一六一《刘沔传》。

② 《新·沙陀传》:"勋平,进大同军节度使,……回鹘叩榆林,扰灵盐,诏国昌为鄜延节度使,又寇天德,乃徙节振武";此传末节叙事之可信,有《赐卢简方诏》为证,诏云:"李国昌久怀忠节,显著功劳,朝廷亦三受土疆,两移旄节"(见《旧·纪》,应是乾符五年所下,今误编入咸通十四),三受土疆者谓朔、蔚、云三州,两移旄节则鄜延、振武二节度也。惟《旧·纪》一九上,咸通十一年(二月己酉,非正月),河东行营招讨使朱邪赤心为"振武节度、麟胜等州观察等使",十三年十二月,振武节度李国昌为云州刺史大同军防御等使(《新五代史》四略同);又《通鉴》咸通十年十月,"置大同军于云州,以赤心为节度使,召见,留为左金吾上将军",十一年十二月,"以左金吾上将军李国昌为振武节度使",十三年十二月,"振武节度使李国昌恃功恣横,……徙国昌为大同军防御使,国昌称疾不赴",关于国昌历官,所记互异。试为比勘,《旧·纪》言最初即授振武,当不可信。其次,大同节度之名,亦有可疑,《通鉴》胡注云:"会昌中已置大同军团练使于云州,寻为防御,今陞为节镇。"即指出《通鉴》咸通十年才置大同军之不确,若"今陞为节镇"一句,无非循文面解释,不能为事实作证佐。考《旧书》一九上,咸通十三年叙段文楚、李国昌、卢简方数人之官,皆称大同军防御使,克用亦只自称防御留后,则在此已前,大同军似未尝升为节度(《新书》一八二《简方传》称大同节度,显系错误)。果三数年前曾置节度,简方此次除授,为何不因仍旧贯而偏要"以沧州节镇、屈转大同"耶?(此乃《旧·纪》所录唐帝对简方之言,由节度改防御,故曰"屈转")由此观之,余相信此年国昌所除,只是大同军防御使,《新·传》误为大同军节度而《通鉴》沿之也,并参本页注③。

③ 扰灵、盐在何年,无别文可考,孙楷第云:"此所记回鹘入寇,当是咸通十年及十一年之事"(按此所云入寇,包天德在内),又云:"乾符元年,党项、回鹘寇天德军,是时振武节度使仍为李国昌。然距咸通十一年受命镇振武,已五年之久。近吴氏《唐方镇年表》以乾符元年为国昌初任振武节度之年,盖误合《新书·沙陀传》及《通鉴》乾符元年所书回鹘事为一事。"(同前引《张淮深变文跋》三九六页)孙氏将回纥入寇置于咸通十及十一年,系先行确认《旧·纪》、《通鉴》国昌除振武在咸通十一之无误,然《旧·纪》等此项记载之信值,本大有疑问。《旧·纪》,国昌除振武是庞勋事平后之初次赏功(由河东行营招讨使除),《通鉴》,国昌除振武是庞勋事平后之第

又寇天德(乾符元,八七四),改振武节度[①]。乾符五年二月,时克用为沙陀三部落[②]副兵马使,驻蔚州,藉口大同防御使段文楚剥削军人衣米,杀之[③],自称留后,唐朝不允,以卢简方为大同防

三次迁调,且前书在二月,后书在十二月,《旧·纪》、《通鉴》之间,固互有殊异,亦即反映记录之未必无差。孙氏唯先持十一年除振武之成见,于是不得不认寇天德有两次;按《新·纪》,乾符元年"十二月,党项、回鹘寇天德军"(《通鉴》同),未见有两寇天德之痕迹,不得谓吴氏《方镇年表》为误合,其误反在孙氏也。余尝根据《新书·方镇年表》,会昌四年"升大同都团练使为大同都防御使",又乾符五年"升大同都防御使为节度使",决国昌初除只是大同防御(参前条注),其时间为咸通十年年底或最迟十一年初,升鄜延疑在十三年,亦即党项、回纥扰榆林、灵、盐之岁(吴氏《方镇年表》列国昌任鄜坊始咸通十年,疑不确),继其任者当为支谟、段文楚(据《唐末见闻录》)。《旧·纪》、《通鉴》皆将国昌离振武误附于十三年,试参合《新·纪》、《新·传》,国昌初任振武,仍应依吴氏《方镇表》列入乾符元年。

① 说见前条注。

② 关于三部落,《新五代史》四云:"六州三部落皆不见其名处,据《唐书》除使有此语尔。"《通鉴》二五一胡注云:"沙陀、萨葛、安庆分为三部。"按《新·沙陀传》有"沙陀都督李友金屯兴唐军、萨葛首领米海万、安庆都督史敬存屯感义军"之语,《通鉴》于乾符五及广明元著萨葛酋米海万,广明元著安庆都督史敬存,米、史都是中亚胡之姓,如胡注不误,则沙陀部落内杂中亚胡族,故说者有石晋是沙陀之误会。张西曼曾撰《中亚缠回为沙陀苗裔考》,见《边政公论》一卷二期,能否成立,犹待公评;吾人最应分清者,沙陀是突厥族,中亚胡是伊兰族,突厥、伊兰两族之间,自古已来,固不少糅混也。

③ 除《新五代史》称国昌拒命在先克用杀文楚在后(大致本《旧·纪》)未可信据外,单就杀文楚之年月而言,计有不同之四说:(1)最早为《庄宗功臣列传》及《旧·纪》之咸通十三年十二月。(2)《补实录》之乾符元年十二月。(3)《后唐太祖纪年录》之乾符三年。(4)《唐末见闻录》之乾符五年二月。惟《旧·纪》乾符五年正月又称,"沙陀首领李尽忠陷遮虏军";按陷遮虏军与杀文楚实同一事件之发展(参《新·纪》及《唐末见闻录》),今一置在咸通十三年,一置在乾符五年(《新五代史》同),可见咸通十三年说之未确。《考异》云:"按《庄宗列传》、《旧·纪》,克用杀文楚在咸通十三年十二月,欧阳修《五代史记》取之;《太祖纪年录》在乾符三年,薛居正《五代史》、《新·沙陀传》取之;《见闻录》在乾符五年二月,《新·纪》取之;惟《实录》在乾符元年,不知其所据何书也。……《唐末见闻录》叙月、日,今从之。"《新旧唐书互证》四云:"《沙陀传》书此事在乾符三年,则三字为五字之讹,观上文王仙芝陷荆襄是四年事,可见。"《旧·纪》,咸通十三年五月即著段文楚除大同防御,亦似失之过早。

御①,未上;又调简方振武节度,国昌大同节度②,盖唐以为如此,可使克用就范,讵简方中道而卒,国昌亦不受命,唐于是使河东、昭义、幽州与吐谷浑酋长赫连铎等合兵讨之。广明元年,国昌、克用皆败,逃入达靼③。中和元年,僖宗奔蜀,代北监军陈景思建议召

① 《赐简方诏》有“知卿两任云中”之言,依《新·简方传》,初次在擢义昌(即沧景)节度之前,二次由太仆卿出授,此其第二次也;惟传文误为“大同节度”,已辨见前四七二页注②。简方再任,《庄宗功臣列传》误列于咸通十四年正月,《旧·纪》误列于十三年十二月(惟由太仆卿除授,与《简方传》同),且以为因国昌拒命而除;殊不知成通末国昌尚未拒命,而纪下文载唐帝对简方语:“朕以沙陀、退浑,挠乱边鄙,……且忍屈为朕此行,具达朕旨,安慰国昌,勿令有所猜嫌。”(据《考异》引,退浑,今本作羌浑)前截只指大同军沙陀反侧,后截更见得其时国昌尚未表明抗拒态度。若《补实录》以简方除大同附乾符元年十二月,则正如《考异》所评,随文楚死后而接续书之,未足据也。《廿二史考异》五六信国昌拒命在咸通十四,《互证》二〇从之,均未尝就国昌历官作想。

② 《唐末见闻录》四月下称,“当月内有敕送节到,除前大同军防御使卢简方充振武节度使,除振武节度使李尚书充大同军节度使”;按敕到之月,非必原来除授之月,《旧·纪》作咸通十四年“三月,以新除大同军使卢简方为单于大都护、振武节度、麟胜等州观察等使,时李国昌据振武,简方至岚州而卒”,年虽误而月未必误。《见闻录》称简方为“前”使,《通鉴》从之,“前”者对已停之官而言,亦不如《旧·纪》“新除”之确,新除,谓未上任也。《考异》云:“《实录·国昌传》及《献祖纪年录》、《旧·唐本纪》俱不言国昌为大同节度使,独《实录》于此言之,下五月又云国昌杀监军,不肯代。”按《补实录·国昌传》既未言,何又谓独《实录》言之,今参据《考异》前后引文,乃知“独《实录》”为“独《见闻录》”之误。又《新·纪》九言五年“八月,大同军节度使李国昌陷岢岚军”,《新·表》言五年升大同防御为节度,于时国昌已两拥节旄,唐且欲藉父以制子,因国昌之故,特提升防御为节度,使表面上不为降调,知当年事势,必应如是也。简言之,升大同为节度,纯因国昌而发,简方时仍是防御,且未上任便调振武,《新·简方传》之“领大同节度,久之,徙振武军”,为两失之。

③ 达靼源流,余别有详考,译名不一,见于唐人著作者以贾耽《通道记》之“达旦”为最先,相当于突厥文《阙特勤碑》之 Tatar,英人 Parker 著《鞑靼千年史》,误认《魏志》乌丸大人蹋顿即达靼之原音(按蹋字古读唇音收声)。《辽史》有阻卜,《金史》有阻轐,王国维以为元人讳达靼所改,论甚薄弱,徐炳昶首著《阻卜非鞑靼考》辨之(《女师大学术季刊》一期),王静如又著《论鞑靼非阻卜》(《史语所集刊》二本三分),谓阻卜为藏文之 Sogpo,指蒙古人(阻卜问题尚无论定)。惟蒙古初期有名塔塔儿者,确为别种同名达靼之后,本室韦族类,蒙人亦或依其名以行(非纯是宋人之错误),宋、明人于是常称蒙人曰鞑靼,明人更用此名以鄙贱满洲,致清代官书乃讳鞑靼字。在西方则真蒙人以见称鞑靼为侮辱,而假(或准)蒙人反以冒名鞑靼为荣,驯至漠北民族总被加以此称,迥异乎唐时之真相矣。(参近刊《中大学报》拙著《达怛问题》)

还，克用乃率达靼诸部万人入塞，过太原，与节度郑从谠龃龉，频扰代北。事经年余，再应唐召，一举而败黄巢，取长安，沙陀族在河东之根据，至是始臻强固云。

第五十三节　职官概论

唐代官制，异常复杂，稍后更有“官”与“使”之别，益令初学者难以了解。外官系统较单纯，可略而不论，兹只就内官①表说其大概。（已见前五节者不复出）

甲、三省

（一）尚书省
- 吏部尚书——侍郎——吏部等四司。
- 户部尚书——侍郎——户部等四司。
- 礼部尚书——侍郎——礼部等四司。
- 兵部尚书——侍郎——兵部等四司。
- 刑部尚书——侍郎——刑部等四司。
- 工部尚书——侍郎——工部等四司。

以左、右仆射领省事，其下有左、右丞；左丞管吏、户、礼三部之十二司，其下设左司。右丞管兵、刑、工三部之十二司，其下设右司。凡司各置郎中、员外郎一或二员。省署在南，故谓之南省。

（二）门下省　下置（1）给事中，掌封驳。（2）左散骑常侍，闲

① 此等官吏亦有分驻外地者，“内”“外”之别，只就其隶属言之。

员。(3)左补阙、左拾遗,主讽谏。又附设弘文馆,馆有学士,掌详正图籍。

(三)中书省　下置(1)右散骑常侍,闲员。(2)右补阙、右拾遗,与左者向。附设集贤殿书院,院有学士,主刊辑经籍;史馆,掌修国史;秘书省,省设监,掌图书事;司天台,台设监,掌历数。

乙、御史台

其长曰大夫,次中丞,职在司宪,有大事推勘,则与中书、门下共讯之,谓之三司。下设侍御史、殿中侍御史、监察御史等员。中唐以后,外官理民事者率准其职之高下,带宪官兼衔①。

丙、九寺

寺各设卿,太常、宗正为正三品,余皆从三品。

(一)太常　掌礼乐、祭祀。所设各署中有太医署,署置医、针、按摩等博士。

(二)光禄　掌膳羞。

(三)卫尉　掌兵器。

(四)宗正　掌宗属。

(五)太仆　掌厩牧。

(六)大理　掌刑狱。

(七)鸿胪　掌宾客。

① 《语林》八称,开元已前,节制并无宪官,幽州张守珪始加御史大夫。

（八）司农　掌仓储。所领署中有太仓署。

（九）太府　掌帑藏。

近人论九寺系统，以为宗正隶吏部，司农、太府隶户部，太常、鸿胪隶礼部，太仆、卫尉隶兵部，大理隶刑部，各承其部而执行，唯光禄不言所承云云。今检《六典》及《旧书·职官志》所记九寺职掌，都无上承某部之规定，不确者一。如八寺各有所承，应按吏户礼兵刑工之次第分叙，且不应光禄独缺，不确者二。唐制如大理注拟官吏，上之刑部，太仆受监牧羊马所通籍帐，上之驾部以议其官吏考课等等，则犹诸近世两机关会办之制度，与隶属显有分别。常寻绎九寺所掌，多属于中央或皇室之繁琐事项，故特分官以专责成，未得全目为事务重复，议者无非惑于《周礼》六官，以为可包罗一切而已。（参《略论稿》九八—九九页）

丁、五监

（一）殿中　掌服御。

（二）国子　掌儒学，凡分六学：（1）国子学。（2）太学。（3）四门。（4）律学。（5）书学。（6）算学。

（三）少府　掌百工伎巧，如冶铸、造弩、铸钱、互市等事属之。

（四）将作　掌营缮宫室。

（五）都水　掌舟楫、河渠之事。

说者又谓国子隶礼部，少府、将作隶工部，其误与谓九寺隶六部同，且殿中、都水何独无所属也。

武官不记者非重文轻武之谓，原夫初唐武将，均可出任都督、刺史，安史乱后，方镇武士之领此职者更多，终李唐一朝，宰相常可临戎(见前五节),通三公、三师七十一人,起自军功者二十一,实际上并无文武之殊途,其泾渭显分者只下级之折冲等而已。

职官未实授之时,则上冠"试"、"摄"、"权"、"判"或"检校"等字样以示别,"判"字唯中唐偶一用,通常作"判处"解,又中唐后"检校"犹之虚衔("员外置"及"员外同正"亦然),用法与初唐不同。别有"版授"者则以荣宠老人之类,并未入仕。

盛唐时士人喜作清望官(参《旧书》四二),尤以丞、郎为贵,(《国史补》)外官职虽较高,亦目为贬降,可能是受都市繁华之影响。

唐人诗文对官制称呼,往往应用别号,两省相呼为阁老,尚书丞郎相呼为曹长,员外、御史、拾遗相呼为院长,上可兼下,下不可兼上,侍御史相呼为端公①。(《国史补》)其余如左貂、右貂即左右散骑常侍,夕拜即给事中,大谏即谏议大夫,右史即起居舍人,小天、小仪、小秋即吏部、礼部、刑部员外郎,中谏或补衮即补阙,曲台即太常博士,侍御即殿中侍御史,若此之类,不可尽记。(《容斋四笔》十五)

内外官之数,难以统计,显庆二年刘祥道言:"今内外文武官一品以下,九品以上,一万三千四百六十五员。"(《会要》七四)裴度言:"今天子设官一万八千。"②(《语林》三)所差当不远。入仕之途,除明经、进士、明法、书、算外,有四门学生、流外(不入流内者)、

---

① 知杂事者曰杂端,否则为散端。

② 《新书》四六"初太宗省内外官,定制为七百三十员",未知所指。考李吉甫《元和百司举要》称:"文班八十四司、四百六十员,武班二十六司、一百八十员,都计六百四十员。"又称:"在京文武官及府县总三千七百九十九员。"陈振孙意为当时实数(据《书录解题》六引)。裴、李同时人,不应有此距大差异,元和初有县约一千五百(参四十节),即使每县一令一丞,已占三千之数,其他州、县佐官,数还不少。李书今不可见,寻其"举要"之称,必仅指班之首要言之,吾人勿庸因此而别生轩轾。陈氏得见原书,未细加分析,即臆定为当时实数,真累人不浅。

品子(即门资之类)、封爵、勋官、斋郎、屯官等。

唐代官制书存于今者以《六典》为最古,然《六典》施用与否,说者不一。最早而曾与修书之韦述,以为开元“二十六年奏草上,迄今在直院,亦不行用”(《书录解题》引《集贤记注》),其次,元和初,吕温代郑(《四库提要》误“陈”)絪《请删定施行〈六典〉〈开元礼〉状》又言,“星周六纪,未有明诏施行”,故宋范祖禹谓“《唐六典》虽修成书,然未尝行之一日”。(《范太史集》一六)但建中二年卢杞奏事,引用《六典》,(《会要》五五)元和中刘肃撰《大唐新语》九,称《六典》“迄今行之”,于是晁公武《郡斋读书志》七以为“虽不悉行于世,而诸司遵用殆将过半,观《唐会要》请事者往往援据以为实,韦述以为书虽成而竟不行,过矣”。程大昌又引《会要》升谏议为三品,朝班以尚书省官为首,祠祭当涖以监察,均援用《六典》,何以遂言未尝颁用。(《雍录》一)《四库提要》七九始断言:“疑当时讨论典章,亦相引据,而公私科律,则未尝事事遵用。”近内藤乾吉撰文,大致采其说,陈寅恪再申其意云:“所可言者,《六典》一书,自大历后公式文中可以征引,与现行法令同一效力,观乐天诗所述阳城奏语,亦此问题例证之一也。”(《元白诗笺证》一八四页)是三说也,虽大致不误,仍有补充或修正之必要。

间尝谓《六典》内容,可画分为两部分:

(甲)排比当时施行之令式,后来未有改变,此类占绝大部分,与任何时之现行令式无异。

(乙)再可分为三小类:

1. 成书前已改章而《六典》尚记旧制者。如《六典》三著十道,然景云二年曾析山南为东、西二道,开元廿一年又析为十五道。

2. 成书后不久便改章而与《六典》相违者。如《六典》一首著

"尚书左右丞相",然天宝元年即复旧为"左右仆射"(此亦至德后未尝改修《六典》之的证)。

3. 拟加修改而未经明诏施行者。如朝班次序以尚书省官为首,谏议大夫升三品等,故有待于贞元、会昌之奏请或令定(《略论稿》八二页未注意到此点)。

其中更有彼此不照之处,如开元廿五年已敕鸿胪寺属之崇玄署改隶宗正,而祠部条仍称道士等簿籍一本送鸿胪,又如国子监之文成,开元廿年已由廿人减为十人,而考功下仍称二十员[①],故郑絪请先删定而后施行,吾人更由此晓然于韦述所谓"不行用",系指"《六典》整体"而言,无容惶惑。近人或解韦、吕所用"行"字为通行之"行"(即其书本少见),非遵行之"行",观上证,已足破其谬。刘肃"行之"之义,又概指《六典》内排比之令式,读者不应咬文嚼字也。抑任土作贡是自古征课之原则,姑无论此一条是否开元前旧令,阳城究不妨援引以支持及证明自己之抗争为有理,初非如陈说未颁行者"与现行法令同一效力"。任何人苟有陈请,无不望付诸实行,唯其如此,故尝征引旧文,以示其可行及非由我创,卢杞等之引《六典》,犹斯意也。

复次,《中国田制史》言,《通典》记开元廿五年所颁均田制度甚详备,然其时均田已坏,意系重申旧制以图恢复大体,决非新创云云(一七六页),已能揭出其可疑之点,惜仍未知《通典》系钞自《六典》,《六典》在辑录旧制的地方,充其量只能说是再度申明旧制之依然有效,《通典》等书误用"开元二十五年令"字样,一般人未之细

① 据内藤乾吉《论〈唐六典〉之行用》(《东方学报》七册一一〇——一二页)引仁井田陞等《故〈唐律疏议〉制作年代考》。

考，遂以为此一年有过许多明令更革，而不知其恰与事实背驰也。

于此可顺带略述唐之法典。开元时计有律十二章，令二十七，格二十四篇（《敦煌掇琐》三载《金部格》，苏瓌有《刑部散颁格》，《通典》十著《屯田格》及《仓部格》，又一七〇著《开元格》），式三十三篇（敦煌本存《水部式》，罗振玉云，永徽、垂拱、神龙、开元式凡四修）。永徽四年诏长孙无忌等撰《律疏》三十卷，内分笞刑五（十至五十），杖刑五（六十至一百），徒刑五（由一年起，递加半年，至三年止），流刑三（二千、二千五百、三千里），死刑二（绞、斩），笞以上、死以下皆有赎法。大抵《唐律》所影响，东至日本、高丽，南至安南，北至契丹云①。

自开元至大中，长安每日有条报记朝廷大事，传于各地（《可之集》十，但是否创自开元，无考），是为后世邸钞之始，亦即新闻纸之雏形。今考敦煌石室存开天间大事若干条，或署曰“开元天宝残史书”，王国维谓系“占家所用历以验祸福者”（《沙州文录补》），然日下不定“纪甲子名及所属五行”，王说非也。试细验其性质，显是条报之纂集。大抵当日条报只署月日不署年，又或略有残缺，后人纂集时随意隶之，故与史书前后差一载，如是则牴牾之故，极易明白，此一残册直是最古新闻纸之钞本矣。

第五十四节　散官、爵、勋及赐

唐制凡升转降黜，敕文除实职外，必兼叙其散官、封、勋、赐数

① 据仁井田陞《唐令拾遗》。又内藤虎次郎研究唐代卫禁律，亦认为日律与唐律大致相同。（《唐代文献丛考》）

项（无者不叙），兹以次述之。

甲、散官

亦曰散阶，贞观年定文、武入仕者皆带散位，谓之本品。列九品、三十阶之内者曰流内，否则为流外。文散官之叙阶及其名称如下：

正一		无		从一		开府仪同三司	
正二		特进		从二		光禄大夫	
正三		金紫光禄大夫		从三		银青光禄大夫	
正四上	正议大夫	下	通议大夫	从四上	太中大夫	下	中大夫
正五上	中散大夫	下	朝议大夫	从五上	朝请大夫	下	朝散大夫
正六上	朝议郎	下	承议郎	从六上	奉议郎	下	通直郎
正七上	朝请郎	下	宣德郎	从七上	朝散郎	下	宣义郎
正八上	给事郎	下	徵事郎	从八上	承奉郎	下	承务郎
正九上	儒林郎	下	登仕郎	从九上	文林郎	下	将仕郎

晚唐授官虽滥，但劳考叙阶仍较严。阶之作用，最要在章服；旧官人服唯黄、紫二色，贞观四年，始诏三品已上服紫，四、五品绯，六、七品绿，八、九品青，妇人从夫之色（参《隋唐嘉话》、《旧·纪》三及《会要》三一），盖承北周之制（《辽史·仪卫志》）。高宗上元元年，又诏四品深绯，五品浅绯，六品深绿，七品浅绿，八品深青，九品浅青。盖服色视散官不视职官，故傅游艺以侍郎（正四）入相而著绿，张嘉贞为中书令而著绯。（《尚书故实》）

由上所言，知职官与散官之品级，常不能适相配合，凡此之类，皆于职官上冠一字以示之。贞观令以职高散卑者为“守”，职卑散高者为“行”，仍各带散位；欠一阶者为“兼”（古念反，与兼两事之“兼”读音不同），与当阶者皆解散官。永徽之后，行用颇乱，咸亨二年，始定散卑者一律称“守”。（《旧书》四二）

乙、爵

凡九等：一王，正一品。二郡王，三国公，均从一品。四郡公，正二品。五县公，从二品。六县侯，从三品。七县伯，正四品。八县子，正五品。九县男，从五品。

封爵本有食邑各若干户之规定，然颁封颇滥，故徒有其名，唯"食实封"者才享其实。初时只三二十家，景龙年乃增至百四十余家，应出封户凡五十四州，其安乐、太平公主封又取富户，不在损免限，百姓著封户者甚于征行。宋务光、韦嗣立皆力陈其弊，宋疏言滑州七县，分封者五，王赋少于侯租，封丁失业，逃者日多。韦疏言封家占六十余万丁，一丁两匹，计一百二十万匹。顷在太府，知每年庸调，绢数多不过百万，少则七八十万，比封家所入尚少。（《会要》九〇）均田之坏，此亦一因。

丙、勋

勋官出周、齐交战之际，本以酬战士，其后渐及朝官。周置上开府仪同三司等十一号，隋亦十一等而稍易其名称。武德初杂用隋制（此一显例可破陈氏唐制承北齐之说），贞观十一年、上元元年两次更定名称，凡十二转：1. 上柱国，正二品。2. 柱国，从二品。3. 上护军，正三品。4. 护军，从三品。5. 上轻车都尉，正四品。6. 轻车都尉，从四品。7. 上骑都尉，正五品。8. 骑都尉，从五品。9. 骁骑尉，正六品。10. 飞骑尉，从六品。11. 云骑尉，正七品。12. 武骑尉，从七品。咸亨已后，战士授勋者动盈万计，分番应役，

有类僮仆,据令与公卿齐班,论实在胥吏之下,盖以其偎多,又出自兵卒,所以然也。(《旧书》四二及四三)

丁、赐

章服往往与职官不相准,具如前文,因之散阶未及三品者有赐紫、未及五品者有赐绯之特典。

武德元年改制银鱼符,永徽二年开府仪同三司及京官文武职事四品、五品并给随身鱼袋。咸亨三年始令京官四、五品职事佩银鱼,三品已上佩金鱼,装刀子、砺石一具。景云二年赦文,令鱼袋著紫者金装,著绯者银装。自开元九年后,恩制赏绯紫例兼鱼袋,(《旧书》四五及《会要》三一)故曰"赐紫金鱼袋"、"赐绯银鱼袋"。

凡授都督、刺史而散阶未及五品者,并听著绯、佩鱼,离任则停之。又开元四年令,入蕃使别敕借绯紫者使回合停(同上《会要》),此之"借"与"赐"有别。

因之,凡遇迁转降黜时他项无所更动,则敕末须著"散官如故","散官、勋、封各如故","勋、封如故"或"余如故"等字样,观其末文,即知制内所更改者为某项矣。

第五十五节　俸料、公廨本钱及职田等

武德元年定文武官每年给禄,比隋制颇减(见隋史二节),随以用度不足,京官只有俸赐,诸司置公廨本钱,贸易取息,计员多少为月料。贞观以后,下迄开、天,或使典使捉公廨本钱,或令王公以下

率口出钱，充百官俸料，屡有更革，(《新书》五五)所入多少亦无定①。又诸州每年别税八十万贯，以供外官月料及公廨之用(《六典》三)。广德已后，兵事方殷，乃于地亩上量税青苗钱(见四十一节)，据数均给为百官俸料，岁以为常(永泰二年得四百九十万贯，见《旧书》一一)。

此外更有职分田如下表(顷为单位，参据《通典》二及《会要》九二：)

品别 / 职别	一	二	三	四	五	六	七	八	九
京官文武职、京兆河南府及京县官	一二	一〇	九	七	六	四	三·五	二·五	二
诸州及都护府、亲王府官	—	一二	一〇	八	七	五	四	三	二·五
镇戍、关津、岳渎及在外监官	—	—	—	—	五	三·五	三	二	一·五

应给职田无地可充者，率亩给粟二斗。(《六典》三)

① 据《新书》，永徽后，一品月俸、食料、杂项共十一千。而《旧书》一四元和六年中书奏：旧章官一品月俸三十千，其余职田、禄米大约不过千石，自一品已下，多少可知，艰难已来，禁网渐弛，故大历中权臣月俸有至九十贯者，列郡刺史无大小给皆千贯。又《会要》九一载开元二十四年定令，一品月俸三十一千，二品二十四千(原散数讹"月俸六千"，应依总正为"六千五百")，三品十七千，四品一十二千四百(原讹"一十一千八百六十七文"，今以散数合计，校正如上)，五品九千一百(原讹"二百"，亦依散数校正)，六品五千三百，七品四千五十("五十"原讹"五百"，兹依散数校正)，八品二千四百七十五文，九品一千九百一十七文，复次，《新书》五五言大历时"权臣月俸有至九十万者，刺史亦至十万"，当与《旧书》一四之史料同源，但九十万为九百贯，比《旧书》为十倍，又十万为百贯，又只《旧书》十分之一，惟《会要》九一作"九千贯"及"千贯"，《旧唐书校勘记》七依《元龟》五〇七及《通鉴》校正"九十"为"九千"，依此则《新书》应正作"九百万"及"百万"方合。

又有公廨田，大都督府四十顷，中三十五，下都督及都护、上州各三十，中州二十，下州十五，上县十，中县八，中下县六，下县四顷，(《六典》三)此其大较也。

贵族阶级所授永业田，特别优厚，兹为两表明之(均以顷为单位)：

甲、封爵与职事官、散官①

亲王	一〇〇	从三品职、散	二〇
正一品职	六〇	侯，正四品职、散	一四
郡王，从一品职、散	五〇	伯，从四品职、散	一一
国公，正二品职、散	四〇	子，正五品职、散	八
郡公，从二品职、散	三五	男，从五品职、散	五
县公，正三品职、散	二五		

乙、勋 官

上柱国	三〇	轻车都尉	七
柱国	二五	上骑都尉	六
上护军	二〇	骑都尉	四
护军	一五	骁骑、飞骑尉	〇·八
上轻车都尉	一〇	云骑、武骑尉	〇·六

一人而兼有官、爵及勋俱应给者，唯从多，不并给。

薄俸禄不能养廉，缺公款无以治事，二者皆长贪之本。举钱生息，尤为秕政，开元六年崔沔奏："五千之本，七分生利，一年所输，四千二百，兼算劳费，不啻五千。"(《会要》九一)剥削如此严重，贫民其何以堪？且诸使捉钱者给牒准放免杂差遣徭役等，有罪府县

① 表内数目，《通典》二、《会要》九二及《新书》五五各有错夺，兹为校正，惟郡公之数，疑作三〇方合。又《新书》称永业田六、七品二顷五十亩，八、九品二顷，《唐六典》及《通典》均未载，故不列入。

不敢劾治,富豪不取本钱,虚立保契,子孙相承为债户,只如闲厩一使,已有利钱户八百余人,诸使并同此例。积久主保逃亡,则转征近亲及重摊转保,官吏吞没公款,贫庶受累滋广。(同上九三)

关于职分等田,流弊亦大。元稹在同州任时曾奏称:“当州百姓田地,每亩只税粟九升五合,草四分,地头、榷酒钱共出二十一文已下;其诸色职田每亩约税粟三斗,草三束,脚钱一百二十文,若是京官、上司职田,又须百姓变米雇车船送,比量正税,近于四倍加征。既缘差税至重,州县遂逐年抑配百姓租佃,或有隔越乡村,被配一亩、二亩之者,或有身居市井,亦令虚额出税之者,其公廨田、官田、驿田等所税轻重,约与职田相似,亦是抑配百姓租佃”。(《长庆集》三八)同州如此,他州之情形自不难悬想。

第五十六节　地方区域及社会组织

贞观元年,分全国为十道,据《六典》三:

1. 关内道　东拒河,西抵陇坂,南据终南,北边沙漠。
2. 河南道　东尽海,西距函谷,南濒淮,北薄河。
3. 河东道　东距恒山,西据河,南抵首阳、太行,北边突厥。
4. 河北道　东并海,南迫河,西距太行、恒山,北通榆关、蓟门。
5. 山南道　东接荆楚,西抵陇、蜀,南控江,北据商、华。
6. 陇右道　东接秦州,西逾流沙,南连蜀及吐蕃,北界朔漠。
7. 淮南道　东临海,西抵汉,南据江,北距淮。
8. 江南道　东临海,西抵蜀,南极岭,北带江。
9. 剑南道　东连牂牁,西界吐蕃,南接群蛮,北通剑阁。

10. 岭南道　东、南际海，西极群蛮，北据五岭。

因各道疆域改变、郡府分并、羁縻州取舍不同之故，每道所有州数，遂先后不同。《括地志》云：“贞观十三年大簿，凡州府三百五十八，凡县一千五百五十一。至十四年西克高昌，又置西州都护府及庭州并六，通前凡三百六十州。”（《初学记》八）《六典》三云：“凡天下之州府三百一十有五，而羁縻之州盖八百焉。”今将贞观、开元两制列成比较表如左：

道别	贞观十三年州数①	开元廿六年州数
关内	二二	二二
河东	二二	一九
河北	三一	二五
河南	三一	二八
山南	三〇	三三
剑南	四四	三三
淮南	一六	一四
陇右	六三	二一
江南	四六	五一
岭南	五三	六九②
合计	三五八	三一五

① 参一九三五年《中大史学专刊》一卷一期拙著《括地志序略新诠》。

② 今本《六典》岭南道下云，“凡七州焉”，原校以为“七下脱十字”，“按所载州名六十九，疑逸一州，今据下注福禄邵之文，恐脱邵州”；又《六典》“福禄、邵二州白蜡”，原校称“《通志略》邵作部”，余按无论作“邵”或作“部”，岭南均未见有此州，原《六典》作“邵”者尚有“广、潮、高、循、峰、邵等州及安南蚺虵胆”一句，今以《新·志》四三上柳州贡蚺蛇胆比之，则“峰邵”应是“峰柳”之坏字；《新·志》又称峰州贡白镴，则“福禄邵”应是“福禄峰”之误文，换言之，岭南道只有六十九州，并非逸去一州，“凡七州焉”句应校正为“凡六十九州焉”；尤其是，岭南道如有七十州，则总数变为三百一十六，与《六典》所云三百一十有五不符，考订者盖知其一而未知其二。复次，《六典》称“昆州桂心”，按《旧书》四一，武德四年置均州，随改南昆州，贞观八年改为柳州，则开元时无昆州之名，再勘诸《新·志》，实融州贡桂心，融、柳相去不过二三十里，正是产桂之地。

景云二年，分山南为东、西二道，析陇右道之黄河以西为河西道。开元廿一年又分为十五道（析江南为江南东、江南西及黔中，再加京畿、都畿，惟河西道不分，故得十五之数），每道置采访使，检察非法，如汉初刺史之职。申言之，最初十道之分，与官制无甚相关，其与官制联系者自中、睿、玄时始。此外岭南又画分为广、桂、容、邕、安南五府。代宗后，剑南亦分东、西二道。

举开元末言之，全国有：

大都督府五　潞　扬　益　荆　幽

大都护府三　单于　安北　安西

上都护府三　安南　北庭　安东

中都督府十五　凉　秦　灵　延　代　兖　梁　安　越　洪　潭　桂　广　戎　福

下都督府二十　夏　原　庆　丰　胜　营　松　洮　鄯　西　雅　泸　茂　嶲　姚　夔　黔　辰　容　邕[①]

余州又有四辅、六雄、十望之目，大抵四万户已上者为上州，三（？二）万已上者为中，不满为下。

县与三都（京兆、河南、太原）同城者曰京县，城外者曰畿县。望县之数八十五，余则六千户已上为上县，二千已上为中，一千已上为中下，不满一千为下县。

唐人记安南区域情形，传于今者鲜，唯《桂苑笔耕》一六有云："安南之为府也，巡属一十二郡（峰、欢、演、爱、陆、长、郡、谅、武定、武安、苏茂、虞林），羁縻五十八州[②]。府城东至南溟四百余里。有

① 参看同前引拙著三七—四一页。

② 《元和志》三八只称"羁縻州三十二"。

山横亘，千里而遥，邃穴深岩，为獠窟宅，蛮蜑之众，六种星居，邻诸蕃二十一区，管生獠二十一辈。水之西南，则通阇婆、大食之国，陆之西北，则接女国、乌蛮之路。”颇能举其大要，故录之以见一斑。自峰至武安十郡，均见《元和志》三八（“郡州”之名两见《蛮书》十），志称安南府管州十三，除交州外，有“唐林州”，“唐”“虞”似相涉而讹，否则后来改定。志无苏茂，只见贡州，“西南至府二百五十里”；考《通典》一八四，玉山郡即陆州“西北到苏茂郡一百三十里”，勘以《元和志》，府东北至陆州水行一百九里，方向及里距大致与贡州相当，苏茂其即贡州之郡名欤①。

拓拔氏之初，唯立宗主督护，五十、三十家方为一户，谓之荫附；（《通典》三）荫附者皆无官役，豪强征敛，倍于公赋，（《魏书》一一〇）此为氏族组织之家族共同体，与国家统制组织不相容②。太和十年，李冲请准古五家立一邻长，五邻立一里长，五里立一党长，长取乡人强谨者为之，是谓三长之制。（同上《魏书》）齐河清三年，改定十家为比邻，五十家为闾里，百家为族党。隋文新令，五家为保，保有长，保五为闾，闾四为族，皆有正；畿外则置里正，比于闾正，党长比于族正，以相检察，（均《隋书》二四）即后世保甲之法。

唐制，百户为里，五里为乡，居州县郭内者为坊，郭外者为村，里、村、坊皆有正。里正掌按比户口，课植农桑，检察非违，催驱赋役。坊正掌坊门管钥，督察奸非。又四家为邻，五邻为保，以相禁

---

① 《岭外代答》著录安南四府十三州，有苏州、茂州二名，马伯乐云：“应作苏茂州，乃一州非二州，地接广西，在今高平谅山边境。”（《史地考证译丛》四编一一九页）按彼之改定为一州，并未举证，但却与《笔耕》相合。同人又谓交州包括永安、山西两省以下之北圻平原东部，峰州包括山西、永安等省，长州应在介处北圻清化间之山地一带，（同上七二——一〇三页）惜其考订全文迄未续成也。

② 同前引森谷书一六三页。

约。(《六典》三及《通典》三)旧日诸街晨昏传叫,用警行者,唐初代之以鼓;城门入由左,出由右,皆马周之法也。(《隋唐嘉话》)

乐住之制,居狭乡者听从宽,居轻役之地者听从重;但畿内诸州不得乐住畿外,京县不得乐住余县,有军府州不得乐住无军府州。(《六典》三)其旨无非充实都会,防止逃军,然宽乡则生活较易,垦辟有利,于公于私,都不无裨益。

第五十七节　手工业及物产

各地物产,旧鲜专记,惟从地理书及土贡得知一二。无如封建时代之土贡,往往出以榨取,不尽是当地原产,例如唐史所著录,贡麸金者三十余州,贡金者约三十州,贡银及麝香者各五十余州,如认为皆当地出品,则无异求杜若于坊州矣。其中又或杂有赝鼎,如江南诸州贡犀角者十余,则必有异于安南府各属之贡,是在乎读者明辨之。

今先举太府藏物之特著于《六典》(二〇)者:

矿物:于阗之玉,饶、道、宣、永、安南、邕等州之银,宣、简、润、郴、鄂、衡等州之空青石碌(碌音禄,石青色),辰、溪州之硃砂,相州之白粉,岩州之雌雄黄,西州之礬石。

植物:扬、广等州之苏木,永州之零陵香,广府之沉香、霍香、熏陆(Pistacia khirjuk)、鸡舌等香,京兆之艾纳香、紫草,金州之栀子、黄檗,越州之竹管,河南府、同、邓、许等州之胶,泾、丹、鄜、坊等州之麻。

动物:扬、广等州之象牙,河南府、许、卫、怀、汝、泽、潞等州之兔皮,鄜、宁、同、华、虢、晋、蒲、绛、汾等州之狸皮,泾、宁、邠、龙、蓬等州之蜡。

手工品:绛、易等州之墨,益府之大小黄白麻纸、弓弩、弦麻,杭、婺、衢、越等州之上细黄白状纸,均州之大模纸,宣、衢等州之案纸、次纸,蒲州之百日油细薄白纸,蒲、绛、郑、贝等州之毡,蒲、同、虢等州之席,京兆、岐、华等州之木烛。

其次则分为手工品等四类言之①。

甲、手工品

(一)编织品

丝、麻织品自古已居首要,唐时有八蚕丝之贡,按《日南志》"一岁八蚕之绵",或谓八蚕丝即一岁中蚕得八收,谢肇淛《西吴枝乘》则称吴兴养蚕家以两蚕共作茧者为同功绵(此名见《古乐府》),其丝以三茧抽者为合罗丝,充造御服,然则八蚕丝似为八茧所抽之丝,为进步之操法,非如戏瑕所云"以八蚕共作一茧"也。

蜀锦早著于三国,代宗敕有云:"所织大张锦、软锦及蟠龙、对凤、麒麟、狮子、天马、辟邪、孔雀、仙鹤、芝草之类,并宜禁断。"知唐时花样,已甚繁缛。

绢分八等:一等宋、亳。二等郑、汴、曹、怀。三等滑、卫、陈、魏、相、冀、德、海、泗、濮、徐、兖、贝、博。四等沧、瀛、齐、许、豫、仙、棣、郓、深、莫、洺、邢、恒、定、赵。五等颍、淄、青、沂、密、寿、幽、易、

① 材料据《六典》三、《通典》六、《元和志》、《旧书》一〇五《韦坚传》、《新书·地志》及其他各书,不尽列举。

申、光、安、唐、随、黄。六等益、彭、蜀、梓、汉、剑、遂、简、绵、襄、褒、邓。七等资、眉、邛、雅、嘉、陵、阆、普、壁、集、龙、果、洋、渠。八等通、巴、蓬、金、均、开、合、兴、利、泉、建、闽。(《六典》二〇)由此,知开元时代,丝织以河南为最,河北次之,淮南只有寿州,江南则在偏西及偏南。按何晏《九州论》,"清河缣总"(即贝州,总,织物),石崇言,"许昌之总"(即许州),《隋图经》谓清河绢为天下第一,(《寰宇记》五八)北方自是丝织发祥地。然天宝初韦坚所陈,广陵(扬)船为锦,丹阳(润)为京口绫、衫段,晋陵(常)为折造官端绫绣,会稽(越)为罗、吴绫、绛纱,(《旧书》一〇五)则淮南、浙西之丝织,已日趋巧妙。洎中原板荡,中原技工必多向南流徙,别一方面因镇帅割据,中央服御无所取给,乃转而求之于南,此淮、浙、江西之织物所由起而超驾北方也[①]。《元和志》二六《越州》:"自贞元之后,凡贡之外,别进异文吴绫及花鼓歇、单丝吴绫、吴朱纱等纤丽之物,凡数十品。"(元稹《阴山道》:"越縠缭绫织一端,十匹素缣工未到"),同书二八宣州:"自贞元后,常贡之外,别进五色线毯及绫绮等珍物,与淮南、两浙相比。"(红线毯[②]出宣州,见白居易《新乐府》)浙西之可幅盘绦缭绫有玄鹅、天马、掬豹、盘绦等花样(《旧书》一七四《李德裕传》)都可为证。

玄宗柳婕妤之妹发明夹缬,(《唐语林》)其法以两木版雕同样花纹,将绢对褶放入二版中,然后就雕空处染色,故其花纹皆对称,是近世印花之始基。

---

① 《元白诗笺证》以为河北、山东非势力所及,故不得不取于江淮,(二二八页)其说甚是。越州之兴盛,厥理相同,所引《国史补》下薛兼训事,(二三三页)尚非主因,可于韦坚进贡船见之。

② 同上二二八页以为即今之丝绒。

纻分八等：一等复。二等常。三等扬、湖、沔。四等苏、越、杭、蕲、庐。五等衢、饶、洪、婺。六等郢、江。七等台、括、抚、睦、歙、虔、吉、温。八等泉、建、闽、袁。（《六典》二〇）

火麻分四等：一等宣、润、沔。二等舒、蕲、黄、岳、荆。三等徐、楚、庐、寿。四等澧、朗、潭。（同上）

资布分九等：一等黄。二等庐、和、晋、泗。三等绛、楚、滁。四等泽、潞、沁。五等京兆、太原、汾。六等褒、洋、同、岐。七等唐、慈、坊、宁。八等登、莱、邓。九等金、均、合。（同上）

毛织品有毡，贡者贝、夏、原、会、凉、宁、灵、宥、蒲、汾等州；绯毡出安西。有毛毼或毼布，出洮、凉州。有氍毹（毛褥），出安西。此外，白氎即今棉织品，西州贡之，然我国古尚丝、麻，故至元代始逐渐栽植。

以草本纤维编成席蕈而作贡者可四十州，惟竹席、藤簟，则广州独著。藤编盘匣见循、振、宾、象、峰诸州。细柳箱出沧州。麦䴵扇出蒲州（䴵、茎也）。

（二）瓷

近世绍兴与寿州出土之青瓷，说者谓始于孙吴时代（晋杜毓《荈赋》："器择陶拣，出自东瓯"；又潘岳《笙赋》："倾缥瓷以酌酃"），至六朝渐臻丰富。北方则有玻璃器及绿釉瓷器，可以景县封氏墓出土品为例，表现出劳动人民之优秀创造。"绿瓷"见《隋书》六八《何稠传》，用以代琉璃，即今所谓青瓷也。韦坚进豫章船，载有"名瓷酒器、茶釜、茶铛、茶碗"。《开元天宝遗事》称内库藏青瓷酒杯。由此数事观之，瓷之制造，至唐确已进入完成时期。

陆羽《茶经》（肃宗上元初撰）云："（磁）碗，越州上，鼎州次，婺州次，岳州次，寿州、洪州次。或者以邢州处越州上，殊为不然；若邢磁类银，越磁类玉，邢不如越一也。若邢磁类雪，则越磁类冰，邢不如越二也。邢磁白而茶色丹,越磁青而茶色绿,邢不如越三也。瓯,越州上,口唇不卷,底卷而浅,受半升已下。……越州磁、岳州磁皆青,……邢州磁白,……寿州磁黄,……洪州磁褐。"又李肇《国史补》云:"内丘(今同名,属邢州)白瓷瓯,端溪紫砚,天下无贵贱通用之。"邢瓷之历史,可上溯至咸亨(六七〇)以前,惟遗址尚未发见①。顾况与羽同时,其《茶赋》亦云"越泥似玉之瓯"。据近年所见,已有划花之制品②。

岳窑遗址,据说在今湘阴县,所烧者有米黄、红棕、定青三色③。

饶窑即宋景德窑,相传始于汉世,武德中,新平(又称昌南)镇民陶玉载瓷入关中,称为假玉器④。《柳州集》有《元和八年饶州进瓷器状》。

此外如山西之平定、霍州,在唐均烧白窑,可知者更有榆次(山西)、留坝南星镇(陕西)、秦窑(甘肃天水)、邛州大邑(四川)、临桂、邕州(广西)等窑⑤。

(三)金属制品

金银器(绵)银器(宣、桂)铜器(扬、越、润、宣、桂)青铜镜(并、扬、桂)铁镜(并)铁器(舒)文铁刀(黔、忠、涪)⑥刀(伊、邢)剪刀(邠)⑦铅器(贵)钢铁(利)金箔(驩)

---

① 《文物参考资料》三七期九一至三页陈万里《邢越二窑及定窑》。又鼎州今泾阳,婺州今金华,寿州今寿县,洪州今南昌。

② 同上九三 — 九七页。

③ 同上七七 — 八一页《岳州窑遗址调查报告》。

④ 见《景德镇陶录》。录又言,新平镇有霍窑,时称霍器,但《格古要论》云:"霍器出山西平阳府霍州",此一条颇成疑问。

⑤ 同前《文参》九三页。《少陵集》九有《于韦少府乞大邑瓷碗诗》,称其轻坚色白,并参《东方杂志》四二卷一七号会尧西《邛窑志略》。

⑥ 《元和志》三〇《涪州涪陵》,乐池在县东三十里,出钢铁,土人以为文刀。

⑦ 杜甫《题王宰画山水歌》"焉得并州快剪刀",即交剪也。

（四）文具

纸除见前外，贡者尚有常、歙、池、江、衡诸州，墨则潞、绛、易、燕，瓦砚则虢州，笔则宣、昇、蕲、越，《元和志》二八《宣州溧水》，“中山在县东南一十五里，出兔毫，为笔精妙”。

天山南路在五世纪末已渐废皮纸，七世纪中叶有纸输入中亚，至八世纪中康国且设立制纸场所①，或云高仙芝之败，被虏西行者传其术也。

（五）漆器

襄州贡漆器，蒲州贡漆匣。漆是树液，襄、兴、婺州贡之，台州贡者曰金漆。金州贡干漆，入药用。《国史补》中：“襄州人善为漆器，天下取法，谓之襄样。”

（六）糖

我国古无蔗糖，所食唯蜜及麦芽糖、麻糖②之类。柘（今作蔗）浆字始见宋玉《大招》，前汉《郊祀歌》亦云“柘浆析朝酲”，只取蔗汁而已。张衡《七辨》曰：“沙饴、石蜜，远国贡储。”沙饴即沙糖（《演繁露》。沙糖字见《易林》）；《续汉书》言天竺国出石蜜，《南州异物志》云“交趾甘蔗取为饴饧（即古糖字）③益珍，煎而暴之，凝如冰”，又《太平御览》言交趾甘柘大者数寸，煎之凝如冰，破如博棋，谓之石蜜，则石蜜即冰糖；此为蔗糖传入我国之始。然制法则唐人乃能之。

《新书》二二一上摩揭它国云：“太宗遣使取熬糖法，即诏扬州

① 《文献丛考》一二〇页注六。

② 杨慎《升庵外集》谓《周礼》之饋即麦芽糖，蕡即麻糖。

③ 或云蔗饧法始传于唐，故改其字从“唐”，但饧谓之糖，见扬雄《方言》，饴饺糖锡亦见《广雅》，则此说未确。

上诸蔗，拃沈如其法，色味愈西域远甚。”（《演繁露》谓起因于玄奘之携回石蜜）考诸各书，贡蔗糖者益、梓，贡甘蔗者越、温、襄、绵，贡石蜜者越、虔、巴、永、眉、潞等州。

（七）葡萄酒

旧说张骞使西域还，得葡萄，（《博物志》）或以为李广利破大宛，得种归汉，（《白孔六帖》）要其来自西域，则说者一致。司马迁记大宛、安息两国均有葡萄酒，又云：“宛左右以葡萄为酒，富人藏酒至万余石，久者数十岁不败，俗嗜酒，马嗜苜蓿，汉使取其实来，于是天子始种苜蓿、葡萄肥饶地。”（《史记》一二三）洎太宗破高昌，收马乳葡萄，种于苑中，并得酒法。（《南部新书》）贡此酒者为太原。贡果者西州。

乙、矿物

首叙金、银、铜、铁、锡、铅之产地，各记其县或州名，以所属之道为纲，依《新·地志》次序（一）指关内，（二）河南，（三）河东，（四）河北，（五）山南，（六）陇右，（七）淮南，（八）江南，（九）剑南，（十）岭南，庶可按图而索云。

金　（一）洛南　（二）伊阳　（五）西城　汉阴　宣汉　（六）酒泉　（八）将乐　乐平　雩都　上饶　临川　长沙　（九）峨眉　巴西　（十）邕州　连山　九真　此所云金产，率从水中淘出。又据《蛮书》七，生金出藤充（亦作腾充）北金宝山及长傍①诸山，“有得片块大者重一觔或至二斤，小者三两五两”；“麸金出丽水，盛沙淘汰取之”。

① 长傍，余曾考为今之江心坡地方，又疑“傍”与今音之“蚌”有相关（同前引拙著《唐代云南管内几个地理名称》）。近见《元和志》云：“羌语傍，高也。”是否同义，亦待考。

银 （一）洛南 平凉 （二）伊阳 鲁山 平陆（穴三十四）（三）安邑 五台 （五）梁泉 两当 （六）成纪 陇城 清水（八）诸暨（冶） 松阳 尤溪 将乐 宁化 南陵 宁国 绩溪秋浦 青阳 浔阳 武昌 乐平 弋阳 玉山 临川 永明义章① （九）巴西 （十）阳江 桂阳 又《蛮书》七，“银，会同川银山出”。

铜 （一）平凉 （二）伊阳 平陆（穴四十八） 虹莱芜（冶十八，坑四） 沂水 （三）临晋（穴十二） 曲沃 翼城 盂 五台飞狐（冶） 阳城 （四）唐 （五）南阳 （六）成纪 （七）江都六合 天长 滁州（坑二） 庐江 （八）上元 句容 溧水 溧阳吴 武康 长城 安吉 余杭 睦州（坑二） 建德 遂安 奉化丽水 金华 安固 尤溪 建安 邵武 长汀 沙 当涂 南陵秋浦 青阳 洪州（坑一） 浔阳 彭泽 永兴 武昌 饶州（坑三）乐平 袁州（坑一） 信州（坑一） 上饶 义章 （九）临邛 阳安卢山 荣经 铜山 （十）铜陵 临贺（冶） 连山 按汉丹阳郡治宛陵，有铜官，唐为宣州；《元和志》二八《宣州当涂》，“赤金山在县北一十里，出好铜，与金类，《淮南子》、《食货志》所谓丹阳铜也”。

铁 （一）韩城 洛南 汧源 平凉 中部 （二）舞阳 彭城历城 淄川 莱芜（冶十三） （三）岳阳 翼城 绛 吉昌 昌宁温泉 盂 交城 绵上 玄池 秀容 五台 涉 阳城 （四）鄴林虑 沙河 内丘 昭义 井陉 平山 唐 蓟（五）巴东 奉节石门 南宾 西 绵谷 梁泉 长举 潾山（六）成纪 （七）六合广济 蕲水 （八）上元 溧阳 山阴 临海 黄岩 宁海 福唐尤溪 邵武 将乐 南安 长汀 宁化沙 当塗 南陵 江夏

① 《元和志》二九《郴州平阳》：“银坑在县南三十里，所出银至精好，俗谓之偈子银，别处莫及。亦出铜矿，供桂阳监鼓铸。”今《新书》四一书在义章县下，疑误。

永兴　武昌　巴陵　乐平　安远　宜春上饶　祁阳　湘源　延唐　永明　（九）新津　平羌　峨眉　夹江临邛　临溪　昆明　通泉　巴西　魏城　西昌　石镜　巴川　始建　资官　永川　（十）怀集　浈阳　桂岭　桂阳　连山

锡　（二）长水　伊阳　莱芜　（三）阳城　（四）武安　（五）西　（八）安吉　会稽　南康　大庾　安远　江华　（十）冯乘（冶三）　富川

铅　（八）宣州（坑一）　绩溪　池州（坑一）　大庾　信州（坑一）　上饶　义章　（十）化蒙（穴一）　阳春　镡津

此外各州所贡者：

丹沙　兴、越、溪、溱、茂、宜、连、容	**光明砂**　辰、锦、黔①	
云母　齐、兖、濠	**钟乳**　连、韶、房、广、沂、春	
矾　昇、并	**苍矾石**　房、均	**黄矾**　瓜、沙
绛矾　瓜	**消石**　汾②	**芒消**　峡
朴硝　松③	**生马牙硝**　茂④	**滑石**　齐
空青　扬、梓、宣	**曾青**　梓	**禹余粮**　泽
白石英　泽、桂、睦、梧	**紫石英**　沂、兖、雷、富	**白石脂**　苏
禄(亦作绿)青　鄂、江、宣	**黄银**　沂、莱	**水银**　辰、锦、容、连
朱砂　溪、锦、容、越、黔、兴、思		**石膏**　汾、沙、房
磁石　磁	**理石**　淄	**砺石**　肃
磁石　并	**硇砂**　安西	**代赭**　灵
石燕　永	**胡粉**　相、卫、澶	**雄黄**　武

① 《唐本草》谓丹砂以光明砂为上品。

② 郭璞《山海经注》已见礬字，或谓唐代始见，非也，《新书》五四汾州有礬山七。

③ 同上云："朴消一名消石朴，今炼麁恶朴消，淋取汁，煎炼作芒消，即是消石。"

④ 《宋本草》谓英消亦出自朴消，今俗间称为马牙消。

煤　我国用煤，最早记载可溯到《墨子》之“每”（别有详说）。《汉·地志》，豫章郡出石，可燃为薪，隋王劭论大事，中有“石炭”字，（《曲洧旧闻》）石炭即煤也。（《燕闲录》）清《异录》云，金刚炭有司以进御，炉围径欲及盆口，自唐、宋、五代皆然；按金刚炭亦煤也。

石脂　《元和志》四〇《玉门县》：“石脂水在县东南一百八十里，泉有苔如肥肉，燃之极明，水上有黑脂，人以草盏取，用涂鸱夷酒囊及膏车。周武帝宣政中，突厥围酒泉，取此脂燃火，焚其攻具，得水逾明，酒泉赖以获济。”按《汉·地志》上郡高奴县，“有洧水可爇”（古“然”字），《水经注》三引《博物志》：“酒泉延寿县南山出泉水，大如筥，注地为沟，水有肥如肉汁，取著器中，始黄后黑，如凝膏，然极明，与膏无异，膏车及水碓钉①甚佳，彼方人谓之石漆。”《魏书》一〇二《龟兹传》：“其国西北大山中有如膏者流出成川，行数里入地如餻䬧，甚臭。”又《元和志》三《延州肤施县》：“清水（按依前引《汉·地志》，“清”应作“洧”，下同）俗名去斤水，北自金明县界流入，《地理志》谓之清水，其肥可然，鲜卑谓清水为去斤水。”皆今之石油也。（《吴越备史》二始见“火油”之名，云得之大食）《新唐书·地志》由输台赴碎叶城路须经石漆河，《西域水道记》三云：“石漆河或晶河之旧称。”王仲荦以为既有石漆之名，必产石油。（一九五六年《文史哲》十二期）其次《元和志》三一《邛州临邛县》：“火井广五尺，深三丈，在临邛县南一百里，以家火投之，有声如雷，以竹筒盛之，持行终日不灭，《蜀都赋》云，火井沈荧于幽泉。”是唐人已识煤汽之为用。

火药　孙思邈《丹经内伏硫黄法》有炼制火药的方案。

---

① 今本作缸，兹据《证类本草》三引陈藏器改。

丙、植物　均记所贡之州名

(一)药用

人参　安东、檀、幽、平、营

又　潞、仪、泽、并①

甘草　灵、并、朔、洮、岷

肉苁蓉　灵、肃

升麻　茂、黎、恭

丹参　洪

徐长卿　胜

防风　淄、兖、齐、绛、郓

羌活　当、茂、静、柘、维、悉、松、恭

细辛　华

黄连　施、宣、杭、溪、处、婺、歙、辰

防葵　成

知母　相

贝母　荆

紫草　青、魏

秦艽　渭

黄精　河南府

延胡索　庭

蓍草　蔡

① 按今东北所产人参，与晋产(俗呼党参)并不同种，兹姑以鄙意别之如此。

菴蕳子 宁

巴戟天 剑

牛膝 怀、杭

麻黄 郑

连翘 黄

葶苈 曹

旋覆花 洪

兔丝子 潞、扬

覆盆子 荆、随

天门冬 普、遂、利、虢

茜草 房

栝楼(蒌) 陕、扬

银花 睦

白药子 集、通、合、施、渝、万、渠

芎䓖 秦、凉、扶、利

蛇床子 曹、苏、扬

杜若 峡

赤芍药 胜

当归 当、静、茂、维、柘、悉、松、翼、恭、扶、真

牡丹皮 合、渝

假苏 宁①

高良薑 崖、钦

豆蔻 峰、交

① 《唐本草》以为即荆芥,但《新·志》两名并列。

零陵香　道、永

甘松香　松、叠

石菖蒲　雅

紫菜　海

陟厘　吉

石斛　寿、庐、光、江、春、韶、勤、贺、陇、广、舒、封

大黄　廓、当、真

狼毒　成

附子　明、龙

乌头　龙

天雄　龙

侧子　龙

常山（蜀漆）　澧

鬼臼　峡

石龙芮　荆

续髓　陵

詹糖香　冈、广、儋

柏子人　陕、并

伏苓　华

伏神　华

桂心　昆（柳）、融

木兰皮　蜀

杜仲　金

黄檗　金

五加皮　峡

枸杞子　甘、河南府

蔓荆子　平

桂子　虔[①]

厚朴　龙

酸枣人　滑、京兆、河南府

栀子　荆

枳实　金

枳壳　金、怀

枫香　通

买子木　渠[②]

胡桐泪(又作律)　伊、瓜

阿魏　庭

柘木　襄

赤柽　灵

桦皮　延、妫

地骨皮　京兆、虢[③]

赤松　婺

柏脉根　肃[④]

白芍　扬[⑤]

① 此乃木樨花之结实者,与前文桂心(即今产桂皮之桂)并非同种。

② 此据《新·志》,但《唐本草》及《宋本草图经》均作卖子木。

③ 即枸杞之皮。

④ 《本草》作白脉根。

⑤ 《宋本草图经》称芍药"淮南者胜",《东坡志林》云,"扬州芍药为天下冠",又《本草衍义》以为"根色白者好",今《新·志》作白芒,然药物无白芒之名,当是白芍之讹。

橘皮　荆、梓

红蓝花(红花)　灵、凉、蜀、汉、青

落雁木　雅

紫铆　福禄、庞(即今之紫胶)

雷丸　金、房

莁(又作芜)荑　石

芣苡实　开①

菊　邓

松萝　黄

我国药物往往一名含数种,或一种具多名,今只据籍录之,更非谓除所贡州之外,他州不产此物也(下仿此)。

(二)食用或杂用

松子　蔚

蕉　泉、潮、新、交

沈香　驩

槟榔　交、爱、峰

枣　蒲、青、郢

橄榄　福

梨　蒲、并、绛、虢、恒

荔枝　戎、广

柹　许

梅　虔、洪、益、荆

椒子　金、武、黎、当

① 据陆玑《诗疏》,即车前子。

榛实　陇、岐

茶　金、峡、溪、吉、怀、归、夔、梁、寿、庐、蕲、申、常、湖、睦、福、饶、雅

柑子　澧、峡、台、洪、资、简、眉、梓、夔、荆、遂、循、朗、襄、梁、文、开、苏、湖、温、悉、普、荣、端

橘子　澧、明、杭、越、荆、夔、苏、温、抚

橙子　襄、荆、巴、合

茄子　溱

余甘子　广

冬柰　甘

樱桃　京兆

木瓜　盐、湖、杭、潭

拒霜荠　夏

栗　幽

甘棠　昇

筍　兴

冬筍　梁

枇杷　梁

署预　常、明、宣

芋　襄

莲　阆

藕　扬、苏、绵

葛粉　婺、越、信、眉、剑、龙

斑竹　虔、吉、播、雷、驩

箭竹　峡、抚

茶　《茶经》云："山南以陕州上，襄州、荆州次，衡州下，金州、梁州又下。淮南以光州上，义阳郡（按即申州）、舒州次，蕲州、黄州又下。浙江以湖州上，常州次，宣州、杭州、睦州、歙州下，润州、苏州又下。剑南以彭州上，绵州、蜀州次，邛州次，雅州、泸州下，眉州、汉州又下。浙东以越州上，明州、婺州次，台州下。黔中生恩州、播州、费州、夷州。江南生鄂州、袁州、吉州。岭南生福州、建州、韶州、象州。"括言之，茶树适宜于雨林带地方，故偏北之关、陇、晋、冀，均不产。

琥珀　《蛮书》七："琥珀，永昌城界西去十八日程琥珀山掘之，去松林甚远，片块大重二十余斤，贞元十年南诏蒙异牟寻进献一块，大者重二十六斤，当日以为罕有也。"又《唐本草》言，古来相传琥珀及瑿皆松脂所变，"今西州南三百里碛中得者，大则方尺，黑润而轻，烧之腥臭，高昌人名为木瑿"。

丁、动物

龙骨　并、蒲

牛黄　莱、登、密、黎

象牙　驩、广

阿胶　济

鹿茸　成

鹿角　麟

青他鹿角　胜

鹿角胶　灵、蓟、济

鹿皮　灵

羚羊角　龙、武、当、鄯

豹皮　蔚

豹尾　忻、燕、代、朔、蔚、营

狐尾　松、茂

偃鼠皮　建、汀①

驼毛　会、丰

野马皮　灵、丰、安东、甘、肃、瓜、凉、鄯、兰、沙、会、单于、安北

阴牙角　伊、庭、安西

羚羊角　鄯、沙

速霍角　庭

犛牛尾　岷、奉、悉、维、翼、静、当

竹鼦　房

山鸡　夔、均、武

野鸡　泽

雁翎　代

翡翠毛　钦、陆、交、驩、峰、武定、贡、爱、桂

孔雀　交、爱、庞、演、罗、雷

鹞子　华

乌鹘　华

鹏翎　灵、朔、代、云、岷、秦

鹦鹉　交、罗

文龟　溱

龟甲　广、交、蔡

① 据《本草》有鼹鼠，音偃，未知是此否。

鳖甲(蝇鼊皮)　广、陆、岳

玳瑁　陆、崖、广

海蛤　福、密

文蛤　莱、登

糖蟹　沧、景、扬

鳄鱼皮　循

鲛鱼皮　温、台、交、漳、潮、循

鳐鱼皮　苏

白花蛇　蕲

乌蛇　蕲、黄

蛇胆　邠

蚺蛇胆　广、潮、高、循、峰、交、福、泉、贺、桂、柳

虻虫　黄、申

芫青　宁

亭长　宁[①]

地胆　邠

蝎　绛

水马(水黾)　广、潮、循

甲香　台、广、漳、潮、冈、陆、循

刺蜜　西

白蜜　邠、潞、文、慈、隰、凤、处、施、石、代、归、夔、復、兴、通、武、扬、湖、翼

蚁窠　岭南(见《岭表录异》)

① 《本草》称葛上亭长，陈藏器谓此虫出雍州。

又贡蜡者约五十州，按蜡有两种，其一出自蜂房，谓之黄蜡。其他为虫蜡，寄于女贞(冬青)树上，谓之白蜡。此不知孰白孰黄，故合言之。

第五十八节 市虚及商务

唐代商业情况，最近李文海写了一篇《唐代的商业与商品生产》，(一九五六年《历史教学》四期)此一问题我尚未全盘深入研究，不敢轻易提出意见，只有一点可以说，即安史乱前与乱后因政治、税制、交通等种种影响，其发展情况显有大大转变，吾人应分别处理，不能将二百九十年间之变化，混括于一个概论之内也。

甲、市虚

唐初，三辅及四大都督(扬、益、并、荆)并冲要当路或四万户以上州均设市令。大中五年制，中县户满三千以上者亦得置之。此是各地贸易逐渐展开之现象。

《墨子·杂守篇》，“富人在虚”，岭南呼市为虚，六朝之初已如此；宋①沈怀远《南越志》云：“越之市为虚，多在村场，先期招集各商或歌舞以来之，荆南、岭表皆然。”亦见于柳宗元之诗文(《童区寄传》：“之虚所卖之”，又《柳州峒氓》诗：“绿荷包饭趁虚人”)。《北

---

① 何格恩、全汉昇均认为晋人。按怀远是怀文之弟，附见《宋书》八二《怀文传》。

户录》一崔龟图注:“南人呼市为虚,今三里(应作“日”)一虚。”宋仁宗时吴处厚《青箱杂记》以为市之所在,有人则满,无人则虚,故谓之虚,非也;丘、虚连言,虚犹丘之谓(如殷虚),盖虚地必择场所之稍为高广者,今吾乡之虚都如此。

韦述《两京新记》:“东都丰都市,东西南北,居二坊之地,四面各开三门,邸凡三百一十二区,资货一百行。”又长安利人市,“市署前有大衣行,杂糅货卖之所”。又《长安志》八称,东市,隋曰都会市,“东西南北各六百步,四面各开一门,定四面街各广百步,北街当皇城南之大街,东出春明门,广狭不易于旧;东面及南面三街向内开,壮广于旧街,市内货财二百二十行”。

商市综海陆之要者莫如扬州,谚称“扬一益二”,又“广陵当南北大冲,百货所集”,(《会要》八六)商胡麇聚其间,上元元年(七六〇)田神功入扬州,大掠居民资产,大食、波斯等商旅死者数千人,(《旧书》一一〇)晚唐说部记扬州事,往往与贾胡相联系。扬州又为唐代对日本之直航港,可于天宝十二(七五三)僧鉴真赴日(《唐大和上东征传》)及日本仁明朝(开成、会昌间)来华海船(圆仁《入唐求法巡礼行记》)两事见之。江湖语曰,水不载万,言大船不过八九千石,大历、贞元间有俞大娘航船最大,开巷为圃,操驾之工数百,南至江西,北至淮南,岁一往来,其利甚大(《语林》八引《国史补》下);刘禹锡诗:“大舳高船一百尺,……扬州市里商人女,来占西河明月天。”(《梦得外集》八)王建诗:“夜市千灯照碧云。”又张祜诗:“十里长街市井连。”皆咏当时扬地盛况。惟自毕师铎、秦彦之后,孙儒、杨行密继踵相攻,四五年间连兵不息(起光启三年,八八七),庐舍焚荡,民户丧亡,广陵之雄富扫地矣。(《旧书》一八二)

九世纪中(宣、懿时),大食地理家伊本考尔大贝(Ibn

Khordadhbeh)记中国商港，如从南向北顺序记之，则为(一)比景(alWakin，即义净书之匕景)。(二)广府(Khanfu)。(三)泉州(Janju)。(四)江都(Kantu，即扬州)。

(一)考尔大贝言，自 Sanb(占婆)至 al-Wakin 即中国第一个港口，无论水程、陆程，均为一百法尔桑(farsang，一百法尔桑约当于一千三百里)，其地有极佳之华产铁、磁及米，一大埠也。此 al-Wakin 之名，经余还原为"比景"(al 系大食语介词)①；比景县设自西汉，《水经注》引《林邑记》，"渡比景至朱吾，朱吾县浦，今之封界"(林邑即后来之占婆)，隋刘方征林邑，引舟师趣比景(见《隋史》一二节)，《南海寄归内法传》一："驩州正南步行可余半月，若乘船才五六潮即匕景，南至占婆，即是临邑"(《旧书》四一讹"北景"，云"北字或单作匕")，《求法高僧传》记趁船亦三著匕景(引见下文)。其地应在今富春(即顺化)稍东南，位于灵江之口，外舶北来，先抵此处，故列为第一个口岸。贞元八年岭南节度奏："近日舶船多往安南市易，进奉事大，实惧阙供，臣今欲差判官就安南收市，望定一中使与臣使司同勾当。"(《宣公集》一八)或即畏广州苛征而移往比景。吾人从奏疏看，知唐代外洋进口货如属珍贵希奇之品，必先进奉若干，并由官中收市若干，宋之博买，完全承用唐制。

(二)考尔大贝又言，由 al-Wakin 至 Khanfu 水程四日，或陆程廿日，地产果实、菜疏、小麦、大麦、米及蔗。考唐时都督府所在地常称曰某府(如荆府、益府、扬府等)，广州为中都督府，故《南诏德化碑》称"广府节度何履光"，今犹盛产果实，若杭州则非府，且非著名

---

① 说见拙著《唐代最南大商港 al-Wakin》。(《东方杂志》四〇卷二〇号四〇—四五页)

产蔗地，Khanfu 为“广府”音译，毫无可疑。更从他方面征之，印度俗呼广府为支那，长安为摩诃支那；（《续高僧传》二《般剌蜜谛传》）可见广府为中古时外人最注目之地，远非杭州可比，考尔大贝不应漏记。

（三）考尔大贝又言，由 Khanfu 八日可达 Janfu，其出产相同。按末一名荷人译本作 Janju，应即泉州之音译，故与广州物产相同。唐时泉州通商，史无明据，惟文宗大和八年（八三四）诏：“岭南、福建及扬州蕃客，宜委节度、观察使常加存问，除舶脚、收市、进奉外，任其来往通流，不得重加率税。”（《全唐文》七五）泉州在福建开埠较早①，可以大食地理书为证②。

（四）考尔大贝又言，自 Janju 至 Kantu，计程廿日（或作六日，当误）。Kantu 之不同解释，约有九个，从对音及地位观之，应以桑原隲藏江都说为定案。隋炀幸江都，其名屡著于史，故通俗以江都为称。

① 吕著《简明中国通史》下册称，隋时泉州“成了空前繁盛的商业都市”，（旧版三四四页）又“泉州是海外贸易的中心”；（三四五页）不审何据，无论如何，总未免言之过早。

② 《蒲寿庚考》陈裕菁补注②引《全唐文》五一五王虔休《进岭南王店使院图表》：“由是梯山航海，岁来中国。（中略）臣匪躬近得海阳旧馆，前临广江，……今年波斯、古逻本国二舶，顺风而至，……臣奉宣皇代，临而存之。”以为德宗时潮州已有外国贸易（二二页），此事颇易令人盲信。按表文原云：“伏以承前虽有命使之名，而无责成之实，但拱手监临，大略而已，素无簿书，不恒其所。自臣亲承圣旨，革划刬前弊，御府珍贡，归臣有司，则郡国之外，职臣所理，敢回天造，出臣匪躬。”“臣匪躬”三字应属上为一句，陈氏失句，尚属小误（又“皇代”应校正为“皇化”），其大错在认“海阳”为潮州属之海阳县。殊不知王表之“海阳”，义只“南滨大海”（水北为阳），前临广江即指珠江，故虔休得以就近临存也。宋朱彧《萍州可谈》二：“广州市舶亭枕水，有海山楼，正对五洲，其下谓之小海。”王象之《舆地纪胜》八九：“海山楼在城南，极目千里，为登览之胜。”又明黄佐《广东通志》：“明市舶提举司署在府城外西南一里，即宋市舶亭海山楼故址。”据余揣之，海山楼或即贞元时代临江之“海阳旧馆”，宋盖承唐制而建设也。（仇池石《羊城古钞》七：“海山楼在镇南门外，楼下即市舶亭，宋嘉祐经略魏炎建”；镇南究在何处，并无说明）其地可能在今邮政总局至十三行附近，此处正对五洲，即今河南之鳌洲，“鳌”、“五”双声，方音之转变也。

乙、陆路商务

大食未兴之前,我国对外贸易,以陆路为最大宗,且几全操于伊兰族之手,晚至清朝,仍占极大势力。安集延(Andijan)人:“率居权子母积,载货行贾,冒雪霜,犯危险,经年累岁,不获利不归,内地皆呼之为安集延回。”(《西域闻见录》)据我考证,安集延为西汉之大宛,婼羌西有小宛,即其商业殖民地。(可与下文康艳典比观)“宛”为音译,“大”、“小”则汉人所加之区别也。自是之后,中亚胡人东来贸迁者往往假贡献为名①,(见《隋史》附录一;又《三国志·仓慈传》:“常日西域杂胡欲来贡献,而诸豪族多逆断绝,既与贸迁,欺诈侮易,多不得分明,胡常怨望,慈皆劳之,欲诣洛者为封过所。”过所犹近世之护照或通行证)有时更留居内地(如宇文泰遣酒泉胡使突厥,见《隋史》四节),因之,阳关外之交通,亦常赖以维持。中和三年(八八三)写本《沙州图经》(斯坦因本)云:“石城镇……隋置鄯善镇,隋乱,其城遂废。贞观中,康国大首领康艳典东来居此城,胡人随之,因成聚落,亦曰典合城,其城四面皆是沙碛。”又云:“新城东去石城镇二百四十里,康艳典之居鄯善,先修此城,因名新城,汉为弩支城。”由此可见国际贸易与交通、徙民是互相联系之事。

丙、南海商务

东北起幽、营,西南尽安南都护,皆外滨重洋,海舶所出入,依

① 《三国志》一六《仓慈传》言,慈死后,西域诸胡共会聚于戊己校尉及长使(?史)治下发哀,或有以刀画面以明血诚;按以刀剺面系突厥族对其长上死丧所行礼,然则当时来互市者固不单止伊、印民族矣。

于地理环境，故中古海上贸易，南方特盛。

南洋贸易有明确记载者始于汉武，《汉书·地理志》云：

> 番禺者一都会也。自日南障塞徐闻、合浦船行可五月，有都元国。又船行可四月，有邑卢没国。又船行二十余日，有谌离国。步行可十余日，有夫甘都卢国。船行二月余，有黄支国，民俗略与珠厓相类，其州广大，户口多，多异物。自武帝以来皆献见。有译长属黄门，与应募者俱入海，市明珠、壁流离（印度俗语'Prakrit'：verulya，梵文 vaidurya，犹云"青色宝"）、奇石、异物，赍黄金、杂缯而往。所至国皆禀食为耦，蛮夷贾船转送致之，亦利交易剽杀人，又苦逢风波溺死，不者数年来还。大珠至围二寸以下。平帝元始中，王莽辅政，欲燿威德，厚遗黄支王，令遣使献生犀牛。自黄支船行可八月到皮宗，船行可二月到日南象林界云。黄支之南有已程不国，汉之译使，自此还矣。

志文之黄支，为 Kanči，即今印度半岛之 Conjeeveram[①]，"已程不"余

① 黄支一名，Lacouperie 考为波斯湾之 Hormuz，Herrmann 考为非洲之 Abyssinia，均不可信。藤田丰八始作出 Kânči 之考定，后五年费琅（Férand）亦发表相同之说。（《文哲季刊》五卷二期四二四页桑原《隋唐时代西域人华化考》）劳幹谓去程自徐闻、合浦，在东，归程至日南、象林在西，故所取之路乃向东南，更折而西，复从北归，当为由菲律宾而婆罗洲，而爪哇或苏门答腊，更经交趾支那以至安南。都元或当在菲律宾，邑（劳讹作"遂"）卢没、谌（劳讹作"湛"）离及夫甘都卢或当在婆罗洲，黄支或当在苏门答腊或爪哇。《汉·志》记中国至黄支，往返各有一路，不相重复，决不能逾新加坡而西。若越新加坡而西，则皮宗、象林间，仅二月之期，不能达到。惟罗佛（B. Laufer）据《后汉书·南蛮传》，"日南之南黄支国，来献犀牛"，以为当在马来，或去事实不远，博引对音，转滋聚讼。志言"略与珠厓相类"，则似在南洋，不在印度。"其州广大"，则似在岛屿，不在大陆。至西汉晚年，陆路仅有"身毒乘象以战"之传闻，中国似未曾与印度发生直接关系云云。（《史语所集刊》十六本八九页）观其所言，理论极弱，罅漏百出。试略举之，则海岸任何港口，随其便利，都可为起航、寄碇

拟为 Chingleput[①]，中、印间海洋交通，于是渐辟。

之点（可参后引《求法高僧传》），徐闻、象林同属汉地，起航点在归程点之北，并无向东南行之必然性，未喻者一。由我国赴菲，以闽海为近，为何不从闽出发？未喻者二。中、菲通航，宋前未闻，创此特解，具何旁证？未喻者三。论证全文，均用“或”、“似”之词，曾无一语能够肯定，何以徵信？未喻者四。据志，汉武、王莽均曾遣使至黄支，自黄支船行一节，似属王莽时之记录，果尔，则汉武使之去程，与王莽使之归程，如取途不同或所乘船国别不同，自会两无重复，未喻者五。而且满剌加、南印度间之航程，可以乘风直驶，亦可以傍缅、印海岸而行，本有两途，自无相复，未喻者六。唐代由我国泛舶至波斯湾头，实程只须九十日至百日，汉代航术，不至相差甚远（劳文亦言：“其所记月日，或较实际航海所需之月日为长。”按《汉·志》所记，或包括沿途停泊取水日期在内），皮宗如为马来半岛南边之地，以两月至象林，为期尽甚从容，何云不敷？未喻者七。古人未有罗经，于海国方望，多属茫然，来自日南，便曰日南之南，下迄《唐书》，犹见同样模糊之记载，执此一点而断定黄支在马来，则未免浅于客观，失之执滞，未喻者八。古代地名，无论中外，沿用于今者尚多，如不对音而唯任意指定，如劳文尽量利用“或”字，必至一无可信，益滋聚讼，未喻者九。南印度之土著，多 Dravida 人，称与珠厓相类，尚非不合，未喻者十。印度语无论大陆、岛屿，均可称“州”，必以“州”为岛，则昧于称谓，如从汉语解释，九州、神洲更何尝是岛屿，未喻者十一。劳固专研汉史者，《李广利传》称，危须以西及大宛杀身毒国使人，是汉与北天竺间非无使节往来，未喻者十二。抑五天竺当日未统于一尊，纵北天竺使节不通，何碍乎南天竺使节之可通，未喻者十三。中印海道往来，唐时尚多转舶，即《汉·地志》所云贾船转送致之。汉使市壁流离，费琅云“玻璃必非扶南土产，似由印度输入，观此处（吴历黄武四年，扶南等国贡流离）流离及前《汉书》壁流离之名，不难知其所从来之地矣”（《昆仑及南海古代航行考》九四页），按《梁四公记》称扶南大舶从西天竺国来，卖碧玻璃镜（《太平御览》八〇八），与费琅说可以相证，又安知汉使不凭转舶以达印度耶？未喻者十四。总之，劳氏曾同事余十年，向疏于中外交通之关系，今忽发为空泛之言，期博平正之誉，循名核实，吾无取焉。其次，谭君彼岸之《汉代与南海黄支国的交通》，（岭大《社会经济研究》二期）稿成后曾以相示，余允其刊出时再作文商讨。嗣见苏继庼《黄支国在南海何处》一文，（《南洋学报》七卷二辑一 — 三页）内有云：（谭君的文）“内容是主张我们应使用民俗学方法来研究南海古地名，以为这是比根据音读为可靠，并引陈寅恪教授说‘用对音研究古地理是很危险的方法，因为两千年前的中外古音，都是不易确定的’这些话，来说明这个意思。”苏氏继称：“谭君虽抨击根据对音来考定外国古地名，但他本人在讨论夫甘都卢国和黄支国的国名时，又任意充分利用音读，把他本人原有的主张，和所引陈寅恪教授的话均一概取消，他是不是觉得对音方法可与民俗学方法并行不背呢？或民俗学方法行不通时，又非使用对音方法不可呢？”已揭出全篇之主要矛盾，此外谭文尚有可商之处，俟暇时再及之。

① 见《圣心》一期一三八页拙著《课余读书记》。

三国鼎立，吴偏处南方，促成其向海洋发展之势，因而三世纪中有康泰、朱应出使扶南。泰著《吴时外国传》云："从加那调州乘大舶船，张七帆，时风一月余日，乃入大秦国也。"（《太平御览》七七一）同时，丹阳太守万震《南州异物志》云："外域人名船曰䑸，大者长二十余丈，高去水三四丈，望之如阁，载六七百人、物万斛。"①又云："外徼人随舟大小，或作四帆，前后沓载之，有卢头木②叶如牖形，长丈余，织以为帆。其四帆不正前向，皆使邪移相聚，以取风吹，风后者激而相射，亦并得风力。若急则随宜增减之，邪张相取风气而无高危之虑，故行不避迅风激波，所以能疾。"（《御览》七七一）此必南人目击进口外舶之形状。《广州记》③称，"广州市司用银米"，又见岭南经济已进一步受通商之影响。东晋末（五世纪初）法显由印度赴师子国（师子系 Simhala 之义译，即今锡兰），在其寺内见有晋制白绢扇，自此乘商人大船，船上载二百余人，约行九十日抵耶婆提（Yavadvipa）。再转乘他船，亦载二百许人，趣广州（约

① 此据《格致镜原》转引。伯希和引《御览》六七九："外域人名船曰船，……高去水三二丈，望之如阁道，……物出万斛。"拟校为"名舶曰船"而不敢断定。冯承钧引《金泽文库》本《御览》，两船字皆作"舡"，断为下一字必是"舶"。（《考证译丛》一八四页）余按古伊兰文称船为 nāv，印欧文 nāw，梵文 naú，拉丁文 nāv，即"䑸"之原语，"䑸"、"船"形相类，故转讹为"船"。冯氏又引服虔《通俗文》"晋曰舶"，谓"舶"是晋以后海船名称（同上一八五页）；然"舶"字已见《吴时外国传》，张揖《广雅》亦云，"舶，海舟也"，则非始于晋，况服虔东汉人，其书更不能用"晋"字也。

② 伯希和曾提出 Eleaegnus 属之卢都子，但又说其叶不能织帆（同上）。按此实单子叶门之露兜树科（Pandanaceoe）植物也；我国所产一种，学名为 Pandanus odoratissimus L. f. 粤俗呼曰露兜簕，台湾俗名林投，灌木状，约高一丈，叶长三至五尺，台人去其叶肉，用以织帽（即市上之台湾草帽）、编笼等。叶革质，故可编合成帆。露兜与卢都只一音之转。

③ 据《初学记》二七引。按《广州记》有三种：一晋人（据阮修《广东通志》）裴渊撰。二宋人（亦据阮《志》）顾微（《寰宇记》作徽，《舆地纪胜》作徽之）撰。三齐刘澄之撰。考《初学记·道释部》曾引裴渊《广州记》，此条亦许同出裴书。

五十日程），中途遇暴风，约经九十日，飘至青州长广郡牢山南岸（今青岛附近），盖其时航术粗疏，船入大海，“不识东西，唯望日月、星宿而进”，故海洋交通之发展，非常迟缓。南海舶来之品，旧时州郡率以半价就市，外商不胜侵刻，每年舶至不过三数，梁武时萧励为广州刺史，纤毫不犯，岁十余至（参《梁书》三三《王僧孺传》及《南史》五一《萧励传》）。

开元前后，“海外诸国，日以通商”，（《曲江集》一一）文明元年（六八四）七月，昆仑舶以广州都督路元叡冒取其货，舶商不胜忿，杀之。（《新·纪》及一一六《王綝传》）开元二年（七一四）柳泽劾广州市舶使右威卫中郎将周庆立、波斯僧及烈等进奇器技巧，（《元龟》五四六）是前此广州市舶已设专官管理①。（其后改由宦寺充任，税入以供进奉，故广德元年有宦官广州市舶使吕太一作乱之事）四年冬，特命张九龄广凿大庾岭路，应与南北通运有关。乾元元年（七五八）九月，大食波斯寇广州，焚仓库庐舍而去，（旧、新《纪》及《新·波斯传》）亦无疑是舶商所为。凡遇舶至，则本道奏报，郡邑为之喧阗，有蕃长为主领，市舶使籍其名物，纳舶脚，禁珍异（《国史补》、《新书》一六三所称下碇税，殆即舶脚）。又有阅货宴，所饷犀琲，下及仆隶（同上引《新书》）。《苏莱曼游记》言税率约百分之三十②。相传开天间，万安州（今万宁）首领冯若芳每年常劫取波斯舶二三艘，取物为己货，掠人为奴婢，奴婢居处，南北三日行，东西五日行（元开《唐大和上东征传》），贸易之盛，可见一斑。

天宝以后，情形又一变，陇右河西，相继沦陷，向来中西交通之

---

① 清顾炎武《天下郡国利病书》一二〇载《唐代市舶规制》，桑原谓其剿袭《宋史》而杜撰。（《蒲寿庚考》七页）

② 《交通史料汇编》三册一二三页。

陆路，已被吐蕃隔断，在西方则大食阿拔斯（Abbās）王朝于七四九（天宝八）年迁都缚达（或报达，Bardad），哈里发曼苏尔（al-Mansur）积极提倡文化，商业益鼎盛，西自摩洛哥，东至朝鲜、日本，皆为其势力范围，约言之，自八世纪初（中宗）至十五世纪末欧人东航以前之八百年间，大食族实执世界通商之牛耳。石国之役，杜环被俘“至西海，宝应初因贾商船舶，自广州而回，著《经行记》”（《通典》一九一）；李勉节度岭南之先，帅臣贪婪，舶至者岁才四五，及大历四年（七六九）勉涖任，廉洁而不暴征，翌年至者乃四十（原讹千）余柁①；（《旧书》及《新书》同一三一）又《国史补》下：“南海舶，外国船也，每岁至安南、广州。”广州固唐代最大之吐纳口也。

广州既为南中国对外贸易之中心，故与本国沿海各地，亦有船只来往；可知者，每岁常发铜船过安南货易，（刘恂《岭表录异》下）又咸通三年（八六二）南蛮陷交趾，诸道援军屯广州，乏食，润州人陈磻石上言，家人曾随海船至福建往来，大船一只，可致千石，因令从扬子院运粮至广州，军得不匮。

中古对外贸易之盛，有时可从外国考古获知之，如亚美尼亚首都德维纳（五至七世纪）曾发见对华商业关系②，印度之勃拉名纳巴特废址（七世纪时最繁荣，废于一〇二〇年）发见邢瓷、越瓷，波斯

① 桑原引《新书》此条附案云：“此寂寞之广州，因李勉廉洁，仅一二年间，海舶来者乃多至千倍也。”（《蒲寿庚考》二三页）《交通史料汇编》三亦云：“以每舟客载二百人计之，四千余舶当载人至八十万余，一年之中，每日有十一舶进口，二千二百余人登岸。”（一二七页）此皆暗于现实之论。吾人须知中古海舶，须以一定时来，又须以一定时去，非随时可以来往；各国之舶，师子者最大，金刚智在彼登舟，同时出发者只三十五艘，然固非全数来华也。据余所知，上海极盛时候，每日海轮入口不过十余；合而勘之，可断“四千”实“四十”之讹。四十余柁纵非极盛，亦已大有可观。如曰不然，广州口港内安能于同一季节容纳四十余海舶，即此一端，已足以破的矣。

② 《文物参考资料》三八期一六六页。

沙麻拉废址(筑于八三八即开成三年,废于八八三即中和二年)及开罗南郊之福司脱特(九世纪时非常繁荣,十三纪初废)均发见越瓷碎片①。

南方接触之外族,较特殊者曰崑岺,其语源尚未确知。宋孝武宠一崑岺奴,是五世纪中叶事,唐说部又有《崑岺奴传》,似以南海黑人为主(据桑原说),被外族掠卖于我国者。余近思之,崑岺可能是 kara-n(→kan lan)之音写,即"黑"也。

大食人故事之可记者,据《苏莱曼东游记》,八七〇年(咸通十一)大食人伊本瓦哈伯(lbn Wahab)自施拉夫(Siraf)经海道来广府,后入长安觐见唐皇。按大食人李彦昇擢大中进士第(《全唐文》七六七,《陈黯华心说》:"大中初年,大梁连帅范阳公卢钧得大食国人李彦昇,荐于阙下,……二年以进士第名显"),珣兄弟仕唐及五代《鉴诫录》四:"宾贡李珣,字德润,本蜀中土生波斯也。"蜀故言珣仕王衍,又宋黄休复《茅亭客话》二:"李四郎名玹,……其先波斯国人,随僖宗入蜀,授率府率;兄珣,有诗名,预宾贡焉。玹……以鬻香药为业。"(珣曾著《海药本草》)②,则苏莱曼之记,或非纯属子虚。

丁、输入之物品

除珍宝及象牙、犀角、紫檀木等之外,输入者多香、药二类,今举其较著之品种③:

---

① 《文物参考资料》三七期九三及九六页。但如王桐龄《中国史》谓唐时输出茶最著,则似言之太早也。

② 宋掌禹锡《嘉祐补注本草》著录《南海药谱》二卷,李时珍《本草纲目》一云:"此即《海药本草》也,凡六卷,唐人李珣所撰,珣盖肃、代时人",以珣为肃、代时人,非也。

③ 其未注出处者多据吴其濬《植物名实图考长编》及 *Stuart · Chinese Materia Medica*。

1. 乳香或熏陆香(Boswellia sp.)　《唐本草》:“形似白胶,出天竺单于国。”冯若芳会客,常用乳头香,一烧一百余斤(《大和上东征传》)。

2. 苏方木(苏木,Casalpinia Sappan)　《唐本草》:“自南海昆仑来,交州、爱州亦有。”冯若芳宅后苏方木露积如山(同前《东征传》)。英文称为 Sappan wood,多产于爪哇东边之 Sumbawa 岛。

3. 龙脑香(Dragobalanops aromatica)　《唐本草》:“出于婆律国。”《酉阳杂俎》一八:“树出婆利国,婆利呼为固不婆律。”此树产马来群岛,成分与樟脑同,商场上称为 Baroos(婆律)或 Borneo(渤泥)樟脑(Camphor),华俗谓之“冰片”。

4. 安息香(Styrax benzoin)　《杂俎》一八:“树出波斯国,波斯呼为辟邪,树长三丈,刻其树皮,其胶如饴,名安息香。”近世自渤泥(婆罗洲)及苏门答腊输入。

5. 青木香(?)　《唐本草》:“此有二种,当以昆仑来者为佳。”

6. 苏合香(Liquidambar altingiana)　《唐本草》:“此香从西域及昆仑来。”树产爪哇,马来语呼为 rassamala。

7. 无石子,没石子　《唐本草》:“出西戎。”《杂俎》一八:“出波斯国,波斯呼为摩贼,……子大如指,长三寸。”系一种树瘤,前人误以为果实,汉名疑是波斯语 mazu 之音写。

8. 胡椒(Piper nigrum)　《唐本草》:“生西戎。”“出摩伽陁国,呼为昧履支,其苗蔓生,子六月采。”现时自印度尼西亚输入。

9. 荜拨(Piper longum)　《杂俎》又云:“出摩伽陁国,呼为荜拨梨,拂林国呼为阿梨诃咃。”荜拨梨为梵文 pippala 之音写。

10. 白豆蔻(Amomum cardamomum)　《杂俎》又云:“出伽古罗国,呼为多骨,形如芭蕉。”此种原产印度尼西亚。

11. 阿月浑(Pistacia vera) 《本草拾遗》:“生西国诸蕃,云与胡榛子同树。”

12. 无漏子,海枣(Phoenix dactilifera) 《本草拾遗》:“生波斯国,如枣,一云波斯枣。”

13. 骐驎竭(Calamus draco) 《唐本草》以为与紫鉚(见下)大同小异。又称血竭,今此树多产苏门答腊、爪哇等地,商场上称曰“龙血”(Dragon's blood)。

14. 紫鉚 亦见前节(丙)一,《杂俎》一八:“出真腊国,真腊国呼为勒佉[①],亦出波斯国,……昆仑国者善,波斯者次之。”据外人言,乃一种虫(Coccus lacca)寄生于Erythrina树上而成,即《唐本草》所谓蚁于海畔树藤皮中为之,《吴录》谓之赤胶者。

15. 诃黎勒(? Terminalia chebula) 《唐本草》:“生交、爱州。”《广异记》云:“高仙芝在大食得诃梨勒[②],长五寸。”又《国史补》:“三勒浆法出波斯,谓菴摩勒、毘黎勒、诃黎勒。”按《唐本草》亦言毗黎勒“出西域及岭南交、爱等州,戎人谓之三果”。

16. 没药(Balsamodendron myrrha) 徐表《南州记》云:生波斯国。“没”即myr之音写。

亦有蔬菜、花、果本自西方输入者,并类记之。

17. 波棱菜(Spinacia oleracia) 《会要》一百,贞观二十一年“泥婆罗国献波棱菜,类红蓝花,实似蒺藜,火熟之,能益食味”。

---

① 《诸蕃志》曾以降真香与血竭相比,而《唐本草》又谓血竭、紫鉚,大同小异,考近世输入之降真香,俗称为laka木,laka正“勒佉”之原音,《诸蕃志》谓假血竭乃降真香之脂,似非无因。

② 据罗佛言,诃黎勒之大食文为halilaj,波斯文halila,吐火罗文arirak,英文myrobalan。

《宾客嘉话录》云:"菠薐生西国中,有自彼将其子来。"今已遍植各地,俗称菠菜。

18. 无花果(Ficus carica)　《杂俎》云:"'阿驵出波斯,拂林人呼为底珍。"

19. 耶悉弭,素馨(Jasminum officinale)　亦作耶悉茗,乃大食文 yâsmin 或波斯文 yāsmin 之音译。《北户录》三:"耶悉弭花、白末利花(红者不香),皆波斯移植中夏,……大同二年始来中土,今番禺士女多以彩缕贯花卖之。"《杂俎》作野悉密,云西域人常采其花,压以为油。

20. 白末利(Jasminum Sambac)　见上条。

戊、东北水陆商务

齐景公言:"吾欲观于转附、朝儛,遵海而南,放于琅邪。"(《孟子·梁惠王篇》)近人比较山东、辽东两半岛出土古器,相信其间交通早在有史以前①。厥后汉武元封二年(元前一〇九),杨仆从齐浮渤海击朝鲜,更开海上用兵之先路。隋、唐累征高丽、百济,皆恃舟师(开皇十八年周罗睺为水军总管,自莱泛海趣平壤,大业八年诏:"沧海道军舟舻千里,高帆电逝,巨舰云飞,横断沮江,径造平壤。"贞观十八年张亮为平壤道行军总管,以舟师出莱州,显庆五年征百济,苏定方"自城山济海至熊津江口。"及百济复叛,又遣孙仁师浮海赴援。登州司马王庆志云:"万岁通天元年白虏趦趄,诏薛讷绝海长驱,掩其巢穴"),此后平卢军食,率资海运(《旧书》三七,开元

① 据《东北通史》一〇五——一〇六页引。

十四年七月，沧州大风，海运船没者十一二，失平卢军粮五千余石。《会要》七八，开元廿七年，除李适之范阳节度、加河北海运使；同时李偃为景城郡太守、兼河北海运副使，见《李秀碑》。又杜甫诗："渔阳豪侠地，击鼓吹笙竽，云帆转辽海，粳稻来东吴。""幽燕盛用武，供给亦劳哉，吴门持粟布，泛海凌蓬莱。"皆指其事），天宝二年（七四三）鉴真初拟赴日，适遇海贼大动，洋路闭塞，正反映东海运输之盛。

东北海上贸易，主要是对渤海靺鞨及新罗，已见八节。新罗、百济之往还，常经黄县（今同名）北廿里大人故城（《元和志》一一）。圆仁曾见新罗船载炭由密州往楚州，（《求法巡礼行记》一及四）是外舶在我国经营沿海贸易。若陆上贸易，则开元五年营州都督曾招辑商胡，为立店肆，（《旧书》一八五下）故安禄山以解六蕃语得为互市牙郎。

第五十九节　交通之设备及程途

甲、设备及技术

唐代全国官驿之交通网，已无全文可考，大致为三十里一驿，全国驿计一千六百三十九。（《六典》五）诸州常三年一大税，其率一百五十万贯，每年一小税，其率四十万贯，供传驿邮递之用。（《六典》三）驿马一匹，给地四十亩，驿侧有牧地者减五亩，传送马每匹给田廿亩。（《通典》二）

驿道虽专为官中而设，民众未尝不可依以遄行，开元中（十三年)，东至宋、汴，西至岐州，夹路列店肆待客，酒馔丰溢，每店皆有驴赁客乘，倏忽数十里，谓之驿驴。南诣荆、襄，北至太原，西至蜀川、凉府，皆有店肆以供商旅。(《通典》七)

水道则沧、瀛、贝、莫、登、莱、海、泗、魏、德等十州共差水手五千四百人，三千四百人海运，二千人平河，二年与替。(敦煌本《水部式》)

绾交通之要枢者曰关。开元末，关凡廿六，分上、中、下三等；京城四面关有驿道者为上关六(京兆蓝田关，华州潼关，同州蒲津关，岐州散关，陇州大震关①，原州陇山关)，余关有驿道及四面关无驿道者为中关十三(京兆子午、骆谷及库谷，同州龙门，会州会宁，原州木峡，石州孟门，岚州合河，雅州邛莱，彭州蚕崖，安西铁门，兴州兴城及渭津)，其他为下关七(凉城甘亭及百牢，河州凤林，利州石门，延州永和，绵州松岭，龙州涪水)。惟唐之关司讯察往来，视后世职主征课者有异。

言航术则南海远航，只有利用信风(大食语 mausim 犹云有恒之物质，转为英语之 monsoon)，唐人书虽未说及，然由宋代作品可以见之。故自我国往返大食，总经二年；如计其实在航程，遇顺风时每程约需九十至一百日。

唐时之海舶，概为帆船，因其国别而有种种称谓，如波斯舶、昆仑舶、婆罗门舶、师子国舶、古逻舶，是也。师子国舶最大，梯而上，下数丈皆积宝货。舶发之后，海路必养白鸽为信，舶没则虽数千里亦能归。(《国史补》下)大者长二十丈，载六七百人。(玄应《一切经音义》一)广州江中寄碇外舶，不知其数，并载香药珍宝，深六七丈。(《唐大和上东征传》)其制不用铁钉，只使桄榔须系缚，以橄

① 《会要》八六，大中六年，陇州请易故关名为定戎关。

榄糖泥之,糖干甚坚,入水如漆(《岭表录异》)[①]。

内河航运,唐人亦有所发明,如德宗时曹王皋创造两轮战舰,以足力踏进,(《旧书》一三一)是其一端,宋杨么在洞庭湖用四轮激水,船行如飞,当本于此。

乙、对外之重要海道

贞元宰相贾耽考方域道里之数最详,从边州入四夷通译于鸿胪者莫不毕纪,(《新书》四三下)书已失传,惟《新书》尚撮记其最要之七道[②],本篇仅拣其海道二段论之。

1. 南海通路

自东晋至六朝,经南海来往之名僧,如昙摩耶舍(罽宾人)以隆安中达广州,求那跋摩、(罽宾人)经师子国至阇婆,元嘉元年乘商人竺难提舶到广州,昙无竭(幽州黄龙人)宋时于南天竺随舶回广州,又求那跋陀罗以元嘉十二年随舶至广州,(《高僧传》一及三)寻其行踪,相信南海交通,已有直航、转航之区别。沿至初唐,则所得资料,更为明晰,如:

新罗僧二人　发自长安,远之南海,泛舶至室利佛逝(即今苏

① 慧琳《一切经音义》云:"(舶)驱使运载千余人,除货物,亦曰昆仑舶。运动此船,多骨论为水匠。用椰子皮为索连缚,葛览糖灌塞,令水不入,不用钉鍱,恐铁热火生,累木枋而作之,板薄恐破。长数里(?),前后三节,张帆使风,亦非人力能动也。"(元和十二年撰)伯希和谓葛览糖大约就是橄榄糖,糖即一种 damar,所说海舶造法,与波斯湾者相同。(《考证译丛》一八六页)

② 一曰营州入安东道,二曰登州海行入高丽、渤海道,吴承志氏曾著《考实》一书。五曰安西入西域道,中外学者有过许多片段的考证。六曰安南通天竺道,伯希和曾作部分的解释。七曰广州通海夷道,考之者有夏德、柔克义、伯希和、费琅、桑原隲藏及本人等。

门答腊东岸之巴林冯‘Palembang’)国西之婆鲁师(Baros,在苏门答腊)。

常慜　遂至海滨,附舶南征,往诃陵国(当即今之爪哇),从此附舶,往末罗瑜国(当与近世之“巫来由”语原相同)。

义朗等　既至乌雷(县属陆州,在合浦西三百里),同附商舶,越舸扶南,缀缆郎迦戍,附舶向师子州。

会宁　麟德年中杖锡南海,泛舶至诃陵洲。

明远　振锡南游,届于交趾,鼓舶鲸波,到诃陵国,次至师子洲。

彼岸及智岸　由天竺回,泛舶海中,遇疾俱卒,所将经论,咸在室利佛逝国。

昙润　达于交趾,附舶南上,至诃陵之北渤盆国。

道琳　鼓舶南溟,越铜柱而届郎迦,历诃陵而经裸国,经乎数载,到东印度之耽摩立底(Tāmralipti)国(在Hooghly河口,今名Tamluk,古印度商港)。

昙光　南游溟渤,至东天之东诃利鸡罗(Harikera)国。

慧命　泛舶行至占波,适马援之铜柱,息匕景而归唐。

灵运等　越南溟,达西国。

智弘　至合浦升舶,风便不通,漂居匕景,覆向交州,复往海滨神湾,随舶到室利佛逝国。

无行　东风泛舶,一月至室利佛逝国,后乘王舶,经十五日,达末罗瑜州,又十五日到羯荼(Kedah)国(今马来半岛西岸槟榔屿之北)。至冬末转舶西行,经三十日,到那伽钵亶那(Nagapattanam)。从此泛海,二日到师子洲。复东北泛舶,一月到诃利鸡罗国。

法振等　整帆匕景之前,鼓浪诃陵之北,巡历诸岛,渐至羯荼。

大津　泛船月余,达室利佛逝洲。

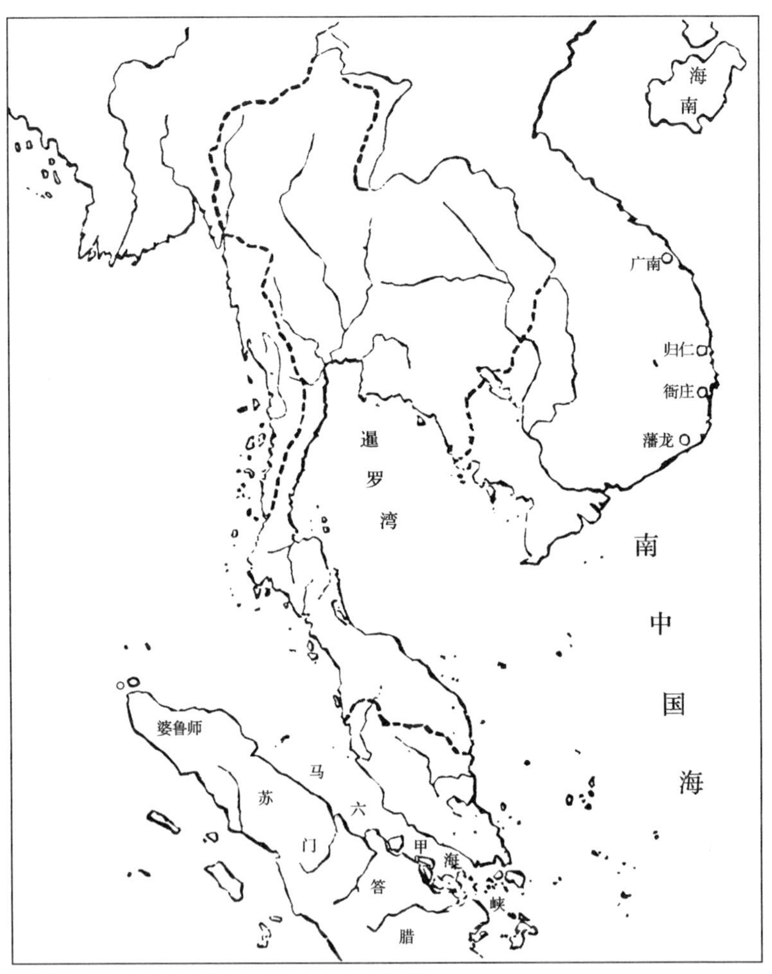

图一一　西南洋航行之东段

此外如交州之运期、木叉提婆及窥冲，爱州之智行及大乘灯，或泛舶南溟，或直航天竺，均赖商船，故能远渡（以上皆武后已前）。义净自记所经，尤为详悉；彼以咸亨三年（六七二）十一月附波斯舶，离开广州，未及两旬，达于佛逝；经停六月，转往末罗瑜国；复停两月，进向羯荼；至十二月，乘王舶赴东天，北行十余日，经裸人国，再半月许，望西北行，遂达耽摩立底（以上皆见义净《求法高僧传》）。此为中古留学最盛时期，缀片段之遗文，见海程之涯略。大抵随附商舶，所费不资，然自高宗末叶，吐蕃阻梗，商旅遵陆，时虞截劫，是又促进海洋交通之一因。

印度僧徒往来我国者亦有零碎之航程记事，如：

般刺蜜谛（Pramiti）　此云“极量”。来华后驻锡广州制止道场（即今光孝寺，神龙元年，七〇五），后泛舶西归。（《续高僧传》二）

金刚智（Vajrabodhi）　自师子国登舟，共三十五舟，一月至佛誓（即室利佛逝），历裸人等二十余国，以开元七年（七一九）达广州。（《贞元释教目录》及《续高僧传》一）

不空金刚（Amoghavajra）　本随叔父来华，奉其师金刚智遗命往天竺，天宝元年（七四二）冬至南海郡，及将登舟，采访使召诫番禺界蕃客大首领伊习宾等曰：今三藏往南天竺师子国，宜约束船主，好将三藏并弟子含光、慧䛒等二十七人、国信等达彼，无令疏失。乃附崑崙舶，经诃陵而达师子国。（《续高僧传》一）

般刺若（Prajna）　此云“智慧”。泛海东迈，垂至广州，风飘却返抵师子国之东，重修巨舶，于建中元年（七八〇）抵广州。（同上三）

然所记限于印度、锡兰，无以窥海行之全豹，惟贾耽通道，远及东非，特移录全文，附加案证如下方：

广州东南海行，二百里至屯门山（在大屿山及香港之北）。

乃帆风西行，二日至九州石（似即 Taya 诸岛，后来称作七洲）。又南二日至象石（或是 Tinhosa 岛）。又西南三日行，至占不劳山（马来语 Pulau，岛也，安南语无 P，转为 Culao Cham，在广南江口外约十二公里），山在环王（即林邑）国东二百里海中。又南二日行至灵山（或即 Sa-hoi 岬），又一日行至门毒国（约在今归仁省）。又一日行至古笪国（梵文 Kauthara，即今之衙庄 Nhatrang）。又半日行至奔陀浪洲（即宾童龙 Panduranga，今称藩龙 Phanrang）。又两日行到军突弄山（马来语 PulauKundur，此言南瓜岛，大食语作 Kundrang）。又五日行至海硖，蕃人谓之质，南北百里（即马六甲 Malacca 海峡）；北岸则罗越国（此名无定说；按东汉康孟详译 Rajagriha 为罗阅祇国，犹言“王舍”城，粤语“阅”“越”同音，余疑罗越即梵文 raja 之音写，犹言“王国”也，raja 一词，近世在南洋尚甚通行），南岸则佛逝国（即室利佛逝之省称）。佛逝国东水行四五日至诃陵国，南中洲之最大者。又西出硖，三日至葛葛僧祇国（僧祇即波斯语之 Zanggi，马来群岛以称黑人，或作 Janggi），在佛逝西北隅之别岛，国人多钞暴，乘舶者畏惮之。其北岸则箇罗国①，箇罗西则哥谷罗国（大食文 Qaqola）。又从葛葛僧祇四五日行至胜邓洲。又西五日行至婆露国（即婆鲁师）。又六日行至婆国迦蓝洲。又北（？十）四日行至师子国，其北海岸距南天竺大岸百里。又

① 《新书》二二二下：“哥罗一曰箇罗，亦曰哥罗富沙罗。”Groeneveldt 曾将其名还原为 Kora，约在马来半岛西岸北纬七度附近之一村，但其地并非海港。Van der Lith 则谓是较南之 Kedah（即义净书之羯荼），相当于大食著撰之 Kalah。后来费琅又以拟半岛东岸之 Patani（伯希和《交广印度两道考》一二九 — 一三〇，又《蒲寿庚考》九二页）。按贾记明言箇罗在海峡以西，费琅说可信其必误。此记似从大食人采访得来（见下文），则 Kedah 之考订较为近信。又伯希和之意不认古逻即箇罗（同上引），此一点尚待考定。

西四日行，经没来国（Malaya，在麻罗拔‘Malabar’海岸），南天竺之最南境。又西北经十余小国，至婆罗门西境。又西北二日行，至拔飓国（？Baroche）。又十日行，经天竺西境小国五，至提飓国（Daybul）；其国有弥兰大河（Nahr Mīhrān），一曰新头河（Sindhu，即今印度河），自北渤崑国来（余拟渤崑为印度之Bahawalpur），西流至提飓国北，入于海。又自提飓国西二十日行，经小国二十余，至提罗卢和国，一曰罗和异国（Djerrarah），国人于海中立华表，夜则置炬其上，使舶人夜行不迷。又西一日行，至乌剌国（Vbolla），乃大食国之弗利剌河（Furāt 即 Euphrates 河），南入于海；小舟溯流，二日至末罗国（Basra），大食重镇也；又西北陆行千里，至茂门王（amir al Momenin）所都缚达城。自婆罗门南境，从没来国至乌剌国，皆缘海东岸行；其西岸之西，皆大食国，其西最南谓之三兰国（Bandar al Salam，在东非洲海岸）①。自三兰国正北二十日行，经小国十余，至设国（大食语 Shihr 犹云"海岸"，今阿剌伯半岛南岸西边之一港）。又十日行，经小国六七，至萨伊瞿和竭国，当海西岸（应在今阿剌伯半岛突出之东隅）。又西六七日行，经小国六七，至没巽国（Mozoen，即 Oman 省 Sohar 之别名）②。又西北十日行，经小国十余，至拔离谓（？诃）磨难国（？Owal al manama）③。又一

---

① 说见拙著《自波斯湾头至东非中部之唐人航线》。（《东方杂志》四一卷一八号四六—四七页）

② 此名经藤田考定，见大正五年（一九一六）十月《史林》七一页。

③ 同前引拙著四九—五〇页。今再考 Strabo 言，白莲（Bahrein）岛对岸有 Chaldea 人之殖民地 Sabae 及 Gerrha（据《东洋学报》三卷三期三一六页转引），则其地早发达于公元前二三世纪；又《癸辛杂识·续》下有回回人佛莲，桑原疑系以地名之 Bahrain 为人名，（《蒲寿庚考》二一四页）地既重要，故在航程之内。（Manama 今图亦作 Menama 与 El Katif 相邻）又廿余年前，余曾拟以 Bahr el Benat 群岛当拔离诃磨难，然地位比白莲更南两三度。非一日可以至乌剌，故不取。

日行，至乌剌国，与东岸路合。

此一段海程之叙述，首须说明者即以乌剌为中心，似从大食人采访得来。自广州至乌剌皆循由东而西之顺序，自三兰至乌剌却循由西而东之顺序，由此益见三兰确在今之东非。一八八八年非洲东岸之桑给巴尔（Zanzibar，即《诸蕃志》之层拔国），一八九八年非洲东北岸索马里（Somali）之Mogadishu（即《星槎胜览》之木骨都束），都曾掘得宋代铜钱，（《蒲寿庚考》三二页）唐人虽未必通商其地，然近在大食门户，固彼国海舶所至之区也。自广州至乌剌，依贾记计行九十余日（伽蓝洲至师子国之行程，照十四日计），与考尔大贝书及南宋周去非《岭外代答》卷二之记载，大体相同。关于中、阿间贸易，中世纪大食作家遗说至多，不可详引，值得特提者是没巽一地，据彼中旧籍言，其地在十世纪顷，极之殷富繁盛，系中国货物之储仓，对华贸易不绝，赴华者于此准备行装，（《回教百科辞典》五〇四页）足见贾记材料之弥可宝贵。

2．东北通路

此段程途，随附吴承志氏考证之要点，不足时则取《东北通史》或管见补之。

登州（今蓬莱）东北海行，过大谢岛（蓬莱北三十里，贞观廿年征辽，置大谢戍），龟岛（似当作"㐌岛"，㐌即古它字，《方舆纪要》作鼍矶岛），歆岛，末岛（又称木岛，今统名钦岛），乌湖岛（贞观廿年，以岛当征辽要路，置乌湖镇于岛上，在蓬莱北二百六十里，今南黄城岛），三百里。渡乌湖海（即今洋头洼以北黄洋川海面，名老铁山水道），至马石山（马石津见《通鉴·晋纪》，辽称铁山，《通史》云，今旅顺口）东之都里镇（即《松漠纪闻》之渤海国苏州海口，今

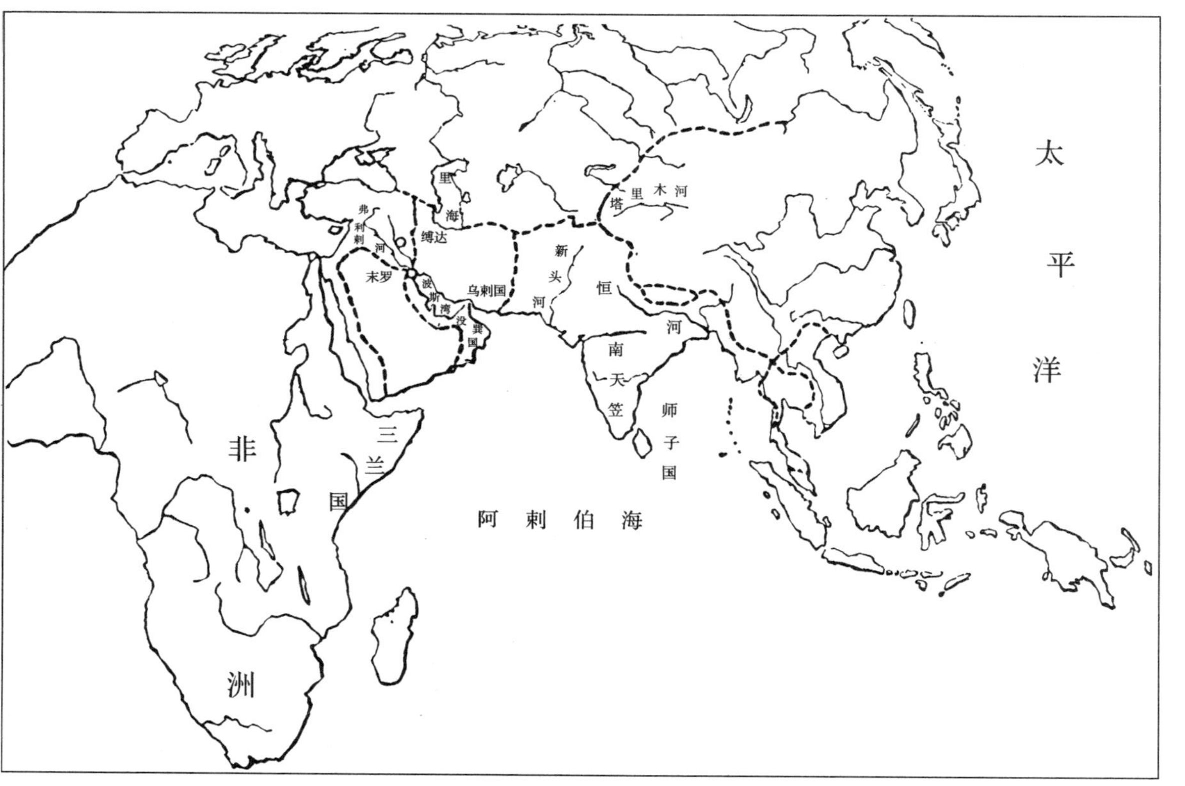

图一二　西南洋航行之西段

之铁山口），二百里。东傍海壖，过青泥浦（今小滨岛市埠，俗称青泥洼），桃花浦（今金县东北清水河口之红水浦），杏花浦（毕里河口之花园口，南直大长山岛），石人汪（汪与洼通，即今石城岛），橐驼湾（小洋河口之湾），乌骨江（江字误，当作“城”，乌骨城见《高丽传》，即黑山西城），八百里。乃南傍海壖，过乌牧岛（即身尾岛），贝江口（贝即浿，今大同江口，大同江在平壤东一里，又名王城江），椒岛（青林岬及长渊城西南之岛），得新罗西北之长口镇（即长渊县之长命镇），又过秦王石桥（谓大东湾海岛之礁石，形如桥道者）[1]，麻田岛（瓮津东南之乔桐岛），古寺岛（今江华岛，古称觉华岛），得物岛（又作德勿，今大阜岛），千里至鸭渌江唐恩浦口（鸭渌江三字应在前文乌骨城之下，误错于此；唐恩浦为今仁川口西南之马山浦）。乃东南陆行，七百里至新罗王城（今庆州）。自鸭渌江口舟行百余里（此承前乌骨城句，续叙往渤海之道），乃小舫溯流，东北三十里至泊汋口，得渤海之境。（贾记营州入安东道，谓安东都护府“南至鸭渌江北泊汋城七百里”；吴氏据《高丽传》，贞观时薛万彻自海道入，度鸭渌，次泊汋城，断为城在江南不在北，“北”字是衍文，应相当于后来之义州。余按今图义州之下，即《水道提纲》所云江水分派之处，则泊汋口当即义州对开之派口。《通史》云：泊汋一名婆速，金置婆速府，即今之大蒲西河口也）又溯流五百里至九都，故高丽王都（九是丸讹，高句丽都于丸都，见《三国志·东夷传》，吴氏以为即今朝鲜之未源或渭原，《通史》则谓在辑安县附近，待考）。又东北溯流二百里至神州（即渤海之西京，吴氏以为今朝鲜满浦城北之肖明问镇）。又陆行四百里至显州（据《通史》即渤海之中京，

---

① 《元和志》一一，文登“县东北海中有秦始皇石桥，今海中时见有坚（竖之讹）石似柱之状”。亦当指此。

应为今桦甸县之苏密城①。按苏密当是粟末之音转）。天宝中王所都。（吴氏解“王”为高丽王，系据《新·高丽传》元和末尚能自国而立言。《通史》二二五页辨之，谓《新·传》为《会要》、《册府》所误，《旧·本纪》多据《实录》，并无其文云云。余按元和间渤海方强，断不容高丽遗民于其南方户庭，自立一国，且就全段文义体察，“王”字亦应指属渤海。惟是《元龟》所存唐代史料，多出实录，金氏以此判别旧、新《书》之正误，未为确当。《新·渤海传》只言天宝末徙上京，或如金氏所云，暂都中京，亦未可料）又正北如东六百里至渤海王城（即上京，见前八节）。

第六十节　黄河及河源发见

黄河自王莽始建国三年（一一）决魏郡东去，经过永平十二年（六九）王景修筑，约历八百八十年，未发生改道巨变。最近谭其骧不同此说，俟别讨论。直至昭宗景福二年（八九三），始自厌次县（今惠民南七十里）界决而东北流，径渤海县（今滨县东）西北六十里，又东北至无棣县（今同名）东南六十里，再东北经马谷小山而东向入海，（《寰宇记》）河口大约在今马颊河入海的附近，然犹是下游转徙，与整个河道无大关系。

吴其昌曾致慨绘图者不审各时期黄河实际的经流，漫以近世为据，自然道中史地家之通病。景福前荥泽以东之黄河水道，《元和志》尚记载完备，下表即据志所编成，大致依经途之先后为次序。

① 吴氏考为那儿佛洛城（按即《武昌图》之那母佛勒城），未知是否与苏密同地，否亦甚相近也。惟日人又疑是吉林和龙县海兰河上二道沟西之古城子。（据《文物参考资料》二卷九期二〇八页）

荥泽(今荥泽县北五里)	黄河北去①县十五里。(志八)
原武(今同名)	黄河县北二十里。(同上)
阳武(今同名)	黄河县北三十里。(同上)
新乡(今同名)	见下条。
汲(今同名)	黄河西自新乡县界流入,经县南,去县七里。(志一六)
酸枣(今延津县北十五里)	黄河在县北二十里。(志八)
灵昌(今滑县西南)	黄河在县北一十里。(同上)
白马(今滑县东廿里)	黄河去外城二十步。(同上)
临河(今濮阳县西六十里)	黄河南去县五里。(志一六)
濮阳(今濮阳县南)	黄河北去县一十五里。(志一一)
清丰(今清丰县西)	黄河在县南五十里。(志一六)
顿丘(今清丰县西南廿五里)	黄河在县南三十五里。(同上)
鄄城(今濮县东二十里)	黄河北去县二十一里。(志一一)
临黄(今观城县东南)	黄河南去县三十六里。(志一六)
朝城(今朝城县西四十里)	黄河在县东二十九里。(同上)
武水(今聊城县西南)	黄河南去县二十二里。(同上)
阳穀(今阳穀县东北卅里)	黄河在县北十二里。(志一〇)
聊城(今聊城县西北十五里)	黄河南去县四十三里。(志一六)
高唐(今同名)	黄河在县东四十五里。(同上)
平阴(今同名)	黄河北②去县十里。(志一〇)
平原(今同名)	黄河在县南五十里。(志一七)
安德(今陵县)	黄河南去县十八里。(同上)
长清(今同名)	黄河北去县五十五里。(志一〇)
禹城(今同名)	黄河在县南七十里,上从长清县来,东北入临邑县③。

① 犹云黄河在县之北十五里,《元和志》凡用“北去”、“东去”……等字样,都应如此解释。又今本《元和志》常有讹文,《地理今释》之考定今地,亦未必尽确,凡黄河经途之里距,容有错误,阅者幸勿泥视之。

② 见本无“北”字,据《锥指》四〇下引文补入。

③ 此据《寰宇记》一九补入,今本《元和志》殆有缺文。《清一统志》认禹城为宋时所经,实有误会,辨见拙著《黄河变迁史》第九节。

临邑（今临邑县南[①]三十五里）	黄河在县北七十里。（志一〇）
滴河（今滴河县）	黄河在县南十八里[②]。（志一七）
临济（今章丘县西北廿里）	黄河在县北八十里。（志一〇）
邹平（今邹平县北）	黄河西北去县八十里。（志一一）
厌次（见前）	黄河在县南三里。（志一七）
蒲台（今同名）	黄河西南去县七十五里。（同上）

试与《水经注》五比较，便知唐时黄河水道，与北魏时大致无异。唐代河患何以较少，不一其说：

1. 程颐　唐为土德，故少河患。

2. 宋敏求　河朔割据，纵有河事，不闻朝廷。

3. 明副书　德、棣之河播为八，水有所泄而力分。（《行水金鉴》一五六）

4. 胡渭　驳程说而赞同宋说，同时亦归功王景。（《禹贡锥指》四〇下）

5. 孙星衍　以有漯川，且北流。（《经世文编》九六）程大昌更谓唐世河决益数，（《禹贡说断》四）以余观之，均不得其平，王景固有功，汴水之分泄于上游，实未始无补。

黄河重源说起原颇古，《穆天子传》已表示其痕迹，后来《山海经》、《尔雅》、《淮南子》数书都有此类之记载[③]。古人非视今人愚，究何因而发展，据余所探讨，一由于荒古时西北民族之传统观念，往往认两个不同流域为相互贯通，此一观念殆由沙漠中流水体验得来。

---

① 《地理今释》误作“北”，今依《元和志》校正。

② 刻本或讹“八十”，今据《锥指》四〇下引文。

③ 所谓出昆仑、出葱岭、出积石或重源伏流，无非同一种见解中之不具体的说法，《汉书·西域传》云：“其河有两原，一出葱岭山，一出于阗，于阗在南山下。”南山即昆仑，唯塔里木河不止一源，故或单言出葱岭，或单言出昆仑，都未尝不可通。其次，既认黄河发源西域，就不能不跟着承认伏流重源，故《汉·传》继云：“皆以为潜行地下，南出于积石为中国河云。”徐近之撰《黄河最上游》（一九四八年《地理学报》二三四期合刊）分列作四说，似乎可以不必。

二由于民族在移徙时之客观的误会，汉传称蒲昌海“其水亭居，冬夏不增减”，先民或未审沙漠地带气候干燥，渗透（元潘昂霄《河源记》云：“询之土人，言于阗、葱岭水俱下流，散之沙碛”）与蒸发之作用均极大，因而发展为潜行之臆想。然此皆远在张骞之前，骞未尝穷河源，（《通典》一七四）彼一往一还，皆被匈奴拘执，幸乘乱逃归，只据所闻而言之耳①。总之，重源之说，早经杜佑驳正，（同上《通典》）今已无事繁辨，惟清末有名之《辛卯侍行记》五，尚执言“河有重源，均出崑岺，稽古证今，一一吻合”，甚而最近，还有人持将信将疑之态度②，此与相信古济水之或伏或见③，同显出成说不容易打破。

真河源至何时才开始透露，旧无的记，杜佑云：“且汉时群羌种类虽多，不相统一，未为强国，汉家或未尝遣使诣西南羌中，或未知自有河也。”（同上《通典》）《河源纪略》许其“若斯之论，深为允惬”。我往日亦信其然，今再审之，始知非是。《尔雅·释水》云：“河出昆岺虚，色白，所渠并千七百一川，色黄，百里一小曲，千里一曲一直。”末两句正是描写羌方河源的真相④，不适用于塔里木河。又古之积石，据《水经》言（出海外，南至积石山下，有石门，然后南流入葱岭），当在葱岭之北；而《汉·西域传》顾云，“南出于积石为中国河”，《汉·地志·金城郡河关县》亦称，“积石山在西南羌

① 董在华《黄河河源初步研究》推为张骞自己的臆度，（一九五三年《科学通报》七期一五页）非也。

② 《文物参考资料》二卷五期一一二页阎文儒说。

③ 我曾写《古济水即黄河故道》一篇，人多不之信，既不之信，则对于济水三伏三见之旧说，最少要保持其一部，然后可通。黄河重源，人知其非，可是济水重源，人却作相当保留，宁非极端矛盾之例耶！

④ 同前引徐氏文言，河出鄂陵湖北端未久，原野益浩瀚，一五公里以内南方来会诸水之下游，皆有小湖，黄河沿以下亦颇有同样情形之处，其中 Tsodyara Nor 本身无固有之谷，河流蜿蜒更甚，计六百公里间有极大弯曲五六处，水道总长当逾两千公里云云，可作参证。

中”，则已将积石移至青海地面。按《尔雅》之写成，最晚当在汉初，然则羌与华族因封域邻接，当秦、汉之先，彼此间必已有官式或非官式的来往，故羌境之山川概况，得陆续输入于我国，杜佑之揣测，殊不符实际。自东汉初至北魏孝昌①，约经五百年，国人对于真河上源之了解，无如何进境，故郦道元作《水经注》，开始仍止叙西海郡南（西海即青海，汉平帝时置，旋因乱废）。又阅百年，吐谷浑屡次入寇（见十八节），贞观九年，命李靖讨之，侯君集为积石道行军总管，李道宗②为鄯州（今乐都县）道行军总管，趣南路（即东路）。饮马乌海③，“经涂二千余里，空虚之地，盛夏降霜，多积雪，其地乏水草，将士啖冰，马皆食雪，又达于栢梁，北望积石山，观河源之所出”。（《旧·吐谷浑传》。栢梁，《实录》作栢海，栢海亦见《旧·君集传》及《会要》九七）《旧·君集传》略同，惟云“转战过星宿川，至于栢海”，多星宿川一名（《新·吐谷浑传》及《通鉴》一九四同）。按唐人《十道图》，乌海、星宿海、栢海并绘在青海之西（据《通鉴考异》引），《新·吐谷浑传》又记“栢海近河源，古未有至者”之说，依此以求今地，则疑乌海即今喀拉海④，星宿川唐图既别

---

① 《水经注》约作于延昌—孝昌（五一二 — 五二七），见《圣心》二期拙著《〈水经注〉卷一笺校》三页。

② 同前引董氏文称“侯君集和王道宗”（一六页），按唐史对李唐宗室常不举其姓，“王道宗”犹言“任城郡王李道宗”，非姓王名道宗，董未细考。例如《新·纪》一武德四年八月，“突厥寇代州，执行军总管王孝基”，按李孝基封永安王，文应云“执永安郡王孝基”，《新·纪》不明唐史书法，亦误为孝基姓“王”矣。

③ 《隋·地理志》，河源郡有乌海，在汉哭山西。

④ 《纪略》二作哈拉淖尔，哈拉黑也，义同“乌”，疑蒙语本由“乌”之意义转译，且现在青藏通道，确经喀拉海之东（据《申报图》），亦可作证。复次，《旧书》八三《薛仁贵传》：“军至大非川，将发赴乌海，……仁贵遂率先行至河口，遇贼击破之，斩获略尽，收其牛羊万余头，回至乌海城以待后援。待封遂不从仁贵之命，领辎重继进，比至乌海，……”大非川在今共和县南，见前十二节一三九页注②，如乌海即喀拉海之证不误，则其更西之“河口”，自应指鄂凌湖流出之黄河，由是而《十道图》再西之星宿海，毫无疑义即今之星宿海矣。

作星宿海，似古今同地[①]，栢海或是星宿海以西之湖泊[②]。质言之，河源初步发见，应归功于君集、道宗所率领许多群众之力量，贾耽著《吐蕃黄河录》四卷，（《新书》五九）谅已收集此行之多少异闻，所憾者后人不知宝贵，书竟失传，吾人不应遽揣为“游山观水”[③]而蔑视之。

长庆二年，会盟使刘元鼎自吐蕃还，记其所闻见，言“河之上流，繇洪济梁西南行二千里，水益狭，春可涉，秋夏乃胜舟。其南三百里三山、中高而四下曰紫山，直大羊同国，古所谓昆仑者也，虏曰闷摩黎山，东距长安五千里，河源其间，流澄缓，下稍合众流，色赤，行益远，他水并注则浊。……河源东北直莫贺延碛尾，殆五百里，碛广五十里，北自沙州西南，入吐谷浑寖狭，故号碛尾。”（《新·吐蕃传》）又据《新书》四〇，鄯州鄯城县（今西宁）西南约百八十里为天威军（旧名振威）[④]，军西廿里至赤岭（今日月山），其西有开元中分界碑。自振威经尉迟川、苦拔海、王孝杰米栅，九十里至莫离驲。

① 《纪略》一八谓今之鄂敦他腊（星宿海），与君集时之星宿川有异，星宿川自是黄河别名，且鄯州西二百四十里别有星宿川，则以星宿名川者非一。按《通典》一七二，“安人军、西平郡（鄯州）星宿川”，《元和志》三九，“安人军、河源军西一百二十里星宿川”，又“河源军、（鄯）州西一百二十里”，《纪略》所辨，似乎颇有理由。但《十道图》既名曰“星宿海”，又绘在青海之西，显非泛指黄河，君集等既到达河源，星宿海亦必经之路，故谓君集等转战之星宿川，与今星宿海为同地也。

② 《纪略》一八据《君集传》，推定星宿川在栢海之东（见上条注），疑栢海即今之札凌、鄂凌。按上注余已辨证星宿海古今同地，假使无误，则栢海不得为札凌、鄂凌。《唐会要》九七言弄赞至栢海，亲迎文成公主于河源，又《新·吐蕃传》言道宗持节送主，筑馆河源王之国（即吐谷浑），弄赞率兵次栢海亲迎，颇疑栢海是吐谷浑、吐蕃交界地方。《新·地志》记吐蕃通道，未说经过栢海，亦属可疑之点。其他详说见拙著《黄河变迁史》，兹不复赘。

③ 同前引董氏文一五页。

④ 《元和志》三九及《旧书》三八作振威，《通典》一七二及《新·志》均讹振武。振威更名天威，据《新·志》系在天宝八载，河州别有振威军，则天宝十三载始置。

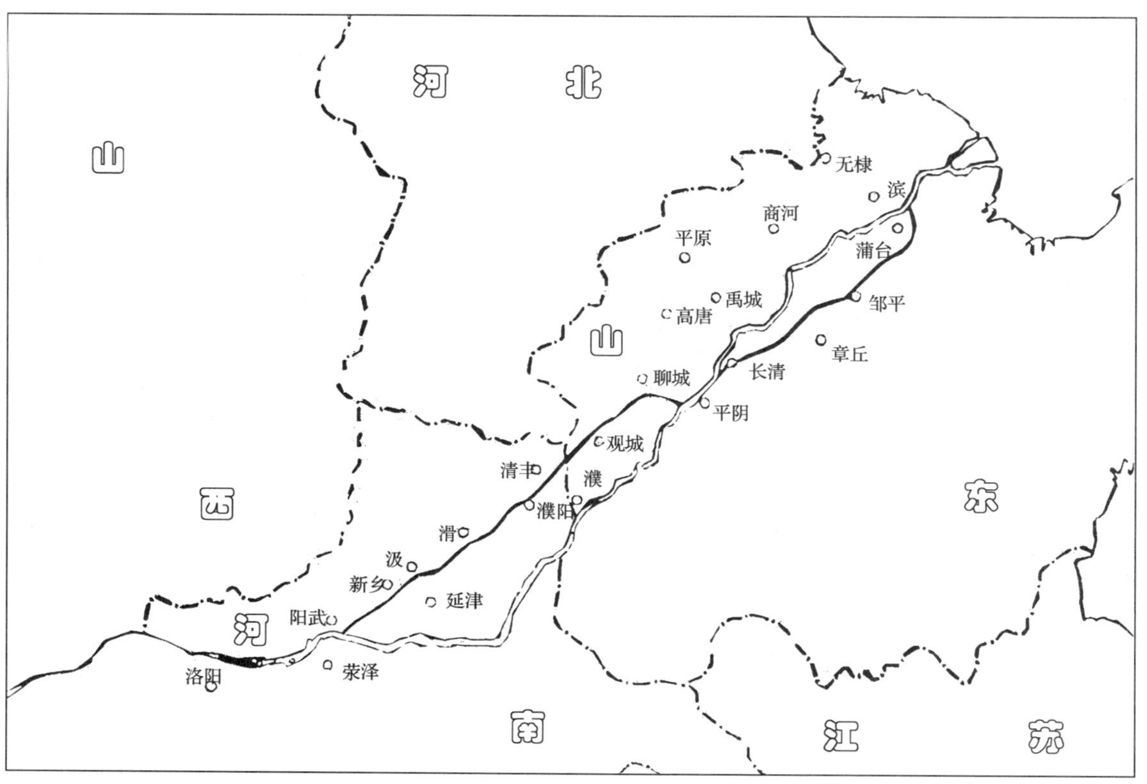
河北
山西
山
河南
山东
江苏
无棣
滨
商河
平原
蒲台
禹城
高唐
邹平
章丘
聊城
长清
平阴
观城
清丰
濮
濮阳
滑
汲
新乡
延津
阳武
洛阳
荥泽

图一三　唐代黄河之下游

又经公主佛堂、大非川,二百八十里至那绿驲。又经暖泉、烈谟海,四百四十里渡黄河(此段记程,当抄自贾耽通道)①。上项地理,其考证亦可得约言:

1. 洪济梁 《元和志》三九:“积石军在(廓)州西南一百五十里……北枕黄河。”又“金天军在积石军西南一百四十里洪济桥”。合计则桥在廓州西南二百九十里②。又《通典》一七四廓州达化县,“又有洪济镇,后周武帝逐吐谷浑筑,在县西二百七十里是”,《元和志》三九《达化》“东至州三十里”,合计则洪济镇在廓州西三百里,知镇与桥相近。据旧说,今贵德是浇河郡(廓州)故址(《元和志》言黄河在州治南八十步,今贵德在河之南缘,则许河道有变迁),则洪济梁(桥、梁同义)在贵德之西,吴景敖认为今扎梭拉山口③。若《河源纪略》三认为在河州(临夏)之北则不合。

2. 西南行二千里 此指沿着上流水道而行之里数,故云:“河之上流。”按《河源纪略》一三云:“河源重发至甘肃河州西界共二千九百里,以经纬度按鸟飞图法计之,实一千四百余里。”清代所谓河州西界,即唐代之廓州东境,又元朱思本称河源至兰州凡四千五百余里,依此相比,元鼎计作二千里,未为过当。吴氏既误会是元鼎本人遵陆之道里,遂生“倘非迷途绕行,或迂回沮洳,……”之错解④。董氏云:“走两千多里遇到黄河是很有可能(虽然比现在湟水、黄河间的距离几乎远了一倍)”⑤,其误会略同。

---

① 《西藏图考》五明言引自《地理志》,吴景敖《西陲史地研究》只称曰“《图考》注”(一〇及一二页),则使读者误会为清人考证,减其信值矣。

② 《薪·志》四〇称廓州“西南百四十里洪济桥”,则漏加积石军距州之数。

③ 《西陲史地研究》一二页。

④ 同上。

⑤ 《黄河河源初步研究》五页。

3. 昆仑　古称河出昆仑,是指于阗之南山,唐人在吐蕃觅到真河源,乃误会其山为古之昆仑,《纪略》一八讥为"误指",就古论古,原无不合。近世称河源之山曰"中昆仑",则因其脉络连系而立名,在今言今,究亦无妨。明乎此斯可以息争矣①。

4. 闷摩黎山　《纪略》一八以巴彦哈拉山当之;蒙语,巴彦富厚也,哈拉黑也,高大而幽僻之义。吴氏谓蒙人撤帐去后,名早消失,藏人重牧其地,又改称为察拉云②。

5. 黄河渡　依《新·志》,自鄯城即西宁至此为九百九十七里,又依《西藏图考》四,自西宁至黄河渡一千零七十里,两数大致相当,吴氏谓即今黄河沿渡口③,是也。

第六十一节　水利

台维斯(R. A. Davies)等在《亚洲苏维埃》一书中说:"这一区域的历史,完全是人类和土地战争的历史,……他们在平原上集全力于争取水源以图生存,对于那些从山顶上流下的雨水或泉水,一点一滴也不肯放松。"莱芒脱云:"那么,就很容易明白为甚么自古以来中亚的繁荣,全靠好好利用水源并维护灌溉网了。"④所谓"尽力乎沟洫",惟反映此类现实,方觉更为迫切。以自然现象论,黄河流域除非特别亢旱,雨水尚非贫乏,而且在公元前二千年顷,土广

---

① 参拙著《昆仑一元说》。
② 《西陲史地研究》一二页。
③ 同上。
④ 《苏联民族之话》八五页。

人稀，尽有选土耕种之余地，显未达到灌溉制度极端发达之时机，何况商族已否进入农耕，还成疑问。纵让一步言之，亦不过刚在开始，而谓在彼数百年前已有美备之灌溉网，历史上总觉难以联接。大抵玉门以东，适于沟洫制之较早发展者当推河西走廊一带，南山之水，向北流来，北边则为沙石硗地，可耕之面积甚狭，情况与天山南路相似。阳关以西至中亚，沙漠散布，天气干燥，挥发性更大；《宋云行记》称："汉槃陀国正在山顶，……世人云是天地之中，人民决水而种，闻中国田待雨以种，笑曰：天何由可共期也！"可见两方之环境不同。《辛卯侍行记》六载吐鲁番附近水利情形云："弥望累累，皆坎尔也，坎尔（kariz）者，缠回从山麓出泉处作阴沟引水，隔数步一井，下贯木槽，上拚沙石，惧为飞沙拥塞也。其法甚古，西域亦久有之（《乌孙传》，宣帝时遣使者案行表穿卑鞮侯井以西，孟康曰，大井六通渠也），今人动云林文忠所创，非也。"禹无论有无其人，以沟洫之功归之，要可作如是观矣。或者又引《史记》大宛使秦人穿井，以为灌溉之术，传自我国，殊不知穿井常系寻求地下隐藏之水，坎尔系积聚地面流出之水，两者手段不同，则未能证其渊源一线。

鸿沟非人工所凿，见《隋史》九节，旧籍记水利，实始孙叔敖之期思陂①。以后工作继兴，不可胜纪，旧新《唐书》都不立《河渠志》，未免轻视其事。《元和志》每县之下，略有附载，《新·地理志》因之，本节即根据前人成绩，专取唐世所修建者依地域次第录出，聊便寻检。若夫水系之编配，年代之排定，漕运、灌溉、防洪、供

---

① 《淮南·人间训》称孙叔敖"作期思之水而灌云娄之野"，叔敖是楚庄王时（前六一三 — 前五九一）人，据《后汉书》一〇六《王景传》，期思水应即庐江郡之芍陂（今寿县南之安丰塘），《玉海》三二引马总《意林》称曰期思陂。《荀子·非相》："楚之孙叔敖，期思之鄙人也。"

饮之划分，则犹待于他日。

〇长安　天宝二年，韩朝宗引渭水入金光门，置潭于西市以贮材木。大历元年，黎幹自南山开漕渠，抵景风、延喜门入苑以漕炭薪。

高陵　宝历元年，刘仁师改古白渠水道。

蓝田　武德六年，颜昶引南山水入京城。

郑　西南廿三里有利俗渠引乔谷水，东南十五里有罗文渠引小敷谷水，支分溉田，皆开元四年姜师度疏故渠，又立堤以捍水害。

华阴　有漕渠，自苑西引渭水，因石渠会灞、浐，经广运潭至县入渭，天宝三载韦坚开。

朝邑　北四里有通灵陂，开元七年，姜师度引洛堰河，溉田二千余顷[①]。

韩城　武德七年，云得臣自龙门引河，溉田六千余顷。

宝鸡　东引渭水入昇原渠，通长安故城，咸亨三年开[②]。

虢　东北十里有高泉渠，如意元年开，引水入县城；又东北有昇原渠（见前），引汧水至咸阳，垂拱初，运岐陇水入京城。

汧源　有五节堰，引陇水通漕，武德八年姜行本开。

中部　州郭无水，东北七里有上善泉，开成二年，张怡架水入城以纾远汲。

灵州　元十五年李晟开决光禄旧渠，溉田千余顷。（《旧书》一三三）

回乐　长庆四年开特进渠，溉田六百顷。

---

① 《新·志》三七作百余顷，今从《元和志》二。

② 《新·志》作"咸通"，按此事已见《元和志》二，咸通事非吉甫所能知，盖中唐人讳"亨"（肃宗名），或改写作"通"，不虞后来果有"咸通"，《新·志》未细考也。

会宁　开元七年，安敬忠筑黄堰以捍河。

朔方　贞观七年，开延化渠，引乌水入库狄泽，溉田二百顷。

九原　有陵阳渠，建中三年浚以溉田。有咸应、永清二渠，贞元中李景略开，溉田数百顷。（以上关内道）

〇河南　有洛漕新潭，大足元年开以置租船。龙门山东抵天津有伊水石堰，天宝十载裴迥置。

梁　东廿五里有黄陂，南北七里，东西十里，隋朝修筑，有灌溉之利，隋末废坏，乾封初增修。

陕　有南北利人渠，贞观十一年开[①]。广济渠，武德元年长孙操引水入城以代井汲。

弘农　南七里有渠，贞观元年，元伯武引水北流入城。

汝阴　南十五里有椒陂塘，引润水溉田二百顷，永徽中柳宝积修。

下蔡　西北百二十里有大崇陂，八十里有鸡陂，六十里有黄陂，东北八十里有湄陂，皆隋末废，唐复之，溉田数百顷。

长社　绕州郭有堤塘百八十里，高瑀立以溉田。

西华　有邓门废陂，神龙中张馀庆复开，引颍水溉田。

褒信　有故玉梁渠，开元中薛务增浚，溉田三千余顷。

开封　有湛渠，载初元年引汴注白沟以通曹、兖赋租。

陈留　有观省陂，贞观十年刘雅决水溉田百顷。

连水　有新漕渠，南通淮，垂拱四年开，以通海、沂、密等州。

盱眙　有直河，太极元年魏景清引淮水至黄土冈以通扬州。

---

① 据《元和志》六，北利人渠，隋开皇六年苏威引橐水入城，同时又疏导南利人渠，东南自硖石界流入，则贞观时乃是增修。

锺离　南有故千人塘，乾封中修以溉田。

符离　有隋故牌湖堤，灌田五百余顷，显庆中复修。

虹　有广济新渠，开元廿七年齐澣开，自虹至淮阴北十八里入淮以便漕运，既成，湍急不可行，遂废。

北海　长安中窦琰于故营丘城东北穿渠，引白浪水曲折三十里以溉田，号窦公渠。

即墨　有堰，贞观十年仇源筑以防淮涉水。

莱芜　西北十五里有普济渠，开元六年赵建盛开。

朐山　东二十里有永安堤，北接山，环城长七里以捍海潮，开元十四年杜令昭筑。

承　有陂十三，蓄水溉田，皆贞观以来筑。（以上河南道）

○虞乡　有涑水渠，贞观十七年薛万彻开，自闻喜引涑水下入临晋。

龙门　北三十里有瓜谷山堰，贞观十年筑。东南廿三里有十石垆渠，廿三年长孙恕凿以溉田，亩收十石。西廿一里有马鞍坞渠，亦恕所开。

临汾　东北十里有高梁堰，武德中引高梁水溉田，入百金泊，贞观十三年溃坏。永徽二年，李宽自东廿五里夏柴堰引潏水溉田，陶善鼎复治百金泊，亦引潏水溉田，乾封二年堰坏，乃西引晋水。

绛州　德宗时刺史韦武凿汾水灌田万三千余顷。（《新书》九八）

曲沃　东北卅五里有新绛渠，永徽元年崔翳引古堆水溉田百余顷（参拙著《〈绛守居园池记〉集释》五三八页）。

闻喜　东南卅五里有沙渠，仪凤二年引中条山水于南城下西流，经十六里，溉涑阴田。

太原　井苦，贞观十三年李勣架汾引晋水西自晋阳流入东城以甘民食，谓之晋渠，又西流入汾水。

文水　西北廿里有栅城渠，贞观三年人民引文谷水，溉田数百顷。西十里有常渠，武德二年萧颉引文水南流入汾州。东北五十里有甘泉渠，廿五里有荡沙渠，廿里有灵长渠、千亩渠，皆开元二年戴谦引文谷水开，溉田数千顷。

高平　有泫水，一曰丹水，贞元元年明济引入城，号甘泉。（以上河东道）

〇河阳　有池，永徽四年引济水涨之，开元中以畜黄鱼。

河阴　有梁公堰，在河、汴间，开元二年，李杰濬之以便漕运。

济源　有坊口堰，大和五年，温造浚古秦渠，溉济源、河内、温、武陟田五千顷。

修武　西北廿里有新河，自六真山下合黄丹泉南流入吴泽陂，大中年开。

贵乡　有西渠，开元廿八年卢晖徙永济渠自石灰窠引流至城西，注魏桥以通江淮之货。

安阳　西廿里有高平渠，李景引安阳水东流溉田，入广润陂，咸亨三年开。

邺　南五里有金凤渠，引天平渠下流溉田，咸亨三年开。

尧城　北四十五里有万金渠，引漳水入故齐都领渠以溉田，咸亨三年开。

临漳　南有菊花渠，自邺引天平渠溉田屈曲经三十里，又北卅里有利物渠，自隆阳下入成安，并取天平渠以溉田，皆咸亨四年李仁绰开。

卫　御水有石堰一，贞观十七年筑。

黎阳　有新河，元和八年田弘正及薛平开，长十四里，阔六十步，深丈七尺，决河注故道，滑州遂无水患。

经城　有张甲河，神龙三年姜师度因故渎开。

平乡　贞元中元谊徙漳水自州东廿里出，至钜鹿北十里入故河。

鸡泽　有漳洺南堤二，沙河南堤一，永徽五年筑。

获鹿　东北十里有大唐渠，自平山至石邑引太白渠溉田。有礼教渠，总章二年自石邑西北引太白渠东流入真定界以溉田。天宝二年又自石邑引大唐渠东南流四十三里入太白渠。

信都　东二里有葛荣陂，贞观十一年李兴公开，引赵照渠水以注之。

南宫　西五十九里有浊漳堤，显庆元年筑。有通利渠，延载元年开。

堂阳　西南卅里有渠，自钜鹿入县境，下入南宫，景龙元年开。有漳水堤，开元六年筑。

武邑　北卅里有衡漳石堤，显庆元年筑。

衡水　南一里有羊令渠，载初中羊元珪引漳水北流，贯城注隍。

平棘　东二里有广润陂，引太白渠以注之，东南廿里有毕泓，皆永徽五年弓志元开以畜泄水利。

宁晋　地旱卤，西南有新渠，上元中程处默引洨水入城以溉田，经十余里。

昭庆　城下有沣水渠，仪凤三年李玄开以溉田通漕。

柏乡　西有千金渠、万金堰，开元中王佐浚筑，以疏积潦。

清池　西北五十五里有永济堤二，永徽二年筑。西四十五里有明沟河堤二，西五十里有李彪淀东堤及徒骇河西堤，皆三年筑。西四十里有衡漳堤二，显庆元年筑。西北六十里有衡漳东堤，开元十年筑。东南廿里有渠，注毛氏河，东南七十里有渠，注漳，并引浮水，皆姜师度开。西南五十七里有无棣河，东南十五里有阳通河，皆开元十六年开；南十五里有浮河堤、阳通河堤，又南三十里有永济北堤，亦是年筑。

无棣　有无棣沟通海，隋末废，永徽元年薛大鼎开。

东光　有鞲河，自安陵入浮河，开元中开。

南皮　古毛河自临津经县入清池，开元十年开。

幽州　隋开皇中都督裴方行引卢沟水开稻田千顷，百姓赖以丰给。（《元龟》）

涿县　齐皇建中开督亢旧陂营屯，岁收稻粟数十万石。（《隋·食货志》）

平昌　南十里有马颊河，久视元年开，号新河。

河间　西北百里有长丰渠，贞观廿一年朱潭开。又西南五里有长丰渠，开元廿五年卢晖自束城、平舒引滹沱东入淇通漕，溉田五百余顷。

任丘　有通科渠，开元四年鱼思贤开以泄陂淀，自县南五里至城西北入滱，得地二百余顷。

渔阳　有平虏渠，傍海穿漕以避海滩，又其北涨水为沟以拒契丹，皆神龙中姜师度开。

三河　北十二里有渠河塘，西北六十里有孤山陂，溉田三千顷。（以上河北道）

〇江陵　贞元八年曹王皋塞古堤，广良田五千顷，亩收一锺。

武陵　北有永泰渠，光宅中胡处立开以通漕。西北廿七里有北塔堰，开元廿七年李琎增修，接古专陂，由黄土堰注白马湖，分入城隍及故永泰渠，溉田千余顷。东北八十九里有考功堰，长庆元年李翱因故汉樊陂开，溉田千一百顷，又有右史堰，二年温造增修，开后乡渠，经九十七里，溉田二千顷。又北百一十九里有津石陂，本圣历初崔嗣业开，翱、造亦从而增之，溉田九百顷。东北八十里有崔陂，东北三十五里有槎陂，亦嗣业修以溉田，后废，大历五年韦夏卿复治槎陂，溉田千余顷，十三年堰坏，遂废。

竟陵　有石堰渠，咸通中董元素开。

长举　元和中严励自县而西，疏嘉陵江三百里，焚巨石，沃醯以碎之，通漕以馈成州戍兵。（以上山南道）

〇江都　东六十一里有雷塘，贞观十八年李袭誉引渠，又筑勾城塘以溉田八百余顷。有爱敬陂水门，贞元四年杜亚自县西循蜀江之右，引陂趋城隅以通漕，溉夹陂田。宝历二年漕渠浅，王播自七里港引渠东注官河以便漕运。

高邮　有堤塘，溉田数千顷，元和中李吉甫筑。

山阳　有常丰堰，大历中李承置以溉田。

宝应　西南八十里有白水塘、羡塘，证圣中开置屯田。西南四十里有徐州泾、青州泾，西南五十里有大府泾，长庆中兴白水塘屯田，发青、徐、扬州之民以凿之。北四里有竹子泾，亦长庆中开。

淮阴　南九十五里有棠梨泾，长庆二年开。

乌江　东南二里有韦游沟，引江至郭十五里，溉田五百顷，开元中韦尹开，贞元十六年游重彦又治之。

安丰　东北十里有永乐渠，溉高原田，广德二年元载置，大历十三年废。

光山　西南八里有雨施陂，永徽四年裴大宽积水，溉田百余

顷。(以上淮南道)

○丹徒　开元廿二年齐澣以州北隔江,舟行绕瓜步,回远六十里,多风涛,乃于京口埭下直趋渡江,二十里,开伊娄河廿五里,渡扬子立埭,岁利百亿,舟不漂溺。

丹阳　有练塘,周八十里,永泰中韦损因废塘复置,以溉丹阳、金坛、延陵之田。

金坛　东南卅里有南北谢塘,武德二年谢元超因故塘复置以溉田。

句容　西南卅里有绛岩湖,麟德中杨延嘉因梁故堤置,后废,大历十二年王昕复置,周百里为塘,立二斗门以节旱暵,开田万顷。

武进　西四十里有孟渎,引江水南注通漕,溉田四千顷,元和八年孟简因故渠开。

无锡　南五里有泰伯渎,东连蠡湖,元和八年孟简开。

海盐　有古泾三百,长庆中李谔开以备水旱。又西北六十里有汉塘,大和七年开。

乌程　东北廿三里有官池,元和中范传正开。东南卅五里有陵波塘,宝历中崔玄亮开。北二里有蒲帆塘,杨汉公开。

长城　有西湖,溉田二千顷,其后堙废,贞元十三年,于頔复之。

安吉　北三十里有邸阁池,北十七里有石鼓堰,引天目山水,溉田百顷,皆圣历初钳耳知命置。

钱塘　南五里有沙河塘,咸通二年崔彦曾开。

盐官　有捍海塘堤,长百廿四里,开元元年重筑。

馀杭　南五里有上湖,西二里有下湖,宝历中归珧因汉陈浑故迹置,北三里有北湖,亦珧所开,溉田千余顷。

富阳　北十四里有阳陂湖，贞观十二年开。南七十步有堤，登封元年李濬时筑，东自海，西至于苋浦，以捍水患，贞元七年郑早又增修之。

於潜　南三十里有紫溪水溉田，贞元十八年杜泳开，又凿渠三十里以通舟楫。

新城　北五里有官塘，堰水溉田，有九澳，永淳元年开。

会稽　有防海塘，自上虞江抵山阴百余里，以蓄水溉田，开元十年李俊之增修，大历十年皇甫温，大和六年李左次又增修之。

山阴　北三十里有越王山堰，贞元元年皇甫政凿山以畜泄水利。又东北廿里作朱储斗门，北五里有新河，西北十里有运道塘，皆元和十年孟简开。西北四十六里有新径斗门，大和七年陆亘置。

诸暨　东二里有湖塘，天宝中郭密之筑，溉田二十余顷。

上虞　西北廿七里有任屿湖①，宝历二年金尧恭置，溉田二百顷，北廿里有黎湖，亦尧恭置。

鄮　南二里有小江湖，溉田八百顷，开元中王元纬置。东廿五里有西湖，溉田五百顷，天宝二年陆南金开广之。西十二里有广德湖，溉田四百顷，贞元九年任侗因故迹增修。西南四十里有仲夏堰，溉田数千顷，大和六年于季友筑。

西安　东五十五里有神塘，开元五年因风雷摧山堰涧成塘，溉田二百顷。

闽　东五里有海堤，大和三年李茸筑，先是每六月潮水咸卤，禾苗多死，堤成，潴溪水植稻，其地三百户皆良田。

侯官　西南七里有洪塘浦，自不岊江而东，经甓渎至柳桥，以通舟楫，贞元十七年王翃开。

---

①　今本或作"任𡺲"，兹据百衲本三一。

长乐　东十里有海堤，大和七年李茸筑，立十斗门以御潮，旱则潴水，雨则泄水，遂成良田。

连江　东北十八里有材塘，贞观元年筑。

晋江　北一里有晋江，开元廿九年赵颐贞凿，通舟至城下，东一里有尚书塘，溉田三百余顷，贞元五年赵昌置。西南一里有天水塘，灌田百八十顷，大和二年赵棨开。

莆田　西一里有诸泉塘，南五里有沥峙塘，西南二里有永丰塘，南廿里有横塘，东北四十里有颉洋塘，东南廿里有国清塘，溉田总千二百顷，并贞观中置。北七里有延寿陂，溉田四百余顷，建中年置。

宣城　东十六里有德政陂，引渠溉田二百顷，大历二年陈少游置。

南陵　有大农陂，溉田千顷，元和四年因废陂置，为石堰二百步，水所及者六十里。有永丰陂，在青弋江中，咸通五年置。

歙　有吕公滩，本车轮滩，善覆舟，吕季重凿之，遂成安流。

祈门　西南十三里有阊门滩，善覆舟，元和中路旻开斗门以平其隘，号路公溪，后斗门废，咸通三年，陈甘节穴石，积木为横梁，因山派渠，余波入于乾溪，舟行乃安。

南昌　南有东湖，元和三年韦丹开南塘斗门以节江水，开陂塘以溉田。（灌陂塘五百九十八，得田一万二千顷，见《全唐文·丹墓志》）

建昌　南一里有捍水堤，会昌六年何易于筑。西二里又有堤，咸通二年孙永筑。

都昌　南一里有陈令塘，咸通元年陈可夫筑以阻潦水。

永兴　北有长乐堰，贞元十三年筑。

鄱阳　东有邵公堤，东北三里有李公堤，建中元年李复筑以捍江水。东北四里有马塘,北六里有土湖,皆马植筑。

宜春　西南十里有李渠,引仰山水入城,李将顺凿。(以上江南道)

○成都　北十八里有万岁池,天宝中章仇兼琼筑堤,积水溉田。南百步有官源渠堤百余里,天宝二载独孤戒盈筑。

温江　有新源水,开元廿二年章仇兼琼因蜀王秀故渠开通,漕西山竹木。

九陇　武后时刘易从决唐昌县沲江,凿川派流,合堋口壤岐水,溉九陇、唐昌田。

导江　有侍郎堰,其东百丈堰,引江水以溉彭益田,龙朔中筑。又有小堰,长安初筑。

新津　西南二里有远济堰,分四筒穿渠,溉眉州通义、彭山之田,开元廿八年章仇兼琼开。

雒　贞元末卢士珵立堤堰,溉田四百余顷。

彭山　有通济大堰一,小堰十,自新津中江口引渠南下,百二十里至州西南入江,溉田千六百顷,开元中章仇兼琼开。

青神　大和中荣夷人张武等百余家请田于青神,凿山酾渠,溉田二百余顷。

盘石　北七十里有百枝池,周六十里,贞观六年薛万彻决东使流。

魏城　北五里有洛水堰,贞观六年引安西水入县。

罗江　北五里有茫江堰,引射水溉田入城,永徽五年白大信置。北十四里有杨村堰,引折脚堰水溉田,贞元廿一年韦德筑。

神泉　北廿里有折脚堰,引水溉田,贞观元年开。

龙安　东南廿三里有云门堰,决茶川水溉田,贞元元年筑。

阴平　西北二里有利人渠，引马阁水入县溉田，龙朔三年刘凤仪开，宝应中废，后复开，景福二年又废。

籍　东五里有汉阳堰，武德初引汉水溉田二百顷，后废，文明元年陈充复置，后又废。（以上剑南道）

〇宣化　爵水自蛮境七源州流出，州民常苦之，景云中吕仁引渠分流以杀水势，民乃夹水而居。

临桂　有相思埭，长寿元年筑，分相思水使东西流。又东南有回涛堤以捍桂水，贞元十四年筑。

理定　西十里有灵渠引离水，故秦史禄所凿，后废，宝历初李渤立斗门十八以通漕，俄又废，咸通九年鱼孟威以石为铧堤，亘四十里，植大木为斗门，至十八重，乃通巨舟。

博白　西南百里有北戍滩，咸通中高骈平其险石以通舟楫。（以上岭南道）

十道中唯陇右无记录①，大抵西北高亢，非沟洫无以奏田功，正如前文所言，民众习与环境相斗争，无烦乎官吏之倡率也。近人或言（已忘出处）江南水利至宋而后日兴，今观江南道之记载，则唐末以前，水利亦相当发达，且现存唐世记事，远不及宋后之详，是亦其一因也。

第六十二节　学术与小说

唐代学术，是多面性而光辉的，然积学之士，率致力诗文，两者

① 岭南东道亦乏记录，按《元和志》三四《广州增城》，“石陂在县东北一百五十里，灌田×余顷”，惟未知何时兴建。

相衡，殊有逊色，今揭其大概而已。

1. 经学　贞观中，孔颖达等受诏撰《五经正义》，专释一家（《易》取王弼，《诗》取毛、郑，《书》取孔传，《礼记》取郑，《左传》取杜预），其义解或根据旧说而改编（如《礼记》本自皇侃、熊安生二家），因是之映响，各经说渐趋一尊，古义多所沦失。义疏之较有名者为李鼎祚（高宗时人）《周易集解》，贾公彦《周礼疏》，无名氏《公羊传疏》①，杨士勋《穀梁传疏》及陆质《春秋集传》（已佚）等。大抵大历已后，专学者有蔡广成《周易》（著《周易启源》），强蒙《论语》，啖助、赵匡、陆质《春秋》（质传啖、赵之学），施士匄《毛诗》，袁彝、仲子陵（贞元人，著《五服图》）、韦彤（著《五礼精义》）、裴茝（元和人，著《五服仪》等书）讲《礼》，章庭珪、薛伯高、徐润并通经，（《语林》二）观其姓氏，多数显非旧族，此又旧族专经学、新兴主文词说（参前十八节）不能成立之一证。开成二年太学勒石经，计开

《周易》	24,437 字
《尚书》	27,134 字
《毛诗》	40,848 字
《周礼》	49,516 字
《仪礼》	57,111 字
《礼记》	98,994 字
《春秋左氏传》	198,945 字
《公羊传》	44,748 字

① 《广川藏书志》云，世传徐彦撰，然不知何据，意其在贞元、长庆后也（据《书录解题》三引）。

《穀梁传》	42,089 字
《孝经》	2,××3 字
《论语》	16,509 字
《尔雅》	10,791 字

共约六十余万字,连同大历张参五经文字及开成唐玄度九经字样等都计六十五万二千五十二字,比之近世十三经,唯缺《孟子》而已。(《金石萃编》一〇九)

2. 史学　贞观之世,重修《晋书》,题名御撰,同时,姚思廉撰《梁》、《陈》二书,李百药撰《北齐书》,令狐德棻撰《后周书》,魏徵等撰《隋书》及《五代志》(梁、陈、齐、周、隋),其后李延寿又集各书为《南》、《北》二史,史学之盛,远非经学可比。开、天间吴兢撰《唐书》,韦述、柳芳、令狐峘、于休烈等续成之,即《旧唐书》一部分之底本而唐人称曰《唐书》者也①。

作注者有刘伯庄《史记音义》,司马贞《史记索隐》,张守节《史记正义》,颜师古《汉书注》,太子贤《后汉书注》,何超《晋书音义》。杂著则吴兢《贞观政要》,杜佑《通典》(继刘秩之《政典》而成),苏冕《会要》及崔铉《续会要》(今本宣宗以降,由宋王溥续成),林宝《元和姓纂》。史评则刘知幾《史通》。类书则欧阳询等《艺文类聚》,虞世南《北堂书钞》,徐坚等《初学记》。

地理、地图与史学相表里,初唐魏王泰集六朝之大成,为《括地

① 《语林》二引《嘉话录》,"《唐书·卢藩传》言之",校注云:"韦绚唐人,亦无引《唐书》之理,疑有脱误。"盖以为指《新唐书》也。按《酉阳杂俎》续四有一条亦引《唐书》,可参拙著《旧唐书轶文辨》。

志》五百五十卷。高宗朝许敬宗修《西域图志》六十卷，载其风俗、物产，并附画图。武后朝梁载言撰《十道志》①，书颇可观。（据《书录解题》八）又贞元宰相贾耽所著《皇华四达记》、《古今郡国县道四夷述》、《关中陇右山南九州别录》、《贞元十道录》、《吐蕃黄河录》各种，均不克传，是为唐代文献之重要损失。今存者李吉甫《元和郡县志》虽缺数卷，要为瓌宝。若韦述《两京新记》，（东洋残本）韦澳《诸道山河地名要略》，（敦煌残本）则仅见鳞爪而已。抑从残本西州、沙州两《图经》观之，唐代方志，为数必甚可观，而《新唐书》著录者却非常之少。

萧何收秦图书，汉武按古图书而知昆仑，地图之制，盖肇于先秦。贞元十四年，贾耽进《九州图》六卷，后三年，又绘上《海内华夷图》，以广三丈纵三丈三尺一寸为百里，古郡国题以墨，今州县题以朱，（《旧・纪》及《新・贾耽传》）可谓巨制。吉甫亦有《十道图》十卷。又《六典》四《职方》条称，凡地图委府州三年一造，与版籍皆上省，是州官有绘制所属舆图之任务。

3. 子家　唐代几无较为完整之哲学著述，柳诒徵云：“吾国思想高尚之人，遂多入于彼（佛）教，披六朝隋唐历史，凡墨守儒教者殆无大思想家，以此也。”②

4. 算学　王孝通《缉古算经》成于武德九年，李淳风为之注，乃后世立天元术所自本。

5. 医学　上古喜用毒药以治病，与印、伊之用苏摩相同（见前廿三节二一六页注①），《尚书・说命》“若药弗瞑眩，厥疾弗瘳”，

① 余别有短篇考证。（未刊）

② 见所著《中国文化史》。

《鹖冠子》“若扁鹊者镵血脉、投毒药、刮肌肤间而名出闻于诸侯”，又《吕览·说山训》“故巫医、毒药逐除治之”，皆其义也。自斯之后，世有述作，梁陶弘景始合《神农本经》及《名医别录》而注解之。显庆四年，苏敬[①]等撰《新修本草》，外附药图及图经，同时，甄立言[②]有《本草药性》，孙思邈（卒永淳年）有《千金方》及《千金翼方》，武后时，孟诜（卒开元初）有《食疗本草》，开元中陈藏器著《本草拾遗》，天宝十一载，王焘著《外台秘要》，皆著名之作品。

《本草拾遗》著“豌豆疮”之名，或云南齐时（四九五）自西域传入，天宝七载进方中有以兔皮疗豌豆疮方，说者谓即今之天花[③]。

唐制，太医署医博士以医术教授诸生，分而为业：一体疗，二疮肿，三少小，四耳目口齿，五角法。针博士教针生以九针为补泻之法（针名有九，应病用之）。按摩博士教按摩生以导引之法，损伤折跌者正之。贞观五年，诸州治设医学。开元十一年，以远州医术全无，民病毫无恃赖，令各州置医学博士一员，同年又颁示《广济方》。廿七年敕十万户已上州置医生二十人，十万户已下置十二人，各于当界巡疗。天宝五载，令郡县长官选《广济方》之切要者录于大版上，就村坊要路榜示。

自长安年起，置悲田坊收容贫病，设使专知。开元廿二年，断京城乞儿，悉令病坊收管。会昌五年毁佛，以悲田名称出于释教，改为养病坊，两京量给寺田拯济，诸州府酌留七至十顷。（《会要》

---

① 宋人讳敬，改称曰“苏恭”，说见《圣心》二期拙著《课余读书记》二一—二二页。苏氏实名敬，可以《宝刻丛编》三及九证之。

② 参《圣心》一期一五五页拙著《史地研究》及《通典》二五注。

③ 参范行准《中国预防医学思想史》一〇九—一一〇页及黄滔《颍川陈先生集序》。

四九）

太、高二宗尝饵婆罗门药，刘禹锡有《赠眼医婆罗门僧》诗，（《梦得集》七）此则印度医术输入之可征者。

6. 小说　《汉·艺文志》云："小说家者流盖出于稗官，街谈巷语道听涂说者之所道也。"附著《伊尹说》等十五家，体裁如何，均不得而详。若有意创作之小说，则晚至唐代，始逐渐扩展，日人盐谷温仲将唐人小说分作四类：（1）别传，如《海山记》、《迷楼记》、《李卫公别传》等，记史外之逸文。（2）剑侠，如《虬髯客传》、《红线传》、《刘无双传》等，记武侠之故事。（3）艳情，如《霍小玉传》、《李娃传》、《会真记》等，记恋爱之经过。（4）神怪，如《柳毅传》、《杜子春传》、《南柯记》等，记神怪之奇谈①。刘开荣云："十有八之传奇小说也必加入一段议论，写在故事的后面，作为结束。这种小说体裁在世界小说里也很希有。"②按唐人小说实脱胎于史之列传，故依然袭用传、赞、论之体裁，《聊斋志异》作者所由以异史氏自命也。

传奇之名，昉自晚唐裴铏（高骈从事）之《传奇》，宋人乃应用于诸宫调弹词，元人用于杂剧，明人用于戏曲之长者，其名凡数变矣。

7. 集注　为后世文人所宗者有李善《文选注》及五臣（指吕延济、刘承祖男良、张铣、吕向及李周翰）合善之注则统为六臣注。

附论藏书

隋世承北周之旧，卷止万余。开皇三年，搜访异本，每卷给绢一匹，召工书之士书之，写定即归故主，增至三万余卷③。唐初考定

① 见所著《中国文学概论讲话》。

② 《唐代小说研究》旧版一五页。

③ 《旧书》四七同，《新书》五七作"三十七万卷"，不知所据。

见存，分为经、史、子、集四部，有八万九千余卷[①]。（《隋书》三二）开元初命官整比，都五万一千八百五十二卷，其外释、道二家九千五百余卷[②]（《旧书》四六）。两京各一本，分藏四库，皆有识别；经库钿白牙轴、黄缥带、红牙签。史库钿青牙轴、缥带、绿牙签。子库雕紫檀轴、紫带、碧牙签。集库绿牙轴、朱带、白牙签。（同上四七）禄山之乱，亡散殆尽。此后屡诏搜罗，增至七万余卷，僖宗朝一再散失，及迁都洛阳，所存已不足一万矣。（同上四六）

敦煌石室，唐宋间一大书库也，约前清光绪廿六年（一九〇〇）五月，住持道士王圆箓偶然发见秘窟，书渐流出。卅三年（一九〇七），匈牙利人斯坦因用可五百卢比，串同王盗去古写本廿四箱，古画等五箱，写本有题识者上起西凉建初二年（四〇六），下讫北宋至道元年（九九五）。越岁七月，法人伯希和又盗去所余善本六千余卷，总计被英、法盗去者在万卷已上。同时帝俄柯司洛夫大佐亦取去文物少许。清廷知其事，乃责成地方官保守，宣统二年（一九一〇），始将八千六百余卷运往北京，沿途及到京后，李盛铎辈又继续盗窃。当起运之前，王私自隐藏者数仍不少，故宣统三年日人橘瑞超购去写本三百余卷，民国三年（一九一四）斯坦因第三次旅行新疆，又用银五百两盗去写经五百七十卷[③]，斯真我国文化之浩劫也。

---

① 据同书三五统计，只三万六千余卷，通计亡书亦不过四万九千余卷，此云八万余，岂如志所云“文义浅俗无益教理者并删去之”，故两数不合欤？

② 加合应为六万一千余卷，《旧书》四七言两京各一本，倍之，故有“一十二万五千九百六十卷”之数。复次，五万一千之数，同卷凡两见，且与以散合总相符，《新书》五七作“五万三千九百一十五卷”，未审何据。《龙城录》是伪作，彼云开元集贤院所储至七万卷，或依唐末之数言之。

③ 参吴金鼎《斯坦因敦煌盗经事略》。

第六十三节　历法、天文

《尚书·甘誓》"怠弃三正"，马融云："建子、建丑、建寅三正也。"按建子、建丑，通常属之周、商，夏以前实无可考，有之亦后人臆说耳，《夏书》更何从说到后来商、周之事？然而"三正"，一辞，历家遂往往依马立解，陈梦家云："《左传》昭公十七年云，火出，于夏为三月，于商为四月，于周为五月。此夏商周者乃指三正，不能视为三代不同之历。"①此解是否正确，殊觉可疑。窃本私意论之，夏、商、周为三个不同之民族，各奉其本族所行之历法，因而岁首（即建正）之月不复相同；即是说，周族在商代时，已自行其周历，及继主中国，在别族比周族优势的地方（如狄之在晋），却仍通行夏历②。狄是突厥族之一支③，突厥族以草青为改岁，（《北周书·突厥传》）在我国内地，大致适与建寅相当，其法虽不如历算之密合，然究无甚纰缪。

《汉书·律历志》标黄帝、颛顼、夏、殷、周、鲁六家之历，刘歆又作《三统历谱》，杜预以为周衰世乱，学者莫得其真，所传七历，皆未必时王之术；祖冲之言古术之作，皆在汉初、周末，理不得远。充此言之，现在要安排商、周历谱，几于不可能④。

---

① 《燕京学报》三四期一八七页《六国纪年表》。按刘朝阳《初周历法考》谓正朔与历法似无多大关系，陈说与之相同，无非因秦改建亥，因推为古亦如是。

② 《民族学研究集刊》六期五二 — 五五页拙著《夏时与狄族》。

③ 《东方杂志》四二卷三号三六页拙著《中华民族与突厥族之密切关系》。

④ 见《东方》四一卷二一号三六页拙著《何谓生霸死霸》及所引鲁实先、刘朝阳二家之说。后来陈梦家亦言："若于此时贸然据此尚未整理就绪的残缺的地下材料，贸然排谱列表，似嫌操之过急。"（同前引一九〇页）

商族分一月为三旬，是甲文中最明确之历法，一年亦或有“十三月”[①]。《尔雅》称甲至癸为十干，子至亥为十二支[②]，甲文却无“干”、“支”字。或又谓甲文已见“春”“夏”“秋”“冬”四季，更不可据[③]。

周族用四分月法[④]，与古伊兰文化有关[⑤]，其名为初吉、既生霸、既望及既死霸，金文所见者只此，此外载于书本者非传闻即臆造之误。金文又无“朔”字，只两见“元日”（殆即后来之“朔”），均春秋后期之品（郤王子旃锺及陈昉毁），称“孟春”及“冬”者已入战国中叶（前者见诸召锺，后者见商鞅量），唯周人已知一太阳年为三百六十六日[⑥]。

《礼记·大传》载与民变革之事，列举“改正朔”一项，注疏家复以周子、殷丑、夏寅释之，秦始建亥为岁首，殆受此类师说所影响。

---

① 阴历与阳历调合之困难，在于月绕地球一周为二九·五三〇五九天（二九天一二小时四四分三秒），地绕日一周为三六五·二四二二一六天（即三六五天五小时四八分四六秒），两数不能相互除尽。甲文“十三月”及《尧典》所称“期三百有六旬有六日，以闰月定四时成岁”，即是阳、阴历并用，与巴比仑、希腊、罗马相同。春秋中叶更知十九年七闰之法，以与阳历相调节。

② 甲文原有之“子”，后来周人弃而不用，取甲文原有之“巳”字以代之，“巳”位既缺，因别搆今之巳字。仅此廿二字，周族已将商文改革了两个，则其余周族承用之商文，尽多字虽同而立义不同，自是意中之事。苏联学者 G. Brunakoff 著《The Oracle Bones from Honan》（一九三五），曾提出批评：（一）中国一派学者对古史研究之专凭文字为不合，（二）中国另一派学者专作甲文、金文、《说文》之比较研究为忽略时代特点（据《社会经济史集刊》五卷二期二五二页引），其言实深中我国学子之大病。从事斯道者分应联系实际（如“子”“巳”之例），接纳友人忠告，深加警惕，今顾不然，反进一步作出许多大胆无比之臆测，斯真不知其可者矣。

③ 如认类于蝉形之字为“夏”字，然蝉并不是夏令重要物，此以中世的诗意来解说上古的时历，未免迂阔。

④ 其说秦渊首发之，见阎若璩《尚书古文疏证》六上。

⑤ 古伊兰语 vi-šaptarla 即指每月之八日及二十三日，说见同前引《东方》四一卷二一号三七页拙著。

⑥ 均见《东方》四一卷二一号三七页拙著。

然历朔性质与其他政制略异，部分的受天时、地利所支配，故自秦以后，垂二千年，旧新之际，更变最多，而建寅历则几于毫无变动。商、周开国时代，文化尚非甚进步，何为亟亟作有意的更革以违逆乎自然，此与社会发展史之理论不能相容者也。钱宝琮尝谓“由夏正因历家失闰而变为周正，为无心之过失”①，再证诸冯澂《春秋日食集证·凡例》所云：“春秋周正、夏正，聚讼纷纭，如隐、桓之正皆建丑，庄、闵、僖、文、宣之正，建子及建丑者相半，至成、襄、昭、定、哀之正而又建子，间亦有建戌、建亥者，致置闰亦与时宪术不合。”由是益确定周族建子完全根于历法疏舛及应闰失闰，谓为建子者只大概之辞而已。昔波斯历以三百六十五日为一年，分十二月，月各三十日，零数五日则归余于终，惟不置闰调节，故越久而越往后退，冬至之节，退近秋分，夏至之节，移上春分②。周初历法，据余所见，似系由波斯一类之历法，转为同时适用月相之“阴阳历”③，奈置闰不密，故春秋时期之岁首，仍复忽前忽后。

其次，节气系以阳历为标准，春秋时已能明别二至二分，所余二十节气，则至秦、汉之间，始告完备④。此种廿四节气，对农业大有辅助，乃中国历法之特点。

自乾封元年（六六六）颁行李淳风《麟德历》之后⑤，印度历学

---

① 并参同前引《民族学集刊》五二页拙著。

② 《东方》四〇卷一七号四七页拙著《唐代戏乐之波斯语》所引 Huart 氏著《古波斯及伊兰文化》。

③ 此点对于余十年前所见（同前引《东方》四一卷二一号四〇页第（三）项）略有修正，即不是“粗疏阴历”而是“粗疏之阴阳历”。

④ 见《礼记·月令》及《汉书·律历志》。

⑤ 沙畹《摩尼教流行中国考》一二页言，麟德二年（六六五）颁用，系承袭旧说；据罗振玉《朔闰考》三，麟德二年犹用傅仁均术平朔，乾封元年始用《麟德术》定朔。

家如瞿昙罗(Gautama)、迦叶波(Kaśyapa)、鸠摩罗(Kumāra)等即訾议风起,瞿昙罗曾上新历①。景龙二年,以印人迦叶志忠知太史事。开元六年(七一八),太史瞿昙悉达(G. Siddhārtha)译印度《九执历》(九执之原文为 Navagraha,印度天文家亦称九曜,合日、月、五星及罗睺'Rahu 龙首'计都'Ketu 龙尾'言之),称望前曰"白博叉",望后曰"黑博叉"。按博叉本自梵文 Paksa,犹云"物之一半",《梵语杂名》翻为"博乞史",换言之,望前曰"白半",望后曰"黑半",余曾证定周金"初生霸"、"既死霸"之"霸"(后来转为"魄"),与印语 pak 为同源②,再得此译,益征余言为不妄。

九年,太史频奏日食不验,诏僧一行(本姓张)刊定,成《大衍历》,未上而卒,张说代为奏上,遂于十七年(七二一)开始行用。其法本比《九执历》为善,瞿昙譔怨不得预③,诋《大衍》写《九执历》未尽,别作《甲子元长历》④,案验之后,譔不得直。

随着摩尼教之输入,我国通历亦受其影响,乾元二年(七五九),北天竺沙门不空译《吉凶时日善恶宿曜经》,其弟子杨景风注云:"尼乾子(Nirgranthapatra,犹云一切外道)末摩尼以蜜日持斋,亦事此日为大日。"又云:"日曜日,回鹘名曰蜜,波斯名曰曜森勿,印度名曰阿儞底耶(Aditya)。"(曜森勿即前景教条曜森文之异译)兹将摩尼教残经之七曜日名,⑤及其对音粟特语表列如次:

---

① 同前沙畹书言,"瞿昙罗上新历,未久即罢",据《会要》四二,则自乾封元年起以太史瞿昙罗《经纬麟德术》参行。

② 同前引《东方》四一卷二一号三七 — 三八页拙著。

③ 其人至宝应元年尚为司天少监,见《会要》四四。

④ 瞿昙譔之名,见《新书》二七上,《旧书》四七作"《大唐甲子元辰历》一卷,瞿昙撰",盖后人以"譔""撰"同义,故误删一字,《新书》五九作"瞿昙谦《大唐甲子元辰历》一卷","谦"字亦讹。(《通志略》二十同)

⑤ 同上沙畹书谓"七曜"之名,在八世纪末以前尚未通行,(一四页)余曾加以辨正,并可参看《佩文韵府》之"曜"字。

译　名	粟特语	七　曜	备　　考
密(或蜜)	Mir	日曜,星期日	安息语 mihr
莫	Maq	月曜,星期一	
云汉	Wnqān	火曜,星期二	
晊(或滴)	Tir	水曜,星期三	
温没司(嗢没司,鹘勿斯)	Wrmzt	木曜,星期四	
那颉(那歇)	Nāqit	金曜,星期五	沙畹书一七页言,"亦作般颉",按那或作郍,般乃郍讹。
鸡缓(枳浣)	Kēwān	土曜,星期六	

往日福建历书及东南部通行之洪潮和曾孙堂燕《通书便览》,于星期日下尚注"密"字(沙畹书一四页),即粟特语之遗。

唐享国二百八十九年(六一八 — 九〇六),历法凡十变①,次列如下表:

从某年起	共用若干年	所用术
武德元(六一八)	一年	仍用张胄元《大业术》
武德二(六一九)	七年	用傅仁均《戊寅元术》
武德九(六二六)	四〇年	用崔善为校定《戊寅元术》
乾封元(六六六)	六三年	用李淳风《麟德术》
开元十七(七二九)	二九年	用一行《大衍术》
乾元元(七五八)	五年	用韩颍《至德术》
广德元(七六三)	二一年	用郭献之《五纪术》
兴元元(七八四)	二三年	用徐承嗣《正元术》
元和二(八〇七)	一五年	用徐昂《观象术》
长庆二(八二二)	七一年	用徐昂《宣明术》
景福二(八九三)		用边岗《崇玄术》

天文知识,六朝以降,亦大有进步,《颜氏家训》五引历家云:

① 《新书》二五称"八改",系未计崔善为校定及至德两历,今依罗振玉《朔闰考》三补入。

“日月有迟速,以术求之,预知其度,无灾祥也。”视东汉时累以天变杀三公,迥不侔矣。开元十二年,太史监南宫说遣官往交、朗、蔡、许、汴、滑、蔚等州[1]同以二分二至之日午时,测候日影,据计南北极相去才八万余里,(《旧书》三五)是为子午线长度之试测,惟并不精确。德宗时董纯(后避宪宗讳,易名和,见《新书》五九)善历算,尝言[2]:“日尝右转,星常左转,大凡不满三万日(? 年)行周二十八舍、三百六十五度,然必有差,约八十年差一度。自汉文三年甲子冬至日在斗二十二度,至唐兴元元年甲子冬至日在斗九度,九百六十一年差十三度矣。”(《语林》八)比隋刘焯之估计更近[3]。

第六十四节　艺术

一、书法

外国书法同有美恶之别,究不如我之多体善变,故我国书法乃成为艺术之一种。

世界上象形与音符并用之字,约有六种,即苏靡人(Sumeri-

---

① 《大唐新语》著兖州,殆误。

② 《语林》八只称“董生”,但《语林》二有“历算则董纯”之言,合诸《新书》“善历算”之誉,故知董生为董纯无疑。

③ 竺可桢言:“在晋成帝时候(公历三三〇年左右),虞喜比较古代星宿位置与当时不同,发现了岁差,定出每五十年春分点在黄道上要西移一度,这虽比西洋希普克斯的发现要迟到四百五六十年,但却比希普克斯的每百年差一度的估计为精密。到七世纪初隋朝刘焯定岁差为七十五年差一度,则与实际已相差极近。但西洋同时尚牢守百年差一度的旧说。”(《科学通报》二卷三期二一七页)按岁差每年约五十秒,差一度约七十二年。

ans）、巴比伦人、埃及、美洲之 Mayas 及 Aztecs，连我国而为六。《历代名画记》一："颜光禄云：图载之意有三：一曰图理，卦象是也。二曰图识，字学是也。三曰图形，绘画是也。又《周官》教国子以六书，其三曰象形，则画之意也。是故知书画异名而同体也。"无论其说当否，然从事原始文字探讨时，确觉得字书、绘画、纹饰三者或纠缠不可分①，甲骨文"牛𠂇"、"羊𢆉"同体，差异者只在角，其一例也。

甲文之后，继以大篆，又曰古文②，行于关以东各国，今所见周金文字，除秦器之外，属于此体③。

大篆之后，继以小篆；许慎云："其后诸侯力政，不统于王，……言语异声，文字异形，秦始皇帝初兼天下，丞相李斯乃奏同之，罢其不与秦文合者，斯作《仓颉篇》，中车府令赵高作《爰历篇》，大史令胡毋敬作《博学篇》，皆取史籀大篆，或颇省改，所谓小篆者也。"今

---

① 《燕京学报》一一期二三五三页闻宥撰文。

② 张怀瓘《书断》分大篆及籀文为二体，以石鼓文属于籀文，段玉裁《说文叙注》辨之。王国维在《观堂集林》五及七写成研究文几篇，大致谓籀非人名，误始刘向父子而班、许从之（此点我拟将来别作补充），亦非书体之名，只是籀读之义（与段说部分相同），篆文固多出于籀文，即籀、篆同一，李斯以前秦之文字，谓之用篆文可也，谓之用籀文亦可也，《史籀篇》文字者周秦间西土之文字，古文者周秦间东土之文字，《论衡·正说篇》谓古有科斗书人莫能识者非是。大致甚稳健。惟彼谓秦之小篆，本出大篆，（《集林》七）以言书体源流，未尝不可，以言书体区别，则窃有未安。彼曾称籀文作法，"大抵左右均一，稍涉繁复，象形象事之意少，而规旋矩折之意多，推其体势，实上承石鼓文，下启秦刻石，与篆文极近"，（《集林》五）此应正名曰"小篆"，与一般周金"古文"字不均一者迥殊，后者应正名曰"大篆"。秦书八体有大篆无古文，正"大篆"即"古文"之证，非如王氏所云，"凡东土之书，用古文不用大篆"。（《集林》七）如曰不然，则王氏固认"汉景、武间距用古文之战国时代，不及百年，其识古文当较今日之识篆隶为易"，（同上）此必秦延其绪，故斯学得以不坠，特在秦时非通行之书体而已。申言之，怀瓘之说，未尝不可断章取义，许慎既《籀篇》源流之不明，又未多见周金，其他更难免有隔膜之处。

③ 罗振玉等之区别"殷金"、周金，多以人名用干支为根据，近人又或因出自殷虚，即认是"殷金"。按干支为名之习惯，展至周代，郭沫若已曾指出，即罗氏本人自序亦认如此之分朝，不尽可靠。殷虚非废于商亡之际，发掘报告又尝言之，则不能以空间代表时间。窃谓书体如何，尤应在鉴别之列。

观秦国先代所刻之石鼓文(或在秦孝公之世),字体已非常整齐,是知小篆之作,不始斯等,始皇二十六年特令全国行用,《汉·艺文志》称作秦篆,其名最当。

许慎称秦书八体,隶书占其一,云秦始时程邈所作,并无八分之名。东汉蔡琰述其父邕语,去隶字八分取二分,去小篆二分取八分,故谓之八分,唐蔡希综又云,“东汉上谷王次仲以隶字改为楷法,又以楷法变八分”,(《宣和书谱》二〇)均明八分次隶之后。惟郭忠恕、《法书苑》谓小篆散而八分生,八分破而隶书出,吾衍谓八分未具挑法,介乎篆、隶之间,则又以为八分出在隶前,说极矛盾。按《宣和书谱》云:“金石遗文之所载,特存篆、隶、行、草,所谓八分者何有?至唐则八分书始盛,其典刑盖类隶而变方广作波势。”是八分特隶体之一家,不能自别为体。《书谱》又云:“古之名称,与今或异,今所谓正书,则古所谓隶书,今所谓隶书,则古所谓八分。”按《书断》八分神品惟蔡邕,知唐人称秦隶为八分也,又隶书神品推锺繇,并称其“真书绝世”,(据《法书要录》八)知唐人称真书为隶书也。明乎汉、唐名谓之变换而采名从主人之例,则两汉通行之体,断应称曰隶书。抑《书谱》二又言,后人发临淄太公六世孙胡公棺,上有文字同今隶,疑始皇前四百余年已有此法,盖与世传李斯创为小篆之误会相同,程邈特负推荐之任务而已。

楷书,唐人称为“隶书”或真书(见前),宋人称为正书;《书谱》三云:“在汉建初有王次仲者①始以隶字作楷法,所谓楷法者今之正书是也。……此书既始于汉,于是西汉之末,隶字石刻间杂为正书,若属国封陌茹君等碑,亦班班可考矣。”由其所言,楷实始于西汉而非东汉之建初。抑刘宋王愔有言,“王次仲始以古书方广少波势,建初

① 《书断》又以为秦时人,《书谱》三已辨其妄。

中以隶书作楷法字为八分，言有模楷”，（据《百川学海》本《书断》引）《书谱》之说盖本之，而愔则认八分即楷法，又与他说不同。

行书介乎真、草之间，东汉末颍川刘德升实为此体，魏初有锺繇、胡昭，俱出德升之门。惟郭忠恕称隶书悖而行书作，行书狂而草书圣，《东坡志林》更辨称真生行，行生草，真如立，行如行，草如走，未有未能立而能行，未能行而能走者，以行体出在草体之先，未为无理。

草书始于东汉章帝时，杜度（一作杜操）、崔瑗、崔寔等俱以此得名（此说始萧子良）。王愔云，汉元帝时史游作《急就章》，以此体粗书之，故曰章草，卫恒等云，汉初而有，不知其谁，至张芝（字伯英）又创为今草。（均《书断》）草之义或以为藁草，或以为草行，或以为赴急之书，或以为草昧之作，（《书谱》一三）要以潦草或草草之意为近是。

六朝以降，书法多宗锺、卫（瓘）、二王（羲之、献之），太宗尤酷爱右军，相传以《兰亭序》真迹为殉。唐初字学劲健，得晋、宋风，开元后变为肥厚（《车轩笔录》），唐设书学博士，科举有书科，吏部又以书判定选，是字学为进身途径之一，近岁志石大量出土，书人即不知名者亦多楚楚可观，职是故也。

初唐以书名者推虞世南（永兴）、褚遂良（河南）、欧阳询父子（询字信本，为率更令；子通，其书瘦怯于父，见《朝野佥载》）、王知敬、薛稷（少保）、薛纯陀（学欧而伤于肥钝，见《佥载》）、锺绍京、李邕（北海）、徐浩等，中唐以后则推颜真卿（平原或鲁公）、柳公权（诚悬）等。玄宗曾题郑虔之诗、书、画为三绝。（《尚书故实》）

善篆者曰李阳冰①。同时善隶者曰贺知章（善草隶）、蔡有邻

① 《国史补》云：“开元中张怀瓘撰《书断》，不载阳冰、张旭。”然旭与李白同时，阳冰更后白而死（见廿四节218页注①），怀瓘书作于开元中，则彼二人或尚未知名，不足异也。

（杜甫诗尝称之）及韩择木。草书张旭（长史）最著，世号张颠，（《国史补》）长沙僧怀素自言得草圣三昧，李白《草书歌行》所云“少年上人号怀素，草书天下称独步”者也。

今存唐人字学著撰，计有李嗣真《书后品》、张怀瓘《书断》、张彦远《法书要录》数种。

二、绘画

论画应兼溯壁画之起源。《礼记·礼器》，“管仲镂簋朱纮，山节藻棁，君子以为滥矣”，又《明堂位》，“山节藻棁，……天子之庙饰也”，《论语》，“臧文仲居蔡，山节藻棁”（郑玄《明堂位注》，“藻棁，画侏儒柱为藻文也”；《尔雅·释宫》，“梁上楹谓之棁”，李巡注，“梁上短柱也”），又“宰予画寝[①]，子曰，朽木不可雕也，粪土之墙不可杇也”，扬雄评甘泉宫，谓“非木摩而不雕，墙涂而不画”，合此数事观之，壁画在我国历史中，得溯到公元前七世纪已上。

其后，屈原《天问》叙述各种故事，相传为入先王庙、公卿祠见壁画而作。汉武甘泉宫亦绘天地太乙诸鬼神。更从近世考古征之，大连营城子及乐浪郡之汉墓，辽阳北园瓦窑子村之后汉墓[②]，吉林辑安县通沟高句丽王墓，均尝发见壁画。其形式大致类汉武梁祠石刻画像，壁上分作数层，连绵不断，有如看连环图。然武梁画像石已描写跳丸、都卢寻橦之伎，树木则左右交缠对称，与古伊兰

① 今本作“昼寝”，但梁武帝读如胡卦反，（《资暇集》上）固以为绘画之“画”，非创自《论语笔解》也。扬雄之言，当引自《论语》，可信彼亦读如“画”。如曰不然，试问朽木不雕，土墙不杇，与“昼寝”有何联系？此皆由后世经生不明壁画之源流甚古，故致读别字耳。

② 据《沈阳博物院汇刊》一期李文信《辽阳北园壁画古墓记略》，画绘石壁上，不事涂垩。

浮雕法同①,是固一极可注意之点。

沿及六朝,佛寺壁画尤多,依裴孝源所知,晋有三寺,顾恺之等绘;宋、齐各一;梁十四,张僧繇等绘②;陈六,展子虔等绘;魏、北齐、北周各一;隋十八,展子虔、郑法士、田僧亮、杨契丹、袁子昂等绘。(《贞观公私画史》)同时,高昌宫室中描《鲁哀公问政于孔子图》。

宋前壁画能大量保留至今者莫如敦煌,因与佛寺连系,故多以经变为题材。涉其作风,时人颇滋争论③。方伯希和盗走写本之

① 《文参》二卷五期八四页向达撰文。

② 《邵氏闻见录》称,杨惠之与吴道子同师张僧繇学画,误也,开元人焉能师事僧繇。《名画记》二,"吴道玄师于张僧繇",乃效法之谓,非师徒之谓。

③ 敦煌画术之渊源,解说者约分两派:(甲)根据殷虚、乐浪及辽阳出土之文物,以为早在四五千年前,我国艺术水准已达到正常发展,西域则向为游牧与少数民族所占住,其佛教艺术实受汉、唐文化向西域流布之影响;此派言论可以常书鸿之文为代表。按甲族文化输入乙族之后,即使乙族文化甚低,亦常适应本身之环境而加以改变,此不特文化已高之民族为然。故吾人论及文化源流,应注重其本质而不应偏重其转变。比方佛教至唐时固已改头换面,然推原本始,仍是天竺传来。常氏所言"融合了外来的文化",又言"愈益接近中原,愈益充分的表示民族的色彩",只能说明其影响程度之深浅,不能驳倒敦煌艺术非部分的传自西域。抑常氏用"西域"一辞,似专指天山南路,依《史》、《汉》记载,彼时已是住国,名别虽多,都属印伊系统,非为低化。尤其是说到殷虚,乃一个异常复杂而多方面性的文化问题,在学术上讨论,现在尚未能随便运用,推至四五千年以前,更未免估价过大。(乙)以为导源于印度石窟寺。盖自六朝至隋、唐,均采用凹凸法(即浓淡)以表示物体之阴阳明暗,与印度阿旃陀(Ajanta)石窟之壁画相同而为汉代所未有。又六朝塑画之衣褶,都属曹衣出水型(北齐曹仲达画衣服紧窄,时人称曰曹衣出水,见张彦远《名画记》),人物亦多长身玉立,正犍陀罗派之特征。此派言论可以向达为代表。按开、天以后,字学亦从瘦劲转浓肥,则衣服博大、妇女丰腴未必即受印度之影响。向氏曾揭出,安西曹氏诸窟题名中有都画匠作白般继,都勾当画院使篁保,其人当来自龟兹、天竺,疑敦煌壁画不无西方人作品。格隆威得(Grünwedel)试分西域绘画为三类:1. 乾陀罗式,2. 自1发展而来,3. 另一种族应用新装饰法,其铭题为汉字。(同前引羽田亨书二六页)亦有谓中国画流行于西域者,或为唐画,或为混合美术,系唐代艺术家所留下,非西域人受唐代影响。按大食人依宾墨哈黑尔记"支那都城"为印度人及突厥人之都城,余曾证其即山丹古城,(《东方》四一卷一七号四一页拙著)正是后晋(九四一)以前不久之事,足证当时安西附近确有不少印人,向氏之疑,相信合于实况。由上数家言论思之,吾人研究敦煌壁画如不细加分析而遽下概括之断论,诚自有其危险。我未通过实地调查,今只从理想试推,窃谓东方绘事,当然原有其演变历史,逮西法输入,个别观摩模仿,程度应自深浅不同,亦必有敝帚自珍而坚守家法者。不过敦煌若干作品,确受西方影响,无可强辨,若必偏主西域汉化,多见其说之难以成立也。

日，曾将壁画摄成六大册印行，一九二五年，美帝之华尔纳（L. Warner）竟用特制胶布脱去精美者廿六方，并盗去塑像若干身。

古代画之应用，墙壁而外，亦施于青铜器、漆器、缯帛等；羽田亨云：绘画为西域最普通之事，凡木板、墙壁、天花板、纸、绢、绵麻布皆有之①，其习俗正相类也。

（以上论壁画）

从一般画之题材言之，以人像及社会生活为正宗，山水、翎毛、花卉都居其次，晋顾恺之云："画人最难，次山水，次狗马，其台阁一定器耳。"（《历代名画记》一）

从其结构言之，如山水树石之比例，六朝者富于象征意味，"或水不容泛，或人大于山"，（同上）隋、唐则渐趋写实。然此只就空间性言之，时间性则往往忽略，张彦远评王维画多不问四时，沈括指出其雪里芭蕉，彦远又云："只如吴道子画仲由，便戴木剑，阎令公（立本）画昭君，已着帷帽，殊不知木剑创于晋代，帷帽兴于国朝。"（《名画记》二）如此之类，即名家不免，或者过分强调画中人物装饰以觇当时习俗，须于此点致意。

从其线条言之，六朝用铁线条，显受西域影响，至唐则吴道子辈融合中西，别创浑厚雄伟之莼菜条，自成一派。

更就设色言之，则六朝多用蓝色（参《隋史》七节 13 项），隋、唐乃色彩繁丽。所用颜料，据美国 R. J. Gettens 分析，共十一种，即烟炱、高岭土、赭石、石青、石绿、朱砂、铅粉、铅丹、靛青、栀黄、红花（胭脂）是也②。或言以曾青和壁鱼设色，则近目有光云。（《酉阳

① 《西域文明史概论》二〇页。

② 《文参》二卷五期七四页。《名画记》二云："武陵水井之丹，……越嶲之空青，蔚之曾青，武昌之扁青（上品石绿），蜀郡之铅华（黄丹也，出《本草》），始兴之解锡（胡粉），……林邑昆仑之黄（雌黄也，忌胡粉同用），南海之蚁鉚（紫鉚也，造粉胭脂，《吴录》谓之赤胶也）"。

杂俎》一一)

隋朝画人,前已略为征及。唐初则二阎(立德、立本)善像,立本以丹青驰誉,辱为厮养之务。(《大唐新语》)又有尉迟跋质那之子乙僧,与立本并称。余子则约以类记之。

(甲)山水　属此者有吴道玄(即道子,比乙僧后,非与之同时)、大小李(思训及子昭道)、郑虔、王维、王宰等。玄宗过潞州金桥,命制《金桥图》,凡桥梁、山水、车舆、草树、鹰鸟、器仗、帷幕,由吴主之,(《开天传信记》)吴亦工佛像,苏轼评云:"……画至于吴道子,而古今之变,天下之能事毕矣。"玄宗题郑虔画尾曰三绝,谓画好、诗好、字好也。维画所居蓝田《辋川图》,山谷盘欝,云水飞动,苏轼诩其画中有诗(见前廿四节)。又杜甫《题王宰画山水图歌》云:"尤工远势古莫比,咫尺应须论万里。"

(乙)人物　开元馆画直[①]张萱有《伎女图》数种。韩滉有《文苑图》。德宗时[②]周昉画美人女子,或推为古今绝冠。

(丙)树石　《名画记》二云:"树石之状,妙于韦鶠,穷于张通(张璪也)",杜甫《题韦鶠(或讹偃)双松歌》云:"天下几人画古松,毕宏已老韦鶠少。"

(丁)翎毛　善画马者前有江都王绪、曹霸及其弟子韩幹,后有韦鶠;杜甫《观曹将军画马图歌》:"国初已来画鞍马,神妙独数江都王,将军得名三十载,人间又见真乘黄。"又《丹青引赠曹将军霸》:"弟子韩幹早入室,亦能画马穷殊相。"甫复有《题壁上韦鶠画马歌》,苏轼亦赋韦鶠《牧马图》。善画水牛者曰戴崧(韩滉幕客)。

① 此据《新书》五九,郑振铎氏撰文以为"唐代后期(七五六—九〇六)的画家",(五四年《文参》一期一五页)当误。

② 此据《唐朝名画录》,徐邦达氏撰文以为"属于盛唐",(同上《文参》四一页)亦不合。

画鹤推薛稷(少保),杜甫诗“薛公十一鹤,皆画青田真。”谓稷也。画鹰推姜皎,杜又有《题姜楚公画角鹰歌》。滕王湛然善蛱蝶,王建《宫词》有“传得滕王蛱蝶图”之句。边鸾善花鸟,见《酉阳杂俎》,德宗时人。程修己善鸡、犬,大和至咸通初人[①],程尝评唐代画家云:“周(昉)侈伤其峻,张(萱)××伤其澹,尽之其唯韩(滉)乎。”又云:“吴(道玄)怪逸玄通,陈象似幽悉,杨若瘘人强起[②],许(琨,开元中善写貌,见《名画记》九)若市中鬻食。”余尝略校其墓志,以为可作画史读也[③]。

(戊)竹　萧悦以此知名,白居易《赠协律郎萧悦画竹》云:“植物之中竹难写,古今虽画无似者,萧郎手下独逼真,丹青以来惟一人。”

唐人著画史之尚存者,有裴孝源《贞观公私画史》[④],李嗣真《续画品录》(高宗时人,当即《新·志》之《画后品》),朱景玄《唐

---

① 今本杜荀鹤《松窗杂记》讹开成为开元,说详拙著《金石证史》二七页。(一九三六年《中大史学专刊》一卷四期)

② 原文只著姓不著名,当然所论者皆是唐人,惟唐世陈、杨两姓以画名者颇多,如陈廷师于乙僧,陈闳师于曹霸,(均《名画记》二)陈静心有元真观画,弟静眼有宝刹寺画,陈闳有咸宜观画,陈积善(恪子)有崇福寺山水,(同上三)陈义工写貌,陈闳善画写貌,工鞍马,(同上九)陈昙工山水,陈庶师边鸾花鸟,陈恪工山水,(同上十)《寺塔记》称大历中画人陈子昂在曼殊院画廷下象马人物,此陈姓之画人也。又杨庭光师于吴道玄为上足,(《名画记》二)净土院有杨坦、杨仙乔画,(同上三)杨须跋(中品)、杨德绍(下品)在唐初擅名,杨坦、杨仙乔好图鬼神,坦子爽亦善之,杨庭光佛像经变杂画山水极妙,杨宁(开元中画直)、杨昇并善画人物,(同上九)此杨姓之画人也。更有陈懿、杨树儿、杨德本、杨炎(同上一)亦挂名手之列,修己究指何人,颇难确定。惟揆其大旨,专论描写人物,则陈可能指闳或义,杨非宁即庭光也。

③ 《金石证史》二七 — 二八页。

④ 《新书》五九云:“裴孝源《画品录》一卷,中书舍人,记贞观、显庆年事。”《四库》所收《贞观公私画史》,卷首有贞观十三年八月自序结衔题中书舍人,《提要》因断其与《画品录》各为一书。按汉王元昌于贞观十七年赐死,孝源自序既称奉元昌命编次(据《提要》引),则《画史》可信是贞观中作。惟是贞观十三下去显庆初已十七年,孝源之官未必仍是中书舍人,岂《新书》未知其后来转官,故只记贞观中之任职欤?存以俟考。

朝名画录》(又名《唐朝画断》,会昌人)及张彦远《历代名画记》(大中元年著)。

海内外收藏隋、唐真迹,未有统计,今知者为展子虔《游春图》,尉迟乙僧《释迦图》,吴道玄《送子天王像》,卢稜伽(吴之弟子)《罗汉像》,韩滉《文苑图》,王维《雪谿图》、《伏生授经图》等,尚有传为周昉作之《纨扇仕女图》,唐人作之《金碧山水殿阁图》①,然摹伪古迹,宋、元已多,鉴定之功,要自不易。

(以上论一般画)

三、建筑

石窟为建筑之一种,来自印度,已无可疑。求其最初,我以为应在佛教未兴前之吠陀时代。吠陀之法,除首陀罗(Sudra)族外,其宗教生活,分为四期,第三曰林栖期,第四曰遁世期(Sanuyāsin)②;遁世与我国古称隐士相同,入山唯恐不深,入林唯恐不密,同时为抵抗猛兽恶虫计,又不可不亟谋自固,是为开辟石窟之本因,供养佛像只属于演进的作用。

印度制底式石窟,据现时所知,最早者约当公元前三世纪中叶。延至新疆南路,则有龟兹赫色勒(Kizil)河畔之千佛洞,渭干河畔之丁谷山(均见《水道记》二),高昌柳中县之丁谷(Tujuq)窟(与前之丁谷山不同,参拙著《吐鲁蕃一带汉回地名对证》一〇四页)。东流入关,则为天水麦积崖,陕北黄陵县石空寺③,太原天龙山,大

① 除乙僧一条据蓝著五二页外,余均见同上《文参》。

② 《印度哲学宗教史》三二七 — 三二九页。

③ 黄陵县与甘省正宁县相邻,见一九五四年《文参》二期一〇五页。

同云冈(约五世纪前半),再东为巩县之石窟寺,磁县之南北响堂山,义县之万佛洞,其尤可纪者应推敦煌与洛阳①。

敦煌一带之石窟,可分为三区:(1)安西南一百四十里之万佛峡,古名榆林窟,存者约四十。(2)敦煌西南七十五里之西千佛洞,存者十六。(3)敦煌东南四十里之千佛洞,古名莫高窟,连亘四公里之远,窟存最多,计四百六十九,内魏二二,隋九〇,唐二〇六,五代三二,宋一〇三,西夏三,元八,清五(据常书鸿说,最近又发见十八,隋五,唐七),隋、唐计占十分之六有奇。敦煌残本《沙州城土镜》称,建窟始晋穆永和九年(三五三),其前复有索靖题壁之传说(靖卒惠帝太安末,三〇三),清人记其盛况者有雍正元年汪漋之《游千佛洞》诗,道光元年徐松之《西域水道记》。(卷三)

其次,洛阳之龙门即伊阙,景明初(五〇〇)准代京灵岩寺石窟(即云冈)而立,(《释老志》)唐人造者宾阳窟最大,万五千佛洞最为瑰丽(永隆元,六八〇)。奉先寺乃龙门十寺之一,后魏建,咸亨三年重建,其大卢舍那像高八丈五尺,头宽六尺半。左右有力士高八丈,脚周四尺六寸,龙门造像之最伟大者也。

(以上石窟)

我国最古之木构建筑,就现时所见,厥为山西五台之南禅寺,建于建中三年(七八二)②。方柱从前只见于敦煌壁画,今该寺犹有方柱三根,可能是唐时实物③。次焉者为五台佛光寺大殿,大中十一年(八五七)建。

垂拱四年(六八八)建明堂,高二九四尺,又起天堂五级以贮夹

① 近年新疆发见颇多,参一九五四年《文物参考资料》三期。

② 一九五三年十二月廿五日《南方日报》。

③ 一九五四年《文参》一期八九页。

纻大像（其小指中犹容数十人），至三级则俯视明堂。

长安砖制大雁塔，长安四年（七〇四）建，塔之横断面为四方形。

大和六年敕，庶人所造堂舍不得过三间四架，门屋不得过一间两架，（《会要》三一）现时人家建筑，大略形同唐式，柳诒徵云："后世民居，多则五间，小则三间，沿唐制也。"

开元八年张嘉贞《安济桥铭》："赵州洨河石桥，隋匠李春之迹也。"其筑法用单孔弧券横跨于两岸，券两端各发两小券长约三八公尺，此式至一九一二年方为欧洲工程所采用，而我国则创于千三百年前，实世界上第一道空撞券桥也①。又《元和志》十《须昌县》（今东平县西北十五里），"清水石桥在县西三里，隋仁寿元年造，石作华巧，与赵州石桥相埒，长四千五百尺"，今不知有遗迹可寻否。

（以上一般建筑）

四、雕塑（塑亦作素或作埭）

孔子言朽木不可雕，又入周庙见金人，《韩非子·喻老》记宋人以象（牙）为楮叶，则其源流颇古。希腊雕像可溯至公元前七八世纪，（Rostovtseff Pl. LVIII）亦云受亚洲影响者。

六朝时夹纻像已盛行，证圣元年，薛怀义造功德堂，其中大佛像高九百尺，鼻如千斛船，中容数十人并坐，夹纻以漆之。（《佥载》）又郑广文（虔）作《圣善寺报慈阁大像记》云：自顶至颐八十三尺，额珠以银铸成，虚中盛八石，（《尚书故实》）度亦夹纻制品。

杨惠之与吴道玄同学画，度不能胜，乃转而学塑，论者推为古

① 见《文参》三一、三八及一九五四年一期。

今第一。(《邵氏闻见录》)莫高窟早期塑像中颇流行模塑(或称影塑),即是取泥放佛模里面,模得后粘在壁上,此法率应用于小千佛。按义净曾言及“造泥制底及拓模泥像”(见《隋史》十五节),是此法高、武时已行于内地[①],杨惠之之塑壁,显然从此脱胎。

五、巧思

据《朝野佥载》言:

杨务廉刻木作僧,手执一碗,自能行乞,碗中钱满,关键忽发,自然作声云布施。

王琚刻木为獭,沈水中取鱼,引首而出。盖獭口中安饵,为转关,以石缒之则沉,鱼取其饵,关即发,口合则衔鱼,石发则浮出。

又据《旧书》三五:“开元十三年,一行等作水运浑天仪成,其法,铸铜为圆天之象,上具列宿、赤道及周天度数,注水激轮,令其自转,一日一夜,天转一周。又别置二轮,络在天外,缀以日月,令得运行,每天西转一匝,日东行一度,月行十三度十九分度之七,凡二十九转有余而日月会,三百六十五转而日行匝。仍置木柜以为地平,令仪半在地下,晦明朔望,迟速有准。又立二木人于地平之上,前置钟鼓,以候辰刻,每一刻自然击鼓,每辰则自然撞钟,皆于柜中各施轮轴,钩键交错,关鏁相持。”[②]由是观之,我国人机巧之

① 阎文儒云:“到唐时的‘善业泥’小佛像、元时小泥制底等可能是一个系统传下的”,(《文参》二卷四期一五五页)盖未知初唐已有泥制底之制。今江苏昆山角直镇保圣寺残存罗汉五尊,说是惠之所塑。

② 孔平仲《续世说》六称“逆天而行”,比“令得运行”句尤为现实;惟孔书作“每晨击钟”,似传刻之误,“辰”即时辰,与“刻”对言,非早晨之晨。

术，原不让人，惟未得相当之条件以相配合，故卒无从发展也。

第六十五节　乐、舞及百戏

六朝及隋代音乐，具见《隋史》十六节。武德初仍沿用九部①，贞观十四年始制燕乐，为诸乐之首，同时平高昌，尽收其乐，合前为十部而废去礼毕，每部均附舞人。（《旧书》二九）其后又分为立、坐二部，所奏乐乃随时制作。立部伎有乐（此指曲、舞而言）八种，除庆善乐（太宗时作）独用西凉乐（此指乐器而言）外，余奏皆擂大鼓，同用龟兹乐；坐部伎有乐六种，除龙池乐（玄宗作）用雅乐外，余亦用龟兹乐。（同上）立部者堂下立奏，坐部者堂上坐奏也。贞元十七年骠国献其国乐，于是又有骠乐。

玄宗时西方乐谱（此名词见《酉阳杂俎》一二）大量输入，详廿三节；先是贞观末裴神符作《胜蛮奴》、《火凤》、《倾杯乐》三曲，太宗深爱之，（《会要》三三）又高宗闻莺声，命白明达写为《春莺啭》曲，（《教坊记》）西谱之输入，初唐已肇其端。唐时曲调尚有徧（亦作遍）破的名称，如元稹《连昌宫词》，"逡巡大徧凉州彻，色色龟兹轰绿续"，刘言史诗，"四座无言皆瞠目，横笛琵琶遍头促"，又《语林》五，"天宝中乐章多以边地为名，若《凉州》、《甘州》、《伊州》之类是焉，其曲遍繁声为破"，显与西域有关。

唐代音乐大体为西域化，又可从乐工多胡人或胡裔表现之：

---

① 《会要》三三在武德初九部乐内列举扶南，但又称《通典》无扶南，有天竺，悬为疑问。按《旧书》二九："炀帝平林邑国，获扶南工人及其匏琴，陋不可用，但以天竺乐转写其声而不齿乐部，"可见武德九部并无扶南。

1. 安氏 武德元年，拜舞人安叱奴为散骑侍郎。（《会要》三四）李颀有《听安万善觱栗歌》。安辔新为玄宗时舞胡。（《南部新书》）

2. 白氏 贞观初，乐工白明达超授官爵。（《会要》三四）

3. 裴氏 乐工神符（见前）善琵琶。（《会要》三三）裴兴奴与曹纲同时，亦精此道。（《乐府杂录》）

4. 尉迟氏 尉迟青，代、德时人，善觱栗。（同上）又尉迟章，大和时人，善笙。（同上）

5. 康氏 康崑峇为琵琶第一手，贞元初人。（同上）又有康迺弄《婆罗门》，大中初人。（同上）

6. 曹氏 贞元中，曹保，子善才，孙纲，三世均工琵琶①。（同上）唐末，曹触新善弄《婆罗门》。（宋陈旸《乐书》）又有曹者素、曹绍夔曾为乐令。（《语林》五）

7. 米氏 米嘉荣，元和时人，刘禹锡诗赞其唱《凉州》；（《梦得集》五）子和，咸通中以琵琶知名。（同上《杂录》）大和初有米禾稼、米万槌，均善弄《婆罗门》。（《乐书》）

8. 石氏 大中初之石宝山，善弄《婆罗门》。（同上《杂录》）

（以上说乐）

西域之乐，常与舞相配合，故唐世亦盛行乐舞。贞观元年正月三日宴群臣，奏《秦王破阵乐》之曲，七年太宗又制《破阵乐舞图》，令乐工百二十人被甲执戟而习之，凡为三变，每变作四阵，有来往疾徐击刺之象，以应歌节。（《旧书》二八）玄奘游天竺，戒日王（即

---

① 涉曹家诗咏，可参向达《唐代长安与西域文明》五七页。又善才一般都当作人名，但白居易《琵琶引序》云："其人本长安倡女，尝学琵琶于穆、曹二善才。"又似是通名，如何，待考。

前三节之尸罗逸多）曾询及此乐舞之曲。（《慈恩传》五）

玄宗酷嗜音律，开元二年，（《会要》三四）选太常子弟三百人，教为丝竹之戏，置院近梨园①，故号梨园弟子，乐人、音声人等众至数万。安史乱后，其数大减，然大中初太常乐工犹五六千人。（《旧书》二八及《新书》二二）

女乐隶教坊，西京、东京各设二所，其妓女召入宜春院者谓之内人。（《教坊记》）舞至唐末，已偏重于女性。

唐舞分健舞（tandava-laksanam）②、软舞，意即武舞、文舞之派别；武舞手执戚，衣短小，文舞手执翟，状如凤毛，毛长大，（《杂录》）即《卫风·万舞》所谓“左手执籥，右手秉翟”，《尚书》所谓“舞干羽于两阶”也。

据《教坊记》，健舞曲有《阿辽》、《柘枝》、《黄麞》、《拂林》、《大渭州》及《达摩支》，软舞曲有《垂手罗》、《回波乐》、《兰陵王》、《春莺啭》、《社渠》、《借席》及《乌夜啼》。《乐府杂录》则健舞为《阿连》（当《阿辽》之异称）、《柘枝》、《剑器》、《胡旋》及《胡腾》，软舞为《凉州》、《绿腰》、《苏合香》、《屈柘》③、《团圆旋》及《甘州》等，两书互异，度因时间性不同。今并略述其较著者：

柘枝　薛能《柘枝词》，“悬军征柘羯”，系误认柘羯为石国（参廿七节二三七页注①），柘枝即柘支，无疑来自石国④。柘枝舞曲用

① 后世称戏剧为梨园，乃辞义之演变，本义只是歌舞，戏剧至元代始有之。《新》一一九《武平一传》：“胡人袜子何懿等唱合生。”说者谓即杂剧。《通鉴》二四八大中二年记万寿公主“在慈恩寺观戏场”，亦当是杂剧所在地。

② 转入戏剧则为“武行”或粤语之“打武”。

③ 《乐苑》云，“羽调有《柘枝曲》，商调有《屈柘枝》，此舞因曲为名”（据向氏书六一页引）；按此之《屈柘》似即《屈柘枝》，若然则与柘枝软健有别，且调亦互异，《乐苑》合而为一，疑误。

④ 除石国非名柘羯一点外，余可参向氏书六一 — 六三页。

二女童，帽施金铃，抃转有声，其来也于二莲花中藏，花坼而后见。（《乐苑》）

剑器　开元中，公孙大娘善舞剑器，杜甫有《歌行》述其事。

胡旋　开、天间，康、米、史、俱密诸国屡献胡旋女子，知其舞风行于九姓胡，非只出自康国[①]，元、白《新乐府》均有《胡旋女》之篇。

胡腾　李端、刘言史均有诗咏，刘诗，“石国胡儿人见少”，以为来自石国。

兰陵王　《教坊记》以为出于北齐兰陵王长恭，高楠顺疑其描写婆竭罗龙王[②]，一名大面，亦曰代面，演者常著假面具，开后世脸谱之先声。

拨头　出西域，（《通典》一四六）亦曰钵头，张祜有《容儿钵头》诗[③]。

霓裳羽衣　此曲源流见廿三节二一〇页注②，白居易《霓裳羽衣舞歌》：“飘然转旋回雪轻，嫣然纵送游龙惊，小垂手后柳无力[④]，斜曳裾时云欲生。”自注云：“皆霓裳舞之初态。”《白集》五四又有“唯销一曲慢霓裳”之句，是曼舞也。或谓“曲有霓裳者率皆执幡节，被羽服”，以为宣宗所创，（《语林》七）证以白氏之诗，其中显有失实之处。

狮子　原属龟兹部，有五常狮子，各衣五色，高丈余，每一狮子有十二人，戴红抹额，衣画衣，执红拂子，谓之狮子郎舞。（《杂录》）[⑤]白居易诗：“西凉伎，假面胡人假狮子，刻木为头丝作尾，金

① 除此一点外，可参同上书六三 — 六四页。

② 据同上六四页引。

③ 兰陵王、拨头两项，可参同上书六四 — 六五页。

④ 《杂录》云：“舞者乐之容也，有大垂手、小垂手。”

⑤ 与《通典》所记不尽同，盖由于规模大小及地方性之变异。

镀眼睛银帖齿，奋迅毛衣摆双耳。”已能曲尽其舞容①。肃、代时舞者黄狮子，见《语林》五。

字舞　以舞人亚身于地，存成字也。(《杂录》)

花舞　著绿衣偃身合成花字也。(同上)

马舞　栊马人著绿衣执鞭，于床上舞蹀躞蹄皆应节奏也，(同上)此为以人效马。玄宗又尝畜舞马百匹，使塞外人教习，其曲谓之《倾杯乐》，奋首鼓尾，纵横应节，(《明皇杂录》)则今世之马戏也。

舞之设备，在室内者常用地毡为藉，岑参诗：“高堂满地红氍毹，试舞一曲天下无。”又李端《胡腾》诗：“扬眉动目踏花毡，红汗交流珠帽偏。”今南北剧台多铺地毡，即承其制。

敦煌壁画之舞者多执锦带(彩绸)或其他乐器，今戏剧中仍流行着舞彩绸之节目。

(以上说舞)

散乐历代有之，总谓之百戏，有寻橦(亦曰缘竿)、跳丸、旋槃觔斗、跳令、掷剑、透梯以及吐火、吞刀、神鳌负山(亦曰神龟负岳)、桂树白雪、画地成川，至于断手足、剔肠胃之类，取其有记述者详之如下：

1. 黄龙变　此幻伎也，幻伎于汉武时始入中国。其法，有舍利先来，戏于场内，须臾跳跃，激水满衢，鼋鼍龟鳌，水人虫鱼，遍覆于地，又有大鲸鱼喷雾翳日，倏忽化成黄龙，长七八丈，耸踊而出。(《隋书》一五)

2. 夏育扛鼎　取车轮、石臼、大瓮器等，各于掌上而跳弄之。(同上)

3. 戴竿　二人戴竿，其上有舞，忽然腾透而换易之。(同上)

① 可参一九五三年《新观察》欧阳予倩《狮子舞》。

或一人肩符首戴×二十四人，戴竿长百余尺，至于竿杪，人腾掷如猿狖飞鸟之势。(《禄山事迹》下)

4. 绳技　以绳系两柱，相去十丈，遣二倡女对舞，绳上相逢，切肩而过，歌舞不辍。(《隋书》一五)绳之直如弦，然后技女自绳端摄足而上，往来倏忽，望若飞仙，有中路相遇、侧身而过者，有著履而行、从容俯仰者，或以画竿接胫高六尺，或蹋肩蹋顶至三四重，既而翻身直倒至绳，还往曾无蹉跌，皆应严鼓之节。(《语林》五)

5. 拔河　古谓之牵钩，襄汉风俗常以正月望日为之，相传楚将伐吴，以为教战。古用篾缆，唐时代以大麻絙，长四五十丈，两头分系小索数百条，挂于胸前。(同上)中宗尝命朝臣于梨园球场分朋拔河。(《旧书》七)

6. 打球　古之蹴鞠也，《汉书·艺文志》《蹴鞠》二十五篇，颜注云：鞠以韦为之，实之以物，蹴踏为戏鞠，陈力之事，故附于兵法。近俗声讹，谓鞠为球。唐乐人又有蹋球之戏，作彩画木球，高一二尺，女妓登蹑，球转而行，盖古蹋鞠之遗事也。(《语林》五)《杂录》云："舞有骨鹿舞、胡旋舞，俱于一小圆球子上舞，纵横腾踏，两足终不离于球子上，其妙如此。"①

7. 波罗球　或疑唐初传入中国②，即今之马球。玄、穆、敬、宣、僖数宗均所擅长，僖宗朝三川节度，竟以打球胜负定之③，可谓流而

---

① 《新·礼乐志》言"胡旋舞，舞者立球上，旋转如风"，显本自《杂录》，但元、白二诗无只字道及蹑球，可信蹑球非胡旋舞之本体。由是，《封氏闻见记》之蹑球戏，最低限度亦必非元、白所咏《胡旋女》也。(参向书六四页)

② 同上向书七五页。

③ 敦煌本《张延绶别传》(《鸣沙石室佚书》)注云："会昌时邠州节度张君绪能对御打球"，余曾考定君绪于会昌六年任(《唐方镇年表正补》邠宁条)，对御者对宣宗也。

忘返。惟君主所好，故其风推及宫娥，朝贵第宅亦有自筑球场者。此戏历唐、宋、元不衰，明始废歇[①]。至“波罗”得名，韩振华以为球用波罗木即菩提树制；按菩提树非西域（中亚）原产，马球以木抑韦（见前项）为之，亦成疑问。据个人所见，其祖语应为古伊文之 vareta，圆球也，中古汉语无轻唇音，故变如 pare' a，国人又加“球”字足之[②]，旧日译名，往往有复辞单义之弊。

8. 乞寒　始见《周书》七大象元年，云“纵胡人乞寒，用水浇沃为戏乐”。又曰拨寒，见《旧书》七神龙元年及景龙三年。原从波斯输入，及糅合彼邦数种节日故事而构成，泼寒为 Afrejagan 音义兼孕之译法。其所关连者如浑脱队之浑脱（Haurvatat），火教七圣神之一也，苏莫遮、波斯人侑神之曲也[③]。《乐府杂录》鼓架部之浑脱，可能属此。自开元元年奉敕禁断，其后鲜有闻[④]。

（以上说百戏）

第六十六节　服　饰

阶级之判愈明，服御之制亦随而愈密。汉高令贾人毋得衣锦绣绮縠；苻坚制金锦绣，工商、皂隶、妇女不得服之，犯者弃市；《周书》六建德六年，令民庶以上，唯听衣绸、绵绸、丝布、圆绫、纱、绢、绡、葛、布等九种，余悉停断。涉官吏章服，其制繁缛，故不复论及。

---

① 参向书七五—七九页。

② 向书七五页又以波斯文称波罗球为 gui，与我国“球”字之读音相比。

③ 详说见拙著《唐代戏乐之波斯语》。（《东方》四〇卷一七号四六—五〇页）并参《会要》三四《杂录》条。

④ 陈炎以为泼寒与缅甸有关，（一九五五年十二月八日《光明日报》，《中缅两国人民友好往来的历史》）按缅甸虽有泼水之戏，但北周的风习并非从缅甸输入。

旧说以改正朔、易服色为上古革代之新政，前者属于误会，已于历法节辨之，易服色之误会亦然。种族不同，好尚自异，战胜之族，如非遇特殊环境，未必即向被征服者低头同化，故《礼记·檀弓上》所云夏后氏尚黑，殷人尚白，周人尚赤，又《明堂位》，殷之大白，周之大赤，此非周族故意向商族取异，乃自保其原有之习惯而已。后世缺民俗认识，更将不同之习俗，移转于等级之差别，则愈演变而愈失原意。

依于经济及其他发展，服御之限制，势必无法长久维持，“风俗奢靡，不依格令，绮罗锦绣，随所好尚，上自宫掖，下至匹庶，递相仿效，贵贱无别”，（《旧书》四五）便随而产生。

唐人一般多戴幞（音伏）头，“起于周武帝，盖取便于军容”，（《会要》三一）其法以三尺皂色纱绢等覆首向后，尽韬其发，一谓之四脚（脚亦作角），乃四带也，两脚系脑后垂之，两脚系颔下，取其服牢不脱，无事则折脑后二带反系头上，令曲折附顶，故亦谓之折上巾（名见《会要》引武德四年敕）。其后又改为硬脚（参《梦溪笔谈》、《演繁露》及郭思《画论》）。

席帽，本古之围帽也，男女通服，以韦为之。隋炀以后，丈夫者组藤为盖曰席帽，盖取其轻。后或因薄不御寒，长孙无忌用乌羊毛为浑脱毡帽（参《中华古今注》、《资暇录》及《朝野佥载》）。

衫子亦曰半衣，取便侍奉，（《古今注》）贞观时，士人以棠苎襕衫为上服，（《新书》二四）后则臧获贱伍皆服襕衫。

半臂亦曰背子，隋始制之。

唐人以狐背为裘而弃其白[①]，取其厚而温。（《汉书·匡衡传》颜注）

唐初，宫人骑马者依齐、隋旧制，多著幂罗，虽袭自外族，而全

---

① 《礼记·玉藻》，君衣狐白裘，君子狐青裘，则狐白裘为贵品，或指全白之狐言之，非此处所言较薄之白毛。

身障蔽，不欲途路窥之，王公之家，亦同此制。永徽之后，皆用帷帽，拖裙到颈，渐为浅露，虽禁断而无效。中宗时无复羃䍠之制，开元初，从驾宫人骑马者皆著胡帽，靓妆露面，士庶相仿，帷帽绝不行用。俄又露髻驰骋，或穿丈夫衣服靴衫，尊卑内外，同为一贯，(《旧书》四五)此唐代女子逐渐解放之一事也。女子之帷帽，四周垂丝网之，施以珠翠。(《中华古今注》)

披帛或云始于秦，(《事林广记》)或云女子古无披帛，开元中始诏世妇等参侍时披帛，(《中华古今注》)今世俗婚娶，男妇皆披绛帛，即其遗制。(《天香楼偶得》)

自北朝以来，男女衣饰多尚胡服窄袖，唐初犹尔，至开元后稍博。(《笔谈》)①大和六年敕定，袍袄等曳地不得长二寸已上，衣袖不得广一尺三寸以上，妇人制裙不得阔五幅已上。裙条曳地不得长三寸已上，襦袖等不得广一尺五寸已上。开成四年淮南李德裕奏，管内妇人衣袖先阔四尺，今令阔一尺五寸，裙先曳地四五寸，今令减三(或本讹“五”)寸。(《会要》三一)向达近年研究敦煌壁画，谓自六朝至唐初，男女俱著胡服，即所谓裤褶，男衣短仅至膝，折襟翻领；女衣亦同而稍长，内面另有长裙，肩披肩巾，俱穿胡靴②；足觇李唐一代服装趋尚之转变。

第六十七节　社会杂缀

北齐之世，距南北分裂已约二百五十年，根于彼此隔绝及其他

① 《禄山事迹》下言天宝时妇人衣襟袖窄小，此文似应作“天宝后”为合。白居易诗记天宝装束云，“小头鞋履窄衣裳”，又记元和时云，“时势宽妆束”，都可证。

② 《文参》二卷四期四三页。

原因，故社会风气互殊，可取颜之推《家训》数则以作示例：

> 今北土风俗率能躬俭节用以赡衣食，江南奢侈，多不逮焉。
>
> 南间贫素，皆事外饰，车乘、衣服，必贵齐整，家人妻子，不免饥寒。河北人士，多由内政，绮罗金翠，不可废阙，羸马、顇奴，仅充而已。
>
> 江左不计庶孽，丧室之后，多以婢媵终家。……河北鄙于侧出，不预士流，是以必须重娶，至于三四，母年有少于子者①。
>
> 江东妇女，略无交游，其婚姻之家，或十数年间未尝识者，唯以信命赠遗，致殷勤焉。邺下风俗，专以妇持门户，争讼曲直，造请逢迎，车乘填街衢，绮罗盈府寺，……此乃恒代之遗风乎。
>
> 河北妇人织纴组紃之事，黼黻锦绣罗绮之工，大优于江南也。
>
> 南人宾至不迎，相见捧手而不揖，送客下席而已。北人迎送并至门，相见则揖。
>
> 江南同昭穆者虽百世犹称兄弟，对他人言则曰族人。河北虽三二十世犹呼为从伯、从叔。

凡上所言，似可以表现唐代所谓“家法”之一斑，无怪乎开、天间传家法者推崔沔之家学，崔均之家法，又贞元已来，家法以崔倕为首，

---

① 陈氏因居易母嫁时年止十五，而父已四十一，(《元白诗笺证》三〇〇页)故益滋其甥舅为婚之疑，观此，则夫妻年龄相距悬远，固属常事，季庚四十而后娶，亦或有其困难也。

(均《语林》一)都落在河北崔氏也。然李晟治家有名,(同上)彼固非出身旧族者,是又不可一概而论。

陈氏云:"唐代社会承南北朝之旧俗,通以二事评量人品之高下,此二事一曰婚,二曰宦,凡婚而不娶名家女,与仕而不由清望官,俱为社会所不齿。"①按柳睦州(齐物)以锦帐三十重娶名倡娇陈,(《因话录》宫)齐物即玄宗柳婕妤之兄,玄宗曾赞"柳家多贤女子",(《语林》四)又李德裕所娶,乃为不知其出之刘氏(见四五节),是未至于世俗所弃之甚也。陈氏又云:"唐代德宪之世,山东旧族之势力尚在,士大夫社会礼法之观念仍存,词科进士放荡风流之行动,犹未为一般舆论所容许,如后来懿僖之时者。"②按进士长安狎妓,开元时旗亭画壁,是其一端,(并参《开天遗事》)白行简之传李娃,白居易之赠阿软,(《集》一五)元和前何曾有所顾忌?又刘开荣云:"山东士族抬头,礼法之风,开始浓厚。"③然大中年正是进士科抬头时候,而同时宣宗女万寿公主,却令从士人法,又敕公主、县主有子而寡者不得再嫁,复次,由高祖至代宗,公主再嫁之可知者计廿五人④,下迄宪宗,三嫁或三嫁已上者五人⑤,后此史文或不尽详,相信总比已前为少,是否吾人可认德宗已降为山东士族抬头时期?涉此类问题,吾人要当别寻其因果。

唐律,监临官不能娶所监临女为妾,奴不能娶良人女为妻,诸

---

① 《元白诗笺证》一〇六页。

② 《元白诗笺证》八四页。

③ 《唐代小说研究》旧版四八页。

④ 缪凤林《中国史纲》一九七页作二十四人,系因《新・公主传》漏去代宗女新都公主先降王赞后降田华,兹据《会要》六补入。

⑤ 德宗女咸安公主及宪宗女下降回纥,均曾转嫁数个可汗,惟不知其详,故曰或三嫁已上。

杂户不得与良人为婚①。(《疏议》一四)

亲迎之仪,往往广奏音乐,多集徒侣。(《旧书》四五)士大夫昏礼露施帐,谓之入帐,新妇乘鞍,悉北朝余风。(《酉阳杂俎》续四)其详细仪节,可参看《敦煌掇琐》三册七四 — 七五页。

段成式云:"吊字,矢贯弓也,古者葬弃中野,礼贯弓而吊,以助(?)鸟兽之害。"(《杂俎》一三)如段所言,则我国上古固同于祆教之俗(见三四节甲)。段又云,周以来用俑,刻木为屋舍、车马、奴婢等,送亡者又以黄卷蠮钱菀毫弩机纸疏挂树之属,(同上)则明器之类也。太极元年唐绍奏比者竞为厚葬,徒以炫耀路人,本不因心致礼,请明器皆依令式,开元廿九年对旧定明器数目,续有核减。

送葬有挽歌,见《李娃传》。段成式云,《左传》公孙夏命其徒歌虞殡,示必死也,为挽歌之始;《庄子》"绋讴于所生",司马彪注,绋读曰拂,引柩索,讴,挽歌。(《杂俎》续四)

缠足始于何时,凡有数说:《墨庄漫录》载妇人弓足始于五代李

① 刘开荣以为唐律士族不能与非士族通婚,其根据为《新书》一八一《李绅传》。(《唐代小说研究》旧版五八页)按传云:"部人讼(吴)湘受赃狼藉,身娶民颜悦女……诏遣御史崔元藻覆案。元藻言湘盗用程粮钱有状,娶部人女不实,按悦尝为青州衙推,而妻王故衣冠女,不应坐。"刘氏于"部人"下注云,"按即部曲",又云,"为奴婢之一种,与使女身分相仿佛",并引《唐律疏议》六"部曲为私家所有"及同书二二"部曲奴婢是为家仆"以证,(同前五八 — 五九页)此由刘不知"部"与"部曲"之意义有别也。奴婢不得与"民"同,传言"民颜悦",又悦尝为衙推,其非"部曲"之流,稍谙文义者便一目了然。按《唐律》一四称:"诸监临之官娶所监临女为妾者杖一百,……女家不坐。"《疏议》曰,"监临之官,谓职当临统案验者,娶所部人女为妾者杖一百",《新·传》之"部人",即《疏议》之"所部人",亦即"所辖之人民",与"部曲"意义迥异。吴湘当时任江都县尉,位处监临,故为有罪,此一条至清代尚悬为厉禁,意在防止上官之恃势压抑,光绪间浙江学政宝廷以娶江山船女而自劾去职,斯其例也。(据《旧书》一八下大中二年推勘吴湘狱之罪状,湘娶部民女是实,元藻显有迴护)抑"非士族"不就是奴婢,刘对于两者之区别,殊欠分晓。

后主，杨慎非之，历引杜牧、段成式诗及《花间集》词，以为不始五代，《代醉篇》从其说。胡应麟《笔丛》谓唐以前妇人未知札足，信或起于唐末。田艺蘅《留青日札》云："韩偓《屦子》诗，六寸趺圆光致致；唐尺虽短[1]，谓之六寸趺圆，想亦不缠足也。"按《花间》词"慢移弓底绣罗鞋"，犹云弧形之底，今天足女鞋尚有此式，非札足之确证，六寸趺圆亦许专就所见而咏；惟晚唐罗虬《比红儿诗》百篇，迄未将大小足相较，疑唐代尚无此恶习。

最末应说到隋、唐时"隐"之作用。考婆罗门之修行历程，第三曰林栖期，第四曰遁世期，示一切义务已毕，不问世事[2]。我国上古之隐，思想应是同源，但据《论语》所记，却演变为消极之人生观，趋向迥异。所略同者隐士系代表道德高尚之人，于是一变而造成其在社会阶层中之特殊地位。《韩非子》言：(中山)"其君好岩穴之士，所倾盖与车以见穷闾隘巷之士以十数，伉礼下布衣之士以百数矣。"隐士既为时君所尊礼，于是再变而为沽名钓誉、呈身仕进之途，"隐"即"不隐"之造端。

杜淹、韦福嗣因苏威以幽人见征，共入太白山，"扬言隐逸，实欲邀求时誉"，隋文恶之，谪戍江表。

唐高宗时，田游岩隐箕山，史德义隐虎丘。武后时，韦什方由嵩岳山人而作相，卢藏用隐终南、少室，人讥为仕宦捷径，随驾隐士。玄宗时，李白隐徂徕山，又与吴筠居剡中。再后则郗昂、杜黄裳同学于嵩阳，阳城居夏县，拜谏议大夫，郑钢居阌乡，拜右拾遗，李周南居曲

---

① 唐有大尺、小尺，大尺等于今〇点二九四九三六米，其六分之五为小尺，合八寸二一四余。(同前引林谦三书一四一页)换言之，大尺约合今九寸八五有奇。

② 《印度哲学宗教史》三二七 — 三三〇页。

江,拜校书郎。(《语林》五及四)建中、贞元间苻载、杨衡隐卢山[①]。元和初又有所谓水北山人(石洪)、水南山人(温造)及少室山人(李渤),读韩诗"少室山人索价高"一联,(《昌黎集》五)"隐"之伪无复遁容矣。更后则刘轲隐庐山,(《摭言》十一)会昌中犹有王龟居中条,以左拾遗征用。

第六十八节 从语与文之关系略记唐代俗语

王念孙、引之父子首唱古文寄于声不寄于形,俞樾奉之,余以此为清代经生唯一之最要发见。然王、俞只引其绪而未探其源,近数十年甲文叠出,寄声之条件是否亦适用于甲文?制字之初,如果六书说无误[②],则明明注重字形,何以"古文"[③]应用反偏向寄声?抑寄声说言之有物,证诸周金,益无可否定,夫寄声乃拼音文字之主要条件,何以适用于我国之非拼音文字?我国文字之构造,在甲文中"象形"占重要成分,转入周代,则象形不复显著,最占比重的乃为近世所谓"形声字"(此之"形"实指"会意"及"指事"言之,与"象形"之"形",臭味不同),盖汉语单音,而且能拼出之音为数无多(见最近拼音统计),远远不敷社会发展之用,故往往一字可读两个或两个以上之音;比如知、知(智),从、从(从者),妻、妻("以其兄之子妻之"之妻),女、女("女于时"之女),同是一字,而由于读

---

① 详拙著《跋〈唐摭言〉》二四八 — 二五〇页,又《读〈全唐诗〉札记》一一三页。(均《史语所集刊》九本)《云溪友议》一称,匡卢符载山人向于頔乞买山钱百万,"隐士"所以度活,大抵如是。

② 六书说本不尽可信,说见拙著《考据举例》。(《图书季刊》新五卷四期)

③ 此之"古文"系指初周至战国之文字,因为王氏立论时未见甲文。

音不同，呈义遂别，此寄声之证也。“于戏”可读如“于呼”，“惛”（即昏）可读如“闷”，“曝”可写作“昀”①，两个字声符迥异，而发音却可相通，此非寄形之证也。求其原因，当无非初时制字尚少，故而有此通融，及社会日益进步，远远供不应求，“形声字”遂乘时而大起；例如“匋”或“陶”可读如“陶唐”，亦可读如“皋陶”，换言之，“陶”“窑”原可通用，然究属不便，故“从䍃声”之字，则扩为“窑”“摇”“遥”“瑶”等以区别之，其重点还在于寄声。概言之，周以后之华文，实介居“象形”“拼音”之间而自成一类。凡此问题，皆古典家、语文家所应继承王、俞而发挥深掘者，何为任其中止也。

反切之学，究创何时，近人虽有讨论，未为澈底，此问题实与前项问题同一范畴而不可分割者。如其推源东汉，则“何不”为“盍”，“不可”为“叵”，先已见之。且“反切”之换言，即是“拼音”，到我国中古时代，果何所引导而创为此法②？是否如前文所猜汉族原有拼音之本能而再度涌现？两问题不特可以——而且必须连带解决者也。

百年来中外学人取我国之单语复辞以与西方比定者无下数十，事虽零碎而牵涉之方面则极为广泛，综合推理，明非偶然之巧合，应具内在之原因。当讨论汉语源流时候，如不将此疑障澄清，结果仍是片面之理论。许慎《说文》往日奉为不刊经典者，今已知其于古籀文字，多所隔阂。甲骨继青铜大出，小学家又急于联系商、周，顾最普见及最重要之干支廿二文，东周之后，已易其二（子、巳），又西周至东周前叶通用之金属暨历法名辞，到战国时实际上不复行用③，鉴于此种已知之剧烈转变，未知者相信还有许多，则处理商、周文字直接连贯

① 六书说本不尽可信，说见拙著《考据举例》。（《图书季刊》新五卷四期）

② 或以为从西域输入，然书说上并无此等迹象，且反切之成立，实在翻译佛经开始之前。（《四十二章经》以何时译成，饶有问题）

③ 见拙著《周铸青铜器所用金属之种类及名称》（《东方》四一卷六号四一 — 四七页）及《何谓生霸死霸》。（同上廿一号三二 — 四二页）

问题,吾人不能不相当慎重。

再从历史观之,戎狄当春秋、战国,分布既如此之多且广(见四八节),当地语言成分,应受相当之影响。更就考古观之,彩陶、青铜皆与西北相密切,如果寻源溯脉,总会牵连到民族以至语言的种种问题。括而言之,吾人只有紧记着斯大林同志所指示:“社会以外,无所谓语言。因此要了解某种语言及其发展的规律,只有密切联系社会发展的历史,密切联系创造这种语言、使用这种语言的人民的历史,去进行研究,才有可能。”①方能将其中一切纠纷,得到合理的解决。

说到语与文之关系,高名凯氏云:“文言当然不是白话,因为他是古代写的语言,但是他却是古代的白话文。换言之,所谓文言,是古代人依照当时的说话而写下来的语言。任何时代任何地方写的语言和说的语言都不能完全一致。”②其说固大致不错,却要加以适当之补充。我国文言文之成为固定形式,似为期甚早,除开甲文、金文不计,从严格而说,《尚书》中亦只有少数篇幅可合于“文言即当日白话”之条件,其他更非所论。(《毛诗》是音声整齐的韵文,非纯粹自然的白话)申言之,自战国以降之“文言”,与当时俗语相去已远,此则高氏说之须附加时限者。

斯大林同志又指出语言的发展,“不是经过一下子消灭旧的和建立新的那种方法,而是经过逐渐的长期的语言新质和新结构的要素的积累,经过旧质要素的逐渐衰亡来实现的”。③ 因此之故,吾人如能搜集方言辞汇,定可以发见古代方言遗留在某种语言之痕迹④;例如《齖魺新妇文》“索得箇屈期丑物入来,与我作底”,“已后与儿

---

① 《马克思主义与语言学问题》二〇页。

② 《燕京学报》三四期四九页《唐代禅家语录所见的语法成分》。(全篇为四九—八四页)

③ 同前引书二五页。

④ 参《燕京学报》三五期一二页贺登嵩撰文。

索妇，大须稳审”，又诗“用钱索新妇”，（均《敦煌掇琐》二）“索”犹云“娶”①，今吾乡间之通言也。又唐人诗“强相迎接事㱩孅”，（同上）㱩孅（转呼如“尖”）正广州之俗言也。抑孰为文，孰为俗，不特有时间性，且兼空间性，饮于今通语为“喝”，食为“吃”，广州系则“饮”“食”犹为俗言，“怒”之一辞，北方已少独用，广州系不然（只由 nou 转为 nrau），“是”在北方今犹通俗而在广州已成文言，是知旧语言消灭之期，往往视环境不同而迥异。更有得为文亦得为俗者如广州系“舟”是文言，“船”是俗言，但连合而说“龙舟”，则与“龙船”同是俗言，此则随其结构之式而变易。

唐人包含俗语之著作，存者甚少②，然文言中仍有一点一滴，足资探索，下文只摘要列举，并非系统性之编集，姑作为《唐史》附录之一节来看可也。

“子”　假使蚊子脚（后凉昙无谶译《大方等无想经》）作龟兹国子（《北齐书》五〇）　此宅子甚好（《语林》三引陆元方）　云母障子（王维诗）　烽子（《沙州文录补》）　甘子（《禄山事迹》中）　茶托子　风炉子或烽炉子　（均《资暇集》下）　手帕子（《鉴诫录》一）　渡子　（同上五）“子”字之用，最少可上溯六朝，高氏以为细小格的语尾，我觉得大可商量。蚊子固然细小，师子（此名亦晋朝已见）却不为不大，我曾以“子”比漠北语之“支”③，本是职务名辞，在汉语乃推用于物类，“龟兹国子”犹言龟兹国人，初无细小之意味。

“头”　心头　舌头　话头。（均语录）

“里”　扬州市里商人女（刘禹锡诗）　口里。（语录）

“边”　大作家在那边（《语林》五引王维）　这边（语录）　边

① 山西亦有此方言，见《山西通志》。

② 下文附注凡称“语录”者均据上页注③高名凯文所引，一为悟本即良价，浙人，卒咸通十，八六六年，二为元证即本寂，闽人，卒天复元，九〇一年。

③ 《东方杂志》四一卷二号三二页拙著《从人种学看天山南北之民族》。

字亦可单用，犹云“处”也，如《大历十七年借券》，“于护国寺僧虔英边使粟壹拾柒×”(《沙州文录补》)，今广州语之“边处”犹云“何处”？则用“边”作询问词。

“老” 老奴(《旧》一八四《李辅国传》) 老僧 老兄。(均语录)

“阿” 此语六朝已常见，如阿翁、阿堵，(《世说》)《资暇集》下，“阿，助词也”。阿兄(《隋唐嘉话》，李勣呼单雄信) 更阿谁是，(《语林》三引娄师德) 又开元《宫人》诗“战袍经手作，知落阿谁边”，玄宗在宫自称阿瞒，亦作“鸦”，如虫娘是鸦女(《语林》四) 阿浩(《禄山事迹》中，禄山呼田乾真小字) 因何杀阿爷(《事迹》下) 报汝阿郎。(《语林》四引元和初田良逸)

“底”甲 不错底事 汝底 丑陋底人(均语录) 即今之“的”字。但“底”之一词，更有别种用法：

“底”乙 与我作底(见前)，《匡谬正俗》六，“俗谓何物为底(丁儿反)”，但颜师古以为“等”字之转音，不知确否。今靖江语“底个”，即“何事”之意①。甯戚饭牛缘底事(元稹诗)

“地” 因甚么到恁么地(语录) “地”用作副词。

“到” 去到。(语录)

“打” 打飞鸢岭过。(同上)

“向” 向什么处著。(同上)

“享” 《匡谬正俗》八，“俗呼某人处为某享(火刚反)”，师古以为乡(向)之转，则与上条之“向”意味相近。今广州语称“享、处”，“享”亦“在”也。

“者” 者箇道理 者回(均语录)后来都通用“这”字。

---

① 刘复《中国文法通论》一九 — 二〇页。

“这”　这里　这边　作这箇语话(均语录)　高氏以为即古代“之”字之保留。

“那”甲　大作家在那边(见前)　莫令那人知。(《禄山事迹》中)

“那”乙　万儿那得速耶(《资暇集》上引晋太宗即简文帝) 那得不死(《隋·辛公义传》)　花时那忍到升平(白居易诗) 此之“那”犹云“如何”,亦与文言之“岂”相近。

“恁么”　恁么来(《六祖坛经》)　犹云“如此”,今作“怎么”。

“甚”　甚处来(同上)　何也,详言之则为

“甚么”　甚么人(同上)　“甚”亦作“什”,

“什么”　什么物(同上)　亦可简称为

“么”　作么生(语录)　又可写作

“没”　《金刚经》道没语(《神会语录》)　与“没”相通者为

“勿儿”　玄宗问黄幡绰“是勿儿得怜”? 是勿儿犹言何人儿也。(《因话录》)法人 Demiéville 以为“勿”即“乜”,文廷式以为即“什么”。余谓“勿儿”为一辞,玄宗所问,并非儿子之“儿”,黄幡绰只因发音相同,故答称“自家儿得人怜”,以讽玄宗不应谋易太子,《因话录》释作“何人儿”,显未了解语意。其实“勿儿”即今广州语之“乜野”,儿(广州 i)野(广州 ie)一音之转,犹云“何事物”也。

“箇”甲　两箇儿(《周书·突厥传》)是第三個天子(《续世说》四引宪宗) 索得箇屈期丑物入来(见前) 著箇绯衫倚势行(卢诰诗) 此为一箇之“箇”,今常作“個”,亦即《泰誓》“若有一个臣”之“个”,或书作“介”,无非元音之转。

“箇”乙　箇小儿瞻视异常,勿令宿卫(《续世说》四引隋炀帝) 道得箇语,居即易矣(同上五引顾况) 此之“箇”应为“那箇”、“那样”之义,今广州呼“那箇”为“箇箇”,第一“箇”字呼如上声,用法

相同。

“弥” 我弥当家(《语林》六引卢弘宣) 似即蒙古时代之“每”,今世之“们”。

“些” 应为些些似外翁(元稹诗) 有些(语录)。

“了” 亦遣输了(《政要》二) 此小事不打了 可向外相扑了,即与赏令去。(均《语林》三引文宗)

“著(着)” 鸡猪鱼蒜,逢著则吃(《语林》三引卢杞) 欲与打著(同上引裴度) 不知是计,便欲走去,而筑着山下伏兵(《续皇王宝运录》) 其木于水中没着。(《敦煌本杂钞》)

“会” 阿家会舞清平乐(陈裕诗) “会”与“能”相对,今广州俗写为“晗”。

“也” 打了去也得,不打也得(《语林》三引陆象先) 即文言之“亦”,此为北方语失去收声之例。

“无” 李揆莫老无(《嘉话录》引德宗) 不知还得见儿无(元稹诗) 颇忆平昔无(《杂俎》一五) 句末疑问词,“无”在北方已失去发声之 m-,故转为“吗”。吾县西南对话时屡说“系无”,即北方之“是吗”。

“来” 使高力士扑灭了来(《禄山事迹》下) 去什么处来。(语录)

“还” 不知还得见儿无。(见前)

“儿” 织宫锦巧儿。(《卢氏杂说》)

“自家” 自家儿得人怜。(《因话录》)

“把” 把此文章笑杀他。(《卢氏杂说》)

“添丁” 卢仝有《添丁》诗。唐代女无“丁”称(见三十七节),故今语亦限于生男用之。

“年儿” 忽因时节惊年儿(白居易诗) 大家年儿不为小(《语

林》五）　今常作“年纪”。

“竹笪”　笪音怛，《资暇集》下引江东语，今广州语同。

“抱（枹）木”　见《资暇集》下及《岭表录异》，今粤语谓轻松为pou，当即此“枹”字。

此外唐文习惯，好用“灼然”字，义犹“显然”，“为复”即“抑或”（如《元氏长庆集》三九：“并不言两税数内为复数外。”）“然后”常作“然”，朋友间相称以“卿”，（《家训》二）朝廷对高级官吏之诏书、批答，亦常用之。又隋唐间人凡二字名者喜省作一字，大业中虽断单称复名，（《匡谬正俗》六）一时未能尽革。此皆阅览两朝文史时所应注意者。

后　　记

一九五〇年初编隋唐史讲义，据学生反映，要求成立一完整中心系统，将各重要问题配合来讲授。我当时曾报告组织，以为此种提议，自是近年之迫切要求，故讲授各节之间，往往指出其联系性质，然亦自有许多困难之点：(1)秦以后每一朝的历史，几无不是前朝之复演，脱不了封建性质，这就是我国近世以前历史的重心。(2)断代史与通史讲授应略有不同，前者似当对事实作更详细之叙述，倘过求总括，便易流于概论，与一般通史无异。(3)尤其是，每朝总有其极盛、中衰、崩溃的时期，各有环境，不断发展，同一类的事实未必能拉在一起，且容易抹煞时间性。(4)以一个观点来总括许多问题，最容易流入唯心论的解释，一着错则全盘皆错，贻误后学不少。若分题解释，是取法于纪事本末的体裁。(5)大学生的攻读，应鼓励自觉而不应偏重灌输，如专凭个人意见来论断，则易流入暗示而阻窒其进步。(6)而且我国中古史的史料，在许多方面，仍感觉缺乏(例如晚唐史料，多属牛党著述，关于盛唐的府兵制度的记述，亦极不完备)，吾人往往只见其片面，就无从遽下判断。(7)一般承认之旧说，倘细加分析，仍不少误解。(如谓府兵废而唐衰，然府兵制亦具许多弱点，且处于不得不废之势。又谓开元之盛，产生李、杜之诗，然唐代极盛时期不在开元)即发觉前人许多错误，更不轻容易自以为是，而包括多个问题于一个观点之下。况杨隋御宇，先后仅三十余年，时间极短而事实颇复，情形亦自有异。(8)断代史中更有若干独立的问题。总之，此为讲授断代史方法之一个大问题，学生的要求，当尽可能副其期望，但不能完全迁就。全书大致都本此方针进行。其《唐史》五十三节以下，到一九五三年暑假前才告续完，此后一年间又略辑补充材料，发给诸生。去岁十一月承高等教育出版社函，属将上下册合并修改，公开出版，始再着手整理，接纳时人批评，汰其芜秽，间有拙见不敢苟同者亦再申管见，凡以表争鸣之实，初无求遂过之心。附图中一半系托地理系徐均祥同志代为描绘，誊贴之事则邹生文光任之，并附于此，以识不忘。一九五七年一月仲勉记。

参 考 书 目

一、隋唐以前

《穆天子传》
《山海经》
《墨子》
《晏子春秋》
《列子》
《管子》
《韩非子》
《荀子》
司马迁《史记》
史游《急就章》
《淮南子》
班固《汉书》
应劭《汉官仪》
范晔《后汉书》
陈寿《三国志》
张华《博物志》
法显《佛游天竺记》
《晋书》
鸠摩罗什译《法华经》
沈约《宋书》
刘义庆《世说》
刘勰《文心雕龙》
魏收《魏书》
杨衒之《洛阳伽蓝记》
郦道元《水经注》
颜之推《颜氏家训》

二、唐

李百药《北齐书》
令狐德棻《北周书》
姚思廉《陈书》
房玄龄等《隋书》
李延寿《北史》
温大雅《大唐创业起居注》
孙星衍辑《括地志》
长孙无忌《唐律疏议》
《文馆词林》残卷
颜师古《匡谬正俗》
玄奘《大唐西域记》
（又译《法住记》）
慧立《大慈恩寺法师传》
义净《南海寄归内法传》
道宣《广弘明集》
又《续高僧传》
道世《法苑珠林》
李嗣真《续画品录》
陈子昂《陈拾遗集》
吴兢《贞观政要》
张鷟《朝野佥载》
韦述《两京新记》残本
《唐六典》
崔令钦《教坊记》
智昇《开元释教录》
徐坚《初学记》
张九龄《张曲江集》
张说《张说之集》
玄应《一切经音义》
裴孝源《贞观公私画史》
张怀瓘《书断》
常衮《制诏集》
杜佑《通典》
刘悚《隋唐嘉话》
陆贽《陆宣公集》
封演《封氏见闻记》
李吉甫《元和郡县志》
圆照《贞元释教目录》
不空译《宿曜经》
独孤及《毗陵集》
杜甫《杜少陵集》
皇甫湜《皇甫持正集》
韩愈《顺宗实录》
又《韩昌黎集》

元稹《元氏长庆集》
白居易《白氏长庆集》
李翱《李文公集》
李绛《李相国论事集》
刘禹锡《梦得集》
刘肃《大唐新语》
林宝《元和姓纂》
薛用弱《集异记》
李德裕《会昌一品集》
　又《次柳氏旧闻》
李肇《国史补》
慧琳《一切经音义》
孙樵《孙可之集》
沈亚之《下贤集》
李匡乂《资暇集》
杜牧《樊川集》
王定保《唐摭言》
段安节《乐府杂录》
樊绰《蛮书》
裴庭裕《东观奏记》
李绰《尚书故实》
郑棨《开天传信记》
范摅《云溪友议》
赵璘《因话录》
郑处诲《明皇杂录》
段成式《酉阳杂俎》
刘恂《岭表录异》
韦绚《宾客嘉话录》
姚汝能《安禄山事迹》
孙棨《北里志》
苏鹗《苏氏演义》
卢言《卢氏杂说》
段公路《北户录》
崔致远《桂苑笔耕集》
尉迟偓《南楚新闻》
朱景玄《唐朝名画录》
张彦远《法书要录》
　又《历代名画记》
韦澳《诸道山河地名要略》
　残本
《金华子》
《全唐文》
《全唐诗》
《平巢事迹考》
《鸣沙石室佚书》
《沙州文录》
《沙州图经》残本
《敦煌掇琐》
义净《大唐西域求法高僧传》

三、五代

刘昫等《旧唐书》
王仁裕《开天遗事记》
马缟《中华古今注》
孙光宪《北梦琐言》
何光远《鉴诫录》

四、宋

司马光《资治通鉴》
又《通鉴考异》
范祖禹《唐鉴》
又《范太史集》
宋祁等《新唐书》
吴缜《新唐书纠谬》
王溥等《唐会要》
王钦若等《册府元龟》
乐史《太平寰宇记》
欧阳修《新五代史》
又《集古录目》
又《集古录跋》
孙甫《唐史论断》
欧阳修等《崇文总目》
王谠《唐语林》
宋敏求《长安志》
又《唐大诏令》
赵明诚《金石录》
路振《九国志》
吴缃《五总志》
范垌《吴越备史》
莫休符《桂林风土记》
赞宁《僧史略》
李昉等《文苑英华》
又《太平广记》
苏轼《书传》
沈括《梦溪笔谈》
孔平仲《孔氏杂说》
又《续世说》
朱彧《萍州可谈》

钱易《南部新书》
胡仔《苕溪渔隐丛话》
李畋《该闻录》
蔡絛《西清诗话》
魏泰《临汉隐居诗话》
方勺《泊宅编》
　又《青溪寇轨》
邵伯温《邵氏见闻录》
刘攽《诗话》
李心传《三朝北盟会编》
李焘《续通鉴长编》
郑樵《通志略》
赵汝适《诸蕃志》
程大昌《禹贡山川地理图》
　又《雍录》
王象之《舆地纪胜》
朱弁《曲洧旧闻》
王应麟《通鉴地理通释》
　又《玉海》
　又《困学纪闻》
晁公武《郡斋读书志》
陈振孙《直斋书录解题》
　又《白香山年谱》
葛洪《涉史随笔》
洪兴祖《韩柳年谱》
洪迈《容斋随笔》
洪适《翰苑群书》
朱熹《纲目》
　又《语类》
傅寅《禹贡说断》
黄朝英《缃素杂记》
陆游《老学庵笔记》
　又《渭南文集》
志磐《佛祖统纪》
宗鉴《释门正统》
《长安志图》

五、金元

王若虚《滹南诗话》
朱礼《汉唐事笺》
托克托等《宋史》
　又《辽史》

又《金史》
王恽《玉堂嘉话》
胡三省《通鉴注》
又《通鉴释文辨误》
辛文房《唐才子传》
吴师道《礼部诗话》
戴表元《剡源文集》
陶宗仪《辍耕录》
念常《佛祖通载》

六、明

宋濂等《元史》
胡应麟《少室山房笔丛》
杨慎《南诏野史》
又《升菴外集》
王骥德《曲律杂记》
宋新吴《歌记》
李时珍《本草纲目》
《明一统志》

七、清

王夫之《读通鉴论》
顾炎武《天下郡国利病书》
钱谦益《牧斋有学集》
阎若璩《尚书古文疏证》
王鸣盛《十七史商榷》
钱大昕《二十二史考异》
赵翼《二十二史劄记》
又《陔馀丛考》
章宗源《隋书经籍志考证》
杨守敬《隋书地理志考证》
岑建功等《旧唐书校勘记》
沈炳震《两唐书合钞》
赵绍祖《新旧唐书互证》
吴廷燮《唐方镇年表》
徐松《唐两京城坊考》
又《登科记考》

又《西域水道记》
李兆洛《地理韵编今释》
劳格《郎官柱考》
又《精舍碑考》
又《全唐文札记》
七十一《西域见闻录》
顾祖禹《读史方舆纪要》
邵远平《元史类编》
洪钧《元史译文证补》
萨英额《吉林外纪》
张穆《蒙古游牧记》
黄沛翘《西藏图考》
傅泽洪《行水金鉴》
胡渭《禹贡锥指》
齐召南《水道提纲》
阮元《广东通志》
仇池石《羊城古钞》
王昶《金石萃编》
陆耀遹《金石续编》
叶奕苞《金石录补》
叶昌炽《语石》
毕沅《关中金石记》
毛凤枝《关中金石文字逸编》
胡聘之《山右石刻丛编》
林侗《唐昭陵石迹考略》
又《来斋金石刻考略》
端方《匋斋藏石记》
傅云龙《日本金石志》
吴承志《唐贾耽记边州入四夷道里考实》
张尔田《玉谿生年谱会笺》
贺长龄《经世文编》
沈德潜《唐诗别裁》
汪森《词综》
张惠言《词选》
陈康祺《郎潜纪闻》
陈祖范《陈祖范文集》
金武祥《粟香随笔》
陶葆廉《辛卯侍行记》
虞兆漋《天香楼偶得》
钱泳《药园闲话》
魏源《海国图志》
黄遵宪《日本国志》
清臣等《河源纪略》
《永城县志》

八、近代

王国维《观堂集林》
向达《唐代长安与西域文明》
陈寅恪《唐代政治史述论稿》
又《隋唐制度渊源略论稿》
又《元白诗笺证稿》
董家遵《中国收继婚之史的研究》
鲁迅《唐宋传奇集》
张星烺《中西交通史料汇编》
贺昌群《古代西域交通与法显印度巡礼》
陈垣《摩尼教入中国考》
又《中国佛教史籍概论》
冯承钧《景教碑考》
张鹏一《阿母河记》
丁谦《隋书四夷传考证》
又《唐西域传考证》
沈曾植《蒙古源流笺征》
蓝文徵《隋唐五代史》上
罗振玉《昭陵碑录》
又《张义潮传》
又《朔闰考》
全汉昇《唐宋帝国与运河》
黄炎培《朝鲜》
吴金鼎《斯坦因敦煌盗经事略》
吴景敖《西陲史地研究》
朱芳圃《甲骨学》
谢稚柳《敦煌艺术叙录》
王重民《敦煌曲子集》
黎锦熙《佛教十宗概要》
黄文弼《高昌专集》
缪凤林《通史纲要》
金毓黻《东北通史》
赵俪生等《中国农民战争史论文集》
孙祚民《中国农民战争问题探索》
柳诒徵《中国文化史》
马长寿《中国兄弟民族史》
王桐龄《中国史》
范行准《中国预防医学思想史》
万国鼎《中国田制史》
陈伯瀛《中国田制丛考》

胡钧《中国财政史》
武仙卿等《南北朝经济史》
鞠清远《唐代财政史》
　又《唐代经济史》
刘复《中国文法通论》
杨启高《唐代诗学》
刘开荣《唐代小说研究》
郑鹤声《杜佑年谱》

属近代者只记专刊，其余散见各杂志学报之论文，为数太多，不复繁录。

九、外国

阿甫基耶夫《古代东方史》
尼赫鲁《印度的发现》
沙畹《西突厥史料》
　又《摩尼教流行中国考》
伯希和《交广印度两道考》
马伯乐《占婆史》
希勒格《中国史乘未详诸国考证》
莱忙脱《苏联民族之话》
色伽兰《中国西部考古记》
多桑《蒙古史》
布勒希乃德《中世纪研究》
苏莱曼《苏莱曼游记》
斯坦因《古代于阗》
毗尔《译西域记》
Huart《古波斯及伊兰文化》
巴尔托勒《蒙古时代前之突厥史》
玉尔《中国及其通道》
费琅《崑仑及南海古代航行考》
Müller《摩尼圣歌复叶》（德文本）
《回教百科全书》（英文本）
Czaplicka《中亚之突厥族》（英文本）
桑原隲藏《唐宋贸易港研究》
　又《蒲寿庚考》
足立喜六《长安史迹考》
中树久四郎《唐代之广东》
那波利贞《从中国首都计划史上考察之唐代长安城》

加藤繁《中国社会史》
森谷正己《中国社会经济史》
藤田丰八《〈往五天竺国传〉笺释》
那珂通世《成吉思汗实录》
林谦三《隋唐燕乐调研究》
内藤虎次郎等《唐代文献丛考》
箭内亘《元朝制度考》
鸟居龙藏《满蒙古迹考》
白鸟库吉《塞外史地论文译丛》
羽田亨《西域文明史概论》
盐谷温仲《中国文学概论讲话》
冯承钧编译《史地丛考》
高楠顺《印度宗教哲学史》
冯承钧译《西域南海史地考证译丛》一至六编
牟理《东蒙古辽代旧城探考记》
《越史略》

十、拙著专刊及论文

《元初西北五城之地理考古》
《跋突厥文阙特勤碑》
《康居传校释》
《秦代已流行佛教之讨论》
《揭出中华民族与突厥族之密切关系》
《西周社会制度问题》
《唐方镇年表正补》
《伊兰之胡与匈奴之胡》
《佛游天竺记考释》
《汉书西域传校释》（未刊）
《〈太平御览〉之忽略北狄》
《评沈垚怀荒镇故址说》
《北魏国防的六镇》
《怀荒镇故址辨疑》
《穆天子传地理概测》
《突厥集史》
《课余读书记》
《再说钦察》
《陈子昂及其文集之事迹》
《误传的中国古王城及其水力利用》
《隋书州郡牧守编年表》
《外蒙于都斤山考》

《论取鉴唐史》
《阐扬突厥族的古代文化》
《五行起自何时》
《义净年谱》
《华族西来说得到第一步考实》
《契丹的打草穀制度》
《唐代戏乐之波斯语》
《唐史馀瀋》(未刊)
《通鉴唐纪比事质疑》(未刊)
《从人种学看天山南北之民族》
《塔吉克噶勒察及大食三名之追溯》
《南海昆仑与昆仑山之最初译名》
《唐代云南管内几个地理名称》
《"回回"一词之语原》
《外语称中国的两个名字》
《卫拉特即卫律说》
《景教碑之 Sarag 为洛师音译》
《〈白氏长庆集〉伪文》
《唐代两税基础及其牵连的问题》
《党项及於弥语原辨》
《括地志序略新诠》
《黄河变迁史》
《昆仑一元说》
《何谓生霸死霸》
《夏时与狄族》
《自波斯湾头至东非中部之唐人航线》
《跋〈唐摭言〉》
《考据举例》
《周铸青铜器所用金属之种类及名称》
《登科记考订补》
《唐集质疑》
《旧唐书地理志旧领县之表解》
《贞石证史》
《续贞石证史》
《新唐书突厥传拟注》
《翰林学士壁记注补》
《李德裕会昌伐叛集编证》(上)
《补唐代翰林两记》
《旧唐书逸文辨》
《玉谿生年谱会笺平质》
《读全唐诗札记》
《续劳格读全唐文札记》
《杜佑年谱补正》
《〈两京新记〉卷三残卷复原》

岑仲勉先生学术年表*

1886 年（光绪十二年）

9 月 22 日（农历八月二十五日），出生于广东省顺德县桂洲里村。字仲勉，又名汝懋。

1895 年（光绪二十一年）

开始从师学习。

1900 年（光绪二十六年）

已撰八股成篇，并能写策论和浅近骈文。

1901 年（光绪二十七年）

在中国资产阶级启蒙思潮影响下，经历了破除迷信的思想转变。

1903 年（光绪二十九年）

考入两广大学堂（清“广雅书院”，后改名为两广高等学堂）。

1906 年（光绪三十二年）

本年至 1907 年（光绪三十三年），在灵州速成师范及高州中学任理科教员。

1908 年（光绪三十四年）

进两广游学预备科（清“粤秀书院”，后改名为两广方言学堂）。10 月，转读北京高等专门税务学校。

---

* 本年表由王溪整理。

1912 年

12 月,毕业于北京高等专门税务学校,为该校第一届毕业生。

1913 年

2 月,去上海海关工作。

此后十余年间,曾任两广都司令部财政科科长、三水铁路局局长等职,但心中始终向往教育及学术研究。工作之余博览群书,曾致力于中国植物名实考订和植物分类学研究,后主要精力转入历史学研究。

1921 年

首次发表史地学方面的研究成果《课余读书记》。

1923 年

11 月,《对于植物学名词的管见》发表于《科学》第 8 卷第 11 期。

1924 年

1 月,《楮构说》发表于《科学》第 9 卷第 1 期。

1928 年

《遵路杂缀》发表于《津浦之声》第 3、4 期。

1930 年

主持圣心中学教务,1934 年卸任。

开始撰写《汉书西域传地里校释》。

1932 年

《法显西行年谱》《唐代阇婆与爪哇》《唐代大食七属国考证——耶路撒冷在中国史上最古之译名》《掘伦与昆仑》《暮门》《苫国》《西域记》《亚俱罗》《末罗国》《zaitûn 非"刺桐"》《Quinsai 乃杭州音译》《憩野》《〈拉施特史〉十二省之研究》《明代广东倭寇记》《朱禄国与末禄国》发表于《圣心》第 1 期。

开始撰写《突厥集史》。

1933 年

7 月,《〈水经注〉卷一笺校》《晋宋间外国地理佚书辑略》《阇婆婆达》《奇沙国》《广府》《阿軬荼国》《波凌》《〈翻梵语〉中之〈外国传〉》《麹氏高昌补记》《南海昆仑与昆仑山之最初译名及其附近诸国》《〈诸蕃志〉占城属国考》《黎轩语原商榷》《王玄策〈中天竺国行纪〉》《义静法师年谱》《法显西行年谱订补》《柳衢国 致物国 不述国 文单国 拘蒌蜜国》《再说大食七属国》发表于《圣心》第 2 期。

1934 年

《佛游天竺记考释》由商务印书馆出版。

《读西辽书所见》发表于《金陵学报》第 4 卷第 2 期。

得到陈垣先生的赏识,受邀为《辅仁学志》撰稿。

6 月,《汉书西域传奄蔡校释》《汉书西域传康居校释》发表于《辅仁学志》第 4 卷第 2 期。

8 月,旅沪读书,任上海暨南大学校长秘书兼文书,1936 年 9 月卸任。

1935 年

12 月,《蒙古史札记》《元太祖定都和林说》《阿里马城》《元定宗侵把秃》《乃颜世代与朵颜卫》发表于《历史语言研究所集刊》第 5 本第 4 分;《〈括地志序略〉新诠》发表于中山大学《史学专刊》第 1 卷第 1 期。

1936 年

《再说钦察》发表于《辅仁学志》第 5 卷第 1、2 合期。

《明初曲先 · 阿端 · 安定 · 罕东四卫考》发表于《金陵学报》第 6 卷第 2 期。

4 月,《评〈秦代初平南越考〉》《隋书州郡牧守编年表》发表于中山大学《史学专刊》第 1 卷第 3 期。

11 月,《释桃花石》发表于《东方杂志》第 33 卷第 21 号。

12 月,《〈耶律希亮神道碑〉之地理人事》《金石证史》发表于中山大学《史学专刊》第 1 卷第 4 期。

1937 年

春,游学长安,得访唐碑。

《李德裕会昌伐叛集编证》(上)、《校贞观氏族志残卷》发表于中山大学《史学专刊》第 2 卷第 1 期。

4 月,任陕西省禁烟督察处潼关事务所职员。

6 月,《新唐书突厥传拟注》《汉书西域传校释》《跋突厥文阙特勤碑》发表于《辅仁学志》第 6 卷第 1、2 合期。

7 月,经陈垣先生推荐,入中央研究院历史语言研究所历史组任专任研究员。抵达南京后整录郎官题名。

年底,转徙长沙,研究《文苑英华》《白氏长庆集》等唐人文集。

1938 年

入滇,秋校《元和姓纂》,开始校读《全唐文》。

8—9 月,作《唐人行第录》。

1939 年

1 月,校读完《全唐文》,开始校读《全唐诗》,至 2 月完成。《郎官石柱题名新著录》发表于《历史语言研究所集刊》第 8 本第 1 分。

《外蒙於都斤山考》发表于《历史语言研究所集刊》第 8 本第 3 分。

12 月,《贞石证史》发表于《历史语言研究所集刊》第 8 本第 4 分。

1941 年

著《登科记考订补》。

1942 年

《天山南路元代设驿之今地》发表于《历史语言研究所集刊》第10本第4分。

整理《翰林学士壁记》。

1943 年

11月4日,《论取鉴唐史》发表于《益世报》文史副刊。

1944 年

1月,《秦代已流行佛教之讨论》《景教碑书人吕秀岩非吕岩》发表于《真理杂志》第1卷第1期。

《伊兰之胡与匈奴之胡》发表于《真理杂志》第1卷第3期。

9月,《唐代戏乐之波斯语》发表于《东方杂志》第40卷第17号;《〈登科记考〉订补》《补唐代翰林两记》发表于《历史语言研究所集刊》第11本。

10月,《唐代最南大商港 AI - wakin》发表于《东方杂志》第40卷第20号。

12月,《考据举例》发表于《北平图书季刊》(新)第5卷第4期。

是年,《翰林学士壁记注补》发表于《史料与史学》第1本(上册)。

1945 年

1月,《从人种学看天山南北之民族》发表于《东方杂志》第41卷第2号。

2月,《揭出中华民族与突厥族之密切关系》发表于《东方杂志》第41卷第3号。

3月,《饕餮即图腾并推论我国青铜器之原起》《周铸青铜器所用金属之种类及名称》先后发表于《东方杂志》第41卷第5、6号。

9月,《误传的中国古王城与其水力利用》《自波斯湾头至东非中部之唐人航线》先后发表于《东方杂志》第 41 卷第 17、18 号。

10 月,《三伏日纪始》发表于《东方杂志》第 41 卷第 19 号。

11 月,《何谓生霸死霸》发表于《东方杂志》第 41 卷第 21 号;《翰林学士壁记注补(续前)》《续贞石证史》《〈玉谿生年谱会笺〉平质》《〈唐方镇年表〉正补》《抄明李英征曲先(今库车)故事并略释》《跋〈南窗纪谈〉》发表于《史料与史学》第 1 本(下册)。

是年,《外语称中国的两个名词》发表于《新中华》(复刊)第 3 卷第 4 期;《党项及於弥语原辨》《卫拉特即卫律说》发表于成都金陵大学《边疆研究论丛》。

1946 年

4 月,《〈隋书〉之吐蕃——附国》发表于《民族学研究集刊》第 5 期。

5 月,《蜀吴之梵名》《周金文所见之吉凶宜忌日》先后发表于《东方杂志》第 42 卷第 9、10 号。

6 月,《景教碑之 SARAGH 为洛师音译》发表于《东方杂志》第 42 卷第 11 号。

7 月,《上古东迁的伊兰族——渠搜与北发》发表于《东方杂志》第 42 卷第 14 号。

8 月,《周初生民之神话解释》发表于《文史周刊》;《“三年之丧”的问题》发表于《东方杂志》第 42 卷第 15 号。

9 月,《塔吉克噶勒察及大食三名之追溯》《记张田之清廉并略论海关》先后发表于《东方杂志》第 42 卷第 17、18 号。

10 月,《浪白滘与澳门》《西周初期与印度之交通》分别发表于《东方杂志》第 42 卷第 19、20 号。

12 月,《陈子昂及其文集之事迹》发表于《辅仁学志》第 14 卷第1、2合期。

1947年

1月，《禹与夏有无关系的审查意见书》发表于《东方杂志》第43卷第2号。

2月，《我国最古之鸡笼顶式建筑》《蠮螉国》《监观琐记》发表于《东方杂志》第43卷第4号。

3月，《对于孔学的我见》发表于《东方杂志》第43卷第6号。

12月，《汉族一部分西来之初步考证》发表于《新疆论丛》创刊号；《〈贾岛诗注〉与〈贾岛年谱〉》发表于《学原》第1卷第8期；12月29日，《唐代云南管内几个地理名称》发表于《中央日报》。

是年，《唐集质疑》《读〈全唐诗〉札记》《跋〈封氏闻见记〉》（校证本）、《跋〈唐摭言〉》（学津本）、《续劳格读全唐文札记》《论〈白氏长庆集〉源流并评东洋本白集》《〈白氏长庆集〉伪文》《白集醉吟先生墓志铭存疑》《〈两京新记〉卷三残卷复原》发表于《历史语言研究所集刊》第9本；《〈旧唐书逸文〉辨》《"回回"一词之语原》《吐鲁番一带汉回地名对证》《吐鲁番木柱刻文略释》《理番新发见隋会州通道记跋》《跋历史语言研究所所藏明末谈刻及道光三让本〈太平广记〉》《四库提要古器物铭非金石录辨》《宣和博古图撰人》《元初西北五城之地理的考古》《从金泽图录白集影页中所见》《〈文苑英华辨证〉校白氏诗文附按》《补白集源流事证数则》《从〈文苑英华〉中书翰林制诏两门所收白氏文论白集》发表于《历史语言研究所集刊》第12本；《〈太平御览〉之忽略北狄》《北魏国防的六镇》《怀荒镇故址辨疑》《评沈垚怀荒镇故址说》《唐代滇边的几个地理名称》先后发表于《文史周刊》第44、54、57、70、74期；《我国上古的天文历数知识多导源于伊兰》发表于《学原》第1卷第5期;《从女国地位再论附国即吐蕃》发表于《康藏研究月刊》第10期。

1948年

1月,《列子非晋人伪作》发表于《东方杂志》第44卷第1号。

2月,《从嘉峪关到现在苏联边境之明人纪程》(上、下)发表于《东方杂志》第44卷第3、4号。

4月,《翰林学士壁记注补(续前)》《续贞石证史》《〈玉谿生年谱会笺〉平质》《〈唐方镇年表〉正补》《抄明李英征曲先(今库车)故事并略释》《跋〈南窗纪谈〉》发表于《历史语言研究所集刊》第15本。

5月,李嘉言《为贾岛事答岑仲勉先生》(附岑仲勉之答辨)发表于《学原》第2卷第1期。

6月,《〈旧唐书·地理志〉"旧领县"之表解》发表于《历史语言研究所集刊》第20本上册。

7月,离开中央研究院历史语言研究所,回到广东任中山大学文学院历史系教授,并在中山大学历史研究室指导研究。

8月,《阐扬突厥族的上古文化》《夏时与狄族》发表于《民族学研究集刊》第6期。

12月,《五行起自何时》发表于《广东日报民族学刊》。

是年,《元和姓纂四校记》(一、二、三册)由商务印书馆出版;《唐唐临〈冥报记〉之复原》发表于《历史语言研究所集刊》第17本;《〈绛守居园池记〉集释(附〈绛守居园池记〉句解书目提要)》发表于《历史语言研究所集刊》第19本;《历代西疆略程简疏》发表于《西北论坛》第1卷第6期;《狄名探原》《书画鉴赏家之"特健莱"》发表于《西北通讯》第2卷第3期;《明史之羽集乜川》发表于《西北通讯》第2卷第4期;《昆仑一元说》发表于《西北通讯》第2卷第10期;《昌顿之语原及其音读》发表于《西北通讯》第3卷第1期;《〈杜佑年谱〉补正》发表于《学原》第2卷第4期;《墨学解》发表于《学原》第2卷第8期。

1949年

1月,《楚为东方民族辨》发表于《广东日报民族学刊》。

3月,《五羊城故事与广州语系民族》《〈张曲江集〉十刻之表解》发表于广东文物编印委员会编辑《广东文物特辑》。

是年,《上古中印交通考》发表于《珠海学报》第2集;《达怛问题》发表于《西北世纪》第4卷第4期。

1950年

开始撰写《隋唐史》讲义。

1951年

4月24日,《契丹的打草谷制度》发表于《大公报》新史学版。

11—12月,《唐代两税基础及其牵连的问题》及其续篇先后发表于《历史教学》1951年第11、12期。

年底,开始撰写《黄河变迁史》。

1952年

4月,《历史教学上应怎样掌握黄河的材料》发表于《历史教学》1952年第4期。

夏,基本完成《黄河变迁史》,54万字。

10月,《关于黄河迁徙的研究》发表于《新黄河》1952年第10期。

1953年

夏,完成50万字的《隋唐史》讲义。

1954年

12月,《论周代社会史料的运用问题》发表于《历史研究》1954

年第6期。

1955年

3月,《贡、助、彻的涵义及怎样施行》发表于《中山大学学报》(社会科学版)1955年第1期。

8月25日,中山大学历史系为岑仲勉先生举行七十寿辰庆祝会。

10月,《租庸调与均田有无关系》发表于《历史研究》1955年第5期。

1956年

3月,《易卦爻表现着上古的数学知识》发表于《中山大学学报》(社会科学版)1956年第1期。

6月,《史记六国表和对近人考订之商榷》发表于《中山大学学报》(社会科学版)1956年第3期。

8月,《从汉语拼音文字联系到周金铭的熟语》发表于《中山大学学报》(社会科学版)1956年第4期。

是年,《西周社会制度问题》由新知识出版社出版;《论周代社会史料的运用问题》收入《历史研究》编辑部编辑《中国的奴隶制与封建制分期问题论文选辑》(生活·读书·新知三联书店);修订《隋唐史》讲义。

1957年

3月,《尧典的四仲中星和史记天官书的东宫苍龙是怎样错排的》发表于《中山大学学报》(社会科学版)1957年第1期。

5月,《〈穆天子传〉西征地理概测》发表于《中山大学学报》(社会科学版)1957年第2期。

是年,著成《突厥集史》《西突厥史料补阙及考证》两部书;《府兵制度研究》由上海人民出版社出版;《黄河变迁史》由人民出版社出版;《隋唐史》修订完成,由高等教育出版社出版。

1958 年

3 月,《论阻卜牧地不能在额济纳》发表于《中山大学学报》(社会科学版)1958 年第 1 期。

4 月,《春秋战国时期关西的拜火教》《读庄发微》《西周积年推算的点滴》发表于《两周文史论丛》。

5 月,《白沟即睢河之一部及其略史》发表于《安徽史学通讯》1958 年第 2 期;《治古史也应"厚今薄古,边干边学"》发表于《理论与实践》1958 年 Z1 期。

是年,《隋书求是》《两周文史论丛》由商务印书馆出版;《突厥集史》(上、下册)、《西突厥史料补阙及考证》由中华书局出版;《墨子城守各篇简注》由古籍出版社出版。

1959 年

5 月,《氏族源流蠡测并论彩陶之可能联系》发表于《中山大学学报》(社会科学版)1959 年第 1、2 期。

6 月,《据〈史记〉看出缅、吉蔑(柬埔寨)、昆仑(克仑)、罗暹等族由云南迁去》发表于《中山大学学报》(社会科学版)1959 年第 3 期。

8 月,《西汉对南洋的海道交通》发表于《中山大学学报》(社会科学版),1959 年第 4 期。

11 月 29 日,《如何探讨我国农民战争发展的规律》发表于《文汇报》。

是年,完成《汉书西域传地里校释》。

1960 年

6 月,《陈著〈中国古代天文学简史〉的质疑》发表于《中山大学学报》(社会科学版)1960 年第 3 期。

是年，著成《唐人行第录》《通鉴隋唐纪比事质疑》两部书；《唐史馀瀋》由中华书局上海编辑所出版。

1961 年

3 月，《天亡𣪘全释》发表于《中山大学学报》（社会科学版）1961 年第 1 期。

5 月，《楚辞注要翻案的有几十条》发表于《中山大学学报》（社会科学版）1961 年第 2 期。

6 月，《现存的职贡图是梁元帝原本吗？》发表于《中山大学学报》（社会科学版）1961 年第 3 期。

夏，补订《郎官石柱题名》期间患病。

8 月 29 日，《说"爨"——白族源流试探之一》发表于《文汇报》（上海）。

10 月 7 日，病逝于广州中山医学院附属第二医院。

参考文献

陈达超：《岑仲勉传略》，晋阳学刊编辑部编：《中国现代社会科学家传略》第三辑，山西人民出版社 1983 年版。

陈达超、岑君成、秦进才：《岑仲勉著述要目》，岑仲勉：《隋唐史》，河北教育出版社 2000 年版。

姜伯勤：《岑仲勉》，陈清泉等编《中国史学家评传》下，中州古籍出版社 1985 年版。

姜伯勤：《岑仲勉先生学记》，向群、万毅编：《岑仲勉文集》，中山大学出版社 2004 年版。

区庆芝：《博学旁通的历史学家岑仲勉》，广州市政协文史资料研究委员会编：《广州文史资料》第 38 辑，广东人民出版社 1988 年版。

荣新江：《岑仲勉著作集》书评，荣新江主编：《唐研究》第十卷《创刊十周年纪念专号》，北京大学出版社 2004 年版。

朱杰勤、陈达超：《岑仲勉》，《中国历史学年鉴》编辑部编辑：《中国历史学年鉴 1981》，人民出版社 1981 年版。

岑仲勉及其学术成就

姜伯勤

一

岑仲勉先生(1886—1961 年)名汝懋,字仲勉,以字行,广东省顺德县桂洲里村人。① 顺德是清季西北史地学家、礼部侍郎李文田和史学家梁廷枏的故乡。岑先生的父亲是光绪十一年(1885 年)乙酉科顺天举人,留心海防和新学。堂兄以光绪三十年(1904 年)甲辰科的翰林前往日本留学。家乡的濡染,家庭的影响,使岑先生从少年时代起,就对史学有了浓厚的兴趣。

仲勉先生的求学和学术生涯,可分为四个时期:

一、求学时期(1895—1912 年)

仲勉先生童年时,曾师事伯父,课习北碑,摹写汉隶。10 岁,外

---

① 岑仲勉先生的生年据先生的自述资料为 1886 年。1955 年 8 月 25 日被定为 70 寿辰,则是出于前人多据虚龄计算的缘故。

按:据岑仲勉先生之子岑君成言,8 月 25 日为农历,换算为公历应是 9 月 22 日。——整理者注。

出就傅，到14岁，已八股成篇，并能写策论和浅近骈文。少年时业已打下了中国文字的坚实基础。15岁，在中国资产阶级启蒙思潮的启迪下，经历了破除迷信的思想转变。1903年，考入两广大学堂（清“广雅书院”，后改为两广高等学堂），1908年考入两广游学预备科（清“粤秀书院”，后改为两广方言学堂）。同年冬，转读北京高等专门税务学校，1912年年底毕业。

二、业余读书时期（1913年2月—1937年6月）

1913年2月，仲勉先生去上海海关工作。为了反对袁世凯当皇帝，又不甘当洋人的工具，他放弃了洋人控制的上海海关的优厚待遇，毅然返穗做职俸微薄的倒袁工作，任职两广都司令部财政科科长。其后虽在各机关任职十余年，但心中却向往教育及学术研究。工余之暇，博览实科及史学群书。

仲勉先生以主要精力转入历史学研究，大约是在20年代末期，时年40岁左右。他10岁在学塾时，虽无历史课，却自动点读了《纲鉴易知录》。15岁，又自修了父亲留下的丹黄俱下的《通典》等政书。20岁时，服膺于高邮王氏父子及德清俞氏，因而学有根底。1930—1934年主持圣心中学教务期间，撰写了不少颇具卓识的“课余读书记”。1934年旅沪读书，任上海暨南大学文书及秘书课主任一年，并在上海商务印书馆出版了《法显传考释》（即《佛游天竺记考释》），从而引起了国内史学界的瞩目。1937年春，复游学长安，得访唐碑。至此，仲勉先生以坚韧的毅力和“一个人要咬得菜根，方才能实心教育”的献身精神，实现了从一个业余研究者到专业研究者的转变。

三、研究院时期(1937 年 7 月—1948 年 7 月)

1937 年 7 月,经陈垣先生的推荐,岑先生进入中央研究院历史语言研究所历史组任专任研究员。以后八九年的颠沛流离中,仲勉先生以饱满的爱国热情和寸阴必惜的紧迫感,做了大量的研究工作。1948 年 7 月,他回到广州,入中山大学文学院历史系任教授,讲授"蒙古史"课程,并在中山大学历史研究室指导研究。

四、新中国成立后(1949—1961 年)

新中国成立后,岑仲勉教授迎来了学术生涯中的黄金时期。

仲勉先生对新社会、对党、对马克思主义表现了真诚的热情,他更加勤奋。1950 年至 1953 年暑假,完成 50 万字的《隋唐史》讲义。1951 年年底至 1952 年夏天,基本完成《黄河变迁史》,54 万字。新中国成立前,仲勉先生仅有机会出版专著 2 种,新中国成立后至逝世前 11 年间,出版专著已达 13 种(15 本)之多。直至去世那年,他仍以 76 岁高龄终日著述。逝世前数日,还在病榻上处理与《唐人行第录》校样有关的函件。

仲勉先生自 40 岁至 76 岁的 30 多年间,撰写史学著作约一千万言。自 1912 年起发表的单篇论文达 180 篇以上。自 1934 年以后,共出版专著 17 种,待刊及未刊专著数种。正如刘节先生在《祭岑仲勉老教授文》中所云:"著作等身,群言是宝。"

岑先生的独特之处还在于,在史学上是自学成才而中年崛起。他曾说:"仲勉早岁学殖荒落,中年稍振刷,视苏老泉已瞠乎其后。"

为探求仲勉先生能迅速取得大面积成就的奥秘，我们不能不追溯先生的学术渊源。

这里，有三点特别值得注意。

第一，仲勉先生批判地继承了清代嘉道以后的史学，学风近于晚清学者劳格。

仲勉先生对清代史学的继承，得益于他对清代史学有一种批判的眼光。他认为清人先是着重汉史，后是致力元史，“实造成一畸形发达之象”①，认为钱大昕《考异》一书亦邀赫赫誉，但对于隋唐史，却非所专功。因此，他对清中叶及晚清学人中真正在隋唐研究上做出了成绩的学者，不论其原来名声大小，做了认真的继承。其中对岑先生影响较大的，可举出大兴徐松与仁和劳格两位。

徐松是清代西北史地学派和唐史研究的先行者。仲勉先生自1930—1959年间著《汉书西域传地里校释》，着力于地名、道里两项，该书绪言有云：“可惜唐以后直至清代中叶，都未有人对全《传》做过研讨。清道光年间大兴徐松始奋起为之，于道里考证尤三致意，可谓知所先务。”可见岑先生把徐松奉为先驱。1941年先生著《登科记考订补》，谓徐松《登科记考》30卷“搜采极勤，与劳格、赵钺合著之《郎官柱考》同为研唐史者必备之书”。由此亦可考见岑先生对徐松史学的继承。

劳格对《元和姓纂》、《全唐文》、《文苑英华》、《登科记》等都进行广泛的涉猎或研究，是有清一代数一数二的唐史专家。终因以45岁（实年44岁）之英年而早逝，学问未及发挥。仲勉先生在《郎官柱》、《姓纂》、《登科记》、《全唐文》等各项研究中，可以说继承了

① 岑仲勉：《新唐书突厥传拟注》，《辅仁学志》第六卷第一、二合期，1937年。

劳格的未竟之业，而成就上则更上一层楼。

第二，仲勉先生对近代东西方汉学的有关成就，有相当广泛的涉猎，并能有一种批评的眼光。如在西突厥史的研究上，他广泛利用了沙畹、毗尔、玉尔、拉德洛夫、巴尔托里德、夏德、白鸟库吉等人的著作。他认为，巴尔克的《鞑靼千年史》谬戾不少，国人翻译后竟推为世界名著，实在缺乏鉴识，对于沙畹的《西突厥史料》，则认为“从我国学者观之”，“除西史部分外，中史材料之编纂，直未达到吾人所预期”。正是这种对外国成果既批判又吸收的思想，使仲勉先生能够在《西突厥史料补厥及考证》中既受到沙畹的启发，又在材料上超迈于沙畹之上。

第三，在晚清“新学”潮流的激荡下，仲勉先生受到了自然科学方法论的洗礼。这种训练影响到其后来史学研究中的形式逻辑的素养。20 世纪初叶，王国维曾接触农学并学习物理学，由此而“经过严格的自然科学方法论的训练”①。陈垣先生在本世纪初也曾学习医学。人文科学家对自然科学的重视，确是那一年代的时尚。岑仲勉先生早在 1923 年即在赵元任等主编的上海科学社机关刊物《科学》上，发表了《对于植物学名词的管见》。次年，又发表了《楮构说》。在其后十余年间，撰成植物分类学手稿一部，该稿载有 110 科植物的科属形态说明及考注，都凡 50 万言。1955 年中国科学院华南植物研究所新址成立时，岑先生曾将该手稿奉赠该所。自然科学的素养，使岑先生在撰写《书舶庸谈所说两医书》（《圣心》二期，1933 年）、《墨子城守各篇简注》（古籍出版社，1958 年）等稿时，能运用自如。这种受惠于植物分类学的方法，是一种带有

① 李泽厚：《梁启超王国维简论》，《历史研究》1979 年第 9 期。

近代色彩的实证研究，虽然它不是辩证唯物论的方法，但却比清代学者迈进了一大步。

二

当岑仲勉先生30年代初崛起于史学界时，其主要成就可分为西北史地和隋唐史两大方面，全部成就中居于第一位的，应该是隋唐史考据。

兹将岑先生的主要成就分述如下：

一、以碑证史的丰硕创获（隋唐史考据之一）

仲勉先生的史学成就中，以碑证史是有代表性的突出创获。清代金石学著作汗牛充栋。著名学者如顾亭林、朱彝尊、钱大昕等都曾倡导金石研究。仲勉先生幼承庭训，课习北碑，耳濡目接各种拓本，由是而种下了日后开拓金石证史之路的前因。

岑先生的以碑证史的途径，有几个明显的特点。

首先，对清代金石学家中以碑证史的先行者的卓识予以发扬，而对清代金石家中过信石刻和偏责史失的时弊进行了批判。

清代学者朱枫说：考证金石“可以正史传之缺谬，阐前人之未发”。但清代金石家专金石而兼史者居多，专史而兼金石如钱大昕者，却寥落如晨星。故岑先生认为，清代金石家常见有二蔽：一为过信石刻，主张“自当以碑为正”。二为偏责史失，金石家常据碑刻内容苛责“史之失载”。但史传纪事不能不厌其详，如《新唐书·宰相世系表》为省繁文,不能将任免和迁升每岁必书,因之亦不能视为失载或疏漏。由是,仲勉先生又提出了碑志的信值问题。《贞石证史》(1939 年)一文首先有一节《总论碑志之信值》,从大量考据中发现,碑志中不乏溢美谀词,而朝代误、官谥误、年龄误,均不乏见。如李绅于元和十一年为其亲兄撰《李继墓志》,谓李继卒于元和四年。22 年后即开成三年,李绅为其嫂撰《博陵崔氏夫人志》,却谓李继卒于元和五年。记其兄卒,犹显差一年。岑先生因此说:"比观参核,疑团愈多,于是吾人对于碑志之信值,有不能不变昔贤之绝对信仰,而持相对慎重之态度者。"清代学人中,正如许慎迷将《说文解字》看作圣传一样,金石迷也大有碑志所书绝无可疑之慨。仲勉先生打破了对碑志的绝对迷信,这是他比清代金石学家的一大进步处。

其次,清代金石家的碑跋,多述小学、碑例、书法等专义,岑先生则以碑志考证史实,开拓史源。

岑先生利用碑志考订人物的姓源、朝代、名字、世次、官历、年寿、乡里等。通过碑志改正了过去的一些成说。如钱大昕《廿二史考异》六十云:"翰林有侍书之诏学士,惟见于公权传"。岑先生则认为,张怀瓌充翰林、集贤两院侍书侍读学士,见张中立墓志,则开元中已有翰林侍书。由此改正了钱说。

仲勉先生以碑证史的突出成就还在于,他对唐代传世名碑《尚书省郎官柱题名》的考订整理,与清人相比,业已提高到一个崭新的水平。唐代尚书省各部郎中及员外郎合称"郎官"。唐世重郎署,将历任郎官书于壁记,后改为刻石。传世的郎官题名石柱,是研究唐史人物的头等史料。钱大昕《潜研堂金石跋尾》、朱彝尊《曝书亭集》均论及此碑。流传至今的著录有三家:赵魏(《郎官石柱题名》)、王昶(《金石粹编》)和后来居上的劳格、赵钺(《唐尚书省郎官石柱题名考》二十六卷)。仲勉先生的新成就是:1. 补三家之阙者,赵魏实著录 3321 人,王昶实著录 3317 人,劳格实得 3256 人。岑先生实著录 3439 人,姓名未为三家所著录或著录不完者,如左司郎中之郑彦弘等,计 45 人。2. 订著录之讹者,三家著录均未确而予以改正者,如吏部员外郎之卢珽。3. 正后先之序者,题名率依时代为序,倘紊其先后,则考证者失所依据,今一一为矫正之。4. 祛旧说之疑者。前人虽有所疑,未加决定,今勘视石刻而其说之良合,如吏部郎中之沈佺期等。

仲勉先生超越前人的原因,一方面是他于 1937 年春曾往西安亲访此碑,通过实地考古,弄清了石柱的侧面如何展开及初刻再刻问题。先是劳格已发现同一石柱上有开元廿九、贞元中、大中十年三刻的问题。仲勉先生则发现劳氏所谓初刻留痕,实是再刻,今户部员外郎一面,再刻时亦是户部员外郎,且柱面为向右旋展而非左旋。另一方面,则由于仲勉先生谙熟于唐代职官制度,并对有关人物背景的史料进行了全盘搜讨的缘故。

仲勉先生以碑证史的名篇《郎官石柱题名新录》(1937 年)、《金石证史》(1936 年)、《贞石证史》(1939 年)、《续贞石证史》(1948 年)等,今均已收入《金石论丛》(上海古籍出版社,1981 年)一书,尚有未刊稿《郎官题名考补正》待刊①。可以说,以碑证史是岑仲勉先生的创造力的代表性方面,它大大开拓了唐史研究的史料来源。

二、隋唐史源学(隋唐史考据之二)

仲勉先生早年曾受到新会陈垣先生的影响。陈垣先生自 30 年

① 1984 年由上海古籍出版社以《郎官石柱题名新考订》名义出版。——整理者注。

代曾讲授“史源学研究”一课,提出读史时要“追寻其史源,考正其讹误”①。仲勉先生1937年在《辅仁学志》发表的《新唐书突厥传拟注》一文中,亦提出《新唐书》整理中宜注意“史源之不可不讲”。仲勉先生在该文中曾举了三个例子说明追溯史料来源的重要性。

例一,《新唐书·地理志》所记西域道里较玄奘《大唐西域记》为短。明白了新志的史源来自贾耽遗著的残文,则可知《西域记》所记偏长是玄奘的夸大,新志所记偏短则是欧阳修对贾耽遗文略引的缘故。

例二,《通典》以为突厥亡于开元十五年前,不确。《旧唐书·突厥传》传末专据颜真卿《康公神道碑》,多不可信。宋祁在晚出的《新唐书·突厥传》中扫除旧说,纪事独详。但宋祁的根据在哪里,必须从史源上予以实证。仲勉先生是篇文章即为此而作。

例三,人们每以失载讥《新唐书·宰相世系表》,并以此责备欧阳修;或者用新表来纠正《元和姓纂》。其实,据岑先生考证,新表的史源即来自《元和姓纂》。仲勉先生揭出《新唐书·宰相世系表》是“《元和姓纂》之嫡子”。这是他在史源学上的一个最有光彩的发现。自洪迈以来一直以为新表“皆承用逐家谱谍”。倒是罗振玉最初窥探出“世系表述诸家世系,多据《姓纂》”。仲勉先生则由宰相世系之阙载、或详或略之关系、姓源叙述之痕迹、资料限制之从同、纪述错误之因袭、表式排列之蒙昧等六证,证明新表元和以前史料,率本《姓纂》。弄清史源对考据的重要意义在于,当发现两个材料有从同关系时,我们就不能准其任一以证他之必是,两书有互殊者,尤不能准其任一以证他之非,须别于两者外觅获源流确异之史

① 参见《陈垣史源学杂文》,人民出版社1980年10月。

料，假定其是非何在。因此，不能允许以《姓纂》来纠新表。亦即同一史源的纪事不可互证。

岑先生史源学上的另一个见解，是认为前人修史未取之材料即所谓“史余”，也是一种史源，故称：“集之一部为史源，亦史余也。”（《唐集质疑》前言）又谓“欧宋修书，固能运用史余，自新壁垒”。（《新唐书突厥传拟注》）仲勉先生之所以能在《登科记》、《方镇年表》、《郎官题名》等研究上扩大前人的成果，即在于善于利用史余扩大史源。在翰林学士壁记的开创性研究中硕果累累，亦在于善于辨正及开拓史源。

翰林学士壁记的研究是岑先生的独创性工作。翰林，唐开元以前尚未有，开元中设翰林学士，却止于唱和文章、批答表疏。翰林参预枢密，是在肃宗到灵武、凤翔以后，原来作为文学侍臣的翰林，变成机密文件起草者。贞元以后的政事，多由翰林等参与决策，故时人有“内相”之称。王鸣盛亦谓翰学不可不书。唐开成二年丁居晦撰《重修承旨学士壁记》（按内容应名为《重修翰林学士院壁记》），记载了各朝翰林学士的题名及升迁，是研究唐后期政治史的重要史源。但自宋代以来却无史家予以整理。有清一代，也未如《登科记》、《郎官柱》那样为人所研究，有人亦只将此视为一种历史上的“升官图”。岑先生因而草创了此项研究。

仲勉先生研究了丁居晦《壁记》，作《翰林学士壁记注补》12卷。从考据中发现，如《新唐书·仇士良传》（《唐语林》三同），谓仇士良陵轹文宗，欲更立嗣君，曾谓崔慎由曰：“学士当作诏。”但据《壁记》，崔慎由其时尚未充任翰林学士，可知此说纯为小说家的虚构。由此可见《壁记》史料价值之一斑。但丁居晦的重修《壁记》止于咸通，元稹的《承旨学士院记》止于长庆。仲勉先生遂作《补唐代翰林两记》,补辑了宣宗至哀宗五朝的翰学历史。有了岑先生的这两大研究,唐代翰林史的材料已经大备,这是一件可以和徐松的登科记研究、劳格的郎官柱研究媲美的新成就。

这一研究同时也体现了岑先生在史源学上的犀利眼光。首先,他看出了丁居晦的重修《壁记》,其所根据的史源是李肇《翰林志》、韦执谊的《翰林院故事》、韦处厚的《翰林院厅壁记》、杜元颖的《翰林院使壁记》、元稹的《承旨学士院记》等,指出丁居晦此集"无非集合此等史林及翰林院故事而详书之"。但是,后来宋敏求著《补唐实录》时,丁居晦此重修壁记,又是其重要史源之一。而《新唐书》和《通鉴》又往往以宋著《补唐实录》为同一史源。从而查明了一环扣一环的史源从出关系。所以,《新唐书》所记也就多与《通鉴》同而与《旧唐书》不同。明乎此,就不可将史源从同的诸记载互证。岑先生说:"考订家处此,往往失察史源,辄引三占之辞以成其说",这是"研究晚唐典乘所宜注意者也"。仲勉先生在这里探明了多层次的史源从出的关系,在研究晚唐史料方面,给予后来者以重要的启发。

以上,我们从以碑证史与史源学两方面,说明了岑先生隋唐史考据的精审。从考据内容的门类来看,岑先生亦作了多方面的工作,如:

编年考证:有如《隋书州郡牧守编年表》诸篇。

地理考证:有如《括地志序略新诠》诸篇。

职官考证:有如《依唐代官制说明张曲江集附录诰命的错误》,本篇可作为一篇唐代职官制的概论来读。

姓氏考证:有如《校贞观氏族志残卷》诸篇。又如《广韵姓氏辑校》此一未刊稿。

辨伪考证:有如《论白氏长庆集源流并评东洋本白集》、《白氏长庆集伪文》、《白集醉吟先生墓志铭》诸篇。白集辨伪研究也是岑先生的又一项光彩夺目的代表性成果。

复原考证:有如《两京新记卷三残卷复原研究》诸篇。

总之,仲勉先生的考据学,除了继承了芟误、拾遗、正本、伐伪等传统方法,除了注重追寻史源之外,还特别注重事证,岑先生尝云:"读史方法,比校之功,万不可少。盖史误之要者,多不在文字而在事实。"(《隋书求是·自序》)又云:"史之为学,不外摹写实状,故必先明瞭古今之社会实况,然后可以论史。"①这就是说,读史不能只作形式上的考证,而更要着力于历史事实的考察方面,这也是岑先生的考据学带有近代色彩而超越于清人的地方。

三、隋唐史通论中的发明(《隋唐史》)

仲勉先生的主要成就是在隋唐史考据方面,但由于他十分注重通识,如曾经说:"然余以为读书贵在其通,不可呆板,通则开卷有益。"②又由于新中国成立后不断学习新思想,因而在1950—1953年撰成《隋唐史》讲义(1956—1957年修订)。本书集中反映了先生数十年中读唐史的心得,在隋唐史通论上亦常发前人之未发。今试举数端如下:

其一,对黄巢大起义研究的贡献。

1951年底,仲勉先生受到党所领导的中国人民革命胜利的鼓

① 见《玉谿生年谱会笺平质》,《历史语言研究所集刊》第十五本,1948年。
② 《唐集质疑》"龙筋凤髓判"条,见《历史语言研究所集刊》第九本,1947年。

舞，热情撰写了《黄巢事迹的整理与删定》一稿，此稿内容其后已写入《隋唐史》第五十节《大革命之爆发——领导者黄巢》的长篇注释中。由于唐宣宗后宫中没有实录，有关记载矛盾百出。宋祁所写《新唐书·黄巢传》在乾符二年至六年间，夹叙几十件事而未经过时序的考证。仲勉先生认为："黄巢事迹，异常踳驳凌乱，向未经人整理，如果不深入研究，删讹去复，使得稍露真相，未免蔑视革命之史实。"

岑先生从不可蔑视革命史实的高度，来整理有关史料，如王仙芝起义的年代，有乾符元年及二年说。《通鉴考异》引宋敏求补《实录》作乾符二年五月，引《续宝运录》作"乾符一年"，据古人无以"元年"为"一年"之习惯等论据，以为置于二年之初较稳当。又如：《通鉴考异》引补《实录》，宋威败走王仙芝，在乾符二年十二月，司马光臆改为乾符三年七月，岑先生论定司马光说之非。对于历史上著名的王仙芝、黄巢"乞降"问题，一方面，据《通鉴》载郑畋奏"王仙芝七状请降"，论定王仙芝立场如此不坚定；另一方面，史籍上虽然屡次说到黄巢拟降唐，但据《续宝运录》曾称黄巢"并所赐官告并却付(仇)公度"，认为黄巢这种对官府委任证书抛却一边的真情，表明黄巢是坚定的。此外，驳正日人桑原隲藏据阿拉伯史料所倡黄巢乾符五年前入广州说，考定仍为六年。且对大食人阿布赛德哈散游记所称黄巢在广州杀伊斯兰教、基督教、穆护教徒及犹太人 12 至 20 万人一说，证实其不可信。

其二，关于陈子昂在唐文改革中地位的卓见。

苏轼称韩愈文起八代之衰，有人更推韩愈为"革命巨子"。仲勉先生说，"此以名家之言而漫不加察也"。早在 1946 年，岑先生即于《辅仁学志》发表《陈子昂及其文集之事迹》一文，《隋唐史》一书又立《文字由骈俪变为散体》的专节。岑先生说，由骈文转散文，高宗、武后间陈子昂实开其先，唐人具有定论。如李华《萧颖士文集序》、李舟《独孤常州集序》、梁肃《补阙李君(翰)前集序》、韩愈《送孟东野序》、杜甫《陈拾遗故宅诗》、白居易《唐衢诗》，均对陈子昂备极推崇。

又如宋姚铉《唐文粹》自序认为，韩愈"首唱古文"，柳宗元"从而和之"。岑先生考出散文之年序可考者，柳始贞元元年，韩始贞元四年，从而断定柳为文绝非受韩所鼓动。

仲勉先生在此之所以能"纠正九百年来错觉"，是因为他不迷信古人及名家，并对唐代集部进行了辛勤耕耘的缘故。

其三，推倒《通鉴》对李德裕的不实之词。

司马光在《通鉴》里对李德裕持一极端态度。如李德裕收复维州、维护统一一事，被斥为"徇利而忘义"。早在1936年，仲勉先生撰《李德裕会昌伐叛集编证上》，"叹千年以还，公(李德裕)之功罪，犹无平心痛快之论"。在《隋唐史》一书中，引毛凤枝(《关中金石文字逸编》作者)语，谓李德裕"其才不在诸葛下"。对李德裕"辟孤寒之路"的史实，据范摅《云溪友议》、《玉泉子》、裴庭裕《东观奏记》、孙甫《唐史论断》予以证定，指出牛李之争，"并非'门第'与'科举'之斗争"。他批判司马光说："余尝抉其隐，以为德裕敢作敢为，深得武宗信用，略类(王)安石，司马光痛恶安石，因而恶及德裕"，"简言之，怀挟着满胸私见，其为信史也几希矣。"

其四，关于四镇始末的通考。

唐苏冕修《唐会要》时，对于咸亨元年所罢四镇与长寿二年所复四镇，"两四镇不同，未知何故"。《新唐书·地理志》则错误地将王方翼所筑碎叶城，错误地置于焉耆都督府条下。仲勉先生在

《隋唐史》第二十五节中明确指出，咸亨元年(670 年)所废四镇为第一次之设立，调露元年(679 年)四镇再置，与前异者用碎叶代焉耆，碎叶在今吉尔吉斯共和国，长寿元年(692 年)克四镇，是为四镇之第三次设立。

此说改正了《新唐书・地理志》以来的错误，并为 20 年后即六七十年代之交的大量研究所证实，实可谓着其先鞭了。

其五，关于均田制与租庸调有关系的证定。

1954 年，岑先生参加了唐代均田制有无实行、均田制与租庸调是否有关的讨论。并将研究成果写入《隋唐史》第三十八节。在《租庸调与均田制有无关系》一文中，难能可贵的是，其对均田实行方法的推论，与近年公布的吐鲁番文书相合。如文章说：某田退田共若干亩，除给应受田之人(指原无受田者)，余应划分开来，补给不足平均数的那几个丁。而不能全数补给任何一个丁。此点已由大量文书中之退田文书、欠田文书及给田文书证实。

大凡一种学术研究，在发表时如能推进某些争论和研讨，就已是功不可没，如能经历长久时间的考验，则更属难能可贵。上举五端都是历时弥久而更见其精到的几个例子。它说明岑先生在唐史研究中确实具有一种独到的洞察力。

在新中国成立以后，属于通论方面的工作，还体现在先生积极参加了新史学的几次重大讨论。如在古代史分期问题方面，著有《西周社会制度问题》一书。土地制度问题方面，著有《西晋占田和课田制度之综合说明》等。农民战争的讨论方面，先生去世前两年以 74 岁的高龄撰《如何探讨我国农民战争发展的规律》一文。这些作品颇有卓见，虽然在结论上有时抑或有可商之处，但却鲜明地表现了一位高龄学者对新史学的不倦的热情。

四、西北史地及其他

仲勉先生毕生“颇好研究西北史地”。在这方面，他以一种惊人的韧性和耐久力做了几件大型的工作：

《汉书西域传地里校释》是一部写作历时 30 年的著作。全书凡 45 万字。本书着力研究《汉书·西域传》中的地名与里距两大问题，同时还研究《传》中方位的错误，如《元雷传》云西与大月氏接，及考《水经注》，始知无难西接“难兜”，而不得接月氏。本书广泛利用了清代西北史地学的成果，又避免了李光廷《汉西域图考》及丁谦《汉书西域传地理考释》两书缺乏外文知识的缺陷，大量涉猎了 30 年代以前的国外有关成果。

《法显传》考证即《佛游天竺记考释》，出版于 1934 年，是岑先生西域南海研究的第一部专著。在本书出版以前，我国对法显行纪仅有清李光廷的节录、概论和近人丁谦的《佛国记》考证，因之本书的出版对于早期推进法显传的研究功不可没。

《突厥集史》是仲勉先生前后费时 25 年的另一部巨著。该书有关部分至迟自 1932 年已着手撰写，1957 年已大体编定。这是一部内容翔实、气魄宏大并在国际东方学中有影响的著作。

1958 年，继《突厥集史》出版之后，先生又出版了《西突厥史料补阙及考证》。全书 18 万字，本书的核心部分是《西突厥史料编年补阙》。由于沙畹《西突厥史料》中的编年部分完全采自《册府元龟》，《元龟》以外的有年代可考的史料，则由岑先生采入本篇，其中包括史传、集部及石刻史料，并间或插入考注。本篇是当今研究中亚史、新疆史以及吐鲁番文书的学人案头必备之书，其学术价值已获举世公认。

仲勉先生的40年史学生涯，一直致力于西北及南海史地研究。上举各书以外的有关论文，绝大部分收入1960年编定的《中外史地考证》，凡42万字。其中《读〈西辽史〉书所见》和《〈耶律希亮神道碑〉之地理人事》可视为有代表性的名篇。反映了岑先生对晚清元史学的继承发扬和蒙元学的学识素养。

上列著作以外，仲勉先生的《两周文史论丛》和《黄河变迁史》、《府兵制度研究》等专著的有关部分亦与西北史地多少有关。

总括来看，西北史地研究是仲勉先生学术成就中仅次于隋唐史考据的第二大成就。岑先生在此方面最大的长处是对道咸以来的清季宿学的西北史地学有价值部分的发扬。笔者认为，仲勉先生1939年在《历史语言研究所集刊》第八本第三分册发表的《外蒙於都斤山考》，堪称发扬此一传统的典范。

因此我们说，仲勉先生在西北史地研究方法上的一大长处可以称为博通。在时间这个坐标上，上穷《穆天子传》，下迄陶葆廉《辛卯侍行记》等近人著述；在地域这个坐标上，则对历世西域行程有全面的详考，对周穆王、法显、耶律希亮以迄陶葆廉的历次行程都有详细的研讨，就是对顾炎武所记明人无名氏的西域行程亦不放过。总之，他的研究不是就一时一地来考证，而是在详考全局的基础上论定。这种研究方法，如没有坚韧的毅力、过人的精力和着迷式的兴趣，确实是办不到的。这种气魄，也确实为我辈后生学子所望尘莫及。

三

岑仲勉先生是近代以来对隋唐史研究做出了超越前人的杰出

贡献的学者。向达先生曾经说:“关于唐代历史的研究,陈寅恪、岑仲勉、贺昌群、唐长孺诸先生都有很好的贡献。”[①]的确,岑先生的学术成就,在海内外都享有盛誉。

岑仲勉先生的历史学,是中国近代以来新旧交替而又急剧变革的这一特定时代的产儿。像这个时代所造就的许多大家一样,他的鲜明的爱国主义思想与不断接受新事物的革新进取精神是相一致的。

岑先生的史学方法,也打下了中国近代以来这一新旧交替、变革急剧的时代烙印。像这个时代所造就的许多大师都具有博通的气概那样,仲勉先生也主张博通。

作为一个爱国的、进取的史学家,岑仲勉先生还具有一种十分可贵的性格,这就是对传统的中国学术界“为贤者讳”的积习的批评。也反对“为其师讳”,更主张学术讨论与私交友谊应截然分开。的确,在中国的学术界,如能进一步抛掉因袭的重担,不“为贤者讳”,并把讨论与友谊划然分开,那么,中国的学术一定将如岑先生的希望那样,会有更大的进步。

(作者注:本文据《中国史学家评传》下册《岑仲勉》摘录。)

① 向达:《唐代长安与西域文明》卷首《作者致辞》,生活·读书·新知三联书店1957年版。